개정6판

근로기준법

기본·실무

근로기준법

초 판 인 쇄 | 2008년 2월 28일
개정6판 발행 | 2020년 1월 13일

지 은 이 | 김 수 복
펴 낸 이 | 김 남 진
펴 낸 곳 | (주)중앙경제
편집·디자인 | 한 지 희

주 소 | 서울시 중구 다산로 11길 19(신당2동 355-8)
백석빌딩 신관 4층
전 화 | 02-2231-7293
팩 스 | 02-2235-5344
홈 페 이 지 | www.elabor.co.kr
출 판 등 록 | 80. 6. 21 제2-66호

I S B N | 978-89-7017-432-7 (93330)
정 가 | 48,000원

개정6판

BASIC & PRACTICE

근로기준법

기본 · 실무

김 수 복

(주)중앙경제

머리말

노동법의 기본인 근로기준법의 정확한 이해야말로 근로자보호를 위한 기본적 과제인 동시에 집단적 노사관계의 전개를 위한 초석이 된다. 근로기준법은 그 내용이 복잡·방대하고 고도의 전문성을 요구하고 있다. 뿐만 아니라 노사간의 시각 차이가 크고 이론과 실무의 괴리가 깊다. 근로자의 정당한 권익옹호와 합리적인 노무관리는 근로기준법을 올바르게 이해하는 것을 기본요건으로 할 수 있을 것이다. 제5판을 펴낸 후 근로기준법, 산업안전보건법, 최저임금법, 남녀고용평등및일가정양립지원에관한법률, 산업재해보상보험법, 고용보험법 등의 개정과 이에 따른 시행령이 개정 시행되었으므로 제6판에서 개정 내용을 빈틈없이 해설하였다. 지금 우리나라 노사관계는 매우 중요한 변곡점(inflection point)을 맞고 있으며 노사관계 지형은 내부파열로 크게 출렁이고 있다. 노사문제는 당장 효력이 날 수 있는 수단(quick fix)이 없다는 점이다. 4차 산업혁명시대에 맞은 새로운 노동체제의 비전을 제시하고 이를 뒷받침할 노동법 제개정이 시급한 실정이다. 근로기준법 내용을 기본에서 응용까지, 이론에서 실무까지 활용할 수 있도록 노력하였다.

제6판에서 특히 유의한 사항은 다음과 같다.

첫째 근로기준법을 장(章)별·내용별 체계에 따라 2019년 12월까지 각종 관련 법령·국내외 판례·예규·행정해석·지침·가이드라인 등을 총망라하여 관련 사항을 논급하고 해석론을 전개하였다.

둘째 관련 주요 법령 내용을 별도의 법전이 없더라도 쉽게 찾아볼 수 있도록 주요 항목에는 법조문을 고딕체로 표시하여 게재하였다.

셋째 학설상의 대립이 있는 문제는 이를 간략히 정리하고 실제 현장에서 노무관리에 부딪치는 실무사례를 선정하여 관련 내용·판례와 행정해석과의 차이를 명확히 하였다.

넷째 복잡한 사항 설명에 대해서는 그림·실무사례 등을 사용하여 시각적 효과를 높여 이해하기 쉽도록 했다. 실무사례는 최근 3년간 시행된 공인노무사시험, 행정고등

고시, 변호사시험 문제를 선정하였으므로 최근 쟁점과 추세를 탐색하는데 도움이 될 것이다.

다섯째 비전형 근로관계를 한 장(章)으로 그 내용을 보강하였다. 「기간제및단시간근로자보호등에관한법률」 개정에 따라 단시간근로자의 초과근로시 가산임금 지급, 차별시정에 의한 징벌적 손해배상제도와 차별 판단시 신청자와 동종 또는 유사업무 종사자에 대한 확대적용과 기간제근로자의 근로계약에 있어서의 갱신기대권 이론과 징벌적 손해배상제도를 보완하였다.

여섯째 재량근로시간제의 대상업무확대 개정 내용, 복지포인트의 임금해당 여부에 관한 대법원 전원합의체 판결, 통상임금의 개념과 판단기준, 상여금의 통상임금 포함 여부와 신의칙 적용 방법, 가족돌봄휴가, 근로시간단축청구권, 포괄임금제의 유효요건과 판단방법, 휴일근로시 연장근로시간 산정과 중복할증 방법, 입사 1년차 근로자의 연차유급휴가일수 조정, 직장폐쇄기간·노조전임기간에 대한 연차유급휴가일수 산정, 새로 도입된 난임치료휴가의 의의 및 산정방법, 정리해고시의 요건에 관한 최근 판례법리, 회사분할시의 고용승계에 관한 판례법리, 새로 도입된 출·퇴근재해의 업무상 재해 인정기준, 육아휴직급여 및 육아기근로시간단축급여 수준 인상, 불법파견시 사용사업주의 직접고용의무의 법적 성격, 직장 내 괴롭힘 등 핵심 쟁점사항에 대하여 대폭 수정·보완하였다.

본서가 사업주, 기업체 인사·노무관리자, 노조관계자, 공인노무사 수험생 및 근로자의 요구에 부응하여 널리 활용될 수 있기를 바란다.

본서 발간을 위해 노력하신 ㈜중앙경제 김희성 회장님, 김남진 대표이사님, 김태윤 상무님과 짜임새 있는 편집을 해주신 한지희님, 원고정리와 교정에 힘써주신 사단법인 한국노동연구소와 국제인사노무법인 직원들에게 감사드린다. 본서의 미비점에 대하여는 계속적인 보완을 해 나갈 것을 약속하면서 여러분의 뜨거운 지도 편달을 바란다.

2019년 12월

金 洙 福

목 차

제1장 근기법의 의의와 기본원칙

제2장 근기법의 적용관계

제3장 근로계약의 보호

제4장 취업규칙

제7장 여성·연소자의 보호

제8장 인사이동·휴직·징계·근로관계의 이전

제10장 기능습득 · 기숙사 · 직장 내 괴롭힘

제13장 비전형 근로관계

■ 법률약어표

· 근로기준법: 근기법
· 기간제및단시간근로자보호등에관한법률: 기간제법
· 남녀고용평등과일·가정양립지원에관한법률: 남녀고용평등법
· 근로자참여및협력증진에관한법률: 근참법
· 산업안전보건법: 산안법
· 고용상연령차별금지및고령자고용촉진에관한법률: 고령자고용촉진법
· 근로자퇴직급여보장법: 근퇴법
· 파견근로자보호등에관한법률: 파견법
· 노동조합및노동관계조정법: 노조법
· 산업재해보상보험법: 산재법

■ 각급법원·헌법재판소·중앙노동위원회 약어표

대법원: 대법	고등법원: 고법	지방법원: 지법
행정법원: 행법	헌법재판소: 헌재	중앙노동위원회: 중노위

제1장

근기법의 의의와 기본원칙

□ 개별적 근로관계법과 근기법

□ 근기법의 의의와 성격

□ 근기법의 기본원칙

□ 근기법의 실효성 확보

1 개별적 근로관계법과 근기법

1. 노동법의 의의 및 구성체계

(1) 노동법의 의의

노동법은 개개의 근로자와 사용자간의 근로계약관계(개별적 근로관계), 노동조합과 사용자간의 집단적 노사관계, 불특정다수의 근로자와 사용자간의 노동력 수급조정관계(노동시장)를 규율하는 법분야이다. 그 중 개별적 근로관계를 규율하는 기본법이 근로기준법(이하 근기법이라 약칭한다), 집단적 노사관계를 규율하는 기본법이 노동조합및노동관계조정법(이하 노조법이라 약칭한다), 노동시장을 규율하는 기본법이 직업안정법이다. 노동법은 이러한 근로관계에 있어서 근로자를 보호하는 것을 주요임무로 하고 있으며 보호내용이나 방법은 시대에 따라 변화되어 발전되었다. 또한 근로자의 보호 외에도 노사관계의 안정(산업평화의 달성), 노동력 수급 조정정책의 수행 등 중요한 임무를 수행하고 있다. 노동법이 전제로 하는 근로자는 한편으로는 자기결정의 자유를 가진 자율적 개인이며 다른 한편으로는 사용자에 종속될 수밖에 없는 존재로서 이른바 근로자상의 양면성을 인정한다. 시민법은 자율적 인간을 이상으로 하여 존재하며 노동법은 근로자의 종속성의 인식에서 출발하여 이로부터 발생하는 제 문제의 해결을 지향하고 있다.

(2) 노동법의 구성체계

민법이나 형법과는 다르게 「노동법」이라는 명칭의 독립한 법률이 존재하는 것은 아니다. 노동법은 헌법 제32조·제33조에서 보장하고 있는 노동기본권을 정점으로 하여 근기법, 노조법 등 직장을 중심으로 성립하고 있는 사람과 사람의 관계를 규제하고 개개의 법령에 의하여 구성된 하나의 법영역이다.

노동법의 이념적 목표는 근로자의 인간다운 삶의 확보에 있고 그 실질적 대상으로는 종속근로를 규율하고 있다. 노동법은 근로관계에 관한 법규의 총체이다. 노동법은 이념을 실현하는 방법상의 차이에 따라 개별적 근로관계법과 집단적 노사관계법으로 구분한다.

개별적 근로관계법이란 근로자의 인간다운 삶을 실현하기 위하여, 근로자와 사용자간에 국가가 직접적으로 개입하는 형태의 노동보호입법을 말하고 이와는 달리 집단적 노사관계법은 근로자가 노동조합을 조직하여 사용자측과 단체교섭을 통하여 노사관계를 자주적으로 해결하려는 형태의 노동단체입법을 말한다.

(3) 근기법의 규범체계

근로자의 근로조건을 규율하는 주요 규범으로 노동3권 및 근로조건의 기준을 규정하고 있는 헌법을 비롯하여 근기법, 시행령, 부령과 같은 성문법은 물론 관습법이나 조리 등과 같은 불문법 및 국제법상의 조약이나 ILO조약 등도 헌법에 의하여 체결·공포된 경우에는 법원이 될 수 있다. 그 밖에도 법령, 근로계약, 취업규칙, 단체협약 등이 있다. 근기법 등 법령은 근로조건의 기준을 정하고 있다.

① 근로계약의 내용은 당사자의 합의에 따라 결정되나 당사자간에 특별한 합의가 없더라도 일정한 권리의무관계는 근로계약에 본질적으로 따르는 것으로 이해되고 있다. 취업규칙은 통상 근로계약과 결합하여 사업장내 근로조건에 관한 통일규범으로 작용하고 있으며 단체협약은 조합원에 대해서만 그 효력이 미치는 것이 원칙이나, 효력확장에 의하여 비조합원에게도 효력이 확장될 수도 있다(일반적 구속력, 지역적 구속력).

효력면으로 볼 때에는 법령 〉 단체협약 〉 취업규칙 〉 근로계약의 순서이다(근기법 제15조, 제96조, 제97조, 노조법 제30조, 제33조). 근로조건의 수준면으로 볼 때에는 통상 단체협약 〉 취업규칙 〉 근로계약 〉 법령의 순서이다.

② 법령의 해석에 있어서는 상위법 우선의 원칙, 신법 우선의 원칙, 특별법 우선의 원칙, 유리한 조건 우선의 원칙(유리성의 원칙)이 적용된다. 다만, 유리한 조건 우선의 원칙은 일정한 경우 제한을 받는 경우가 있다(대법 2002.12.27, 2002두9063; 2014.1.3, 근로개선정책과-64).

2. 노동법의 지위

(1) 헌법과 노동법

법체계의 정점에 위치하는 헌법은 노동법상의 각종 제도나 법리의 기초가 된다. 우리나라 헌법은 인간으로서의 존엄과 가치를 최고이념으로 선언하고 그 구현수단으로 사회적 시장경제질서와 민주주의적 정치질서를 채택하고 있다. 헌법은 대체로 사회적 시장경제질서를 실현하기 위한 법질서를 기본권에, 민주주의 정치질서를 실현하기 위한 시스템을 통치구조에 담고 있다.

'사회적 시장경제질서'는 시장경제질서를 근간으로 하되 부분적으로 통제를 가하는 체제로, 통제경제를 근간으로 하는 '사회주의적 경제질서'와는 구분된다. 역사적으로는 봉건적 구속에서 해방되면서 자유·평등을 중심으로 한 자유권적 기본권이 강조되었으나 자본주의가 고도화되면서 인간다운 생존이 위협받게 되자 사회적 기본권이 기본권의 핵심으로 등장한 것이다.

인간다운 생활의 실현은 사유재산제·시장경제·개인의 자유 등 자본주의 사회의 필수적 요소를 전제로 이와 조화를 이루면서 추구되는 이념이므로 사회적 기본권을 보장하는 노동법이라 하더라도 자본주의를 부정하면서 추구될 수는 없고, 단지 근대 시민법 원리인 「사적 자치」를 일부 수정할 뿐이다.

(2) 노동법과 민 · 형사법과의 관계

민법은 전형계약의 하나로서 「고용」에 관한 규정을 설정하고 있다(민법 제655조 이하). 근로자와 사용자가 대칭적인 지위에 있는 대등한 계약당사자로서 존재하지만 현실의 기업노동을 전제로 하는 계약내용(근로조건)을 규제하고 있는 것은 아니다. 여기서부터 현대적인 기업노동의 모든 과제에 대응하기 위해 근기법 등의 개별적 근로관계법이 제정되었다. 나아가 노동조합의 활동에 관해서도 단체협약에 특별한 효력(규범적 효력)을 인정하며 정당한 쟁의행위에 대해서는 손해배상을 제한하는(이른바 민사면책) 등의 규정을 설정하는 집단적 노사관계법이 등장했다.

또한 노동조합 등의 단체행동을 보장·조성하기 위하여 이러한 활동에 있어서 일정 범위에서 형법의 적용을 제한하고(이른바 형사면책), 근기법 위반의 형사책임을 강화하는 등 형사법의 일반원칙에 대하여 특별한 규제를 설정하고 있다. 이와 같이 노동법은 민·형사법의 일반원칙이나 고용규정의 일반규정(일반법)에 대하여 특별법의 위치에 있다. 그러므로 어떤 문제가 발생할 때에는 노동법에 정함이 있을 때에는 그에 따라야 하나 적용되어야 할 규정이 없을 때에는 일반법이 적용된다(예컨대 근로자의 사직, 경업금지의무 등). 무엇보다도 일반법의 해석적용에 있어서도 노동법이 가지고 있는 고유한 이념이나 원칙, 즉, 근로조건의 원칙(근기법 제1

조, 제3조), 대등결정의 원칙(근기법 제4조), 근로자의 보호, 노동관계의 공정한 조정(노조법 제1조) 등의 이념을 무시해서는 아니된다. 그 대표적 사례가 배치전환 등의 문제에 있어서 적용되어야할 규정이 없었던 것인데 이를 위해 판례는 오랜 기간에 걸쳐 민법의 일반 원칙인 권리남용(민법 제2조제2항)의 적용에 따라 문제를 해결하였다. 그 적용에 있어서 근로자의 보호, 노동관계의 안정 등 노동법의 정책원리가 농후하게 반영되었다.

(3) 노동법의 사회법으로서의 지위

노동법은 사회보장법 등과 같이 사회법이라는 분야에 포함되어 있는 법이다. 이것은 계약자유의 원칙, 소유권 절대 원칙 등을 기본원리로 하는 시민법을 수정하는 법이므로 생존권·노동권·단결권 등의 사회적 기본권의 사상을 근간으로 한다. 또한 권리의 주체가 법인격 있는 추상적 존재로서가 아니라 고령자, 장애인, 임산부 등 보호가 요구되는 구체적인 속성을 지니고 있는 인간상이라는 점도 중요한 특색이다.

3. 개별적 근로관계법과 근기법

개별적 근로관계법은 헌법 제32조를 정점으로 하여 노사의 근로관계를 국가의 직접적인 개입에 의하여 규제함으로써 근로조건의 향상을 도모하는 근기법 등을 중심으로 하는 법체계이다. 근로자의 인간다운 삶의 확보나 사회적·경제적 지위와 가장 밀접한 관련이 있는 것이 근로조건이라고 볼 때 근로조건 전반에 관해 통칙적인 규정을 두고 있는 근기법은 가장 중요한 근로자보호법으로 근로관계의 일반법이라고 할 수 있다. 근기법은 근로자의 인간다운 삶을 실현하기 위하여 근로계약의 내용이 되는 근로조건의 최저기준을 정하고 적극적으로 보장하기 위한 법이다.

2 근기법의 의의와 성격

1. 근기법의 의의

근기법은 개별적 근로관계에 있어서 근로자보호법이며 노동보호법의 기본법이다. 노동보호법이란 개별 근로자의 보호나 기회 균등을 위하여 강행적인 준칙을 정하고 이를 실시하기 위한 행정상의 감독 및 서비스를 규정한 법령을 말한다. 근기법은 개별적 근로관계에 관한 기본적인 사항 등을 포괄적으로 규정하여 근로자의 근로조건을 일정한 수준 이상으로 유지할 목적으로 최저 근로조건을 정하고, 감독기관으로 하여금 근로감독을 실시하게 함으로써 근로자를 보호하려는 법이다. 근기법은 사용자의 지휘·명령을 받으며 사실상 종속관계에서 임금을 목적으로 노무를 제공하는 사람을 근로자로 보고, 이들의 근로조건이나 생활을 보장하려는 법이다(헌재 2015.12.23, 2014헌바3).

2. 근기법의 목적

① **인간의 존엄성 보장**: 근기법은 헌법 제32조제3항의 「근로조건의 기준은 인간의 존엄성을 보장하도록 법률로 정한다」고 하는 규정을 근거로 제정된 법률이다. 따라서 근기법에 의하여 근로조건의 기준 설정에 있어서는 「인간의 존엄성의 보장」 즉, 근로자의 노동인격이 헌법적 차원에서 보장되도록 유의하여야 할 것이다. 예컨대 근기법 제43조, 제46조는 근로자의 인간다운 생활을 하는데 필요한 근로조건의 최저기준을 명시한 것 가운데 일부라 할 것이다(대법 1987.8.18, 87도202).

② **기본적 노동보호법**: 근기법은 가장 기본적인 노동보호법이다. 근로관계의 일방 당사자인 사용자가 그 힘을 남용하여 근로조건을 일방적으로 결정하거나 실시하는 것을 방임할 수 없으므로 이를 예방하려는 데 그 의의가 있다.

③ **근로관계의 성립·존속·종료와 관련된 권리보장**: 근기법은 근로관계의 성립·존속 또는 종료와 관련하여 법률에 의해서 일정한 권리를 근로자에게 결부시켜 이를 보장하고 있다. 근기법은 근로자보호를 철저히 하기 위하여 근기법에 위반하는 근로계약을 무효로 하는 동시에 감독기관에 의한 감독 지도와 법의 위반행위

에 대한 제재를 제도적으로 마련하고 있다.

④ **근로조건의 최저기준 보장**: 근기법의 내용은 노동헌장적 기본원칙규정, 근로계약의 성립 및 존속에 관한 여러 가지 보호규정, 이의 감독제도에 관한 규정으로 구성되어 있다. 그 중에서 특히 근로조건의 최저기준을 설정한 규정이 핵심적 내용이다.

3. 근기법의 성격

① **사법적 성격**: 근기법은 근로관계(근로계약의 체결·내용·종료를 둘러싼 관계)를 직접 규율하는 법규범이다. 근기법의 규율대상은 개별적인 근로자와 사용자간의 근로관계이므로 법률관계의 성질상 공법관계가 아니라 사법관계라 할 수 있다. 근기법은 사법적인 근로관계의 내용을 직접 규율하는 법이다.

② **공법적 성격**: 근기법은 근로자보호법으로서 사용자에게 국가에 대한 의무를 과하는 것이라고 이해되고 있기 때문에 사법이 아니라 공법에 속한다. 근기법은 사용자에 대한 의무를 설정하는 것에 그치는 것이 아니라 동시에 사용자에 대한 근로자의 권리를 설정한 것이다. 개별 근로자와 사용자가 어떤 권리와 의무를 규명하려면 노동보호법, 단체협약, 취업규칙, 근로계약 등을 종합적으로 검토하여야 한다. 구체적인 권리와 의무의 내용은 근로계약 당사자의 의사, 특히 당사자간의 합의(근로계약)에 의하여 결정됨이 원칙이다. 근기법 등 노동보호법은 근로계약 당사자, 특히 사용자에게 여러 가지 의무를 과하고 있다. 취업규칙과 단체협약은 근로계약에 우선하는 효력(근기법 제96조, 노조법 제33조)에 의하여 근로계약 당사자의 권리와 의무에 영향을 미친다. 만일 개별적 근로관계에 적용될 법규범이 없거나 불충분하면 민법의 규정(특히 미성년자, 채무불이행, 불법행위, 고용계약 등의 규정)이 적용될 수 있다.

③ **강행적 성격**: 근기법의 규정은 보호법규로서 강행성을 가지고 있기 때문에 사용자가 이에 위반할 수 없음은 물론이며 근로자라 하더라도 근기법상의 권리를 포기할 수 없다. 판례(대법 2019.5.10, 2019도2625; 대법 2002.8.23, 2001다41568)는 퇴직금은 사용자가 일정기간을 계속하여 근로하고 퇴직하는 근로자에게 그 계속근로에 대한 대가로서 지급하는 후불적 임금의 성질을 띤 금원으로서 구체적

인 퇴직금청구권은 계속 근로가 끝나는 퇴직이라는 사실을 조건으로 하여 발생되는 것인 바, 최종 퇴직시 발생하는 퇴직금청구권을 사전에 포기하거나 사전에 그에 관한 민사상 소송을 제기하지 않겠다는 부제소 특약을 하는 것은 강행법규인 근기법에 위반되어 무효라고 한다. 또한, 근기법에 정한 기준에 미치지 못하는 근로조건을 정한 근로계약은 그 부분에 한하여 무효이므로 그것이 단체협약에 의한 것이라거나 근로자들의 승인을 받은 것이라 하여 유효로 볼 수 없다(대법 1990.12.21, 90다카24496).

④ **공법적 성격과 사법적 성격의 병존:** 근로조건을 규정한 근기법상의 기준은 근로관계 당사자의 의사 여하에 불문하고 실현되어야 한다. 원칙적으로 사법상의 효력규정이다.

근기법의 준수와 이행은 감독기관을 통하여 확보되고 있다. 근기법은 공법적 성격을 가지고 있으나, 사용자의 근기법 위반에 대하여 근로자가 근기법상의 기준 이행을 청구 내지 소구할 수 있는 권리를 인정하고 있으므로 근기법은 동시에 사법적 성격을 포함하고 있다. 따라서 근기법의 규정에 위반되는 사용자의 법률행위(예컨대 근기법 제23조 위반의 해고)는 무효로 해석되어야 할 경우가 많다. 근로자가 사용자에 대하여 근기법 등의 규정에 의거 일정한 금액의 청구권이 있는 경우도 있게 된다. 예컨대 동법 제46조에 의한 휴업수당 청구권이다.

3 근기법의 기본원칙

1. 근로자의 기본적 생활보장

법 제1조 【목 적】 이 법은 헌법에 따라 근로조건의 기준을 정함으로써 근로자의 기본적 생활을 보장, 향상시키며 균형 있는 국민경제의 발전을 꾀하는 것을 목적으로 한다.

근기법 제1조는 근기법의 기본원리가 근로자의 기본적 생활을 보장·향상시키는 것과 균형있는 국민경제의 발전을 꾀하는 것을 목적으로 함을 선언하고 있다. "헌법이 근로조건의 기준을 법률로 정하도록 한 것은 인간의 존엄에 상응하는 근로조건에 관한 기준의 확보가 사용자에 비해 경제적·사회적으로 열등한 지위에

있는 개별 근로자의 인간존엄성 실현에 중요한 사항일 뿐만 아니라 근로자와 그 사용자 사이에 이해관계가 첨예하게 대립될 수 있는 사항이어서 사회적 평화를 위해서도 민주적으로 정당성이 있는 입법자가 이를 법률로 정할 필요성이 있으며, 인간의 존엄성에 관한 판단기준도 사회·경제적 상황에 따라 변화하는 상대적 성격을 띠는 만큼 그에 상응하는 근로조건에 관한 기준도 시대상황에 부합하게 탄력적으로 구체화하도록 법률에 유보한 것"이라고 한다(헌재 2003.7.24, 2002헌바51).

① **근로자의 기본적 생활의 보장·향상**: 근로자의 기본적 생활의 보장·향상이란 인간으로서의 건강하고 문화적인 생활의 보장·향상을 의미하는 것이며, 근로자 본인뿐만 아니라 그 가족의 생활도 고려하여 기본적 생활의 정도를 판단하여야 한다. 어느 정도의 생활이 기본적 생활인지는 구체적으로 판단하기가 매우 어려우나 국가의 사회·경제적 여건과 문화수준 등을 참작하여 사회통념에 따라 판단할 수밖에 없을 것이다. 다만, 인간의 존엄성의 보장이라는 기준에서 기본적인 생활의 기준을 정하여야 한다.

② **균형있는 국민경제의 발전**: 균형있는 국민경제의 발전이 근기법의 목적으로 되어있는데, 이는 근로자의 기본적인 생활의 보장·향상에 의하여 당연히 이루어질 수 있는 결과라고 할 것이며, 우리 헌법이 표방하고 있는 경제적 민주주의의 이념의 실현방법의 하나라고 할 것이다.

2. 근로조건의 저하 금지

(1) 내용과 취지

법 제3조【근로조건의 기준】 이 법에서 정하는 근로조건은 최저기준이므로 근로관계 당사자는 이 기준을 이유로 근로조건을 낮출 수 없다.

근기법 제3조의 규정은 당사자에 대한 기본적인 훈시규정으로서 강행적 효력이나 벌칙의 제재는 없다. 이 규정은 근로조건을 당사자가 자주적으로 결정하는 데 있어서 근기법이 정한 기준에 미달해서는 안된다는 자치적 결정의 내용상의 한계를 천명한 것이며 여기에 근기법의 근로조건 개선적 성격이 있다.

근로관계 당사자는 근기법의 기준을 이유로 근로조건을 저하시킬 수 없으며 언제나 그 향상에 노력하여야 하는 것이다. 자본주의 경제질서 하에서 근로자가 기본적 생활수단을 확보하고 인간의 존엄성을 보장받기 위하여 최소한의 근로조건을 요구할 수 있는 권리로서 자유권적 기본권의 성격도 아울러 가지고 있다고 할 것이다(헌재 2007.8.30, 2004헌마670).

근기법 제3조의 규정 성격에 대해서 강행법규로서의 효력이 있다는 소수설이 있으나, 근기법이 최저 근로조건의 법정을 목적으로 한다는 이 조항은 훈시규정이라고 해석할 수밖에 없다.

(2) 금지대상

노사간에 자유롭게 결정된 기존의 근로조건이 근기법의 최저기준을 상회하는 경우에 근로관계 당사자가 법정기준을 이유로 근로조건을 저하시키려고 하는 것은 근기법 제3조에 의하여 금지되고 있다. 그러므로 사용자가 일방적으로 식대를 삭감하는 것(1978.5.2, 법무 811-9042)이나 일방적으로 임금체계를 바꾸어 임금총액을 하향시키는 것(2000.9.18, 68207-2842) 그리고 근로조건을 일방적으로 저하시키거나 일방적으로 상용근로자를 일용직으로 바꾸는 것(1987.5.25, 근기 01254-8358)은 근기법 제3조 위반이 될 수 있다. 다만, 기존의 근로조건을 근기법 수준으로 저하시키더라도 근로자의 동의 또는 취업규칙, 단체협약 등에 대한 적법한 변경이 있었다면 법 위반은 아니다.

(3) 근로관계 당사자

근기법은 사용자와 근로자의 개별적 근로관계를 규율대상으로 하는 법이다. 따라서 근로관계 당사자는 개별적 근로관계의 당사자를 가리키는 것으로 해석한다. 그러나 근로조건은 근로계약 이외에도 취업규칙이나 단체협약에 의하여 규율되기 때문에 취업규칙의 동의주체로서 근로자대표와 단체교섭과 단체협약의 당사자인 노동조합대표도 근로관계 당사자에 포함되는 경우가 발생한다.

(4) 근로조건유지, 향상노력의무

① 근로조건 결정상의 최저기준 조항은 헌법 제32조제3항의 「근로조건의 기준

은 인간의 존엄성을 보장하도록 법률로 정한다」는 규정에 의거한 것이며, 이 최저기준 설정의 목적은 바로 근로자의 인간다운 경제생활의 최저수준을 확보함에 있다. 그리고 특히 법정 최저기준이기 때문에 그 이하의 근로조건을 허용할 수 없으며, 나아가 보다 나은 근로조건의 향상을 전제로 하고 있다.

② 근기법은 근로조건의 최저기준을 정하고 있는 것에 불과하므로 계약자유의 원칙상 근로계약 당사자가 근기법이 정한 기준을 초과하는 시간외근로수당(이른바 법내 초과근로수당) 지급에 관하여 약정하는 것은 얼마든지 가능하고, 그러한 약정을 한 이상 사용자는 그 약정에 따라야 할 의무가 있는 것이다(대법 2005.9.9, 2003두896). 또한 근기법시행령 제6조의 규정에 의한 통상임금의 범위에 포함되지 않는 금품을 노사간에 단체협약, 취업규칙 등으로 통상임금의 범위에 포함시키기로 정하였다면 그에 따라야 할 것이다(2010.3.23, 근로기준과-337).

(5) 근로조건 저하의 이유

최저기준인 법정기준을 이유로 하여 근로조건을 저하시키는 것만이 금지되므로, 사회적·경제적 변동에 따른 경영 여건의 변화나 담당하는 직무의 변화와 같은 다른 이유로 근로조건을 저하시키는 경우까지 금지되는 것은 아니다.

3. 근로조건 노사대등 결정의 원칙

법 제4조【근로조건의 결정】 근로조건은 근로자와 사용자가 동등한 지위에서 자유의사에 따라 결정하여야 한다.

(1) 내용과 취지

① 노사간에 동등한 입장에서 자유의사에 따라 근로조건을 결정한다 함은 형식적인 의미에서 뿐만 아니라 실질적인 의미에서도 노사가 대등한 입장이어야 한다는 것이다. 「근로조건 노사 대등 결정 원칙」의 핵심은 근로자의 동의가 없는 근로조건 저하 금지에 있다. 근기법 제4조는 「사용자가 일방적으로 근로조건을 결정하여서는 아니 되고, 근로조건은 근로관계당사자 사이에서 자유로운 합의에 따라

정해져야 하는 사항임을 분명히 함으로써 근로자를 보호하고자 하는 것이 주된 취지이다」(대법 2019.11.14, 2018다200709). 동조는 개별적 근로관계에 있어서의 사용자와 근로자가 봉건적 차등의식을 탈각하여야 한다는 취지의 훈시규정이라고 할 것이다.

② 근로조건 대등결정 원칙의 실현을 위해 헌법 및 노조법은 근로자의 노동3권을 보장하고 있다. 근기법은 취업규칙을 작성·변경할 때 근로자의 의견을 듣거나 동의를 받도록 하고 있고, 근로계약에 있어 여러 가지 법적 규제를 하고 있다.

(2) 동등한 지위의 의미

집단적 노사관계에 있어서는 단결된 노동조합의 세력이 노사대등의 지위를 보장해 주고 있으나, 개별적 근로관계에 있어서는 노동조합의 세력을 전제로 하는 것은 아니므로 사용자와 근로자가 사회적·경제적인 지위나 실력을 떠나서 서로의 인격과 의사를 존중하여 강압적인 분위기가 아닌 자유롭게 근로조건을 결정해야 한다는 것을 의미한다.

(3) 자유의사의 의미

근로조건의 결정에 있어서 자유의사에 의하여야 한다는 것은 근로관계 당사자가 강압적으로 불리한 근로조건을 감수하는 것을 허용할 수 없다는 취지를 선언한 것으로, 특히 근로자가 열악한 근로조건하에서 자신의 의사에 어긋나는 근로를 강요당하지 않는다는 강제근로 금지의 원칙과 관련있는 의미라고 할 것이다.

(4) 근로조건의 불리한 변경

근로조건 대등결정의 원칙은 근로자 또는 노동조합의 동의없이는 근로조건을 낮추거나 근로조건을 낮출 우려가 있는 근로형태로 변경시킬 수 없다는데 있다. 근기법 제94조가 정하는 집단적 동의는 취업규칙의 유효한 변경을 위한 요건에 불과하므로, 취업규칙이 집단적 동의를 받아 근로자에게 불리하게 변경된 경우에도 근기법 제4조가 정하는 근로조건 자유결정의 원칙은 여전히 지켜져야 한다. 따라서 근로자에게 불리한 내용으로 변경된 취업규칙은 집단적 동의를 받았다고 하더라도 그보다 유리한 근로조건을 정한 기존의 개별 근로계약 부분에 우선하는 효력을 갖는다고 할 수 없다. 이 경우에도 근로계약의 내용은 유효하게 존속하고, 변경된 취업규칙의 기준에 의하여 유리한 근로계약의 내용을 변경할 수 없으며, 근로자의 개별적 동의가 없는 한 취업규칙보다 유리한 근로계약의 내용이 우선하여 적용된다(대법 2019.11.14, 2018다200709).

4. 근로조건의 준수

> **법 제5조【근로조건의 준수】** 근로자와 사용자는 각자가 단체협약, 취업규칙과 근로계약을 지키고 성실하게 이행할 의무가 있다

근기법 제5조는 근로자와 사용자에게 쌍방이 체결한 단체협약과 근로계약, 그리고 취업규칙을 성실하게 이행할 것을 규정하였는바, 이는 노사관계의 기초라고 할 수 있다. 노사 어느 일방이 우월적 지위를 이용하여 근로조건을 변경·파기·불이행해서는 안된다.

근로조건 준수 규정은 바로 노사협조상의 의무를 명시한 훈시적 규정이라고 할 수 있으며 사실상 노사협조에 의하지 않고는 근기법의 목적을 달성할 수 없기 때문이다. 근로자와 사용자가 동등한 지위에서 자유의사에 의하여 결정한 근로조건을 내용으로 하는 단체협약, 취업규칙 및 근로계약이 양 당사자에 의하여 성실히 이행되어야 함은 당연한 요청이다. 근기법 제5조는 이를 확인한 규정으로서 훈시규정이다.

5. 균등처우의 원칙

> **법 제6조【균등한 처우】** 사용자는 근로자에 대하여 남녀의 성(性)을 이유로 차별적 대우를 하지 못하고 국적·신앙 또는 사회적 신분을 이유로 근로조건에 대한 차별적 처우를 하지 못한다.

【실무사례】 공기업인 B사의 보수규정에 따르면 공개채용을 통하여 입사한 정규직 사원의 경우 공기업 근무경력의 100%를 인정하여 초임 연봉을 정하고 있다. 한편 계약직에서 정규직으로 전환된 직원들의 경우 채용경로와 업무성격이 정규직 사원과 구별되므로, 계약직 근무경력의 50%만을 근무경력으로 인정하여 초임 연봉을 책정하고 있다. 계약직에서 정규직으로 전환된 직원인 甲은 B사의 보수규정이 기간제법과 근기법상 차별적 처우 금지규정에 위반된다고 주장하고 있는 바, 그 주장은 정당성이 있는가?

(1) 내용과 취지

1) 규정 내용

사용자는 근로자에 대하여 남녀의 성(性)을 이유로 차별적 대우를 하지 못하고 국적·신앙 또는 사회적 신분을 이유로 근로조건에 대한 차별적 처우를 하지 못한다고 규정하고 있다(근기법 제6조). 이 규정을 「균등처우의 원칙」이라고 부른다.

2) 균등처우 원칙의 취지

근기법에서 금지하고 있는 것은 근로조건의 결정에 있어서 남녀의 성·국적·신앙 또는 사회적 신분을 이유로 불합리한 차별 대우를 할 수 없다는 것이다(2009.7.9, 근로기준과-2366). 헌법 제11조는 국민의 평등권을 규정하고 있는데, 동시에 이 규정은 근로계약관계에 대하여도 실질적으로 실현하고자 근기법으로 동일한 원칙이 적용될 것임을 분명히 하고 있다(대법 2019.3.14, 2015두4621).

(2) 근로조건, 차별적 처우의 의의

1) 근로조건의 의의

「근로조건이란 사용자와 근로자 사이의 근로관계에서 임금·근로시간·후생·해고 기타 근로자의 대우에 관하여 정한 조건을 말한다」(대법 1992.6.23, 91다19210; 2010.5.19, 근로기준과-1124). 구체적으로는 근기법에서 정한 임금, 근로시간·휴식시간 뿐만 아니라 근기법 제93조제1호 내지 제13호, 근기법시행령 제8조제1호, 제3호 소정의 사항이 포함된다. 그러므로 해고에 관한 조건은 근로조건에 포함된다. 실제로 근기법 제6조는 해고의 효력을 다투는 사건에서 자주 원용된다. 한편, 채용자체 및 채용조건은 근로관계 성립 이전의 사항으로 근기법 제6조에서 말하는 근로조건이 아니므로 채용에 대하여는 적용되지 않는 것으로 보는 부정설이 통설·판례(대법 1992.8.14, 92다1995)이다. 따라서 남녀의 성 차별적 채용은 근기법의 적용대상이 아니며 남녀고용평등법의 적용대상이 된다. 남녀고용평등법 제7조는 모집·채용에 관한 남녀의 차별을 금지한다.

2) 차별적 처우의 의의

헌법 제11조제1항, 제32조제4항, 남녀고용평등법 제11조제1항, 근기법 제6조에서 말하는 '남녀의 차별'은 합리적인 이유 없이 남성 또는 여성이라는 이유만으로 부당하게 차별대우하는 것을 의미한다. 사업주나 사용자가 근로자를 합리적인 이유 없이 성별을 이유로 부당하게 차별대우를 하도록 정한 규정은, 규정의 형식을 불문하고 강행규정인 남녀고용평등법 제11조제1항과 근기법 제6조에 위반되어 무효라고 보아야 한다(대법 2019.10.31, 2013두20011). 근기법 제6조에서 말하는 차별적 처우란 사용자가 근로자를 임금 및 그 밖의 근로조건 등에서 합리적인 이유없이 불리하게 처우하는 것을 의미하고, 합리적인 이유가 없는 경우란 당해 근로자가 제공하는 근로의 내용을 종합적으로 고려하여 달리 처우할 필요성이 인정되지 아니하거나 달리 처우하는 경우에도 그 방법·정도 등이 적정하지 아니한 경우를 말한다(대법 2019.3.14, 2015두46321). 이 판례는 대학이 시간강사들에게 전업(專業)·비전업(非專業) 여부에 따라 강사료를 차등 지급한 것은 헌법 제11조제1항의 평등원칙에 위반된다는 것이다. 차별적 처우란 본질적으로 같은 것을 다르게, 다른 것을 같게 취급하는 것을 말하며, 본질적으로 같지 않은 것을 다르게 취급하는 경우에는 차별 자체가 존재한다고 할 수 없다. 따라서 근기법에서 금지하는 차별적 처우에 해당하기 위해서는 우선 그 전제로서 차별을 받았다고 주장하는 사람과 그가 비교대상자로 지목하는 사람이 본질적으로 동일한 비교집단에 속해 있어야 한다(대법 2015.10.29, 2013다1051). 이 판례는 공개경쟁시험을 통해 정규직으로 신규임용된 일반직 근로자와 정부종합대책에 따라 계약직에서 일반직으로 전환된 근로자의 초임연봉 산정방법을 달리 정한 것은 차별적 처우가 아니라는 것이다. 대법원은 공개채용을 통해 정규직 사원이 된 근로자와 계약직에서 정규직으로 전환된 근로자는 본질적으로 동일한 비교집단에 속한다고 볼 수 없다는 이유로 근기법상 차별금지 조항에 위배되지 않는다고 봤다. 차별적 처우란 특정 또는 일정한 그룹의 근로자를 다른 근로자와 구별해서 상이한 취급을 하는 것을 말한다.

「근기법 제6조에 의하여 편견적 차별이 아니라면 사용자의 소속 근로자들의 고용경위, 근무기간 등 제반 사항을 참작하여 합리적인 이유가 있는 한 같은 직종, 같은 근무에 대하여도 별도의 임금체계를 마련하는 것도 적법하다」(대법 1989.7.9, 88가합44686). 근기법 제6조의 사회적 신분(국가유공자등에 대한 채용의무에 따라 채용을 한 근로자)을 이유로 차별적 처우를 하는 것을 금지하고 있는 바 차별적 처우란 합리적인 이유 없이 부당하게 차별적 대우를 하는 것을 말한다(대법 2006.7.28, 2004두

3476; 대법 2002.2.26, 2000다39063). 근로자의 학력·능력·경험·담당직무 등에 의하여 차별을 두는 것은 불합리한 차별이 아니므로 금지되는 것은 아니다.

(3) 금지되는 차별사유

1) 성별에 의한 차별

성별을 이유로 한 남녀 차별은 남녀간에 근로조건의 차별을 둘 수 없다는 것이며, 합리적인 이유 없이 남성 또는 여성이라는 이유만으로 부당하게 차별대우를 하는 것을 금지하는 것이다(대법 2006.7.28, 2004두3476). 근기법상의 성별에 의한 차별은 남녀고용평등법과는 달리 채용된 이후의 근로조건에 관한 것이므로 채용단계에서의 차별처우는 남녀고용평등법 등에서 금지하고 있다.

① **차별적 임금**: 동일가치의 노동에 대하여 여성이라는 이유로 임금에 차이를 두는 것은 근기법 제6조 위반이다. 또 남녀고용평등법 제8조는 동일 가치 노동 동일 임금 원칙을 규정하고 있다.

남녀별 임금표의 설정, 여성의 연공급의 삭감, 주택수당·가족수당의 남성에 한한 지급, 남녀간 월급제와 일급제로 구분하는 경우는 근기법 제6조 위반이다. 그러나 당해 근로자 사이에 기술, 노력, 책임, 작업조건, 연령, 근속연수, 경력, 부양가족, 직무내용, 능률, 경력 등의 합리적인 기준에 유래하는 임금의 차이는 본조 위반이 아니다. 임금에 관하여 여성을 남성보다 유리하게 취급하는 것은 예컨대 여성의 조기퇴직에 대한 퇴직금의 우대조치도 근기법 제6조 위반이다.

② **차별적 퇴직·해고·정년제**: 여성의 결혼, 임신, 출산을 퇴직 또는 해고사유로 하는 근로계약·취업규칙은 본조 위반이다. 남녀고용평등법 제11조제1항·제2항도 이를 금지하고 있다.

「여성이라는 이유로 정년 연령에 남성과 현저하게 차별(일반 근로자 55세, 전화 교환원 43세)하는 것은 본조에 위반이다」(대법 1988.12.27, 85다카657).

③ **여성 근무 분야의 정년을 다른 분야의 정년보다 낮게 정한 경우**: 여성 근로자들이 전부 또는 다수를 차지하는 분야의 정년을 다른 분야의 정년보다 낮게 정한 것이 여성에 대한 불합리한 차별에 해당하는지 여부는, 헌법 제11조제1항에서 규정한 평등의 원칙 외에도 헌법 제32조제4항에서 규정한 '여성근로에 대한 부당한 차별 금지'라는 헌법적 가치를 염두에 두고, 해당 분야 근로자의 근로내용, 그들

이 갖추어야 하는 능력, 근로시간, 해당 분야에서 특별한 복무규율이 필요한지 여부나 인력수급사정 등 여러 사정들을 종합적으로 고려하여 판단하여야 한다(대법 2019.10.31, 2013두20011).

2) 국적에 의한 차별

국적이란 국적법상 국민으로서의 지위를 의미한다. 국적에는 인종이나 출신국도 포함되는 것이다. 국적을 이유로 하는 차별이란 외국인을 특별히 불리하게 대우하거나 유리하게 대우하는 경우를 가리킨다. 최근 외국인 근로자 증가에 따라 「국적」을 이유로 차별을 둘러싼 분쟁이 속출하고 있다. 예컨대 외국인 근로자(외국인 조종사)와 내국인 근로자(내국인 조종사) 사이의 근로조건 등을 종합적으로 비교한 후 차별이 있었다면, 이러한 차별이 국적만을 이유로 한 것인지 아니면 업무능력, 직장보장의 정도, 생계비, 채용시 여건 등을 감안한 차별인지를 검토하여야 한다(1994.5.25, 임금 68207-852; 2003.12.9, 근기 68207-1586). 업무능력 등을 감안한 차별이라고 하더라도 그 차별은 단체협약, 취업규칙, 근로계약 등에 근거를 두어야 합리성이 인정된다. 근로자가 외국영주권을 취득한 것을 이유로 해고 그 밖에 근로조건에 대한 차별적 처우를 할 수는 없다(2004.6.29, 근로기준과-3258). 또한 외국인 조종사에게는 수염을 기를 수 있도록 하면서도 내국인 조종사들에게는 수염을 기르지 못하도록 한 취업규칙은 헌법 제11조 및 근기법 제6조가 규정한 평등원칙에 위반되어 무효이다(서울고법 2017.2.8, 2016누50206)라고 하였으나 상고심(대법 2018.9.13, 2017두38560)은 수염을 기르는 것을 전면 금지하는 것은 사용자가 보유하는 영업의 자유의 한계를 넘어서 근로자의 일반적 행동자유권을 침해하므로 근기법 제96조제1항, 민법 제103조 등에 따라 무효이고 따라서 이에 근거한 비행정지도 위법하다고 판단하였다.

3) 신앙에 의한 차별

① 신앙의 의의: 신앙이란 종교적인 신앙만을 가리키는 것이 아니라, 정치적인 신념·신조, 그 밖에 여러 가지 사상·신조까지 포함하는 것으로 이해되고 있으며, 그와 같은 특정한 신념을 이유로 차별대우를 할 수 없는 것이다. 본조는 양심·신앙의 자유(헌법 제19조·제20조)를 구체화한 규정이다. 또한 이러한 내면적 활동에 국한되지 아니하고 특정 종교활동 참가·불참가나 특정 정당 소속을 이유로 하는 차별적 취급도 본조 위반이 된다. 「신앙」과 「행동」은 밀접한 관계가 있지만 불

이익처분이 적법하기 위해서는 당해 행동이 이것을 정당화할 수 있을 정도로 중대할 것이 요구된다. 이와 같이 중대성이 없는데도 불이익처분을 한다면 결국 그 행동으로 나타난 「신앙」을 이유로 한 처분으로서 본조 위반이 성립한다(土田道夫, 「労働法概說」, 제2판, p.79).

② **정치적 행위를 이유로 하는 차별**: 특정한 신앙·사상에 따라 실시하는 구체적 행동이 기업질서와 이익에 악영향을 미치는 경우에 정치적 행동(신앙의 표현)을 이유로 하는 불이익 취급은 본조 위반이 아니다.

③ **경향사업**: 경향사업이란 사용자의 사업이 특정의 신앙·사상과 밀접 또는 불가분하게 연관되어 있는 경우의 특정한 정치적 또는 정치적 경향을 가진 경우를 말한다. 특정의 신앙과 불가분적 관계를 가진 사업(경향사업)에서 당해 신앙을 고용조건으로 하는 것은 본조 위반이 아니라는 견해가 유력하다.

4) 사회적 신분

사회적 신분이란 생래적 신분 또는 사회에서 차지하는 계속적 지위를 가리킨다. 귀화인·전과자·파산자 등이 여기에 해당한다고 할 수 있다. 사람이 태어나면서부터 생래적으로 가지고 있는 지위를 의미한다는 견해가 있으나 판례·행정해석은 선천적 지위뿐만 아니라 또는 후천적으로 가지게 된 지위로서 자신의 의사로도 피할 수 없는 후천적 신분도 포함된 것으로 본다. 후천적으로 근로자가 상당기간 동안 차지하고 있고 개인의 의사로 쉽게 변경할 수 없는 인격적 표지로서 소수자의 차별로 연결되기 쉬운 사회적 지위도 이에 포함된다고 해석함이 상당하다는 것이다(서울고법 2017.11.24, 2016다2070186). 예컨대 단시간근로자나 임시직 등의 직종상의 지위나 노조의 선출직 간부라는 일시적 지위가 이 같은 사회적 신분에 해당하는 것은 아니다(서울민지법 1994.9.16, 94가합40258; 1987. 5.15, 근기 01254-7861)라고 한다. 기간제근로자나 단시간근로자는 기간제법상의 차별적 처우로부터 보호를 받는다.

(4) 균등처우 원칙 위반의 효과

① 사용자가 균등처우 원칙에 위반되는 차별적 취급을 하면 벌칙규정(근기법 제114조제1호)에 따라 처벌되는 외에 그 취급이 법률행위(예컨대 해고, 배치전환, 징계처분)라면 강행법규 위반으로서 무효로 된다.

② 차별적 취급이 사실행위(예: 승급·승진·상여금 등에 있어서의 고과차별, 복지후생시

설 이용상의 차별)의 경우라면 불법행위(민법 제750조)가 성립된다. 정치적 신조를 이유로 한 승급·승격 차별이나 고과사정 차별의 경우 고과사정은 사용자의 재량행위가 개재될 수 있으므로 능력평가에 따른 정당한 격차가 정치적 신조를 이유로 하는 차별적 취급이라고 입증하는 것이 어려운 일이다.

③ 근기법 제6조 위반은 현실적으로 차별적 처우가 행해진 경우에만 성립한다.

6. 강제근로의 금지

> **법 제7조【강제근로의 금지】** 사용자는 폭행, 협박, 감금, 그 밖에 정신상 또는 신체상의 자유를 부당하게 구속하는 수단으로써 근로자의 자유의사에 어긋나는 근로를 강요하지 못한다.

(1) 강제근로 금지의 취지

① 근기법 제7조는 「사용자는 폭행, 협박, 감금 그 밖에 정신상 또는 신체상의 자유를 부당하게 구속하는 수단으로서 근로자의 자유의사에 어긋나는 근로를 강요하지 못한다」고 규정하고 있는데 이것을 「강제근로의 금지」원칙이라고 한다. 헌법 제12조제1항은 강제노역에 따르지 않을 기본적 권리를 보장하였는바 근기법 제7조는 헌법의 취지를 근로관계에서 구체적으로 실현하기 위한 것이다. 봉건적인 노동관행을 타파하고 인격의 존엄성을 보장하기 위해 ILO는 1930년에 「강제노동에 관한 협약(제29호)」과 1975년에 「강제노동의 폐지에 관한 협약(제105호)」을 채택하였다.

② 근기법 제7조에서 강제근로를 금지하는 것은 근로자의 인격을 존중하고, 봉건적 관행으로서 내려오던 자유의사에 반한 근로를 근절시키려는 데 취지가 있다.

③ 금지의 대상이 되는 근로의 강제란 근로의 실행뿐만 아니라 준비 단계의 착수도 이에 포함된다.

(2) 강제근로의 수단

1) 강제근로의 수단으로서 폭행·협박·감금

근기법 제7조에서 규정하는 강제근로의 수단으로서 폭행(형법 제260조)·협박(형법 제283조)·감금(형법 제276조) 등은 모두 형법에서 규정하고 있는 개념으로 이해하여야 하지만, 강제근로의 수단으로 예시된 것들에 불과하므로 형법에서의 그것보다는 넓게 해석되는 반면 그러한 수단을 통하여 근로자의 자유의사에 반하는 근로가 강요되었는지의 여부가 더 중요시된다. 작업 중 출입문을 폐쇄하거나 근로자의 중요한 생활용품을 일방적으로 보관하는 것은 본조에 위반된다.

2) 정신 또는 신체의 자유를 구속하는 수단

그 밖에 정신상 또는 신체상의 자유를 부당하게 구속하는 수단이란 사회통념상 부당한 것으로 인정되는 방법에 의하여 근로자에게 근로를 강요하는 일체의 경우를 가리킨다고 할 것이다. 여기에 근로자의 정신상의 작용 또는 신체의 행동을 방해하는 상태를 발생케 하는 모든 수단을 의미한다고 해석된다. 계약불이행에 대한 위약금제도(근기법 제20조), 손해배상금의 예정제도(근기법 제20조), 전차금 상계제도(근기법 제21조), 그리고 사용자 관리하의 강제예금제도(근기법 제22조) 등 그 구체적 태양으로 인하여 근로자의 자유의사에 어긋나 근로를 강제하는 정도에 이른다면 부당한 구속수단에 해당되어 본조 위반이 성립한다.

3) 판례 및 행정해석

판례(대법 1992.2.25, 91다26232)는 「기업체에서 비용을 부담·지출하여 직원을 해외에 파견하여 위탁교육을 시키고 이를 이수한 직원이 교육수료일자로부터 일정한 의무재직기간 이상 근무하지 아니할 때에는 기업체가 부담한 해당 교육비용의 전부 또는 일부를 상환하도록 한 기업체의 규정 등이 근기법 제7조가 금지하는 정신 또는 신체상의 자유를 부당하게 구속하는 수단으로서 근로자의 자유의사에 반하는 근로를 강요하는 것이 아니다」고 하고 있다. 또한 사용자가 사표수리를 지연·거부하는 것만으로는 본조의 위반이 아니다. 근로자가 근로계약에 의하여 덤프트럭 운전사로 고용되었음에도 불구하고 사용자가 근로자를 정당한 이유없이 일방적으로 잡부노동에 종사하도록 하는 것은 근기법 제7조에 위배된다(서울지법 1979.7.12, 79가합373).

행정해석은 시험문제의 인쇄 등 특히 기밀이 보장되어야 하는 업무의 수행을 위하여 특정기간 중 출입을 통제하는 것은 강제근로에 해당되는 것으로 볼 수 없다(1981.12.12, 근기 1455-36726)고 한다.

(3) 강제근로의 유형

① 이직을 강제로 제한하는 경우
② 정당한 이유 없이 다른 직종의 근로를 강요하는 경우
③ 기숙사에서 인격의 자유를 제한하는 경우
④ 연장근로·휴일근로를 강요하는 경우
⑤ 장기근로계약·사표수리 거부의 경우
⑥ 근로계약 불이행에 대해 위약금 설정, 전차금 상계 등을 규정하는 경우

7. 폭행의 금지

법 제8조【폭행의 금지】 사용자는 사고의 발생이나 그 밖의 어떠한 이유로도 근로자에게 폭행을 하지 못한다.

(1) 폭행금지의 취지

근기법 제8조는「사용자는 사고의 발생이나 그 밖의 어떠한 이유로도 근로자에게 폭행을 하지 못한다」고 규정하고 있는데 이것을「폭행의 금지」원칙이라고 한다. 이 규정은 근기법 제7조의 강제근로의 금지와 함께 헌법 제11조제2항을 근로관계에 구체화한 것으로 근로자의 인격을 존중하고 전근대적 관행을 타파하기 위한 것이다.

근로관계에 있어서 근로자의 인격의 존엄성을 실현하는 것이 근기법의 목표이므로, 근로자의 과실이나 귀책사유에 의한 사고 발생이나 기업질서 문란에 대하여 징계책임이나 형사책임 또는 민사상의 손해배상책임을 물을 수는 있으나 근로자의 신체에 직접으로 물리적인 유형력을 가하는 행위인 폭행이나 보복적 내지 징벌적인 가혹행위는 어떤 이유로도 용납할 수 없다는 것이 근기법 제8조의 취지이다. 이는 업무와 관련하여 근로자가 사용자로부터 보복적 또는 징계적인 가혹행위를 당하는 것을 방지하고자 하는 취지이므로 사용자의 근로자에 대한 업무감시 행위는 이에 해당한다고는 볼 수 없다(1993.11.24, 근기 68207-2452).

(2) 폭행의 의의

근기법 제8조는 형법상의 폭행죄에 대한 특별규정이며 근기법 제8조의 폭행은 형법상의 폭행(형법 제260조)을 의미하는 것으로 근기법 제7조에 규정된 폭행과 마찬가지이다. 즉, 폭행이란 근로자에 대한 모든 형태의 유형력의 행사를 의미한다(대법 1956.12.21, 4289형상297). 근기법에서의 폭행은 업무와 관련하여 사용자에 의한 근로자 폭행을 말한다.

근기법 제7조의 강제근로의 금지에서 금지의 대상으로 하고 있는 것은 폭행을 수단으로 하여 강제근로를 시키는 것을 금지하고 있으나 근기법 제8조의 폭행은 폭행행위 그 자체를 금지하고 있다.

근기법 제8조는 형법상의 폭행죄와는 달리 반의사불벌죄가 아니어서 근로자의 처벌희망의사가 없더라도 사용자는 처벌될 수 있다.

8. 중간착취의 배제

> **법 제9조 【중간착취의 배제】** 누구든지 법률에 따르지 아니하고는 영리로 다른 사람의 취업에 개입하거나 중간인으로서 이익을 취득하지 못한다.

(1) 중간착취 배제의 취지

1) 중간착취 배제의 의의

근기법 제9조에 의하면「누구든지 법률에 따르지 아니하고는 영리로 다른 사람의 취업에 개입하거나 중간인으로서 이익을 취득하지 못한다」고 규정하고 있는바 이것을「중간착취 배제의 원칙」이라고 한다. 동조항에서 금지하는 행위는 '영리로 타인의 취업에 개입하는 행위'와 '중간인으로서 이익을 취득하는 행위'이다.

2) 근기법 제9조의 취지

근기법 제9조의 목적은 이른바 노동청부업자들에 의한 근로자 수입에 대한 불법적이고 부당한 중간착취를 금지함에 있다. 근로자의 취직시 또는 취직 후에 사용자와 근로자의 중간에 개입하여 중간착취를 하는 것(kick-back)을 금하고 있다.

중간착취란 다른 사람의 취업을 소개하거나 알선하는 조건으로 소개료·중개료·수수료·구전 등의 명목으로 이익을 취득하거나 또는 취업 후에 중개인·작업반장·감독자 등의 지위를 이용하여 근로자의 임금의 일부를 착취하는 행위를 가리키며, 이는 봉건적인 근로관계 내지 전근대적 노동관계에서 발생하는 폐습이다.

(2) 중간착취의 성립요건

1) 「다른 사람의 취업에 개입하여」 이익을 취득하는 행위

여기에 「취업」이란 근로관계에 들어감을 의미하며, 「다른 사람의 취업에 개입한다」함은 근로관계의 당사자 즉, 근로자와 사용자의 중간에 제3자가 개입하여 알선 또는 소개 등으로 근로관계의 개시에 대하여 인과관계를 가지는 행위를 함을 의미한다. 예를 들면 법률에 의하지 않은 직업소개를 하고 중개료를 받거나 허가없이 근로자의 모집 또는 근로자공급 등의 행위를 말한다.

2) 「영리로」 다른 사람의 취업에 개입하는 행위

'영리로 타인의 취업에 개입' 하는 행위는 제3자가 영리로 타인의 취업을 소개·알선하는 등 근로관계의 성립 또는 갱신에 영향을 주는 행위를 말한다.

즉, 제3자가 영리로 타인의 취업을 소개 또는 알선하는 등 근로관계의 성립 또는 갱신에 영향을 주는 행위에는 취업을 원하는 사람에게 취업을 알선해 주기로 하면서 그 대가로 금품을 수령하는 정도의 행위도 포함되고, 반드시 근로관계 성립 또는 갱신에 직접적인 영향을 미칠 정도로 구체적인 소개 또는 알선행위에까지 나아가야만 하는 것은 아니다(대법 2008.9.25, 2006도7660). 여기에서의 '영리로' 의 의미는 '경제적인 이익을 취득할 의사' 를 말하는 것이라 할 것이므로, 결국 위 규정의 전단부분은 경제적인 이익을 취득할 의사 내지 목적으로 다른 사람의 취업에 개입하는 것을 금지하고 있는 규정이라 할 것이다. 근기법 제9조의 전단부분과 근기법 제107조는 다른 사람의 취업에 개입하여 그와 관련하여 금품을 수수하였다고 하더라도 그 모든 경우를 처벌하는 것이 아니라 '영리' 의 의사로 개입한 경우에 한하여 처벌하는 것으로 보아야 할 것이다. 또한 위와 같은 영리성을 판단함에 있어서는 그에 대하여는 적극적 의욕이나 확정적 인식임을 요하지 아니하고 미필적 인식이 있으면 족하다고 할 것이다.

3) 중간인으로 「이익을 취득하는 행위」

'중간인으로서 이익을 취득' 하는 행위는 근로관계 존속 중에 사용자와 근로자 사이의 중간에서 근로자의 노무제공과 관련하여 사용자 또는 근로자로부터 법률에 의하지 아니하는 이익을 취득하는 것을 말한다(대법 2007.8.23, 2007도3192). 따라서 사업주 또는 사용자의 경우 자신이 직접 당사자가 되는 근로계약관계는 제3자로서 개입하는 중간착취가 성립하기 어렵다(2013.12.16, 근로개선정책과-7866). 예컨대 대기업 취업을 청탁받고 취업 사례금 명목으로 금품을 받은 경우, '영리로 타인의 취업에 개입' 하는 행위에 해당하는지 여부만이 문제될 뿐 '중간인으로서 이익을 취득하는 행위' 에 해당한다고는 볼 수 없다(대법 2007.8.23, 2007도3192). '이익' 이란 수수료·보상금·금전 이외의 재물 등 어떠한 명칭이든 불문하며, 또한 유형적인 것이든 무형적인 것이든 상관없다. 임금을 일괄 수령하여 일부분을 착복하는 것은 본조 위반이다. 개입 또는 중개행위는 이를 계속 반복함으로써 영업을 하는 것을 가리키는 것으로 해석하는 것이 본래의 입법취지이다. 다만, 이익을 취할 목적으로 하는 중개행위가 반복적으로 행하여지지 않았더라도 그것이 근로자보호관념에 반할 때에는 근기법 제9조 위반행위로서 엄격하게 해석하는 것이 바람직할 것이다(김형배, 「노동법」, 제26판, p.186).

4) 「누구든지 법률에 의하지 아니하고」 이익을 취득하는 행위

누구든지 법률에 의하지 아니하고 전기 항목에 해당될 행위를 하는 것이다. 여기에서 '누구든지' 란 개인·단체를 불문한다.

(3) 중간착취의 예외

타인의 근로관계의 개시나 존속에 개입하는 것이 중간착취에 해당하지 않는 경우는 법률에 의하여 허용된 경우이며, 근로관계의 개시에 관하여 개입하는 유형으로서는 직업소개, 근로자의 모집과 근로자 공급의 세 가지가 있으며, 중간착취가 아닌 경우는 다음과 같다.

① 직업안정법 제19조에 의해 고용노동부장관에게 등록한 유료직업소개소

② 직업안정법 제33조에 의해 고용노동부장관의 허가를 받은 근로자공급사업

③ 파견법 제7조에 의해 고용노동부장관의 허가를 받은 근로자파견사업

9. 공민권 행사의 보장

법 제10조【공민권 행사의 보장】 사용자는 근로자가 근로시간 중에 선거권, 그 밖의 공민권(公民權) 행사 또는 공(公)의 직무를 집행하기 위하여 필요한 시간을 청구하면 거부하지 못한다. 다만, 그 권리 행사나 공(公)의 직무를 수행하는 데에 지장이 없으면 청구한 시간을 변경할 수 있다.

(1) 내용과 취지

① 근기법 제10조는「사용자는 근로자가 근로시간 중에 선거권, 그 밖의 공민권 행사 또는 공의 직무를 집행하기 위해 필요한 시간을 청구하면 거부하지 못한다. 다만, 그 권리 행사나 공의 직무를 수행하는 데에 지장이 없으면 청구한 시간을 변경할 수 있다」고 규정하고 있다. 이것을「공민권 행사 보장원칙」이라 한다.

② 근기법 제10조의 취지는 근로자의 민주주의사회에서 불가결한 공적 활동 등 공민권 행사에 대한 보장에 있다. 근로자도 역시 국민의 한사람으로서 사용자와 동일하게 선거권 또는 그 밖의 공민권을 행사할 수 있으며 공적 직무를 집행할 수 있는 권리도 가지고 있다. 근로관계로 인하여 그러한 국민으로서 향유하고 있는 공민권의 행사가 저해되어서는 안된다.

(2) 공민권 행사의 내용

1) 공민권의 행사

①「선거권 그 밖의 공민권」의 의의: 선거권 그 밖의 공민권이란 국가 공무에 참여할 수 있는 자격을 갖춘 국민이 헌법이나 기타 법률에 의해 정해진 공무에 참여할 수 있는 국민의 기본권을 말한다(2010.3.8, 근로기준과-139). 예를 들면 국민투표권, 공직선거법상의 선거권 및 피선거권 등이다.

② 예비후보자의 선거운동: 공직선거법 제60조의2에 따라 예비후보자 등록은 정식 후보자등록과 마찬가지로 피선거권이 있는 자가 할 수 있고, 같은 법 제60조의3에서 예비후보자로 등록한 자에게 선거운동을 할 수 있도록 보장하고 있으므로, 국민일반에게 부여되는 공민으로서의 권리인 피선거권의 보장과 정치신인에게 공정한 경쟁의 기회를 부여한다는 예비후보자제도의 도입취지를 고려할 때 예비후

보자의 선거운동에 필요한 시간은 공민권 행사의 범위에 포함된다(2010.10.14, 근로기준과-1296).

③ **사법상의 소송**: 사법상의 채권·채무에 관한 소송은 공민권의 행사라고 볼 수 없다.

2) 공의 직무

① **「공의 직무」의 의의**: 「공의 직무」란 법령에 근거하여 직무 자체가 공적인 성격을 띠는 업무 또는 공민으로서 이행할 의무가 규정되어 있는 직무를 의미한다(2019.4.8, 근로기준정책과-2122). 국회의원, 노동위원회의 위원 등이 회의에 참석하는 행위, 재판절차에서의 증인, 선거관리위원, 공직선거법상의 입회인 등의 업무수행, 감정인으로 법원에 출석하는 행위, 예비군훈련에 참가하는 행위, 정부가 설정한 기간 중의 주민등록증을 갱신하기 위해 동사무소 등에 들리는 행위 등이 모두 공의 직무에 해당된다. 근로자가 노동위원회법에 의거 노동위원회 위원으로 위촉되어 활동하는 것은 '공의 직무'에 해당하므로 특정 사업(장)에 소속된 근로자가 노동위원회 위원으로 위촉될 때 반드시 사용자의 허가를 받아야 하는 것은 아니다(2004.5.12, 근로기준과-2328).

② **공민권행사 내지 공의 직무집행에 포함되지 않는 예**: 예컨대 공직선거에 타인을 위한 선거운동, 정당활동, 노동조합 활동, 민형사재판, 노동위원회 사건의 당사자로서 활동하는 경우 등이다. 예컨대 부당징계 및 부당노동행위 등으로 노동위원회에 구제 신청(재심신청)을 한 당사자가 사전 조사 등에 필요하여 관할 노동위원회의 요구에 출석하는 시간은 공권이 아닌 사권의 성격이 강하므로 이를 근기법 제10조에서 규정한 '공의 직무'로 보기는 어렵다(2007.8.8, 근로기준팀-5828). 노동조합의 활동은 조합원들의 이익을 위한 사적 단체인 노동조합의 활동과 관련하여 고소를 당한 근로자가 수사기관과 법원에 출석하는 행위는 단체협약에서 공가의 대상으로 정한 "공무에 관한 수사기관, 법원의 출두"에 해당하지 않는다(창원지법 2007.7.4, 2006가소73161).

3) 필요한 시간의 범위

근기법 제10조에 의한 공민권의 행사와 공의 직무를 집행하기 위한 「필요한 시간」이란 근로자가 청구한 시간, 혹은 사용자가 획일적으로 정한 시간을 의미하는 당해 공민권 행사에 필요한 최소한의 시간뿐만 아니라 왕복시간 등 부수적 시간, 사전준비시간·사후정리시간 등을 포함한 충분한 시간을 의미한다(서울민사지법 1993.1.19, 91가합19495; 2012.12.13, 근로개선정책과-6817). 결국은 사회통념에 의하여 판단해야 할 것이다. "시간"의 변경은 공민권의 행사 또는 공의 직무집행에 지장을 주지 않는 한 "날"의 변경도 가능하다고 해석된다.

(3) 공민권 행사 방법 및 보장 내용

① **공민권 행사 방법**: 해당 사업 또는 사업장의 단체협약·취업규칙에 공민권 행사방법 및 청구시기에 관하여 특별히 정하였다면 그에 따라야 할 것이나 그렇지 않은 경우라면 노사간 자유롭게 정할 수 있다. 이 경우 구두·서면 등 근로자의 공민권 행사 의사표시가 사용자에게 도달할 수 있는 방법이면 충분하고 그 청구시점도 특별한 사정이 없는 한 사회통념상 합리적인 범위내에서 자유롭게 선택할 수 있다(2012.12.13, 근로개선정책과-6817).

② **거부의 금지**: 사용자는 근로시간 중이라도 공민권의 행사와 공의 직무를 집행하기 위하여 필요한 시간을 청구하면 거부하지 못한다. 그러나 그 권리행사 또는 공의 직무집행에 지장이 없는 한 그 청구한 시간을 다른 시간으로 변경할 수는 있다. 근기법 제10조 위반은 사용자의 거부만으로 족하며, 거부의 결과 당해 근로자가 그 권리를 행사했는지 여부는 문제되지 않는다.

③ **시간의 변경**: 사용자는 공민권의 행사 또는 공의 직무의 집행에 지장이 없는 한 청구한 시간을 근로시간 중의 다른 시간으로 변경하는 것은 허용된다. 다만, 휴게시간을 이용케 하는 것은 휴게시간의 자유이용원칙에 비추어볼 때 용인될 수 없을 것이다.

(4) 공민권 행사 보장에 관한 관련문제

1) 공민권 행사와 임금 지급

① **원칙**: 공민권 행사와 공의 직무집행 시간 중의 임금 지급에 관하여는 근기법 제10조는 특별히 규정하고 있지 아니하므로 당사자간의 합의에 의할 것이다. 이에 대한 아무런 약정이 없는 경우에는 원칙적으로 사용자는 임금 지급 의무가 면제된다고 할 것이다(2019.4.8, 근로기준정책과-2122).

② **국민투표법·공직선거법**: 국민투표법 제4조 및 공직선거법 제6조제2항에서는

'다른 사람에게 고용된 자가 선거인명부를 열람하거나 투표하기 위하여 필요한 시간은 보장되어야 하며 이를 휴무 또는 휴업으로 보지 아니한다' 로 규정하고 있으므로, 선거에 필요한 시간을 보장하여야 할 뿐만 아니라 유급으로 하여야 한다고 해석된다(2012.5.9, 근로개선정책과-2571). 근기법 제55조제2항에 의하여 「관공서의공휴일에관한규정」에 의한 공휴일은 유급휴일로 보장되고 동 규정 제2조제10의2호는 공직선거법 제34에 따른 임기만료에 의한 선거의 선거일은 유급휴일로 보장되어 있다.

③ **향토예비군설치법·민방위기본법**: 향토예비군설치법 제10조와 민방위기본법 제23조는 '타인을 사용한 자는 그가 고용하는 자가 예비군(민방위) 대원으로 동원되거나 훈련을 받는 때에는 그 기간을 휴무로 하거나 그 동원이나 훈련을 이유로 불이익한 처우를 하여서는 아니된다' 고 규정하고 있는 바, 여기에서 '휴무로 할 수 없다' 는 것도 유급으로 하여야 한다는 것으로 해석된다.

판례(대법 1989.5.9, 87도1801)는 「향토예비군설치법 제10조, 민방위기본법 제23조, 그리고 근기법 제10조 본문의 규정취지를 미루어 볼 때, 임금의 지급형태가 일당도급제라고 하더라도 사용자는 향토예비군훈련이나 민방위훈련으로 인하여 일을 하지 못한 피고용자에 대하여 최소한의 임금을 지급하여야 할 것」이라는 원칙을 밝히고 있다.

2) 공의 직무와 해고·휴직

근기법 제10조의 취지는 정상적인 근로관계의 존속을 전제로 하여 근로자의 공의 직무 집행을 보장하려는데 그 목적이 있는 바, 사용자의 근로자의 피선거권 행사보장 의무는 합리적이고 필요한 범위 내에서 인정된다 할 것이다. 공민권행사 또는 공의 직무 활동이 장기간인 경우에는 가급적 휴직 등을 통해 하는 것이 바람직하고, 사회통념상 정상적인 근로관계의 유지가 어렵다고 인정될 수 있는 경우에는 해고도 가능할 것이다(2010.10.14, 근로기준과-1296).

4 근기법의 실효성 확보

근기법은 법으로서의 실효성을 확보하기 위하여 단체협약이나 취업규칙을 근로계약보다 중요시한다거나 법 위반의 근로계약을 무효로 하는 등 법리적 대응을 하기도 하지만 이와 별도로 법 위반에 대하여 벌칙을 적용하거나 행정적인 규제와 사전예방책을 마련해 놓고 있다.

1. 강행적·직률적 효력

법 제15조【이 법을 위반한 계약】 ① 이 법에서 정하는 기준에 미치지 못하는 근로조건을 정한 근로계약은 그 부분에 한하여 무효로 한다. ② 제1항에 따라 무효로 된 부분은 이 법에서 정한 기준에 따른다.

(1) 근기법 제15조의 내용과 취지

① 근기법 제15조는 동법에서 설정하는 기준이 근로계약 내용에 대해서 강행적인 효력을 가지며, 또한 근로계약 내용을 직접 규율하는 효력을 갖는다는 것을 명확히 하였다. 근기법 제15조제1항은 「이 법에서 정한 기준에 미치지 못하는 근로조건을 정한 근로계약은 그 부분에 한하여 무효로 한다」고 하여 근기법의 근로조건기준의 강행적 효력을 선언한 규정이다. 근기법 제15조제2항은 「제1항의 규정에 따라 무효로 된 부분은 이 법에서 정한 기준에 따른다」라고 규정하고 있다. 근기법의 기준이 근로계약내용을 직접 규율한다는 것(강행적·보충적 효력)을 명시한 것이다.

② 근기법 제15조의 규정은 직접적으로 근기법상의 기준이 근로자와 사용자간의 합의내용을 강행적·보충적으로 규율한다는 것을 명확히 하고 있으나, 법 위반의 법률행위를 무효로 한다는 강행적 효력은 사용자가 근로계약관계에서 행하는 일방적인 법률행위에 대하여도 생긴다. 근로계약으로 정하지 않은 사항도 법정기준에 의한다.

③ 근기법의 규정은 보호법규로서 강행성을 가지고 있기 때문에 사용자가 이에 위반할 수 없음은 물론이며, 근로자라 하더라도 근기법상의 권리를 포기할 수 없다(2012.8.28, 근로개선정책과-4354). 그러므로 근기법상의 기준은 근로관계 당사자의 의사 여하를 불문하고 실현되어야 하며, 이에 대한 준수와 이행은 감독기관을 통하여 확보되고 있다. 이런 의미에서 근기법은 공법적 성격을 가지고 있다.

④ 근기법 제15조에서는 근기법에 정한 기준에 미치지 못하는 근로조건을 정한

근로계약은 그 부분에 한하여 무효로 하면서(근기법의 강행성) 그 무효로 된 부분은 근기법이 정한 기준에 의하도록 정하고 있다(근기법의 보충성)(대법 2010.5.13, 2008다6052). 근기법 제15조는 민법 제137조에서 정한 법률행위의 일부 무효 시 전부 무효의 원칙의 적용을 배제하고 있다. 위 각 규정의 취지는 근기법의 목적을 달성하기 위하여 개별적 노사간의 합의라는 형식을 빌어 근로자로 하여금 근기법이 정한 기준에 미달하는 근로조건을 감수하도록 하는 것을 저지함으로써 근로자에게 실질적으로 최소한의 근로조건을 유지시켜 주려는 데 있다(대법 2011.9.8, 2011다27769).

2) 사법상의 효력규정

근기법 등 근로자보호법규의 각 조항은 원칙적으로는 사법상의 효력규정이다. 사용자에게 일정한 수준의 금액의 지급을 명하는 규정(예컨대 임금, 퇴직금, 휴업수당 등)이 있으며, 사용자의 근기법 위반에 대하여 동법상의 기준 이행을 청구 내지 소구할 수 있는 권리를 인정하고 있어 동시에 사법적 보호를 전제하고 있다. 그러므로 근로자에게는 명확하게 그 금액에 대한 청구권을 부여하는 것이라고 해석된다.

근기법은 기본적으로 행정형벌법규로서의 공법적 성격뿐만 아니라 사법적 성격(효력)도 가지고 있다.

3) 강행적·직률적 효력의 적용범위

근기법의 강행적·보충적 효력은 근로계약뿐만 아니라 취업규칙 및 단체협약에 대해서도 적용된다. 단체협약이나 취업규칙 내용 중 근기법 위반의 근로조건은 무효로 되고, 무효로 된 부분에 대해서는 근기법상의 기준이 근로조건의 내용이 된다. 이때 근기법의 강행적 효력에 의해서 무효로 되는 것은 근기법이 정하는 기준에 미달하는 근로조건 부분이다.

2. 벌 칙

(1) 책임주체로서의 사용자

근기법 제2조제1항제2호는 「사용자란 사업주 또는 사업 경영 담당자 그 밖에 근로자에 관한 사항에 대하여 사업주를 위하여 행위하는 자를 말한다」고 정의하고 있다. 이 정의규정은 근기법 각 조항에서 정하는 사항에 관한 현실의 행위자(실질적인 책임자)를 사용자로서 파악하고 각 조항 위반의 책임주체로 한다는 취지의 규정이다.

(2) 양벌규정의 의의와 적용요건

양벌규정이란 근기법 위반의 행위를 한 사용자에게 벌칙(근기법 제107조 이하)이 적용되나 행위자가 사업주가 아닌 경우에도 기업이익의 귀속주체로서의 사업주에게도 위반행위자와 함께 처벌을 하는 규정을 말한다. 근기법 제115조는 「사업주의 대리인, 사용인, 그 밖의 종업원이 해당 사업의 근로자에 관한 사항에 대하여 제107조, 제109조부터 제111조까지, 제113조 또는 제114조의 위반행위를 하면 그 행위자를 벌하는 외에 그 사업주에게도 해당 조문의 벌금형을 과(科)한다. 다만, 사업주가 위반 행위를 방지하기 위하여 해당 업무에 관하여 상당한 주의와 감독을 게을리하지 아니한 경우에는 그러하지 아니하다」고 규정하고 있다. 이른바 양벌규정이다.

(3) 근기법 위반과 형법 총칙의 적용

근기법 위반의 범죄가 성립하여 동법 제12장 벌칙이 정하는 형을 과할 수 있는가에 대해서는 형법 총칙이 적용된다.

따라서 근기법 각 조항 위반의 범죄는 고의범이 되며, 그 성립에는 각 조항의 구성요건 해당 행위의 인식, 인용이 필요하게 된다.

(4) 과태료의 부과징수

1) 부과징수의 취지

근기법 위반사항이라도 직접적인 권리·의무사항이 아니거나, 단속규정, 경미한 의무 위반 사항에 대해서도 형벌을 부과하는 것은 불합리한 측면이 있다. 형사처벌을 지양하고 법규정의 실효성을 제고하면서도 다수 국민이 전과자가 되는 것을 방지할 필요가 있으므로 직접 권리·의무사항이 아닌 경미한 의무 위반은 벌금에서 과태료로 전환하였다(근기법 제116조).

2) 과태료 전환 조항

취업규칙의 작성·신고, 기숙사 임원선거 간섭 등 12개 사항은 위반시에 500만원 이하의 과태료를 부과한다(동법 제116조제1항).

3) 과태료의 부과 징수 및 부과기준

과태료는 대통령령으로 정하는 바에 따라 고용노동부장관이 부과·징수한다(근기법 제116조제2항). 고용노동부장관은 과태료의 금액을 정할 때 그 위반행위의 정도, 위반행위의 동기와 그 결과 등을 참작하되, 그 부과기준은 근기법시행령 별표 7과 같다(동법시행령 제60조제3항).

3. 근로감독관제도

(1) 감독기관의 조직

근기법의 강행적·보충적 효력과 벌칙은 이른바 근기법 위반에 대한 사후적 구제이다. 근기법 등의 실효성 확보를 위해서는 위반행위의 방지를 목적으로 하여 사용자를 지도·감독하는 전문적 행정기관에 의한 행정감독이 필요하다. 그리하여 근기법 제12장(제101조~제106조)에서 감독기관에 관하여 규정하고 있다. 근기법은 이 행정감독기관으로서 고용노동부에 근로감독정책단, 근로기준정책관을, 전국 각 지방고용노동청과 각 주요도시에는 지방고용노동청지청을 설치하여 근로감독관(산업안전 포함)을 배치하고 있다.

이들 감독기관은 국가의 직속기관으로서 모두 고용노동부장관의 직접 관리하에 있다. 그리고 이들 감독기관에는 근로감독관 기타 필요한 직원이 배치되고 있다. 각 기관에 배치되는 근로감독관의 자격, 임면과 직무배치에 관해서는(근기법 제101조제2항) 「근로감독관규정」(2007.6.29, 대통령령 제20142호)에서 이를 규정하고 있다.

(2) 근로감독관 권한

일선 감독행정을 담당하는 것은 지방고용노동청 또는 지방고용노동지청의 근로감독관이며 그 권한은 중요하다. 근로감독관은 노동관련법령 및 근로감독관집무규정(2019.9.1, 고용노동부훈령 제291호)에 따라 권한을 행사한다.

1) 행정상의 권한

근로감독관은 현장조사, 심문, 장부서류의 제출요구, 근로자의 검진을 할 권한이 있다(근기법 제102조). 이것은 어디까지나 행정상의 권한이다. 근로감독관이나 고용노동부장관의 행정지도, 행정지시는 그것 자체로 어떤 법률효과가 발생하는 것은 아니므로 행정법상의 행정처분이 아니며 따라서 행정소송의 대상이 되지 않는다(대법 1995.11.21, 95누9099; 서울행정법원 2017.11.28, 2017다12787 파리바게트사건). 범죄수사의 경우에는 형사소송법상의 절차에 따른다.

2) 사법경찰관으로서의 권한

근로감독관은 근기법 그 밖의 노동관계 법령 위반의 죄에 관하여 「사법경찰관리의직무를행할자와그직무범위에관한법률」이 정하는 바에 따라 사법경찰관의 직무를 행하는 데에 비밀엄수의무가 부과되고 있다(근기법 제103조). 근로감독관은 전문적 행정감독관이며 각자에 대하여 특별한 권한이 부과되고 또 신분보장을 받는다.

(3) 근로감독관의 의무

근로감독관은 직무상 알게 된 비밀을 엄수하여야 한다. 근로감독관을 그만 둔 경우에도 또한 같다(근기법 제103조).

근로감독관집무규정(2019.9.1, 고용노동부훈령 제291호)

[별표 3] 개별근로관계법 위반사항 조치기준(일반조치기준)

1. 조치기준란에 기재된 시정기간내에 시정하도록 서면지시하되, 기한내에 시정완료하면 내사종결하고, 기한내에 시정하지 아니하면 범죄인지 보고 후 수사에 착수한다.(행정질서벌의 경우는 과태료 부과)
2. 조치기준란의 반의사불벌 관련사항
- 피해자가 처벌을 희망하지 아니하는 명시적인 의사표시가 있는 경우 진정사건 또는 사업장근로감독 사안은 내사종결하고
- 범죄인지사건, 고소·고발 사건은 불기소의견으로 검찰 송치한다.
3. "즉시시정"의 경우 시정완료하면 내사종결하고 시정하지 아니하면 범죄인지(과태료 부과) 한다.
4. "즉시범죄인지" 또는 시정기간이 명시되지 않은 경우에는 즉시 범죄인지보고(과태료 부과)한다.
5. 처리기간의 계산은 민원사무처리에관한법률 제6조의 처리기간의 계산에 의한다.
6. 위의 1호부터 5호까지는 별표4「집단 노동관계법령 위반사항 조치기준」에도 준용한다.
7. 기간제법 제8조 및 파견법 제21조를 위반한 경우에는 시정기간 내에 시정하도록 서면으로 지시하되, 기한까지 시정을 완료하면 행정종결하고, 기한까지 시정하지 아니하면 별지 제51호서식의 차별적처우내용통보서에 관련 서류 사본을 첨부하여 관할 지방노동위원회에 통보한다.

4. 근기법의 실효성을 확보하기 위한 사용자의 의무

근기법의 실시나 그를 위한 감독행정을 실효 있게 하기 위하여 동법은 사용자에게 몇 가지의 의무를 부과하고 있으며 사용자가 이를 위반할 경우에는 벌칙이 있다.

(1) 법, 영, 규칙의 주지의무

① **법·영·취업규칙의 경우**: 사용자는 근기법과 동법에 따른 대통령령의 요지와 취업규칙을 근로자가 자유롭게 열람할 수 있는 장소에 항상 게시 하거나 갖추어 두어 근로자에게 널리 알려야 한다(근기법 제14조제1항).

② **기숙사규칙의 경우**: 사용자는 기숙사규칙을 기숙사에 게시하거나 갖추어 두어 기숙하는 근로자에 널리 알려야 한다(동법 제14조제2항).

③ **자유롭게 열람할 수 있는 장소**: 근기법은 그 게시 또는 비치 장소가 특정되어 있지 않아 현실적으로 근로자들이 취업규칙을 인식할 수 있는 여건이 제대로 이루어지지 않고 있는 실정이므로 취업규칙의 게시 또는 비치장소를 근로자가 자유롭게 열람할 수 있는 장소로 명시하려는 것이다.

(2) 근로자 명부의 작성의무

① **관련규정**: 사용자는 각 사업장별로 근로자 명부를 작성하고 근로자의 성명, 생년월일, 이력 그 밖에 대통령령으로 정하는 사항을 기입하여야 한다. 근로자 명부에 적을 사항이 변경된 경우에는 지체없이 정정하여야 한다(동법 제41조).

② **근로자 명부의 기재사항**: 근로자 명부에는 고용노동부령으로 정하는 바에 따라 소정의 사항을 기입하여야 한다(동법시행령 제20조).

③ **근로자 명부 작성의무 면제**: 사용기간이 30일 미만인 일용근로자에 대하여는 근로자 명부의 작성의무가 면제되고 있다(동법시행령 제21조).

(3) 계약서류의 보존의무

① **관련규정**: 사용자는 근로자 명부와 대통령령으로 정하는 근로계약에 관한 중요한 서류를 3년간 보존하여야 한다(근기법 제42조). 퇴직금중간정산서류는 근로자가 퇴직한 후 5년이 되는 날까지 보존하여야 한다(근퇴법시행령 제3조제2항).

② **계약서류의 보존기간**: 계약서류의 보존기간의 계산은 다음에 해당한 날로부터 기산한다(근기법시행령 제22조제2항).

(가) 근로자 명부는 근로자가 해고되거나 퇴직 또는 사망한 날

(나) 근로계약서는 근로관계가 끝난 날

(다) 임금대장은 마지막으로 써 넣은 날

(라) 고용·해고 또는 퇴직에 관한 서류는 근로자가 해고되거나 퇴직한 날

(마) 영 제22조제1항제7호의 승인이나 인가에 관한 서류는 승인 또는 인가를 받은 날

(바) 영 제22조제1항제8호의 서면합의 서류는 서면합의한 날

(사) 연소자의 증명에 관한 서류는 18세가 되는 날(18세가 되기 전에 해고되거나 퇴직 또는 사망한 경우에는 그 해고되거나 퇴직 또는 사망한 날)

(아) 그 밖의 서류는 완결한 날

(4) 임금대장의 작성의무

① **임금대장 작성의무 단위**: 사용자는 각 사업장별로 임금대장을 작성하고 임금과 가족수당 계산의 기초가 되는 사항, 임금액 그 밖에 대통령령으로 정하는 사항을 임금을 지급할 때마다 적어야 한다(근기법 제48조).

② **임금대장의 기재사항**: 임금대장의 기재사항을 근로자 개인별로 임금대장에 적어야 한다.

③ **임금대장의 기재사항 일부예외**: (가) 사용기간이 30일 미만인 일용근로자에 대하여는 주민등록번호, 임금 및 가족수당의 계산기초가 되는 사항을 적지 아니할 수 있다(동법시행령 제27조제2항).

(나) 근기법 제11조제2항에 따른 상시 4명 이하의 근로자를 사용하는 사업 또는 사업장의 근로자와 농림사업, 수산업, 감시·단속적 근로자, 관리·감독업무 또는 기밀을 취급하는 업무를 한 자에 대하여는 근로시간 수, 연장근로·야간근로 또는 휴일근로를 시킨 경우에는 그 시간 수에 관한 사항을 적지 아니할 수 있다(동법시행령 제27조제3항).

④ **임금대장을 전자문서로 보존할 수 있는지 여부**: 임금대장을 전자문서로 보존하고 필요시 언제라도 출력하여 사용이 가능하다면 근기법 제42조 위반으로 보기는 어렵다.

(5) 보고·출석의무

사용자 또는 근로자는 근기법의 시행에 관하여 고용노동부장관·노동위원회 또는 근로감독관의 요구가 있으면 지체 없이 필요한 사항에 대하여 보고하거나 출석하여야 한다(근기법 제13조).

(6) 고발 근로자의 불이익처우 금지의무

사업 또는 사업장에서 근기법 또는 이 법에 따른 대통령령을 위반한 사실이 있으면 근로자는 그 사실을 고용노동부장관이나 근로감독관에게 통보할 수 있는 바 사용자는 그 통보를 이유로 근로자에게 해고나 그 밖에 불리한 처우를 하지 못한다(근기법 제104조).

(7) 연소자증명서의 비치의무

사용자는 18세 미만인 자에 대하여는 그 연령을 증명하는 가족 관계 기록사항에 관한 증명서와 친권자 또는 후견인의 동의서를 사업장에 갖추어 두어야 한다(근기법 제66조).

(8) 재해보상 관계서류 보존의무

사용자는 재해보상에 관한 중요한 서류를 재해보상이 끝나지 아니하거나 제92조에 따라 재해보상청구권이 시효로 소멸되기 전에 폐기하여서는 아니된다(근기법 제91조). 재해보상 관련 서류 보존 기간의 계산은 재해보상이 끝난 날부터 기산한다(근기법시행령 제53조).

5. 근로자의 권리의식

근기법의 실효성을 확보하기 위해서는 근로자 스스로의 권리의식이 중요하다. 근로자는 사용자의 근기법 위반사실에 대하여 고용노동부장관이나 근로감독관에게 통보할 수 있으며, 사용자는 이 통보를 이유로 근로자를 해고나 그 밖에 불리한 처우를 하지 못한다(근기법 제104조). 이 규정은 근기법 위반사실을 근로감독관의 적발에만 맡겨 두어서는 근로감독의 실효성을 거두기 어렵기 때문에 신고자를 보호함으로써 근로감독관이 법 위반 사실을 쉽게 파악하여 근기법의 실효성을 보장할 수 있기 때문이다.

제2장

근기법의 적용관계

□ 근기법상의 적용사업

□ 근기법의 적용대상

1 근기법상의 적용사업

법 제11조【적용범위】 ① 이 법은 상시 5명 이상의 근로자를 사용하는 모든 사업 또는 사업장에 적용한다. 다만, 동거하는 친족만을 사용하는 사업 또는 사업장과 가사(家事) 사용인에 대하여는 적용하지 않는다.
② 상시 4명 이하의 근로자를 사용하는 사업 또는 사업장에 대하여는 대통령령으로 정하는 바에 따라 이 법의 일부규정을 적용할 수 있다.
③ 이 법을 적용하는 경우에 상시 사용하는 근로자 수를 산정하는 방법은 대통령령으로 정한다.
법 제12조【적용범위】 이 법과 이 법에 따른 대통령령은 국가, 특별시·광역시·도, 시·군·구, 읍·면·동, 그 밖에 이에 준하는 것에 대하여도 적용된다.

1. 사업 또는 사업장

(1) 사업 또는 사업장의 개념

사업 또는 사업장이란 일반적으로 영리 또는 비영리를 불문하고 일정한 장소에 유기적인 조직아래 업(業)으로서 계속적으로 행해지는 것을 말한다.

(2) 사업 또는 사업장의 판단기준

1) 법 제11조의 규정내용과 입법취지

근기법은 근로자를 1명이라도 고용하여 사용하는 사용자(개인사업주, 법인을 불문한다)에게 적용된다. 근기법 제11조제1항은 「이 법은 상시 5명 이상의 근로자를 사용하는 모든 사업 또는 사업장에 적용한다. 다만, 동거하는 친족만을 사용하는 사업 또는 사업장과 가사사용인에 대해서는 적용하지 않는다」고 규정하고, 근기법 제11조제2항은 「상시 4명 이하의 근로자를 사용하는 사업 또는 사업장에 대해는 대통령령으로 정하는 바에 따라 이 법의 일부규정을 적용할 수 있다」라고 규정하여 근기법은 원칙적으로 모든 사업에 적용되도록 하고 있다.

근기법 제11조의 입법취지는 동법의 적용범위와 대상을 명확히 함으로써 적용사업장의 근로자보호(권리 및 보호측면)와 사용자의 법 준수(의무 및 책임측면)를 담보하려는데 있다.

2) 업으로서의 계속성

일반적으로 사업이란 일정한 장소에서 유기적인 조직 하에 계속적으로 행하여지는 경우를 말한다(2008.4.1, 근로조건지도과-2401).

「사업이 '업으로서 계속적으로' 행하여지는 것이면 사기업은 물론 국공영기업체와 공익사업체 그리고 사회사업단체나 종교단체가 행하는 사업도 모두 근기법의 적용대상 사업이 된다」(대법 1992.2.14, 91누8098; 대법 1978.7.11, 78다59). 그리고 「그 취업장소가 국내이거나 국외임을 가리지 않고 적용된다」(대법 1970.5.26, 70다523).

3) 사업의 독립성 판단

① **사업장인지 여부**: 하나의 활동주체가 유기적 관련 아래 사회적 활동으로서 계속적으로 행하는 모든 작업이 이루어지는 단위 장소 또는 장소적으로 구획된 사업체의 일부분에 해당되는지에 달려있으므로, 그 사업의 종류를 한정하지 아니하고 영리사업인지 여부도 불문하며, 1회적이거나 그 사업기간이 일시적이라 하여 근기법의 적용대상이 아니라 할 수 없다(대법 2007.10.26, 2005도9128).

② **근기법 적용을 위한 사업·사업장의 독립성 여부 판단**: 고용노동부 지침 '근기법상 사업·사업장 판단기준(2007.11.29, 근로기준팀-8048)'에 따르되 원칙적으로 하나의 법인은 동일한 사업 또는 동일한 사업으로 판단된다. 다만, 법인 소속 기관이더라도 근로자 채용, 임금 결정 및 지급, 승진·징계 등 인사노무관리와 예산·회계 등이 독립적으로 구분하여 운영하고, 사업장에 경영담당자가 정해져 있고 근로조건의 결정권과 경영상 책임이 해당 경영담당자에게 전속되어 있는 경우에는 독립된 사업장으로 볼 수 있다(2016.10.6, 근로기준정책과-6224).

(3) 근기법 적용기준

1) 상시 5명 이상의 근로자

①「'상시 5명 이상의 근로자를 사용하는 사업'의 의미는 '상시로 근무하는 근로자의 수가 5명 이상의 사업'을 뜻하는 것이 아니라 '사용하는 근로자의 수가 상시 5명 이상인 사업 또는 사업장'을 뜻하는 것이다. 이 경우 상시란 상태(常態)라고 하는 의미로서 근로자의 수가 때때로 5명 미만이 되는 경우가 있어도 사회통

념에 의하여 객관적으로 판단하여 상태적으로 보아 5명 이상이 되는 경우에는 이에 해당한다고 할 수 있다. 그리고 여기서의 근로자에는 당해 사업장에 계속 근무하는 근로자뿐만 아니라 그 때 그 때의 필요에 의하여 사용하는 일용근로자·임시근로자도 포함된다」(대법 2013.9.26, 2012다28813; 대법 2008.3.27, 2008도364; 대법 2000.3.14, 99도1243). 또한 불법으로 취업한 근로자도 포함된다(2000.11.16, 근기 68207-3601). 1개 사업이 수개 사업장을 경영하는 경우에는 5명 이상의 계산은 원칙적으로 사업장 단위로 한다.

2) 상시근로자 수의 산정방법과 판단기준

① 상시근로자 수는 근기법의 적용범위(동법 제11조) 및 시행일(부칙 제4조)을 결정하는바 근기법 개정을 통하여 종래 행정지침에서 규정하던 상시근로자 수 산정방법의 위임근거를 마련하고, 시행령에 명시하였다(동법 제11조제3항).

이와 같은 위임에 따라 법을 적용하는 경우에 상시 사용하는 근로자 수는 원칙적으로 해당 사업 또는 사업장에서 「법 적용 사유 발생일 전 1개월 동안 사용한 근로자의 연인원을 같은 기간 중의 가동일수」로 나누어 산정하되, 예외적으로 그 산정 결과가 해당 사업 또는 사업장의 상태적인 고용 현황을 반영하지 못하는 경우에는 상태적인 고용 현황에 따라 법을 적용하도록 산정 방법 등을 정하도록 하였다(근기법시행령 제7조의2)(2010.1.7, 근로기준과-142). 근기법 시행령 제7조의2 규정은 1년 이상의 계속근로기간이 요구되는 퇴직금제도의 취지에 부합한다고 보기 어려운 점에 비추어 근퇴법 적용에 관한 상시근로자 수 산정에는 적용되지 아니한다(대법 2013.12.26, 2012도5875).

② 근기법 시행령 제7조의2 제1항의 산정방법에도 불구하고 산정기간에 속하는 일(日)로 근로자 수를 파악하였을 때 법 적용 기준에 미달한 일수(日數)가 2분의 1(50퍼센트) 미만이면 5명 이상, 2분의 1(50퍼센트) 이상이면 5명 미만 사용한 것으로 본다.

③ 연차유급휴가(1년 미만 근로자 제외)에 관한 규정의 적용 여부를 판단할 때에는 월 단위로 근로자 수를 산정한 결과 산정 사유 발생일 전 1년 동안 계속하여 사용한 근로자가 2분의 1(50퍼센트) 이상이면 5명 이상 사용한 것으로 본다.

$$\text{상시근로자 수} = \frac{\text{산정기간 동안 사용한 근로자의 연인원 수}}{\text{산정기간 중 가동일수}}$$

3) 위법행위를 하는 사업

근기법은 금지된 사업(도굴, 성매매)에도 적용된다. 사업이 위법한 사업일 경우에도 보호법의 적용상 사업 자체의 위법성에 관계없이 노사관계의 실태에 비추어 근로자 보호의 필요성이 인정되는 한 근기법의 적용을 긍정해야 할 것이다.

4) 국가·지방자치단체 국가 등에의 적용

근기법은 국가, 특별시·광역시·도, 시·군·구, 읍·면·동·그 밖에 이에 준하는 것에도 적용된다(동법 제12조).

근기법 제12조에 의하면 근기법이 국가에도 적용된다고 규정하고 있으므로 근로자와 국가사이에 고용관계가 인정된다면 국가소속 역(驛)의 일용잡부로 근무하는 사람이 그 근로자 한 사람만 근무하더라도 근기법의 적용이 배제되는 것은 아니다(대법 1987.6.9, 85다카2473; 2010.12.22, 근로기준과-2827). 국가의 행정관청이 사법상 근로계약을 체결한 경우 그 근로계약관계의 권리·의무는 행정주체인 국가에 귀속되므로, 국가는 그러한 근로계약관계에 있어서 노조법 제2조제2호에 정한 사업주로서 단체교섭인 당사자의 지위에 있는 사용자에 해당한다(대법 2008.9.11, 2006다40135). 또한 근기법상의 사용자의 지위에 해당한다.

2. 적용사업의 단위

(1) 적용사업의 단위

근기법의 적용 단위는 사업 또는 사업장 단위로 적용된다. 하나의 법인 내에 장소적으로 분리된 여러 개의 사업장이 있다 하더라도 원칙적으로 그 전체를 하나의 사업으로 보아야 할 것이나, 장소적으로 분리된 여러 개의 사업장이 인사노무·재정 및 회계 등이 분리되어 독자적으로 사업경영이 이루어지고, 사업장별로 서로 다른 단체협약을 적용받는 등 별개의 사업이라 볼 수 있는 경우에는 각각의 사업장별로 동법의 적용 여부를 판단하여야 할 것이다(2006.7.21, 근로기준팀-3570).

(2) 적용 단위에 관한 구체적인 판단기준

① 하나의 사업인지의 여부는 주로 장소적 관념에 의하여 결정하고, 동일 장소

에 있는 것은 원칙적으로 분할이 아닌 하나의 사업으로 하고, 장소적으로 분산해 있는 것은 원칙적으로 별개의 사업으로 한다.

② 동일 장소에 있어서도, 현저하게 근로형태가 다른 부문이 있고, 그러한 부문이 주된 부문과 비교하여 노무관리, 회계 등이 명확하게 구별되는 동시에 주된 부문과 분리하여 적용하는 것이 보다 적절한 법 적용을 가능케 한다면 그 부문을 하나의 독립의 사업으로 본다(2007.11.29, 근로기준팀-8048). 예를 들어 공장 내 진료소, 식당 등이다. 아직 개개의 근로자의 업무에 의한 분할은 인정되지 않는다.

③ 본사와 장소적으로 분산하고 있는 출장소, 지점 등으로 규모가 현저히 작고, 조직적 관련이 없고 사무능력 등을 감안해서 하나의 사업으로 할 만한 정도의 독립성이 없는 것에 대해서는 직근 상위(직속상급)조직과 일괄해서 하나의 사업으로 하여 취급한다. 예를 들면, 신문사의 통신부 등이다.

④ 본사와 장소적으로 분산되어 있는 지점, 출장소, 공장 등이 서로 다른 단체협약 또는 취업규칙을 적용받는 경우, 노무관리, 회계 등이 명확하게 독립적으로 운영되는 경우는 독립성이 있는 것으로 보고 별개의 사업 또는 사업장으로 본다.

3. 적용사업의 예외

(1) 예외규정

근기법 제11조제1항 단서에서는 그 예외로 가사사용인이나 동거의 친족만을 사용하는 사업에는 적용을 배제하고 있다. 동거의 친족만을 사용하는 가족생활, 사생활 관계에까지 국가가 개입하여 근로조건을 강행적으로 법정하는 것은 부적당하기 때문이다. 그리고 가사사용인에 대하여는 그 관계가 주로 사생활과 관련되어 있고 또 감독행정이 미치기 어렵기 때문에 그 적용을 배제한 것이다.

(2) 특별법에 의한 적용제한

특별법 우선의 원칙에 따라 근기법이 적용되지 않는 경우도 있다.

1) 선 원

선원(바다를 항해하는 일정규모 이상의 선박에 승무하는 근로자)에 대하여는 선원법이 우선

적용되고 근기법의 적용여지가 거의 없다. 그러나 기간제근로자에 대한 갱신기대권에 관한 법리는 선원법상의 선원에게도 그대로 적용된다(대법 2019.10.31, 2019두45647).

2) 공무원

공무원에 대하여는 공무원관계법이 우선 적용된다. 공무원도 임금을 목적으로 근로를 제공하는 근기법 제2조제1항제1호 소정의 근로자이고 공무원연금법, 공무원보수규정, 공무원수당규정 등에 특별한 규정이 없는 경우에는 공무원에 대하여도 그 성질에 반하지 아니하는 한 원칙적으로 근기법이 적용된다. 국가의 부당한 면직처분으로 인하여 공무원이 그 의사에 반하여 근로를 제공할 수 없는 경우 공무원의 최저생활을 보장할 필요성은 사기업의 근로자와 동일하므로 근기법 제46조는 공무원에게도 적용된다(대법 1996.4.23, 94다446).

3) 사립학교교원

사립학교교원에 대하여는 사립학교법의 임면, 복무, 신분보장, 징계 등이 적용된다. 사립학교 사무직원의 임면, 보수, 복무 및 신분보장에 관하여는 사립학교법 제70조의2제1항에서 학교법인의 정관으로 정하도록 하였을 뿐이고 그 내용을 규정한 바가 없으며 그 근무관계는 본질적으로 사법상의 고용계약관계라고 할 것이므로 원칙적으로 근기법의 적용을 받는다. 다만, 사립학교 사무직원의 보수, 복무 등 근로조건에 관한 사항 중 사립학교교직원연금법에서 정하고 있는 퇴직시의 급여 등에 관한 사항에 대하여만 근기법의 적용이 배제된다(대법 2008.3.27, 2007다87061; 대법 2006.12.8, 2006다48229).

4) 청원경찰

청원경찰에 대한 근로조건 기준은 청원경찰법령이 우선적으로 적용되고 동법에서 규정되지 아니한 근로시간·휴게 및 휴일, 연차휴가 부여 기준 등에 대하여는 근기법이 적용된다(2006.9.11, 임금근로시간정책팀-689).

(3) 4명 이하 사업 또는 사업장의 적용범위

1) 규정내용

상시 4명 이하의 근로자를 사용하는 사업 또는 사업장에는 시행령의 규정에 의하여 근기법의 일부를 적용할 수 있는 바(근기법 제11조제2항, 동법시행령 제7조 및 〈별표 1〉) 4명 이하의 근로자를 사용하는 사업장에 대하여 근기법 중 근로자의 균등처우, 근로계약, 임금, 휴게·휴일, 출산전후휴가, 재해보상 등 기본적인 근로조건에 관한 규정과 이의 실효성 확보를 위한 근로감독관 규정 및 벌칙규정을 적용하도록 하였다(동법시행령 제2조 〈별표 1〉).

2) 근기법 제11조제2항의 헌법 위반 여부

① **근기법 일부규정 적용제외의 위헌 여부**: 헌법재판소는 상시 4명 이하의 근로자를 사용하는 사업장에 근기법의 일부규정을 적용제외하는 것은 영세사업장의 열악한 현실을 고려하고 근기법의 법규범성을 실질적으로 관철하기 위한 입법정책적 결정으로서 합리적 이유가 있다고 할 것이고 이로써 헌법상 용인될 수 있는 재량의 범위를 벗어난 것이라고 볼 수 없다는 결정을 내리고 있다(헌재 2019.4.11, 2017헌마820 결정; 헌재 1999.9.16, 98헌마310 결정).

② **대통령령 위임의 포괄위임 금지 위헌 여부**: 4명 이하의 근로자를 사용하는 사업 또는 사업장에 대하여 대통령령으로 정하는 바에 따라 근기법의 일부규정을 적용할 수 있도록 위임한 근기법 제11조제2항은 포괄위임금지원칙에 위배되지 않아 헌법에 위반되지 않는다(헌재 2019.4.11, 2013헌바112 결정).

(4) 국제적인 적용범위

1) 외국의 한국인 사업

한국의 기업에서 외국에 파견하는 경우에는 외국에 지점 등이 설치되고, 그것이 독립된 사업인 때는 근기법은 적용되지 않지만, 독립된 사업이 아닌 출장작업인 때에는 국내에 있는 사업의 일부라고 하여 국외에 있는 출장작업에도 근기법이 적용된다. 해외 현지법인은 소재국에서 법인격을 부여받은 권리주체로서 속지주의 원칙에 따라 국내법이 적용되지 아니한다. 국내 법인이 해외의 현지에서 채용한 외국인 근로자는 국내 노동관계법의 적용을 받는 근로자가 아니다(대법 2010.4.8, 2009두21055). 다만, 국내회사에서 해외 현지법인에 근로자를 파견하여 근로자의 인사 및 노무관리 등을 국내회사에서 관장하고 근로자의 보수 및 주요 근로조건 등을 국내회사에서 결정하고 있는 경우에는 국내회사와 함께 근기법이 적용된다(2006.2.6, 근로기준팀-622).

2) 국내의 외국인 사업

외국에 본사가 있는 법인이 국내에 사업 또는 사업장으로 볼 수 있는 형태의 지점(영업소) 등을 운영하는 경우라면 달리 볼 사정이 없는 한 근기법이 적용된다. 상시근로자 수 판단도 근기법 시행령 제7조의2에 따르면 된다. 한편 외국 회사에서 직접 근로계약을 체결하고 국내 현지 법인체에 근로자를 파견해 근로자의 인사 및 노무관리 등을 외국회사에서 직접 관장하는 경우에는 근기법이 적용되지 않을 것이다. 다만, 이 경우에도 근로자가 일상적으로 국내에서 노무를 제공하고 있다면 「국제사법」 제28조 규정에 따라 국내법의 강행규정에 의해 근로자에게 부여되는 보호를 박탈할 수는 없을 것이다(2014.1.28, 근로개선정책과-438).

한국 국내의 사업에 사용된 자라면 외국인 근로자에 대하여도 국내의 근로자들과 마찬가지로 근기법상의 퇴직금 지급에 관한 규정이나 최저임금법상의 최저임금의 보장에 관한 규정이 그대로 적용된다(대법 2006.12.7, 2006다53627).

3) 근기법 제11조제1항과 국제사법 제28조와의 관계

국제사법 제28조에서는 '당사자가 준거법을 선택하지 아니한 경우에 근로계약은 제26조의 규정에 불구하고 근로자가 일상적으로 노무를 제공하는 국가의 법에 의한다' 고 규정하고 있다. 그러므로 국제사법 제28조에 따라 외국법인인 사용자가 국내에 거주하는 자와 근로계약을 체결하고 주된 근로제공이 국내에서 이루어지는 경우, 당사자간 외국법을 준거법으로 약정했거나 준거법을 선택하지 않았다고 하더라도 근기법에 의해 근로자에게 부여되는 보호를 박탈할 수는 없을 것이다. 그러나 설령 국제사법에 따라 근기법의 보호를 받을 수 있는 법률관계라고 하더라도 실제 근기법을 적용할 수 있는지 여부는 다시 그 적용단위인 '사업 또는 사업장' 이 국내에 존재하고 있는지에 따라 판단하여야 한다. 즉, 준거법이 대한민국 법률이고 이에 따라 근기법이 적용될 수 있는 범주에 들어와 있다는 사실과, 실제 근기법의 적용단위인 사업 또는 사업장이 존재하고 그러한 사업 또는 사업장이 대한민국 내에 존재함으로써 직접 근기법을 적용할 수 있는지는 구분할 수 있다고 판단된다. 근로계약의 당사자가 분쟁이 발생하기 전에 대한민국 법원의 국제재판관할권을 배제하기로 하는 내용의 합의를 하였다고 하더라도, 그러한 합의는 국제사법 제28조제5항에 위반하는 것이어서 아무런 효력이 없다(대법 2006.12.7, 2006다53627).

2 근기법의 적용대상

1. 근로자

법 제2조【정 의】 ① 이 법에서 사용하는 용어의 뜻은 다음과 같다. 1. "근로자"란 직업의 종류와 관계없이 임금을 목적으로 사업이나 사업장에 근로를 제공하는 자를 말한다.

(1) 근로자 개념과 그 중요성

근기법 제2조제1항제1호에서 근로자의 정의에 관하여 명문으로 이를 밝히고 있다. 이는 근기법의 보호대상인 근로자의 개념 내지 범위를 명확히 함으로써 근기법의 원활한 운용을 도모하기 위해서이다. 근기법 제2조제1항제1호에 의하여「근로자란 직업의 종류와 관계없이 임금을 목적으로 사업이나 사업장에 근로를 제공하는 자」라고 정의하고 있다.

(2) 근로자 여부의 판단기준

1) 근로자성의 판단기준

근기법상에는 근로계약의 정의(근기법 제2조제1항제4호)나 근로자의 정의(근기법 제2조제1항제1호) 규정이 있으나 이것만으로는 판단하기 어렵다.

근기법상의 근로자성은 일반적으로「사용종속성」을 중심으로 판단하되 그 판단요소로서는 ① 일의 의뢰, 업무 종사의 지시 등에 대해 승낙 여부 자유의 유무, ② 업무수행상의 지휘·감독의 유무, ③ 근로장소, 근로시간에 관한 구속성의 유무 ④ 노무제공의 대체성의 유무, ⑤ 보수의 근로대가성 등이며 나아가「근로자성」을 보강하는 요소로서의 판단, ⑥ 사업자성의 유무(기계·기구의 부담관계, 보수의

액, 업무수행상의 손해에 대한 책임 등), ⑦ 전속성의 정도 등이다.

근기법상의 근로자성은 계약형태에 의하지 않고, 실태적으로 사용종속성의 유무를 검토한 후에 판단하는 것이다.

2) 사용종속관계 존부의 판단기준

판례는 근기법상의 근로자성의 판단에 있어서 「사용종속성」이라는 기준을 사용하고 있다. 「사용종속성」은 지휘·감독관계와 임금지급의 쌍방을 포함하는 개념이지만 중점은 전자에 착안하고 있다. 사용종속관계는 다음 여러 가지 기준을 종합하여 결정하여야 한다(대법 2019.5.30, 2017두62235; 대법 2018.11.29, 2017다252070; 대법 2012.12.13, 2012다77006; 대법 2010.4.15, 2009다99396; 대법 2007.9.7, 2006도777; 대법 2006.12.7, 2004다29736).

근기법상의 근로자에 해당하는지 여부는 계약의 형식이 고용계약인지 도급계약인지보다 그 실질에 있어 근로자가 사업 또는 사업장에 임금을 목적으로 종속적인 관계에서 사용자에게 근로를 제공하였는지 여부에 따라 판단하여야 한다. 여기서 말하는 종속적인 관계가 있는지 여부는 「① 업무 내용을 사용자가 정하고, ② 취업규칙 또는 복무(인사)규정 등의 적용을 받으며, ③ 업무 수행 과정에서 사용자가 상당한 지휘·감독을 하는지, ④ 사용자가 근무시간과 근무장소를 지정하고 근로자가 이에 구속을 받는지, ⑤ 노무제공자가 스스로 비품·원자재나 작업도구 등을 소유하거나, ⑥ 제3자를 고용하여 업무를 대행하게 하는 등 독립하여 자신의 계산으로 사업을 영위할 수 있는지, ⑦ 노무제공을 통한 이윤의 창출과 손실의 초래 등 위험을 스스로 안고 있는지, ⑧ 보수의 성격이 근로 자체의 대상적 성격인지, ⑨ 기본급이나 고정급이 정하여졌는지, ⑩ 근로소득세 원천징수 여부 등 보수에 관한 사항, ⑪ 근로 제공 관계의 계속성과 사용자에 대한 전속성의 유무와 그 정도, ⑫ 사회보장제도에 관한 법령에서 근로자로서 지위를 인정받는지 등의 경제적·사회적 여러 조건을 종합하여 판단하여야 한다. 다만, 기본급이나 고정급이 정하여졌는지, 근로소득세를 원천징수하였는지, 사회보장제도에 관하여 근로자로 인정받는지 등의 사정은 사용자가 경제적으로 우월한 지위를 이용하여 임의로 정할 여지가 크다는 점에서, 그러한 점들이 인정되지 않는다는 것만으로 근로자성을 쉽게 부정하여서는 안된다」고 한다(판결 내용 중에 표시된 번호는 설명의 편의를 위하여 삽입한 것이다).

고용노동부 행정해석(2016.6.8, 근로기준정책과-3673; 2014.1.28, 근로개선정책과-409; 2008.1.3, 근로기준팀-37)도 판례와 같은 입장이다.

위와 같이 근로자성의 유무를 판단하는 것이 쉬운 일은 아니다. 최근 취업형태가 다양화되어 근로자인지 자영업자 또는 경영자인지 명확하지 아니한 사례가 증가하고 있으며 근로자성 판단시 긍정적 요소와 부정적 요소가 혼재된 사례에 있어서는 사용종속성의 판단은 미묘해진다.

근기법상 근로자의 판단기준

기본원칙: 계약형식보다 그 실질상 사용종속관계 여부를 판단		
종속관계 판단요소	종속 노동성	① 사용자 업무내용 정함 여부 ② 취업규칙 적용 여부 ③ 업무수행과정에서의 사용자의 상당한 지휘감독 여부 ④ 사용자의 근무시간·장소 지정 및 근로자의 이에 구속 여부
	독립 사업자성	⑤ 비품·원자재나 작업도구 등 소유 여부 ⑥ 제3자의 고용에 의한 업무대행 여부 ⑦ 이윤 창출과 손실 초래 등 위험 부담 여부
	보수의 근로대가성	⑧ 보수의 성격이 근로 자체의 대상적 성격인지 여부
	계약관계의 계속성/전속성	⑪ 근로제공관계의 계속성/사용자에의 전속성 유무와 그 정도 ⑫ 사회보장제도상 근로자지위 인정 여부 등 경제·사회적 제조건
보충적 판단요소		⑨ 기본급 정함 여부 ⑩ 근로소득세 원천징수 여부

(3) 근로자 여부에 관한 개별적 사례

1) 일경험 수련생에 대한 법적 지위 판단

직장체험의 기회부여 등의 취지에서 학생을 재학 중에 기업에서 취업체험(연수)을 하는 인턴십제, 현장실습 등의 다양한 일경험 제도가 활용되고 있다.

최근 고용노동부는 「일경험 수련생에 대한 법적 지위 판단과 보호를 위한 가이드라인」(2016.2.1, 근로기준정책과-974)을 마련하여 일경험 수련생 개념, 법적 지위 및 판단기준을 다음과 같이 제시하고 있다.

1. 일경험 수련생 개념
일경험 수련생이란, 실습생, 견습생, 수습생 또는 인턴 등 그 명칭에 상관없이 교육 또는 훈련을 목적으로 사업 또는 사업장에서 일(업무)을 경험하는 자를 말한다.
2. 일경험 수련생의 법적 지위 및 판단기준
(일경험 수련생과 근로자 판단) 다음 각 호에 해당하는 경우를 종합적으로 판단해 볼 때 일경험 수련생이 사실상 근로를 제공하는 경우에는 노동법적 보호 대상인 근로자로 볼 수 있다.
가. 직무교육 프로그램 없이 업무상 필요에 따라 수시로 업무를 지시하는 등의 방식으로 일경험 수련생의 노동력을 활용하는 경우
나. 상시적 또는 특정 시기에 인력이 추가로 필요한 업무 등에 근로자를 대체하여 일경험 수련생을 활용하는 경우
다. 교육·훈련내용이 지나치게 단순 · 반복적인 것이어서 처음부터 노동력의 활용에 그 주된 목적이 있다고 볼 수 있는 경우

2) 골프장 캐디의 근로자 여부

① 캐디들은 어느 정도의 사용종속적인 관계에서 골프장 운영업체에게 노무를 제공하고는 있으나, 그 주된 노무인 경기보조서비스 용역의 상대방은 캐디 피를 직접 지급하는 골프장 이용객이라 할 것이고, 골프장 운영업체에게 직접 제공되는 일부 노무의 목적은 골프장 운영업체로부터 골프장의 출입 및 이용권한인 출장 기회를 제공받는 대가로 부수적으로 수행되는 것에 불과해 임금을 목적으로 한 노무제공으로 볼 수 없으므로 골프장 운영업체가 이에 대해 임금을 지급할 의무가 없다. 결국 캐디들은 국가의 관리·감독 아래 근기법상의 각종 보호 제도를 반드시 전면적으로 적용해야 할 정도로 직접적인 보호의 필요성이 있는 노무제공자에 해당한다고 보기는 어려우므로, 캐디들은 임금을 목적으로 사용종속적인 관계에서 골프장 운영업체에게 근로를 제공하는 근기법상의 근로자에 해당한다고 볼 수 없다(대법 2014.2.13, 2011다78804). 이 판례는 캐디들은 근기법상의 근로자에 해당하지 않으나 노조법상의 근로자에 해당될 수 있다고 판단하였다.

② 헌법재판소(2017.6.27, 2017헌바242)는 특수형태근로종사자인 골프장 캐디에게도 근기법을 전면적으로 적용해야 한다는 주장에 대하여 특수형태근로종사자의 지위, 노무제공의 방법, 성격, 경제적 종속의 정도의 다양성 등을 고려하였을 때 특수형태근로종사자인 골프장 캐디에게는 근기법이 그대로 적용될 수는 없고, 결국 특수형태근로종사자는 그 특성을 고려한 별도의 특별법에 의한 보호가 필요한 영역이라고 하였다(헌재 2016.11.24, 2015헌바413참조).

3) 채권추심원의 근로자 여부

채권추심원이 채권추심회사에 종속되어 지휘·감독을 받지 않는 등 근로자성을 부정한 판례(대법 2015.9.10, 2013다40616(본소), 2013다40629(반소))와 위임계약 형태라도 채권추심원의 업무를 구체적으로 지휘하고 관리·감독한 경우라면 채권추심원은 근로자에 해당한다는 판례가 있다(대법 2016.4.15, 2015다252892).

4) 대학강사의 근로자 여부

대학교의 시간강사는 임금을 목적으로 종속적인 관계에서 학교법인에게 근로를 제공한 근로자에 해당한다고 봄이 상당하다(대법 2007.3.29, 2005두13018·13025). 대학강사 이외에도 대학입시학원 종합반강사도 근로자이며(대법 2006.12.7, 2004다29736), 미용학원강사도 근로자라는 판례(대법 2007.9.7, 2006도777)가 있다.

5) 휴직자

임금을 목적으로 근로를 제공하는 자라고 하면 사용자와 근로관계가 설정되어 일반적으로 임금을 받을 수 있는 법률관계에 있으면 충분하며 일시적으로 근로를 제공하지 않기 때문에 임금을 받을 수 없는 관계에 있는 자를 제외하는 것은 아니다.

즉, 휴직 중에 있는 자에 대하여도 근기법이 적용된다. 질병으로 인하여 휴양 중인 자, 휴직 중인 자 또는 노동조합의 전임간부 등은 근기법상 적용대상이 된다.

근기법상 해고제한, 경영상 이유에 의한 고용조정 및 해고예고(동법 제23조, 제24조, 제26조), 퇴직금지급(근퇴법 제8조) 등의 규정은 이들에게 중요한 의의를 갖는다.

6) 회사의 임원

【실무사례】 甲은 1990년 1월 1일 섬유 제조업체인 A회사에 생산직 사원으로 입사하였다. 甲은 25년간 성실히 근무하면서 승진을 거듭하여 2015년 1월 1일 A회사의 기술담당 이사(비등기 임원)로 임명되었다. 甲은 A회사의 주력상품을 생산하는 B공장에 매일 출근하면서 해당 공장의 기술업무를 총괄하는 한편, 가끔씩 대표이사의 지시에 따라 B공장의 생산 공정 변경 및 근로자 배치에 관한 의견서를 작성하여 보고하기도 하였다. 甲은 이사회에 출석한 바 없고 이사로서 대외업무를 본 적은 없으나, 종종 대표이사의 요청에 따라 이사회 회의록에 서명날인하기도 하였다. 2018년 12월 31일 甲은 A회사를 퇴직하면서 퇴직금 지급을 요구하였으나, A회사는 甲이 근로자가 아니라는 이유로 甲의 요구를 거부하였다. 甲이 「근기법」상 근로자가 아니라는 A회사의 주장은 타당한가?

① **근로자에 해당하는 경우**

회사의 이사 등 임원의 경우에도 계약형식에 관계없이 임금을 목적으로 종속적인 관계에서 사용자에게 근로를 제공하였는지 여부에 따라 사용종속관계를 판단하여야 한다(대법 2003. 9.26, 2002다64681). 예컨대 집행이사로 선임되어 본부장 또는 지역본부장으로 근무한 자가 그 실질에 있어 사업 또는 사업장에 임금을 목적으로 종속적인 관계에서 사용자에게 근로를 제공하는 근로자에 해당한다(대법 2005. 5.27, 2005두524). 따라서 회사의 임원이라 하더라도, 그 업무의 성격상 회사로부터 위임받은 사무를 처리하는 것으로 보기에 부족하고 실제로는 업무집행권을 가지는 대표이사 등의 지휘·감독 아래 일정한 노무를 담당하면서 그 노무에 대한 대가로 일정한 보수를 지급받아 왔다면, 그 임원은 근기법에서 정한 근로자에 해당할 수 있다(대법 2017.11.9, 2012다10959;대법 2003.9.26, 2002다64681).

② **근로자에 해당되지 않는 경우**

(가) 업무집행권과 의결권을 보유한 임원

상법상 주식회사의 등기이사로서 이사회 등을 통해 주요 의사결정에 참여하는 한편 일정한 범위의 사업경영에 관한 업무를 위임받아 처리해 왔다면 근로자로 볼 수 없다(대법 2013.9.26, 2012다28813). 또한 대규모 금융회사인 甲 보험회사에서 미등기임원인 상무로 선임되어 '방카슈랑스 및 직접마케팅' 부문을 총괄하는 업무책임자(Function Head)의 업무를 담당하는 乙이 근로자인지 여부는, 乙은 甲 회사의 대표이사 등으로부터 구체적인 지휘·감독을 받으면서 정해진 노무를 제공하였다기보다 기능적으로 분리된 특정 전문 부분에 관한 업무 전체를 포괄적으로 위임받아 이를 총괄하면서 상당한 정도의 독자적인 권한과 책임을 바탕으로 처리하는 지위에 있었으므로 근기법상 근로자에 해당한다고 보기 어렵다(대법 2017.11.9, 2012다10959).

(나) 상근이사인 협회장

등기상 이사인 협회장이 그 협회의 위임 전결 규정에 따라 그 협회 사무를 총괄하고, 그 협회의 정관에 의거 이사회에 참여하여 의결권을 행사하는 등 업무 집행권을 가진 경우라면 근기법에 의한 근로자로 볼 수 없는 것이 원칙이다.

(4) 근기법상의 근로자 개념과 노조법상의 근로자 개념의 차이

근기법은 '현실적으로 근로를 제공하는 자에 대하여 국가의 관리·감독에 의한 직접적인 보호의 필요성이 있는가' 라는 관점에서 개별적 노사관계를 규율할 목적으로 제정된 것인 반면에, 노조법은 '노무공급자들 사이의 단결권 등을 보장해 줄 필요성이 있는가' 라는 관점에서 집단적 노사관계를 규율할 목적으로 제정된 것으로 그 입법목적에 따라 근로자의 개념을 상이하게 정의하고 있다. 노조법상의 근로자에 해당하는지는 노무제공관계의 실질에 비추어 노동 3권을 보장할 필요성이 있는지라는 관점에서 판단되어야 하고 반드시 근기법상의 근로자에 한정되는 것은 아니다(대법 2018.6.15, 2014두12598, 2014두12604(병합); 대법 2014.2.13, 2011다78804). 또한 골프장 캐디인 甲 등이 골프장을 운영하는 乙 주식회사로부터 징계를 받은 후 乙 회사를 상대로 징계무효확인을 구한 사안에서 甲 등은 임금을 목적으로 사용종속적인 관계에서 乙 회사에 근로를 제공하는 근기법상 근로자에 해당한다고 볼 수 없으나 노조법상 근로자성은 인정할 수 있다고 본 원심판단을 수긍한 사례(대법 2014.2.13, 2011다78804)가 있다.

2. 사용자

> **법 제2조【정 의】** ① 이 법에서 사용하는 용어의 뜻은 다음과 같다.
> 2. "사용자"란 사업주 또는 사업 경영 담당자 그 밖에 근로자에 관한 사항에 대하여 사업주를 위하여 행위하는 자를 말한다.

(1) 사용자의 의의

근기법은 거의 모든 조문에서 사용자를 법률상의 의무자로서 파악하고 있으며 또한 의무 위반의 경우에는 처벌을 받게 되는 책임자로서 규정하고 있다.

따라서 근기법의 실효성을 확보하기 위해서는 그 책임주체인 사용자의 개념 내지 범위는 명백히 해두어야 한다. 근기법 제2조제1항제2호에서 「사용자란 사업주 또는 사업 경영 담당자, 그 밖에 근로자에 관한 사항에 대하여 사업주를 위하여 행위하는 자를 말한다」고 규정하여 사용자의 범위를 사업의 이익 귀속자인 사업주뿐만 아니라 경영 담당자, 사업주의 이익을 위하여 행위하는 자까지도 포함시키고 있다. 이는 법 준수의무의 주체 및 법 위반시 책임추궁의 대상을 넓게 인정함으로써, 근기법 제115조의 이른바 양벌규정과 함께 법 위반을 사전에 예방하고 근기법의 실효성을 확보하기 위한 것이다.

(2) 사용자의 유형

1) 사업주

사업주란 사업의 경영주체를 말하는데 개인 기업에 있어서는 기업주 개인, 회사 기타의 법인 조직의 경우에는 법인 자체를 가리킨다(2010.1.27, 근로기준과-471).

2) 사업 경영 담당자

① **사업 경영 담당자의 개념**: 사업 경영 담당자란 원칙적으로 사업 경영 일반에 관하여 권한을 가지고 책임을 부담하는 자로서 관계법규에 의해 근기법의 각 조항을 이행할 권한과 책임이 부여되었다면 이에 해당한다(2013.11.11, 근로개선정책과-6657). 구체적으로는 자신의 책임아래 근로자를 채용하거나 해고 등 인사처분을 할 수 있고, 직무상 근로자의 업무를 지휘·감독하며 근로시간이나 임금 등 근로조건에 관한 사항을 결정하고 사실상 집행할 수 있는 자를 말한다(대법 1980.11.11, 80도1070; 2014.3.11, 근로개선정책과-1483). 사업주로부터 사업 경영의 전부 또는 일부에 대하여 포괄적인 위임을 받고, 대외적으로 사업을 대표하거나 대리하는 자를 말한다(대법 2007.5.10, 2007도1807; 2010.1.27, 근로기준과-471).

② **사용자를 사업 경영 담당자로 확대한 이유**: 근기법 각 조항에 대한 준수의무자로서의 사용자를 사업주에 한정하지 아니하고 사업 경영 담당자 등으로 확대한 이유가 노동현장에 있어서 근기법의 각 조항에 대한 실효성을 확보하기 위한 정책적 배려에 있는 만큼, 사업 경영 담당자란 원칙적으로 사업경영 일반에 관하여 권한을 가지고 책임을 부담하는 자로서 관계 법규에 의하여 제도적으로 근기법의 각 조항을 이행할 권한과 책임이 부여되었다면 이에 해당한다(대법 2008.4.10, 2007도1199)고 할 것이고, 반드시 현실적으로 그러한 권한을 행사하여야만 하는 것은 아니다(대법 1997.11.11, 97도813). 주식회사의 대표이사, 합명회사 및 합자회사의 업무집행사원, 유한회사의 이사 및 지배인 등이 이에 속한다.

3) 사업주를 위하여 행위하는 자

① **근로자에 관한 사항에 대하여 사업주를 위하여 행위하는 자**: 근로자의 인사·급여·후생·노무관리 등 근로조건의 결정 또는 업무상의 명령이나 지휘감독을 하는 등의 사항에 관하여 사업주로부터 일정한 권한과 책임을 부여받은 자를 말한다(대법 2008.4.10, 2007도1199; 대법 2006.5.11, 2005도8364). 이와 같은 일정한 권한과 책임이 있는 자로서 통상 공장장, 부장, 과장 등의 중간 관리자가 이에 속한다. 그러나 사업주를 위하여 행위하는 자인지 여부는 부장, 과장 등의 형식적인 직명에 의하여 일률적으로 판단할 것이 아니라 당해 사업장의 직무실태를 고려하여 구체적으로 판단하여야 할 것이다.

② **사업주를 위하여 행위하는 자와 이익 대표자의 구별**: 노조법 제2조제4호가목에서 노동조합의 결격사유의 하나로 사용자 외에 '항상 그의 이익을 대표하여 행동하는 자'의 참가를 허용하는 경우를 정하고 있다. 그 취지는 그들이 동법 제2조제2호의 사용자이기 때문이 아니라, '항상 사용자의 이익을 대표하여 행동하는 자'인 이들이 노동조합에 가입하여 노동조합의 운영에 지배·개입하는 것을 방지함으로써 노동조합의 자주성을 보호하는 한편, 노사교섭력의 균형을 기하고자 하는 것이다. 여기서 '그 사업의 근로자에 관한 사항에 대하여 사업주를 위하여 행동하는 자'란 근로자의 인사, 급여, 후생, 노무관리 등 근로조건의 결정 또는 업무상의 명령이나 지휘감독을 하는 등의 사항에 대하여 사업주로부터 일정한 권한과 책임을 부여받은 자를 말하고, '항상 사용자의 이익을 대표하여 행동하는 자'란 근로자에 대한 인사, 급여, 징계, 감사, 노무관리 등 근로관계 결정에 직접 참여하거나 사용자의 근로관계에 대한 계획과 방침에 관한 기밀사항 업무를 취급할 권한이 있는 등과 같이 그 직무상의 의무와 책임이 조합원으로서의 의무와 책임에 직접적으로 저촉되는 위치에 있는 자를 의미한다. 따라서 이러한 자에 해당하는지 여부는 일정한 직급이나 직책 등에 의하여 일률적으로 결정되어서는 아니되며, 그 업무의 내용이 단순히 보조적·조언적인 것에 불과하여 그 업무의 수행과 조합원으로서의 활동 사이에 실질적인 충돌이 발생할 여지가 없는 자도 여기에 해당하지 않는다(대법 2011.9.8, 2008두13873).

(3) 사용자의 지위 판단기준

부당해고 및 부당노동행위 구제신청 사건의 피신청인 및 구제명령의 이행주체로서의 사용자에 해당하는지 여부는 형식이 아닌 실질을 기준으로 ① 근로계약의 당사자 ② 임금지급의 주체 ③ 고용종속관계의 존부 ④ 실질적인 영향력 내지 지배력 행사 여부 등의 사정을 고려하여 판단하여야 한다.

(4) 근로계약상 사용자와 근기법상 책임주체로서 사용자 개념

근기법상 사용자의 개념은 상대적이지만 근로계약을 체결한 당사자로서의 사용자 개념은 상대적 개념이 아니다. 예컨대 회사 인사부장은 근기법상 사용자이면서 동시에 사업주에 대하여는 근로자이다. 근로계약상의 사용자는 근로계약을 체결한 사용자를 말하나, 근기법상의 사용자는 사업주 또는 사업 경영 담당자 그 밖에 근로자에 관한 사항에 대하여 사업주를 위하여 행위하는 자를 총칭하는 것이므로 근로계약의 당사자로서는 근로자에 해당하더라도 근기법상으로는 사용자인 경우가 있다. 따라서 근로계약상의 사용자 개념과 근기법상의 사용자 개념은 다른 것이다. 이는 근로계약상 근로자의 상대방 당사자로서 권리의무의 주체이자 임금 지급의무, 노무급부청구권, 지휘·명령권, 인사권, 업무명령권 등을 갖는 자이고, 또한 노동보호법규상의 의무도 발생한다.

제3장

근로계약의 보호

제1절 근로계약의 의의와 법적 성질

1 근로계약의 의의

> **법 제2조【정 의】** ① 이 법에서 사용하는 용어의 뜻은 다음과 같다.
> 4. 근로계약이란 근로자가 사용자에게 근로를 제공하고 사용자는 이에 대하여 임금을 지급하는 것을 목적으로 체결된 계약을 말한다.

근로계약이란 근로자가 사용자에게 근로를 제공하고 사용자는 이에 대하여 그 임금을 지급하는 것을 목적으로 체결된 계약이다(근기법 제2조제1항제4호). 근로계약이라는 용어는 개별적 근로관계를 설정하여 근로조건을 결정하며 노사의 권리의무관계를 발생시켜 이것을 확정하는 중요한 노동법상의 개념이다. 이와 같이 근로계약은 근로자와 사용자간의 근로관계를 형성시키는 계약으로 노무제공과 임금지급이라는 채권적 교환관계인 동시에 근로자와 사용자의 지위를 형성하는 계약의 성질을 가지고 있다. 근기법 제2조제1항제4호의 근로계약의 정의는 근기법상 사용하는 근로계약 예컨대, 본법 위반의 「근로계약」(동법 제15조), 「근로계약」불이행에 대한 위약 예정의 금지(동법 제20조), 「근로계약」 체결시의 근로조건의 명시(동법 제17조), 「근로계약」에 따르는 강제저금의 금지(동법 제22조), 미성년자의 「근로계약」(동법 제67조) 등의 정의 내지 개념을 명확히 하기 위하여 마련된 정의규정이라고 할 수 있다.

근기법에서 민법상의 고용계약이라는 용어와 별도로 근로계약이라는 용어를 사용한 것은 근로계약은 근로조건의 최저기준을 강행적으로 정하고 있는 근기법 등에 의해 영향을 받을 뿐 아니라 실제로 그 주요내용이 노사 당사자간의 자주적인 근로계약에 기초를 두고 집단적·통일적 규율에 따르는 경우도 많기 때문이다.

2 근로계약의 법적 성격과 특징

1. 근로계약의 법적 성격

근로계약이란 근로자가 일정한 근로조건 하에서 사용자의 지휘·명령에 따라 근로를 제공하고 사용자가 그 대가로 임금을 지급하는 계약이다.

근로계약은 근로자와 사용자간에 채권, 채무를 발생케 하는 근로관계의 모태로서의 법률행위이다. 따라서 특별법의 규정이 없는 한 법률행위에 관한 민법상의 규정이 적용된다.

근로관계는 법적으로는 근로자와 사용자의 계약관계로서 파악되고 있으며, 계약 당사자간에 교섭력의 격차가 있고 또한 조직적·집단적으로 운영되고 있다. 이러한 특색으로부터 근로관계는 법률에 의하여 최저기준이 설정되고, 단체협약, 취업규칙 등에 의하여 집단적으로 규율된다.

근로계약은 「계약」으로서 근로의 제공과 임금지급과의 교환관계를 기본적 내용으로 하는 유상·쌍무·낙성·불요식계약으로 그 성립에 특별한 형식을 요하지 아니한다(대법 1994.5.13, 93다47790). 근로관계가 계약관계라는 법적 의미와 이것을 규율하는 여러 가지 법적 규범의 형태 및 상호관계를 이해하여야 한다.

근기법 제4조는 「근로조건은 근로자와 사용자가 동등한 지위에서 자유의사에 따라 결정하여야 한다」고 규정하여 근로조건 대등 결정의 원칙을 정하고 있는 바 근로계약이 법적으로 당사자 대등의 계약(채권계약)이라는 것을 명시하고 있다. 근로계약은 채권계약으로서 당사자의 합의에 의해서만 성립하는 낙성계약이며, 근로자는 노동력을 제공하고 이에 대해 사용자가 임금을 지급하는 상호 당사자가 의무를 지는 근로계약이다. 동시에 그 의무가 유상성을 갖는다는 의미에서 유상계약으로서의 성격을 갖고 있으며, 근로계약은 근기법을 중심으로 하는 사회입법의 규제와 감독을 아울러 받는 사회법상의 계약이다.

2. 근로계약과 취업규칙·단체협약

(1) 근로계약과 취업규칙과의 관계

근기법 제97조는 「취업규칙에서 정한 기준에 미달하는 근로조건을 정한 근로계약은 그 부분에 관하여는 무효로 한다. 이 경우 무효로 된 부분은 취업규칙에 정한 기준에 따른다」고 규정하고 있다. 근로계약은 근로자가 일정한 근로조건하에 사용자의 지휘·명령에 따라 근로를 제공하고 그 대가로서 임금을 지급받는 계약이다.

근로계약은 낙성계약으로 청약에 따른 승낙으로 성립하므로 그 계약의 내용은 사용자와 근로자가 개별적인 교섭에 의하여 확정하는 것이 원칙이다. 오늘날 다수의 근로자를 고용하고 있는 기업은 개개의 근로자들과 일일이 계약 내용을 약정하기 보다는 근로계약의 내용이 되는 근로조건 등을 단체협약, 취업규칙에 정하여 근로관계를 정형화하고 집단적으로 규율하는 것이 보통이다. 근로계약 체결시 계약의 내용을 취업규칙의 내용과 달리 약정하는 등 특별한 사정이 없는 한 근로계약을 체결한 근로자와 사용자 사이에는 취업규칙에 정하는 바에 따라 근로관계가 성립한다(대법 1999.1.26, 97다53496). 근대적인 근로계약은 소정의 근로조건 및 복무규율하에 집단적, 조직적 근로관계에 편입할 것을 내용으로 하는 계약이다. 어떠한 근로조건에 관해 취업규칙과 근로계약이 각기 다르게 정하고 있다면, 취업규칙이 근로자에게 보다 유리하다는 등의 특별한 사정이 없는 이상 근로계약이 우선 적용된다(대법 2017.12.13, 2017다261387 심리불속행기각; 부산고법 2017.8.30, 2017나53715).

(2) 근로계약과 단체협약과의 관계

노조법 제33조제1항은 「단체협약에 정한 근로조건 기타 근로자의 대우에 관한 기준에 위반하는 취업규칙 또는 근로계약의 부문은 무효로 한다」고 규정하고 동법 제33조제2항은 「근로계약에 규정되지 아니한 사항 또는 제1항의 규정에 의하여 무효로 된 부분은 단체협약에 정한 기준에 의한다」고 규정하고 있는 바 단체협약은 근로계약의 내용에 대하여 법령과 마찬가지로 직접 규율하는 효력이 있다. 그 효력을 단체협약의 규범적 효력이라고 한다.

단체협약은 노동조합과 사용자가 단체교섭을 행한 결과 근로조건 기타에 있어서 합의한 결과를 서면으로 작성하여 당사자 쌍방이 서명 또는 날인하여야 한다(노조법 제31조제1항). 이러한 단체협약은 그 성질상 개개 근로자(조합원)와 사용자가 체결한 근로계약에 우선한다.

3. 근로계약과 고용 · 도급 · 위임계약과의 구별

근로계약은 사법상의 노무공급계약인 동시에 공법적 규제를 받는 복합적인 성질이 그 특징이다. 사람의 노동력의 공급 내지 이용을 목적으로 하는 계약으로서 민법이 규정하는 전형계약은 고용, 도급, 위임이 있다. 이들을 통틀어서 「노무공급계약」이라고 일컫는다. 어떠한 노무공급계약이 근로계약에 해당하는지 여부는 노무를 공급하는 자가 상대방과의 지배·종속의 노동관계 때문에 근기법의 적용을 받는 근로자(근기법 제2조제1항제1호)라 할 수 있는지 여부에 달려 있다고 할 수 있다(임종률, 「노동법」, 제15판, p.348). 「고용」은 어디까지나 노무자 자신에 의한 노무(노동)의 공급 그 자체를 목적으로 하는 계약이며, 「도급」은 제공되는 노무에 의한 어떤 「일의 완성」을 목적으로 하는 계약이고, 「위임」은 어떤 통일적인 「사무의 처리」를 목적으로 하는 계약이다.

(1) 근로계약과 고용계약과의 구별

1) 고용계약의 특색

근로계약은 민법상의 「고용계약」에 해당하는 경우가 많지만 그것과 반드시 일치하지는 않는다. 고용계약은 당사자인 일방이 상대방에 대하여 노무 내지 노동력을 제공할 것을 약정하고 상대방이 이에 대하여 보수를 지급할 것을 약정함으로써 성립하는 계약이다(민법 제655조). 민법의 「고용」에 관한 규정의 특색은 민법의 기본원리인 「계약자유의 원칙」, 「과실책임의 원칙」, 「소유권절대의 원칙」 등의 원칙을 전제로 하여 근로관계의 당사자에게 평등한 권리의무를 부여하고 있다는 점에 있다. 민법상의 고용계약은 대등한 당사자의 자유로운 의사에 의하여 체결되며 평등한 인격자의 사적 자치를 전제로 하는 것이다.

2) 근로계약의 특색

근로계약은 실제로는 사용자의 강력한 권력에 의한 지배·종속적 근로관계가 성립되어 있다는 사실이다. 근기법은 근로관계에 있어서 근로자를 사용자로부터 보호하기 위하여 다수의 계약상의 원칙·기준을 설정하였으며 그러한 법적 규제가 미치는 근로관계로 표현하기 위하여 「근로계약」이라는 계약 개념을 설정한 것이다. 근로계약은 사업 또는 사업장에 있어서 사용종속관계를 발생할 수 있는 계약관계가 있으며 사실상의 사용종속관계인 실대가 있는 경우에는 근로계약관계가 성립된다는 점에 특징이 있다.

3) 고용계약과 근로계약의 관계 및 구별실익

① **고용계약과 근로계약의 관계**: 근기법상의 근로계약인지의 여부는 민법상의 계약형식을 묻지 않고(즉, 고용·도급·위임 형식) 실질상의 사용종속관계의 유무에 따라 판단해야 한다고 하는 견해(준별설)와 민법상의 고용계약해당성도 실질적으로 판단해야 하므로 양자를 구별하여 해석할 필요는 없다는 견해(동일설)가 대립하고 있다. 그러나 「근로계약」에 해당하는지 여부에 있어서는 근로관계의 실태에 따라 판단해야 하므로 계약 형식(계약서의 문언)이 도급 내지 위임이더라도 계약관계의 실태가 「근로를 제공하고 임금을 지급」받는 관계로 인정되면(근기법 제2조제1항제4호) 근로계약에 해당된다. 그리고 「고용계약」에 해당하는지 여부에 있어서도 마찬가지로 계약 형식(계약서의 문언)이 「도급」 내지 「위임」이더라도 계약관계의 실태에 있어서 「노무를 제공하고 보수를 지급」하는 관계로 인정된다면 「고용계약」에 해당한다. 그러므로 「근로계약」과 「고용계약」은 기본적으로 동일한 개념이라 할 수 있다(菅野和夫, 「労働法」, 10판, p.86). 판례(대법 2010.2.11, 2009도3806)는 「직업안정법상 「고용계약」이나 근기법상의 「근로계약」은 모두 노무의 종속성을 전제로 하는 점에서 다를 바 없고 직업안정법상 고용계약도 근기법상 근로계약과 그 의미가 같다고 보아야 하므로 이에 해당하는지 여부를 판단함에는 그 계약의 형식에 관계없이 그 실질면에서 근로자가 사업 또는 사업장에 임금을 목적으로 종속적인 관계에서 사용자에게 근로를 제공했는지 여부를 기준으로 판단해야 한다」고 한다.

② **구별실익**: 고용계약과 근로계약의 차이는 특히 구분할 실익은 없으나 명백한 합의에 중점을 두는가 실태에 중점을 두는가의 차이이다. 근로계약은 근기법의

적용대상인 근로자와 사용자간의 노무제공과 임금 지급을 약정하는 계약이고 민법상의 고용계약은 근기법의 적용을 받지 아니하는 근로자 예컨대 가사사용인 등의 계약인가에 있다.

(2) 근로계약과 도급계약과의 관계

근기법상의 근로자에 해당하는지 여부를 판단함에 있어서는 그 계약의 형식이 민법상의 고용계약인지 또는 도급계약인지에 관계없이 그 실질에 있어 근로자가 사업 또는 사업장에 임금을 목적으로 종속적인 관계에서 사용자에게 근로를 제공하였는지 여부에 따라 판단하여야 한다(대법 2005.4.14, 2004도1108; 대법 2003.9.26, 2002다50914).

도급계약은 당사자 일방이 어느 일을 완성할 것을 약정하고 상대방이 그 일의 결과에 대하여 보수를 지급할 것을 약정함으로써 그 효력이 생기는 계약이다(민법 제664조). 고용계약이나 근로계약과 달리 도급계약은 노무제공 그 자체를 계약의 목적으로 하지 않는다. 약정된 '일의 완성'이라는 결과가 발생하여야 계약의 목적이 달성된다. 따라서 어떠한 방법으로 일을 완성할 것인가 하는 점은 전적으로 수급인의 권한과 재량에 속하는 사항이다. 그리고 일의 완성 이전에 발생하는 위험도 전적으로 수급인 스스로 부담한다. 수급인이 노무를 제공하더라도 일의 완성이라는 결과가 발생하지 않으면 수급인은 도급인에게 보수를 청구할 수 없다.

도급계약에 의해 근기법상의 근로자로 볼 수 없는 경우는 ① 어떤 일을 완성할 것을 약정하고 그 일의 결과에 대하여 보수를 지급하는 형태로 계약을 체결하고, ② 일정기간 동안 일정량의 물량에 대하여 사용자의 지휘감독 없이 작업자의 재량에 따라 작업을 완료함을 목적으로 하며, ③ 작업시한 이전에 작업을 완료한 경우에도 동일한 보수를 지급하여 작업수행시 독립성과 자주성이 보장되는 등의 요건을 갖추어야 한다(2000.2.25, 근기 68207-585).

(3) 근로계약과 위임계약과의 관계

위임계약은 당사자 일방이 상대방에 대하여 사무의 처리를 위탁하고 상대방이 이를 승낙함으로써 그 효력이 생기는 계약이다(민법 제680조). 위임계약은 위임인이 위탁하는 일정한 사무의 처리(예컨대, 소송사건의 해결, 질병의 치료 등)를 그 목적으로 한다. 위임은 사무가 처리되어 일정한 결과를 얻는 것(소송에서의 승소, 질병의 치유 등) 자체를 목적으로 하지 않는다는 점에서 '일의 완성'을 목적으로 하는 도급과 구별된다. 도중에 위임이 종료되더라도 수임인은 이미 수행한 부분에 상응하는 보수를 받을 수 있다. 위임은 노무의 제공 그 자체를 목적으로 하는 것이 아니라는 점에서 고용계약이나 근로계약과 차이가 있다. 위임은 위탁된 목적을 위하여 사무를 처리하는 것이고, 그 목적의 범위 내에서 수임인은 재량권을 갖는다.

3 근로계약 당사자의 의무

1. 근로자의 의무

(1) 근로자의 기본적 의무-근로제공의무

① 근로자는 근로계약에 의하여 사용자에게 근로를 제공해야 할 의무가 있다. 근로계약은 「근로자가 사용자에게 근로를 제공하고 사용자가 이에 대하여 임금을 지급」하는 것을 목적으로 체결된 계약이다(근기법 제2조제1항제4호). 가장 기본적인 의무는 근로자측에서는 근로의무, 사용자측에서는 임금지급의무이다. 이것을 권리로서 바꿔 보면 사용자의 노무급부청구권과 근로자의 임금청구권이라고 한다. 근로의무는 사용자의 지휘명령권한을 예정하므로 성실근로의무를 포함한다. 즉, 근로계약의 합의내용의 범위에서 근로의 내용·수행방법·장소 등에 관하여 사용자의 지휘에 따라 근로제공을 성실히 수행할 의무가 근로의무이다. 그러므로 사용자는 이러한 근로에 대하여 보수로서의 계약에서 규징한 임금지급의무가 있다.

(2) 근로자의 부수적 의무

근로자는 사용자의 이익을 보호하고 침해해서는 안된다는 신의칙상의 의무가 있다. 부작위의무와 작위의무가 있으며 부작위의무에는 비밀유지의무, 경업금지의무 등이 있다.

1) 비밀유지의무

① 비밀유지의무의 의의

비밀유지의무란 근로자는 근로제공과 관련하여 알게 된 사업이나 경영상의 비밀을 다른 제3자에게 누설하지 말아야 할 의무를 말한다. 비밀유지의무는 신의칙을 기초로 발생한다. 기업비밀의 누설과 그 방지는 최근 국제적 규모로 기업간 경쟁이 격화되는 한편 정보기술의 발달에 따라 기업비밀의 범위가 넓고 비밀의 누설이 용이하므로 사용자로서 중요한 관심사가 된다. 근로자의 비밀유지의무가 있는 비밀의 범위는 기업이 비밀로서 취급하고 객관적으로 법적 보호가치가 있는 정보를 말한다. 즉, 비밀유지에 대해서는 사용자가 이에 대한 정당한 이익을 가지고 있어야 한다. 이는 근로관계의 존속 중에는 물론 근로관계의 종료 후에도 원칙적으로 존재한다. 「부정경쟁방지및영업비밀보호에관한법률」은 근로자가 취득한 비밀이 「영업비밀」에 해당하고 이를 부정하게 사용·공개하는 행위는 근로계약의 종료 후에도 금지청구 및 손해배상청구 등의 대상으로 규정하고 있으므로(동법 제2조, 제10조), 경영비밀유지의무는 이 범위 안에서 특약이 없더라도 근로계약의 종료 후에도 미친다고 할 수 있다. 동법에 의한 「영업비밀」이 아닌 비밀은 계약해석의 문제이다.

② 비밀유지의무 위반의 판단기준

판례(대법 2007.2.22, 2006두18058)는 「비밀유지의무 위반으로 인한 해고처분의 정당성을 판단함에 있어서는 우선적으로 그 정보가 보호가치있는지 여부와 추가적으로 회사의 손해발생 유무를 구체적으로 검토하여 해고의 정당성을 판단하여야 한다」고 판시하고 있다. 또한 영업비밀 침해행위의 금지는 영업비밀 보호기간의 범위 내에서 이루어져야 한다(대법 2019.9.10, 2017다34981).

③ 비밀유지의무의 허용 한계

(가) 위법행위의 신고·고지: 비밀유지의무를 인정하더라도 예컨대 부정경쟁금지 위반행위·범죄행위 그 밖에 법률 위반행위 및 명백한 계약 위반행위 등은 사용자의 정당한 이익으로서 보호되지 않는다. 이러한 불법적인 행위는 보호대상이 될 수 없기 때문이다. 또한 기업의 신용이나 명예 등과 관련된 비밀을 제3자나 일반인에게 알려야 할 정당한 이익이 있고, 그 이익이 사용자가 침해받을 이익과 비교

하여 더 클 경우에는 근로자의 비밀유지의무는 성립하지 않는다. 예컨대 근로자에게 기업설비의 책임이 있는 경우로서 이러한 설비의 안전에 문제가 발생할 염려가 있을 때 권한 있는 행정관청에 회사가 은폐하고 있는 비밀을 고지하는 것은 비밀유지의무 위반이 되지 않는다.

(나) 비밀유지의무가 퇴직 후에도 인정되는가 여부: 근로관계 종료 후의 비밀유지의무의 존속이 실질적으로 경업을 금지하는 것과 같은 효력을 가지게 되어 결과적으로 근로자의 직업활동의 자유를 부당하게 제약하는 경우에는 비밀유지의무가 소멸한다고 보아야 한다(김형배, 「노동법」, 제26판, p.327). 이 의무는 재직 중에만 해당되는 것이지만, 취업규칙이나 개별적 특약(전직금지 또는 경업금지약정)이 그 필요성이나 합리성에서 사회질서(민법 제103조)에 어긋나지 않는 경우에도 영업비밀의무가 인정된다. 예컨대 퇴직한 근로자가 영업비밀의무를 위반하여 경쟁기업에서 영업비밀을 사용하는 업무에 종사하는 경우에는 사용자는 의무 불이행에 따른 손해배상 또는 그 업무 종사의 금지를 청구할 수 있다(대법원결정 2003.7.16, 2002마4380). 그 범위에서 영업비밀유지의무는 퇴직 후까지 미치게 된다(임종률, 「노동법」, 제17판, p.359).

2) 경업금지의무(경업피지의무)

① 경업금지의무의 의의

경업금지의무란 근로자는 재직 중 사용자의 이익에 현저하게 반하는 경업행위를 삼가야 할 의무 또는 퇴직 후 동업 타사에 취업하지 아니할 의무를 말한다. 비밀준수의무와 결정적으로 다른 것은 경업금지의무는 근로자의 직업활동(경업) 그 자체를 금지하는 의무이므로 직업선택의 자유(헌법 제15조)에 대해 제약의 정도가 매우 크다는 점이다. 그러므로 경업금지의무에는 여러 가지 규제가 있다. 근로자가 사용자의 이익에 현저히 반하여 경쟁사업체에 취직하거나 경쟁사업체를 경영하지 않을 의무를 말한다. 그러나 경업금지의무는 법률의 규정에 의하여 발생하는 것이 아니라 근로계약에 의하여 부수적으로 발생하는 신의칙상의 의무이므로, 상업사용인이 아닌 근로자도 재직 중 당연히 경업금지의무를 가진다고 보아야 할 것이다(대법 2012.9.27, 2010다99279; 임종률, 「노동법」, 제17판, P.359).

② 퇴직 후의 경업금지의무

이 의무는 근로계약의 존속 중에만 미치지만, 근로관계 종료 후에는 퇴직근로자에게 직업선택의 자유가 있으므로 근로관계가 계속 중인 경우와 같이 일반적으로 경업금지의무를 인정할 수 없다. 판례(대법 2010.3.11, 2009다82244)는 「사용자와 근로자 사이에 경업금지약정이 존재한다고 하더라도, 그와 같은 약정이 헌법상 보장된 근로자의 직업선택의 자유와 근로권 등을 과도하게 제한하거나 자유로운 경쟁을 지나치게 제한하는 경우에는 민법 제103조에 정한 선량한 풍속 기타 사회질서에 반하는 법률행위로서 무효라고 보아야 한다」라고 한다. 당사자 사이에 특약이 있고 또 경업제한의 필요성과 범위(기간·활동 범위 등)에 비추어 근로자의 직업선택의 자유를 부당하게 침해하지 않는 범위 안에서 근로계약 종료 후에도 미친다고 볼 수 있다(임종률, 「노동법」, 제17판, P.359). 퇴직 후의 경업자유는 근로자를 구속한다고 해석할 여지는 있지만 근로자의 중요한 권리를 제한하는 것이므로 그 성질상 원칙적으로 명확한 개별특약이 필요한 것이다.

③ 퇴직 후의 경업금지의무의 조건

직업선택의 자유를 고려하여 엄격한 요건이 설정되어야 한다.

㉠ 근로자의 지위에서 의무를 과하는 것

㉡ 전 사용자의 정당한 비밀보호를 목적으로 하는 것, 경업규제의 필요성이 있을 것

㉢ 대상직종·기간·지역에 비추어 보아 직업활동을 부당하게 제약하지 않을 것

㉣ 적절한 대상(代償)이 존재할 것. 이러한 점을 종합하여 경업금지 의무의 유효성을 판단하여야 한다.

㉤ 절차적 요건으로 사용자 경업금지특약 체결시에 근로자에게 필요한 정보를 제공할 의무를 지고 그 이행의 유무가 경업금지의무의 유효성에 영향을 미친다. 그 결과 경업금지의무가 직업활동을 부당하게 제약한다고 판단되면 직업선택의 자유를 구성하는 사회질서(헌법 제15조, 민법 제750조) 위반으로 무효라고 해석된다(합리성 심사론)(土田道夫, 「労働法概説」, 제2판, p.272).

④ 경업금지의무조항의 합리성 판단

㉠ 퇴직 후에도 경업금지의무를 정하는 조항의 합리성은 퇴직자를 직접 제한하는 법적 조치이므로 기간·활동의 범위 등을 명확하게 한 경업제한 특약이 존재하고 또한 그 제한의 필요성, 경업금지의 장소적 제약의 범위, 금지기간의 길이, 대

상조치의 정도 및 제재의 정도 등을 종합적으로 고려하여 판단하여야 한다. 경업금지약정의 유효성에 관한 판단은 보호할 가치 있는 사용자의 이익, 근로자의 퇴직 전 지위, 경업 제한의 기간·지역 및 대상 직종, 근로자에 대한 대가의 제공 유무, 근로자의 퇴직 경위, 공공의 이익 및 기타 사정 등을 종합적으로 고려하여야 한다(대법 2016.10.27, 2015다221903).

㉡ 여기에서 말하는 '보호할 가치 있는 사용자의 이익'이란 「부정경쟁방지및영업비밀보호에관한법률」 제2조제2호에 정한 '영업비밀' 뿐만 아니라 그 정도에 이르지 아니하였더라도 당해 사용자만이 가지고 있는 지식 또는 정보로서 근로자와 이를 제3자에게 누설하지 않기로 약정한 것이거나 고객관계나 영업상의 신용의 유지도 이에 해당한다(대법 2010.3.11, 2009다82244).

㉢ 경업금지의무의 유효성을 인정할 수 있는 사정에 관한 주장·증명책임은 사용자에게 있다(대법 2016.10.27, 2015다221903).

⑤ 경업금지의무 위반의 효과

근로자가 재직 중 비밀유지의무나 경업금지의무를 위반할 때에는 채무불이행인 동시에 기업질서 위반 행위이다. 따라서 ㉠ 징계처분 또는 해고, ㉡ 경업행위 중지청구, ㉢ 손해배상 청구를 검토할 수 있다. 근로자가 퇴직 후의 비밀유지의무나 경업금지의무를 합의했다면 직업선택의 자유와의 관계에서 제약이 있으나 그 범위 내에서 이에 위반될 때에는 채무불이행(특약위반)이 되며, ㉠ 경업행위 중지 청구, ㉡ 손해배상 청구가 가능할 것이다. 그러나 퇴직자는 근로자의 신분이 없으므로 징계처분이나 해고를 할 수는 없다. 경업금지의무 위반이 아니라면 이러한 청구는 당연히 기각된다. 또한 경업금지의무를 합의하지 아니한 경우라도 퇴직근로자가 경업시에 사회통념상 자유경쟁의 범위를 일탈하여 위법한 양태로 전 사용자의 고객을 탈취하는 사례는 불법행위(민법 제750조)를 구성한다(일본최고재판소 2010.3.25).

3) 수뢰금지의무 및 선동금지의무

수뢰금지의무 및 선동금지의무란 근로자는 근로의무에 위반하는 행위를 하거나 위반할 우려가 있는 뇌물을 수령해서는 안되며, 다른 근로자로 하여금 근로계약을 침해하게 하거나 기업질서를 파괴하는 행위를 유도해서는 안된다는 의무를 말한다.

4) 사고대처의무

사고대처의무란 근로자가 근로시간 내외를 불문하고 기계·설비·원료 등에 하자나, 결함을 발견한 경우에 사용자가 적절한 대책을 강구할 수 있도록 이를 지체없이 사용자에게 고지하되, 사정이 급박하여 고지할 여유가 없을 경우에는 고장·사고 등을 방지하기 위한 응급조치를 취할 신의착상의 의무를 말한다.

5) 작위의무

① 고지의무

근로자가 사용자에 의하여 제공된 기계·원료 및 설비 등에 하자나 결함을 발견한 때에는 이를 지체없이 사용자에게 고지하여야 한다.

② 손해예방의무

사정이 급박하여 근로자가 직접 보안조치를 취하지 않는다면 사용자의 이익이 침해될 우려가 있는 경우에는 비록 그 행위가 근로제공의무의 범위를 벗어난다 하더라도 이를 예방하기 위한 보안작업을 수행할 의무를 부담한다.

6) 부수적 의무 위반효과

근로자의 귀책사유로 부수적 의무를 위반한 경우에는, 근로자는 채무불이행 책임을 지며, 그 성질에 따라서는 강제이행이 허용될 수도 있다. 또한 부수적 의무 위반으로 기업질서를 침해하게 되면 징계사유 또는 해고사유로도 될 수 있다.

2. 사용자의 의무

(1) 사용자의 기본적 의무 – 임금 지급 의무

① 사용자는 근로의 대가로 임금을 지급할 의무를 진다. 이는 근로계약상 사용자의 주된 의무에 해당된다. 따라서 사용자의 임금 지급 의무는 근로자의 근로제공의무와 쌍무적 관계에 있으며, 임금은 제공된 노무에 대한 반대급부로서의 성질을 가진다. 따라서 '근로의 대가'로 지급되지 않은 것은 임금이 아니다.

② 임금은 제공된 근로에 대한 대가로, 근로자가 결근·조퇴 등 그 책임있는 사유로 근로제공을 하지 못한 부분에 대하여는 임금 지급 의무가 발생하지 않고, 단

위기간에 대하여 약정된 임금에서 근로제공의무를 이행하지 못한 부분에 대하여 임금을 삭감할 수 있는 것이다.

③ 그러나 사용자가 근로제공의 수령을 거부하거나 부당해고 등의 귀책사유로 인하여 근로자가 근로제공을 할 수 없었던 경우에는 임금을 지급하여야 한다. 또 근로자가 그 책임 없는 사유로 인하여 하자 있는 근로를 제공한 경우라도 임금을 삭감할 수는 없다.

④ 파업에 있어서 근로관계는 파업기간 동안 정지되므로 사용자는 파업에 참가한 근로자에 대하여 파업기간 동안의 임금을 지급할 의무가 없다.

⑤ 임금의 액은 당사자간의 근로계약·취업규칙·단체협약 등에 의해 결정된다.

(2) 사용자의 부수적 의무: 안전배려의무

근로자의 성실의무에 대응하여 사용자는 근로계약상의 신의칙에서 근로계약의 상대방인 근로자의 정당한 이익을 침해하지 않아야 할 배려의무가 부수적 의무로서 존재한다. 최근 판례는 그 배려의무의 내용을 확대하는 경향이 있으며 이것은 근로계약이 가지는 역할을 재조명하고 노사 간의 이익 조정을 꾀하기 위해서도 그 필요가 있다.

사용자의 배려의무로서는 안전배려의무, 직장환경배려의무, 인사권 행사에 있어서의 사생활 배려의무, 해고권 행사에 있어서의 해고회피노력의무, 일과 가정의 조화의무 등이 있다.

1) 안전배려의무

① 안전배려의무의 의의 및 법적 성질

안전배려의무란 사용자는 생산시설·기계·기구 등의 위험으로부터 근로자의 생명·신체·건강을 안전하게 보호할 의무를 말한다. 사용자는 근로계약에 수반되는 신의칙상의 부수적 의무로서 근로자가 노무를 제공하는 과정에서 생명·신체·건강을 해치는 일이 없도록 인적·물적 환경을 정비하는 등 필요한 조치를 강구하여야 할 보호의무를 부담하고, 이러한 보호의무를 위반함으로써 피용자가 손해를 입은 경우 이를 배상할 책임이 있다(대법 2006.9.28, 2004다44506; 대법 2002.11.26, 2000다7301; 대법 2001.7.24, 99다56734).

② **안전배려의무의 근거**

안전배려의무의 구체적 내용은 당사자의 약정이나 취업규칙·단체협약 등에 의하여 결정할 수 있지만, 이러한 규정이 없는 경우에는 근로자의 업무와 관련이 있는 범위 내에서 인정되어야 한다(대법 2006.9.28, 2004다44506). 또한 사업주는 산업재해가 발생할 급박한 위험이 있을 때에는 즉시 작업을 중지시키고 근로자를 작업장소로부터 대피시키는 등 필요한 안전·보건상 조치를 하여야 한다(산안법 제51조).

③ **안전배려의무의 내용**

안전배려의무는 근로자의 생명·신체·건강을 침해해서는 안된다고 하는 소극적 의무뿐만 아니라 예상되는 생산시설의 위험으로부터 근로자를 안전하게 보호하기 위해 적절한 조치를 강구해야 하는 적극적인 의무도 포함하고 있다. 그 밖의 근로자의 물건에 대한 적절한 조치, 근로자의 인격에 대한 배려 등도 포함된다. 사용자로서는 피용자에 대한 보수지급의무 외에도 피용자의 인격을 존중하고 보호하며 피용자가 그 의무를 이행하는데 있어서 손해를 받지 아니하도록 필요한 조치를 강구하고 피용자의 생명, 건강, 풍기 등에 관한 보호시설을 하는 등 쾌적한 근로환경을 제공함으로써 피용자를 보호하고 부조할 의무를 부담하는 것은 당연한 것이다(대법 1998.2.10, 95다39533). 사용자는 근로자들을 직장 내 성희롱 및 괴롭힘으로부터 보호하기 위한 안전 및 예방조치를 강구할 안전보호의무를 부담한다고 보아야 한다(김형배, 「노동법」, 제26판, p.345).

④ **안전배려의무의 성립요건**

첫째, 노무제공 계약관계 또는 이에 준하는 법률관계가 존재할 것: 안전배려의무가 자기의 지휘명령에 의하여 노무제공을 하는 자에 대한 급부의무인 보수지급의무 외에 지는 부수적인 의무이기 때문이다. 판례는 도급인과 수급인의 관계(대법 1999.2.23, 97다1282), 사용사업주와 파견근로자와의 관계(대법 2013.11.28, 2011다60247)도 안전배려의무의 존재를 인정하고 있다. 근로자의 안전·건강을 사용자의 지배 아래 두는 것이므로 안전배려의무는 당사자 사이에 약정이 없더라도 근로자가 사용자의 사업장 또는 경영체에 편입됨으로써 당연히 발생하는 의무이다. 배려의무는 안전배려의무 이외에 근로자가 근로제공을 위하여 사업장에 가지고 들어오는 물건(예를 들면 자전거·의류 등)에 대하여 도난·훼손 등을 방지하도록 배려할 의무 및 근로제공의 과정에서 근로자의 인격·인권이 침해되지 않도록 배려할 의무도 포함된다. 또 논자에 따라서는 균등대우의무, 정리해고시의 해고회피 및 협의의무도 배려의무로 거론하기도 한다.

둘째, 배상책임의 원인이 되는 사고와 업무와의 관련성이 인정될 것: 사용자가 안전배려의무를 위반하여 근로자의 이익을 침해하였을 경우에 사용자는 적극적 채권침해에 대한 책임이 있다. 이러한 안전배려의무 위반을 이유로 사용자에게 손해배상책임을 인정하기 위해서는 특별한 사정이 없는 한 그 사고가 피용자의 업무와 관련성을 가지고 있어야 한다(대법 2001.7.27, 99다56734).

셋째, 사고가 통상 발생할 수 있다는 점이 예측되거나 예측할 수 있을 것: 또한 그 사고가 통상 발생할 수 있다고 하는 것이 예측되거나 예측할 수 있는 경우라야 할 것이고, 그 예측가능성은 사고가 발생한 때와 장소, 가해자의 분별능력, 가해자의 성행, 가해자와 피해자의 관계, 기타 여러 가지 사정을 고려하여 판단하여야 할 것이다(대법 2006.9.28, 2004다44506; 2001.7.27, 99다56734). 예측가능성의 판단에 있어서 사용자의 주관적 인식가능성을 기준으로 할 것은 아니다. 왜냐하면 안전배려의무의 범위가 부당하게 축소되어서는 안 되기 때문이다(김김형배, 「노동법」, 제26판, p.346). 안전배려의무 위반으로 근로자에게 발생한 손해에 대하여 사용자에게 배상책임이 인정되기 위하여서는 '사고의 업무 관련성' 및 '사고의 예측가능성' 이라는 요건을 충족하여야 한다는 취지의 견해를 제시하고 있다.

⑤ 안전배려의무 위반을 이유로 한 사용자 책임

첫째, 불법행위책임을 인정한 경우: 판례(대법 1989.8.88, 88다카33190)는 근로자가 밀폐된 굴진막장에서 작업 중 발생한 소음성 난청에 대하여 불법행위책임을 인정하고 있다. 그러나 근로자가 수행한 작업이 경험칙에 비추어 보통의 성년 남자가 혼자서 별다른 무리나 부상 없이 수행할 수 있다고 보아 그에게 발생한 허리 통증에 대하여 사용자에게 근로자에 대한 보호의무 위반을 이유로 한 불법행위책임을 지울 수 없다는 판례도 있다(대법 2000.3.10, 99다60115).

둘째, 채무불이행책임을 인정한 경우: 근로자는 사용자에게 채무불이행 책임을 물을 수 있으며 법률에 규정된 안전배려의무를 위반한 사용자에게는 벌칙이 과해진다(산안법 제38조 이하). 안전배려의무에 대해서는 근기법, 산안법 등 노동보호법에 많은 규정이 있다. 안전배려의무에 대한 사용자의 준수의무는 근로계약상의 안전배려의무의 기준이 될 수 있다. 따라서 사용자의 안전보호 관련 법률규정을 준수하지 않을 경우에는 안전배려의무 위반이 근로자의 업무와 관련된 것인 한 근로자는 사용자에게 채무불이행책임을 물을 수 있다(김형배, 「노동법」, 제26판, p.346).

셋째, 안전배려의무 위반을 이유로 사고가 발생한 경우 채무불이행 또는 불법행위를 이유로 손해배상청구권을 행사한 경우: 채무불이행 책임으로 구성하게 되면 채무자의 과실이 추정되므로 가해자인 채무자 쪽에서 자기에게 귀책사유 없음을 입증하지 않는 한 책임을 면할 수 없으나, 불법행위 책임으로 구성하게 되면 피해자가 가해자의 과실을 입증할 책임을 부담한다. 한편, 소멸시효와 관련하여서도 채무불이행으로 인한 손해배상청구권은 소멸시효기간인 10년이 적용되는 반면, 불법행위로 인한 손해배상청구권은 손해 및 가해자를 안 날로부터 3년, 불법행위를 한 날로부터 10년이 적용된다. 그러므로 입증책임 및 소멸시효 기간에 있어서, 안전배려의무 위반의 법적 성질은 채무불이행 책임으로 구성하는 것이 피해자 보호의 측면에서는 더 유리하다고 할 수 있다.

넷째, 그 밖에 산안법 제167조 등 법률에 규정된 안전배려의무를 위반한 때에는 벌칙이 부과된다.

2) 직장환경배려의무

직장환경배려의무란 사용자는 근로계약상의 신의칙에 따라 부수의무로서 근로자의 프라이버시, 명예 등의 인격적 이익을 침해당하지 않도록 양호한 직장환경을 배려해야 할 의무를 말한다. 그런 의미에서 직장 내 괴롭힘(power harassment), 직장 내 성희롱(sexual harassment)도 사용자의 근로자에 대한 일종의 직장환경배려의무 위반으로 볼 수 있다. 사용자는 직장 내 괴롭힘, 성희롱이 발생하지 않도록 직장환경을 배려하거나 근로자가 그 의사에 반한 퇴직을 강요당하지 않게 직장환경을 정비하도록 배려하여야 한다.

3) 일과 가정생활의 조화를 위한 배려의무

사용자는 근로계약 체결 또는 변경 시에는 일과 가정생활의 조화에도 배려해야 할 인사상의 배려의무가 있다. 그 배려의무는 배치전환 명령 등의 권리남용의 판단에 있어서 고려하여야 한다.

(3) 취업기회부여의무(근로자의 취업청구권)

1) 취업청구권의 의의

근로자의 임금청구권과 관련하여 사용자는 근로자가 근로의 제공상태에 있으면 근로자를 취업시킬 의무가 있는가?

취업청구권이란 근로계약의 존속 중에 사용자가 정당한 이유없이 근로자의 의사에 반하여 근로자의 노무수령을 거부하는 경우에, 그 근로자가 사용자에게 근로제공의 수령을 청구할 수 있는 권리를 말한다. 이 문제는 실제로는 취업을 거부당한 근로자가 사용자에 대하여 채무불이행에 의한 손해배상을 청구할 수 있는가, 그리고 근로자가 취업방해금지 가처분을 신청한 경우에 그 피보전권리로서 취업청구권이 인정되는가의 형태로 제기된다.

2) 학설 및 판례의 태도

근로자가 취업청구권을 갖고 있는지에 관하여는 다양한 견해가 제기되고 있다.

① **부정설**: 근로제공의무는 의무일 뿐 권리는 아니라는 생각, 즉, 사용자는 임금을 지급하는 이상 그 근로자의 노동력을 사용 할 것인가 여부는 자유이고 근로수령의무 자체를 가지는 것은 아니라는 생각에 근거하여 취업청구권은 원칙적으로 인정할 수 없다고 한다. 다만, 이 견해도 당사자 사이에 특약이 있는 경우 또는 특수한 기능자(연수생·기술자·의사·연구원·배우 등)의 경우에는 예외적으로 취업청구권을 인정한다(임종률, 「노동법」, 제17판, p.353).

② **긍정설**: 근로관계의 존재가 단순히 근로자와 사용자간의 채권·채무관계만을 의미하는 것이 아니라 근로자의 노동을 통한 인격실현의 과정이라는 측면을 중시함으로써 취업청구권을 인정하고 있다(김유성, 「노동법 I」, p.322). 근로자에게 취업의 기회를 주지 않는 것은 근로자의 추상적 인격침해 또는 사용자의 배려의무 위반에 그치는 것이 아니라 근로자의 직업상의 능력과 기술을 개발·촉진해 주어야 할 사용자의 지원의무 내지 신의칙상의 부수적 의무에 반한다고 이해되고 있다(김형배, 「노동법」, 26판, p.347).

③ **판례**: 판례(대법 2012.5.9, 2010다88880; 대법 1996.4.23, 95다6823)는 「사용자는 특별한 사정이 없는 한 근로자와의 근로계약의 체결을 통하여 자신의 업무지휘권·업무명령권의 행사와 조화를 이루는 범위 내에서 근로자가 근로제공을 통

하여 참다운 인격의 발전을 도모함으로써 자신의 인격을 실현시킬 수 있도록 배려하여야 할 신의칙상의 의무를 부담한다」고 하고, 또 다른 판례(대법 2012.5.9, 2010다88880; 대법 1993.12.21, 93다11436; 대법 1994.2.8, 92다893)는 「사용자가 근로자의 의사에 반하여 정당한 이유없이 근로자의 근로제공을 계속적으로 거부하는 경우에는 근로자의 인격적 법익을 침해한 것이 되므로, 사용자는 그로 인한 근로자의 정신적 고통에 대하여 배상할 의무를 부담한다」고 한다. 우리나라의 판례는 취업청구권을 사실상 인정하는 입장에 있다.

④ **평가**: 근로제공은 임금획득의 이익만 주는 것이 아니라 근로자의 자아실현의 충족감도 부여할 수 있다. 이 점에서 사용자의 취업 거부는 인격적 법익을 침해한 행위로서 사용자는 그 침해로 인한 정신적 고통에 대하여 배상할 의무가 있다. 그러나 근로자가 어떤 업무를 수행할 가능성이 없거나, 근로자를 취업시키는 것이 사용자의 이익에 크게 반하는 경우에는 근로자에게 취업청구권이 인정될 수 없다. 근로자는 근로제공을 통하여 자기실현 내지 인격형성을 행한다는 측면을 무시할 수 없으며 또한 자기의 직업능력의 유지 및 발전에는 현실적으로 취업의 계속이 불가결한 것이다. 이런 관점에서 사용자가 노무급부의 수령을 거부하는 것이 근로자에게 부당하게 손해를 끼친 경우에는 근로자의 취업청구권을 긍정해야 할 것이다. 최근 근로자의 계속적인 직업능력의 개발을 확보하여야 한다는 관점에서 취업청구권의 의의를 재검토해야 할 것이다.

3) 취업방해 금지 가처분신청의 인정 여부

실무상의 문제로서 해고·휴직 또는 출근정지처분을 받은 근로자가 취업을 요구하였으나 사용자에 의하여 거절당한 경우에 그 근로자에 의한 취업방해 금지 가처분신청이 인정될 것인지가 발생할 수 있다. 일반적 견해(菅野和夫, 「労働法」, 10판, p.79)에 따르면 근로의무는 의무에 지나지 않으며 권리가 아니라는 사고를 기초로 특약이 없거나 특별한 기능자 또는 수련자의 경우가 아닌 한 취업청구권은 인정되지 않는다고 한다. 그러나 해고나 출근정지처분이 명백히 무효인 경우에는 가처분신청을 통하여 취업청구권을 주장할 수 있다는 견해가 유력해지고 있다(김형배, 「노동법」, 제26판, p.348).

(4) 균등처우의무

① 균등처우의무란 사용자는 정당한 이유가 없는 한 근로자를 균등하게 대우해

야 할 의무를 말한다. 여기에서 정당한 이유란 기술·능력·학력 등에 따른 합리적인 차별사유를 의미한다. 법률은 균등대우에 관하여 구체적인 규정(예컨대 근퇴법 제4조제2항 퇴직금 차등제도 금지, 남녀고용평등법 제9조, 제10조, 제11조)과 함께 추상적 일반조건(헌법 제11조, 근기법 제6조 등)을 두고 있다. 사용자는 근로자를 평등하고 공평하게 취급할 것이 요청된다. 예컨대 사용자는 인사고과에 있어서도 근로자를 공정하게 평가해야 할 의무가 있다.

② 균등대우의무가 문제되는 것은 남녀의 균등대우를 위시하여 생산직 근로자와 관리직 근로자의 근로조건 차별, 해고에 있어서의 차별 등이다.

남녀의 균등대우에 관해서는 남녀고용평등법 제7조 내지 제11조가 여성 근로자의 근로조건의 평등한 대우를 내용적으로 규정하고 있다.

③ 근퇴법 제4조제2항은 퇴직금제도를 설정함에 있어서 차별규정을 금지하고 있다.

④ 해고의 정당한 사유에 해당하는 다수의 근로자들 중에서 일정 수의 근로자를 해고하게 될 경우, 특히 「선별해고」를 통하여 노동조합 간부 또는 여성 근로자를 위주로 해고한다면 이는 부당노동행위 또는 여성차별이 문제될 것이다.

(5) 직무발명

① 직무발명의 의의

직무발명이란 종업원, 법인의 임원, 또는 공무원(이하 "종업원 등"이라 한다)이 그 직무에 관하여 발명한 것이 성질상 사용자·법인 또는 국가나 지방자치단체(이하 "사용자 등"이라 한다)의 업무 범위에 속하고 그 발명을 하게 된 행위가 종업원 등의 현재 또는 과거의 직무에 속하는 발명을 말한다(발명진흥법 제2조제2호). 종업원이 직무수행 중에 발명한 정신적 재산에 대한 권리는 누구에게 귀속하느냐의 문제이다.

② 발명진흥법상 직무발명 주요내용

첫째 직무발명에 대하여 종업원 등이 특허(실용신안등록 또는 디자인등록을 포함한다) 등을 받았거나 특허 등을 받을 수 있는 권리를 승계한 자가 특허 등을 받은 경우에 사용자 등은 그 특허권 등에 대하여 통상실시권을 가진다(발명진흥법 제10조제1항).

둘째 종업원 등이 직무발명을 완성한 경우에는 지체없이 그 사실을 사용자 등에게 문서로 알려야 한다. 2인 이상의 종업원 등이 공동으로 직무발명을 완성한 경우에는 공동으로 알려야 한다(동법 제12조).

셋째 직무발명의 완성사실을 통지받은 사용자 등은 대통령령이 정한 기간 이내에 그 발명에 대한 권리를 승계할 것인지 여부를 종업원 등에게 문서로 알려야 한다(동법 제12조).

넷째 종업원 등이 직무발명에 대하여 특허 등을 받을 수 있는 권리 또는 특허권 등을 계약 또는 근무규정에 의하여 사용자 등에게 승계하게 하거나 전용실시권을 설정한 경우에는 정당한 보상을 받을 권리를 가진다(동법 제15조제1항).

다섯째 직무발명과 관련하여 분쟁이 발생하는 경우 사용자 등 또는 종업원 등은 산업재산분쟁조정위원회에 조정을 신청할 수 있다(동법 제18조).

여섯째 종업원 등은 사용자 등이 직무발명을 출원할 때까지 그 발명의 내용에 관한 비밀을 유지하여야 한다. 다만, 사용자 등이 승계하지 아니하기로 확정된 때에는 그러하지 아니하다(동법 제19조).

③ 정당한 보상

발명진흥법의 직무발명에 관한 이러한 규정에 근거하여 기업에서는 직무발명에 대하여 특허 등을 받을 권리를 기업이 승계한다는 취지의 규정을 마련해 왔다. 그러나 「정당한 보상」에 대하여 다툼이 있을 수 있다. 발명진흥법의 규정은 종업원 등을 보호하기 위한 규정이다. 그러나 그 계약이나 근무규정이 직무발명의 범위를 넘어 직무발명 이외의 발명에 대해서까지 사용자에 대한 양도나 전용실시권의 설정을 규정하는 취지로 규정된 것이면 그 계약이나 근무규정은 전체가 무효가 되는 것은 아니고, 직무발명에 대한 부분은 유효하다고 해석해야 한다(대법 2012.11.15, 2012도6676).

3. 근로자의 책임

(1) 위험작업과 책임제한

1) 위험작업의 의의와 범위

'위험작업' 이란 작업의 성질상 근로제공과정에서 근로자의 실수를 완전히 회피할 수 없는 작업유형을 말한다(예컨대 자동차 운전작업). 위험작업에 종사하는 근로자의 고의 또는 중과실로 인한 손해발생에 대하여는 근로자가 완전한 배상책임을 지지만, 경과실로 인한 손해발생에 대하여는 배상책임이 감경 또는 면제된다고 보아야 할 것이다(대법 1987.9.8, 86다카1045).

2) 위험작업과 책임제한의 기준

근로자가 근로제공의 과정에서 근로의무나 부수적 의무에 위반하여 사용자에게 손해를 발생케 한 경우에는 채무불이행(민법 390조) 또는 불법행위(민법 750조)에 의한 손해배상책임을 지는 것은 당연하다. 그러나 위험작업에 종사하는 근로자에 대하여는 과실이 있다는 이유만으로 작업 수행 중에 발생한 손해 전액에 대하여 책임을 물을 수 없는 경우가 있다. 책임제한의 기준은 (가) 근로자의 귀책성(고의·과실의 유무·정도), (나) 근로자의 지위·직무내용·근로조건, (다) 손해발생에 대한 사용자의 기여도(지시내용의 적부, 보험가입에 의한 사고예방·리스크 분산 등의 유무)에 달려 있다.

3) 위험작업과 책임감경

위험작업에 속하더라도 구체적 상황에 비추어 손해발생의 가능성이 희박한 경우에는 근로자의 책임감경은 인정되지 아니하고, 반대로 위험작업에 속하지 않더라도 손해발생의 가능성이 높을 때에는 근로자의 책임감경이 고려되어야 할 것이다. 그렇다면 근로자의 배상책임의 제한은 반드시 위험작업에 종사하는 자를 전제로 인정할 것이 아니라 모든 사업 또는 사업장에 대하여 인정되어야 할 것이다(김형배, 「노동법」, 26판, P.327).

(2) 결손책임

근로자가 보관·관리하는 금고나 창고에 금전이나 물품의 결손이 발생한 경우에 근로자가 부담하는 책임을 결손책임이라 한다. 결손책임은 근로자에게 귀책사유가 있는 경우에만 인정될 수 있고, 근로자의 책임제한이라는 관점에서 입증책임을 사용자가 부담해야 할 것이다(김형배, 「노동법」, 26판, p.339).

(3) 손해배상책임

근로자가 직무를 수행하는 과정에서 근로의무나 부수적 의무에 위반하여 사용자에게 손해를 끼친 경우에는 채무불이행(민법 제390조)이나 불법행위의 요건을 충족하면 손해배상책임(민법 제750조)을 지며 또는 근로자가 사무집행에 관하여 제3자에게 손해를 끼친 경우에 사용자가 사용자책임에 따라 그 제3자에게 배상하는 경우에는 사용자의 근로자에 대한 구상권의 행사가 인정된다(민법 제756조제3항).

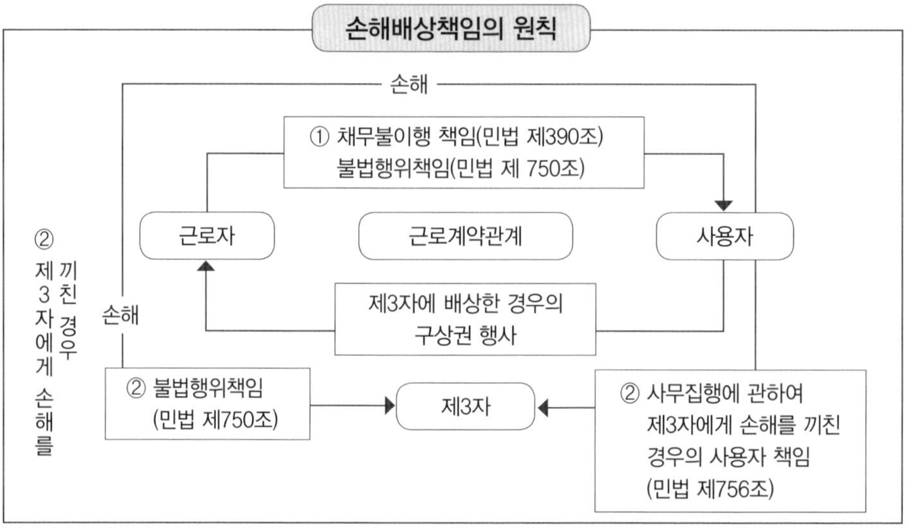

사용자의 근로자에 대한 손해배상 청구나 구상권 행사는 경제력이 궁핍한 근로자에게 가혹한 결과가 되고 사용자는 근로자의 근로수행으로부터 경제적 이익을 얻고 있는 이상 이로부터 발생하는 손해의 리스크를 전부 근로자에게 부담케 하는 것은 공평하지 않은 것이다. 이에 관한 판례(대법 2009.11.26, 2009다5939; 대법 1996.4.9, 95다5261)는「손해의 공평한 부담이라는 견지에서 신의칙상 상당하다고 인정되는 한도」내에서 손해배상책임을 제한하고 있다. 책임제한의 기준은 ① 근로자의 귀책사유(고의·과실의 유무·정도), ② 근로자의 지위·직무내용·근로조건, ③ 손해발생에 대한 사용자의 기여도(지시내용의 적부, 보험가입에 의한 사고예방·리스크 분산의 유무 등) 등이다. 그러나 배임 등의 악질적인 부정행위나 사회통념상 상당한 범위를 벗어난 스카웃 등의 경우에는 책임제한이 별도로 고려되지 않는다(서울중앙지법 2010.1.28, 2008가합76346).

최근 사용자가 근로자에 대하여 손해배상을 청구하는 사례가 증가하고 있으나 법원은 경과실 또는 통상의 과실에 의한 손해에 대하여는 배상청구를 인정하지 아니하고 중과실인 경우에도 사용자의 책임(손해보험에의 가입, 지시의 적절성, 예방조치 등)을 고려하여 배상액을 감액하는 경향이 있다.

4 근로계약과 근로관계

1. 근로계약의 체결과 근로관계의 성립

근로계약 및 계약 외적인 요소 등에 의하여 형성되는 권리·의무의 총체 내지 법률관계를 근로계약과는 별개의 법 개념으로 하여 파악한 것이 '근로관계'이다. 판례(대법 1972.11.14, 72다895; 대법 1980.4.22, 79다1566)에서는 「사용자와 근로자 관계가 성립하기 위하여는 양자간에 명시적 또는 묵시적으로 체결된 계약이 있거나 기타 법적 근거가 있어야 한다」고 하여 근로관계의 성립에는 근로계약의 체결이 그 요건임을 밝히고 있다.

근로계약은 근로자가 사용자에게 근로를 제공하고 사용자는 이에 대하여 임금을 지급하는 것을 목적으로 체결된 계약으로서 기본적으로 그 법적 성질이 사법상 계약이므로 계약 체결에 관한 당사자들의 의사표시에 무효 또는 취소의 사유가 있으면 그 상대방은 이를 이유로 근로계약의 무효 또는 취소를 주장하여 그에 따른 법률효과의 발생을 부정하거나 소멸시킬 수 있다. 다만, 그와 같이 근로계약의 무효 또는 취소를 주장할 수 있다 하더라도 근로계약에 따라 그 동안 행하여진 근로자의 노무 제공의 효과를 소급하여 부정하는 것은 타당하지 않으므로 이미 제공된 근로자의 노무를 기초로 형성된 취소 이전의 법률관계까지 효력을 잃는다고 보아서는 아니되고, 취소의 의사표시 이후 장래에 관하여만 근로계약의 효력이 소멸된다고 보아야 한다(대법 2017.12.22, 2013다25194(본소), 2013다25200(반소)).

2. 근로계약 체결방법

근로계약은 특별한 형식을 요구하지 않으며 사용자는 근기법 제17조제1항 및 제2항에 따라 명시하거나 서면 교부하여야 한다.

제2절 근로관계의 성립과 법적 규제

근로관계의 성립과정에 있어서 근로자의 모집, 소개, 공급의 법규정이 있으나 여기서는 사용자에 의한 근로자의 채용에 관한 법규정과 근로조건의 명시를 둘러싼 문제를 살펴본다.

1 채용의 자유

1. 채용자유의 근거와 한계

근로계약의 당사자는 계약자유의 원칙에 따라 계약 체결의 자유가 있으며, 이 자유는 근로자측에 있어서는 「직업선택의 자유」 또는 「기업선택의 자유」이며 사용자측에 있어서는 「채용의 자유」라고 한다. 계약자유의 원칙은 현재의 노동법상 중요하지만 유일 절대의 기본원리는 아니며 근로자 보호의 원리, 고용 평등의 원리, 유연성의 원리 등 다른 복수의 기본원리와 함께 노동법시스템 중에 병존하고 있다.

최근 입법정책(남녀고용평등법 개정)과 국제기준의 발전에 비추어 보면 채용의 자유에 대한 제한이 강화되는 경향이 있다. 특히 차별 금지와 프라이버시 등의 인권원리에 대한 제한이 강화되는 추세에 있다. 고용정책기본법, 채용절차의공정화에관한법률이나 청년고용촉진특별법 등이 있다. 사용자는 원칙적으로 근로자의 채용 여부, 채용인원 수, 모집방법, 채용의 기준 및 채용 대상자를 결정할 자유를 가지지만, 몇 가지의 중요한 제약이 있다.

2. 채용자유의 구체적 내용

(1) 고용인원수 결정의 자유

고용인원수 결정의 자유란 사용자는 사업수행을 위하여 근로자를 고용할 것인가, 고용하더라도 몇 명의 근로자를 고용할 것인가를 결정할 자유를 말한다. 이 인원수 결정은 사업수행상의 필요성과 지급능력에 비추어서 기업이 자유롭게 결정할 수 있는 것이다. 이 자유는 기업경영의 자유의 근간에 속하며 영업의 자유의 한 내용을 이루고 있다. 그러므로 현행법상 근로자의 고용을 강제하는 법규는 없다.

(2) 모집방법의 자유

모집방법의 자유란 사용자가 근로자를 어떠한 모집방법을 택할 것인가의 자유를 말한다. 근로자를 고용하려는 자는 광고, 문서 또는 정보통신망 등 다양한 매체를 활용하여 자유롭게 근로자를 모집할 수 있다(직업안정법 제28조).

(3) 선택의 자유

① **선택의 자유의 의의**: 선택의 자유란 사용자가 근로자를 어떠한 기준에서 어떤 자질을 가진 자를 채용할 것인가를 결정하는 자유를 말한다.

어떤 자질의 근로자를 채용하는가, 또 같은 자질의 근로자 중 누구를 선택하는가는 사용자가 사업수행과 관련해서 자기 판단으로 결정할 수 있다.

채용기준으로서는 기능, 지능, 학력, 연령(단, 최저연령의 규제가 있음-근기법 제64조), 경험, 식견, 성격, 건강, 체력, 용모 등 여러 가지가 있으나 이들 요소 중 어느 것을 택하고 어떤 것과 어떤 것을 결합시키는가는 원칙적으로 사용자의 자유이다.

② **근로자의 채용을 사상·신앙을 이유로 거부할 수 있는지 여부**: 이러한 이유에 의한 채용 거부에 대해서는, 그것이 헌법상 사상·신조의 자유의 보장과 법 아래의 평등에 반한다고 주장되거나, 또는 근기법의 균등대우원칙(제6조)에 반한다고 주장되었다. 사용자는 자기의 영업을 위해 근로자를 고용함에 있어 어떠한 자를 고용할 것인가를 결정할 자유가 있으므로 사용자가 특정의 사상·신조를 가지는 자를 이를 이유로 고용을 거부하여도 그것을 당연히 위법이라고 할 수는 없다. 헌법의 기본적 인권규정은 사인(私人)의 행위를 직접 금지하는 것이 아니며, 또한 근기법의 균등대우원칙은 고용된 후의 근로조건에 대한 제한으로, 고용 그 자체를 제약하는 규정은 아니다(菅野和夫, 「労働法」, 11판, p.211).

(4) 계약 체결의 자유

① **계약 체결의 자유의 내용**: 계약 체결의 자유란 사용자가 특정 근로자와의 근로계약의 체결을 강요받지 않는다는 것을 말한다. 계약 체결의 자유는 사용자의 선택의 자유에 대한 헌법상의(또는 민법상의 「반사회질서의 법률행위」를 통한 제103조) 제약을 주장하는 논지에 의해서도 승인되고 있다.

또, 남녀고용평등법, 직업안정법에 있어서의 모집·채용에 있어서 여성에게 균등한 기회(처우)를 주어야 한다는 의무도 법 위반의 경우에 채용청구권까지 예정하는 것은 아니다.

② **계약 체결 자유의 예외적 규제**: 이상과 같은 선택의 자유 및 계약 체결의 자유에 대한 예외적 규제가 현행법상 존재한다.

(가) 노조법상의 부당노동행위구제제도

사용자가 일정 시기마다 특정 그룹 근로자의 단기고용을 반복해 오는 등의 특수한 경우에는 노동조합에의 소속을 이유로 하는 채용 거부에 대하여 부당노동행위로서의 불이익취급이 성립하고 노동위원회가 복직명령을 발할 수 있다고 인정되어 있다. 탈법의 목적으로 단기간의 근로계약을 반복하다가 갱신을 거부하는 것은 채용의 거부가 아니고 해고에 해당하므로 채용의 자유가 적용되지 않는다.

(나) 장애인고용촉진및직업재활법상의 기준고용률제도

사업주에 대하여 사회연대의 이념에서 대통령령으로 정하는 「기준고용률」 이상의 장애인을 고용하여야 할 의무를 과하고(동법 제28조) 기준고용률에 미달하는 장애인을 고용하는 사업주는 「장애인고용부담금」을 고용노동부장관에게 납부하여야 한다(동법 제33조).

(다) 파견법상의 고용의무제도

2년을 초과하여 근로자파견의 역무를 제공받은 사용사업주는 파견근로자를 직접 고용할 의무가 있다(동법 제6조의2).

(5) 조사의 자유

조사의 자유란 사용자가 응모자의 채용 여부를 판단하는 재료로서 본인으로부터 일정한 사항의 신고를 요구하여 조사할 자유를 말한다. 응모자의 채용 여부를 판단하는 과정에서 사용자가 개인의 자유에 속하는 사상·신조에 관한 사항을 조사하거나 질문할 수 있는지도 문제된다.

① **사상·신조를 이유로 채용을 거부할 수 있다는 견해**: 기업주가 채용의 자유를 가지며 사상·신조를 이유로 하여 고용을 거부해도 이를 이유로 하여 위법이라고 할 수는 없는 이상 사용자가 근로자의 채용 여부 결정에 있어서 근로자의 사상·신조가 근로의욕·기업에의 공헌의욕·직장질서의 유지 등 직업적 적격성과 무관하지 않다고 인정되는 범위 안에서 근로자의 사상·신조에 대한 조사도 허용된다고 보아야 할 것이다(김형배, 「노동법」, 제26판, p.263). 특히 경향사업체(일정한 신앙·사상·정치적 이념을 기초로 한 기업체)의 근로자의 모집에서 응모자에게 신앙과 사상에 관한 조사와 질문은 정당하다고 판단하고 있다(대법 1994.12.13, 93누23275).

② **사상·신조를 이유로 채용을 거부할 수 없다는 견해**: 그러나 이에 대해 일부 견해는 그 조사의 범위는 근로자의 직업적 능력이나 적격성과의 합리적 관련성이 있는 사항(학력·직력, 경우에 따라서는 병력(病歷))에 국한되어야 하며 이를 초과하여 개인적 영역(사상·프라이버시)에까지 고지의무를 지는 것은 아니라고 한다.

③ **평가**: 조사의 자유는 ㉠ 조사방법과, ㉡ 조사사항으로 나누어 쌍방에 있어서 제약을 받아야 할 것이다. ㉠ 조사방법은 사회통념상 타당한 방법으로 할 필요가 있고 응모자의 인격이나 프라이버시 등을 침해하는 형태로 행한 조사는 신중히 할 필요가 있고, ㉡ 조사사항에 있어서도 응모자의 직업상 능력·기능이나 종업원으로서의 적격성에 관련된 사항이라면 적법하다고 할 수 있다. 일반적으로 정년이 보장되는 정규근로자의 경우에는 사상·신조가 직업의 적격성과 무관하지 않다고 인정될 것이다. 이와 관련된 사항에 관한 신고를 하게 하는 것도 이를 법률상 금지하는 위법행위라고 할 이유는 없다.

3. 채용의 자유에 대한 법적 규제

(1) 연령에 의한 채용제한

사용자는 15세 미만인 자는 근로자로 사용하지 못한다(근기법 제64조제1항 본문). 그러나 고용노동부장관이 발급한 취직인허증을 지닌 자는 근로자로 사용할 수 있다(근기법 제64조제1항 단서).

(2) 여성과 소년(18세 미만자)의 사용제한

① 임산부와 연소자는 도덕상 또는 보건상 유해·위험한 사업에 사용하지 못한다(근기법 제65조제1항).

② 임산부가 아닌 18세 이상의 여성을 보건상 유해·위험한 사업 중 임신 또는 출산에 관한 기능에 유해·위험한 사업에 사용하지 못한다(동법 제65조제2항).

③ 갱내근로, 야간·휴일근로를 시킬 목적으로 사용할 수 없다(동법 제70조, 제72조).

(3) 미성년자의 사용과 법정대리인의 동의

① 미성년자(19세 미만자, 민법 제4조에서 종전 20세에서 19세로 개정하고 2013.7.1부터 시행)를 사용하려면 법정대리인의 동의를 얻어 본인인 미성년자와 직접 근로계약을 체결하여야 한다(근기법 제67조제1항).

② 법정대리인(친권자 또는 후견인)은 미성년자의 근로계약을 대리할 수 없다(동법 제67조제1항).

③ 미성년자가 법정대리인의 동의를 얻지 않고 체결한 근로계약은 본인 또는 법정대리인이 이를 취소할 수 있다(민법 제5조제2항).

④ 근로계약이 미성년자에게 불리하다고 인정하는 경우에는 친권자, 후견인 또는 고용노동부장관이 이를 해지할 수 있다(근기법 제67조제2항).

(4) 남녀고용평등법상의 제한

남녀고용평등법 제7조에서 「① 사업주는 근로자를 모집하거나 채용할 때 남녀를 차별하여서는 아니된다. ② 사업주는 여성 근로자를 모집·채용할 때 그 직무의 수행에 필요하지 아니한 용모·키·체중 등의 신체적 조건, 미혼 조건 그 밖에 고용노동부령으로 정하는 조건을 제시하거나 요구할 수 없다」는 의무규정을 두고 있다. 예컨대 모집광고에서 모집직종을 남성 선반공, 여성 비서, 웨이트리스 등으로 하거나 응모자격을 병역을 필한 남자로 한정하는 것은 모집·채용에 있어서 남녀 차별에 해당한다고 볼 수 있다(위반시의 벌칙은 500만원 이하의 벌금이 있음).

(5) 고용촉진과 관련된 제한

① 직업안정법 제2조에 「누구든지 성별·연령·종교·사회적 신분 또는 혼인 여부 등을 이유로 직업소개 또는 직업지도를 받거나 고용관계를 결정할 때 차별대우를 받지 아니한다」는 원칙규정이 있다.

② 장애인·고령자 및 국가유공자에 대하여는 국가·지방자치단체 및 일정규모 이상의 사업에서 근로자의 일정 비율에 달하는 인원수를 고용하여야 하고 이에 미달하는 수에 따라서 소정의 부담금을 납부하여야 한다(장애인고용촉진및직업재활법 제27조·제28조·제33조, 장애인차별금지및권리구제에관한법률 제10조, 고용상연령차별금지및고령자고용촉진에관한법률(이하 고령자고용촉진법이라 약칭한다) 제4의4, 국가유공자등예우및지원에관한법률 제30조 내지 제32조).

(6) 채용절차의공정화에관한법률상의 제한

① 채용절차의공정화에관한법률 제3조는 거짓의 채용광고를 금지하고, 정당한 사유 없이 채용광고의 내용을 변경하여서는 아니되며, 구인자는 구직자를 채용한 후에 정당한 사유 없이 채용광고에서 제시한 근로조건을 구직자에게 변경하여서는 아니된다. 또한 구인자는 구직자에게 채용서류 및 이와 관련한 저작권 등의 지적재산권을 자신에게 귀속하도록 강요하여서는 아니 된다고 규정하고 있다.

② 동법 제8조 및 제10조는 구인자는 구직자에게 채용일정 및 채용심사 지연 등의 사실 등 채용과정을 알려야 한다. 구인자는 채용대상자를 확정한 경우에는 지체없이 알려야 한다. 구인자는 채용서류를 전자우편 등으로 받은 경우에는 지체없이 구직자에게 접수된 사실을 채용업무에 종사하는 자의 홈페이지 게시, 휴대전화에 의한 문자전송, 전자우편, 팩스, 전화 등으로 알려야 한다(동법 제7조).

③ 채용에 관한 부당한 청탁, 압력, 강요 등의 행위와 채용과 관련하여 금전, 물품 또는 재산상의 이익을 제공하거나 수수하는 행위를 금지하고 이를 위반할 경우 3천만원 이하의 과태료를 부과하고 있다(동법 제14조의2). 또한 직무 중심의 채용을 유도하기 위해 구직자 본인의 용모, 키 등의 신체적 조건, 출신지역, 혼인 여부, 재산, 직계 존비속의 학력·직업·재산 등 직무수행에 필요하지 않는 정보를 기초심사대상에 기재하도록 요구하거나 입증자료를 수집할 수 없다(동법 제14조의3).

4. 채용 거부의 구제

(1) 사법상의 구제

채용 거부의 구제에 관하여는 고용차별과의 관계가 특히 문제가 된다. 성차별에 있어서는 남녀고용평등법 제7조제1항은 「사업주는 근로자를 모집하거나 채용할 때 남녀를 차별하여서는 아니 된다」고 규정하여 채용차별은 불법행위로서 다툴 수 있다. 모집, 채용시의 연령차별(제한)에 있어서는 고용정책기본법 제7조제1항 및 고령자고용촉진법 제4조의4제1항에 의하여 금지되고 있다. 사용자에 의한 채용 거부가 위법한 경우에도 법원은 사용자에게 근로계약의 체결 자체를 강제할 수는 없고 위법한 채용 거부에 대한 구제는 불법행위에 의한 손해배상에 한정된다. 그러므로 근로계약의 체결 자체를 소구(訴求)하는 사법구제까지는 원칙적으로 인정되지 아니한다.

(2) 행정기관에 의한 구제

채용 거부가 노조법상의 부당노동행위에 해당하는 경우에는 노동위원회는 사용자에게 구제명령에 의하여 고용할 것을 명령할 수 있다(노조법 제81조제2호). 고용상 연령차별에 관하여는 고용노동부장관은 국가인권위원회로부터 구제조치 등의 권고를 받은 사업주가 정당한 사유없이 권고를 이행하지 아니한 경우에는 피해자의 신청에 의하거나 직권으로 시정명령을 할 수 있다(고령자고용촉진법 제4조의7제1항).

2 채용내정

1. 채용내정의 의의

채용내정이란 기업이 졸업예정자를 재학 중에 입사시험을 거쳐 합격통지를 하고 회사와의 사이에 「졸업 후 채용」될 것을 합의하는 채용방법을 말한다. 이 제도는 기업이 우수한 노동력을 조기에 확보하는 한편 기업에의 최종적인 편입에 있어 신중을 기한다는 두 개의 요청에 따라 도입된 것으로 오늘날 산업사회에서 확립된 고용관행이다. 회사가 공개시험이나 추천 등을 통하여 졸업예정자를 모집하고 졸업을 조건으로 입사시험에 합격시킨 다음 채용내정을 거쳐 수습사원으로서 취업케 하는 사회적 실태는 우수 인재 확보라는 사업체 사이의 경쟁적 여건에서 비롯된다. 채용내정을 통하여 우수한 근로자를 신속하게 확보하는 동시에 재심사, 재선발의 기회로 이용한다.

근로자와 사용자간의 법률관계는 입사시점부터가 아니고 그 이전 단계인 채용내정부터 시작되고 있다. 입사 후에 있어서도 당초 수개월간은 시용기간인 경우가 많으며 확정적인 근로계약관계(본채용)가 아닌 상태에 놓여있다.

근로계약관계는 어느 시점부터 시작되고 여기에 근로계약관계 초기단계의 법률관계의 특징은 어떤 것인지를 정확히 이해하여야 한다.

2. 채용내정의 법적 성격

채용내정 중에는 구체적인 취업의무, 임금 지급, 근기법의 적용, 취업규칙의 적용 등은 없으나, 장래 정규의 근로자로서 고용되는 것으로 구속되어 있는 것이 일반적인 현상이다. 성격은 사실관계에 따라 다르다.

① **예약설**: 채용내정은 졸업하면 근로계약을 체결한다는 취지의 예약인데 그 파기는 예약불이행으로서 손해배상책임이 발생할 뿐, 근로계약 체결의 소구(訴求)는 할 수 없다는 학설이다.

② **근로계약체결과정설**: 채용내정은 채용의 준비절차의 하나의 과정으로 특별한 사정이 없으면 내정에서 정식채용(사령교부)까지의 일련의 절차 전체가 근로계약 체결의 과정이라는 학설이다. 부당한 채용내정 취소에 대하여는 기대권 침해의 불법행위 또는 신뢰이익 침해의 계약책임으로서 손해배상 청구를 할 수 있다는 학설이다.

③ **근로계약성립설**: 근로계약이 성립하고, 다만, 졸업하는 것이 정지조건(또는 졸업하지 못하는 것이 해제조건)이 되고 있는 데 불과하다는 학설이다. 판례와 다수 학설에서는 채용내정에 대해서도 근로계약이 성립한 것으로 보아 근기법 제23조의 해고 제한 법리에 준하여 근로자를 두텁게 보호하는 입장을 견지해 왔다(대법

2000.11.28, 2000다51746; 대법 2002.12.10, 2000다25910). 이를 '해약권 유보부 근로계약 성립설' 이라고 한다.

기업의 구인 광고를 근로계약의 체결을 위한 청약(請約)의 유인(誘引)으로 보고, 근로자의 입사 응모 또는 채용 시험의 수험을 청약으로 본 다음, 회사 측의 채용내정 내지 최종 합격 통보를 청약에 대한 승낙으로 이해하여 이로써 근로계약이 성립한다는 이론이다. 다만, 미리 정해진 채용내정 취소 사유가 생긴 경우 또는 학교를 졸업하지 못하게 된 경우에는 채용내정을 해약(취소)할 수 있다는 의미에서 사용자의 해약권이 유보되어 있다고 보는 이론이다.

3. 근로계약성립시기

(1) 채용내정 통지 발송

채용내정에 있어서 근로계약의 성립시기는 근로계약성립설에 입각하면 졸업예정자가 채용시험에 응시하는 것을 청약으로, 사용자에 의한(채용자에 의한) 채용내정 통지를 승낙으로 보아야 하므로 근로계약은 채용내정 통지를 발송한 때에 성립한다고 해석해야 할 것이다.

(2) 피내정자의 법적 지위

① 취업에 대한 기대이익: 근로계약이 체결되면 졸업시까지 피내정자에게는 일정한 법적 지위가 주어진다. 다시 말하면 내정기간이 합법적 해지사유 없이 경과할 때에는 피내정자는 약정된 날부터 취업할 수 있는 기대이익을 취득하는 것이다. 피내정자는 취업에 대한 기대이익 뿐만 아니라 약정된 바에 따라 내정기간 중에 회사에서 실시하는 연수·실습·견습 과정에 참가함으로써 장래에 있을 취업을 확보할 기대이익을 가진다.

② 근기법의 제한적 적용: 피내정자에 대한 사용자의 채용내정에 의하여 근로계약이 체결되었다 하더라도 완전한 효력을 가진 근로관계의 성립시기를 「졸업」 이후로 정하고 있기 때문에 내정기간 중에는 근기법이 제한적으로 적용될 것이다.

4. 효력발생 시기

일반적으로 근로관계는 근로계약에서 약정된 주된 채무(노무제공의무와 임금 지급의무)가 입사일 이후 이행상태에 들어갈 때에 성립하는 것이므로 채용내정시부터 취업개시 전까지는 고유한 의미의 근로관계가 존재한다고 볼 수는 없을 것이다. 입사일은 사안에 따라 "취업의 개시 시기"가 되기도 하며 근로계약의 "효력발생 시기"가 되기도 한다. 그러나 근로관계의 효력발생 시기는 채용내정에 의하여 정하여진 취업개시일이라고 해야 한다. 이 경우에는 입사일까지는 근로계약의 효력이 발생하지 않으므로 내정자에 대한 취업규칙의 적용이 없다.

5. 채용내정 중의 법률관계

① 채용내정에 있어서 문제가 되는 것은 채용내정시부터 취업전까지의 기간은 현실적 근로관계가 존재하지 않기 때문에 근기법 등 노동법의 보호를 받을 수 없을 것인가 하는 것이다. 근기법은 근로계약이 성립된 때, 즉, 채용내정이 확정된 때부터 적용된다. 다만, 근로자가 실제로 노무제공을 시작하는 이행단계부터 적용되는 규정들(예컨대 근로시간 및 휴식, 재해보상 등에 관한 규정들)은 채용내정기간 중에는 적용되지 않는다.

② 그러나 근로자가 취업을 개시하기 전이라도 근로계약관계의 존립에 관한 근기법의 규정(근기법 제23조, 제24조, 제17조)은 적용된다. 사용자는 근로자의 근무개시일로부터 근로자를 취업시킬 의무를 부담하며, 이를 이행하지 않으면 지체책임을 부담한다(민법 제538조 또는 근기법 제46조). 취업개시일부터는 근로조건에 관련된 근기법의 모든 규정들이 근로자에게 적용된다(김형배, 「노동법」, 제26판, p.280).

6. 채용내정의 취소

(1) 채용내정취소가 가능한 경우

① 채용내정의 법적 성격에 대하여 견해의 대립이 있으나 사용자의 일방적인 의사표시로 인한 취소가 허용되지 않는 것은 당연하며, 채용내정에 있어서 취소사

유가 열거되어 있는 경우에도 합리적인 이유는 필요하다고 하는 제약이 가해진다고 해야 할 것이다.

채용내용의 취소사유는 당해 근로자를 채용하기로 내정할 당시에는 알 수 없었고 기대할 수도 없는 사실로서 이를 이유로 한 채용내정의 취소가 해약권 유보의 취지, 목적에 비추어 합리적이고 사회통념상 상당하다고 인정되는 경우에 한한다.

② 사용자가 내정취소의 이유로서 주장할 수 있는 사유는 기업측에 있는 사유와 피내정자측에 있는 사유로 나눌 수 있는데 전자의 예로서는 경영부진으로 인한 종업원 감축의 필요성이 있겠으나 인원정리를 위한 해고의 경우나 마찬가지로 합리성이 있어야 할 것이다.

후자의 예로서는 건강상태의 악화나, 요양을 요하는 질병이 발생했다든가 학업성적의 저하나 형사사건에 관련되어 기소로 인하여 구류되었다거나 채용내정시보다 노동력의 질적 저하사유가 생긴 경우 등이다.

③ 채용내정에 기한 근로계약을 취업 전에 소멸시킬 수 있는 사유에 대해서는 비교적 신축성 있게 해석하려는 것이 일반적 경향이다. 대체로 내정자인 사용자측으로부터의 사유와 관련하여 극도의 불황, 현저한 경제사정의 변동이라는 기준을 제시하는 견해가 유력하게 주장되고 있으며, 특히 경기변동을 사유로 할 때에는 채용계획 실시 후에 발생한 사태에 관하여 사용자가 이에 대한 예견가능성과 회피가능성이 없었음을 입증해야 한다는 견해가 지배적이다.

(2) 정당한 채용내정의 취소와 임금 지급

취업예정일 이전에 채용내정이 정당하게 취소되었다면 사용자의 임금 지급 문제는 발생하지 않을 것이다. 임금은 근로의 대가이기 때문이다. 그러나 채용내정의 취소가 취업예정일이 지난 후 행해졌다면 채용내정자의 지위는 종업원으로 변화되기 때문이다. 이 경우에는 취업예정일부터 취소 시점까지 임금이 지급되어야 한다(대법 2002.12.10, 2000다25910).

(3) 위법한 채용내정취소의 무효와 손해배상의 범위

① 사용자의 위법한 내정취소에 대하여는 내정자는 그 무효를 주장하고 종업원

으로서의 지위의 확인을 요구할 수 있다. 또한 내정자는 위법한 내정취소에 따라 현저하게 정신적 고통을 받은 경우에는 불법행위에 기한 손해배상청구가 인정될 수 있으며 경제적 손해에 관해서도 내정취소가 없었더라면 현실적으로 업무에 종사하여 얻을 수 있는 일실이익(임금상당액)을 내정취소와 상당인과관계가 있는 손해로서 청구할 수 있다.

② 사용자가 채용내정을 통지한 후에 정식발령을 미루어오다가 정식발령을 할 수 없다고 통지한 사건에서 판례는 사용자에게 불법행위로 인한 손해배상책임을 인정하고 있다(대법 1993.9.10, 92다42897; 대법 2004.5.28, 2003다3230).

③ 그러나 피내정자가 회사의 약속을 신뢰하고 정식직원으로의 채용을 기대하면서 다른 취직의 기회를 포기한 상황에서 채용내정의 통지에 의한 근로관계의 성립을 의심치 않고 있었던 상황이라면 채무불이행 책임을 묻는 것이 옳다는 견해(김형배, 「노동법」, 제26판, p.283)가 타당하다.

(4) 내정취소와 해고예고

내정취소시에도 근기법 제26조에서 규정한 해고예고제도의 적용이 있는가의 문제이다.

① 적용긍정설의 견해: 채용내정자 보호의 취지에서 해고예고 규제가 적용된다는 견해이다.

② 적용부정설의 견해: 정식채용 후의 수습 사용 중의 근로자도 3개월 이내이면 해고예고가 적용되지 않는다는 수습 중인 근로자(근기법 제35조제5호 및 동법시행령 제16조)와의 균형상 해고예고 적용은 없다는 견해이다(김형배, 「노동법」, 제26판, p.283).

(5) 내정취소와 서면통지

사용자의 채용내정 취소는 해고에 해당하고, 해당 채용내정을 취소하면서 그 사유와 시기를 서면으로 통지하지 아니하고 구두로 채용내정을 취소하였으므로 절차상 하자가 있는 부당해고이다(중노위 2019.7.25, 중앙2019부해476).

3 시용기간

1. 시용기간의 의의

(1) 시용기간의 개념

시용기간이란 사용자가 근로자의 직무능력이나 적격성을 판단하여 정규근로자로서 본채용을 할 것인가의 여부를 결정하는 기간을 말한다. 근로자를 채용하여 현실적으로 취업시킨 후에도 본인의 적성·능력 등을 판단하기 위하여 일정기간을 시용기간으로 하고 본채용을 유보하는 것은 많은 기업에서 행해지고 있다. 그 취지는 일반적으로 채용시험에서는 정확하게 파악할 수 없는 근로자의 직업능력, 적격성을 판단하기 위하여 근로자를 일정기간 현실적으로 취업시킨 후 이를 평가하고 본채용 후의 직무에 연속하는 교육훈련기간으로서 교육훈련성적을 검증한 후 확정적인 근로관계를 성립시키려는 데 있다.

(2) 시용기간과 수습기간과의 구별

시용기간은 본채용을 전제로 하여 근로자가 실제 가지고 있는 직업능력, 적격성을 평가하기 위한 기간이라는 점에서 근로자의 직업능력, 그 자체를 수습훈련시킬 것을 목적으로 하는 수습견습기간(서울고법 1986.6.2, 86나516)과는 개념적으로 구별된다.

2. 시용기간의 법적 성격

시용기간은 근로자의 직업능력, 적격성을 판단하기 위한 것이라 하더라도 그 형태는 기업에 따라 상이하여 법적 성격에 대하여 견해의 차이가 있다. 결국은 취업규칙상의 규정내용, 기업 내에서의 처우의 실정, 관행 등에 따라 종합적으로 판단하여야 할 것이다.

시용기간의 법적 성격에 관한 주요한 견해는 다음과 같다.

① **특별계약설**: 시용계약은 근로계약과는 별개의 실험을 목적으로 한 근로계약 유사의 무명의 특별계약이며, 해고에 관하여는 근기법 제23조를 유추하여 정당한 이유의 유무 판단이 적용되는 것이라고 한다.

② 조건설: 시용채용과 동시에 본채용 계약이 성립하고 있으나 (가) 근로자로서 적격하다고 판단되면 비로소 본채용으로 한다는 정지조건부계약설, (나) 근로자로서 부적격하다고 판단되지 않으면 그대로 본채용 계약은 존속하며 부적격하다고 판단되면 비로소 본채용이 되지 않는다는 해제조건부계약설이 있다.

③ 해약권유보부근로계약설: 시용(試用)기간 중에 있는 근로자를 업무부적격성을 이유로 해고하거나 시용기간 만료시 본계약(本契約)의 체결을 거부하는 것은 사용자에게 유보된 해약권의 행사이다. 판례(대법 2006.2.24, 2002다62432; 대법 2003.7.22, 2003다5955)의 대부분이 이 해약권유보부근로계약설을 취하고 있다. 해제조건부계약설과의 차이는 졸업이나 질병 등에 의해 근로계약이 바로 실효하는 것이 아니라, 이들 사유가 발생하는 경우 사용자가 내정취소를 할 수 있는 권리를 가지는 것으로 파악한다. 현재 우리나라의 지배적인 견해이다.

3. 계약 체결의 거부

(1) 계약 체결 거부의 성격

사용자가 정식채용을 전제로 하여 근로자를 채용함에 있어 수습기간 등 시용기간을 설정하는 것은 확정적인 근로관계를 맺기에 앞서 당해 근로자의 직업적 능력이나 업무적격성의 유무 등을 판단하기 위하여 확정적인 근로계약의 체결 여부를 어느 정도 유보하는 것이기는 하나, 이와 같은 경우에도 어디까지나 정식으로 채용된 경우와 마찬가지로 근로계약관계는 성립한 것이므로, 그 시용기간 중이나 기간 경과 후에 정식채용을 거절하는 것은 사용자에게 유보된 해약권의 행사로서 해고에 해당한다(서울행법 2008.9.26, 2008구합15701).

(2) 근기법 적용 여부

① 근기법 제23조의 적용 여부: 시용기간 중의 근로자라 할지라도 근로관계를 종료시키기 위해서는 정당한 사유가 있어야 하고, 취업규칙 등에 징계절차가 규정되어 있는 경우에는 이에 따라야 한다. 시용근로자에 대한 해고가 시용기간이 만료되는 상태에서 본채용을 거부하는 것이 아니라 시용기간 중 근무태만 등을 사유로 징계해고를 하는 경우라면 당해 사업장의 취업규칙에서 정하고 있는 징계절

차를 거쳐야 한다(2012.8.20, 근로개선정책과-4200).

② **근기법 제26조의 해고예고의 적용 여부**: 시용기간 중인 근로자가 계속하여 근로한 기간이 3개월 미만인 경우에도 다른 근로자와 다를 것 없이 근기법의 일체의 규정이 적용된다. 다만, 계속하여 근로한 기간이 3개월 미만인 경우의 해고는 그 성질상 해고예고 제도는 제외되고 있으나, 그것도 계속하여 3개월을 초과하여 사용될 때에는 기업에서 정하고 있는 시용기간의 길이와는 관계없이 해고예고 제도가 적용된다(근기법 제26조제1호).

③ **근기법 제27조의 서면 통지 적용 여부**: 근기법 제27조는 사용자가 근로자를 해고하려면 해고사유와 해고시기를 서면으로 통지하여야 그 효력이 있다고 규정하고 있는데, 이는 해고사유 등의 서면통지를 통하여 사용자로 하여금 근로자를 해고하는 데 신중을 기하게 함과 아울러, 해고의 존부 및 시기와 그 사유를 명확하게 하여 사후에 이를 둘러싼 분쟁이 적정하고 용이하게 해결될 수 있도록 하고, 근로자에게도 해고에 적절히 대응할 수 있게 하기 위한 취지이므로, 사용자가 해고사유 등을 서면으로 통지할 때에는 근로자의 처지에서 그 해고사유가 무엇인지를 구체적으로 알 수 있어야 한다(대법 2015.11.27, 2015두48136; 대법 2011.10.27. 2011다42324).

위와 같은 근기법 규정의 내용과 취지, 시용기간 만료 시 본 근로계약 체결 거부의 정당성 요건 등을 종합하여 보면, 시용근로관계에서 사용자가 본 근로계약 체결을 거부하는 경우에는 해당 근로자로 하여금 그 거부사유를 파악하여 대처할 수 있도록 구체적.실질적인 거부사유를 서면으로 통지하여야 한다. 사용자가 시용기간 중인 근로자에게 단순히 '시용기간의 만료로 해고한다'는 취지로만 통지한 것은 근기법 제27조 규정을 위반한 절차상 하자가 있어 효력이 없다고 본다(대법 2015.11.27, 2015두48136).

4. 적격성 판단기준

(1) 적격성 평가기준의 의의

시용기간부 근로관계에서 제기되는 법률문제는 적격성 평가의 기준이다. 사용자에 의한 부적격 평가는 당해 근로자의 직장의 상실을 의미하므로 시용기간 중이라도 근기법 제23조의 해고규정의 적용 여부가 논의되고 있다.

부적격 평가는 사용자의 주관적 기준에 따라 판단되는 것이 아니라 근기법 제23조의 「정당한 이유」로서 법률이 요구하는 객관적 기준에 적합해야 하느냐가 문제된다.

판례(대법 2015.11.27, 2015두48136;대법 2006.2.24, 2002다62432)는 「해당 근로자의 직업적 능력, 자질, 인품, 성실성 등 업무적격성을 관찰·판단하려는 시용제도의 취지·목적에 비추어 볼 때 사용자가 시용기간 만료 시 본 근로계약의 체결을 거부하는 것은 일반적인 해고보다는 넓게 인정되나, 그 경우에도 객관적으로 합리적인 이유가 존재하여 사회통념상 상당하다고 인정되어야 한다」라고 한다.

(2) 부적격 평가와 권리남용의 판단

① **부적격 평가기준**: 시용기간 중에 있는 근로자의 부적격 평가는 근기법 제23조의 기준에 의할 필요는 없다. 「시용제도의 목적에 비추어 볼 때 정식채용 여부는 통상의 근로자에 대한 해고와 동일한 기준에 따라야 한다고 볼 수는 없고 합리적인 이유가 존재하면 회사는 시용기간 중의 근로자에 대하여 정식채용을 거절할 수 있다고 해석해야 할 것이다」(대법 1994.1.11, 92다44695).

그러나 사용자가 부적격 사유를 제시하지 않거나 또는 사용자가 제시한 부적격 사유가 근로관계의 유지와는 전혀 관계없는 사유일 때에는 사용자의 본채용 거부는 권리남용으로 판단해야 할 것이다. 권리남용 여부는 객관적 합리적으로 판단해야 한다.

② **시용기간 만료 후까지 계속 취업시키는 경우**: 시용기간이 만료되었음에도 불구하고 사용자가 부적격 사유를 제시하지 아니하고 근로자를 사실상 계속 취업시키는 경우에는 시용기간은 「기간의 약정이 없는 근로관계」로 변경된다고 보아야 할 것이다. 따라서 부적격 사유의 제시(해지권의 행사)가 민법상의 권리남용에 해당하지 않는 한 사용자의 해지권유보설이 타당하다고 할 것이다. 정규근로관계가 성립된 때에는 시용기간도 정규 근로관계의 존속기간으로 산입되어야 할 것이다.

③ **권리남용에 관한 사례**: (가) 1회의 무선교신수칙 위반, 면접시 이혼사실 은폐, 단순한 동료와의 불화가 버스기사로서 운전업무를 담당하는데 부적합하여,

시용계약을 해지할 만한 객관적인 사정이 존재하는 경우로 보기는 어렵다(대법 2003.7.22, 2003다5955).

(나) 사용자인 은행이 시용기간 중의 근로자를 대상으로 근무성적평정을 실시함에 있어서 각 지점별로 씨(C) 또는 디(D)의 평정등급 해당자 수를 할당하는 점, 근무성적평정표가 작성·제출된 이후 위 은행으로부터 재작성 요구를 받은 일부 지점장들이 평정자 및 확인자를 달리하도록 정한 위 은행의 근무성적평가요령에 어긋나게 혼자서 근무성적평정표를 재작성하기도 한 점 등 제반 사정에 비추어 볼 때, 위 은행이 시용근로계약을 해지한 데에 정당한 이유가 있다고 보기 어렵다(대법 2006.2.24, 2002다62432).

5. 시용기간의 길이·연장·중단·경과

(1) 시용기간의 길이

시용기간제도의 취지에 비추어 시용기간의 길이는 근로자의 적격성 판단에 필요한 최소한의 기간이어야 하며, 원칙적으로 당사자의 합의에 위임되어 있다. 그리고 처음의 시용기간이 객관적 적격성 판단을 위하여 충분한 경우에는 다시 시용기간을 연장 또는 갱신할 수 없다고 해야 한다. 부당하게 장기간인 시용기간은 무효라고 해야 할 것이다.

(2) 시용기간의 연장

시용기간의 연장은 근로자의 법적 지위에 중대한 영향을 미치고 근로계약의 중요한 일부를 이루는 사항이므로 최소한 시용기간 연장은 그에 대하여 근로자가 동의하거나 근로자에게 통보되어야 그 효력이 있다(서울행법 2006.9.26, 2006구합20655). 따라서 시용기간은 근로자의 적격성 판단에 필요한 최소한의 기간이어야 하며, 연장·갱신에 관한 특별한 사유가 있는 경우에만 허용된다고 보아야 한다. 예컨대 연장에 관한 특별한 사유가 있는 경우로는 시용기간의 약정 당시에 예견할 수 없었던 사정, 예를 들어 근로자의 장기질병, 사용자의 예기치 않은 휴업, 근무성적평가에 중대한 의혹이 있는 경우 등을 들 수 있을 것이다(김형배, 「노동법」, 제26판, p.288).

(3) 시용기간의 중단

시용근로가 사용자의 귀책사유로 중단된 채 시용기간이 경과한 경우에는 그 법적 지위는 어떻게 될까의 문제이다. 시용기간이 경과한 이상 본채용이 이루어진 것으로서 정규근로자의 법적 지위를 확인 내지 보전해야 할 것이다. 본채용 거부 당시 시용근로자가 아니라고 인정되는 이상 사용자로서는 그 근로자에게 일정한 징계사유가 있음을 이유로 별도의 징계절차를 거쳐 징계하는 것은 별론으로 하고 근로자가 시용기간 중에 있음을 전제로 본채용 거부를 한 것은 그 자체가 위법한 것이다(서울행법 2006.9.26, 2006구합20655).

(4) 시용기간의 경과

시용기간 중에 근로자의 부적격성의 사유가 존재하지 않는 한 시용기간의 경과에 의하여 근로관계는 해지권 없는 근로관계가 된다. 즉 시용근로자는 정규근로자가 된다. 정당한 부적격사유를 제시하지 않거나 이에 대한 구체적 입증을 하지 않고 시용근로자를 해지하는 것은 해지로서의 효과를 가질 수 없다. 객관적으로 근로자의 부적격성이 존재하는 경우라도 사용자가 해지권을 행사하지 아니하고 시용기간이 경과되면 해지권은 소멸하고 근로자는 정규근로자가 된다고 보아야 한다. 따라서 그 이후에는 근기법 제23조제1항 및 제24조가 적용된다(김형배, 「노동법」, 제26판, p.288).

6. 시용기간 만료의 효과

시용기간의 만료 시 사용자가 부적격사유를 제시하지 아니하고 시용근로자를 사실상 계속 취업시키는 경우에는 시용기간은 종료된 것이므로, 기간의 약정이 없는 근로관계가 성립한 것으로 추단된다. 또한 시용기간 후 사용자가 해당 근로자를 정규근로자로 채용하여 정규근로관계가 성립하면 기존의 시용기간은 정규근로관계의 존속기간으로 산입된다.

4 근로조건의 명시와 그 위반에 대한 구제방법

> **법 제17조 【근로조건의 명시】** ① 사용자는 근로계약을 체결할 때에 근로자에게 다음 각 호의 사항을 명시하여야 한다. 근로계약 체결 후 다음 각 호의 사항을 변경하는 경우에도 또한 같다.
> 1. 임금
> 2. 소정근로시간
> 3. 제55조에 따른 휴일
> 4. 제60조에 따른 연차유급휴가
> 5. 그 밖에 대통령령으로 정하는 근로조건
>
> ② 사용자는 제1항제1호와 관련한 임금의 구성항목·계산방법·지급방법 및 제2호부터 제4호까지의 사항이 명시된 서면을 근로자에게 교부하여야 한다. 다만, 본문에 따른 사항이 단체협약 또는 취업규칙의 변경 등 대통령령으로 정하는 사유로 인하여 변경되는 경우에는 근로자의 요구가 있으면 그 근로자에게 교부하여야 한다.

1. 근로조건 명시의 의의

사용자에게 근로계약을 체결 또는 변경할 때에 근로조건의 명시의무를 부여하고 있다(근기법 제17조). 그 취지는 근로자가 처음부터 근로조건의 내용을 모른다는 것은 계약자유의 원칙에 근본적으로 어긋날 뿐 아니라 근로조건의 미확정 상태에서 불리한 취업을 강제당할 위험이 있기 때문이다.

근기법 제17조는 이와 같은 전근대적인 노동관행을 배제하기 위하여 근로계약 체결 또는 변경시에 근로조건을 명시함으로써 근로자에 대하여 자유의사에 의하여 계약의 선택 여부를 결정할 수 있도록 함을 목적으로 규정한 것인데, 직업안정법 제10조에서도 동일한 취지를 규정하고 있다.

이에 근로계약을 체결할 때뿐만 아니라 이를 변경하는 경우에도 근로조건을 명시하도록 하고, 사용자의 서면으로 명시한 근로계약서 교부의무를 강화함으로써 근로자의 법적 지위를 강화하려는 것이다. 근로계약의 체결시 또는 변경시 근로조건의 서면명시 및 교부를 추가함으로써 근로조건에 관한 분쟁을 예방하여 근로자의 근로조건 보호에 기여할 것으로 기대된다.

2. 근로조건 명시의 내용

(1) 명시하여야 할 시기

사용자가 근로자에 대하여 근로조건을 명시하여야 할 시기는 「근로계약을 체결하거나 변경할 때」이다. 선원법 제29조에서도 동일한 규정이 있다.

1) 18세 미만인 자와 근로계약을 체결한 경우

사용자는 18세 미만인 자와 근로계약을 체결한 경우 「근기법」 제17조에 따른 근로조건을 서면으로 명시하여 교부하도록 하고, 이를 위반한 자에 대하여 500만원 이하의 벌금에 처한다(근기법 제67조제3항, 제114조제1호). 규정취지는 연소근로자의 노동기본권을 보호하고 사용자의 합법적 고용을 권장하려는 데 있다.

2) 단시간근로자와 근로계약을 체결한 경우

사용자는 단시간근로자를 고용할 경우에 임금, 근로시간, 그 밖의 근로조건을 명확히 적은 근로계약서(계약 기간, 근로일, 근로시간의 시작과 종료시각, 시간급임금, 그 밖에 고용노동부장관이 정하는 사항)를 작성하여 근로자에게 내주어야 한다(근기법시행령 별표2 제1호).

3. 명시하여야 할 근로조건의 범위

(1) 통상근로자의 경우

근기법이 사용자에게 명시를 의무화시킨 사항은 근기법 제17조와 근기법시행령 제8조에 열거되어 있는 대로 「임금, 소정근로시간, 휴일, 연차유급휴가 그 밖에 대통령령으로 정한 근로조건」을 말한다. 이 경우 「임금의 구성항목·계산방법·지급방법, 소정근로시간, 휴일, 연차유급휴가」에 관한 사항이 명시된 서면을 근로자에게 교부하여야 한다. 다만, 「임금의 구성항목·계산방법·지급방법, 소정근로시간, 휴일, 연차유급휴가」에 따른 사항이 단체협약 또는 취업규칙 변경 등 대통령령으로 정하는 사유로 인하여 변경된 경우에는 근로자의 요구가 있으면 그 근로자에게 교부한다(근기법 제17조제2항). 이는 근로계약을 체결·변경할 때 주요항목(임금의 구성항목·계산방법·지급방법, 소정근로시간, 휴일, 연차유급휴가)에 관한 사항에 대해서는 서면으로 명시하고 근로자의 요구 여하를 불문하고 근로자에게 교부하여야 함을 의미한다. 근기법 제17조제2항의 '서면' 이란 종이로 된 문서를 의미하고, 전자문서는 회사가 전자결재체계를 완비하여 전자문서로 모든 업무를 기안, 결재, 시행과정을 관리하는 경우 예외적으로 가능하다. 개인 이메일을 통한 서면 명시는 이메일 외에는 서면명시를 이행하기 어려운 특별한 사정이 없는 한 근기법 제17조제2항의 의무를 이행하였다고 보기는 어렵다(2012.2.7, 근로개선정책과-1128).

그 밖의 근로조건은 근기법시행령 제8조에 명시되어 있다.

① 취업의 장소와 종사하여야 할 업무에 관한 사항

② 법 제93조제1호부터 제13호까지의 규정에서 정한 사항

③ 사업장의 부속 기숙사에 근로자를 기숙하게 하는 경우에는 기숙사규칙에서 정한 사항

(2) 기간제 및 단시간근로자의 경우

사용자는 기간제근로자 및 단시간근로자와 근로계약을 체결할 때에는 근로계약기간, 근로시간·휴게, 임금의 구성항목·계산방법 및 지불방법, 휴일·휴가, 취업의 장소와 업무, 근로일 및 근로일별 근로시간(이는 단시간 근로자에 한함)을 서면으로 명시하여야 한다(근기법 시행령 제9조제1항, 기간제법 17조).

(3) 명시의 정도 및 방법

① 근로자가 쉽게 이해할 수 있도록 상세하게 그리고 구체적으로 명시하여야 한다고 해석된다.

② 임금의 구성항목·계산방법·지급방법·소정근로시간·휴일·연차유급휴가에 관한 사항을 서면으로 명시하여야 한다는 규정 이외에는 명문의 규정이 없다. 그러므로 해석상으로는 서면으로 명시하여야 할 근로조건 이외의 사항에 대하여는 구두에 의하든지 또는 문서에 의하든지 상관이 없다.

③ 그러나 사용자가 명시의무를 이행하였느냐의 여부에 대하여 다툼의 여지가 있으므로 문서 또는 게시의 방법에 의하여 명시하는 것이 바람직하다고 생각된다.

④ 근기법 또는 기간제법은 사용자의 근로계약시의 근로조건 서면명시의무를 규정하고 있으나 설명의무는 규정하고 있지 않다(2007.7.26, 비정규직대책팀-3018).

⑤ 상시 10명 이상의 근로자를 사용하는 사업장에 있어서는 취업규칙의 작성의

무가 있으므로 근로계약에 명시되지 않은 사항에 관해서는 취업규칙에 명시하는 것으로 충분하다고 해석된다. 그러나 취업규칙이 방대한 경우에는 그 요지를 정리한 문서로서 명시하는 것이 바람직하다.

4. 근로조건 명시의 효력

(1) 근로조건의 명시가 없는 근로계약의 효력

근기법 제17조는 근로자가 취업을 함에 있어서 근로조건을 충분히 알 수 있도록 하기 위하여 사용자에게 그 내용의 명시 및 교부의무를 과한 것이며, 이점에 있어서 근기법 제14조의 「주지의무」와 동일한 취지에서 설정된 것이다.

그러므로 근로계약의 체결시 또는 변경시에 있어서 근로조건이 명시되지 않았다 하더라도 처벌의 대상이 될 뿐이며 그 계약 자체는 유효하게 성립한다고 해석된다. 「회사가 근로자와 근로계약을 체결할 당시 근로자의 표창과 제재에 관한 사항을 정한 회사의 상벌규정을 근로조건으로 근로자에게 명시하지 아니하였고 이를 사업장에 게시 또는 비치하지 아니하였더라도 근기법 제114조제1호에 따라 처벌의 대상이 되는 것은 별론으로 하고 그와 같은 사정만으로 회사의 상벌규정이 무효라고 볼 수는 없다」(대법 1993.11.9, 93다35384).

(2) 근로조건의 명시가 있는 근로계약의 효력

적절한 방법으로 근로조건이 명시되고, 이에 따라 근로자가 자유로이 근로계약을 체결하였다면 그 내용대로 근로계약은 성립하게 되며, 근로자가 실제로 그 내용을 몰랐다고 하더라도 근로계약의 무효를 주장할 수도 없고 그 적용을 거부할 수도 없다. 즉, 몰랐다는 주장 자체를 할 수 없다고 할 것이다(대법 1992.1.21, 91누5204).

5. 근기법 제17조 위반의 효과

(1) 벌칙의 적용

사용자가 본조에 위반하여 명시하여야 할 근로조건을 명시하지 않은 경우나 서면교부를 하지 않는 경우에는 500만원 이하의 벌금형에 처하게 된다(근기법 제114조). 근기법 제17조는 불리한 근로조건하에서 근로를 강요당하는 폐단을 없애기 위한 단속규정이므로 사용자가 이에 위반하더라도 근로계약 자체는 유효하게 성립하며, 근로조건을 명시하지 않았다는 사용자의 부작위만이 처벌의 대상이 된다.

(2) 명시 위반의 사법상의 효과

근로계약은 낙성계약이므로 근로조건 명시가 없더라도 근로계약이 무효가 되는 것은 아니다. 즉, 근로계약 자체는 유효하게 성립하고 계약내용은 공백이 존재할 수 있다고 해석된다. 이 경우 근로계약 내용은 사후적으로 법령, 취업규칙, 단체협약, 노사관행, 명시·묵시의 합의에 따라 보충되어야 한다.

(3) 근기법 제17조 위반과 기간제법 제17조 위반시의 법률 적용문제

기간제법 제17조를 위반하여 근로조건을 서면으로 명시하지 아니한 자는 500만원 이하의 과태료에 처하므로(기간제법 제24조제2항제2호) 근로조건의 서면명시 의무를 위반할 경우에 어떤 법률이 우선 적용되어야 할 것인가의 문제가 있다. 기간제근로자의 경우 일반법인 근기법이 적용(500만원 이하의 벌금)되는 것이 아니라 특별법인 기간제법이 적용(500만원 이하의 과태료)되어야 할 것이다.

6. 근로조건 위반에 대한 근로자의 구제

법 제19조 【근로조건의 위반】 ① 제17조에 따라 명시된 근로조건이 사실과 다를 경우에 근로자는 근로조건 위반을 이유로 손해의 배상을 청구할 수 있으며 즉시 근로계약을 해제할 수 있다.
② 제1항에 따라 근로자가 손해배상을 청구할 경우에는 노동위원회에 신청할 수 있으며, 근로계약이 해제되었을 경우에는 사용자는 취업을 목적으로 거주를 변경하는 근로자에게 귀향 여비를 지급하여야 한다.

(1) 명시된 근로조건의 사실과 다른 경우

1) 근기법 제19조의 내용과 입법취지

① 근기법 제17조의 규정에 의하여 명시된 근로조건이 사실과 다를 경우에는 근로자는 근로조건 위반을 이유로 손해의 배상을 청구할 수 있으며 또는 즉시 근로계약을 해지할 수 있다.

② 근로자가 손해배상을 청구할 경우에는 노동위원회에 신청할 수 있으며 근로계약이 해지되었을 경우에는 사용자는 취업을 목적으로 거주를 변경하는 근로자에게 귀향여비를 지급하여야 한다. 사용자가 근로자의 모집에 있어서 유리한 조건을 제시하고 근로자를 유인했으나 실제에 있어서는 불리한 근로조건으로 노동을 시키는 폐단을 없애기 위한 것이다.

명시된 근로조건이 사실과 다른 때에는 근로자에게 계약의 즉시해지권을 인정함과 동시에 이로 인한 손해배상청구권과 함께 거주를 변경하는 경우에는 사용자에게 귀향여비를 지급하도록 함으로써 근로자를 보호하고자 하는 취지에서 설정된 것이다.

2) 명시된 근로조건이 사실과 다른 경우의 의미

「명시된 근로조건이 사실과 다른 경우」란 명시된 근로조건의 전부를 가리키는 것이 아니라 명시된 근로조건 가운데 근기법 제17조에 의하여 사용자에게 의무적으로 명시하도록 규정한 근로조건에 한한다(대법 1984.9.11, 84누448)고 해석된다.

(2) 근로자의 구제제도

1) 손해배상청구권

명시된 근로조건이 사실과 상이한 경우에 근로자는 근로조건의 위반을 이유로 손해배상을 청구할 수 있다.

이 경우에 근로자는 민사소송의 절차에 의한 일반 법원에 손해배상의 청구도 함께 할 수 있음은 물론이다. 그런데 민사소송에 의한 구제는 경제적·사회적 약자인 근로자에게 있어서는 소송비용·소송수행의 미숙·구제시기의 지연 등 심히 감당하기 어려운 문제가 따른다. 그러므로 근기법 제19조제2항 전단에서는 사용자에 대한 손해배상의 청구를 노동위원회에 신청할 수 있게 하였다. 근로자는 양자를 선택적으로 또는 병행하여 행사할 수 있다.

2) 근로계약의 즉시해지권

명시된 근로조건이 사실과 다른 경우에는 근로자는 근로계약을 즉시 해지할 수 있는 권리를 가진다(근기법 제19조제2항). 즉시 근로계약을 해지할 수 있다는 것은 민법 제544조와 제660조의 요건을 갖추지 않더라도 즉시 계약을 해지할 수 있다는 것이다.

3) 귀향여비

근로자가 근로관계를 해지하고 취업을 목적으로 거주를 변경할 때에는 사용자는 귀향여비를 지급하여야 한다(근기법 제19조제2항 후단).

제3절 근로계약 내용상의 보호

1 위약 예정의 금지

> **법 제20조【위약 예정의 금지】** 사용자는 근로계약 불이행에 대한 위약금 또는 손해배상액을 예정하는 계약을 체결하지 못한다.

1. 위약 예정 금지의 의의

근기법 제20조에 의하면 「사용자는 근로계약 불이행에 대한 위약금 또는 손해배상액을 예정하는 계약을 체결하지 못한다」고 규정하여 위약 예정을 금지하고 있다.

위약금 예정계약이란 근로자가 근로계약을 향후 이행하지 아니하는 경우 사용자가 손해발생의 여부 및 실제 발생된 손해액과 상관없이 일정한 액수의 '위약금'이나 '손해배상'을 청구할 수 있도록 미리 정하여 두는 계약을 말한다(2010.9.7, 근로기준과-977).

(1) 위약 예정의 금지 취지

근기법에서 위약 예정의 금지를 규정한 취지는 근로자를 사용자에게 얽매이게 하거나 또는 종속되게 하는 사태를 발생시키기 때문에 이를 금지한 것이다. 당초 판례는 ① 위약금이나 손해배상액 예정을 금지함으로써 ② 근로자가 퇴직의 자유를 제한받아 부당하게 근로의 계속을 강요당하는 것을 방지하고, 근로계약 체결시의 근로자의 직장선택의 자유를 보장하며 불리한 근로계약의 해지를 보호하려는데 있다(대법 2004.4.28, 2001다53875)고 하였으나 최근 판례(대법 2008.10.23, 2006다372741)는 근로자의 근로계약 불이행을 이유로 사용자에게 어떤 손해가 어느 정도 발생하였는지는 묻지 않고 바로 일정 금액을 배상하도록 하는 약정을 미리 함으로써 근로자의 의사에 반하는 계속근로를 강제하는 것을 방지하기 위한 것이란 점을 명확히 하였다(한국노동법학회, 「판례백선」, P.40).

(2) 민법과의 차이

민법(제398조)은 당사자간의 채무이행의 확보를 위하여 또는 손해의 입증곤란에 따른 분쟁의 방지를 위하여 위약금제도나 손해배상예정제도를 인정하고 있으나 이것은 당사자가 대등하다고 하는 계약원리를 전제로 하고 있기 때문이다.

2. 위약 예정 금지의 내용

(1) 금지의 주체

위약 예정 금지의 주체는 사용자에 한하므로, 근로자가 사용자의 채무불이행에 대해 위약 예정을 할 수는 있다.

(2) 금지의 대상

1) 위약금을 약정하는 계약

「위약금」은 채무불이행의 경우에 채무자가 채권자에게 지급할 것을 미리 약정하는 금액으로서 계약당사자간에 계약에 부수하여 정하는 것이므로 그 금액과 성질은 일정하지 않다. 민법은 위약금의 약정은 손해배상액의 예정으로 추정하고 있다(민법 제398조제4항).

2) 손해배상액을 예정하는 계약

① **손해배상액 예정계약의 의의 및 성질**: 「손해배상액의 예정」이란 계약 위반 뿐만 아니라 불법행위의 경우를 포함하여 현실의 손해발생 유무나 손실정도에 관계없이 미리 일정액을 정하여 두는 것을 말한다. 배상하여야 할 손해액을 실제 손해와는 관계없이 미리 정함을 말한다. 따라서 사용자는 채무불이행으로 인하여 손해가 발생한 경우에 손해의 정확한 입증과 산정절차를 생략할 목적으로 근로계약 체결에 있어서 미리 손해배상액을 예정할 가능성이 있으므로 근기법 제20조는 이를 금지하고 있다.

② **불법행위로 인한 손해배상의 예정**: 근로자의 채무불이행으로 인한 손해배상의 금액을 예정하지 않고, 근로도중 근로자의 불법행위로 인하여 현실적으로 발생한

손해에 대하여 사용자가 그 배상액을 청구하는 것을 금지하는 것은 아니다.

근로계약의 체결시에 「불법행위로 인하여 사용자가 손해를 입은 경우에는 실제로 발생한 손해액의 배상을 청구할 수 있다」고 하는 약정은 본조에 저촉되지 않는다고 해석된다.

근기법 제20조의 취지가 근로자의 채무불이행의 배상액을 통한 근로자의 종속적이고 의사에 반하는 강제노동을 방지하려는데 있으므로 근로자의 불법행위의 경우에는 이와는 달리 긍정적으로 해석해야 할 것이다.

3. 연수·교육비용 반환약정의 적법성

(1) 반환약정의 문제점

해외연수비를 회사에서 부담한 근로자에 대해 일정한 의무복무기간을 설정하고, 의무복무기간 내에 퇴사시 해외연수비를 반환할 것을 내용으로 하는 취지의 계약·취업규칙(유학·연수비용 반환제도)이 근기법 제20조에 위반되는지의 문제가 있다. 근로자의 경력지원과 인적자원개발을 꾀하고 여기에 소요되는 비용을 회수할 목적의 제도로서 많은 기업에서 보급되고 고용의 유동화에 따라 유학·연수 후 단기간에 퇴직하는 근로자에 대하여 비용반환청구를 둘러싼 분쟁이 증가하고 있다.

(2) 유학·연수비용 반환제도의 유형

① 근기법 제20조 위반이 성립하는 전형례는 사용자가 유학·연수라고 칭하는 업무에 종사시키 그 비용을 부담하고 연수 종료 후의 근속의무를 부과한 경우이다. 이것은 본래 사용자가 부담해야 할 비용을 근로자에게 부담시켜 퇴직의 자유를 구속하는 것이므로 위약금 내지 배상예정의 실질을 갖는다고 해석된다.

② 유학·연수는 근로자의 임의에 위임되고 본래 근로자 본인이 부담해야 할 비용을 사용자가 대여하고 근속과는 관계없이 소비대차계약에 의한 변제방법을 정하고 일정기간 근속한 자에게는 특히 반환채무를 면제하는 취지의 제도(면제특약부 소비대차계약)라면 근기법 제20조 위반은 아니다. 이것은 퇴직 자유의 구속 정도가 낮은 반면 연수·유학이 업무수행의 실질을 가지는지 여부에 착안하여 그 비용은 본래 사용자가 부담해야 할 비용으로 그럼에도 계약으로 부담할 것인가를 결정하

는 것이 가능한 비용이다. 전자와 같이 위약금을 약정하는 것은 근기법 제20조에 위반되어 무효이나 후자에 따른다면 유효라고 할 것이다.

(3) 판단기준

위 ①과 ②의 구별은 실제상 미묘하므로 면제특약부 소비대차계약의 형식을 띠었다 하여 바로 근기법 제20조 위반이 부정된다고 할 수 없다. 그러므로 유학·연수비용 반환제도의 실태에 따라 이것이 근로자의 의사에 반하여 고용의 계속을 강요하는 기능을 할 것인가를 판단할 필요가 있다. 구체적으로는 (가) 유학·연수 후의 근속기간의 장단(장기간이라면 2)의 ①에 가깝다), (나) 변제의무의 범위·기준의 명확화(불명확하다면 2)의 ①에 가깝다), (다) 연수의 업무성의 유무·정도(연수내용·자격내용과 업무와의 관련성이 강하고 연수테마나 과목선택의 구속이 높은 것이면 1) ①에 가깝고 반대로 자유도가 높으면 2) ②에 가깝다), (라) 근로자 본인에게의 이익의 유무(유학·연수가 본인의 경력 형성에 유익한 것이라고 인정되면 2) ②에 가깝다), (마) 연수 시에 자유의사의 유무(업무명령인 경우라면 2)①에, 근로자의 자유의사에 따른 것이면 2) ②에 가깝다)를 고려하여 개별적으로 판단하여야 한다.

(4) 판례의 태도

① 긍정하는 판례: 판례는 이에 대하여 해외연수비 반환약정은 순수한 금전소비대차계약의 채무면제에 관한 약정이고, 의무복무기간은 상환의무의 면제기간이라고 보아 위약 예정에 해당하지 않는다고 본다.

「근로자의 연수계약에 있어서 회사가 비용을 부담하고 근로자의 의무재직기간을 설정하여 그 기간 동안 재직하지 않는 경우에는 그 비용의 전부 또는 일부를 상환하도록 약정하는 경우, 이 약정을 금전소비대차계약의 채무면제에 관한 약정으로 보고 의무재직기간을 상환의무 면제기간으로 해석하여 이 규정에서 금지하고 있는 위약 예정이 아니다. 의무근무기간 이내에 사직한 해외교육 훈련자가 변상하도록 규정한 해외파견에 소요된 경비 일체에는 보수규정에 의하여 지급되는 기준임금은 포함되지 아니한다」(대법 1996.12.6, 95다13104). 또한 근무기간의 각종의 경비에 대한 반환을 약정하는 것은 여전히 근기법 제20조가 금지하는 약정으로 본다(대법 2004.4.28, 2001다53875).

② **부정하는 판례:** (가) 근기법 제20조의 취지에 비추어 볼 때, 근로자가 일정기간 동안 근무하기로 하면서 이를 위반할 경우 소정 금원을 사용자에게 지급하기로 약정하는 경우, 그 약정의 취지가 약정한 근무기간 이전에 퇴직하면 그로 인하여 사용자에게 어떤 손해가 어느 정도 발생하였는지 묻지 않고 바로 소정 금액을 사용자에게 지급하기로 하는 것이라면 이는 명백히 동법 제20조에 반하는 것이어서 효력을 인정할 수 없다. 또, 그 약정이 미리 정한 근무기간 이전에 퇴직하였다는 이유로 마땅히 근로자에게 지급되어야 할 임금을 반환하기로 하는 취지일 때에도, 결과적으로 위 조항의 입법목적에 반하는 것이어서 역시 그 효력을 인정할 수 없다(대법 2008.10.23, 2006다37272).

(나) 수습부기장 교육훈련을 받고 정식부기장으로 승격한 뒤 계약기간 내 퇴사한 때에는 잔여 교육훈련비를 반환받을 수 없다는 취지로 정한 고용계약서 제3조 제4항은, 해당 약정의 무효를 전제로 잔여 교육훈련비를 부당이득으로 반환을 구하는 이 사건 청구에 적용될 수 없거나, 불공정한 법률행위에 해당하거나 근로계약 불이행에 따른 위약금 또는 손해배상액 예정에 해당하여 근로기준법 제20조에 위반되어 무효이다(대법 2019.1.31, 2018다209706).

(다) 근무 중 교통사고가 발생한 경우 실제 손해 발생 여부 및 손해의 액수에 관계없이 3개월 동안 매월 무사고승무수당 200,000원을 임금에서 공제하기로 하는 약정은 근기법 제20조가 금지하는 근로계약 불이행에 대한 위약금 또는 손해배상액의 예정에 해당할 뿐만 아니라 근기법 제43조가 정하는 임금의 전액 지급 원칙에도 반하므로 무효이다(대법 2019.6.13, 2018도17135).

(5) 유학 · 연수비용반환제도에 관한 평가

유학·연수비용반환제도를 근기법 제20조 위반으로서 엄격하게 규제하는 것은 기업의 근로자에 대한 교육훈련투자를 통한 인센티브를 빼앗는 것이 되어 바람직하지 않다고 생각한다. 유학·연수반환제도는 근로자의 구속 수단으로 작용하지 아니하고 기업이 합리적으로 제도설계를 하고 근로자에게 충분히 설명하여 계약을 체결한다면 근기법 제20조 위반을 부정해야 할 것이다. 구체적으로 ① 근로계약과는 별도로 면제특약부소비대차계약을 체결하는 것, ② 비용반환제도의 내용(반환채무의 기준·조건·반환방법 등을 명확히 하는 것), ③ 근로자의 자유의사가 실질적으로 확보되는 것, ④ 연수 후 근속이 부당하게 장기간 경과되는 것이 아닐 것의 각 요건을 갖춘다면 유학·연수비용반환제도는 적법하다고 해석된다. 그러나 해외 연수기간이 1개월에 지나지 않음에도 재직의무기간을 3년으로 한다거나 연수기간 중에 회사가 지출한 비용의 3배를 반환상환금으로 약정하는 것은 실질적으로 근기법 제20조에 위반하여 무효라고 해야 한다(대법 2008.10.23, 2006다37234;대법 2003.10.23, 2003다7388).

4. 사이닝보너스 반환약정의 유효성

(1) 사이닝보너스의 의의

사이닝보너스(Signing Bonus)란 통상 기업이 유능한 인재를 채용하기 위해 근로계약 체결의 대가로 근로자에게 지급하는 금원을 의미한다. 최근 고용의 유연화 경향에 따라 우수한 인재를 유치하기 위한 방법으로 전속계약금과 유사한 사이닝보너스 제도를 도입하고 있다. 사이닝보너스의 구체적인 지급조건을 보면 근로자가 일정기간 근속할 것을 조건으로 1회성으로 지급하면서 약정된 기간을 준수하지 못하고 근로자가 퇴직하는 경우에는 이를 반환할 의무를 부과하는 약정을 하는 것이 일반적이다. 이와 같은 사이닝보너스의 반환약정은 의무근무기간과 관련하여 근로자의 자유의사를 제한하는 점에서 근기법 제7조(강제근로) 및 제20조(위약예정)의 금지조항과 관련해 일정기간의 근속의무를 이행하지 못할 경우 기지급된 사이닝보너스를 반환하도록 하는 약정이 근기법상 허용될 수 있는지에 관한 문제가 제기될 수 있다.

사이닝보너스의 법적 성격과 관련하여 일정기간 동안 근로를 제공할 것을 조건으로 지급되는 금원이란 점에서, 근기법 제2조제1항제5호의 임금으로 해석할 수 있다는 견해도 있을 수 있을 것이나 일반적인 견해는 사이닝보너스는 기지급한 근로에 대한 직접적인 대가라기보다는 근로계약 체결 그 자체 또는 의무근무기간 준수를 목적으로 지급되는 것이므로 근기법상 임금으로 해석하기에는 무리가 있다고 판단하고 있다. 기업 실무에서는 거의 대부분 임금 약정과는 별도로 체결된다. 하급심 판례들 역시 사이닝보너스가 근로계약상의 임금과는 별도로 지급한 금원이라는 점을 인정하고 있다(수원지법 2003.5.13, 2002가합12355; 서울중앙지법 2005.1.25, 2004가단128716).

(2) 사이닝보너스 반환약정의 유효성

1) 판단기준

사이닝보너스의 반환약정의 유효성은 우선 그러한 사이닝보너스를 지급하게 된 경위와 지급약정의 제조건을 종합적으로 판단하여야 한다. 만일 이러한 반환약정이 위약금 또는 손해배상액의 예정에 해당한다면 이는 근기법 제20조 위반으로 그 반환약정 전부를 무효로 하여야 할 것이다. 만일 장래의 근로에 대한 선급임금의 성격을 갖는다면 사이닝보너스 중에서 근로자가 퇴사시점까지 제공한 근로에 대한 임금 해당부분의 반환은 허용되지 않는다고 할 것이다.

2) 대법원 판례의 태도

반환약정의 유효성에 대해 대법원(대법 2015.6.11, 2012다55518)은 「기업이 경력있는 전문 인력을 채용하기 위한 방법으로 근로계약 등을 체결하면서 일회성의 인센티브 명목으로 지급하는 이른바 사이닝보너스가 이직에 따른 보상이나 근로계약 등의 체결에 대한 대가로서의 성격만 가지는지, 더 나아가 의무근무기간 동안의 이직금지 내지 전속근무 약속에 대한 대가 및 임금 선급으로서의 성격도 함께 가지는지는 해당 계약이 체결된 동기 및 경위, 당사자가 계약에 의하여 달성하려고 하는 목적과 진정한 의사, 계약서에 특정 기간 동안의 전속근무를 조건으로 사이닝보너스를 지급한다거나 그 기간의 중간에 퇴직하거나 이직할 경우 이를 반환한다는 등의 문언이 기재되어 있는지 및 거래의 관행 등을 종합적으로 고려하여 판단하여야 할 것이다. 만약 해당 사이닝보너스가 이직에 따른 보상이나 근로계약 등의 체결에 대한 대가로서의 성격에 그칠 뿐이라면 계약 당사자 사이에 근로계약 등이 실제로 체결된 이상 근로자 등이 약정근무기간을 준수하지 아니하였더라도 사이닝보너스가 예정하는 대가적 관계에 있는 반대급부는 이행된 것으로 볼 수 있을 것이다」라고 한다. 이 판결은 회사가 근로자를 채용하면서 연봉과 별도로 사이닝보너스 1억원을 지급하되, 회사는 7년간 고용을 보장하고 근로자는 그 기간 동안의 근무를 보장하기로 약정하였는데, 근로자가 사이닝보너스 1억원을 지급받고 위 7년의 근무기간을 채우지 못하고 사직하자 회사가 근로자의 '근무기간약정 위반을 원인으로 한 손해배상 내지 7년간의 근무조건 불이행에 따른 반환'을 각 청구원인으로 하여 이 사건 소를 제기하였고, 이에 대해 원심(서울고법 2012.5.24, 2011나22827)은 위 사이닝보너스는 ① 이직사례금, ② 7년간 전속하는 데에 따른 전속계약금, ③ 임금 선급금으로서의 각 성격이 모두 포함되어 있다는 전제 아래 회사의 청구를 일부 인용하였으나, 대법원 판례에 따르면 채용계약서의 해석상 위 ②, ③의 성격을 도출하기 어렵고 단지 위 ①의 성격만 도출될 뿐인데, 근로자가 이직하여 회사에 입사한 이상 위 사이닝보너스에 대한 반대급부는 이행된 것으로 볼 수 있다는 이유로 회사의 청구를 기각하는 취지로 원심판결을 파기한 사안이다.

3) 평 가

그러나 대법원판결은 사이닝보너스를 지급하면서 그에 대한 반환약정을 명시적으로 체결하지 않는 사안이라는 점에서 하급심판례와는 국면을 달리한다. 해당 근로자가 회사에 사이닝보너스를 반환할 의무를 부담하는지 여부는 기본적으로 사이닝보너스의 지급에 관한 처분문서인 "채용합의서"의 해석 문제로 돌아갈 것이다. 이 판례는 반환약정 없이 지급된 사이닝보너스에 관하여 사이닝보너스의 반환의무의 존부에 관하여 계약해석의 방법을 제시한 최초의 판례라는 점에 그 의의가 있다(권오성, "사이닝보너스 반환약정의 유효성에 관한 연구", 「성신법학 제12호」 p.138).

5. 근기법 제20조 위반의 효과

근기법 제20조에 위반하여 근로계약의 불이행에 대하여 위약금을 정하거나 또는 손해배상액을 예정하는 계약을 체결한 자는 500만원 이하의 벌금에 처한다(근기법 제114조제1호). 즉, 본조는 위약금 또는 미리 약정된 손해배상액을 현실적으로 징수하였을 때에 그 위반이 성립되는 것이 아니라, 그와 같은 계약을 체결하였을 때에 그 위반이 성립된다.

2 전차금 상계의 금지

> **법 제21조 【전차금 상계의 금지】** 사용자는 전차금이나 근로할 것을 조건으로 하는 전대채권과 임금을 상계하지 못한다.

1. 전차금 상계 금지의 취지

전차금 상계의 금지제도는 금전대차관계와 근로관계를 완전히 분리함으로써 금전대차에 기인하여 발생하는 근로자의 신분적 구속의 폐습을 방지하기 위한 것이다.

근로계약 체결시에 근로자나 그 친권자에게 근로할 것을 조건으로 전차금 등을 지급하고 그 금액을 해당 근로자의 임금에서 상계하도록 하는 것은 봉건적 관행으로서 근로자의 퇴직의 자유를 부당하게 제한한다. 이것을 금지하는 것이 본조의 입법취지이다.

2. 전차금 상계 금지의 내용

(1) 금지의 주체

전차금 상계의 금지주체는 사용자이므로, 근로자에 대한 전차금과 임금을 상계할 수 없으나 근로자가 사용자에 대하여 단독행위로서 전차금과 임금을 상계할 수는 있다. 양 당사자에 의한 상계계약은 인정될 수 있을 것이나, 사용자에 의해 근로자의 의사가 강제될 수 있는 경우에는 상계계약은 허용되지 않을 것이다.

(2) 금지의 대상

근기법 제21조는 전차금 등과 임금의 '상계'를 금지하는 것이므로 전차금 및 전대채권 자체의 성립은 허용된다.

① **근로할 것을 조건으로 약정한 전차금**: 근로자에 대한 채권 일반이 아니고 근로할 것을 조건으로 약정한 전차금이 그 한 예이다.

「전차금」이란 근로계약의 체결시 또는 그 후에 근로를 제공할 것을 조건으로 하여 사용자로부터 차용하여 앞으로 받게 될 임금에서 변제할 것을 약정하는 금전을 말한다. 취업시 근로자에게 일정액의 금액을 빌려주고 임금 지급시마다 대여금 일부를 공제하는 것은 금지한다. 복지차원의 융자금을 분할하여 단체협약에 의하여 임금에서 공제하는 것은 본조 위반이라 할 수 없다.

② **임금의 가불**: 임금의 가불이 있는데, 이 경우에는 전차금으로 대여하는 것이 아니라 임금을 지급일전에 가불하는 것이므로 본조에 저촉되지 않는다.

③ **전차금과 강제근로와의 관계**: 전차금제도에 의하여 이를 변제할 때까지 근로를 강제하고 근로자가 퇴직의 의사표시를 하였음에도 불구하고 전차금을 모두 반환하라고 위협함으로써 사실상 근로를 강제하는 경우에는 근기법 제7조의 강제근로의 금지에 위반하는 행위라고 해석된다.

④ **근로계약 체결 후의 대여금**: 전차금 그 밖에 근로할 것을 조건으로 하는 전대채권과 임금과의 상계이므로 근로계약 체결 후에 대여한 대여금을 근로자의 자발적인 의사에 의하여 임금과 순차적으로 상계하도록 하는 것은 근기법 제21조 위반이라고 할 수 없다.

⑤ **근로할 것을 조건으로 하는 전대채권**: 전차금 외에 전차금에 추가하여 근로자 또는 그 친권자 등에 지급하는 금전으로서 전차금과 동일한 목적을 가지는 것을 말한다.

⑥ **근로할 것을 조건으로 할 것**: 사용자가 전대하는 채권을 근로자의 임금과 상계함으로써 그 채권을 변제하도록 하는 목적으로 대부한 전차금과 같이 금전대차계약과 근로관계가 밀접하게 관련되어 신분적인 구속을 수반하는 것이라 해석되고 있다.

3. 임금과의 상계 금지

(1) 상계 금지의 의의

상계란 채권자와 채무자가 서로 동종의 채권채무를 가지는 경우에 서로 현실적으로 청구 또는 집행하고 이행하는 불편과 불공평을 해소하여 그 채권과 채무를 대등액에 있어서 소멸케 하는 일방적 의사표시를 말한다.

근기법 제21조에 있어서의 전차금 또는 근로할 것을 조건으로 하는 전대채권과 임금과의 상계 금지는 이와 같은 상계 가운데 사용자측에서 하는 상계만을 금지함으로써 근로자를 보호하는 것이다.

따라서 근로자측에서 자발적으로 전차금과 임금을 상계시키는 것은 근기법 제21조 위반이 될 수 없다.

(2) 전차금 여부의 판단기준

전차금의 근기법 제21조 위반 여부를 판단하는 기준은 대여의 원인, 기간, 금액, 금리의 유무 등을 종합하여 신분적 구속이 되는 강제근로의 위험성을 기초로 결정하여야 할 것이다.

4. 근기법 제21조 위반의 효과

근기법 제21조에 위반한 자에 대하여는 500만원 이하의 벌금에 처한다(근기법 제114조제1호). 또한 본조 위반의 상계의 의사표시는 강행법규 위반으로서 사법상 무효가 되며, 따라서 근로자의 임금채권은 그대로 남게 된다.

3 강제저금의 금지

법 제22조【강제저금의 금지】 ① 사용자는 근로계약에 덧붙여 강제 저축 또는 저축금의 관리를 규정하는 계약을 체결하지 못한다.
② 사용자가 근로자의 위탁으로 저축을 관리하는 경우에는 다음 각 호의 사항을 지켜야 한다.
1. 저축의 종류·기간 및 금융기관을 근로자가 결정하고, 근로자 본인의 이름으로 저축할 것
2. 근로자가 저축증서 등 관련 자료의 열람 또는 반환을 요구할 때에는 즉시 이에 따를 것

1. 강제저금 금지 의의

강제저금 금지란 사용자는 근로계약에 덧붙여 강제 저축 또는 저축금의 관리를 규정하는 계약을 체결하지 못하는 원칙을 말한다(근기법 제22조제1항). 강제저금 금지는 봉건적인 근로관계 하에서 강제저금이 근로자의 부당한 인신구속 수단으로 이용되거나 사용자가 근로자의 저축금을 부당하게 이용하는 것을 방지하기 위한 것이 목적이다.

2. 강제저금의 금지내용

(1) 「근로계약에 덧붙여」의 의미

「근로계약에 덧붙여」란 근로계약의 체결 또는 존속의 조건을 말한다.

(2) 제3자와의 저축계약 강제

근기법 제22조의 「강제저축의 계약」이란 사용자 자신이 근로자와 계약하는 것은 물론, 근로자에 대하여 사용자 이외의 제3자, 즉 은행, 우체국, 금융회사 등과 저축계약을 하도록 하는 것도 포함된다.

3. 저축금의 관리를 규정하는 계약 금지

「저축금의 관리를 규정하는 계약」에는 사용자가 근로자의 예금을 받아 스스로 관리하는 소위 「사내예금」은 물론, 사용자가 근로자의 임금을 다시 근로자의 명의로 은행 기타 금융기관에 예금하여 그 통장과 인감을 보관한다든지 예금인출에 대하여 금지·제한하는 경우를 말하는 것으로 이는 근기법 제22조에 위반된다.

4. 근로자의 위탁에 의한 저축금 관리계약

근기법 제22조제2항의 「사용자가 근로자의 위탁으로 근로자의 저축금을 관리하는 경우」란 근로계약에 부수하지 않고 근로자의 임의에 의한 저축금을 위탁받아 관리하는 계약을 말한다.

따라서 사용자는 다음 사항을 준수하여야 한다.

① 저축의 종류·기간 및 금융기관을 근로자가 결정하고, 근로자 본인의 이름으로 저축할 것

② 근로자가 저축증서 등 관련 자료의 열람 또는 반환을 요구할 때에는 즉시 이에 따를 것

5. 근기법 제22조 위반의 효과

사용자가 근기법 제22조제1항에 위반하여 강제저축을 시킨 경우에는 2년 이하의 징역 또는 2,000만원 이하의 벌금을 받는다(근기법 제110조제1호).

제4장

취업규칙

- ☐ 취업규칙의 의의와 법적 성질
- ☐ 취업규칙의 작성
- ☐ 취업규칙의 기재사항
- ☐ 취업규칙 작성 · 변경의 법적 절차
- ☐ 취업규칙의 불리한 변경과 근로자 과반수의 동의
- ☐ 취업규칙의 주지
- ☐ 취업규칙과 근로계약 · 단체협약 · 법령과의 관계

1 취업규칙의 의의와 법적 성질

1. 취업규칙의 의의 및 해석기준

(1) 취업규칙의 의의

취업규칙이란 사용자가 사업 또는 사업장의 질서유지 및 효율적 업무수행을 위하여 필요한 복무규율과 임금 등 당해 사업의 근로자 전체에 적용될 근로조건에 관한 준칙을 통일적으로 규정한 것으로 그 명칭을 불문하는 것이다(대법 2004.2.12, 2001다63599). 취업규칙은 사용자가 작성하는 준칙이라는 점에서 사용자와 근로자가 합의하여 체결하는 근로계약이나 사용자와 노동조합이 합의하여 체결하는 단체협약과 구별된다. 단체협약에서 정한 근로조건 이외의 부분을 취업규칙에서 규정하는 것은 가능하며 적절한 절차를 거쳐 작성 또는 변경된 취업규칙은 해당 사업장 근로자에게 적용될 것이다(2014.5.14, 근로개선정책과-2813).

(2) 취업규칙의 해석기준

취업규칙은 노사간의 집단적인 법률관계를 규정하는 법규범의 성질을 갖는 것이므로 명확한 증거가 없는 한 그 문언의 객관적인 의미를 무시하는 해석이나 사실 인정은 신중하고 엄격하여야 한다. 이 경우 문언의 객관적 의미가 명확하다면 특별한 사정이 없는 한 문언대로의 의사표시의 존재와 내용을 인정하여야 한다(대법 2011.1.27, 2010다81957). 그리고 취업규칙은 사용자 및 근로자 등 관계 당사자들에게 보편타당하고 합리적인 해석을 하여야 하며, 근로자들의 공통적인 의사도 그 일반적인 해석기준의 하나로 된다(대법 1999.5.12, 97다5015).

2. 취업규칙의 법적 성질

취업규칙의 법적 성질에 관한 논쟁은 현행의 취업규칙 제도가 안고 있는 모순과 결함을 합리적이고 통일적으로 설명·보완하기 위해서 필요하다 할 것이다. 특히 ① 근기법상의 의견청취의무·신고의무·주지의무를 위반하여 작성된 취업규칙의 효력, ② 근로자집단의 동의없이 일방적으로 불리하게 변경된 취업규칙의 효력 및 ③ 취업규칙에 위반한 징계의 효력 등에 구체적인 실익이 있다.

(1) 취업규칙의 법적 성질에 관한 학설

1) 계약설

계약설은 취업규칙 그 자체는 법적인 의미를 갖지 않는 사실규범에 불과하다고 보면서 그 법적 구속력의 근거를 근로자의 동의에서 구하려는 입장이다. 취업규칙을 청약의 일종으로 보고 근로자의 합의 즉, 승낙이 있으면 취업규칙이 근로계약의 내용이 되므로 법적 구속력을 갖는다고 이해하는 입장이다. 이 경우 승낙이 통상의 그것과 같이 명시적이지 않기 때문에 승낙의 문제를 어떻게 이론 구성하는가에 따라 여러 견해가 있을 수 있는데 대표적인 것으로 순수계약설과 사실관습설을 들 수 있다.

2) 법규범설

법규범설은 취업규칙 그 자체에 법규범으로서의 성격을 부여하고 거기에서 법적 구속력의 근거를 찾으려는 입장이다.

법규범설에 따르면 근기법이 근로자보호의 관점에서 법규범으로서의 효력을 부여하는 것이라고 한다. 취업규칙을 특정한 기업 내에서 적용되는 법규범으로 이해하여 그 사업장의 모든 근로자가 내용을 알고 있는지의 여부 또는 동의 여부를 불문하고 당해 근로자가 당해 사업장의 종업원 지위에 있는 동안에는 당연히 취업규칙의 적용을 받는다고 하는 점에서 공통된다. 그 규범성의 근거를 어디에서 찾느냐에 따라 견해가 나뉘고 있다. 대표적인 것으로 소유권설, 관습법설과 수권설이 있다.

(2) 취업규칙의 법적 성질에 대한 판례의 태도

취업규칙의 법적 성질에 관하여 판례(대법 1977.7.26, 77다355)는 「취업규칙은 사용자가 기업경영권에 기하여 사업장에 있어서 근로자의 복무규율이나 근로조건의 기준을 획일적·통일적으로 정립하기 위하여 작성하는 것으로서, 이는 근기법이 종속적 노동관계의 현실에 입각하여 실질적으로 불평등한 근로자의 입장을 보호·강화하여 그들의 기본적 생활을 보호·향상시키려는 목적의 일환으로 그 작성을 강제하고 이에 법규범성을 부여한 것이라고 볼 것이다」라고 판시하여 보호법원리에 입각한 법규범설 중 수권설의 입장을 취하고 있다.

법규범설과 계약설에 따른 구속력의 근거

법규범설	취업규칙 → 「법규범」 → 「구속력」
계약설	취업규칙 → 「근로자의 동의」 → 「구속력」

2 취업규칙의 작성

1. 관련 규정

근기법 제93조는 「상시 10명 이상의 근로자를 사용하는 사용자는 다음 사항에 관한 취업규칙을 작성하여 고용노동부장관에게 신고하여야 한다. 이를 변경하는 경우에 있어서도 또한 같다」라고 규정하고 있다. 취업규칙이 사용자에 의하여 작성된다는 점에서 근로자의 권리가 침해될 수 있어 근기법은 취업규칙의 작성·변경 및 그 내용에 일정한 법적 규제를 규정하고 있다. 취업규칙을 작성·신고해야 하는 의무가 있는 사용자는 직장질서나 근로조건의 결정 등 취업규칙의 내용을 이루는 사항에 관하여 실질적인 권한과 책임을 갖는 자를 말한다(대법 1992.12.24, 92도2341; 대법 1993.3.23, 93도432).

근기법 제94조는 사용자는 취업규칙의 작성·변경에 관하여 해당 사업장에 근로자의 과반수로 조직된 노동조합이 있는 경우에는 그 노동조합, 근로자의 과반수로 조직된 노동조합이 없는 경우에는 근로자의 과반수의 의견을 듣도록 명하고 있지만, 물론 노동조합이나 근로자 과반수의 의견에 구속되는 것은 아니다.

2. 취업규칙의 작성·변경 권한

(1) 취업규칙 작성과 신고 대상

① **상시 10명 이상의 근로자를 사용하는 사업장**: 근기법 제93조의 규정에 의하여 취업규칙을 작성하고 또는 이를 변경하는 권한은 사용자에게 있다.

취업규칙 작성 의무자는 상시 10명 이상의 근로자를 사용하는 사용자이다(근기법 제93조). 근기법을 적용하는 경우에 상시 사용하는 근로자 수를 산정하는 방법은 대통령령으로 정한다(동법 제13조제3항).

② **상시 근로자 10명 미만 사업장**: 취업규칙의 작성·신고 의무는 없으나 일단 작성된 경우에는 법에 정한 취업규칙에 관한 모든 규정이 적용되므로 작성, 변경 등에 관한 법적 규제를 받아야 한다(서울고법 2005.9.15, 2004누2361; 대구지법 2004.5.21, 2003가합4727).

③ **상시근로자 4명 이하 사업장**: 법에 정한 취업규칙에 관한 규정 전체가 적용되지 않으므로 사용자가 임의로 취업규칙을 작성·운영하는 경우에도 취업규칙의 변경절차, 취업규칙에 위반한 근로계약의 무효 등의 규정은 적용되지 아니한다.

(2) 상시 10명 이상의 근로자 수 산정방법

이때 상시 10명 이상의 근로자를 사용하는 사업 또는 사업장에서 취업규칙을 제정 또는 변경할 때 '상시 사용하는 근로자 수'의 산정방법은 동 사유발생일 전 1개월 동안 사용한 근로자의 연인원을 같은 기간 중의 가동 일수로 나누어 산정한다(동법시행령 제7조의2제1항). 이 경우 근로자의 연인원에는 「파견법」 제2조제1호에 따른 파견근로자를 제외한 근로자 모두를 포함한다(근기법시행령 제7조의2제4항).

3. 근로자의 범위

여기서 말하는 근로자란 근기법 제2조제1항제1호에서 정의하고 있는 근로자로서 사원·상용공·준사원·임시공·견습공·단시간근로자 등 당해 사용자에게 사용되는 자로서 그 명칭이나 노무공급계약의 형식 여하를 불문하고 포함된다. 이들의 합계가 상태적으로 10명 이상인 경우에는 취업규칙을 작성해야 하며 이를 고용노동부 관할 지방고용노동관서에 신고하여야 한다.

4. 사업장 단위 또는 기업 단위

그런데 10명 이상의 근로자 수를 산정할 경우, 그 기준을 사업장 단위 혹은 기업

단위에서 계산을 하는가에 대해서는 견해가 나누어지고 있다. 1개 기업이 수개의 사업장을 경영하는 경우에는 10명 이상의 계산은 사업장 단위로 함이 원칙이다.

3 취업규칙의 기재사항

1. 필요적 기재사항과 임의적 기재사항

① 취업규칙의 작성 내용은 사업 또는 사업장에 통일적으로 적용할 근로조건과 복무규율에 관한 내용으로 근기법 제93조에서 취업규칙의 기재사항을 열거하고 있다. 근기법 제93조제1호내지제13호에 기재된 사항은 반드시 취업규칙에 포함하여야 한다. 열거된 사항 중 임금, 근로시간, 휴게시간, 휴일 등과 같이 근로자 보호를 위하여 법에 정한 기준이 있고 지켜야 하는 필수적인 근로조건은 반드시 그 내용을 취업규칙에 구체적으로 기재하여야 한다. 이것을 필요적 기재사항이라 한다.

② 그러나 교대근로, 가족수당 등에 관한 사항 등은 법에서 정한 기준이 없고 그 시행이 강제되는 것이 아니므로 해당 사업 또는 사업장에서 이를 도입 시행하는 경우에만 취업규칙에 기재하여야 할 의무가 있다. 이를 임의적 기재사항이라 한다. 예컨대 교대근로에 관한 사항(제1호), 승급에 관한 사항(제2호), 가족수당에 관한 사항(제3호), 상여금에 관한 사항(제5호), 근로자의 식비·작업용품에 관한 사항(제6호), 근로자의 교육시설에 관한 사항(제7호), 근로자의 성별·연령 또는 신체적 조건 등의 특성에 따른 사업장 환경 개선에 관한 사항(제9의2호), 업무 외 재해부조에 관한 사항(제10호), 표창에 관한 사항(제12호) 등이다(2016.1.22, 근로기준정책과-864).

2. 취업규칙 기재사항 중 일부를 기재하지 않은 경우의 효력

취업규칙에 반드시 기재되어야 할 사항 중 일부가 기재되지 않은 경우 그 취업규칙은 기재된 범위에서 유효하게 적용된다. 취업규칙에 기재되지 않았거나 기재된 내용이 근기법 등의 강행규정을 위반한 경우에는 근로기준법령, 단체협약, 근로계약 등에서 정한 근로조건이 적용된다. 취업규칙을 제정한 취지, 훈시적 선언

규정 등은 임의로 기재할 수 있는 사항이다.

취업규칙의 필요적 기재사항(근기법 제93조)
1. 업무의 시작과 종료의 시각, 휴게시간·휴일·휴가 및 교대근무에 관한 사항 2. 임금의 결정·계산과 지급방법, 임금의 산정기간·지급시기 및 승급에 관한 사항 3. 가족수당의 계산·지급방법에 관한 사항 4. 퇴직에 관한 사항 5. 근퇴법 제8조에 따른 퇴직금, 상여 및 최저임금에 관한 사항 6. 근로자의 식비, 작업용품 등 부담에 관한 사항 7. 출산전후휴가·육아휴직 등 여성 근로자의 모성보호 및 일·가정 양립지원에 관한 사항 8. 근로자를 위한 교육시설에 관한 사항 9. 안전과 보건에 관한 사항 9의2. 근로자의 성별·연령 또는 신체적 조건 등의 특성에 따른 사업장 환경의 개선에 관한 사항 10. 업무상과 업무외의 재해 부조에 관한 사항 11. 직장 내 괴롭힘의 예방 및 발생 시 조치 등에 관한 사항 12. 표창과 제재에 관한 사항 13. 그 밖에 해당 사업 또는 사업장의 근로자 전체에 적용될 사항

4 취업규칙 작성·변경의 법적 절차

> **법 제94조 【규칙의 작성, 변경의 절차】** ① 사용자는 취업규칙의 작성 또는 변경에 관하여 해당 사업 또는 사업장에 근로자의 과반수로 조직된 노동조합이 있는 경우에는 그 노동조합, 근로자의 과반수로 조직된 노동조합이 없는 경우에는 근로자의 과반수의 의견을 들어야 한다. 다만, 취업규칙을 근로자에게 불리하게 변경하는 경우에는 그 동의를 받아야 한다.
> ② 사용자는 제93조에 따라 취업규칙을 신고할 때에는 제1항의 의견을 적은 서면을 첨부하여야 한다.

1. 의견청취 또는 동의절차 적용 기준

취업규칙을 작성 또는 변경할 때에는 원칙적으로 근로자의 과반수로 조직된 노동조합, 근로자의 과반수로 조직된 노동조합이 없는 경우에는 근로자의 과반수의 의견을 들어야 하며 변경되는 내용이 근로자에게 불리한 내용인 경우에는 그 동의를 받아야 한다(근기법 제94조). 사용자가 취업규칙 변경과정에서 의견청취 또는 동의를 얻지 않는 경우 500만원 이하의 벌금에 처한다(근기법 제114조제1호). 이는 근로조건의 결정에 있어 노사 대등의 원칙을 반영하고 근로자의 근로조건 보호를 위한 것이다.

한편 의견청취 또는 동의 절차의 적용은 첫째, 새로운 취업규칙의 작성인지 아니면 기존 취업규칙의 변경인지 둘째, 취업규칙의 변경이라면 그 내용이 불이익한지에 따라 그 적용 절차가 달라진다.

2. 의견청취(또는 동의) 주체

(1) 기본원칙

의견청취 또는 동의의 주체는 근로자의 과반수로 조직된 노동조합이 있는 경우에는 그 노동조합, 근로자의 과반수로 조직된 노동조합이 없는 경우에는 근로자의 과반수이다(근기법 제94조). 따라서 노동조합이 있는 경우라도 해당 노동조합이 근로자의 과반수로 조직되어 있는지 여부를 확인하여야 하며 과반수로 조직되지 않는 경우에는 근로자의 과반수의 의견청취 또는 동의를 받아야 한다.

(2) 근로자의 과반수 판단을 위한 범위

1) 취업규칙이 통일적으로 적용되는 경우

근로자의 과반수 여부는 기존의 취업규칙을 적용 받는 근로자, 장래 변경된 취업규칙을 적용받을 것으로 예상되는 근로자를 포함한 근로자집단을 기준으로 판단한다(대법 2008.2.29, 2007다85997).

취업규칙 변경 시점에는 특정 근로자집단만이 직접적인 적용대상이지만 다른 근로자집단에게도 앞으로 변경된 취업규칙의 적용이 예상되는 경우에는 해당 집단을 포함한 근로자집단을 기준으로 판단한다. 간부사원 급여체계 변경은 당장에는 간부사원만이 직접적인 불이익을 받더라도 일반 사원도 승진에 따라 장래에는 변경된 간부사원 급여체계의 적용이 예상되므로 간부사원과 일반사원을 포함한 전체근로자 과반수의 동의가 필요하다(대법 2009.5.28, 2009두2238).

2) 근로자집단 간 근로조건이 다르고 각각 별개의 취업규칙을 적용받는 경우

근로자집단 사이에 인사이동 등에 의한 교류가 없고 입사 시부터 별도의 근로조건을 적용받는 등 근로조건이 이원화되어 둘 이상의 집단으로 구분되는 상황에서 특정 집단을 대상으로 취업규칙이 변경되는 경우 전체 근로자가 아닌 해당 집단의 근로자를 대상으로 과반수 여부를 판단한다.

예컨대 한 사업장에서 경영상 필요에 따라 생산직·관리직 등으로 나누어 인사노무관리를 별도로 하고 있는데 이 중 관리직만을 대상으로 취업규칙을 변경하는 경우이다(대법 1990.12.7, 99다카19647).

3) 근로자의 과반수로 조직된 노동조합

① **전체 근로자의 과반수로 조직된 노동조합**: 근로자의 과반수로 조직된 노동조합은 조합원 자격 유무와 관계없이 기존 취업규칙의 적용을 받고 있던 전체 근로자의 과반수로 조직된 노동조합을 의미하며 노동조합에 가입할 수 있는 자격을 가진 근로자의 과반수로 조직된 노동조합을 의미하는 것은 아니다(대법 2009.11.12, 2009다49377).

조합원 자격이 인정되지 않는 근로자(간부 직원 등)에게만 불이익하게 변경하는 경우라 하더라도 일반 근로자들에게도 장래에 변경된 근로조건의 적용이 예상된다면 변경된 근로조건의 적용이 예상되는 근로자를 포함한 전체 근로자의 과반수로 조직된 노동조합이 동의의 주체가 된다(대법 2009.11.12, 2009다49377).

② **산업별 노동조합 지부 또는 분회 주체 여부**: 근로자의 과반수로 조직된 노동조합이란 노조법에 따른 노동조합을 말하므로 원칙적으로 기업별 또는 산업별 노동조합에 관계없이 설립신고된 노동조합을 의미한다.

산업별 노동조합의 지부 또는 분회의 경우 설립신고를 하지 않았거나 산업별 노동조합으로부터 위임을 받지 않았다면 의견청취 또는 동의의 주체가 될 수 없다. 그러나 해당 지부 또는 분회가 설립신고를 하였거나 독자적인 규약이나 집행기관을 가지고 있고 독립된 조직체로서 활동하는 경우에는 산업별 노동조합으로부터 위임을 받지 않았다고 하더라도 의견청취 또는 동의의 주체가 될 수 있다(대법 2011.2.23, 2009도4299).

③ **교섭대표노동조합이 과반수 노동조합과 같은 의미인지**: 교섭대표노동조합은 교섭창구단일화 절차에 참여한 노동조합들을 대표하는 것으로 전체 근로자 수의 과

반수로 조직된 노동조합과는 다른 의미이다. 해당 사업 또는 사업장에 근로자의 과반수로 조직되지 못한 2개 이상의 노동조합이 있거나 그 2개 이상의 노동조합이 연합하면 근로자의 과반수가 되는 경우에도 그 연합체는 근기법 제94조제1항 단서에 따라 동의할 수 없다. 또한 해당 사업 또는 사업장에 근로자의 과반수로 조직되지 못한 노동조합이 그 조합원이 아닌 자로부터 위임받더라도 근기법 제94조제1항 단서에 따라 동의할 수 없다(법제처 2014.8.21, 안건번호 14-0346).

3. 근로자 의견의 청취

① **의견청취의 취지 및 의미**: 의견청취의무의 취지는 취업규칙의 작성·변경시에 근로자에게 일정한 발언권을 부여하여 규칙내용에 근로자의 의견을 반영시키려는 데 있다. 의견청취의무의 의미는 근로자 과반수와의 협의결정을 요구하는 것이 아니고 취업규칙 작성·변경에 관한 근로자 과반수의 의견을 듣고 그 의견을 기입한 서면을 신고시에 첨부하는 것으로 충분한 것이다. 우선 근로자 과반수에 반대사유의 여하를 물으면 되고 사용자가 그 의견에 구속되는 것은 아니다. 의견을 듣는 것은 동의를 얻거나 협의를 하는 것과 다르다.

② **의견청취의 방법**: 의견청취의 대상은 근로자의 과반수로 조직된 노동조합이 있는 경우에는 그 노동조합이며 그 노동조합의 의견서를 받고, 노동조합이 없는 경우에는 근로자 과반수의 의견을 들을 수 있다. 이 경우에는 집단적 의사결정 방식, 단위 공장, 부서별 찬반의견의 취합방식에 의할 수 있다. 사내 전자게시판 또는 E-mail을 통하여 취업규칙의 내용을 게시하고 의견을 들을 경우에도 근로자 과빈수 이상의 의견을 청취하였다는 것을 입증할 수 있도록 서면으로 작성(또는 출력)하여 근기법 제94조제2항의 규정에 따라 취업규칙을 신고할 때 첨부하여야 할 것이다(2003.9.25, 68207-1213).

④ **의견청취 위반시의 효과**: 취업규칙 변경의 요건인 근로자 과반수의 의견청취를 거치지 않았을 경우 그 변경을 유효한 것으로 인정할 것인가에 관하여 견해가 대립된다.

(가) 근기법 제94조는 근로자 과반수의 의견청취를 규정하고 있는데, 이 규정은 단속법규에 불과할 뿐 효력규정이라고는 볼 수 없으므로 사용자가 이러한 규정들

을 준수하지 않았다고 하더라도 그로 인하여 바로 취업규칙의 작성 또는 변경이 무효로 되는 것이 아니다(대법 2004.2.12, 2001다3599). 또한 단체협약과는 달리 합의는 요건으로 되어 있지 아니하다.

(나) 단체협약에서 취업규칙의 작성·변경에 관하여 노동조합의 동의·협의 조항을 둔 경우이다. 「원칙적으로 취업규칙상의 근로조건을 종전보다 근로자에게 불리하게 변경하는 경우가 아닌 한 그러한 동의나 협의 또는 의견청취절차를 거치지 아니하고 취업규칙을 작성·변경하였다고 하여 그 취업규칙의 효력이 부정된다고 할 수 없다」(대법 1994.12.23, 94누3001; 1999.6.22, 98두6647).

(다) 사용자가 취업규칙 작성 또는 변경에 대하여 근로자집단의 의견을 청취하지 않으면 500만원 이하의 벌금에 처한다(근기법 제114조제1호).

4. 의견의 서면기입

근로자 과반수의 의견은 서면에 기입하여야 하며, 근기법 제94조제2항의 규정에 의하여 취업규칙 신고에 첨부하여야 할 의견을 적은 서면은 근로자 과반수의 서명 또는 날인이 있어야 한다.

5. 취업규칙의 신고

(1) 취업규칙의 확정

취업규칙의 변경·개정 등이 필요하다고 사용자가 판단하였을 경우에는 적정수정을 행하는 등 의견을 반영시켜(의견을 반영시키지 않더라도 근기법 위반이 되지 아니하지만) 취업규칙으로서 확정하여, 근로자 과반수의 의견서를 첨부하여 확정취업규칙으로서 관할 지방고용노동관서장에게 신고하는 것이다.

(2) 신 고

① 신고기관: 사용자는 취업규칙을 작성·변경하는 경우에는 근로자측의 의견서를 첨부하여 고용노동부장관에게 신고하여야 한다(근기법 제94조제2항). 신고처리

업무가 지방고용노동관서장에게 위임되어 있으므로 관할 지방고용노동관서에 신고하여야 한다(근기법시행령 제59조제10호).

② **신고의 효력**: 취업규칙 신고의무 규정은 취업규칙에 대한 행정적 감독을 위한 단속규정이므로 신고의무를 위반한 경우에 과태료는 부과되지만 지방고용노동관서의 장에게 신고를 하지 않았다고 하더라도 해당 취업규칙이 실제로 근로자들의 근로조건을 규율하여 왔다면 법령 또는 단체협약에 위배되지 않는 범위에서 취업규칙의 효력은 인정된다. 사용자의 취업규칙 작성·변경에 대한 신고의무에 관하여도 이것을 유효요건으로 볼 것이냐에 의문이 생긴다. 의견청취에서와 마찬가지로 단속규정설과 효력규정설이 대립하고 있다. 행정해석(1973.5.31, 법무 811-12994) 및 판례(대법 2004.2.12, 2001다63599)는 근기법 제93조는 취업규칙의 작성 및 변경에 관하여 행정관청에의 신고의무를 단속규정으로 보고 있다.

③ **신고기간**: 취업규칙을 신고해야 하는 기간은 법령에서 별도로 정한 바는 없으나 상시근로자 수가 10명 이상인 때부터 취업규칙을 작성하여야 하며, 근로자들의 의견을 듣는 데에 소요되는 최소한의 시간이 지나면 지체없이 작성한 취업규칙을 신고하여야 한다(전주지법 2005.6.14, 2005노195). 사용자가 취업규칙을 관할 지방고용노동관서에 신고하지 않으면 500만원 이하의 과태료가 부과된다(근기법 제116조제1항제2호).

5 취업규칙의 불리한 변경과 근로자 과반수의 동의

【실무사례】 A회사는 향후 고령사회에 대비하여 취업규칙의 정년을 60세에서 63세로 연장하는 대신 임금은 55세를 정점으로 하여 점차 줄어드는 이른바 '임금피크제'를 도입하고자, 사업장에 근로자의 과반수로 조직된 노동조합에게 취업규칙의 변경에 대해 동의해 줄 것을 수차례 요청하였다. 노동조합의 대표자 甲은 긍정적인 반응을 보였지만 조합원들은 반대의견이 많았다.

1. A회사는 노동조합 대표자 甲을 설득해서 결국 동의를 받아 취업규칙을 변경하였고, 동의 받았다는 내용과 변경된 취업규칙을 회사 홈페이지 및 게시판에 공지하였다. 변경된 취업규칙은 유효한가?
2. 노동조합 대표자 甲이 조합원 다수의 의견을 무시할 수 없다고 끝내 동의하지 않자, A회사는 취업규칙을 일방적으로 변경하고 변경된 취업규칙을 회사 홈페이지 및 게시판에 공지하였다. 변경된 취업규칙은 유효한가?

1. 취업규칙의 불리한 변경의 의의

취업규칙의 불리한 변경이란 취업규칙에 근로조건에 관한 사항에 관하여 근로자에게 불리한 조항을 신설하거나 기존의 조항을 불리하게 변경하는 경우를 말한다. 즉, 퇴직금에 관한 규정을 변경하여 지급기준을 낮추거나 정년퇴직제를 신설하는 경우 등이 이에 해당된다. 취업규칙의 불리한 변경은 기존의 규정을 변경하는 방식으로 이루어지지만 기존의 근로조건에 관한 규정을 삭제하는 경우, 일정기간 그 적용을 배제하는 경우, 이전에 적용되던 근로조건보다 불리한 규정을 신설하는 방식으로도 가능하다.

취업규칙의 불이익 변경 여부의 판단시점은 취업규칙 변경이 이루어진 시점이다(대법 1997.8.26, 96다1726).

2. 취업규칙의 불이익 변경 시 근로자 동의방식

(1) 회의방식에 의한 집단적 동의

① **회의방식**: 취업규칙의 변경에 의하여 기존 근로조건의 내용을 일방적으로 근로자에게 불리하게 변경하려면 종전 취업규칙의 적용을 받고 있던 근로자 집단의 집단적 의사결정방법에 의한 동의를 요한다. 그 회의방법은 근로자 과반수로 조직된 노동조합이 있는 경우에는 그 노동조합, 그와 같은 노동조합이 없는 경우에는 근로자들의 회의방식에 의한 과반수의 동의가 있어야 하며 위와 같은 방법에 의한 동의가 없는 한 취업규칙의 변경으로서의 효력을 가질 수 없다(대법 2010.1.28, 2009다32362; 대법 2007.6.28, 2007도1539). 그 회의방식에 의한 동의란 반드시 한 사업 또는 사업장의 전근로자가 일시에 한 자리에 집합하여 회의를 개최하는 방식만이 아니라(큰 사업 또는 사업장에 있어서는 이러한 회의방식은 사실상 불가능한 경우가 많을 것이다) 한 사업 또는 사업장의 기구별 또는 단위 부서별로 사용자측의 개입이나 간섭이 배제된 상태에서 근로자 상호간에 의견을 교환하여 찬반의견을 집약한 후 이를 전체적으로 취합하는 방식을 의미한다(대법 2010.1.28, 2009다32362; 대법 2003.11.14, 2001다18322; 대법 1992. 2.25, 91다25055).

② **동의방식**: 불리한 변경시의 근로자의 동의는 해당 근로자 개개인의 동의가

아니라, 근로자 과반수의 동의를 의미한다. 근로자 과반수로 조직된 노동조합이 있는 회사에서 취업규칙을 근로자에게 불리하게 개정하는 경우에는 그에 대한 노동조합의 동의를 얻어야 하고, 이 경우 노동조합의 동의는 법령이나 단체협약 또는 노동조합의 규약 등에 의하여 조합장의 대표권이 제한되었다고 볼 특별한 사정이 없는 한 조합장이 노동조합을 대표하여 하면 되는 것이지 노동조합 소속 근로자의 과반수의 동의를 얻어서 해야 하는 것은 아니다(대법 2003.6.13, 2002다65097). 집단적 방식에 의한 유효한 변경이 아닌 한 특정 근로자가 개별적으로 그 변경에 동의하였다 하더라도 이를 이유로 그 근로자에게 변경된 내용의 취업규칙을 주장할 수 없다.

(2) 동의 방식의 적법 여부에 관한 사례

① 사용자측의 개입과 간섭이 배제된 상태: 여기서 사용자측의 개입이나 간섭이란 사용자측이 근로자들의 자율적이고 집단적인 의사결정을 저해할 정도로 명시 또는 묵시적인 방법으로 동의를 강요하는 경우를 의미하고 사용자측이 단지 변경될 취업규칙의 내용을 근로자들에게 설명하고 홍보하는 데 그친 경우에는 사용자측의 부당한 개입이나 간섭이 있었다고 볼 수 없다(대법 2010.1.28, 2009다32362; 2003.11.14, 2001다18322).

② 회람 형식의 동의서에 개별적으로 동의한 경우: 「근로자 상호간의 아무런 의견교환의 과정없이 회사와 근로자들간에 개별적으로 논의를 한 후 회람형식의 동의서에 근로자들이 개별적으로 동의한다는 취지로서 날인한 경우에는 집단적인 의사결정방법에 의한 동의라고 볼 수 없다」(대법 1994.6.24, 92다28556; 2007.12.26, 근로기준팀-8936). 그러나 전 직원들을 한 장소에 모이게 하거나 사업장별(또는 기구별, 단위 부서별)로 모이게 한 후 개정 내용을 충분히 설명하고 근로자 상호간에 의견교환 과정이 있거나 충분한 시간이 있었다면 "회람하는 문서에 서명하는 방식"도 회의방식에 의한 동의로 볼 수 있다(대법 2003.11.14, 2001다18322).

③ 노사협의회 근로자위원들의 동의를 얻는 경우: 근로자들이 노사협의회를 구성하는 근로자위원들을 선출함에 있어서 그들에게 근로조건을 변경함에 있어 근로자들을 대신하여 동의를 할 권한까지 포괄적으로 위임한 것이라고 볼 수 없다(대법 1994.6.24, 92다28556).

④ **묵시적 동의의 인정 여부**: 취업규칙 불이익변경에 대한 동의는 적어도 근로자 상호간 의견 교환 과정을 거쳐 적극적이고 명시적 형태의 집단의사 결정방법에 의한 것이어야 한다. 노동조합이나 근로자들이 사용자인 회사로부터 불이익하게 변경된 취업규칙의 내용을 통보받고도 그 변경 당시나 그 후에도 소극적으로 아무런 이의를 제기하지 않은 이유만으로 그 불이익변경에 묵시적으로 동의한 것으로 볼 수 없다(대법 2000.9.29, 99다45376).

⑤ **취업규칙 변경절차의 특례**: 사용자가 최저임금법 제6조제4항에 따라 최저임금에 산입되는 임금에 포함시키기 위하여 1개월을 초과하는 주기로 지급하는 임금의 총액의 변동 없이 매월 지급하는 것으로 취업규칙을 변경하려는 경우에는 근기법 제94조제1항에도 불구하고 해당 사업 또는 사업장에 근로자의 과반수로 조직된 노동조합이 있는 경우에는 그 노동조합, 근로자의 과반수로 조직된 노동조합이 없는 경우에는 근로자의 과반수의 의견을 들어야 한다(최저임금법 제6조의2).

3. 동의의 시기

① **원칙**: 취업규칙 불이익변경에 대한 근로자 또는 노동조합의 동의는 그 변경된 취업규칙을 시행하기 전에 이루어져야 한다.

② **소급동의의 경우**: 그러나 노동조합 또는 근로자의 사전 동의 없이 취업규칙이 변경되어 시행되다가 이후에 과거의 불이익변경에 소급적으로 동의한 경우에는 그 효력이 소급하여 인정될 수 있다. 판례(대법 2005.3.11, 2003다27479)는 「노동조합이 사용자 측과 사이에 변경된 퇴직금조항을 따르기로 하는 내용의 단체협약을 체결한 경우에는, 기득이익을 침해받게 되는 기존의 근로자에 대하여 종전의 퇴직금조항이 적용되어야 함을 알았는지의 여부에 관계없이 그 협약의 적용을 받게 되는 기존의 근로자에 대하여도 변경된 퇴직금조항을 적용하여야 할 것이다」라고 한다.

③ **소급동의의 효력**: 다만, 소급적 동의가 있기 전에 이미 퇴직한 근로자에게는 동의의 효력이 미치지 아니한다. 판례(대법 2017.2.15, 2016다32193; 대법 1992.11.24, 91다31753)는 「동의나 합의의 효력은 그 동의나 합의 당시 그 사업체

에 종사하며 그 적용을 받게 될 근로자들에 대하여만 적용할 수 있고, 그 이전에 이미 퇴직한 근로자에게는 미치지 아니한다고 볼 것이다」라고 한다.

4. 동의의 효력

(1) 적법한 동의절차가 있는 경우

취업규칙 불이익변경에 대한 적법한 동의절차가 있는 경우 불이익변경에 동의한 근로자 뿐만 아니라 개별적으로 동의하지 않은 근로자에게도 적용된다(대법 1994.5.24, 93다46841). 또한, 근로자의 과반수로 조직된 노동조합이 취업규칙 불이익변경에 동의하였다면 변경된 취업규칙은 조합원은 물론 비조합원인 근로자 나아가 조합원 자격이 없는 근로자에게도 효력이 미친다(대법 2008.2.29, 2008다85997). 근로자 과반수의 동의 없이 변경된 취업규칙은 무효가 되는바 근로자 과반수의 동의는 변경된 취업규칙의 효력발생요건이다.

(2) 동의절차 위반 시의 경우

사용자가 취업규칙에서 정한 근로조건 또는 복무규율을 근로자에게 불리하게 변경하면서 동의를 얻지 않은 경우에는 변경의 효력은 없으며 그 변경에 개별적으로 동의하더라도 변경된 취업규칙을 적용할 수 없다(대법 1991.3.27, 91다3031). 따라서 종전 취업규칙의 적용을 받던 기존 근로자의 동의 없이 불이익하게 변경된 부분은 효력이 없게 되어 변경 전 취업규칙을 적용받게 된다(대법 2010.1.28, 2009다32362).

(3) 동의절차 위반에 따른 형사처벌

사용자가 취업규칙을 근로자에게 불이익하게 변경하면서 근로자집단의 동의를 받지 않은 경우에는 500만원 이하의 벌금에 처한다(근기법 제114조제1호). 다만, 근로자에게 불리하게 변경된 취업규칙에 대하여 근로자집단의 동의를 받지 못하였더라도 그 변경에 사회통념상 합리성이 인정된다면 사용자를 처벌할 수 없다(대법 2009.6.11, 2007도3037).

5. 불리한 변경 여부와 판단기준

(1) 종합적 기준

① **제반사정의 종합적 판단**: 취업규칙 변경사항이 복수인 경우 즉, 다수의 근로조건이 동시에 변경되는 경우에 일부는 유리하고 일부는 불리하게 변경되는 경우라면 변경되는 근로조건 전체를 종합적으로 고려하여 불이익변경 여부를 판단하여야 한다는 의견도 있으나 판례는 원칙적으로 근로조건의 각 항목에 대하여 개별적으로 판단하되 하나의 근로조건을 결정짓는 요소가 여러 가지가 있으며 각 요소의 변경 사이에 서로 대가관계나 연계성이 인정되고 비교 가능한 경우에는 불이익 변경 여부를 전체적·종합적으로 판단하고 있다(대법 2001.4.24, 2001다1726).

② **변경사항 전부에 관한 유·불리 판단**: 판례는 취업규칙의 불리한 변경에 관하여 변경된 사항 전부에 관하여 유리하느냐 불리하느냐를 판단하여야 한다는 논리를 전개하고 있다. 퇴직금의 인하와 함께 임금인상, 근로시간 단축 등이 포함되어 있다면 불이익변경이 아니라고 한다.

판례는 「누진제 퇴직금지급규정이 법정률을 기준으로 변경되었으나 그 취업규칙 변경에 임금인상, 근로시간의 단축 등 근로자에게 유리한 부분도 포함되어 있어 근로조건의 내용이 근로자에게 일방적으로 불이익하게 변경되었다고 단정할 수 없으므로 이는 유효하다」는 입장을 취하고 있다(대법 1984.11.13, 84다카414).

③ **변경내용이 예상 범위인 경우**: 업무추진역으로의 전직발령 등 근로자들에 대한 후선보임의 근거가 된 합병은행의 인사규정 및 인사운영지침이, 합병 전 은행들의 규정들보다 더 세분화되고 구체적인 내용에서 다소 상이하지만 합병 전 은행들이 각자 시행하던 제도를 통합하는 과정에서 예상할 수 있는 범위 내의 것이어서, 불이익한 취업규칙의 변경이라고 할 수 없다(대법 2009.8.9, 2007다54498·54504).

④ **명예퇴직수당의 지급률의 인하와 기초임금이 인상된 경우**: 취업규칙의 변경이 근로자에게 불리한 것인가 여부를 판단함에 있어서는 근로조건을 결정짓는 여러 요소가 있는 경우 그 중 한 요소가 불리하게 변경되더라도 그와 대가관계나 연계성이 있는 다른 요소가 유리하게 변경되는 경우 이를 종합적으로 고려하여야 하

는 것이므로(대법 1995.3.10, 94다18072), 명예퇴직수당의 지급률이 낮아져 그 자체로는 불리하여졌다고 하더라도 기초 임금이 인상된 경우 반드시 불리한 변경이라고 단정할 수는 없다(대법 2004.1.7, 2001다42301).

⑤ **임금피크제 변경의 경우:** 법정 정년 연장과 이에 따른 임금피크제 등은 하나의 근로조건으로서 서로 대가 관계나 연계성이 반드시 인정된다고 보기 어려우므로 기존 정년이 도달하는 해의 최종임금 수준보다 낮은 수준으로 임금 감액을 수반하는 임금피크제 도입은 정년연장에 관계없이 취업규칙의 불이익한 변경으로 볼 수 있다(2016.1.22, 근로기준정책과-848).

⑥ **직무평가의 횟수와 기간을 줄인 부실근무자 관리방안:** 직무평가의 횟수와 기간을 줄인 부실근무자 관리방안은 취업규칙 불이익변경에 해당하고, 근로자 과반수로 조직된 노동조합의 동의를 받지 않아 무효이다(대법 2016.8.17, 2016두38280 심리불속행기각; 서울고법 2016.4.14, 2015누50520).

(2) 개별적 기준

유·불리가 충돌하는 취업규칙의 변경시 근로자 동의 여부의 문제가 있다. 취업규칙상 급여규정의 변경이 일부 근로자에게는 유리하고 일부 근로자에는 불리한 경우 이 같은 급여규정 변경에 있어서는 근로자집단의 동의가 근로자 전체에 대해 획일적으로 적용되어야 한다. 특히 이 경우 취업규칙의 변경이 근로자에게 전체적으로 유리한지 불리한지 객관적으로 평가하기 어렵거나 이러한 변경 개정에 의해 근로자 상호간의 유·불리에 따른 이익이 충돌되는 때는 사용자 측의 급여규정 개정은 근로자에게 불리한 것으로 취급하여 근로자들 전체의 의사에 따라 결정하게 하는 것이 타당하다(대법 1997.8.26, 96다1726; 2004.3.16, 근로기준과-1296).

(3) 합리적 기준

1) 합리성의 의의

① **합리성의 의의:** 취업규칙의 불이익변경 시 근로자집단의 동의를 받도록 한 것은 사용자의 일방적인 변경을 방지하고 근로자의 기득권을 보호하려는 것으로 근로자에게 불리한 변경임에도 근로자집단의 동의를 받지 못한 경우에는 원칙적

으로 변경의 효력이 없다. 그러나 당해 취업규칙의 작성 또는 변경이 그 필요성 및 내용의 양면에서 보아 그에 의하여 근로자가 입게 될 불이익의 정도를 고려하더라도 여전히 당해 조항의 법적 규범성을 시인할 수 있을 정도로 사회통념상 합리성이 있다고 인정되는 경우에는 종전 근로조건 또는 취업규칙의 적용을 받고 있던 근로자의 집단적 의사결정방법에 의한 동의가 없다는 이유만으로 그 적용을 부정할 수는 없다고 할 것이다.

② **판례경향**: 판례 경향을 보면 종래에는 사회통념상 합리성 이론을 불이익변경 여부 판단과 결부시켜 정년제 신설, 퇴직금 누진제의 단수제 변경 등 근로조건을 저하시키는 경우에도 사회통념상 합리성이 있으면 불이익한 변경이 아니라는 논리구조를 취하였다(대법 1978.9.12, 78다1046). 그러나 1989년 근기법 제94조제1항 단서에 취업규칙 불이익변경에 근로자 집단의 동의절차를 규정한 이후에는 사회통념상 합리성 여부를 불이익 여부 판단과 분리시켜 불이익하더라도 합리성이 있으면 동의를 받지 않은 경우에도 변경의 효력을 인정하고 있다(대법 2001.1.5, 99다7846). 그러므로 취업규칙이 근로자에게 불리하게 변경되는 경우에도 위와 같이 사회통념상 합리성이 있는 때에는 근기법 제94조제1항 단서에서 규정하는 노동조합 등의 동의를 받아야 하는 경우에 해당한다고 볼 수 없고 따라서 그 동의를 받지 않았다 하여 근기법 제114조 위반으로 처벌할 수 없다(대법 2010. 1.28, 2009다32362; 대법 2009.6.1, 2007도3037; 대법 2004.7.22, 2002다57362).

2) 사회통념상 합리성 유무의 판단기준

사회통념상 합리성이 있다고 인정되려면 실질적으로는 근로자에게 불리하지 아니하는 등 근로자를 보호하려는 근기법의 입법취지에 어긋나지 않아야 한다. 여기에서 말하는 사회통념상 합리성의 유무는 다음과 같다.

① 취업규칙의 변경 전후를 비교하여 취업규칙의 변경 내용 자체로 인하여 근로자가 입게 되는 불이익의 정도, ② 사용자측의 변경 필요성의 내용과 정도, ③ 변경 후의 취업규칙 내용의 상당성, ④ 대상조치 등을 포함한 다른 근로조건의 개선상황, ⑤ 노동조합 등과의 교섭 경위 및 노동조합이나 다른 근로자의 대응, ⑥ 동종사항에 관한 국내의 일반적인 상황 등을 종합적으로 고려하여 판단하여야 한다(대법 2010.1.28, 2009다32522;대법 2005.11.10, 2005다21494; 2014.4.7, 근로개선정책과-2109). 최근 판례(대법 2015.8.13, 2012다435222)는 위 6가지 외에 취업규칙 변

경에 따라 발생할 경쟁력 강화 등 사용자 측의 이익 증대 또는 손실 감소를 장기적으로 근로자들도 함께 향유할 수 있는지에 관한 해당 기업의 경영행태도 사회통념상 합리성 유무 판단을 위한 고려사항의 하나로 포함하고 있다.

3) 사회통념상 합리성 적용상의 유의사항

취업규칙을 근로자에게 불리하게 변경하는 경우에 그 동의를 받도록 한 근기법 제94조제1항 단서의 입법취지를 고려할 때, 변경 전후의 문언을 기준으로 하여 취업규칙이 근로자에게 불이익하게 변경되었음이 명백하다면, 취업규칙의 내용 이외의 사정이나 상황을 근거로 하여 그 변경에 사회통념상 합리성이 있다고 보는 것은, 이를 제한적으로 엄격하게 해석·적용하여야 한다. 사회통념상 합리성의 판단은 취업규칙을 근로자에게 불리하게 변경하는 경우에는 그 동의를 받도록 한 근기법을 사실상 배제하는 것이므로 제한적으로 엄격하게 해석하여야 할 것이다(대법 2015.8.13, 2012다435222; 대법 2010.1.28, 2009다32362). 다만, 그 인정범위에 있어서 법원은 취업규칙 불이익변경의 경우 근로자집단의 동의 규정이 있음을 감안하여 중요한 근로조건의 변경에는 사회통념상 합리성을 엄격하게 적용·해석하는 경향이 있다.

4) 합리적 이유가 있는 경우

① **인사제도의 개선**: 회사의 인사규정 등 취업규칙에 그 사업장에서 취급되는 업무의 성격이나 취업규칙의 규정체계 등을 감안하여 처음부터 면직사유에 당연히 포함될 만한 정당성이 있는 사유임에도 불구하고 종래 그것이 누락되어 있어 이를 보충하는 의미에서 그와 같은 면직사유를 추가하기 위하여 취업규칙을 변경하는 것은 사회통념상 합리성이 있는 변경에 해당된다(대법 1988.5.10, 87다카2853).

② **승무사업표(교번 DIA)를 변경한 경우**: 교통공단 취업규칙의 일종인 승무사업표(교번DIA)를 근로자에게 불이익하게 변경하였으나 그 변경은 사회통념상 합리성이 있는 경우에 해당한다(대법 2009.6.11, 2007도3037).

5) 합리적 사유가 없는 경우

① **보수규정의 하향조정**: 보수규정의 개정이 정부 산하의 투자기관 소속임직원들의 급여수준이 너무 높은 탓으로 인한 정부투자기관의 경영과 수익활동에 대한 재정압박과 일반공무원의 급여수준과의 형평 등을 이유로 정부의 조정방침에 따

라 이루어졌다 하더라도 이에 근로자집단의 동의를 받지 않아도 될 만한 사회통념상의 합리성이 있다고 볼 수 없다(대법 1993.1.26, 92다49324; 대법 1993.5.14, 93다1893).

② **결근비율에 따른 상여금 삭감 지급규정 신설·변경**: 취업규칙상 보수규정과 관련한 변경내용 중 상여금 산정기준의 소정 근무일수의 결근일수에 대한 결근일수 비율에 따라 상여금액을 삭감하는 것은 사회통념상 합리적이라 할 것이나, 분기 중 근무일수가 1월 미만인 경우 상여금을 전혀 지급하지 아니한다는 부분은 위 합리적인 범위를 벗어나는 것이므로 그 한도에서는 그와 같은 변경 내지 신설에는 노동조합의 사전동의를 얻어야 그 효력이 발생한다(대법1991.8.13, 91다3642).

③ **정년단축에 있어서 대상조치나 경과규정을 두지 아니한 경우**: 취업규칙의 변경이 근로자집단의 동의를 대신할 만한 사회통념상 합리성이 있는지를 판단함에 있어서는 개정 당시의 상황을 근거로 해야 할 것인 바, 취업규칙 변경의 결과 정년을 2년씩 일률적으로 단축한 때로부터 얼마 지나지 않아 정년에 도달하여 퇴직하게 될 근로자들에 대한 관계에서 아무런 대상조치나 경과규정을 두지 않는 등 취업규칙의 개정동기, 변경의 필요성을 고려하더라도 사회통념상 합리성이 있다고 보기 어렵다(대법 2004.7.22, 2002다57362).

6. 근로자 과반수의 동의없이 변경된 취업규칙과 신규입사자에의 적용

근로자에게 불리하게 취업규칙을 변경하는 경우 근로자집단의 동의가 없으면 변경된 부분은 전체근로자에게 효력이 없다. 불이익 변경이 기존 근로자들의 동의를 얻지 못함으로써 그 변경이 무효가 되었다면, 변경 이후에 입사한 근로자에 대해서는 어느 취업규칙이 적용되어야 할 것인가의 문제이다.

(1) 개별적으로 찬성한 근로자에 대한 효력

취업규칙을 불리하게 변경함에 있어 근로자집단의 동의를 받지 못한 이상 근로자 전체는 물론 변경에 개인적으로 동의한 근로자에게도 취업규칙 변경의 효력이 발생하지 아니한다(대법 1991.3.27, 91다3031).

(2) 동의없이 불리하게 변경된 취업규칙의 효력

사용자가 일방적으로 취업규칙 내용을 근로자에게 불리하게 변경한 경우 변경 이후에 입사한 근로자에 대하여 효력이 있는가 하는 문제가 발생한다. 이에 대하여는 절대적 무효설과 상대적 무효설로 견해가 나뉘고 있다.

① **절대적 무효설**: 취업규칙의 변경이 무효라면 모든 근로자에 대해서 그 취업규칙 자체가 무효이다(종전판례; 대법 1990.4.17, 89다카7754).

② **상대적 무효설**: 취업규칙의 변경은 기득권이 침해되는 기존 근로자에 대해서만 무효이고 신규 입사자에 대해서는 유효이다(대법[전원합의체] 1992. 12.22, 92다45165 등).

판례(대법[전원합의체] 1992.12.22, 91다45164)는 「사용자가 취업규칙에서 정한 근로조건을 근로자에게 불리하게 변경함에 있어서 근로자의 동의를 얻지 않는 경우에는 그 변경으로 기득이익이 침해되는 기존의 근로자에 대한 관계에서는 그 변경의 효력이 미치지 않게 되어 종전 취업규칙의 효력이 그대로 유지되지만, 그 변경 후에 변경된 취업규칙에 따른 근로조건을 수용하고 근로관계를 갖게 된 근로자에 대한 관계에서는 당연히 변경된 취업규칙이 적용되어야 하고, 기득이익의 침해라는 효력배제사유가 없는 변경 후의 취업근로자에 대해서까지 그 변경의 효력을 부인하여 종전 취업규칙이 적용되어야 한다고 볼 근거가 없다」고 하여 대법원 전원합의체 판결로서 종전의 견해를 변경하였다. 근기법 제94조에서 사용자는 취업규칙의 작성 또는 변경에 관하여 당해 사업장 근로자의 과반수(근로자 과반수로 조직된 노동조합이 있는 경우에는 그 노동조합)의 의견을 들어야 하고, 근로자에게 불리하게 변경하는 경우에는 그 동의를 얻도록 규정하고 있다. 이 경우 적법한 동의절차 없이 불리하게 변경된 취업규칙은 원칙적으로 효력이 없으나(불리하게 변경된 부분에 한함) 신규 입사자에 대해서는 효력이 있다. 따라서 사용자가 취업규칙에서 정한 근로조건을 근로자에게 불리하게 변경함에 있어서 근로자의 동의를 얻지 않은 경우에 그 변경으로 기득 이익이 침해되는 기존의 근로자에 대하여는 변경의 효력이 미치지 않으나, 변경된 취업규칙에 따른 근로조건을 수용하고 새롭게 근로계약을 체결하여 근로관계를 갖게 된 근로자에 대하여는 변경된 취업규칙이 적용되는 것이다(2007.8.1, 근로기준팀-5727).

(3) 불리한 변경과 퇴직급여 차등제도와의 관계

한편, 퇴직금 누진제를 불리하게 변경하는 경우에 상대적 무효설을 따를 경우 하나의 사업장에 두 개의 퇴직금제도가 존재하게 되어 근기법 제34조 및 근퇴법 제4조제2항에서 규정하고 있는 퇴직금 차등제도 금지규정에 위반하지 않는가 하는 의문이 생길 수 있다. 이에 대하여 대법원은 변경된 퇴직금제도와 별개의 퇴직금제도를 적용하는 결과가 되었다 하여도 이는 퇴직금 차등제도를 설정한 경우에 해당되지 아니한다고 보고 있다. 판례(대법[전원합의체] 1992.12.22, 92다45165)는 근기법 제34조(근퇴법 제4조제2항)는 하나의 사업 내에 차등 있는 퇴직금제도의 설정을 금하고 있으나, 변경된 취업규칙의 퇴직금제도가 기존근로자의 기득이익을 침해하는 것이어서 이들에게는 그 효력이 미치지 않고 부득이 종전 제도의 적용을 받게 됨으로써 이러한 기득이익이 없는 취업규칙 변경 후의 취업근로자에게 적용되는 퇴직금제도와 별개의 퇴직금제도를 적용하는 결과가 되었다하여도, 이러한 경우까지 위 법조에서 금지하는 차등 있는 퇴직금을 설정한 경우에 해당한다고 볼 수는 없는 것이다(같은 취지; 대법 1993.6.11, 93다11876)라고 한다.

7. 취업규칙의 불리한 변경과 효력발생시기 및 이의제기의 시효

(1) 동의를 얻은 경우의 효력발생시기

취업규칙이 근로자들의 동의를 얻어서 불이익하게 변경된 경우, 그 효력은 취업규칙 변경에 대한 동의가 있기 전까지 소급하여 적용될 수는 없다(대법 1995.4.21, 93다8870). 사용자에 의한 취업규칙의 변경이 근로자들의 동의가 있기 전에 이루어졌다 하더라도 변경된 취업규칙의 효력은 동의가 있는 때에 비로소 발생하기 때문이다.

(2) 시효의 유무

취업규칙의 불리한 변경에 대한 이의제기는 시효의 적용을 받지 않는 것으로 해석된다.

「근로자집단의 동의를 거치지 않은 취업규칙의 변경에 대하여 사용자가 그 변경내용을 주지시켰음에도 근로자가 그 내용에 대하여 이의를 제기하지 않다가 10

여년이 경과한 현재에 이르러 그 개정의 부당함을 다툰다 할지라도 금반언의 법리에 비추어 허용될 수 없는 것은 아니다」(대법 1991.9.24, 91다17542).

6 취업규칙의 주지

> **법 제14조【법령요지 등의 게시】** ① 사용자는 이 법과 이 법에 따른 대통령령의 요지(要旨)와 취업규칙을 근로자가 자유롭게 열람할 수 있는 장소에 항상 게시하거나 갖추어 두어 널리 알려야 한다.
> ② 사용자는 제1항에 따른 대통령령 중 기숙사에 관한 규정과 제99조제1항에 따른 기숙사규칙을 기숙사에 게시하거나 갖추어 두어 기숙하는 근로자에게 널리 알려야 한다.

1. 주지시키는 방법

취업규칙은 관할 지방고용노동관서장에게 신고하여야 하지만 신고 여부와 관계없이 확정취업규칙의 내용을 근로자에게 주지시켜야 한다.

사용자는 작성 또는 변경한 취업규칙의 효력이 발생되기 위해서는 근로자들에게 알려야 한다. 이것은 취업규칙을 근로자에게 주지시킴으로써 비로소 근로조건의 확보와 취업질서의 유지를 도모할 수 있음을 명백히 하고 있는 것이다.

2. 근로자가 자유롭게 열람할 수 있는 장소

취업규칙의 게시 또는 비치장소를 근로자가 자유로이 열람할 수 있는 장소로 명시하였다.

3. 주지의무 위반의 취업규칙의 효력

취업규칙은 사용자가 정하는 기업 내의 규범이기 때문에 사용자가 취업규칙을 신설 또는 변경하기 위한 조항을 정하였다고 하여도 그로 인하여 바로 효력이 생기는 것이라고는 할 수 없고 신설 또는 변경된 취업규칙의 효력이 생기기 위하여는 반드시 근기법 제14조제1항에서 정한 방법에 의할 필요는 없지만, 적어도 법령의 공포에 준하는 절차로서 그것이 새로운 기업 내 규범인 것을 널리 근로자 일반으로 하여금 알게 하는 절차, 즉, 어떠한 방법이든지 적당한 방법에 의한 주지가 필요하다(대법 2004.2.12, 2001다63599).

7 취업규칙과 근로계약·단체협약·법령과의 관계

1. 취업규칙과 근로계약과의 관계

(1) 취업규칙의 우선

취업규칙은 본래 근로계약의 불명확한 상태를 배제하기 위하여 통일적인 근로조건 등의 기준을 명문화시켜 사실상 근로자 보호를 도모하려는 것이기 때문에, 근로계약에 관하여 취업규칙을 상회하는 특약이 없는 한 취업규칙의 기준이 근로계약의 내용이 된다.

따라서 취업규칙은 이를 하회하는 근로조건을 규정하는 근로계약을 무효로 하여 취업규칙의 기준까지 끌어올리는 효력을 가지고 있다.

① 근기법 제97조의 규정내용: 근기법 제97조에서는 「취업규칙에서 정한 기준에 미달하는 근로조건을 정한 근로계약은 그 부분에 관하여는 무효로 한다. 이 경우 무효로 된 부분은 취업규칙에 정한 기준에 따른다」라고 규정하고 있다. 근기법 제97조는 근로계약에서 정한 근로조건이 취업규칙에서 정한 기준에 미달하는 경우 취업규칙에 최저기준으로서의 강행적·보충적 효력을 부여하여 근로계약 중 취업규칙에 미달하는 부분을 무효로 하고, 이 부분을 취업규칙에서 정한 기준에 따르게 함으로써, 개별적 노사 간의 합의라는 형식을 빌려 근로자로 하여금 취업규칙이 정한 기준에 미달하는 근로조건을 감수하도록 하는 것을 막아 종속적 지위에 있는 근로자를 보호하기 위한 규정이다(대법 2019.11.14, 2018다200709).

② 「취업규칙에서 정한 기준에 미달하는 근로조건을 정한 근로계약」의 의미: 취업규칙에서 정한 근로시간보다 연장된 근로시간 또는 취업규칙에서 정한 임금보다

낮은 임금 등 취업규칙에서 정한 기준보다 불리한 근로조건을 내용으로 하는 근로계약을 말한다. 예를 들면, 취업규칙에서는 1일 7시간의 근로에 70,000원의 임금으로 정해져 있음에도 불구하고 개개의 근로계약에서는 1일 8시간의 근로에 70,000원으로 정하는 경우를 말한다.

③ **취업규칙에서 정한 기준에 미달하는 근로조건을 정한 근로계약은 그 부분에 관하여는 무효로 한다는 의미**: 그 부분에 관하여는 무효로 한다는 것은 취업규칙에서 정한 근로조건의 기준에 미달하는 부분만을 무효로 한다는 것이며, 근로계약의 다른 부분은 유효하다는 뜻이다. 예를 들면, 취업규칙에서 1일 7시간의 70,000원의 임금을 정하고 있음에도 불구하고 근로계약에서 1일 8시간의 근로에 70,000원으로 정한 경우, 1일 8시간의 부분만 무효가 된다는 뜻이다.

(2) 취업규칙의 보충 적용

「취업규칙에서 정한 기준에 미달되는 근로조건을 정한 근로계약은 그 부분에 한하여 무효가 되고, 무효로 된 부분은 취업규칙에 정한 기준에 따른다」(근기법 제97조). 무효로 된 부분은 취업규칙에 정한 기준에 따른다는 것은 근로계약이 무효가 된 부분에 대해서는 취업규칙의 규정에 따라 노사간의 권리의무관계가 정해진다는 것을 말한다. 위의 예로 본다면 근로계약상의 1일 8시간의 부분은 무효가 되고 취업규칙에서 정한 1일 7시간이 된다는 뜻이다.

(3) 취업규칙 내용보다 근로계약서상의 근로조건이 근로자에게 유리한 경우

취업규칙은 근로자의 근로조건과 복무규율에 관한 기준을 집단적, 통일적으로 설정하기 위하여 사용자가 일방적으로 작성한 것인데 반해, 근로계약은 사용자와 근로자의 합의에 기초한 것이므로, 어떠한 근로조건에 관해 취업규칙과 근로계약이 각기 다르게 정하고 있다면 취업규칙이 근로자에게 보다 유리하다는 등의 특별한 사정이 없는 이상 근로계약이 우선 적용된다고 봄이 상당하다(대법 2019.11.14, 2018다200709; 대법 2017.12.13, 2017다261387 심리불속행기각; 부산고법 2017.8.30, 2017나53715). 2019년도 판례에 의하면 해당 취업규칙은 임금피크제의 적용대상자가 된 근로자에 대하여 해당 근로계약에서 정한 연봉액을 60% 또는 40% 삭감하는 것을 내용으로 하고 있으므로, 연봉액에 관하여 해당 근로계약이 해당 취업규칙보다 유리한 근로조건을 정하고 있다고 할 것이다. 따라서 근로자가 해당 취업규칙의 기준에 따라 해당 근로계약을 변경하는 것에 대하여 동의하지 아니하였으므로 연봉액에 관하여 해당 취업규칙보다 유리한 근로조건을 정한 해당 근로계약이 우선하여 적용된다. 결국 해당 취업규칙에 대하여 과반수 노동조합의 동의를 받았다고 하더라도 해당 근로계약은 유효하게 존속하고, 해당 취업규칙에 의하여 해당 근로계약에서 정한 연봉액을 삭감할 수 없다(대법 2019.11.14, 2018다200709).

2. 취업규칙과 단체협약과의 관계

(1) 관련규정 및 기본원칙

1) 관련 규정

근기법 제96조에서 취업규칙과 법령 및 단체협약과의 관계에 대하여 규정하고 있다. 즉, 「취업규칙은 법령이나 해당 사업 또는 사업장에 대하여 적용되는 단체협약과 어긋나서는 안된다」고 함과 동시에 「고용노동부장관은 법령이나 단체협약에 어긋나는 취업규칙의 변경을 명할 수 있다」고 함으로써 법령 또는 단체협약에 저촉되는 취업규칙에 대한 고용노동부장관의 변경명령권까지도 규정하고 있다.

노조법 제33조는 「① 단체협약에 정한 근로조건 기타 근로자의 대우에 관한 기준에 위반하는 취업규칙 또는 근로계약의 부분은 무효로 한다. ② 근로계약에 규정되지 아니한 사항 또는 제1항의 규정에 의하여 무효로 된 부분은 단체협약에 정한 기준에 의한다」고 규정하고 있다.

2) 기본 원칙

노동조합은 사용자와 자유롭게 교섭하여 단체협약을 체결할 수 있으므로 근로조건을 유리하게 변경하는 것 뿐만 아니라 불리하게 변경하는 내용의 단체협약도 체결할 수 있고 특정 근로조건에 대해 취업규칙보다 불리하게 단체협약이 체결된 경우 조합원에게는 단체협약이 현저히 합리성을 결여하여 노동조합의 목적을 벗어난 것으로 볼 수 있는 경우와 같은 특별한 사정이 없는 한 해당 근로조건에 대하여 취업규칙이 아닌 단체협약에서 정한 근로조건이 적용된다. 단체협약이 현저히 합리성을 결하였는지 여부는 단체협약의 내용과 그 체결경위, 당시 사용자측의 경영상태 등 여러 사정에 비추어 판단하여야 한다(대법 2000.9.29, 99다67536).

원칙적으로 조합원이 아닌 근로자에 대하여는 취업규칙이 적용되지만 동종의 근로자 반수 이상이 하나의 단체협약을 적용받을 때에는 비조합원인 경우에도 취업규칙이 아닌 단체협약이 적용된다.

노조법 제35조는 「하나의 사업 또는 사업장에 상시 사용되는 동종의 근로자 반수 이상이 하나의 단체협약의 적용을 받게 된 때에는 당해 사업 또는 사업장에 사용되는 다른 동종의 근로자에 대하여도 당해 단체협약이 적용된다」고 규정하여 단체협약의 일반적 구속력을 명시하고 있다.

(2) 단체협약과 취업규칙 변경 유형에 따른 효력

1) 단체협약이 유효한 상황에서 취업규칙이 불리하게 변경된 경우

(가) 근로자의 과반수로 조직된 노동조합이 있는 경우

근로자의 과반수로 조직된 노동조합은 '취업규칙 불이익변경의 동의 주체'이고 불이익변경에 동의하였다는 것은 곧 변경된 근로조건을 적용받는데 동의한다는 것으로 볼 수 있으므로 비조합원뿐만 아니라 해당 노동조합의 조합원에도 단체협약이 아닌 불리하게 변경된 취업규칙이 적용된다. 취업규칙 변경에도 불구하고 조합원에게는 단체협약이 적용된다고 볼 경우, 비조합원에게만 적용될 근로조건을 노동조합이 결정하게 된다는 점, 노동조합이 스스로 근로조건 변경을 동의하였음에도 그것과 다른 근로조건이 적용된다는 점에서 불합리하다.

(나) 근로자의 과반수로 조직된 노동조합이 없는 경우

근로자의 과반수로 조직된 노동조합이 없는 경우에는 근로자 과반수의 동의를 받으면 취업규칙의 불이익변경이 가능하다. 이 경우 근로자의 과반수로 조직되지 않은 노동조합은 취업규칙 불이익변경의 동의 주체가 아니며 노조법 제33조에 따라 단체협약에 정한 근로조건에 위반하는 취업규칙은 무효이므로 단체협약이 유효한 기간에는 취업규칙 변경에도 불구하고 해당 조합원에게는 단체협약에 정한 근로조건이 적용된다.

한편 취업규칙 변경 과정에서 근로자 과반수뿐만 아니라 해당 노동조합도 불이익변경에 동의하였다면 노동조합은 스스로 변경된 근로조건을 적용받는 데 동의한 것이므로 해당 노동조합의 조합원에게도 불리하게 변경된 취업규칙이 적용된다.

2) 단체협약이 유효한 상황에서 취업규칙이 유리하게 변경된 경우

취업규칙과 단체협약 등 근로자에 대한 집단적 규율을 목적으로 하는 규범 간에는 유리조건 우선의 원칙 이 적용되지 않으므로 원칙적으로 유리한 취업규칙에도 불구하고 상위규범인 단체협약에서 정한 근로조건이 적용된다. 유리조건 우선의 원칙이란 근로조건을 규율하는 상·하위 규범이 있을 때, 하위규범이 상위규범보다 근로자에게 유리한 근로조건을 정하고 있는 경우에는 유리한 하위규범이 상위규범보다 우선하여 적용되어야 한다는 원칙이다. 취업규칙·단체협약 등 집단적 규율을 목적으로 하는 규범 상호간에는 유리조건 우선의 원칙이 적용되지 않는다는 것이 일반적인 견해이다(단체협약 우선 적용).

즉, 취업규칙이 유리하게 변경되었다 하더라도 조합원에게는 단체협약이 적용되는 것이 원칙이며 사용자는 조합원에게 유리하게 변경된 취업규칙을 적용해야 할 의무는 없다. 다만, 이후에 단체협약이 취업규칙과 동일한 수준의 근로조건으로 개정될 것 등을 고려하여 사용자가 조합원에게도 유리하게 변경된 취업규칙을 적용하는 것은 가능하다.

한편 단체협약에서 취업규칙이 단체협약보다 유리하게 변경된 경우에는 취업규칙을 적용 하도록 규정한 경우라면 유리하게 변경된 취업규칙이 적용된다.

3) 취업규칙에 정한 근로조건보다 불리하게 단체협약이 변경된 경우

협약자치의 원칙 상 노동조합이 근로조건을 변경하는 내용의 단체협약을 체결하였다는 것은 유·불리를 막론하고 단체협약에 정한 근로조건을 적용받겠다는 의사를 표현한 것이므로 단체협약이 적용된다. 판례도 단체협약이 취업규칙보다 불리하게 개정되었으나 취업규칙은 변경되지 않은 경우 단체협약과 취업규칙 간 유리조건 우선의 원칙의 적용을 배제하고 개정된 단체협약이 적용된다고 본다. 판례(대법 2002.12.27, 2002두9063)는「단체협약의 개정에도 불구하고 종전의 단체협약과 동일한 내용의 취업규칙이 그대로 적용된다면 단체협약의 개정은 그 목적을 달성할 수 없으므로 개정된 단체협약에는 당연히 취업규칙상의 유리한 조건의 적용을 배제하고 개정된 단체협약이 우선 적용된다는 내용의 합의가 포함된 것이라고 봄이 당사자의 의사에 합치한다고 할 것이고, 따라서 개정된 후의 단체협약에 의하여 취업규칙상의 면직기준에 관한 규정의 적용은 배제된다고 보아야 한다」는 것이다.

4) 단체협약이 실효된 상황에서 취업규칙이 변경된 경우

단체협약이 실효된 경우에 단체협약에서 정한 임금·퇴직금·근로시간 등 근로조건에 관한 부분(규범적 효력)은 단체협약을 적용받던 근로자의 근로계약의 내용이 되었으므로 해당 근로조건을 변경하는 ① 새로운 단체협약의 체결 ② 취업규칙의 작성 또는 변경 ③ 개별적인 근로자의 동의를 얻지 않는 한 근로계약에서 정한 근로조건의 하나로서 계속 적용된다(대법 2018.11.29, 2018두41532). 따라서 단체협약이 실효되었으나 근로계약으로서의 근로조건이 적용되고 있는 상태에서 취업규칙이 적법하게 변경된 경우에는 변경된 취업규칙의 시행 시점부터 취업규칙에서 정한 근로조건이 적용된다.

3. 취업규칙과 법령과의 관계

취업규칙은 근로자의 기본권을 침해하거나 헌법을 포함한 상위법령 등에 위반되거나 강행법규에 저촉되지 않는 범위에서 효력이 있다(대법 2018.9.13, 2017두38560). 근기법 제96조에서 「취업규칙은 법령이나 해당 사업 또는 사업장에 대하여 적용되는 단체협약과 어긋나서는 안된다」고 규정하고 있다. 법령(예: 근기법)에 위반되는 취업규칙은 그 부분이 무효로 되고 무효로 된 부분은 법령이 정한 바에 따른다고 해석된다.

취업규칙은 근기법 등의 최저기준의 이행을 확보하기 위한 기업에서의 구체적 수단이기 때문에 법령에 저촉하지 않는 범위에서 규정할 필요가 있다. 그리고 만일 법령에 저촉하는 규정이 있다면 당연히 무효가 되는데 그것이 사실상 행하여지는 일이 없도록 관할 지방고용노동관서장은 법령에 저촉하는 부분의 변경을 명할 수 있다.

제5장

임금의 보호

제1절 임금의 의의

- □ 임금보호의 의의
- □ 임금의 개념 · 법적 성질 및 판단기준

제2절 임금의 지급방법

- □ 임금 지급방법의 중요성
- □ 직접지급의 원칙
- □ 전액지급의 원칙
- □ 통화지급의 원칙
- □ 월 1회 이상 지급의 원칙
- □ 정기일 지급의 원칙
- □ 임금의 비상시 지급
- □ 임금미지급(임금체불)에 대한 제재

제3절 평균임금과 통상임금

- □ 평균임금
- □ 통상임금

제4절 임금액의 보장

- □ 임금액 보장의 의의
- □ 최저임금제
- □ 휴업지급
- □ 도급근로자의 임금보장

제5절 임금채권의 보호

- □ 임금채권 보호의 중요성
- □ 임금채권의 우선변제제도
- □ 도급사업에서의 임금채권의 보호
- □ 임금채권의 시효 및 압류
- □ 임금채권보장법

제6절 연봉제를 둘러싼 법률문제

- □ 연봉제의 의의와 유형
- □ 연봉제 도입방법 및 불이익 변경인 경우의 동의방법
- □ 연봉액의 결정
- □ 연봉제 실시와 관련된 문제점

제1절 임금의 의의

1 임금보호의 의의

① **임금의 중요성**: 임금은 근로자의 생존을 유지하기 위한 유일한 수단이라는 면에서 근로자의 최대 관심사가 되고, 노동력의 재생산이라는 면에서 사용자에게도 중요할 뿐 아니라, 근로생활의 보호라는 면에서 국가도 도외시할 수 없는 사항이다.

② **임금보호에 관한 ILO조약 및 권고**: 임금보호에 관하여 ILO는 일찍이 1928년에 「최저임금결정제도의 설립에 관한 조약」, 1949년에 「임금보호에 관한 조약」 또한 1970년에 「최저임금결정에 관한 조약」 및 「동 권고」 등을 채택하였으며, 오늘날에 있어서도 임금보호에 관한 법제도가 국내외적으로 확립되어 가고 있다.

③ **헌법규정**: 헌법 제32조제1항에서 국가의 적정임금 보장 노력의무와 최저임금제의 실시를 규정하고 있다. 따라서 「근로조건의 기준은 인간의 존엄성을 보장하도록 법률」로 정하도록 하고(헌법 제32조제3항) 그 취지에 따라 「근로조건의 기준을 정함으로써 근로자의 기본적 생활을 보장·향상」시키도록 근기법(동법 제1조)에 여러 규정들을 두고 있는 것이다.

④ **노동운동의 핵심과제**: 뿐만 아니라 임금문제는 노동운동에 있어서도 가장 큰 관심의 대상이 될 뿐만 아니라 근로자의 최저의 근로조건을 정하는 근로자보호법에 있어서도 필수적인 보호의 대상이 된다.

2 임금의 개념·법적 성질 및 판단기준

1. 임금의 개념

① **임금의 개념**: 「임금이란 사용자가 근로의 대가로 근로자에게 임금, 봉급 그 밖에 어떠한 명칭으로든지 지급하는 일체의 금품을 말한다」고 규정하고 있다(근기

법 제2조제1항제5호). 판례(대법 2018.1.25, 2015다57645; 대법[전원합의체] 2013.12.18, 2012다94643)에 의하면 「임금이란 사용자가 근로의 대가로 근로자에게 지급하는 일체의 금품으로서, 근로자에게 계속적·정기적으로 지급되고 그 지급에 관하여 단체협약, 취업규칙, 급여규정, 근로계약, 노동관행 등에 의하여 사용자에게 지급 의무가 지워져 있다면, 그 명칭 여하를 불문하고 모두 그에 포함된다」고 한다.

② **임금개념의 중요성**: 임금의 개념은 (가) 근기법을 통해 보호하려는 대상을 정하는 의미뿐만 아니라(예를 들면, 임금 지급의 원칙을 정한 제43조의 적용 대상), (나) 근기법상 평균임금, 통상임금이라는 개념 및 그 범위를 정하는 전제가 되며(임금에 해당되지 않으면 평균임금·통상임금의 계산에 산입되지 않게 된다), (다) 다른 법률에서 근기법상 임금 개념을 준용하여 사용하기도 한다. 이러한 점에서 근기법상 임금의 개념에 관한 해석은 중요한 문제가 된다.

2. 임금의 법적 성질

① **임금2분설을 주장하는 견해**: 임금은 현실적으로 근로제공의 대가로 지급되는 교환적 부분과 근로제공과 무관하게 해당 사업에서 근로자의 지위를 가지는 것에 대하여 지급되는 생활보장적 임금으로 구성된다는 임금2분설을 주장하는 견해(대법 1992.6.23, 92다11466; 대법 1992.3.27, 91다36307)가 있다. 근로계약이 근로제공 의무를 내용으로 하는 계약과 함께 근로자로서의 지위를 취득하는 계약의 성질을 가진 이중적 구조의 것으로 파악하는 견해(근로계약이중구조설)에 입각하면 임금도 이에 상응하여 두 가지 부분으로 나누어진다는 것이다. 대체로 가족수당 등 복리후생적 급여가 생활보장적 임금에 속한다고 한다.

② **임금2분설을 부정하는 견해**: 그러나 근기법상 임금이 근로의 대가로 규정되어 있는 이상, 어떤 명목의 임금이든 모두 근로제공의 대가이며, 근로제공과 무관하게 근로자의 지위에 근거하여 지급되는 생활보장적 임금이란 있을 수 없다(임금일체설, 임종률, 「노동법」, 제17판, p.411). 종래 우리나라 판례(위 판례)는 쟁의행위기간 중의 임금지급문제에서 임금2분설의 입장을 취하였으나 그 후 판결(대법[전원합의체] 1995.12.21, 94다26721)에서 임금2분설을 폐기하였다. 임금2분설은 근로의 대가를 지급 내지 산정하는 방법과 근거를 혼동하고 있는 것이다.

③ **평가**: 근로제공의무의 이행은 근로자가 현실적으로 그의 노동력을 사용자의 지시·감독하에, 다시 말하면 처분가능한 상태에 두면 충분하므로 사용자는 이에 대하여 근로자의 노동력의 사용 여부에 관계없이 임금을 지급해야 한다(김형배, 「노동법」, 제26판, p.352). 예컨대 가족수당 등도 근로시간에 직접·비례적으로 대응하지 않는다는 의미에서 근로제공의 밀접도가 약하기는 하지만, 실질적으로 사용자가 의도하는 근로를 제공한 것에 대한 대가로 지급되는 것이다(임종률, 「노동법」, 제17판, p.411). 임금일체설이 통설·판례의 입장이다.

3. 임금 판단기준

(1) 사용자가 근로자에게 지급할 것

1) 사용자가 지급하는 것

임금이란 근로자와 사용자간의 종속 노동관계에서 행하는 근로의 대가로 사용자가 근로자에게 지급하는 일체의 금품이다. 판례(대법 1974.2.27, 73다498)는 「학부형이 조직한 육성회에서 학교법인의 근로자에게 지급하는 금원은 임금이라 할 수 없다」고 한다. 금품에는 금전뿐만 아니라 물건 또는 이익도 포함되며, 지급에도 현실적인 수수뿐만 아니라 널리 이익의 공여도 포함한다.

2) 팁의 임금 여부 판단

호텔이나 레스토랑에서 근로자가 손님으로부터 받는 팁 등은 임금이 아니지만 예외적으로 임금인 경우가 있다. 팁의 임금 여부 판단은 (가) 사용종속관계가 성립된다고 인정되는 경우에, (나) 사용자가 팁을 일정액으로 정하거나 사실상 일정액을 받도록 직·간접적으로 규제하는지 여부, (다) 손님으로부터 받는 팁을 사용자가 모아서 일괄관리하며 분배하는지 여부에 따라야 한다(1991.5.2, 근기 32100-6182). 카지노 영업장의 고객이 자의에 의하여 직접 카지노 영업직 사원들에게 지급한 봉사료를 근로자들이 자율적으로 분배한 것은 사용자로부터 지급받은 근로의 대상이라고 할 수 없으므로 그 성질상 근기법이 정한 임금의 범위에 포함되지 않는다(대법 1999.1.26, 98다46198).

(2) 근로의 대가

【실무사례】 상시 200명의 근로자를 고용하여 다이아몬드 가공 공구를 제작하는 E회사는 소속 근로자에게 현금으로 매1개월마다 임금을 지급하였다. 이와 별도로 E회사는 사규에 따라 근로자에게 근로의 대가로서 매월 정기적으로 식대보조비와 연료보조비를 각각 현물로 지급하였다. 태국 국적의 근로자 乙은 2015년 9월 1일 E회사에 입사하여 설비의 관리를 담당해 왔다. 이 후 乙은 2017년 3월 20일 사직하면서 E회사에 퇴직금 지급을 요구하였다. 이때 乙이 요구한 퇴직금은 식대보조비와 연료보조비를 포함하여 산정된 것이었다. E회사는 (가) 乙이 외국인이므로 근기법이 적용되지 아니하고, (나) 퇴직금 산정에 현물로 지급된 식대보조비와 연료보조비가 포함되어서는 안 된다는 점을 들어 乙의 퇴직금지급 요구를 거부하였다. E회사가 제시한 사유 (가), (나)는 정당한가?

1) 근로의 대가의 의의

근로의 대가란 근로자가 사용자의 지휘·명령을 받으며 근로를 제공한데 대한 보수라고 이해되므로 사용자는 개개의 근로자에 대하여 법률상 또는 계약상 임금의 지급의무를 지고 있는 것이다. 근로자가 근로관계와 관련해서 노무의 대가로서 그 지급청구권을 가지는 것만이 임금이다.

2) 근로의 대가성의 판단기준

사용자가 근로자에게 지급하는 금품이 임금에 해당하려면 먼저 그 금품이 근로의 대가로 지급되는 것이어야 할 것이다. 어떤 금품이 근로의 대가로 지급된 것이냐를 판단함에 있어서는 그 금품 지급의무의 발생이 근로제공과 직접적으로 관련되거나 그것과 밀접하게 관련하여 사용자에게 지급의무가 있는지 여부에 따라 판단하여야 한다.

근로자에게 지급되는 금품이 근로의 대가로 지급되는 것이냐 아니냐를 판단함에 있어서는 그것이 임의적·은혜적인가의 여부, 복지후생시설이냐의 여부, 기업설비의 일환으로 지급되는 것인가의 여부에 따라 결정할 수 있을 것이다.

3) 근로의 대가성의 구체적 판단

① 임의적·은혜적인 것: 즉, 취업규칙 등에 그 지급조건이 명확하게 되어 있지 않아 근로자가 지급청구를 할 수 없는 것으로서, 예컨대 실물급여 및 축제일, 회사 창립기념일 또는 개인적인 길흉화복에 대하여 지급되는 것은 임금이 아니다. 판례도 「임금이란 사용자가 근로의 대가로 지급하는 일체의 금품을 말하고 의례적·호의적 의미에서 지급되는 것은 포함되지 아니한다」고 한다(대법 1976.1.27,

74다1580). 또한 경조금, 위문금, 임의적·의례적·호의적 의미에서 지급하는 금품은 임금이 아니다.

② **복리후생시설이라고 생각되는 것**: 복리후생이냐의 여부는 사용자가 근로에 대한 직접적인 대가로서가 아니고 주택자금, 학자금 대여, 사택 제공, 통근차량·목욕시설·운동시설·휴양시설 등 근로자의 복리후생을 위하여 지급하는 이익 또는 비용이냐에 있다. 따라서 근로에 대한 대가가 아니라 사용자가 소속 근로자들의 복리후생을 위해 지급하는 금품이나 복리시설이용 혜택은 원칙적으로 임금이라 말할 수 없다. 복리후생급여의 전형은 남녀고용평등법 제9조에서 규정하고 있는 "임금 외에 근로자의 생활을 보조하기 위한 금품의 지급 또는 자금의 융자 등"을 말한다. 판례는 복리후생적 금품이라도 모든 근로자들에게 일률적으로 지급되고 있다는 지급실태 등을 고려하여 임금에 해당하는 것으로 판단하는 경향이 있고, 그 결과 복리후생적 금품이 임금에 해당되는 경우가 계속 늘어나고 있다.

첫째, 복리후생비의 임금성 인정 판례: 부양가족이 있는 근로자에게만 지급된 가족수당의 임금성 인정(대법 1987.2.24, 84다카1409), 근로자 전원에게 급식보조비나 급식수당이 일률적으로 지급된 경우 임금성 인정(대법 2015.6.24, 2015두39002; 대법2003.2.11, 2002다50828), 전 직원에 대해 또는 일정한 직급을 기준으로 교통보조비나 차량유지비가 일률적으로 지급된 경우 임금성 인정(대법 2015.6.24, 2015두39002; 대법 1997.10.24, 96다33037, 33044), 사택을 제공받지 않은 근로자에게 사택수당을 지급한 경우 임금성 인정(대법 1990.11.9, 90다카6948) 또한 근로자들에게 정기적·일률적으로 지급되는 선물비, 생일자지원금, 개인연금지원금, 단체보험료는 임금에 해당한다(대법[전원합의체] 2013.12.18, 2012다94643).

실비변상의 명목이라 하더라도 사용자가 운진직 근로자들에게 실제로 그 해당 명목으로 사용되는지를 불문하고 근무일마다 실비 변상 명목(담배값, 장갑대, 음료수대, 청소비 기타 소요경비 등)으로 일정 금액을 지급하는 경우에, 위와 같이 지급된 금원을 실비 변상에 해당한다는 이유를 들어 임금 또는 통상임금에서 제외할 수는 없다(대법 2019.4.23, 2014다27807).

둘째, 복리후생비의 임금성 부정 판례: 회사가 재직운전자 전원을 운전자 공제회에 가입시키고 대납한 운전자 공제회 공제료는 운전자들의 복리후생을 위하여 은혜적으로 지급하거나 실비 변상적 명목으로 지출한 것이어서 소정근로의 대가로 볼 수 없으므로 임금성 부정(대법 2015.6.24, 2012다168655). 회사가 운전자들에게 지급한 1일 1,500원의 식권 3장은 해당 단체협약에서 정한 복리후생비용의 명목으로 지급된 것으로서 실비 변상적 성격을 가져 소정근로의 대가로 볼 수 없으므로 임금성을 부정한다(대법 2015.6.24, 2012다118655).

셋째, 복지포인트의 임금해당성 여부: 선택적 복지제도란 근로자가 여러 가지 복지항목 중에서 자신의 선호와 필요에 따라 자율적으로 선택하여 복지혜택을 받는 제도를 말하고 사업주는 선택적 복지제도를 설정하여 실시할 수 있다(근로복지기본법 제81조제1항). 선택의 한도를 정하는 방법으로는 포인트 방식을 사용하므로 복지포인트라고 부른다. 복지포인트가 임금에 해당하는지 여부에 관하여 하급심 판례가 엇갈렸었다. 대법원[전원합의체] 판례(대법 2019.8.22, 2016다48785)는 복지포인트는 근기법상 임금 및 통상임금에 해당하지 않는다고 판시하였다. 통상적으로 복지포인트는 근로자의 근로제공과 무관하게 매년 일괄적으로 배정된다. 또한 1년 내 사용하지 아니하면 이월되지 않고 소멸하여 양도가능성이 없다. 선택적 복지제도는 근로자의 임금상승이나 임금 보전을 위한 것이 아니고 기업 내 복리후생제도와 관련해 근로자의 욕구를 반영한 새로운 기업복지체계를 구축한 것에 따른 것이다. 복지포인트의 전제가 되는 선택적 복지제도의 근거법령, 연혁, 도입경위, 복지포인트의 특성, 근로관계 당사자의 인식 등에 비추어 복지포인트는 근기법에서 말하는 임금 및 통상임금에 해당하지 않는다고 보아 이와 다른 취지의 원심을 파기한 사례이다.

③ **실비변상적인 것**: 실비변상(實費辨償)이란 근로자가 업무를 수행하기 위하여 필요한 비용을 지출하고 이를 변상하기 위하여 지급하는 것을 말한다. 실비변상적 금품은 근로의 대가가 아니므로 '임금'의 성격을 가지지 않는다. 예컨대 정보비, 숙박비, 보안장비 구입비, 작업용품 대금, 출장비, 여비, 판공비, 기밀비 등 그 실비를 변상하기 위한 것은 임금이라고 볼 수 없다. 「근로자가 특수한 근무조건이나 환경에서 직무를 수행하게 되므로 말미암아 추가로 소요되는 비용을 변상하기 위하여 지급되는 이른바 실비변상적 급여는 "근로의 대가"로 지급되는 것이라고 볼 수 없기 때문에 임금에 포함될 수 없는 것이다」(대법 1997.10.24, 96다33037; 대법 1990.11.9, 90다카4683). 해외지역수당은 실비변상적인 금품이 아니라 임금으로서 통상임금 및 평균임금에 포함하여 산정하여야 한다(대법 2014.10.27, 2013다59333).

(3) 일체의 금품

근기법 제2조제1항제5호의 임금은 그 명칭이 반드시 임금이어야 한다는 것은 아니다. 즉, 그 명칭이 급료·봉급·기본급 등은 물론 급여·수당·장려금 등 어떠한 명칭으로 지급되는 것이냐를 불문하고 그것이 사용종속관계에서 근로의 대가로 지급되는 것이면 모두 임금에 해당된다. 비록 현물로 지급되었다 하더라도 근로의 대가로 지급하여 온 금품이라면 임금이다.

4. 상여금 및 성과급의 임금해당 여부

(1) 상여금의 임금해당 여부

① **상여의 의의**: 상여는 보너스나 일시금으로 부르며 월급여와는 별도로 지급되는 임금으로서 연간 임금의 상당부분을 차지하고 있다. 상여는 통상 「기초액(기본급 또는 통상임금이 많다)×지급률(몇개월분)」에 따라 산출되는 정액부분과 사용자의 인사고과에 따른 고과사정부분으로 형성되고 최근 후자가 확대되는 경향이 있다. 인사고과 중에도 성과·업적평가를 반영하는 것이 많다. 상여는 (가) 지급대상기간에 걸쳐 근무를 대상으로 지급되는 임금의 후불적 성격, (나) 기업의 성과·이익배분, (다) 근로자의 공헌에 대한 공로보상, (라) 현재·장래 근무의 인센티브 부여, (마) 생계비 보전 등 다양한 성격이 있으며 실제로는 (가) 내지 (라)가 혼재된 경우가 많다.

② **상여금의 임금 해당 여부의 판단기준**: 상여금은 그 지급액·지급기준·지급대상자·지급시기 등이 단체협약·취업규칙·근로계약에 명확하게 정해져 있거나 전 근로자에게 관례적으로 지급하면 「근로의 대가」로서 근기법(제2조제1항제5호)상의 임금으로 인정된다(2010.4.27, 근로기준과-883). 상여는 취업규칙의 기재사항이다(근기법 제93조제5호). 상여금이 계속적·정기적으로 지급되고 그 지급액이 확정되어 있다면 이는 근로의 대가로 지급되는 임금의 성질을 가지나, 그 지급사유의 발생이 불확정이고 일시적으로 지급되는 것은 임금이라고 볼 수 없으며, 또한 그 상여금이 퇴직금 산정의 기초가 되는 평균임금에 산입될 수 있는지의 여부는 특별한 사정이 없는 한 퇴직 당시를 기준으로 판단하여야 한다(대법 2006.5.26, 2003다54322).

③ **고용노동부 예규 제96호의 내용**: 예규 제96호(2015.10.14) '평균임금 산정상의 상여금취급요령'에서 다음과 같이 명시하고 있다.

「1. 상여금이 단체협약·취업규칙 그 밖에 근로계약에 미리 지급되는 조건 등이 명시되어 있거나 관례로 계속 지급하여 온 사실이 인정되는 경우 그 상여금의 지급이 법적인 의무로서 구속력을 가지게 되어 이때에는 근로의 대가로 인정되는 것이므로 이는 임금으로 취급하여야 할 것이다. 그러므로 지급되는 상여금은 지급 횟수(연 1회 또는 4회 등)를 불문하고 평균임금 산정기초에 산입한다.

2. 상여금은 이를 지급받았을 당해 임금지급기간만의 임금으로 취급하여 일시에 전액을 평균임금에 산입할 것이 아니고 평균임금을 산정하여야 할 사유가 발생한 때 이전 12개월 중에 지급받은 상여금 전액을 그 기간 동안의 근로 개월수로 분할 계산하여 평균임금 산정에 산입하여야 한다.

3. 근로자가 근로를 제공한 기간이 1년 미만인 경우에는 당해 근로월 중에 지급받은 상여금 전액을 해당 근로 개월수로 분할 계산하여 평균임금 산정에 산입한다.

(2) 성과급의 임금 해당 여부

1) 성과급의 임금 해당 여부

① **성과급의 임금성 여부**: 성과급은 성과를 기초로 산정한 급여제도이다. 성과급의 유형에는 개인의 성과만을 기초로 급여를 조정하는 방식, 집단(부서, 팀, 사업부 회사)의 성과를 기초로 산정하는 방식, 개인과 집단의 성과를 모두 반영해 급여를 조정하는 방식 등이 있다. 성과급이 근기법상 근로의 대가인 임금에 해당하는지는 첫째, 근로자에게 정기적이고 일률적으로 지급되어야 하고(대법 2002.12.10, 2002다54615), 둘째 근로제공과 관련하여 사용자에게 지급의무가 있어야 한다. 셋째 그 지급의무의 발생이 근로제공과 직접적으로 또는 그것과 밀접한 관련이 있어야 한다.

② **성과급의 임금성 유형화**: 첫째 근로자의 개인 실적을 기초로 해 성과급을 지급하는 경우 그 성과급은 원칙적으로 근로제공 또는 이와 밀접하게 관련되어 지급되는 것이므로 임금에 해당한다. 이에 대하여 긍정적인 판례는 ㉠「영업직원에게 인센티브(성과급) 지급규정 등으로 정한 지급기준과 지급시기에 따라 인센티브를 지급하여 왔고, 차량판매는 회사의 주업으로서 영업사원들이 차량판매를 위하

여 하는 영업활동은 근로의 일부라 볼 수 있어 인센티브는 근로의 대가로 지급되는 것이라고 보아야 하며, 매월 계속적으로 이루어지는 인센티브의 지급이 근로자 개인의 특수하고 우연한 사정에 의하여 좌우되는 우발적, 일시적 급여라고 할 수 없다」고 한 판례(대법 2011.7.14, 2011다23149), ㉡ 구두류 제품판매를 주업으로 하는 회사에서 상품권을 판매한 직원에게 지급한 개인포상금의 임금성 인정(대법 2002.5.31, 2000다19127), ㉢ 병원 의사의 진료, 특진 등의 실적에 기초해 지급한 포상비(대법 2011.3.10, 2010다77514) ㉣ 경영평가성과급이 계속적·정기적으로 지급되고 지급대상, 지급조건 등이 확정되어 있어 사용자에게 지급의무가 있다면 평균임금 산정의 기초가 되는 임금에 포함된다(대법 2018.10.12, 2015두36157)고 판시했다. (나) 이에 관한 부정적인 판례(대법 2004.5.14, 2001다76328)는 「성과급은 근로자 개인의 실적에 따라 그 지급 여부와 지급 액수가 결정되는 것이므로, 근로자 개인의 실적에 따라 결정되는 성과급은 지급조건과 지급시기가 단체협약 등에 정하여져 있다고 하더라도 지급조건의 충족 여부는 근로자 개인의 실적에 따라 달라지는 것으로서 근로자의 근로제공 자체의 대가라고 볼 수 없으므로 임금에 해당된다고 볼 수 없다」고 한다.

둘째 근로자가 속한 부서, 팀, 사업부, 회사의 성과에 기초한 성과급은 개별 근로자의 근로제공과 무관하고 지급 여부 및 지급금액이 집단적인 경영성과에 따라 결정되므로 특수하고 우연적인 사정에 의해 그 지급의 발생이 좌우되는 것으로서 원칙적으로 임금에 해당하지 않는 것이다(대법 2005.9.9, 2004다41217; 대법 2006.5.26, 2003다54322).

② **성과급이 퇴직 전에 확정되었으나 지급되지 못한 경우**: 단체협약에 근거하여 매년초 전년도 실적에 따라 성과급을 지급해왔고 그 성과급도 퇴직금 산정을 위한 평균임금에 포함시켜 왔을 경우 2005.1.31 퇴직한 근로자에 대한 2004년도 실적에 따른 성과급이 퇴직 전에 확정되었다면 퇴직한 시점에서 실제 성과급이 지급되지 못했어도 당해 성과급은 이미 확정된 근로자의 채권이므로 달리 볼 사정이 없는 한 퇴직금 산정을 위한 평균임금에 포함되어야 할 것이다(2005.4.15, 근로기준과-2167).

제2절 임금의 지급방법

1 임금 지급방법의 중요성

법 제43조【임금 지급】 ① 임금은 통화로 직접 근로자에게 그 전액을 지급하여야 한다. 다만, 법령 또는 단체협약에 특별한 규정이 있는 경우에는 임금의 일부를 공제하거나 또는 통화 이외의 것으로 지급할 수 있다.
② 임금은 매월 1회 이상 일정한 날짜를 정하여 지급하여야 한다. 다만, 임시로 지급하는 임금, 수당 그 밖에 이에 준하는 것 또는 대통령령으로 정하는 임금에 대하여는 그러하지 아니하다.

근기법 제43조는 임금 지급방법에 관하여 통화지급의 원칙, 직접지급의 원칙, 전액지급의 원칙 및 매월 1회 이상 정기일지급의 원칙을 규정하고 있다. 이 원칙을 임금 지급의 4대원칙 또는 5대원칙이라고 한다. 동조제1항은 근로자의 유일한 생계수단인 임금액을 확실하고 신속하게 근로자가 직접 수령할 수 있도록 임금 지급방법에 관하여 규정하고 있다. 동조제2항은 근로자의 정기적 수입의 확보를 꾀하고 계획적인 생활설계를 할 수 있도록 배려한 것이다.

2 직접지급의 원칙

1. 직접지급 원칙의 의의

직접지급의 원칙이란 임금을 반드시 직접 근로자에게 지급하지 않으면 안된다는 것을 말한다. 임금의 착취 기타 전근대적 부조리를 배제하고 근로자의 생활을 안정시키기 위하여 근로자에 의한 임금의 수령을 확실히 하기 위한 것으로 예외는 인정되지 않는다(근기법 제43조제1항 단서).

이 원칙은 근기법 제68조의 「미성년자의 임금청구권」과 함께 민법의 위임·대리의 제규정에 대한 특별규정으로 설정된 것이다.

2. 직접지급 원칙관련 쟁점

① **친권자·법정대리인·임의 대리인의 수령의 적부**: 사용자가 근로자의 임금을 친권자 기타 법정대리인이나 또는 위임을 받은 임의대리인에게 지급하는 것은 근기법 제43조 위반이 되며 위임·대리 등의 법률행위는 무효가 된다.

② **사자(使者)에 대한 임금 지급**: 당해 근로자의 「사자」에 대하여 임금을 지급하는 것은 무방하다고 해석된다. 그러므로 근로자가 결근 또는 부득이한 사정으로 직접 수령할 수 없을 때 근로자의 요청으로 그 가족에게 지급하는 것은 직접지급의 원칙에 위반되지 않는다.

③ **국세징수법에 의한 압류처분 및 민사집행법에 의한 임금압류**: 첫째, 행정관청이 국세징수법 제33조 및 동법시행령 제37조에 의하여 임금을 압류처분한 경우에 사용자가 일괄 공제하여 당해 행정관청에 납부하는 것은 본조의 직접지급 원칙에 위반된다고 할 수 없다.

둘째, 민사집행법(제246조제1항제4호)에 의하여 제3자가 근로자의 임금채권을 압류하였을 때에 압류된 임금을 근로자에게 지급하지 않고 사용자가 당해 압류채권자에게 지불하는 것은 직접지급의 원칙에 위반하는 것은 아니다(1997.3.29, 임금 68207-184). 다만, 이 경우 근로자의 생활보장의 취지에서 임금액에 따라 일정부분(월 급여의 185만원) 압류가 금지된다.

④ **근로자가 제3자에 대한 채무의 변제를 사용자에게 위임한 경우**: 사용자가 제3자에게 직접 지급하는 것은 직접지급의 원칙에 반한다.

⑤ **근로자의 주거가 불명한 경우**: 근로자의 주거가 명확하지 않아 임금채권의 변제가 어려울 때에는 해당 임금을 지급할 준비를 갖추고 그 수령을 내용증명으로 최고하거나 공탁을 하면 직접지급의 원칙에 위배되지 않을 것이다.

3. 임금채권의 양도와 직접지급 원칙의 위반 여부

근로자는 민법의 원칙에 따라 자기의 임금채권을 제3자에게 양도할 수 있으나 (민법 제449조제1항) 근기법상으로는 임금을 근로자에게 직접 지급하여야 한다고만

규정하고 있을 뿐, 임금채권의 양도에 관하여는 금지규정이 없기 때문에 임금채권을 양도한 경우에 양수인이 직접 사용자에게 임금의 지급을 청구할 수 있는지 여부가 문제된다.

(1) 판례의 태도

판례(대법 1959.12.17, 4292민상814)는 「근기법 제43조의 입법취지는 임금채권의 양도를 금지한 것이라고는 할 수 없다」고 한다. 그러나 그 후 판례(대법[전원합의체] 1988.12.13, 87다카2803)는 「임금채권을 양수한 양수인이라고 할지라도 스스로 사용자에 대하여 임금의 지급을 청구할 수는 없다」고 한다. 「근기법 제43조제1항에서 임금 직접지급의 원칙을 규정하는 한편 동법 제109조에서 그에 위반하는 자는 처벌을 받도록 하는 규정을 두어 그 이행을 강제하고 있는 취지가 임금이 확실하게 근로자 본인의 수중에 들어가게 하여 그의 자유로운 처분에 맡기고 나아가 근로자의 생활을 보장하고자 하는 데 있는 점에 비추어 보면 근로자가 그 임금채권을 양도한 경우라 할지라도 그 임금의 지급에 관하여는 같은 원칙이 적용되어 사용자는 직접 근로자에게 임금을 지급하지 아니하면 안되는 것이고, 그 결과 비록 양수인이라고 할지라도 스스로 사용자에 대하여 임금의 지급을 청구할 수는 없다」고 하여 기존의 태도를 변경하였다.

(2) 학설의 태도

임금청구권의 양도에 대하여 법적 효과를 부여함으로써 양수인이 직접 사용자로부터 임금을 지급받을 수 있다고 한다면 임금의 대리수령도 금지할 근거가 없으며 직접지급의 원칙은 아무런 의미가 없게 된다. 근기법 제43조의 입법취지로 본다면 임금채권이 양도되는 경우에도 임금은 직접 근로자에게 지급되어야 한다고 해석된다. 학설의 주류적 입장이다(김형배, 「노동법」, 제26판, p.363).

4. 직접지급 원칙의 예외

① **근기법의 원칙**: 임금의 직접지급의 원칙은 통화지급의 원칙과 전액지급의 원칙과는 달리, 법령 또는 단체협약에 의한 예외를 인정하지 않고 있다. 따라서 사용

자가 근로자의 임금을 근로자의 친권자, 임의대리인, 법정대리인에게 지급하는 것은 동 조항에 반한다.

② **선원법상의 예외규정**: 선원법 제52조제3항은 "선박 소유자는 제1항에도 불구하고 선원이 청구하거나 법령이나 단체협약에 특별한 규정이 있는 경우에는 임금의 전부 또는 일부를 그가 지정하는 가족이나 그 밖의 사람에게 통화로 지급하거나 금융기관 등에 예금하는 방법으로 지급하여야 한다"고 규정하여 직접지급의 예외를 인정하고 있다.

5. 직접지급 원칙에 대한 위반

(1) 벌칙의 적용

직접지급의 원칙에 위반하여 근로자의 대리인 등에 임금을 지급한 경우에 사용자는 근기법 제43조 위반으로 책임을 져야 한다. 즉, 3년 이하의 징역 또는 3,000만원 이하의 벌금형에 처하게 된다(근기법 제109조). 이 경우의 죄수(罪數)에 대해서는 근기법 제43조가 개개 근로자의 임금확보를 위한 것이므로 근로자 1명에 대하여 1죄가 성립하게 되어 예를 들면 10명에 대한 위반행위가 10죄가 된다는 견해가 있다. 따라서 10인에 대한 직접지급 위반시의 벌금은 3억원 이하가 될 것이다.

「제109조, 제43조 위반의 범죄는 근로자에 대하여 일정기일까지 임금을 지급받게 하기 위한 취지이므로 근로자가 수인일 경우 그 범의(犯意)가 단일한 것이라고 인정하기 어려울 때에는 지급을 받을 수 없었던 근로자 각자 마다에 대하여 같은 법조 위반의 범의가 있다고 인정하여야 한다」(대법 1995.4.14, 94도1724).

(2) 대리인에게 임금을 지급한 경우 민사상의 효력

① 대리수령자가 근로자 본인에게 임금을 인도한 경우에는 「변제받을 권한이 없는 자에 대한 변제는 채권자가 이익을 받은 한도에서 효력이 있다」고 하는 민법 제472조의 규정이 적용되므로 사용자는 근로자에게 다시 임금을 지급할 의무가 없다.

② 대리인이 사용자로부터 수령한 임금을 근로자에게 인도하지 않고 이를 착복

한 경우에는 대리인에 대한 임금 지급은 「채무내용에 좇은 현실제공」(민법 제460조)이라 할 수 없으므로 사용자는 근로자에게 임금을 지급하여야 한다. 물론, 이 경우에 사용자는 대리수령자에 대하여 부당이득반환청구권을 가지게 된다.

③ 사용자가 제3자에 대한 채권을 근로자에게 양도하는 약정의 효력

사용자가 근로자의 임금 지급에 갈음하여 사용자가 제3자에 대하여 가지는 채권을 근로자에게 양도하기로 하는 약정은 그 전부가 무효임이 원칙이다. 다만, 당사자 쌍방이 위와 같은 무효를 알았더라면 임금의 지급에 갈음하는 것이 아니라 그 지급을 위하여 채권을 양도하는 것을 의욕하였으리라고 인정될 때에는 무효행위 전환의 법리(민법 제138조)에 따라 그 채권양도 약정은 임금의 지급을 위하여 한 것으로서 효력을 가질 수 있다(대법 2012.3.29, 2011다101308).

3 전액지급의 원칙

1. 전액지급 원칙의 의의

전액지급의 원칙이란 사용자는 임금을 직접 근로자에게 그 「전액」을 지급하여야 한다는 것을 말한다. 전액지급의 원칙을 선언한 취지는 사용자가 일방적으로 임금을 공제하는 것을 금지하여 근로자에게 임금의 전액을 확실하게 지급받게 함으로써 근로자의 경제생활을 위협하는 일이 없도록 보호하는데 있다.

임금은 전액을 근로자에게 지급해야 하며 임금의 일부공제는 법령 또는 단체협약에 특별한 규정이 있는 경우에 한한다(근기법 제43조제1항 단서).

2. 전액지급 원칙의 예외

임금의 일부공제란 이미 이행기가 도래한 임금채권 즉, 임금 지급일에 지급하여야 할 것이 확정되어 있는 임금의 일부를 제외하여 지급하는 것을 말한다. 예컨대 적립금, 저축금 등의 이름으로 임금의 일부의 지급을 유보하는 것을 말한다. 그러나 임금청구권이 발생하지 않는 경우에는 그 임금을 지급하지 않는 것은 전액지

급의 원칙에 위반되지 아니한다. 예컨대 결근, 지각, 파업 등에 따라 근로자가 근로에 종사하지 않는 경우이다.

(1) 법령에 의하여 공제가 인정되는 경우

근로소득세(소득세법 제127조제1항제4호), 주민세(지방세법 제177조), 보험료(건강보험법 제62조, 제63조, 국민연금법 제90조) 등이 있다.

(2) 단체협약을 통해 공제가 인정되는 경우

회사내의 소비조합에서의 구매대금 등을 단체협약에 의하여 임금에서 공제할 것을 약정하는 경우와 조합비를 사용자로 하여금 공제케 하는 조합비공제제도 등이 있다. 다만, 단체협약 내의 조합비공제조항은 당연히 개개 조합원을 구속할 수는 없으며, 그 조항이 효력을 가지려면 개별 조합원의 합의가 있거나 또는 조합규약상의 규정, 조합비공제규정에 대한 조합원총회의결 등이 있어야 한다.

조합비공제(check-off)협정은 노동조합의 존재를 전제로 한다. 노동조합이 아닌 공제회, 협회 기타 단체의 납부금에 대한 공제는 여기에 해당되지 않는다. 조합비공제조항은 근기법 제43조제1항 단서에 근거를 둔 단체협약의 특별규정의 일종이라 할 수 있다. 그러므로 임금의 공제를 취업규칙이나 조합규약에 의하거나 개개 근로계약에 의하여 행할 수는 없다. 단체협약에 조합비 일괄공제제도가 규정되어 있고 노조규약에 근거가 있거나 총회(대의원회)의 의결이 있는 경우에는 개별 조합원이 거부하더라도 공제는 가능하다(2004.4.10, 임금정책과-1249).

3. 전액지급 원칙과 상계

(1) 손해배상채권과 임금채권의 상계금지 원칙

전액지급 원칙에 관한 가장 어려운 문제는 사용자에 의한 임금채권의 상계도 「공제」의 일종으로서 금지되느냐의 여부이다. 이 점에 관하여 근기법은 전차금과 임금의 상계금지(근기법 제21조) 그 밖에 민사집행법상의 압류제한이 있다. 상계금지와 전액지급원칙과의 관계에서 견해의 대립이 있다. 사용자는 근로자에 대한 채권 또는 채무불이행 또는 불법행위로 인한 손해배상채권으로서 임금채권에 대하여 상계할 수 없다. 또한 「퇴직금채권과 불법행위로 인한 채권을 상계할 수 없다」(대법 1976.9.28, 75다1768;1989.11.24, 88다카25038). 이때 사용자와 근로자 사이의 합의에 의한 상계도 인정될 수 없다.

(2) 조정적 상계

다만, 계산의 착오 등으로 임금을 초과 지급한 경우에, 근로자가 퇴직 후 그 재직 중 받지 못한 임금이나 퇴직금을 청구하거나, 근로자가 비록 재직 중에 임금을 청구하더라도 위 초과 지급한 시기와 상계권 행사의 시기가 임금의 정산, 조정의 실질을 잃지 않을 만큼 근접하여 있고 나아가 사용자가 상계의 금액과 방법을 미리 예고하는 등으로 근로자의 경제생활의 안정을 해할 염려가 없는 때에는, 사용자는 위 초과 지급한 임금의 반환청구권을 자동채권으로 하여 근로자의 임금채권이나 퇴직금채권과 상계할 수 있다고 할 것이다(대법[전원합의체] 2010.5.20, 2007다90760; 1995.12.21, 94다26721).

(3) 합의에 의한 상계

① 사용자가 근로자의 동의를 받아 상계를 하는 경우 등은 어떻게 해석할 것인가의 문제가 있다. 사용자가 근로자에 대하여 가지는 채권을 가지고 일방적으로 근로자의 임금채권을 상계하는 것은 금지된다. 그러므로 사용자가 근로자의 동의를 얻어 근로자의 임금채권에 대하여 상계하는 경우에 그 동의가 근로자의 자유로운 의사에 따른 것이라고 인정할 만한 합리적인 이유가 객관적으로 존재하는 때에는 근기법 제43조제1항 본문에 위반하지 아니한다. 다만, 임금 전액지급의 원칙에 비추어 볼 때 그 동의가 근로자의 자유로운 의사에 기한 것이라는 판단은 엄격하고 신중하게 이루어져야 한다(대법 2001.10.23, 2001다25184; 2013.11.27, 근로개선정책과-7106).

② 근로자의 자유의사에 의한 동의에 관한 판단시에는 근로자가 동의에 이르게 된 경위와 동의의 임의성 여부, 상계채무 및 반대채무의 성질(근로자에게 이익이 되는지 유무), 동의의 시기, 상계액의 액수 등이 고려되어야 할 것이다. 또한 합의에 의한 상계와는 달리 근로자가 행하는 임금채권에 대한 일방적 상계는 사용자의

행위가 개재되어 있지 않으면 전액지급 원칙에는 위반되지 아니한다(근로자가 퇴직금에서 회사로부터의 주택대부의 잔금을 공제하게 하는 행위는 상황에 따라서는 근로자에 의해 일방적 상계라고 해석될 수 있다).

4 통화지급의 원칙

1. 통화지급 원칙의 의의

① 통화지급의 원칙이란 사용자는 임금을 근로자에게 법령 또는 단체협약에 특별한 규정이 있는 경우를 제외하고는 강제 통용력이 있는 화폐로 지급되어야 하는 것을 말한다(근기법 제43조제1항). 이 규정은 임금에 갈음하여 회사 제품이나 상품권 등의 「현물급여」를 지급하지 못하도록 한 것이다.

② 통화지급의 원칙은 화폐경제가 지배하는 사회에서 가장 유리한 교환수단인 통화로서 임금을 지급하도록 하며, 근로자에게 불이익한 현물급여 소위 Truck system을 원칙적으로 금지하기 위한 것이다. 임금을 통화로 지급하도록 하는 것은 가격이 불명료하고 환가에도 불편한 현물급여를 금지하여 근로자에게 안전하고 편리한 지급방법을 명한 것이다. ILO는 1949년에 「임금의 확보에 관한 조약」(제95호 조약)을 채택함으로써 통화지급의 원칙을 선언하고 있다.

2. 통화의 의의

통화란 강제통용력이 있는 화폐를 말하며, 은행권과 주화를 말한다(한국은행법 제48조 및 제53조). 따라서 외국통화는 포함되지 않는다. 임금을 유로(EURO)화로 지급하는 것은 강제통용력이 있는 화폐로 보기 어렵다(2002.7.29, 임금 68207-552). 임금의 일부를 통화가 아닌 쿠폰과 식사권으로 지급한 것은 통화불 원칙 위반에 따른 근기법 위반이다(춘천지법 2018.1.17, 2017고단979). 또한 현물지급의 금지는 임금으로 지급되는 경우에만 해당이 되며, 복리후생의 수단으로 지급하는 것은 제외된다.

(1) 수표에 의한 임금의 지급

① **긍정설**: 통화지급의 원칙의 취지에 대하여 현물급여에 의한 실질적인 임금인하를 방지하는 데 있다고 하는 입장에서는 수표에 의한 지급을 긍정하고 있다.

② **부정설**: 통화지급의 원칙에 대하여 현물급여만을 금지하는 취지가 아니라고 하는 입장에서는 수표에 의한 지급을 부정하고 있다.

수표는 아직 지급수단으로서 보편화되어 있지 아니하고, 불편과 위험을 줄 염려가 있으며 회사발행의 수표는 부도의 위험이 있으므로 수표에 의한 임금 지급은 근기법 제43조 위반이라고 한다.

③ **평가**: 부도의 위험이 없는 보증수표에 의한 임금의 지급은 통화지급의 원칙에 위배되지 않는다고 생각된다.

(2) 은행계좌 입금

임금을 근로자와 거래하는 은행계좌에 입금하는 경우에도 일정한 조건하에 허용된다. 첫째, 근로자의 동의가 있고, 둘째, 근로자가 지정하는 근로자 명의의 예금 또는 당좌계좌에 입금되고, 셋째, 소정의 임금 지급일에 입금되는 경우이다.

3. 통화지급 원칙의 예외

① 법령 또는 단체협약에 특별한 규정이 있는 경우에는 예외가 인정된다.

② 법령이란 법률, 대통령령, 부령, 조례 등을 말한다.

③ 단체협약에 의해야 하므로 노동조합이 없는 경우에는 예외가 있을 수 없다. 근로자의 과반수를 대표하는 자의 서면에 의한 협정 또는 노사협의회에 있어서의 합의 등은 단체협약이 아니다.

④ 선원법 제48조제4항에 의하면 「선박소유자는 승무 중인 선원의 청구가 있는 경우에는 제1항의 규정에 불구하고 선장으로 하여금 임금의 일부를 상륙하는 기항지에서 통용되는 통화로 직접 선원에게 지급하게 하여야 한다」고 규정하여 예외를 인정하고 있다.

5 월 1회 이상 지급의 원칙

1. 월 1회 이상 지급의 의의

월 1회 이상 지급원칙이란 임금은 매월 1회 이상 일정한 기일(예컨대 15일 또는 25일)을 정하여 지급하는 것을 말한다(근기법 제43조제2항).

첫째, 「매월 1회 이상」이란 매월 1일부터 말일까지 적어도 1회 이상은 임금을 지급하여야 한다는 의미이다. 둘째, 법률은 「일정한 기일을 정하여」라고 규정하였으므로 20일, 25일과 같은 지급일을 정하지 않으면 안되며, 그 기일이 주기적으로 도래하는 것이어야 한다. 셋째, 연봉계약일 때에도 사전 지급이 아닌 한 매월 분할하여 정기적으로 지급하여야 한다.

2. 월 1회 이상 지급 원칙의 예외

매월 1회 이상 지급의 원칙과 정기일지급의 원칙에는 예외가 있다. 「임시로 지급하는 임금, 수당 그 밖에 이에 준하는 것 또는 대통령령으로 정하는 임금」(근기법 제43조제2항 단서) 등은 이 원칙의 적용을 받지 않는다.

임시로 지급되는 임금, 수당은 ① 1개월을 초과하는 기간의 출근 성적에 따라 지급하는 정근수당, ② 1개월을 초과하는 일정 기간을 계속하여 근무한 경우에 지급되는 근속수당, ③ 1개월을 초과하는 기간에 걸친 사유에 따라 산정되는 장려금, 능률수당 또는 상여급, ④ 그 밖에 부정기적으로 지급되는 모든 수당이다(근기법시행령 제23조).

6 정기일 지급의 원칙

1. 정기일 지급 원칙의 의의

정기일 지급의 원칙이란 사용자는 임금을 근로자에게 특정된 지급기일에 지급하여야 하는 원칙을 말한다. 근기법 제43조제2항에서 규정하는 일정기일 임금 지급의 원칙은 「사용자로 하여금 매월 일정하게 정해진 기일에 근로의 대가를 근로자에게 어김없이 지급하도록 강제함으로써 근로자의 생활안정을 도모하고자 하는 데에 그 입법취지가 있다」(대법 2017.7.11, 2013도7896; 대법 2003.4.11, 2002도4323; 대법 1988.5.10, 87도2098).

2. 근로형태별 임금계산 및 지급방법

(1) 상용근로자의 경우

상용근로자의 임금청구권은 사용자와 근로자가 정한 임금 정기지급일에 발생하므로 일정기간 동안의 임금을 산정한 후 도래하는 다음 임금 정기지급일에 지급하여야 한다. 다만, 임금을 1개월 단위로 산정하여 다음 달 일정한 날짜에 정기적으로 지급하는 경우에는 입사일로부터 다음 달 임금 정기지급일까지의 기간이 1개월을 넘는 근로자에게는 입사 당월의 임금 정기지급일에 기왕의 근로에 대한 임금의 전부 또는 일부가 지급되어야 한다(2011.4.14, 근로개선정책과-836).

(2) 일용근로자의 경우

일용근로자는 매일매일 근로관계가 단절되므로 임금산정은 시간급 또는 일급 단위가 원칙으로 근로관계가 종료한 시점에 임금을 지급해야 한다. 다만, 일용 형태의 근로자라 하더라도 공사 진행기간, 일정업무 수행기간에 상시적으로 출근하거나 출근이 예정되어 매일 계산된 임금을 월급형태로 지급하는 경우 '임금 정기지급' (근기법 제43조제2항)에 관하여는 상용근로자와 동일하게 해석한다.

7 임금의 비상시 지급

> **법 제45조 【비상시 지급】** 사용자는 근로자가 출산·질병·재해 그 밖에 대통령령으로 정한 비상한 경우의 비용에 충당하기 위하여 임금 지급을 청구하면 지급기일 전이라도 이미 제공한 근로에 대한 임금을 지급하여야 한다.

1. 임금의 비상시 지급의 의의

임금의 비상시 지급이란 사용자는 근로자에게 긴박한 사정이 있는 경우에 임금의 비상시 지급청구를 인정하여 지급기일 전이라도 이미 제공한 근로에 대한 임금을 지급하여야 하는 것을 말한다. 사용자는 임금을 일정 기일에 지급하지 않으면 안 되지만 별도의 특약이 없는 한 지급기일 전에 임금을 청구할 수 없는 것이 원칙이다. 임금의 비상시 지급은 근로자의 생존을 보호하여야 할 필요성이 있기 때문에 근기법 제45조에서 이를 규정하고 있으며 근기법 제45조는 동법 제36조와 제43조에 대한 예외규정이라고 할 수 있다.

2. 비상시 지급 내용

(1) 출산·질병·재해 등의 비상시

근기법시행령 제25조에서 법 제45조에서 "그 밖에 대통령령으로 정한 비상(非常)한 경우"란 근로자나 그의 수입으로 생계를 유지하는 자가 ① 출산하거나 질병에 걸리거나 재해를 당한 경우(동조제1호), ② 혼인 또는 사망한 경우(동조제2호), ③ 부득이한 사유로 인하여 1주일 이상 귀향하게 되는 경우(동조제3호)를 말한다.

「근로자의 수입에 의하여 생계를 유지하는 자」란 근로자가 부양의무를 지고 있는 친족에 한정하는 것이 아니라, 동거인이라도 무방하다고 해석된다. 또한 친족이라 하더라도 독립하여 생계를 유지하고 있는 자는 포함되지 아니한다. 질병은 업무상의 부상·질병은 물론, 업무와 관계없는 사상병의 경우까지도 포함한다고 해석되며, 재해는 화재·홍수·그 밖에 천재·지변·사변 등을 모두 포함한다.

(2) 비상시 지급의 청구와 지급기일

근로자의 비상시 지급청구가 있는 경우에 사용자는 몇 일내로 임금을 지급하여야 하는가에 대해서는 명문의 규정이 없다. 근로자의 비상시 지급 청구에 대하여 사용자는 지체없이 이를 지급해야 한다고 해석된다.

(3) 청구의 대상으로서의 임금

근로자가 지급 기일 전에 청구할 수 있고 또한 사용자가 청구에 따라 지급하지 않으면 안 될 임금은 「이미 제공한 근로에 대한 임금」에 한정된다. 「이미 제공한 근로에 대한 임금」이란 이미 급부된 근로에 대한 임금을 말하는 것이므로 장래의 근로에 대한 대가는 이에 포함되지 않는다.

3. 근기법 제45조 위반의 효과

근기법 제45조를 위반한 사용자는 2천만원 이하의 벌금형에 과해진다(근기법 제113조). 사용자가 비상시 지급에 불응하므로 인하여 근로자의 재해가 확산되어 손해가 발생한 경우에는 손해배상을 청구할 수 있다고 해석된다.

8 임금미지급(임금체불)에 대한 제재

1. 벌칙의 적용

사용자가 근기법 제43조에 따라 임금을 지급하지 아니한 경우에는 3년이하의 징역 또는 3천만원 이하의 벌금이 과해진다(근기법 제109조제1항). 이 경우에 피해자의 의사와 다르게 공소를 제기할 수 없다(근기법 제109조제2항 반의사불벌죄). 「사용자가 모든 성의와 노력을 다했어도 임금의 체불이나 미불을 방지할 수 없었다는 것이 사회통념상 긍정할 정도가 되어 사용자에게 더 이상의 적법행위를 기대할 수 없거나 불가피한 사정이었음이 인정되는 경우 그러한 사유는 같은 법 제43조제2항 위반, 범죄의 책임조각사유로 된다」(대법 2008.10.9, 2008도5984; 대법 1997.11.11, 97도813)고 하였다. 최저임금액에 미달하는 임금차액의 지급의무의 존재에 관하여 다툴 만한 근거가 있다면 최저임금법 제6조제1항, 제28조 위반의 고의가 있다고 볼 수 없다(대법 2019.5.10, 2015도676).

정기지급 위반의 범죄는 근로자에 대하여 일정 기일까지 임금을 지급받게 하기 위한 취지이므로 근로자가 여러 사람일 경우 그 범의가 단일한 것이라고 인정하기 어려울 때에는 지급받을 수 없었던 근로자 각자 마다에 대하여 같은 법조 위반의 범의가 있다고 인정하여야 한다(대법 1997.9.30, 97도1490; 대법 1995.4.14, 94도1724). 예컨대 10명에 대한 위반행위는 10죄가 된다는 것이다.

2. 지연이자

임금이 체불되는 경우에는 사용자의 임금체불이 되므로 특별한 합의가 없는 한 근로자는 지연이자 연 5%를 추가로 요구할 수 있다. 근기법 제37조는 근로자가 사망 또는 퇴직한 경우에는 임금 및 퇴직금의 지연이자에 대하여 고율(연 20%)의 이자의 지급의무를 부과함으로써 체불을 예방하고 조기청산을 유도하고 있다. 이 부분에 대해서는 제9장 제4절 미지급임금에 대한 지연이자에서 상세히 설명하고 있다.

3. 체불사업주 명단공개 및 체불자료 제공

(1) 체불사업주 명단 공개

① **체불사업주 명단 공개제도의 의의**: 체불사업주 명단 공개란 고용노동부장관이 임금 등(근기법 제36조, 제43조, 제56조에 따른 임금, 보상금, 수당, 그 밖에 일체의 금품)을 지급하지 않은 체불사업주(법인인 경우에는 그 대표자 포함)가 근기법 소정의 요건에 해당하는 경우에는 그 인적사항 등을 인터넷 등에 공개하는 제도를 말한다(근기법 제43조의2). 체불임금 명단 공개 취지는 임금, 퇴직금 등을 체불한 사업주에 대한 명단 공개 근거를 마련함으로써 체불에 대한 책임의식을 강화시켜 체불임금에 대한 청산 촉구와 체불 예방 효과를 기대할 수 있기 때문이다.

② **체불사업주 명단 공개 대상**: 체불사업주가 고의·상습·고액인 경우이다(근기법 제43조의2제1항). 공개 대상은 명단 공개 기준일 이전 3년 이내 임금 등을 체불하여 2회 이상 유죄가 확정된 자로서 명단공개 기준일 이전 1년 이내 임금 등의 체불 총액이 3천만원 이상인 경우이다. 다만, 체불사업주의 사망·폐업 등으로 명단공개의 실효성이 없는 경우 등 대통령령으로 정하는 사유가 있는 경우에는 예외로 한다(근기법 제43조의2 제1항 단서).

(2) 금융·신용평가기관에 대한 임금 등 체불자료 제공제도

① **임금 등 체불자료 제공제도의 의의**: 임금 등 체불자료의 제공이란 고용노동부장관은 「신용정보의이용및보호에관한법률」 제25조제2항제1호에 따른 종합신용정보집중기관이 임금 등 체불자료 제공을 요구할 때는 자료를 제공할 수 있다는 것이다. 제도의 취지는 금융·신용평가기관에 체불사업주에 관한 정보를 제공하여 대출규제나 신용에 제재를 가함으로써 임금지급 의무이행을 촉구하고 체불예방 효과를 기대할 수 있게 된다.

② **임금 등 체불자료 제공 내용**: 체불자료 제공의 주요 내용은 임금, 퇴직금 등을 체불한 사업주가 제공일 이전 3년 이내 임금 등을 체불하여 2회 이상 유죄가 확정된 자로서 임금 등 체불자료 제공일 이전 1년 이내 임금 등의 체불총액이 2천만원 이상인 체불사업주의 인적사항과 체불액 등에 관한 자료(임금등 체불자료)를 말한다.

제3절 평균임금과 통상임금

1 평균임금

법 제2조【정 의】 ① 이 법에서 사용하는 용어의 뜻은 다음과 같다.
6. "평균임금"이란 이를 산정하여야 할 사유가 발생한 날 이전 3개월 동안에 그 근로자에게 지급된 임금의 총액을 그 기간의 총일수로 나눈 금액을 말한다. 근로자가 취업한 후 3개월 미만인 경우에도 이에 준한다.
② 제1항제6호의 규정에 따라 산출된 금액이 그 근로자의 통상임금보다 적으면 그 통상임금액을 평균임금으로 한다.

1. 평균임금의 의의

"평균임금"이란 이를 산정하여야 할 사유가 발생한 날 이전 3개월 동안에 그 근로자에게 지급된 임금의 총액을 그 기간의 총일수로 나눈 금액을 말한다. 근로자가 취업한 후 3개월 미만인 경우에도 이에 준한다(근기법 제2조제1항제6호).

근기법상의 평균임금은 실제 근로자의 평균소득을 기준으로 임금을 계산할 필요가 있는 경우에 사용하는 법상의 도구개념이며 계산단위이다. 근기법은 근로자의 생활보장 등의 관점에서 근로자에게 일상 지급되고 있는 임금의 평균적인 금액을 산정하여 그 평균적 임금을 근로자 보호의 처우에 대한 「기준」으로 하는 제도를 취하고 있다. 이러한 목적에서 근로자를 위하여 일상적이고 타당한 범위 내에서 통상의 생활임금을 산정할 것이 평균임금의 기본 원리로 되어 있다.

원칙적으로 평균임금은 1일을 단위로 하여 산정된다.

2. 평균임금의 원칙적 산정방법

근기법은 평균임금 산정에 대해 「평균임금이란 이를 산정하여야 할 사유가 발생한 날 이전 3개월 동안 그 근로자에게 지급된 임금의 총액을 그 기간의 총일수로 나눈 금액을 말한다」(근기법 제2조제1항제6호)고 규정하였으므로 원칙적인 산정 방법은 다음과 같다.

$$\text{평균임금} = \frac{\text{사유발생일 이전 3개월간의 임금총액}}{\text{사유발생일 이전 3개월간의 역일수(총일수)}}$$

임금총액에는 원칙적으로 모든 임금이 포함되나, 임시로 지급되는 임금은 포함되지 않는다.

3. 평균임금의 산정기초 임금

평균임금의 산정대상이 되는 기초임금은 산정하여야 할 사유가 발생한 날 이전 3개월간에 지급된 임금의 총액으로, 그간에 지급된 것이라면 수당의 종류를 불문한다.

(1) 근로자에게 지급된 임금의 총액

1) 지급된 임금의 의미

평균임금을 산정하여야 할 사유가 발생한 날 이전 3개월간에 그 근로자에게 지급된 임금 총액이란 실제로 지급된 임금뿐만 아니라, 지급이 되지 않았다 하더라도 사유 발생일에 이미 채권으로 확정된 임금이 있으면 이를 포함하여야 한다고 해석된다. 3개월간의 임금총액에는 그 3개월간의 근로의 대가로 지급되었거나 또는 지급사유가 발생되어 지급되어야 할 임금도 포함된다(2005.6.18, 근로기준과-3254). 실제로 지급된 임금이란 지급사유가 발생한 날 이전 3개월간의 근로의 대가로서 지급된 임금이어야 함으로 그 이전의 근로의 대가를 우연히 3개월간에 지급받았다 하더라도 임금총액에 포함하지 아니한다.

2) 임금총액의 의미

평균임금 산정의 기초가 되는 임금총액에는 사용자가 근로의 대가로 근로자에게 지급하는 금품으로서, 근로자에게 계속적·정기적으로 지급되고 단체협약, 취업규칙, 급여규정, 근로계약, 노동관행 등에 의하여 사용자에게 그 지급의무가 지워져 있는 것은 그 명칭 여하를 불문하고 모두 포함된다(대법 2018.10.21, 2015두36157; 대법 2002.5.31, 2000다18129). 일, 주, 월 기타 1임금산정기간 내의 소정의 근로시간에 대하여 지급하기로 정해진 기본급·본봉과 정기적·일률적으로 지급되는 각종 수당은 임금총액에 산입한다. 이 경우 1임금산정기간의 일부가 평균임금 산정기간에 포함될 때에는 포함되는 일수에 비례하여 일할 계산한다. 그리고 임시로 지급된 임금 및 수당과 통화 외의 것으로 지급된 임금은 산입하지 아니한다. 다만, 고용노동부장관이 정하는 것은 그러하지 아니하다(동법시행령 제2조제2항). 이때 임시로 지급된 임금과 수당이란 「일시적·돌발적 사유로 인하여 지급되는 것과 같은 그 지급사유의 발생이 불확정적인 것」(대법 1978.12.13, 78다2007; 대법 1983.9.27, 83다카705·706)을 말한다」.

(2) 평균임금의 산정기간 중에 임금베이스가 변경된 경우

평균임금의 산정기간인 3개월간에 기본급이 변경된 경우에는 그 3개월간의 신·구 베이스에 의하여 지급된 「임금의 합계액」이 임금의 총액이 된다.

(3) 근로자의 퇴직일 이후 임금이 퇴직일 이전까지 소급인상된 경우

임금인상 결정일 전에 퇴직한 근로자에 대해서는 소급인상된 임금을 적용할 의무는 없으므로 평균임금의 산정시 인상전의 임금을 기준으로 함이 원칙이다. 임금인상 이전에 퇴직한 근로자에게 인상된 임금 및 이에 의한 퇴직금 지급의무가 없다(1990.6.22, 임금 32240-8810).

퇴직금 중간정산 이후 임금인상이 중간정산일 이전으로 소급하여 적용되는 경우는 별도의 정함이 없는 한 평균임금을 재산정할 필요는 없다(2000.9.18, 임금 68207-422; 1998.6.17, 임금 68207-349).

(4) 통상 1개월을 넘는 기간을 단위로 지급되는 임금의 경우

상여금, 정근수당 등 단체협약, 취업규칙, 근로계약 등에 미리 지급조건이 명시되어 있거나, 관례적으로 계속 지급한 사실이 인정되는 상여금, 정근수당, 체력단련비 등 통상 1개월을 넘는 기간을 단위로 지급되는 임금의 경우의 산정방법은 평균임금 산정사유 발생일 이전 3개월간에 지급되었는지 여부와 관계없이 사유발생일 이전 12개월간 지급받는 전액의 3/12을 산입한다. 근로기간이 1년 미만인 경우에는 그 기간 중 지급받은 상여금 등의 전액을 그 기간의 총일수로 분할 계산하여 평균임금에 산입한다.

$$\text{입사일 이후 상여금 총액} \times \frac{\text{3개월간 총일수}}{\text{그 기간의 총일수}}$$

4. 평균임금의 계산에서 제외되는 기간 및 임금

(1) 근기법상 제외되는 기간 및 임금

평균임금은 산정사유가 발생한 날 이전 3개월간의 임금으로 산정하게 되어 있으나 평균임금 산정기간 중에 다음 각 호의 어느 하나에 해당하는 기간이 있는 경우에는 그 기간과 그 기간 중에 지급된 임금은 평균임금 산정기준이 되는 기간과 임금의 총액에서 각각 뺀다(동법시행령 제2조제1항). 그 취지는 위와 같은 기간과 그 기간 중의 임금을 공제하지 아니한다면 정상적인 근로의 제공을 전제로 하여 이에 대하여 지급된 실제 임금의 평균치를 산정하는 평균임금 제도의 취지에 맞지 아니하고, 평균임금이 부당하게 낮아지게 될 염려가 있기 때문이다(대법 2003.7.25, 2001다12669). 평균임금을 기준으로 근기법, 산재법 등의 각종 급여를 산정하면서 그 근로자의 생활임금을 사실대로 반영함으로써 통상적인 생활수준을 보장하기 위한 것이다(대법 2007.4.26, 2005두2810). 이는 근로자의 임금 감소가 예상되는 기간 중 특별히 근로자의 권리행사 보장이 필요하거나 근로자에게 책임을 돌리기에 적절하지 않은 몇 가지 경우를 선정하여 이에 한하여 예외적으로 평균임금 산정기간에서 제외하도록 함으로써 평균임금 산정에 관한 원칙과 근로자 이익 보호 정신의 조화를 실현하고자 한 것이다(대법 2019.2.14, 2015다66052; 대법 2009.5.28, 2006다17287).

① 근로계약을 체결하고 수습 중에 있는 근로자가 수습을 시작한 날부터 3개월 이내의 기간

② 법 제46조에 따른 사용자의 귀책사유로 휴업한 기간

③ 법 제74조에 따른 출산전후휴가 기간

④ 법 제78조에 따른 업무상 부상 또는 질병으로 요양하기 위하여 휴업한 기간

⑤「남녀고용평등법」 제19조에 따른 육아휴직기간

⑥「노조법」 제2조제6호에 따른 쟁의행위기간

쟁의행위기간이란 헌법과 노조법에 의하여 보장되는 적법한 쟁의행위로서의 주체, 목적, 절차, 수단과 방법에 관한 요건을 충족한 쟁의행위기간만을 의미한다(대법 2019.2.14, 2015다66052;대법 2009.5.28, 2006다17287). 다만 이러한 직장폐쇄기간이 위법한 쟁의행위 참가기간과 겹치는 경우라면 동조 제6호의 기간에 포함될 수 없다.

⑦「병역법」,「향토예비군설치법」 또는「민방위기본법」에 따른 의무를 이행하기 위하여 휴직하거나 근로하지 못한 기간. 다만, 그 기간 중 임금을 지급받은 경우에는 그러하지 아니하다.

⑧ 업무 외 부상이나 질병 그 밖의 사유로 사용자의 승인을 받아 휴업한 기간

(2) 남녀고용평등법상 제외되는 기간 및 임금

① 남녀고용평등법 제19조의3제4항에 의하면「육아기 근로시간 단축을 한 근로자에 대하여 근기법 제2조제1항제5호에 따른 평균임금을 산정하는 경우에는 그 근로자의 육아기 근로시간 단축 기간을 평균임금 산정기간에서 제외한다」고 규정하고 있다.

② 또한 동법 제22조의2제5항에 의하면「가족돌봄휴직 및 가족돌봄휴가기간은 근속년수에 포함한다. 다만 근기법 제2조제6호에 따른 평균임금 산정기간에서는 제외한다」고 규정하고 있다.

③ 가족돌봄을 위한 근로시간 단축을 한 근로자에 대하여 그 근로자의 근로시간 단축기간을 평균임금 산정기간에서 제외한다(남녀고용평등법 제22조의4 제4항).

(3) 근기법시행령 제2조제1항의 법적 성격

평균임금 산정의 예외를 규정한 근기법시행령 제2조제1항은 예시적 열거규정인가 또는 제한적 열거규정인가의 견해의 대립이 있을 수 있으나 판례(대법 2003.7.25, 2001다12669)는 제한적 열거규정으로 보고 있다. 동 규정에서 명시되지 않은 근로자의 귀책사유로 인한 결근기간과 징계처분으로서의 직위해제(대법 1994.4.12, 92다20309), 대기발령(대법 2003.7.25, 2001다12669), 정직, 출근정지,

감봉기간의 경우는 원칙적으로 위의 산정 제외기간에 해당되지 않는다.

5. 평균임금의 산정사유 및 기산일

(1) 평균임금의 산정사유

평균임금은 근로자가 현실적으로 지급받는 임금의 일종이 아니라 어떤 급여액 산출에 기초가 되는 단위 개념에 불과한 것으로서 다음과 같은 것이 그 산정사유가 된다.

① 퇴직금(근퇴법 제8조): 퇴직 등 근로관계의 종료

② 휴업수당(근기법 제46조): 휴업

③ 연차유급휴가수당(근기법 제60조): 연차유급휴가

④ 재해보상(근기법 제79조, 제80조, 제82조, 제83조, 제84조): 업무상 재해·질병

⑤ 감급의 제재(근기법 제95조): 감급의 징계처분 도달

(2) 평균임금 산정의 기산일

평균임금의 기산일인 「산정하여야 할 사유가 발생한 날」이란 사유가 발생한 날을 초일로 하여 그 이전 3개월의 기간으로 산정한다.

〈평균임금의 적용〉

구 분	산정사유 발생일	지급액
퇴직금 (근퇴법 제8조)	퇴직한 날	계속근로연수 1년에 대하여 평균임금 30일분
휴업수당 (근기법 제46조)	휴업한 날	평균임금 70% 또는 통상임금 100% 중 적은 금액
연차휴가수당 (근기법 제60조)	실제로 근로자가 연차휴가를 사용한 날	평균임금 100% 또는 통상임금 100%
재해보상금 (근기법 제79조)	재해가 발생한 날 또는 진단에 의해 질병이 발생하였다고 확정된 날	재해보상 유형에 따라 다름
감급액 (근기법 제95조)	감급제재의 의사표시가 근로자에게 도달한 날	1회의 액이 평균임금의 1일분의 2분의 1을 초과하지 못함

6. 이전 3개월간의 의미와 그 기간의 총일수로 나눈 금액의 의의

(1) 이전 3개월간의 의미

① **사유발생일의 전일부터 소급하는 3개월**: 평균임금을 산정하여야 할 사유가 발생한 날 이전 3개월은 사유가 발생한 날의 전일부터 소급하는 3개월을 말하며, 사유가 발생한 당일은 포함되지 않는다(대법 1989.4.11, 87다카2901; 대법 1996.7.9, 96누5469). 민법 제157조는 '기간을 일, 주, 월 또는 연으로 정한 때에는 기간의 초일은 산입하지 아니한다' 고 규정하여 초일 불산입을 원칙으로 정하고 있다.

② **3개월의 계산방법**: 3개월의 계산은 역법 일수에 의하여 계산한다. 그러므로 3개월은 90일이 아니라 역일에 의한 3개월이다. 예를 들면, 5월 10일에 산정사유가 발생한 경우에는 역으로 5월 9일부터 2월 10일까지 89일(윤년의 경우에는 90일)이 되며, 10월 15일에 산정사유가 발생한 경우에는 10월 14일부터 7월 15일까지의 92일이 된다.

그리고 근기법 제2조제1항제6호 후단에서 「근로자가 취업한 후 3개월 미만인 경우도 이에 준한다」 규정하고 있으므로 취업 후 3개월이 되지 않고 평균임금의 산정사유가 발생 한 때에는 취업 후의 전 기간과 그 기간 중에 지급된 임금의 총액으로 산정한다.

(2) 그 기간의 총일수로 나눈 금액

① **그 기간의 총일수로 나눈 금액**: 평균임금의 산정기간이 되는 3개월은 역법에 의한 총일수를 말하며 그 기간 중에 실제로 근무를 한 일수가 아니다.

② **나눈 금액**: 임금의 총액을 그 기간의 총일수로 나눈 1일을 단위로 한 금액이다.

7. 제외되는 임금

평균임금을 산정할 때 그 분자가 되는 「임금의 총액」을 계산할 때에는 임시로 지급된 임금 및 수당과 통화 외의 것으로 지급된 임금을 포함하지 아니한다. 다만, 고용노동부장관이 정하는 것은 그러하지 아니하다(동법시행령 제2조제2항). 이와 같은 임금을 산입하게 되면 산정사유 발생의 시기에 따라 평균임금에 현저한 차이가 생기기 때문이다.

① **임시로 지급된 임금의 의미**: 「임시로 지급된 임금」이란 임시 또는 돌발적인 사유에 의하여 지급되거나 또는 지급조건이 사전에 규정되어 있어도 지급사유의 발생이 불확실하거나 매우 드물게 발생하는 경우에 지급되는 것을 말한다. 엄격히 말하면 「임시로 지급된 임금 및 수당」과 「현물급여」는 그 성질상 임금의 범주에 속하지 않는 것이 대부분이다.

② **제외**: 통화 이외의 것으로 지급된 임금은 산입하지 아니한다(근기법시행령 제2조제2항 본문). 이것은 소위 현물급여이다. 다만, 고용노동부장관이 정하는 것에 대하여는 평균임금의 산정에 포함된다(근기법시행령 제2조제2항 단서).

③ **특약이 있는 경우**: 취업규칙, 단체협약 등에 의해 근기법상 임금에 해당되지 않은 성과급을 평균임금 산정을 위한 임금총액에 포함시키기로 하는 경우라면 이는 근기법에서 정한 근로조건을 상회하는 것으로 위법하거나 무효로 볼 수 없다(2010.9.30, 근로기준과-1038).

8. 평균임금의 조정

(1) 평균임금 조정의 취지

업무상의 상병으로 재해보상이 장기화되는 경우가 있고 이에 따라 다른 근로자의 임금이 변동되었음에도 불구하고 그 산정기초인 평균임금이 재해발생 당시의 것으로 고정되어 있는 것은 불합리이다. 재해보상금을 정할 경우 재해보상금의 실질적 가치를 제대로 반영하지 못하는 불합리한 경우를 시정하기 위하여 마련된 제도이다(대법 2006.9.22, 2004두2103). 이 점을 고려하여 재해보상금(요양보상제외)을 산정하거나 업무상 부상이나 질병을 입은 자의 퇴직금을 산정하는 데 적용될 평균임금은 그 사업 또는 사업장에서 같은 직종 근로자의 임금변동에 따라 조정한다(근기법시행령 제5조).

(2) 평균임금의 조정내용

① **동일한 직종의 근로자가 있는 경우**: 평균임금으로 휴업보상·장해보상·유족보상·장의비 및 일시보상 등의 보상금을 산정할 때 적용할 평균임금은 그 근로자가

소속한 사업 또는 사업장에서 같은 직종의 근로자에게 지급된 통상임금의 1명당 1개월 평균액이 그 부상 또는 질병이 발생한 달에 지급된 평균액보다 100분의 5 이상 변동된 경우에는 그 변동비율에 따라 인상되거나 인하된 금액으로 하되, 그 변동사유가 발생한 달의 다음 달부터 적용한다(근기법시행령 제5조제1항). 다만, 제2회 이후의 평균임금을 조정하는 때에는 직전 회의 변동사유가 발생한 달의 평균액을 산정기준으로 한다(동조제1항 단서).

② **사업이 폐지된 경우**: 그 근로자가 소속한 사업 또는 사업장이 폐지된 때에는 그 근로자가 업무상 부상 또는 질병이 발생한 당시에 그 사업 또는 사업장과 같은 종류, 같은 규모의 사업 또는 사업장을 기준으로 하여 이를 적용한다(동조제2항).

③ **동일한 직종의 근로자가 없는 경우**: 위 ①, ②의 경우에 그 근로자의 직종과 같은 직종의 근로자가 없는 때에는 그 직종과 유사한 직종의 근로자를 기준으로 한다(동조제3항).

④ **업무상 상병자에 대한 퇴직금 산정기초인 평균임금**: 업무상 부상을 당하거나 질병에 걸린 근로자에게 지급할 「근퇴법」 제8조에 따른 퇴직금을 산정할 때 적용할 평균임금은 위 ①, ②, ③에 의하여 조정된 평균임금으로 한다(동조제4항).

9. 평균임금의 예외적 산정방법

(1) 취업 후 3개월 미만의 특례

취업 후 3개월 미만인 근로자에 대하여 평균임금을 산정하여야 할 사유가 발생한 경우에는 일반적인 평균임금 산정방식으로는 평균임금을 산정할 수 없다. 따라서 이 경우에 대비하여 근기법 제2조제1항제6호 단서에서는 취업 후의 기간과 그 기간 중의 임금의 총액으로서 산정할 수 있게 하고 있다.

(2) 평균임금이 통상임금보다 저액일 경우의 특례

그러나 평균임금 산정 원칙을 모든 경우에 획일적으로 적용하게 되면 근로자의 통상적인 생활임금을 사실대로 반영하지 못하거나 근로자에게 가혹한 결과를 초래할 수 있으므로 근기법 제2조제2항은 “제1항제6호에 따라 산출된 금액이 그 근로자의 통상임금보다 적으면 그 통상임금액을 평균임금으로 한다”고 하여 평균임금의 하한을 보장하고 있다.

(3) 일용근로자에 관한 특례

근기법시행령 제3조에 의하면 「일용근로자의 평균임금은 고용노동부장관이 사업이나 직업에 따라 정하는 금액으로 한다」고 규정하고 있다.

(4) 특별한 경우의 평균임금

근기법시행령 제4조는 「법 제2조제1항제6호, 이 영 제2조 및 제3조에 따라 평균임금을 산정할 수 없는 경우에는 고용노동부장관이 정하는 바에 따른다」고 규정함으로써 평균임금의 산정방식에 관해 고용노동부장관에게 광범한 결정권을 위임하고 있다. 여기에서 "법 제2조제1항제6호, 이 영 제2조 및 제3조에 따라 평균임금을 산정할 수 없는 경우"란 문자 그대로 산정하는 것이 기술상 불가능한 경우에만 한정할 것이 아니라 근기법 제2조제1항제6호 및 동법시행령 제2조, 제3조 및 제4조의 규정에 의하여 산정하는 것이 현저하게 부적당한 경우까지도 포함한다고 해석하여야 한다(대법 1995.2.28, 94다8631). 근기법시행령 제4조에 따라 근기법 제2조제1항제6호, 같은 법 시행령 제2조에 따라 평균임금을 산정할 수 없는 경우에 대한 평균임금 산정방법을 고용노동부장관이 고시(2015.10.14, 고용노동부고시 제2015-77호 「평균임금산정특례고시」)하였다.

(5) 복수사업장 단시간근로자의 평균임금 산정

평균임금 산정기간 동안 해당 단시간근로자가 재해가 발생한 사업에서 지급받은 임금과 같은 기간 동안 해당 사업 외의 사업에서 지급받은 임금을 모두 합산한 금액을 해당 기간의 총일수로 나눈 금액이다(산재법 시행령 제24조제1항제2호, 2016.3.22, 대통령령 제27050호, 2016.7.1.시행). 이는 단시간근로자의 평균임금을 산정할 경우 재해사업장 뿐만 아니라 재해 당시 근무하던 다른 사업장의 임금도 합산하도록 한 것이다. 이는 단시간근로자의 실질적 생활 보장을 도모한 것이다.

10. 평균임금 산정과 관련된 문제

(1) 취업규칙상 월의 중도퇴직자에게 월급 전액을 지급한 경우

취업규칙상 퇴직일이 언제이든 퇴직 당해 월의 보수 전액을 지급하도록 규정되어 있다고 하더라도 이는 근로자에 대한 임금계산에 있어서의 정책적·은혜적 배려가 포함된 취지라고 볼 것이지, 실제 근무일수와 무관하게 퇴직 당해 월의 임금을 인상하여 전액 지급한다는 취지는 아니다. 퇴직금 산출의 기초가 되는 평균임금을 산정함에 있어서는 퇴직 당해 월에 지급받은 보수 전액을 산입하여서는 아니된다(대법[전원합의체] 1999.5.12, 97다5015; 대법 2000.2.25, 98다18544).

(2) 평균임금이 특별한 사유로 인하여 통상의 경우보다 현저하게 적거나 많을 경우의 산정방법

평균임금을 그 산정의 기초로 하는 퇴직금제도는 직급, 호봉 등에 따른 근로자의 통상의 생활을 종전과 같이 보장하려는 데 그 취지가 있다고 할 것이므로, 퇴직급여가 특수하고 우연한 사정에 의하여 통상의 경우보다 현저하게 많거나 적은 금액으로 되는 것은 그 제도의 근본취지에 어긋난다고 할 것이다(대법 1999.11.12, 98다49357; 1999.5.12.[전원합의체], 97다5015).

근기법 제2조, 동법시행령 제2조 등이 정한 원칙에 따라 평균임금을 산정하였다 하더라도, 근로자의 퇴직을 즈음한 일정 기간 특수하고 우연한 사정으로 인하여 임금액 변동이 있었고, 그 때문에 위와 같이 산정된 평균임금이 근로자의 전체 근로기간, 임금액이 변동된 일정 기간의 장단, 임금액 변동의 정도 등을 비롯한 제반 사정을 종합적으로 평가해 볼 때 통상의 경우보다 현저하게 적거나 많게 산정된 것으로 인정되는 예외적인 경우라면, 이를 기초로 퇴직금을 산출하는 것은 근로자의 통상적인 생활임금을 기준으로 퇴직금을 산출하고자 하는 근기법의 정신에 비추어 허용될 수 없는 것이므로, 근로자의 통상적인 생활임금을 사실대로 반영할 수 있는 합리적이고 타당한 다른 방법으로 그 평균임금을 산정하여야 한다. 그러나 근로자의 평균임금이 위와 같이 통상의 경우보다 현저하게 적거나 많다고 볼 예외적인 정도까지 이르지 않은 경우에는 근기법 제2조 등이 정한 원칙에 따라 평균임금을 산정하여야 하고, 다만, 그 금액이 통상임금보다 저액일 경우에는 그 통상임금액을 평균임금으로 할 수 있을 뿐이다(대법 2015.6.11, 2014다87496; 대법 2010.4.15, 2009다99396; 2009.5.28, 2006다17287).

(3) 의도적으로 현저하게 높아진 임금항목과 그와 무관한 임금항목이 혼재된 경우의 평균임금 산정방법

① **의도적으로 현저하게 높아진 임금항목**: 평균임금은 특별한 사정이 없는 한 근로자가 의도적으로 평균임금을 높이기 위한 행위를 하기 직전 3개월 동안의 임금을 기준으로 하여 평균임금을 산정하여야 한다(대법 2009.10.15, 2007다72519; 대법 1998.1.20, 97다18936). 그러나 이러한 산정방식은 어디까지나 근로자의 의도적인 행위로 인하여 현저하게 높아진 임금항목에 한하여 적용되어야 할 것이다.

② **의도적인 행위와 무관한 임금항목이 혼재된 경우**: 「의도적인 행위를 한 기간 동안의 동종근로자들의 평균적인 사납금 초과 수입금의 증가율」을 곱하여 산출하고 이를 제외한 나머지 임금항목들에 대하여서는 퇴직 전 3개월 동안 지급받은 임금총액을 기준으로 평균임금을 산정하는 것이 적절하다고 한다(대법 2009.10.15, 2007다72519).이 판례는 평균임금의 산정에 직접 영향을 미치는 부당한 행위로 근로자가 정당하지 않은 이익을 얻게 되는 결과를 배제한 점에 그 의의가 있다.

(4) 연차유급휴가수당의 퇴직금 산정시 평균임금 포함 여부

① **퇴직하기 전 이미 발생한 연차유급휴가 미사용수당**: 퇴직 전전년도 출근율에 의하여 퇴직 전년도에 발생한 연차유급휴가 중 미사용하고 근로한 일수에 대한 연차유급휴가미사용수당액의 3/12을 「퇴직금 산정을 위한 평균임금 산정 기준임금」에 포함한다.

② **퇴직으로 인해 비로소 지급사유가 발생한 연차유급휴가 미사용수당**: 퇴직전년도 출근율에 의하여 퇴직년도에 발생한 연차유급휴가를 미사용하고 퇴직함으로써 비로소 지급사유가 발생한 연차유급휴가미사용수당은 평균임금의 정의상 산정사유 발생일 이전에 그 근로자에 대하여 지급된 임금이 아니므로 「퇴직금 산정을 위한 평균임금 산정 기준임금」에 포함되지 아니한다(2007.11.5, 임금근로시간정책팀-3295; 2006.9.21, 임금근로시간정책팀-2820).

11. 평균임금의 보장

근기법상 평균임금제도를 마련한 기본취지는 평균임금을 지급해야 할 기간 중에 근로자의 통상의 생활임금을 사실대로 반영하는 것을 기본원리로 하고 있다. 그런데 산출된 평균임금이 출산전후휴가 등 그 밖의 원인으로 통상임금보다 적은 때에는 이 제도의 취지를 실현할 수 없게 된다. 그런 의미에서 근기법 제2조제2항은 「제1항제6호에 따라 산출된 금액이 그 근로자의 통상임금보다 적으면 그 통상임금액을 평균임금으로 한다」라고 규정하고 있다.

2 통상임금

1. 통상임금의 의의 및 요건

(1) 통상임금의 의의

통상임금이란 근로자에게 정기적이고 일률적으로 소정근로 또는 총 근로에 대하여 지급하기로 정한 시간급 금액·일급 금액·주급 금액·월급 금액 또는 도급 금액을 말한다(근기법시행령 제6조제1항). 즉, 통상임금이란 근로계약에서 정한 근로를 제공하면 확정적으로 지급되는 임금을 말한다. 통상임금이 근로자가 사용자와 사이에 법정근로시간의 범위에서 정한 근로시간(소정근로시간)을 초과하는 근로를 제공할 때 가산임금 등을 산정하는 기준임금으로 기능한다는 점을 고려하면, 그것은 당연히 근로자가 소정근로시간에 통상적으로 제공하는 근로의 가치를 금전적으로 평가한 것이어야 하고, 또한 근로자가 실제로 연장근로 등을 제공하기 전에 미리 확정되어 있어야 할 것이다.

평균임금은 근로자의 통상적인 생활수준의 보장을 목적으로 하는 단위임금임에 반하여 통상임금은 통상적 소정근로에 대하여 지급되는 기본적 단위임금이다(김형배, 「노동법」, 26판, P.378).

그리고 근기법 제2조제1항제5호의 임금 중에서 근로자가 소정근로시간에 통상적으로 제공하는 근로의 가치를 평가한 것으로서 사전에 미리 확정할 수 있는 것이라면 그 명칭과 관계없이 모두 통상임금에 해당하는 것으로 보아야 할 것이다(대법[전원합의체] 2013.12.18, 2012다89399). 통상임금은 소정근로의 대가로 근로자에게 지급되는 금품으로서 정기적·일률적·고정적으로 지급되는 것인지를 기준으로 객관적인 성질에 따라 판단하여야 한다.

(2) 통상임금의 요건

1) 소정근로의 대가

소정근로의 대가란 근로자가 소정근로시간에 통상적으로 제공하기로 정한 근로에 관하여 사용자와 근로자가 지급하기로 약정한 금품을 말한다. 근로자가 소정근로시간을 초과하여 근로를 제공하거나 근로계약에서 제공하기로 정한 근로 외의 근로를 특별히 제공함으로써 사용자로부터 추가로 지급받는 임금이나 소정근로시간의 근로와는 관련 없이 지급받는 임금은 소정근로의 대가라 할 수 없으므로 통상임금에 해당하지 않는다. 위와 같이 소정근로의 대가가 무엇인지는 근로자와 사용자가 소정근로시간에 통상적으로 제공하기로 정한 근로자의 근로의 가치를 어떻게 평가하고 그에 대하여 얼마의 금품을 지급하기로 정하였는지를 기준으로 전체적으로 판단하여야 하고, 그 금품이 소정근로시간에 근무한 직후나 그로부터 가까운 시일 내에 지급되지 아니하였다고 하여 그러한 사정만으로 소정근로의 대가가 아니라고 할 수는 없다. 소정근로에 대한 대가는 근로계약, 단체협약, 취업규칙, 관행 등에 의하여 그 지급이 정하여진다. 기본급, 직책수당, 자격수당 등이 이에 속한다(대법[전원합의체] 2013.12.18, 2012다89399). 그러나 근기법의 개정으로 인한 유급휴가 감소를 보전해 주기 위해 마련된 보전수당은 소정근로의 대가로 보기 어려워 통상임금에 해당하지 않는다(대법 2017.9.26, 2017두47847).

2) 정기성

통상임금에서 정기적으로 지급되는 것이란 미리 정해진 일정한 기간마다 정기적으로 지급하는 임금이다. 당해 임금이 일정한 간격을 두고 계속적으로 지급되어야 함을 의미한다. 통상임금에 속하기 위한 성질을 갖춘 임금이 1개월을 넘는 기간마다 정기적으로 지급되는 경우, 이는 노사간의 합의 등에 따라 근로자가 소정근로시간에 통상적으로 제공하는 근로의 대가가 1개월을 넘는 기간마다 분할지급되고 있는 것일 뿐, 그러한 사정 때문에 갑자기 그 임금이 소정근로의 대가로서의 성질을 상실하거나 정기성을 상실하는 것은 아니다. 종전 통상임금의 산정기간인 1개월을 기준으로 해야 한다는 소위 "1임금산정기준설"(고용노동부예규)을 부인하고 임금을 1년에 한 번 지급하더라도 지정된 날짜에 지급한다면 정기성이 인정되어 통상임금이 된다. 정기상여금과 같이 일정한 주기로 지급되는 임금의 경우 단지 그 지급주기가 1개월을 넘는다는 사정만으로 그 임금이 통상임금에서 제외된다고 할 수는 없다. 따라서 상여금이나 각종 수당이 격월·분기·반기·1년 단위로 지급된다고 하더라도 그 기간마다 "정기적"으로 지급되어 왔다면 정기성 요건이 충족된다.

3) 일률성

통상임금에서 일률적으로 지급되는 것이란 「모든 근로자에게 지급되는 것 뿐만 아니라 일정한 조건 또는 기준에 달한 모든 근로자에게 지급되는 것도 포함된다. 여기서 말하는 일정한 조건이란 고정적이고 평균적인 임금을 산출하려는 통상임금의 개념에 비추어 볼 때 고정적인 조건이어야 할 것이다」(대법 2011.9.8, 2011다22061; 대법 2007.6.28, 2006다11388; 2009.10.9, 근로기준과-3975). "일정한 조건 또는 기준"은 통상임금이 소정근로의 가치를 평가한 개념이라는 점을 고려할 때 작업 내용이나 기술, 경력 등과 같이 소정근로의 가치 평가와 관련된 조건이라야 한다.

휴직자, 복직자 또는 징계대상자 등에 대하여 특정 임금에 대한 지급 제한사유를 규정하고 있다고 하더라도 이는 해당 근로자의 특수성을 고려하여 그 임금 지급을 제한하고 있는 것에 불과하고 일률성이 인정되어야 한다.

4) 고정성

① **고정적으로 지급하기로 정한 금액의 의미:** 고정적인 임금이란 근로자가 제공한 근로에 대하여 그 업적, 성과 기타의 추가적인 조건과 관계없이 그 지급 여부나 지급액이 사전에 확정되어 있는 성질을 말한다. '고정적인 임금'은 임금의 명칭 여하를 불문하고 '임의의 날에 소정근로시간을 근무한 근로자가 그 다음 날 퇴직한다 하더라도 그 하루의 근로에 대한 대가로 당연하고도 확정적으로 지급받게 되는 최소한의 임금'을 말한다. 근로자가 임의의 날에 소정근로를 제공하면 추가적인 조건의 충족 여부와 관계없이 당연히 지급될 것이 예상되어 지급 여부나 지급액이 사전에 확정된 임금을 말한다(대법[전원합의체] 2013.12.18, 2012다89399; 대

법 2019.8.14, 2016다9704·2016다9711(병합)).

단체협약이나 취업규칙 등에 휴직자나 복직자 또는 징계대상자 등에 대하여 특정 임금에 대한 지급 제한사유를 규정하고 있다 하더라도, 이는 해당 근로자의 개인적인 특수성을 고려하여 그 임금지급을 제한하고 있는 것에 불과하므로, 그러한 사정만을 들어 정상적인 근로관계를 유지하는 근로자에 대하여 그 임금이 고정적 임금에 해당하지 않는다고 할 수는 없다(대법 2019.8.14, 2016다9704·2016다9711(병합)).

② **고정성이 없다는 것의 의미**: 근로제공 이외에 추가적인 조건이 충족되어야 지급되는 임금이나, 그 충족 여부에 따라 지급액이 달라지는 임금 부분은 고정성이 없어 통상임금이 아니다. 여기서 '추가적인 조건' 이란 '초과근무를 하는 시점에 성취 여부가 불분명한 조건' 을 의미한다. 다만, 그 조건에 따라 달라지지 않는 부분만큼은 고정성이 있어 통상임금이 될 수 있음을 유의해야 한다. 실제 근무성적에 따라 지급 여부나 지급액이 달라지는 성과급과 같은 임금이 고정성이 없어 통상임금이 될 수 없는 대표적인 경우이다. 다만 이 경우에도 최소한도로 보장되는 부분만큼은 근무성적과 무관하게 누구나 받을 수 있는 고정적인 것이므로, 통상임금이 될 수 있다.

③ **특정 시점에 재직 중인 근로자에게만 지급하는 임금**: 근로자가 소정근로를 하였는지 여부와는 관계없이 지급일 그 밖의 특정 시점에 재직 중인 근로자에게만 지급하도록 정해져 있는 임금은 그 특정 시점에 재직 중일 것이 임금을 지급받을 수 있는 자격요건이 된다. 그와 같은 조건으로 지급되는 임금이라면 이는 소정근로에 대한 대가의 성질을 가지는 것이라고 보기 어려울 뿐만 아니라 근로자가 임의의 날에 근로를 제공하더라도 그 특정 시점이 도래하기 전에 퇴직하면 해당 임금을 전혀 지급받지 못하여, 근로자가 임의의 날에 연장·야간·휴일근로를 제공하는 시점에서 그 지급조건이 성취될지 여부는 불확실하므로, 고정성도 결여한 것으로 보아야 한다(대법 2019.2.14, 2015다50613; 대법[전원합의체] 2013.12.18, 2012다89399).

④ **최소근무일을 충족해야 지급하는 금품**: 상여금과 같이 일정 근무일수를 충족하여야만 지급되는 임금은 소정 근로를 제공하는 외에 일정 근무일수의 충족이라는 추가적인 조건을 성취하여야 비로소 지급되는 것이고, 이러한 조건의 성취는 임의의 날에 연장·야간·휴일근로를 제공하는 시점에서 확정할 수 없는 불확실한 조건이므로 고정성을 갖춘 것이라 할 수 없다(대법 2016.3.24, 2015다14075).

2. 통상임금의 중요성 및 평균임금과 통상임금의 구별실익

(1) 통상임금의 중요성

통상임금은 근기법상 중요한 도구개념일 뿐만 아니라 실제로 근로조건에 미치는 영향이 크기 때문에 이를 둘러싼 노사간의 이해대립이 심각하다. 통상임금과 관련하여 주로 문제시되는 것은 통상임금의 범위와 산정방법에 관한 것이다. 전자는 현행 우리나라의 임금체계가 복잡하기 때문에 여러 임금 항목 중 어떤 것이 통상임금에 포함하는가의 문제이고, 후자는 통상임금에 속하는 임금을 어떻게 시간급 단위로 환산하는가에 관한 문제이다.

(2) 평균임금과 통상임금의 구별실익

평균임금액은 통상임금액을 상회하는 것이 일반적이기 때문에 평균임금을 지급해야 할 경우에 근로자에게 평균금액을 확보해 주어야 한다. 그러나 평균임금을 산정기초로 할 경우에 결근 등의 사유로 평균임금액이 통상임금액을 하회할 때에는 통상임금액을 평균임금으로 해야 할 것이다(근기법 제2조제2항).

3. 통상임금으로 산정하여야 할 경우

〈통상임금의 적용〉

구 분	지 급 액
① 평균임금이 통상임금보다 적을 경우 (근기법 제2조제2항)	통상임금
② 해고예고수당(근기법 제26조)	30일분의 통상임금
③ 휴업수당(근기법 제46조)	평균임금 70% 또는 통상임금 100% 중 적은 금액
④ 시간외·야간·휴일근로수당(근기법 제56조)	통상임금의 50% 가산
⑤ 연차유급휴가수당(근기법 제60조)	통상임금 100% 또는 평균임금 100%
⑥ 법정유급휴가 및 법정유급휴일수당	통상임금 100%

4. 통상임금 제외 합의와 미지급임금의 소급지급

(1) 통상임금 제외 합의의 효력

대법원 전원합의체(대법 2013.12.18, 2012다89399; 대법 2013.12.18, 2012다94643) 판결은 법률상 통상임금에 해당하는 임금을 통상임금 산정에서 제외하기로 하는 노사합의는 근기법에 위반되므로 무효이고 근로자는 그 제외된 임금을 통상임금에 포함시켜 연장근로수당 등 추가임금을 청구할 수 있음을(대법 1993.5.11, 93다4816; 대법 2009.12.10, 2008다57852) 재확인하고 있다.

(2) 추가수당의 소급지급 주장이 신의칙에 위배되는 경우

1) 신의성실의 원칙과 신의칙 적용을 위한 일반적인 요건

① 신의성실의 원칙이란 법률관계의 당사자는 상대방의 이익을 배려하여 형평에 어긋나거나 신뢰를 저버리는 내용 또는 방법으로 권리를 행사하거나 의무를 이행하여서는 아니된다는 추상적 규범이다.

② 신의칙 적용을 위한 일반적인 요건은 신의칙에 위배된다는 이유로 그 권리행사를 부정하기 위해서는 첫째, 상대방에게 신의를 공여하였거나 객관적으로 보아 상대방의 신의를 가지는 것이 정당한 상태에 이르러야 하고 둘째, 이와 같은 상대방의 신의에 반하여 권리를 행사하는 것이 정의관념에 비추어 용인할 수 없는 정도의 상태에 이르러야 한다는 것이다.

근로자들의 추가 법정수당 청구가 신의칙에 위배되기 위한 요건
첫째 정기상여금에 한할 것 둘째 임금협상 과정을 거쳐 이루어진 노사합의에서 정기상여금은 그 자체로 통상임금에 해당하지 않는다고 오인한 나머지 정기상여금을 통상임금 산정 기준에서 제외하기로 합의하고 이를 전제로 임금수준을 정하였을 것 셋째 그러한 추가 법정수당 청구로 인하여 사용자에게 예측하지 못한 새로운 재정적 부담을 지워 중대한 경영상의 어려움을 초래하거나 기업의 존립을 위태롭게 하는 경우

③ 판례의 태도

대법원 판결은 예외적으로 통상임금에 관한 단체협약 등 노사합의의 내용이 강행규정을 위반하였다 하더라도 그 무효를 주장하는 것이 신의칙에 위배되는 권리의 행사로 인정될 수 있는 특별한 사정이 있는 경우에는 그 노사합의의 무효를 주장하는 것은 허용될 수 없다고 한다(대법[전원합의체] 2013.12.18, 2012다89399; 대법 2014.5.29, 2012다116871).

④ 신의칙 적용과 허용한계

판례(대법 2019.5.10, 2015다75179; 대법 2019.4.23, 2016다37174; 대법 2019.2.14, 2015다217287)는 신의칙 적용과 허용한계를 다음과 같이 판시하고 있다.

(가) 근로관계를 규율하는 강행규정보다 신의칙을 우선하여 적용할 것인지를 판단할 때에는 근로조건의 최저기준을 정하여 근로자의 기본적 생활을 보장, 향상시키고자 하는 근기법 등의 입법 취지를 충분히 고려할 필요가 있다.

(나) 또한 기업을 경영하는 주체는 사용자이고 기업의 경영 상황은 기업 내·외부의 여러 경제적·사회적 사정에 따라 수시로 변할 수 있으므로, 통상임금 재산정에 따른 근로자의 추가 법정수당 청구를 중대한 경영상의 어려움을 초래하거나 기업 존립을 위태롭게 한다는 이유로 배척한다면 기업 경영에 따른 위험을 사실상 근로자에게 전가하는 결과가 초래될 수 있다.

(다) 따라서 근로자의 추가 법정수당 청구가 사용자에게 중대한 경영상의 어려움을 초래하거나 기업의 존립을 위태롭게 하여 신의칙에 위반되는지는 신중하고 엄격하게 판단하여야 한다.

5. 통상임금에 포함되는 임금의 범위와 산정방법

통상임금의 산정방법은 소정근로시간 수 또는 통상임금 산정 기준시간 수를 분모로 하고 소정의 임금을 분자로 하여 계산한다.

(1) 통상임금 산정 기초 임금액의 범위

통상임금의 산정에 필요한 기초 임금은 통상근로일에 통상근로시간을 근로함으로써 지급되는 임금을 말한다.

1) 기본급·고정급임금

통상임금 산정 기초 임금은 법정(기준)근로시간 또는 소정근로시간(근기법 제2조 제1항제7호에 의한 소정근로시간을 의미한다)에 대하여 지급하기로 정한 기본급 임금과 단체협약이나 취업규칙 또는 근로계약 등에 의하여 근로자에게 정기적, 일률적, 고정적으로 지급하기로 정하여진 임금을 말하는 것이다. 어떠한 수당이 통상임금이 해당되는지 여부의 판단은 당해 수당의 명칭에 의하는 것이 아니라 그 수당의 지급 대상·사유·방법 등을 고려해야 할 것이다. 예컨대 직책수당이 직책의 경중 등에 따라 미리 정하여진 지급조건에 의해 지급되는 것이 아니라 매월 판매실적 등 평가결과에 따라 그 지급액이 달라지는 경우라면 통상임금으로 보기는 어렵다(2011.10.12, 근로개선정책과-3555).

따라서 연장, 야간, 휴일근로수당과 소정근로시간 외의 근로에 대하여 가산지급되는 임금은 제외되지만 통상임금의 기초임금의 범위에는 기본급뿐만 아니라 취업규칙·단체협약 또는 근로계약 등에 의해서 근로의 대가로 지급되는 일체의 고정급인 금품을 포함한다.

2) 도급 금액으로 정한 임금

임금산정기간에 있어서 도급제에 의하여 계산된 임금의 총액(연장·야간·휴일근로 등에 대한 가산 수당은 제외한다)으로 한다(2012.9.25, 예규 제47호 「통상임금산정지침」 제3조).

(2) 통상임금인지 문제되는 임금유형별 구체적 판단기준

실제 근로 현장에서는 임금의 지급조건 등이 매우 다양하므로, 통상임금의 개념적 징표인 정기성, 일률성, 고정성의 의미를 바탕으로 어떠한 유형의 임금을 통상임금에 속한다고 볼 수 있는지 개별적 사례에 따라 그 구체적 판단 기준을 달리한다(대법[전원합의체] 2013.12.28, 2012다89399).

〈임금명목별 통상임금 해당 여부〉

임금명목	임금의 특징	통상임금 해당 여부
기술수당	기술이나 자격보유자에게 지급되는 수당 (자격수당, 면허수당 등)	통상임금○
근속수당	근속기간에 따라 지급여부나 지급액이 달라지는 임금	통상임금○
가족수당	부양가족 수에 따라 달라지는 가족수당	통상임금×
	부양가족 수에 관계없이 모든 근로자에게 지급되는 가족수당 분	통상임금○

임금명목	임금의 특징	통상임금 해당 여부
성과급	근무실적을 평가하여 지급여부나 지급액이 결정되는 임금	통상임금× (조건에 좌우됨, 고정성 인정×)
	최소한도가 보장되는 성과급	그 최소한도만큼만 통상임금○ (그만큼은 일률적, 고정적 지급)
상여금	정기적인 지급이 확정되어 있는 상여금(정기상여금)	통상임금○
	기업실적에 따라 일시적, 부정기적, 사용자 재량에 따른 상여금(경영성과분배금, 격려금, 인센티브)	통상임금× (사전 미확정, 고정성 인정×)
특정 시점 재직시에만 지급되는 금품	특정시점에 재직 중인 근로자만 지급받는 금품(명절 귀향비나 휴가비의 경우 그러한 경우가 많음)	통상임금× (근로의 대가×, 고정성×)
	특정시점 되기 전 퇴직 시에는 근무일수 비례하여 지급되는 금품	통상임금○ (근무일수 비례하여 지급되는 한도에서는 고정성○)

6. 통상임금 산정기준시간 및 소정근로시간의 의미

① 통상임금 산정기준시간이란 소정근로시간과 소정근로시간 외에 유급처리된 시간을 합산한 시간을 말한다.

② 소정근로시간이란 근기법 제50조, 제69조 본문 또는 산안법 제46조의 규정에 따른 근로시간의 범위에서 근로자와 사용자 사이에 정한 근로시간을 말한다(동법 제2조제1항제7호).

소정근로시간이 법적 의미를 갖는 것은 그것이 근로자에게 근로제공을 구체적으로 의무를 지운 시간이라는 점에 있다.

7. 통상임금을 시간급 금액으로 산정하는 방법

통상임금을 시간급 금액으로 산정할 경우에는 다음과 같은 방법에 의하여 산정된 금액으로 한다(근기법시행령 제6조제2항).

① **시간급 금액의 경우**: 시간급 금액으로 정한 임금은 그 금액.

② **일급 금액의 경우**: 일급 금액으로 정한 임금은 그 금액을 1일의 소정근로시간 수로 나눈 금액

$$\text{시간급 통상임금} = \frac{\text{일급 금액}}{\text{1일의 소정근로시간}}$$

③ **주급금액의 경우**: 주급 금액으로 정한 임금은 그 금액을 주의 통상임금 산정기준시간수(근기법 제2조제1항제7호에 따른 주의 소정근로시간과 소정근로시간 외에 유급으로 처리되는 시간을 합산한 시간)로 나눈 금액

$$\text{시간급 통상임금} = \frac{\text{주급 금액}}{\begin{array}{c}\text{주의 통상임금산정기준시간수}\\ \text{(주의 소정근로시간 + 소정근로시간 외의 유급처리시간)}\end{array}}$$

④ **월급금액의 경우**: 월급 금액으로 정한 임금은 그 금액을 월의 통상임금산정기준시간수(주의 통상임금 산정 기준시간 수에 1년 동안의 평균 주의 수를 곱한 시간을 12로 나눈 시간)로 나눈 금액

$$\text{시간급 통상임금} = \frac{\text{월급 금액}}{\begin{array}{c}\text{월의 통상임금산정기준시간수}\\ \text{(주의 통상임금산정기준시간수} \times \frac{\text{365일}}{\text{7일}}) \div \text{12월}\end{array}}$$

♣ 주 40시간제하의 월통상임금 산정기준시간 예시

·주당 소정근로시간이 40시간이며, 유급처리되는 시간이 없는 경우:

209시간 = [(40+8)×52+8시간]/12

·주당 소정근로시간이 40시간이며, 주당 4시간이 유급처리되는 경우:

226시간 = [(40+8+4)×52+8시간]/12

·주당 소정근로시간이 40시간이며, 주당 8시간이 유급처리되는 경우:

240시간 [(40+8+8)×52+8시간]/12

⑤ **일·주·월 외의 임금인 경우**: 일·주·월 외의 일정한 기간으로 정한 임금은 ① 내지 ④에 준하여 산정된 금액

⑥ **도급 금액인 경우**: 도급 금액으로 정한 임금은 그 임금 산정 기간에서 도급제에 따라 계산된 임금의 총액을 해당 임금 산정 기간(임금 마감일이 있는 경우에는 임금 마감 기간)의 총 근로 시간 수로 나눈 금액

⑦ **2 이상의 임금인 경우**: 근로자가 받는 임금이 ① 내지 ⑥에서 정한 2 이상의 임금으로 되어 있는 경우에는 각 부분에 대하여 ① 내지 ⑥에 따라 각각 산정된 금액을 합산한 금액

제4절 임금액의 보장

1 임금액 보장의 의의

근기법은 근로조건의 최저기준의 보장을 목적으로 하는 것이므로 가장 기본적인 근로조건이라 할 수 있는 임금에 관한 근기법의 제원칙은 당연히 임금액의 보장에 관해서도 적용이 된다.

헌법 제32조제1항은 적정임금의 보장과 최저임금제의 실시에 관한 규정을 두고 있으며, 이에 의거하여 근기법은 임금액의 보장에 관한 일반원칙을 두고 있다. 현재 근로자의 임금액을 보호하기 위한 제도로서는 최저임금법에 의한 최저임금제와 근기법상의 도급근로자의 임금보호규정, 남녀고용평등법상의 동일가치 노동에 대한 동일임금의 원칙규정 등이 있다.

2 최저임금제

1. 최저임금제의 의의 및 결정방식

(1) 최저임금제의 의의

최저임금제는 국가가 임금액의 최저한도를 정하여 사용자에게 이에 대한 준수의무를 법적으로 강제하는 제도이다. 따라서 「최저임금은 임금인상률이나 인상방법을 정하는 기준으로 볼 수는 없다」(1989.12.26, 임금 32240-21342). 최저임금법 제4조제1항은 「최저임금은 근로자의 생계비, 유사 근로자의 임금, 노동생산성 및 소득분배율 등을 고려하여 정한다. 이 경우 사업의 종류별로 구분하여 정할 수 있다」고 규정하고 있다.

(2) 최저임금의 결정방식

우리나라 최저임금법은 최저임금위원회가 심의·의결한 최저임금에 따라 고용노동부장관이 최저임금을 결정하여야 하는 위원회결정방식에 의하고 있다(최저임금법 제8조).

2. 최저임금법의 목적과 적용범위

(1) 최저임금법의 목적 및 적용범위

① 목적: 최저임금법은「근로자에 대하여 임금의 최저수준을 보장하여 근로자의 생활안정과 노동력의 질적 향상을 꾀함으로써 국민경제의 건전한 발전에 이바지함」을 목적으로 하고 있다(동법 제1조). 이와 같은 최저임금제의 목적은 경제적으로 생활고에 빠지기 쉬운 근로자에게 인간다운 생활의 최저선을 보장하려는 데 있는 것이며 국민의 균등생활의 보장이라는 경제적 민주주의에 그 이념적 기초를 두고 있다.

② 적용범위: 근로자를 사용하는 사업 또는 사업장이다. 최저임금은 모든 사업(장)에 적용되며, 정규직 근로자·파트타임 근로자·일용직, 아르바이트생, 연소근로자, 외국인근로자 등 근로자 모두 적용되므로 미성년자도 성인과 똑같이 최저임금을 적용받는다. 다만, 동거하는 친족만을 사용하는 사업과 가사 사용인에 대하여 적용하지 아니한다(동법 제3조제1항). 또한 선원법의 적용을 받는 선원 및 선원을 사용하는 선박의 소유자에 대하여는 이를 적용하지 아니하고 있다(동법 제3조제2항).

(2) 최저임금의 적용제외

그러나 이와 같은 최저임금제는 일정한 경우에 사용자가 고용노동부장관의 인가를 받은 사람에 대하여는 적용되지 않는다(최저임금법 제7조 및 동법시행령 제6조).

① 정신 또는 신체의 장애가 업무 수행에 직접적으로 현저한 지장을 주는 것이 명백하다고 인정되는 사람(동법시행령 제6조)

② 그밖에 최저임금을 적용하는 것이 적당하지 아니하다고 인정되는 사람

3. 최저임금 결정의 주체

(1) 고용노동부장관

고용노동부장관은 매년 8월 5일까지 최저임금을 결정하여야 한다. 이 경우 고용노동부장관은 대통령령으로 정하는 바에 따라 최저임금위원회에 심의를 요청하고 최저임금위원회가 심의하여 의결한 최저임금안에 따라 최저임금을 결정하여야 한다(동법 제8조제1항).

(2) 고용노동부장관의 고시

고용노동부장관은 최저임금위원회로부터 최저임금안을 제출받은 때에는 최저임금법 제8조제2항에 따라 지체없이 사업 또는 사업장의 종류별 최저임금안 및 적용사업의 범위를 고시하여야 한다(동법 제9조제1항 및 동법시행령 제8조).

(3) 최저임금위원회의 심의·의결의 법적 성격

최저임금위원회의 법적 성격에 관하여 최저임금법 제8조제1항은 의결기관의 성격을 갖는 것으로 하고 있다. 따라서 최저임금위원회가 심의·의결한 최저임금안은 고용노동부장관을 구속하는 것으로 보아야 할 것이다.

4. 최저임금의 결정기준

최저임금법 제4조제1항은 「최저임금은 근로자의 생계비, 유사근로자의 임금, 노동생산성 및 소득분배율 등을 고려하여 정한다. 이 경우 사업의 종류별로 구분하여 정할 수 있다」고 규정하고 있다. 최저임금의 결정기준에 소득분배율을 추가한 것은 최저임금을 보다 객관적·합리적 기준에 따라 결정코자 하는 목적에 따른 것으로 볼 수 있다. 즉, 근로자의 생계비, 유사근로자의 임금 및 노동생산성이라는 세 가지 결정기준이 매우 협소하였으므로 소득분배율을 추가하여 다양한 경제적·사회적 변수들을 종합적으로 고려하였다.

5. 최저임금액의 단위

(1) 최저임금액의 단위

최저임금액은 시간·일·주 또는 월을 단위로 하여 정한다. 이 경우 일·주 또는 월을 단위로 하여 최저임금액을 정하는 때에는 시간급으로도 이를 표시하여야 한다(최저임금법 제5조제1항).

(2) 수습근로자인 경우

1년 이상의 기간을 정하여 근로계약을 체결하고 수습 중에 있는 근로자로서 수습을 시작한 날부터 3개월 이내인 자에 대하여는 대통령령(시간급 최저임금액에서 100분의 10을 뺀 금액(최저임금법 시행령 제3조))으로 정하는 바에 따라 제1항에 따른 최저임금액과 다른 금액으로 최저임금액을 정할 수 있다. 다만, 단순노무업무로 고용노동부장관이 정하여 고시한 직종에 종사하는 근로자는 제외한다(동법 제5조제2항). 제외된 근로자란 한국표준직업분류상 대분류 9(단순노무종사자)에 해당하는 사람을 말한다(2018.3.19, 고용노동부고시 제2018-33호).

(3) 도급제 그 밖에 이와 비슷한 형태로 정해진 경우

임금이 통상적으로 도급제 그 밖에 이와 비슷한 형태로 정하여져 있는 경우로서 최저임금액을 정하는 것이 적당하지 아니하다고 인정되면 대통령령으로 정한 바에 따라 최저임금액을 따로 정할 수 있다(동법 제5조제3항). 동법 제5조제3항의 규정에 따라 임금이 도급제 그 밖에 이와 비슷한 형태로 정하여져 있는 경우에 근로시간의 파악이 어렵거나 그 밖에 법 제5조제1항의 규정에 따라 최저임금액을 정하는 것이 적합하지 않는 경우에는 해당 근로자의 생산고 또는 업적의 일정 단위에 따라 최저임금액을 정한다(동법시행령 제4조).

6. 최저임금의 고시·효력발생시기 및 주지

(1) 최저임금의 고시와 효력발생시기

고용노동부장관은 최저임금을 결정한 때에는 지체없이 그 내용을 고시하여야 한다(동법 제10조제1항). 고시된 최저임금은 다음 연도 1월 1일부터 효력이 발생한다. 다만, 고용노동부장관은 사업의 종류별로 임금교섭시기 등을 감안하여 필요하다고 인정하면 효력발생 시기를 따로 정할 수 있다(동법 제10조제2항).

(2) 주지의무

최저임금의 적용을 받는 사용자는 대통령령으로 정하는 바에 따라 해당 최저임금을 그 사업의 근로자가 쉽게 볼 수 있는 장소에 게시하거나 그 외의 적당한 방법으로 이를 근로자에게 널리 알려야 한다(동법 제11조 및 동법시행령 제11조).

7. 최저임금의 효력

(1) 최저임금액 이상의 임금 지급 의무와 위반시의 처벌

고용노동부장관이 최저임금을 결정한 경우에는 사용자는 최저임금의 적용을 받는 근로자에게 최저임금액 이상의 임금을 지급하여야 한다(최저임금법 제6조제1항). 만일 사용자가 이에 위반하여 최저임금보다 적은 임금을 지급하면 3년 이하의 징역 또는 2천만원 이하의 벌금에 처한다. 이 경우 징역과 벌금은 병과(併科)할 수 있다(최저임금법 제28조).

(2) 최저임금을 이유로 종전 임금수준의 저하금지

사용자는 최저임금법에 따른 최저임금을 이유로 종전의 임금수준을 낮추어서는 아니 된다(최저임금법 제6조제2항).

(3) 기준 미달의 최저임금에 관한 근로계약의 효력

최저임금의 적용을 받는 근로자와 사용자 사이의 근로계약 중 최저임금액에 미치지 못하는 금액을 임금으로 정한 부분은 무효로 하며, 이 경우 무효로 된 부분은 최저임금법으로 정한 최저임금액과 동일한 임금을 지급하기로 한 것으로 본다(최저임금법 제6조제3항). 다만, 근로자가 자기의 사정으로 인하여 소정의 근로시간 또는 소정의 근로일에 근로를 하지 아니한 경우나 사용자가 정당한 이유로 근로자에게 소정의 근로시간 또는 소정의 근로일에 근로시키지 아니할 경우에는 최저임금이 적용되지 아니한다(동법 제6조제6항).

(4) 최저임금의 적용을 위한 임금의 범위

최저임금에는 매월 1회 이상 정기적으로 지급하는 임금을 산입한다. 다만 다음의 어느 하나에 해당하는 임금을 산입하지 아니한다(최저임금법 제6조제4항).

① 근기법 제2조제1항제9호에 따른 소정근로시간 또는 소정의 근로일에 대하여 지급하는 임금 외의 임금으로서 고용노동부령으로 정하는 임금

이 경우 고용노동부령으로 정하는 임금이란 다음 어느 하나에 해당하는 것을 말한다(동법 시행규칙 제2조제1항).

(가) 연장근로 또는 휴일근로에 대한 임금 및 연장·야간 또는 휴일근로에 대한 가산임금

(나) 근기법 제60조에 따른 연차유급휴가의 미사용수당

(다) 유급으로 처리되는 휴일(근기법 제55조제1항에 따른 유급휴일은 제외한다)에 대한 임금

(라) 그 밖에 명칭에 관계없이 (가)부터 (다)까지의 규정에 준하는 임금

② 상여금 그 밖에 이에 준하는 것으로서 고용노동부령으로 정하는 임금의 월 지급액 중 해당 연도 시간급 최저임금액을 기준으로 산정된 월 환산액의 100분의 25에 해당하는 부분

이 경우 고용노동부령으로 정하는 임금이란 다음 어느 하나에 해당하는 것을 말한다(동법시행규칙 제2조제2항).

(가) 1개월을 초과하는 기간에 걸친 사유에 따라 산정하는 상여금, 장려가급, 능률수당 또는 근속수당

(나) 1개월을 초과하는 기간의 출근성적에 따라 지급하는 정근수당

③ 식비, 숙박비, 교통비 등 근로자의 생활 보조 또는 복리후생을 위한 성질의 임금으로서 다음 어느 하나에 해당하는 것

(가) 통화 이외의 것으로 지급하는 임금

(나) 통화로 지급하는 임금의 월 지급액 중 해당 연도 시간급 최저임금액을 기준으로 산정된 월 환산액의 100분의 7에 해당하는 부분

④ 최저임금 미산입 비율

이에 따라, 매월 1회 이상 정기적으로 지급하는 상여금과 현금으로 지급하는 복리후생비의 경우 해당 연도 시간급 최저임금액을 기준으로 산정된 월 환산액의 25%(정기상여금)와 7%(현금성 복리후생비)를 초과하는 부분은 최저임금에 산입한다. 다만, 연차별로 그 비율이 단계적으로 축소됨에 따라 2024년 이후에는 매월 1회 이상 정기적으로 지급하는 상여금과 현금으로 지급하는 복리후생비는 모두가 최저임금에 산입한다.

정기상여금, 현금성 복리후생비 중 해당 연도 시간급 최저임금액을 월 단위로 환산한 금액의 비율은 다음과 같다.

연 도	2019년	2020년	2021년	2022년	2023년	2024년
정기상여금	25%	20%	15%	10%	5%	0%
현금성 복리후생비	7%	5%	3%	2%	1%	0%

⑤ 최저임금과 취업규칙 변경절차의 특례

사용자가 개정 최저임금법에 따라 산입되는 임금을 최저임금에 포함시키기 위해 1개월을 초과하는 주기로 지급하는 임금을 총액의 변동 없이 매월 지급하는 것으로 취업규칙을 변경하려는 경우에는 근기법 제94조제1항에도 불구하고 과반수 노동조합 또는 과반수 근로자의 의견을 들어야 한다는 취업규칙 변경절차의 특례를 규정하였다(최저임금법 제6조의2).

(5) 도급으로 사업을 행하는 경우의 최저임금 보장

도급으로 사업을 행하는 경우에 도급인이 책임져야 할 사유로 수급인이 근로자에게 최저임금액에 미치지 못하는 임금을 지급한 경우 그 도급인은 해당 수급인

과 연대하여 책임을 진다(동법 제6조제7항).

도급인이 책임져야 할 사유의 범위는 다음과 같다(동법 제6조제8항).

① 도급인이 도급계약 체결 당시 인건비 단가를 최저임금액에 미치지 못하는 금액으로 결정하는 행위

② 도급인이 도급계약 기간 중 인건비 단가를 최저임금액에 미치지 못하는 금액으로 낮춘 행위

이는 도급계약에 있어서 도급인의 귀책사유로 수급인의 근로자에게 최저임금이 지급되지 못한 경우 도급인의 연대책임을 명시한 것이다. 결국 도급인의 수급인과의 연대책임을 명시한 규정의 신설로 수급인 근로자의 임금확보 및 도급인의 책임이 강화될 것으로 기대된다.

두 차례 이상의 도급으로 사업을 행하는 경우에 동법 제6조제7항의 수급인을 「하수급인」으로 보고, 제7항과 제8항의 도급인은 「직상수급인」(하수급인에게 직접 하도급을 준 수급인)으로 본다(동법 제6조제9항).

(6) 택시운전근로자의 최저임금 산입범위

1) 규정내용

최저임금법 제6조제4항에도 불구하고 「여객자동차운수사업법」 제3조 및 같은 법 시행령 제3조제2호다목에 따른 일반택시 운송사업에서 운전업무에 종사하는 근로자의 최저임금에 산입되는 임금의 범위는 생산고에 따른 임금을 제외한 대통령령으로 정하는 임금으로 한다(최저임금법 제6조제5항).

동법시행령 제5조의2(제5조의3(일반택시운송사업운전근로자의 최저임금에 산입되는 임금의 범위) 규정 내용은 다음과 같다.

「법 제6조제5항에서 "대통령령으로 정하는 임금"이란 단체협약, 취업규칙, 근로계약에 정해진 지급조건과 지급률에 따라 매월 1회 이상 지급하는 임금을 말한다. 다만, 다음 각 호의 어느 하나에 해당하는 임금은 산입하지 아니한다.

1. 소정근로시간 또는 소정근로일에 대하여 지급하는 임금 외의 임금
2. 근로자의 생활보조·복리후생을 위하여 지급하는 임금」

2) 기준 미달의 최저임금에 관한 취업규칙 변경의 효력

정액사납금제하에서 생산고에 따른 임금을 제외한 고정급이 최저임금에 미달하는 것을 회피할 의도로 사용자가 소정근로시간을 기준으로 산정되는 시간당 고정급의 외형상 액수를 증가시키기 위해 택시운전근로자 노동조합과 사이에 실제 근무형태나 운행시간의 변경 없이 소정근로시간만을 단축하기로 합의한 경우 이러한 합의는 강행법규인 최저임금법상 이 사건 특례조항 등의 적용을 잠탈하기 위한 탈법행위로서 무효라고 보아야 한다. 이러한 법리는 사용자가 택시운전근로자의 과반수로 조직된 노동조합 또는 근로자 과반수의 동의를 얻어 소정근로시간을 단축하는 내용으로 취업규칙을 변경하는 경우에도 마찬가지로 적용된다(대법[전원합의체] 2019.4.18, 2016다2451).

8. 최저임금과 통상임금과의 관계

① **최저임금과 통상임금의 구별**: 최저임금의 산입범위에 포함되는 임금은 근기법상의 임금에서 이에 산입하지 않는 임금을 제외한 임금을 의미하나 통상임금은 근로자에게 정기적·일률적으로 소정근로 또는 총 근로에 대해 지급하기로 정한 시간급 금액·일급 금액·주급 금액·월급 금액 또는 도급 금액을 말한다.

따라서 최저임금은 그 성격상 사전적으로 확정되지 않은 임금도 포함될 수 있음에 비해, 통상임금은 연장근로수당 등의 계산기초가 되므로 사전 확정이 필요하다(예:생산고에 따른 임금은 최저임금의 산입범위에는 포함되나, 통상임금에는 포함되지 않음). 그러나 실질적으로는 그 범위가 유사해 최저임금에 산입하는 임금의 범위를 판단함에 있어 통상임금의 개념을 참고할 수 있을 것이다(2006.12.20, 근로시간정책팀-3848).

② **통상임금이 최저임금보다 적을 경우 법정수당 산정방법**: 최저임금이나 최저임금의 적용을 위한 비교대상 임금은 통상임금과는 그 기능과 산정 방법이 다른 별개의 개념이므로, 사용자가 최저임금의 적용을 받는 근로자에게 최저임금액 이상의 임금을 지급하여야 한다고 하여 곧바로 통상임금 자체가 최저임금액을 그 최하한으로 한다고 볼 수 없다. 다만 최저임금의 적용을 받는 근로자에게 있어서 비교대상 임금 총액이 최저임금액보다 적은 경우에는 비교대상 임금 총액이 최저임금액으로 증액되어야 하므로, 이에 따라 비교대상 임금에 산입된 개개의 임금도 증액되고 그 증액

된 개개의 임금 중 통상임금에 해당하는 임금들을 기준으로 통상임금이 새롭게 산정될 수는 있을 것이다(대법 2017.12.28, 2014다49074).

3 휴업지급

법 제46조【휴업수당】 ① 사용자의 귀책사유로 휴업하는 경우에 사용자는 휴업기간 동안 그 근로자에게 평균임금의 100분의 70 이상의 수당을 지급하여야 한다. 다만, 평균임금의 100분의 70에 해당하는 금액이 통상임금을 초과하는 경우에는 통상임금을 휴업수당으로 지급할 수 있다.
② 제1항에도 불구하고 부득이한 사유로 사업을 계속하는 것이 불가능하여 노동위원회의 승인을 받은 경우에는 제1항의 기준에 못 미치는 휴업수당을 지급할 수 있다.

1. 휴업지급제도의 의의

(1) 휴업수당의 개념

휴업수당이란 사용자의 귀책사유로 휴업하는 경우에 사용자가 그 휴업기간 중 당해 근로자에게 평균임금의 100분의 70 이상의 수당을 지급하여야 하는데 그 수당을 말한다(근기법 제46조). 휴업수당제도는 근로자에게 귀책사유도 없고 사용자에게 불가항력적 사유가 없음에도 불구하고 근로를 제공할 수 없게 된 경우에 임금상실의 위험으로부터 근로자를 보호하여 그 생활안정을 꾀하는데 그 취지가 있다(대법 1991.6.28, 90다카25277). 다만, 평균임금의 100분의 70에 상당하는 금액이 통상임금을 초과하는 경우에는 통상임금을 휴업수당으로 지급할 수 있다(근기법 제46조제1항 단서). 평균임금의 70%로 되어 있는 휴업수당이 소정근로시간을 근무한 근로자가 지급받을 수 있는 통상임금을 초과하는 모순이 있으므로 평균임금의 70%가 통상임금보다 많은 경우 통상임금을 휴업수당으로 지급할 수 있도록 한 것이다.

(2) 휴업수당의 법률적 성질

휴업수당은 비록 현실적 근로를 제공하지 않았다는 점에서는 근로 제공과의 밀접도가 약하기는 하지만, 근로자가 근로 제공의 의사가 있는데도 자신의 의사와 무관하게 근로를 제공하지 못하게 된 데 대한 대상(代償)으로 지급하는 것이라는 점에서 임금의 일종으로 보아야 한다(대법 2013.10.11, 2012다12870).

2. 휴업수당의 요건

(1) 사용자의 귀책사유가 있을 것

1) 사용자의 귀책사유의 의의

① 사용자의 귀책사유란 민법상의 귀책사유와는 달리 사용자의 고의·과실을 요하지 않으며, 불가항력적이 아닌 경우로서 사용자의 세력범위 내에서 발생한 경영 장애로 인하여 근로자로부터 근로의 제공을 받을 수 없게 된 경우까지를 포함한다(중노위 2018.8.10, 중앙2018휴업1; 2006.3.29, 임금근로시간정책팀-711).

② 「사용자의 귀책사유로 인하여 휴업하는 경우」란 기업의 전부 또는 일부에 대하여 사용자가 그의 책임있는 사유로 인하여 근로자로부터 근로의 제공을 받을 수 없게 된 경우를 말한다(대법 1986.10.14, 86다611).

공장에 재료 또는 일감의 부족으로 인해 사용자가 근로자로부터 근로의 제공을 받을 수 없게 된 경우라면 이는 사용자의 귀책사유로 인한 휴업에 해당한다(2013.9.4, 근로개선정책과-5174). 하지만 예컨대 조합원의 불법적인 직장봉쇄로 인하여 비조합원의 노무제공 자체가 전혀 불가능하였다면 이를 사용자의 귀책사유로 볼 수 없다(2004.3.20, 근로기준과-1380).

2) 귀책사유의 범위

① **귀책사유로서의 경영장애**: 원칙적으로 사용자의 세력범위 안에서 발생한 경영장애는 사용자의 귀책사유라고 보아야 하며, 따라서 사용자는 불가항력 또는 면제를 주장할 수 없는 것이다(노동력범위설 또는 지배영역설).

② **경영장애의 구체적 사례**: 자금난, 기계의 파손, 원자재의 부족, 화재, 주문량의 감소, 시장불황과 생산량 감축·판매부진에 의한 사업정지의 경우를 비롯하여

모회사의 경영난에 의한 하청공장의 자재·자금난에 의한 조업단축 등으로 인한 휴업, 배급유통기구의 차질에 의한 휴업(2004.6.9, 근로기준과-2855), 소속 근로자의 사망사고로 사업장 전체에 작업중지명령이 내려진 경우에는 사용자의 세력범위를 벗어난 불가항력적인 사유로 볼 수 없다(2015.3.9, 근로기준정책과-741).

(2) 휴업을 할 것

① **휴업의 의의 – (가) 휴업의 개념**: 휴업이란 근로계약상 근로의무있는 시간에 근로할 수 없는 것을 말한다. 즉, 근로계약을 존속시키면서 사업의 전부 또는 일부를 사업주의 결정에 의하여 정지하는 것을 말한다. 「휴업이란 개개의 근로자가 근로계약에 따라 근로를 제공할 의사가 있음에도 불구하고 그 의사에 반하여 취업이 거부되거나 또는 불가능하게 된 경우도 포함하는 광의의 개념이다」(대법 2009.9.10, 2007두10440; 2008.4.22, 근로조건지도과-1005).

(나) 휴일과의 구별: 그러므로 휴업이란 근로의무가 있는 시간에 근로를 할 수 없는 것이므로 근로의무가 없는 「휴일」과는 다른 것이다.

(다) 휴업의 범위: 휴업의 의미는 사업장의 조업을 본래의 근로일에 전부 정지하는 것뿐만 아니라 사업장의 일부분의 조업정지나 1일 중 몇 시간의 조업단축도 휴업에 포함된다.

② **휴업기간**: 근기법 제46조의 휴업수당은 휴업기간에 대하여 지급되는 것이다. 사용자의 귀책사유로 인한 휴업기간 중이라 하더라도 일시적으로 회사 가동이 가능하게 되어 개별 근로자에게 출근하도록 사전에 통지하였고, 이를 알고 있음에도 불구하고 특별한 이유없이 출근을 거부한 경우에는 이를 결근으로 처리할 수 있을 것이다(2001.11.23, 근기 68207-4004).

③ **휴업의 범위 및 근기법 제23조제1항에서 정한 휴직의 의미**: 사용자가 자신의 귀책사유에 해당하는 경영상의 필요에 따라 개별 근로자들에 대하여 대기발령을 하였다면 이는 근기법 제46조제1항에서 정한 휴업을 실시한 경우에 해당하므로, 그 휴업 역시 근기법 제23조제1항에서 정한 '휴직'에 해당하는 불이익한 처분에 해당하므로 사용자는 그 근로자들에게 휴업수당을 지급할 의무가 있다(대법 2013.10.11, 2012다12870; 대법 2009.9.10, 2007두10440; 중노위 2018.8.10, 중앙2018휴업1).

3. 부득이한 사유로 인한 휴업과 휴업수당의 감액

(1) 근기법 제46조제2항의 규정내용

근기법 제46조제2항에서 「부득이한 사유로 인하여 사업을 계속하는 것이 불가능하여 노동위원회의 승인을 받은 경우에는 제1항의 기준에 못 미치는 휴업수당을 지급할 수 있다」고 규정하고 있다. 휴업수당 감액지급을 위해서는 실질적 요건으로 「부득이한 사유로 인하여 사업계속이 불가능할 것」과 형식적 요건으로 「노동위원회의 승인」이 있어야 한다.

(2) 부득이한 사유

① **부득이한 사유와 휴업 승인 여부**: 근기법 제46조제2항은 "부득이한 사유로 사업을 계속하는 것이 불가능하여 노동위원회의 승인을 받은 경우에는 제1항의 기준에 못 미치는 휴업수당을 지급할 수 있다."라고 규정하고 있다. 여기서 "부득이한 사유로 사업을 계속하는 것이 불가능"한 경우란 경기침체 등에 따라 지속적인 손실누적, 재무구조 악화, 부도발생 등으로 구조조정이 불가피한 사업장에서 경영상 해고회피 노력의 일환으로 조업을 중단할 수밖에 없는 정도라고 봄이 상당하다(중노위 2018.8.10, 중앙2018휴업1). 천재지변이나 그 밖의 불가항력적 사유라면 원래부터 지급사유에 해당하지 않아 감액지급의 필요성도 없다는 점에서 해당 사업 외부의 사정에 기인한 사유를 말한다는 견해(임종률, 「노동법」, 17판, p.425)가 있다. 후자의 견해가 타당하다고 할 것이다. 판례(대법 1986.9.7, 68누151)는 「객관적으로 부득이한 이유로 인하여 사업의 계속이 불가능하더라도 노동위원회로부터 승인을 받지 못하면 휴업수당을 지급하여야 한다」는 입장을 취한다.

② **구체적 사례**: 휴업은 (가) 사용자의 귀책사유에 의한 것이고, (나) 영업수익이 대폭 증가하면서 흑자를 기록하고 있는 점, (다) 재무구조 악화 원인이 해당 사업장 운영에 따른 것이라 볼 수 없는 점, (라) 휴업에 대하여 근로자들과 사전협의도 하지 아니한 점, (마) 휴업수당 지급 시 감액 받으려는 금액이 사업장 운영에 지장을 초래할 만큼 크다고 볼 수 없는 점을 종합해 볼 때 해당 휴업은 부득이한 사유로 사업계속이 불가능한 경우에 해당하지 않아 법정 기준에 못 미치는 휴업수당 지급승인 요건에 해당하지 않는다(중노위 2018.8.10, 중앙2018휴업1).

③ **불가항력적 사유와 휴업 승인 여부**: 천재지변·재난과 같이 사용자에게 책임을 물을 수 없는 불가항력적인 사정으로 사업 계속이 불가능하게 된 경우에는 사용자의 귀책사유로 볼 수 없다. 따라서 사용자의 귀책사유가 아닌 경우라면 휴업수당 지급대상이 아니며, 노동위원회에 '기준 미달의 휴업수당 지급승인신청'을 하는 경우는 사용자의 귀책사유에도 불구하고 부득이한 사유로 사업 계속이 불가능한 경우이므로 천재지변으로 정상적 근무가 불가능한 경우에는 노동위원회의 승인 여부와 관계없이 근기법상 휴업수당 지급대상이 아니다(2010.2.16, 근로기준과-802).

(3) 노동위원회의 승인

① **노동위원회의 승인과 휴업수당**: 노동위원회의 승인을 얻으면 휴업수당을 전혀 지급하지 않을 수 있느냐의 문제이다. 근기법 제46조의 문언상 「할 수 있다」는 표현은 휴업수당을 반드시 지급하여야 한다는 의미로 해석될 수는 없을 것이다. 그러므로 휴업한 사유가 부득이하고 휴업수당의 지급을 기대할 수 없는 때에는 노동위원회의 승인을 얻어 수당을 지급하지 않더라도 이 조항의 위반행위가 있다고 볼 수 없다.

② **기준 미달의 휴업수당 지급 승인 신청절차**: 사용자는 근기법 제46조제2항에 따라 기준에 못 미치는 휴업수당을 지급하기 위하여 승인을 받으려면 휴업한 날부터 「기준 미달의 휴업수당 지급 승인 신청서」(별지 제4호 서식)를 관할 지방노동위원회에 제출하여야 한다(동법시행규칙 제8조).

③ **부득이한 사유에 대한 입증책임**: 불가항력 그 밖의 부득이한 사유에 대한 입증책임은 책임면제를 주장하는 사용자가 부담해야 할 것이다(대법 1986.9.7, 88두151).

4. 휴업수당의 지급

(1) 휴업수당의 액

① **휴업수당의 지급액**: 휴업수당을 지급해야 할 사용자의 귀책사유가 근기법에서는 민법과는 달리 해석되는 반면에, 휴업수당의 액은 임금의 전액이 아니라 평

균임금의 100분의 70 이상에 그치고 있다. 그러나 평균임금은 통상임금보다는 그 수준이 높은 것이 일반적이기 때문에 통상적 기본임금의 100분의 70보다 많은 액이 될 것이다. 「평균임금의 100분의 70에 상당하는 금액이 통상임금을 초과하는 경우에는 통상임금을 휴업수당으로 지급할 수 있다」(근기법 제46조제1항 단서).

② **법정액 초과의 경우**: 단체협약 또는 취업규칙 등에서 100분의 70을 초과하여 지급할 것을 정하는 것은 자유이다.

③ **휴업기간 중의 주휴일**: 휴업기간 중간에 주휴일 등 유급휴일이 포함되어 있거나 1주간의 소정근로일 전부를 휴업하여 유급휴일이 발생되지 않는 경우에도 휴업수당 산정시에는 휴업기간에 포함하여 산정함이 타당하다(2012.10.25, 근로개선정책과-5243).

⑤ **휴업수당을 지급하면 언제나 휴업을 할 수 있는가의 여부**: 정당한 이유없이 특정 근로자에게 불이익을 주기 위하여 휴업조치를 하는 등 실질적으로는 징계의 일환으로 휴업조치를 행한 경우라면 근기법 제46조에 의한 휴업수당을 지급했더라도 근기법 제23조 위반에 해당될 수 있다(대법 2009.9.10, 2007두10440).

(2) 휴업수당의 지급시기

휴업수당의 지급시기에 대하여 근기법상 특별한 규정이 없으나 그 기간에 대한 일반 임금 지급일을 기한으로 보아야 한다.

5. 근기법 제46조와 민법 제538조제1항 본문과의 관계

근기법 제46조의 「귀책사유」는 민법의 귀책사유와는 그 개념이 다르다. 근기법 제46조가 근로자의 생존권의 확보를 위하여 휴업수당청구권이라는 새로운 실체적 권리를 설정한 것이라고 본다면 이 조항은 민법 제538조제1항 본문의 위험부담의 원리와는 그 근거를 달리하고 있다. 근기법 제46조의 귀책사유는 사용자의 고의·과실 또는 이것과 동등시할 만한 사유에 한정되는 것이 아니라, 경영장애 등과 같이 사용자의 세력범위에 속하는 사유도 포함된다. 따라서 사용자의 고의·과실이 인정되는 사유에 의한 휴업의 경우에는 근기법 제46조에 의한 휴업수당청구권과 민법 제538조제1항에 따라 임금전액에 대한 청구권이 동시에 발생되어 이 두 청구권은 경합관계에 서게 된다(청주지법 2010.4.20, 2009가합1761). 이때에 휴업수당지급청구권을 행사하면 휴업수당지급의 한도 내에서는 민법상의 청구권은 소멸하고, 나머지 임금부분에 관해서는 민법상의 청구권이 성립한다(대법 2017.4.7, 2013다101425;대법 2016.5.24, 2012다85335;김형배, 「노동법」, 제26판, p.398).

6. 쟁의행위와 휴업수당

근로자가 정당한 파업에 참가한 경우에는 근로자의 노무제공의무와 사용자의 임금 지급 의무가 사실관계에 따라 정지하게 되며, 당해 근로자에게 휴업수당의 지급도 문제되지 않는다. 파업으로 인하여 근로를 제공하지 아니한 기간은 근기법 제46조에 의한 사용자의 귀책사유로 인하여 휴업하는 것이 아니기 때문에 휴업수당을 지급할 의무가 없다. 예컨대 파업당일 교섭이 타결되었더라도 전체적으로 보아 동 파업으로 인하여 사용자가 당일 사업을 수행하지 못한 것으로 인정되는 경우에는 교섭타결 이후 시간에 대하여도 사용자 귀책사유에 의한 휴업으로 볼 수 없다(2001.6.28, 근기 68207-2060).

(1) 부분파업의 경우

부분파업시에 파업 불참가자나 비조합원이 근로를 희망하여 노무제공의 이행상태에 있는 경우에 사용자가 그들의 노무제공을 거부하면 근로자는 임금 또는 휴업수당을 청구할 수 있는가의 문제가 있다.

① 근로희망자의 노무제공만으로 조업을 충분히 할 수 있음에도 불구하고 사용자가 그들의 노무제공을 거부하는 경우

② 사용자가 근로희망자의 노무제공만 가지고는 조업을 계속할 수 없는 경우 부분파업으로 인한 조업계속 불능이 근기법 제46조제2항의 부득이한 사유에 해당하느냐의 문제가 발생한다. 이에 학설의 대립이 있다.

(가) 부분파업을 일종의 불가항력으로 보는 학설: 이 설은 부분파업을 일종의 불가항력으로 보아 사용자의 휴업수당지급의무를 부인한다.

(나) 부분파업을 근로조건에 관한 거래로 보는 학설: 이 설은 부분파업을 원자재와 똑같은 노동력 공급부족 현상으로 보아 사용자에게 휴업수당 지급의무가 있다고 본다.

(다) 평가: 부분파업의 결과 근로희망자의 근로제공만으로는 조업을 계속할 수

없을 때 근로자의 귀책사유로 인한 부분파업에 있어서는 사용자의 휴업수당 지급의무는 발생하지 않는다. 그 이유는 첫째 노동조합이 전략적 관점에서 중요부서의 근로자들만을 파업에 참가시킨 경우에 사용자가 근로희망자들에게 휴업수당을 지급해야 한다면 형평의 원칙에 반하고, 둘째 파업결과 향상된 근로조건이 근로희망자에게도 적용되며 부분파업시 근로희망자가 휴업수당을 받지 못하는 위험부담도 근로자 전체의 연대적 관점에서 정당하기 때문이다. 그러나 이에 대하여 파업은 경영상의 사유로 인한 내부문제이므로 파업에 참가하지 않는 자가 취업할 수 없는 경우에는 사용자의 귀책사유로 인한 휴업이라 해석된다는 의미에서 임금의 전액을 지급하여야 한다는 견해가 있으나 이는 받아들일 수 없다.

(2) 직장폐쇄

① **정당한 직장폐쇄의 경우**: 직장폐쇄가 정당한 경우 노무수령 거부와 민법상의 수령지체에 해당되지 않아 사용자에게 임금 지급의무나 휴업수당 지급의무가 없다.

② **위법한 직장폐쇄의 경우**: 직장폐쇄의 정당성이 인정되지 않을 때 사용자의 귀책사유로 인한 휴업이 아니므로 사용자의 근로계약상의 민사책임이 면제되지 않기 때문에 사용자는 민법의 채권자 수령지체(민법 제400조)로 인한 휴업에 해당되지는 않음으로 임금전액의 지급의무를 진다고 해야 할 것이다(김형배, 「노동법」, 제26판, p.389; 임종률, 「노동법」,제17판, p.276). 이 경우는 사용자가 근로자의 노무를 수령하지 않는 계약 위반행위로서 계약책임을 져야 하기 때문이다. 행정해석(2008.1.21, 임금근로시간정책팀-208)은 직장폐쇄의 정당성이 인정되지 않을 때는 근기법 제46조의 휴업으로 보아 평균임금의 70% 이상의 휴업수당을 지급할 의무가 있다고 본다. 위법한 직장폐쇄의 경우에는 임금전액의 지급의무가 있다는 견해가 타당하다고 본다.

7. 근기법 제46조 위반의 효과

사용자가 근기법 제46조에 위반하여 휴업수당을 지급하지 아니한 경우 휴업수당은 임금을 대신하여 지급되는 것이므로 임금체불시 처벌하는 것처럼 벌칙규정의 적용을 받는다(근기법 제109조제1항). 또한 근로자는 근기법상 휴업수당을 청구하거나 민법 제538조제1항에 따라 임금전액을 청구할 수 있다.

4 도급근로자의 임금보장

법 제47조 【도급근로자】 사용자는 도급이나 그 밖에 이에 준하는 제도로 사용하는 근로자에게 근로시간에 따라 일정액의 임금을 보장하여야 한다.

1. 도급근로자 임금보장제도의 취지

도급근로자 임금보장 제도란 근로자가 제조한 물건의 양·가격이나 매출액 등에 따라 일정비율로 임금액을 결정하는 제도를 말한다. 그러므로 연간 정해진 목표에 따라 평가하는 연봉제와 다르다. 근기법 제47조의 취지는 도급제 내지 성과급제에 있어서는 원자재의 부족 그 밖에 근로자의 책임으로 볼 수 없는 사정에 의하여 작업의 양이 감소되어 그 결과 임금이 극단적으로 저액이 될 경우를 예상하여 최소한도의 생활급을 지급하도록 함으로써 도급근로자의 생활을 보장하고자 하는데 있다.

임금의 전부 또는 일부가 도급 또는 이에 준하는 제도로 지급되는 경우에 원료, 자재의 구입, 기타 원래 사용자의 책임하에 처리되어야 할 사정으로 인하여 근로자의 대기시간이 길어지면 근로자는 임금액의 감소 때문에 생활상의 위험을 받을 수 있으므로 근로시간에 따라 일정액의 임금을 제도적으로 보장하는데 이 제도의 취지가 있다.

2. 일정액의 임금보장의 내용

(1) 적용대상

적용대상은 도급 그 밖에 이에 준하는 제도로 사용하는 근로자이다. 도급은 근기법의 적용을 받는 도급에 한정되며, 민법상의 도급은 적용대상이 아니다. 그 밖에 이에 준하는 제도란 도급제, 성과급제 및 능률제 등을 말한다.

(2) 일정액의 임금기준

① **통상의 실수임금의 유지**: 근기법 제47조의 규정은 「근로시간에 따라 일정액의 임금을 보장하여야 한다」고만 하고 있을 뿐이고, 객관적인 지급기준을 규정하지 않고 있다. 이와 같이 보장급에 대한 구체적인 규정이 없기 때문에 근로계약·취업규칙·단체협약 등에서 이를 명시하지 않는 한, 근로자에게 급여청구권을 인정할 수 없다. 도급근로자의 임금보장급 제도의 취지가 통상의 실수임금(實收賃金)의 유지에 있으므로 이때에 구체적인 계수상의 문제는 근로계약·취업규칙 또는 단체협약 등의 규정에 의한 기초임금률 등의 임금체계에 따르면 된다. 근기법이 근로시간에 따른 임금지급을 기본적으로 설계하고 있기 때문이다.

② **구체적인 산정기준이 없는 경우**: 근로자의 통상적 상황에 있어서의 평균임금액을 기준으로 한다. 이 경우의 임금보장은 근로시간에 대한 일정액인 까닭에 「1시간에 얼마」라는 것이 원칙이다. 이때에 구체적으로 지급되는 임금액은 근기법 제46조의 휴업수당과 같은 수준인 평균임금의 100분의70이 타당하다는 견해가 있다. 그러나 그 기준을 하회하더라도 법 위반으로 판단할 근거가 없으며 최저임금을 상회한다면 근기법 제47조 위반으로 보기 힘들 것이다.

③ **동일 산업에 있어서의 평균적인 임금을 현저히 하회하는 금액**: 근기법 제47조의 취지에 반한다고 해석된다. 그러나 개개의 근로자에 대하여 동종의 근로에 종사하는 자가 다수 있는 경우에 개개 근로자의 기능·연령·경력 등을 감안하여 보장급을 결정하더라도 무방하다고 해석된다.

3. 도급제 사원이 근기법상 근로자인지 여부에 대한 판단기준

(1) 도급제 사원이 근로자에 해당한다는 사례

의류제조업을 영위하는 사업장에서 별도의 사업자등록을 하고 의류제조공정 중 봉제업무를 수행하고 기본급 없이 작업량에 따른 성과급만을 지급받았다고 하더라도, 사용자의 지휘·감독을 받아 업무를 수행하였으므로 근기법상의 근로자에 해당한다(대법 2009.10.29, 2009다51417).

(2) 도급제 사원이 근로자에 해당하지 않는다는 사례

甲 주식회사에서 도급제 사원으로서 근무한 乙, 丙이 근기법상 근로자에 해당하는 지 문제된 사안이다. 판례(대법 2012.1.12, 2010다50601)는 「甲 회사가 도급제 사원의 업무수행에 관하여 구체적인 지시를 하거나 개별적으로 감독한 적이 없는 점 등을 종합하여 보면 乙, 丙이 甲 회사의 근로자라고 하기는 어렵다」고 본 원심 판단을 수긍한 사례이다.

4. 근기법 제47조 위반의 효과

근기법 제47조에 위반하여 임금의 보장을 하지 않는 경우에는 500만원 이하의 벌금에 처한다(동법 제114조제1호). 동조의 임금의 보장은 현실적으로 보장급을 지급하지 않은 경우뿐만 아니라 보장급을 정하지 않을 때에도 동조 위반이 성립한다.

제5절 임금채권의 보호

1 임금채권 보호의 중요성

임금은 근로자의 기본적 생활을 유지하기 위한 유일한 생존수단이기 때문에 근로조건 중 가장 중요한 것이다. 따라서 사용자에 대한 권리로서의 임금채권은 시민법상의 권리 이상으로서 국가의 특별한 보호가 요청된다.

근기법의 임금 보호조항 또는 최저임금법상 최저임금제도 등 보호조항이 있음에도 불구하고 기업이 경영위기에 직면하거나, 사용자가 도산 또는 파산하거나, 사용자의 재산이 다른 채권자에 의하여 압류되었을 때 근로자의 임금채권을 다른 일반채권자와 함께 그 채권비율에 따라 배당을 받게 된다면 근로자는 사실상 임금을 지급받을 수 없다. 이러한 경우에 임금채권을 보호하기 위하여 등장한 것이 임금채권의 우선변제제도이다.

2 임금채권의 우선변제제도

법 제38조【임금채권 우선변제】 ① 임금·재해보상금 그 밖에 근로관계로 인한 채권은 사용자의 총재산에 대하여 질권·저당권 또는 「동산·채권등의담보에관한법률」에 따른 담보권에 따른 담보된 채권 외에는 조세·공과금 및 다른 채권에 우선하여 변제되어야 한다. 다만, 질권·저당권 또는 「동산·채권등의담보에관한법률」에 따른 담보권에 우선하는 조세·공과금에 대하여는 그러하지 아니하다.

② 제1항의 규정에도 불구하고 다음 각 호의 어느 하나에 해당하는 채권은 사용자의 총재산에 대하여 질권·저당권 또는 「동산·채권등의담보에관한법률」에 따른 담보권에 따라 담보된 채권, 조세, 공과금 및 다른 채권에 우선하여 변제되어야 한다.

1. 최종 3개월분의 임금
2. 재해보상금

근퇴법 제11조【퇴직금의 우선변제】 ① 퇴직금은 사용자의 총재산에 대하여 질권 또는 저당권에 의하여 담보된 채권을 제외하고는 조세·공과금 및 다른 채권에 우선하여 변제되어야 한다. 다만, 질권·저당권에 우선하는 조세·공과금에 대하여는 그러하지 아니하다.
② 제1항의 규정에 불구하고 최종 3년간의 퇴직금은 사용자의 총재산에 대하여 질권·저당권, 조세·공과금 및 다른 채권에 우선하여 변제되어야 한다.
③ 제2항의 퇴직금은 계속근로기간 1년에 대하여 30일분의 평균임금으로 계산한 금액으로 한다.

1. 임금채권의 우선변제제도의 의의

① **임금채권 우선변제의 의의:** 임금채권 우선변제란 기업이 도산, 경영위기 등 지불능력이 없게 된 경우에 잔여재산이 처분된 때 근로자의 유일한 생계수단인 임금을 다른 채권보다 우선변제하게 하여 근로자의 생활을 보장하도록 하기 위한 제도를 말한다.

② **근기법 제38조제1항의 취지:** 근기법 제38조제1항에 따른 임금채권 우선변제 제도는 사회정책적인 차원에서 근로자를 두텁게 보호하기 위하여 일정한 임금, 퇴직금 등 채권에 대하여 임의경매 등 집행절차에서 다른 채권자보다 우선하여 변제를 받을 수 있는 권리를 인정한 것이다(헌재[전원재판부] 2006.7.27, 2004헌바20).

이와 같은 임금 등의 우선변제제도는 사용자가 도산하거나 사용자의 재산이 다른 채권자에 의하여 압류되었을 경우에 근로자의 최저생활 보장을 실질적으로 확보하기 위한 사회정책적인 의의가 있다.

③ **근기법 제38조제2항의 취지:** 근기법 제38조제2항에 따른 최종 3개월분의 임금, 재해보상금과 근로자퇴직급여보장법 제11조제2항에 따른 최종 3년간의 퇴직금에 해당하는 채권은 사용자의 총재산에 대하여 질권·저당권 또는 동산·채권등의담보에관한법률에 따른 담보권에 따라 담보된 채권, 조세·공과금 및 다른 채권에 우선하여 변제되어야 한다. 이는 근로자의 최저생활을 보장하고자 하는 공익적 요청에서 일반 담보물권의 효력을 일부 제한하고 임금채권의 우선변제권을 규정한 것이다. 이 규정의 취지는 최종 3개월분의 임금 등에 관한 채권은 다른 채권과 동시에 사용자의 동일재산에서 경합하여 변제받는 경우에 성립의 선후나 질권이나

저당권의 설정 여부에 관계없이 우선적으로 변제받을 수 있는 권리가 있을 뿐이다. 근기법 등에 따라 우선변제청구권을 갖는 임금채권자라고 하더라도 강제집행절차나 임의경매절차에서 배당요구의 종기까지 적법하게 배당요구를 하여야만 우선배당을 받을 수 있는 것이 원칙이다(대법 2015.8.19, 2015다204762). 사용자가 재산을 특정승계 취득하기 전에 설정된 담보권에 대해서까지 그 임금채권의 우선변제권을 인정한 것은 아니다(대법 2004.5.27, 2002다65908). 그러나 임금채무를 지고 있던 사용자가 영업양도를 하면서 근저당권 목적물인 부동산을 타인에게 양도하고 그 영업양도에 따라 근로자들의 근로관계도 양수인에게 단절없이 승계된 경우에는 영업양도인에 대한 근로관계를 그대로 승계한 영업양수인에 대한 관계에서도 영업양도 전과 동일하게 임금 등의 우선변제권이 유지된다고 보는 것이 옳다.

④ **우선변제권의 법적 성질**: 우선변제권은 질권·저당권 등 약정담보물권과는 달리 법률의 규정에 의하여 당연히 인정되는 법정담보물권이다. 판례도 「근기법 제38조에 규정된 최종 3월분 임금에 대한 우선특권은 이른 바 법정담보물권에 해당하는 것으로서 사용자의 재산에 대한 저당권의 피담보채권보다 우선하여 변제받을 수 있다」고 한다(대법 1990.7.10, 89다카3155).

2. 임금채권의 우선변제제도의 내용

(1) 근로관계로 인한 채권

근기법 제38조 및 근퇴법 제11조에 의하여 우선적으로 변제를 받을 수 있는 채권은 임금, 퇴직금, 재해보상금 그 밖에 근로관계로 인한 모든 채권을 말한다.

첫째, 임금은 근기법 제2조제1항제5호의 임금을 가리킨다.

둘째, 퇴직금은 퇴직을 지급조건으로 하는 임금으로서 불확정 기한부의 채권이라 할 수 있다.

셋째, 재해보상금은 근기법에서 규정하고 있는 재해보상제도에 의한 보상금이 모두 포함된다.

넷째, 「그 밖에 근로관계로 인한 채권」이란 근로자와 사용자 사이의 채권적인 성격을 갖는 금전적 청구권을 포함하는 것으로 볼 수 있다. 예컨대 기본임금 이외에 각종 근로수당, 상여금에 대한 청구권 및 해고예고수당의 청구권(근기법 제26조), 휴업수당(근기법 제4조)등을 포함하는데 그친다 할 것이다(2010.1.5 근로기준과-49).

(2) 사용자의 총재산

① **사용자의 총재산의 범위**: 임금채권을 변제할 '사용자의 총재산'이란 '근로계약의 당사자로서 임금채무를 1차적으로 부담하는 사업주인 사용자의 총재산'을 의미한다(대법 1999.2.5, 97다48388). 「사용자의 총재산에서 사용자란 근기법 제2조제1항제2호에 의한 광의의 사용자가 아닌 사업의 사업주로서 개인일 경우에는 개인, 법인인 경우에는 법인 그 자체를 말하며 총재산에는 사업주 개인 또는 법인의 재산총액과 제3자에 대한 채권도 포함된다」(1993.11.17, 임금 68207-707).

사용자의 총재산이란 사용자가 소유하는 동산, 부동산뿐만 아니라 일체의 물권과 채권, 각종의 무체재산권, 광업권, 어업권 등의 권리까지 모두 포함하는 개념이다.

② **사업경영담당자의 개인재산 포함 여부**: 사용자가 법인체의 경우에는 회사(법인)의 재산만을 가리키는 것으로 대표자 등 사업경영담당자의 개인재산은 이에 포함되지 않는다고 할 것이다(대법 1996.2.9, 95다719). 합자회사의 무한책임사원의 개인재산도 제외된다(대법 1996.2.9, 95다719). 다만, 법인기업이라 하더라도 그 실체가 개인기업과 같아 이른바 법인격부인의 법리가 적용되는 경우에는 개인재산도 포함될 것이다(대법 1988.11.22, 87다카1671).

(3) 임금채권변제 우선순위

임금채권의 우선변제순위는 다음과 같다. ① **질권·저당권 또는 「동산·채권등의 담보에관한법률」에 의하여 담보된 채권 다음의 변제순위**: 원칙적으로 임금채권이 질권·저당권「동산·채권등의담보에관한법률」에 의하여 담보된 채권 다음의 변제순위를 확보 받음으로써 조세·공과금보다 우선하고 있는 제도이다.

② **최종 3개월분의 임금, 재해보상금 등 최우선 변제 순위**: 최종 3개월분의 임금·재해보상금에 대하여는 최우선변제를 받도록 임금 지급 보장을 강화함으로써 최저생활이 보장되도록 하였다. 근기법 제38조제2항은 「제1항에도 불구하고 다음 각 호의 어느 하나에 해당하는 채권은 사용자의 총재산에 대하여 질권 ·저당권 또는 「동산·채권등의담보에관한법률」에 의하여 담보된 채권, 조세·공과금 및 다

른 채권에 우선하여 변제되어야 한다. 1. 최종 3개월분의 임금, 2. 재해보상금」이라고 규정하고 있다. 근퇴법 제11조제2항은 최종 3년간의 퇴직금에 대하여 최우선변제를 규정하고 있다.

③ **'최종 3개월분의 임금'과 '최종 3년간의 퇴직금'의 의미 및 '최종 3년간의 퇴직금'의 경우 배당요구 종기일 이전에 퇴직금 지급사유가 발생하여야 하는지 여부:** (가) 여기서 최종 3개월분의 임금은 배당요구 이전에 이미 근로관계가 종료된 근로자의 경우에는 근로관계 종료일부터 소급하여 3개월 사이에 지급사유가 발생한 임금 중 미지급분, 배당요구 당시에도 근로관계가 종료되지 않은 근로자의 경우에는 배당요구 시점부터 소급하여 3개월 사이에 지급사유가 발생한 임금 중 미지급분을 말한다(대법 2015.8.19, 2015다204762).

(나) 그리고 최종 3년간의 퇴직금도 이와 같이 보아야 하므로, 배당요구 종기일 이전에 퇴직금 지급사유가 발생하여야 한다. 최종 3개월분의 「임금채권」이란 최종 3개월 사이에 지급사유가 발생한 임금채권을 의미하는 것이 아니라 최종 3개월간 근무한 부분의 임금채권을 말한다(대법 2002.3.29, 2001다83838).

최종 3개월분의 임금을 미지급된 정기임금의 의미로 보는 것이 옳을 것이라는 견해가 있다(김형배, 「노동법」, 제26판, p.408). 그러나 그렇게 해석할 만한 근거가 없고 또 평균임금을 기초로 산정되는 퇴직금의 일정 부분이 최우선변제의 대상이 되는 것과의 균형을 고려하더라도 최종 3개월분의 임금 전체로 보아야 할 것이다.

(다) '재해보상금'이란 업무상의 재해에 대하여 사용자가 지급하지 못한 근기법상의 보상금을 말한다.

(라) '최종 3년간의 퇴직급여등'이란 최종 3년만을 계속근로기간으로 보았을 때의 퇴직급여 등을 말한다.

(4) 질권 · 저당권 등에 따라 담보된 채권과의 우선순위

최종 3개월분의 임금 등은 사용자의 총재산에 대하여 질권·저당권 등에 따라 담보된 채권에 우선하여 변제되어야 하므로, 사용자의 총재산에 대한 질권·저당권 등의 설정 시기가 사용자 지위의 취득 전이냐 후이냐는 중요하지 않고 사용자가 사용자 지위를 취득하기 전에 설정한 질권·저당권에 따라 담보된 채권에도 우선하여 변제되어야 한다(대법 2011.12.8, 2011다68777).

(5) 임금채권과 조세

① 조세는 국세·지방세 등과 같이 국가 또는 지방자치단체가 그 재력의 취득을 위하여 반대급부없이 일반 국민으로부터 강제적으로 부과, 징수하는 금전을 말한다. 임금채권이 조세·공과금보다 우선하는 것이 원칙이지만, 조세·공과금이 질권 또는 저당권보다 우선하는 경우에는 임금채권은 조세·공과금보다 우선할 수 없다.

② 저당권의 피담보권이 국세나 지방세에 우선하려면 그 국세·지방세의 납부기한 전에 저당권이 설정되어야 한다. 국세기본법 제35조제1항제5호 및 지방세법 제31조제2항제5호에 의하여 임금·퇴직금·재해보상금 기타 근로관계로 인한 채권은 국세 및 지방세보다 우선한다. 물론 이 경우에 있어서도 임금채권은 담보채권보다는 우선할 수 없다.

근기법 제38조제2항은 채권에 대한 물권의 우선적 효력을 인정하는 기본원칙에 대한 중대한 예외를 이루므로 법이론상 재고의 여지가 있다는 비판을 면할 수 없다.

(6) 임금채권과 공과금

1) 공과금의 의의

공과금이란 국가 또는 공공단체에 의하여 국민 또는 공공단체의 구성원에게 강제적으로 부과되는 공적 부담을 총칭한다. 공적 부담비용으로, 예컨대 수수료, 수도료, 시청료, 공공조합의 조합비·도로사용료·토지개량으로 인한 분담금 또는 부담료를 말한다.

2) 우선순위

공과금의 경우에도 조세에 관하여 기술한 바에 준해서 임금채권에 대한 우선 여부가 결정된다. 왜냐하면 공과금의 체납도 국세 또는 지방세 체납시의 경우와 같이 이를 징수할 수 있도록 규정하고 있기 때문이다(예를 들면 도시계획법 제65조, 도로법 제78조).

3. 근기법 제38조 위반의 효과

① **해당 벌칙의 미규정**: 근기법 제38조 위반에 대한 벌칙규정이 없다. 다만, 회사가 부도난 경우에 적용되는 것이므로 사용자가 위반한 경우에는 근로관계 종료시에는 금품청산(근기법 제36조)이나 임금체불(근기법 제43조) 위반에 대한 벌칙규정이 준용될 수 있다고 본다.

② **사법상의 효력**: 임금채권우선변제규정에 위반하여 사용자가 다른 채권을 변제하였을 때에는 그 채권변제는 무효가 되며 근로자들은 사용자의 변제금액을 환수할 수 있다.

3 도급사업에서의 임금채권의 보호

1. 하수급인의 근로자에 대한 임금보호

> **법 제44조【도급사업에 대한 임금 지급】** ① 사업이 여러 차례의 도급에 따라 행하여지는 경우에 하수급인이 직상수급인의 귀책사유로 근로자에게 임금을 지급하지 못한 경우에는 직상수급인은 그 하수급인과 연대하여 책임을 진다. 다만, 직상수급인의 귀책사유가 그 상위수급인의 귀책사유에 의해 발생한 경우에는 그 상위수급인도 연대책임을 진다.
> ② 제1항의 직상수급인의 귀책사유의 범위는 대통령령으로 정한다.

(1) 의 의

도급사업에 있어서 하수급인과 근로관계가 있는 근로자가 임금을 지급받을 수 없을 때, 그 원인이 직상수급인 또는 상위수급인의 귀책사유로 인한 경우에는 그 직상수급인 또는 상위수급인과 연대하여 임금 지급의 의무를 지게 함으로써 근로자의 임금채권을 보호하고 있다.

근기법 제44조제1항은 「사업이 여러 차례의 도급에 따라 행하여지는 경우에 하수급인이 직상수급인의 귀책사유로 근로자에게 임금을 지급하지 못한 경우에는 그 직상수급인은 그 하수급인과 연대하여 책임을 진다. 다만, 직상수급인의 귀책사유가 그 상위수급인의 귀책사유에 의해 발생한 경우에는 그 상위수급인은 연대하여 책임을 진다」고 규정하고 동조제2항은 「제1항의 귀책사유의 범위는 대통령령으로 정한다」고 규정하고 있다.

(2) 제도의 취지

하수급인은 대부분의 경우 도급인 또는 상수급인에의 의존도 내지 종속도가 높고 영세성을 면치 못하고 있다. 이러한 실정에서 도급인이나 상위수급인의 원자재의 제공 지연, 도급보수의 지급 지체 등은 하수급인의 임금지급에 직접 영향을 미칠 수 있다. 그러므로 근기법 제44조는 이러한 경우를 고려하여 하수급인이 직상수급인 또는 그 상위수급인의 귀책사유로 임금을 지급하지 못하게 되는 경우에 그 직상수급인 또는 그 상위수급인은 당해 수급인과 연대하여 임금지급책임을 부담하도록 할 것이다.

(3) 직상수급인의 개념

1) 문제의 소재

직상수급인의 정의와 관련하여 법문에는 「사업이 여러 차례의 도급에 따라 행하여지는 경우」라는 표현과 「직상수급인」이라는 표현이 있는바 「여러 차례의 도급」이란 2회 이상의 도급을 말한다. 도급이 1차에 걸쳐 행해지고 있어서 도급인과 수급인만이 있는 경우 도급인은 「직상수급인」에 해당하는가가 문제된다.

2) 직상수급인의 범위

① 사업이 1회의 도급에 따라 이루어지는 경우에도 책임 확장의 법규가 적용된다는 견해이다. 도급인은 수차의 도급에 의한 직상수급인이 아니라 하더라도 동조의 취지가 수급인의 의존성과 종속성을 고려하여 근로자들이 임금을 받지 못하게 된 책임을 일정한 귀책사유가 있을 경우에는 도급을 준 사람에게도 함께 부담케 하려는 것이므로, 도급이 1차에 걸쳐 행하여지든 또는 수차에 걸쳐 행하여지든 이를 묻지 않는 것이라고 해석해야 할 것이라는 견해이다. 판례(대법 1999.2.5, 97다48388)는 「도급이 1차에 걸쳐 행하여짐으로써 도급인과 수급인만이 있는 경우에는 도급인이 직상수급인에 해당한다」고 할 것이다. 행정해석(2000.12.13, 근기

68207-3884)도 도급이 1차에 걸쳐 행하여지는 또는 수차에 걸쳐 행하여지든 이를 구별하지 않는 것이 타당하다. 따라서 도급이 1차에 걸쳐 행하여진 경우에도 원도급인을 근기법 제43조의 규정에 의한 직상수급인으로 봄이 타당하다」고 한다.

② 동일한 도급관계에서 발생된 사안에 대하여 도급이 수차에 거쳐 행하여진 경우에만 근로자를 보호한다면 법의 평등한 적용을 기대할 수 없으므로 직상수급인의 범위에 도급인을 포함시키는 견해도 일리있으나 동 조항은 형벌규정으로 죄형법정주의가 적용되어야 한다는 점에서 「여러 차례의 도급」인 경우에 적용된다는 견해가 타당하다고 본다.

③ 여러 차례의 도급으로 행해지는 사업의 경우 임금체불시 직상수급인에게만 연대책임을 부과하고 있어서 원수급인 등 상위수급인에게 귀책사유가 있어도 책임을 묻지 못하는 경우 발생한다. 따라서, 직상수급인이 아닌 상위수급인의 귀책사유로 인한 임금체불을 예방하고 체불임금을 신속하게 해결하기 위하여 직상수급인뿐만 아니라 원수급인 등 귀책사유가 있는 상위수급인 모두에게 그 책임을 부과할 필요가 있다.

(4) 귀책사유의 내용과 판단

근기법 제44조제2항에 따른 귀책사유의 범위는 다음과 같다.

① 정당한 사유 없이 도급계약에서 정한 도급 금액 지급일에 도급 금액을 지급하지 아니한 경우(근기법시행령 제24조제1호)

② 정당한 사유 없이 도급계약에서 정한 원자재 공급을 늦게 하거나 공급을 하지 아니한 경우(동조제2호)

③ 정당한 사유 없이 도급계약의 조건을 이행하지 아니하여 하수급인이 도급사업을 정상적으로 수행하지 못한 경우(동조제3호)

귀책사유란 직상수급인 또는 상위수급인의 근로자들이 임금을 받을 수 없게 된 원인으로서의 사유를 말한다. 즉, 직상수급인 또는 상위수급인의 임금지급의무는 임금체불과 자기의 귀책사유가 직접 또는 간접으로 인과관계에 있는 것을 요건으로 하므로 직상수급인 또는 상위수급인은 체불된 임금 중 자기의 귀책사유와 인과관계가 있는 범위에서만 지급의무를 진다.

(5) 직상수급인 또는 상위수급인의 책임과 입증책임

1) 직상수급인 또는 상위수급인의 연대책임

① 직상수급인 또는 상위수급인과 하수급인은 근로자의 임금에 대하여 연대채무관계에 있으므로 근로자 또는 임의로 그 중 한사람에 대한 임금채무의 전부 또는 일부의 이행을 청구할 수 있고, 또 그 두 사람에 대하여 동시에 또는 순차로 임금채무의 전부 또는 일부의 이행을 청구할 수 있다(민법 제414조). 예컨대 직상수급인이 자신의 도급대금지급채무를 면하기 위해서는 그 구상권을 자동채권으로 하여 하수급인에게 상계의 의사표시를 해야 한다.

② 근기법 제44조의 규정에 의하여「직상수급인의 귀책사유로 하수급인이 근로자에게 임금을 지급하지 못함으로써 직상수급인이 당해 하수급인과 연대하여 위 임금을 지급할 책임을 지게 되고 실제 직상수급인이 하수급인의 근로자에게 임금을 지급하였다 하더라도 직상수급인은 하수급인에 대하여 그가 지급한 임금상당액의 구상채권을 취득함에 그치는 것이므로 그 임금을 지급하였다 하여 당연히 그가 하수급인에게 지급할 공사대금채무가 그 임금범위 내에서 소멸되는 것이 아니고, 또 그 구상채권도 피고가 근로자에게 그 임금상당액을 지급할 때 발생한다」(대법 1988.4.12, 87다카1886)할 것이다.

③ 하수급인이 직상수급인 또는 상위수급인의 귀책사유로 근로자에게 임금을 지급하지 못하여 직상수급인 또는 상위수급인이 근기법 제44조제1항에 의하여 하수급인의 근로자들에 대하여 하수급인과 연대책임을 지는 경우, 하수급인의 근로자들이 직상수급인 또는 상위수급인 소유의 재산에 대하여 임금 우선변제권을 주장할 수 있는지 여부이다. 직상수급인 또는 상위수급인 소유의 재산에 대한 강제집행절차에서 하수급인의 근로자들이 직상수급인 또는 상위수급인 소유의 재산을 사용자의 총재산에 해당한다고 보아 이에 대하여 임금 우선변제권을 주장할 수 없다(대법 1999.2.5, 97다48388).

2) 입증책임

① 직상수급인과 상위수급인이 연대책임을 면하기 위해서는 그에게「정당한 사유」가 있었음을 입증해야 한다. 즉, 직상수급인과 상위수급인에게 귀책사유가 인정되지 않는 경우에는 면책된다.

② 여기서 「정당한 사유없이」라는 의미가 직상수급인 또는 상위수급인에게 고의·과실이 있는 경우를 말하는 것인지 아니면 그의 세력범위에 속하는 위험부담까지도 포함하는 것인지가 분명하지 않으나 전자의 경우가 타당하다고 해석해야 할 것이다(김형배, 「노동법」, 제26판, p.401).

(6) 근기법 제44조 위반의 효과

근기법 제44조를 위반한 사용자는 3년 이하의 징역 또는 3천만원 이하의 벌금에 처한다(동법 제109조제1항). 근기법 제44조를 위반한 사용자에 대하여는 피해자의 의사와 다르게 공소를 제기할 수 없다(동조제2항). 이른바 반의사불벌죄를 규정하고 있다.

2. 건설사업에서의 근로자의 임금보호

(1) 건설업에서의 임금지급 연대책임

1) 근기법 제44조의2의 입법취지

건설업의 경우 다단계의 하도급 구조로 인하여 건설현장에 종사하는 근로자들의 근로계약 관계가 불안정하고, 특히 임금체불이 타 업종에 비해 빈번하게 발생하고 있다. 건설업계의 불법하도급으로 인하여 건설일용근로자에 대한 임금체불이 빈번히 발생함에 따라 건설하도급사업 근로자들의 임금지급방식을 개선하여 해당 근로자를 보호하려는 데 있다. 이는 직상수급인이 건설업 등록이 되어 있지 않아 건설공사를 위한 자금력 등이 확인되지 않는 자에게 건설공사를 하도급하는 위법행위를 함으로써 하수급인의 임금지급의무 불이행에 관한 추상적 위험을 야기한 잘못에 대하여, 실제로 하수급인이 임금지급의무를 이행하지 않아 이러한 위험이 현실화되었을 때 그 책임을 묻는 취지라고 할 수 있다(대법 2015.11.12, 2013도8417; 헌재 2014.4.24, 2013헌가12). 이는 법 규정이 하도급 구조의 특성을 잘 반영하지 못하여 근로자들을 보호하는데 미흡했기 때문이다. 여기에는 직상수급인의 임금 지급 연대책임(근기법 제44조의2)과 건설업의 공사도급에 있어서 임금에 관한 특례(근기법 제44조의3)의 두 종류가 있다.

2) 건설업에서의 직상수급인의 임금 지급 연대책임

불법 하도급(직상수급인의 귀책사유와 상관없이 건설업자가 아닌 자에게 하도급이 이루어진 경우)을 한 경우에 직상수급인에게 하수급인이 사용한 근로자에 대한 임금 지급의 연대책임을 부과하고, 이를 위반할 경우 벌칙을 부과하고 있다(근기법 제44조의2, 제109조).

① 직상수급인의 임금 지급 연대책임의 요건

(가) 건설업에서 사업이 2차례 이상 「건설산업기본법」 제2조제11호에 따른 도급(공사도급)이 이루어진 경우이어야 한다. "2차례 이상 도급이 이루어진 경우"란 발주자로부터 최하위 하수급업자(「건설산업기본법」상 건설업자가 아닌 경우도 포함)까지의 도급이 2차례 이상 이루어진 경우를 말한다(2008.1.24, 임금근로시간정책팀-251).

(나) 건설산업기본법 제2조제7호에 따른 건설업자가 아닌 하수급인이 그가 사용한 근로자에게 임금(해당 건설 공사에서 발생한 임금으로 한정한다)을 지급하지 못한 경우이어야 한다. 건설업에서 사업이 2차례 이상 건설산업기본법 제2조제11호에 따른 도급이 이루어진 경우로서 그 사업이 동법 제9조제1항 단서에 따른 경미한 건설공사에 해당하여 수급인과 하수급인이 모두 동법 제2조제7호에 따른 건설업자가 아니고 그 사업의 하수급인이 그가 사용한 근로자에게 임금을 지급하지 못한 경우(근기법 제44조제1항 및 제44조의3제1항 각 호에 해당하는 경우는 제외함), 근기법 제44조의2제1항에 따른 건설업에서의 임금 지급 연대책임은 적용되지 않는다(법제처 2018.1.22, 안건번호 17-0663).

② 직상수급인의 임금 지급 연대책임의 효과

(가) 그 직상수급인은 하수급인과 연대하여 하수급인이 사용한 근로자의 임금을 지급할 책임이 있다.

(나) 직상수급인이 「건설산업기본법」 제2조제7호에 따른 건설업자가 아닌 때(예컨대 건설업 등록증을 대여받은 자)에는 그 상위수급인 중에서 최하위의 같은 호에 따른 건설업자를 직상수급인으로 본다(근기법 제44조의2제2항). 연대책임을 진 직상수급인은 하수급인에게 구상권을 행사할 수 있다.

③ 반의사불벌죄의 적용 여부

근기법 제44조의2, 제109조에 따라 건설업자가 아닌 하수급인이 그가 사용한 근로자에게 임금을 지급하지 못하여 그 하수급인의 직상수급인이 하수급인과 연대하여 하수급인이 사용한 근로자의 임금을 지급할 책임을 부담하는 것과 관련하여, 하수급인의 처벌을 희망하지 아니하는 근로자의 의사표시에 직상수급인의 처벌을 희망하지 아니하는 의사표시도 포함되어 있다고 볼 수 있는지를 살펴보아야 하고, 직상수급인을 배제한 채 오로지 하수급인에 대하여만 처벌을 희망하지 아니하는 의사를 표시한 것으로 쉽사리 단정할 것은 아니다(대법 2015.11.12, 2013도8417). 이 판례는 하수급인의 처벌을 희망하지 아니하는 근로자의 의사표시에는 직상수급인 피고인의 처벌을 희망하지 아니하는 의사표시가 포함되어 있다고 보아 공소기각판결을 선고한 원심의 판단을 수긍한 사안이다.

(2) 건설업의 공사도급시의 임금에 관한 특례

1) 근기법 제44조의3의 특징

하도급 대금 채무를 부담하고 있는 범위에서 하수급인의 근로자에게 하수급인에 대하여 임금채권이 있음을 증명하는 집행증서, 가집행선고부지급명령, 소액심판에 있어서의 판결 등 집행권원이 있는 경우에 하수급인이 사용한 근로자에게 지급하여야 하는 임금에 해당하는 금액을 직상수급인 또는 원수급인이 직접 지급하도록 하고 있다(근기법 제44조의3). 근기법 제44조의3의 특징은 처벌규정이 없다는 것과 하도급 대금 채무의 범위 내에서 책임을 진다는 것이다.

2) 직상수급인의 임금 해당액 지급책임의 요건

① 공사도급이 이루어진 경우이어야 한다.

"도급이 이루어진 경우"란 원수급인에서부터 도급이 1차례 이상 이루어진 경우를 말한다(2008.2.28, 임금근로시간정책팀-508).

② 직상수급인이 하수급인에게 지급해야 하는 채무 범위 내이어야 한다.

③ 다음의 어느 하나에 해당하는 경우이어야 한다.

공사도급이 이루어진 경우로서 법령 소정의 어느 하나에 해당하는 때에는 직상수급인은 하수급인에게 지급하여야 하는 하도급 대금 채무의 부담 범위에서 그 하수급인이 사용한 근로자가 청구하면 하수급인이 지급하여야 하는 임금(해당 건설공사에서 발생한 임금으로 한정한다)에 해당하는 금액을 근로자에게 직접 지급하여야 한다(근기법 제44조의3제1항).

3) 직상수급인의 임금 해당액 지급책임의 효과

① 모든 요건을 갖춘 경우 직상수급인은 하수급인 근로자에게 임금에 해당하는 금액(해당 건설공사에서 발생한 임금에 한정)을 직접 지급하여야 한다.

② 직상수급인이 하수급인 근로자들에게 임금에 해당하는 금액을 지급한 경우에는 그 금액만큼 하수급인에게 지급해야하는 대금채무는 소멸하게 된다.

③ 직상수급인이 지급을 거부하는 경우에는 하수급인의 근로자들은 근기법 제44조의3제1항에 의해 직상수급인에 대한 채권을 확보한 것이므로 민사적으로 해결하여야 한다.

④ 가압류된 직상수급인의 대금의 임금특례 적용 여부이다.

근기법 제44조의3에 의해 건설업의 공사 도급에 있어서 하수급인의 근로자는 일정한 요건을 갖춘 경우 직상수급인에게 임금 지급을 청구할 수 있고, 직상수급인은 하수급인에게 지급해야 하는 하도급 대금 채무의 범위 내에서 임금지급 의무를 부담하도록 규정하고 있다. 하수급인의 근로자 외에 다른 채권자가 이미 직상수급인의 하도급 대금에 대해 가압류했다면, 하수급인의 근로자에 대한 임금 지급은 관할 법원의 배당 등 민사절차에 따라야 할 것이다(2008.6.4, 근로조건지도과-1873).

4) 원수급인의 임금 해당액 지급책임

① 원수급인의 임금해당액 지급책임의 요건

다음의 요건을 갖춘 경우 하수급인의 근로자들은 원수급인에 대하여 임금에 해당하는 금액을 직접 지급할 것을 요구할 수 있다.

(가) 공사도급이 원수급인으로부터 2차례 이상 이루어진 경우이어야 한다.

(나) 원수급인과 하수급인들 간에 하도급 대금 채무가 순차적으로 존재하고 있어야 한다.

(다) 하수급인의 근로자에게 그를 사용한 하수급인에 대하여 근기법 제44조의3제1항제2호의 집행권원이 있는 경우이어야 한다.

② 원수급인의 임금 해당액 지급책임의 효과

(가) 원수급인은 하수급인의 근로자들의 요구가 있는 경우 하수급인 근로자들에

게 직접 지급하여야 한다. 원수급인은 근로자가 자신에 대하여 「민법」 제404조에 따른 채권자 대위권을 행사할 수 있는 금액의 범위에서 이에 따라야 한다(근기법 제44조의3제2항).

(나) 원수급인이 하수급인이 사용한 근로자들에 대하여 임금 해당액을 직접 지급한 경우에는 하수급인에 대한 대금 채무는 그 범위에서 소멸한 것으로 본다(근기법 제44조의3제3항).

4 임금채권의 시효 및 압류

법 제49조【임금의 시효】 이 법에 따른 임금채권은 3년간 행사하지 아니하면 시효로 소멸한다.

1. 임금채권의 시효

(1) 시효제도의 의의

근로자의 임금채권의 보호에 관한 것으로서 임금채권의 시효는 3년이다. 따라서 임금채권은 3년간 행사하지 아니하면 시효로 소멸한다. 이는 그 기간 내에 근로자가 임금채권을 행사하지 않으면 그 권리를 잃는다는 것을 의미한다.

시효제도의 존재의의는 영속된 사실상태를 존중하고 권리 위에 잠자는 자를 보호하지 않는 데에 있고 특히 소멸시효에 있어서는 후자의 의미가 강하다. 권리자가 그 권리를 주장하여 권리 위에 잠자는 것이 아님을 표명한 때에는 시효중단사유가 되고, 비록 행정소송이라고 할지라도 소멸시효중단사유인 재판상 청구에 해당한다(대법 2012.2.9, 2011다20034).

근로자가 자신의 임금 내지 퇴직금채권에 대하여 아무리 오랜 세월이 지난 뒤에도 언제든지 그 채권을 행사할 수 있다고 한다면, 임금 내지 퇴직금의 지급을 둘러싼 법률관계가 장기간 불확정하게 되고, 이는 결과적으로 날로 복잡·다양해지는 기업의 거래관계에 상당한 불안을 초래하게 된다고 할 것이다. 특히 임금 내지 퇴직금채권에 대해서는 근기법에 담보물권을 포함한 다른 채권에 비하여 우선변제적 효력을 인정하는 결과, 거래의 안전에 미치는 영향이 크지 않을 수 없게 된다. 따라서 임금 내지 퇴직금채권에 대한 단기소멸시효의 설정은 이러한 불합리한 결과를 막고 기업거래의 안전과 법적 안정성을 도모하기 위한 것으로써 그 입법목적의 정당성이 인정된다고 할 것이다(헌재 1998.6.25, 96헌바27).

(2) 임금채권의 시효기산일

임금채권을 행사할 수 있는 날부터 기산한다. 소멸시효는 객관적으로 권리가 발생하여 그 권리를 행사할 수 있는 때로부터 진행하고 그 권리를 행사할 수 없는 동안만은 진행하지 않는다. 예컨대 상여금은 그 상여금에 관한 권리가 발생한 날, 연차유급휴가근로수당은 연차휴가 근로수당청구권이 발생한 날, 퇴직금은 퇴직한 날이다. 여기서 '권리를 행사할 수 없는' 경우란 그 권리행사에 법률상의 장애사유, 예컨대 기간의 미도래나 조건불성취 등이 있는 경우를 말하는 것이고, 사실상 권리의 존재나 권리행사 가능성을 알지 못하였고 알지 못함에 과실이 없다고 하여도 이러한 사유는 법률상 장애사유에 해당하지 않는다(대법 2005.4.28, 2005다3113). 민법에 따른 소멸시효가 완성된 것과는 별도로 형사소송법에 따른 공소시효가 만료되지 않았다면 같은 법 제36조로 처벌할 수 있다(2011.4.8, 근로개선정책과-702).

(3) 임금채권의 시효중단

근기법상 규정이 없으므로 민법 제168조 및 제177조를 준용한다.

2. 임금채권의 압류

민사집행법 제246조제1항제4호·제5호에 의하면 임금과 퇴직금은 압류시 일정한 제한을 받는다.

첫째, 급료·연금·봉급·상여금·퇴직연금 그 밖에 이와 비슷한 성질을 가지는 급여채권의 2분의 1에 해당하는 금액. 다만, 그 금액이 국민기초생활보장법에 의한 최저생계비를 감안하여 대통령령으로 정하는 금액에 미치지 못하는 경우 또는 표준적인 가구의 생계비를 감안하여 대통령령으로 정하는 금액을 초과하는 경우에는 각각 당해 대통령령으로 정하는 금액으로 한다.

대통령령으로 정하는 금액이란 월 185만원을 말한다(민사집행법시행령 제3조).

둘째, 퇴직금 그 밖의 이와 비슷한 성질을 가진 급여채권의 2분의 1에 해당하는 금액

5 임금채권보장법

1. 임금채권보장법의 제정목적

기업이 도산하는 경우 사업주의 변제능력 부족으로 사실상 임금채권의 확보가 불가능하게 되어 근로자들의 생계가 불안하므로 근기법에서 근로자의 임금채권 지급보장을 위해 일정 범위의 임금채권에 대해서는 여타 채권에 비해 우선적으로 변제될 수 있도록 하는 「임금채권 우선변제제도」를 두고 있으나 동 제도는 사업주의 변제능력이 없는 경우에는 해결책이 없는 관계로 악성체불을 양산시켜 왔으며, 또한 우선변제권을 행사하기 위해서는 경매절차를 통하는 관계로 적기에 임금확보가 되지 못해 근로자들의 생계를 위협하고 있다.

경제위기와 산업구조 조정으로 중소기업과 한계기업의 도산이 급증하여 지급이 불가능한 체불임금이 대량 발생하고 있어 근기법상의 임금 채권 우선변제만으로는 근로자의 임금채권 보장의 실효성을 기할 수 없게 되었다. 이에 기업의 도산 등으로 인하여 사업주의 임금 지급이 곤란해진 경우 사업주를 대신하여 임금채권보장기금에서 일정 범위의 체불임금을 지급할 수 있도록 하는 임금채권보장제도를 도입하여 근로자의 임금체불에 대한 불안감을 해소하고 근로자의 기본적인 생활안정을 도모하는 데 임금채권보장법(1998.2.20. 법률 제5513호; 2018.10.16. 법률 제15850호 개정) 제정의 목적이 있다.

임금채권보장법은 경기의 변동과 산업구조 변화 등으로 사업을 계속하는 것이 불가능하거나 기업의 경영이 불안정하여 임금 등을 지급받지 못하고 퇴직한 근로자에게 그 지급을 보장하는 조치를 마련함으로써 근로자의 생활안정에 이바지하는 것을 목적으로 한다(동법 제1조).

2. 임금채권의 지급보장

(1) 적용범위

임금채권보장법의 주요 내용은 체불임금의 대체지급에 있다.

임금채권보장기금으로부터 임금채권의 보장을 받을 수 있는 사업장의 범위는 산재법 제6조에 따른 사업 또는 사업장으로 한다. 다만, 국가와 지방자치단체가 직접 수행하는 사업은 그러하지 아니하다(동법 제3조).

(2) 체불임금 등의 지급

1) 체불임금 등의 지급사유

사업주의 파산 등으로 인하여 당해 사업에서 퇴직한 근로자가 임금이나 퇴직금을 지급받지 못한 경우 최종 3개월분의 임금과 최종 3년간의 퇴직금 및 최종 3개월분의 휴업수당에 대해서는 임금채권보장기금에서 이를 대신 지급하도록 한다(동법 제7조제2항).

고용노동부장관은 사업주가 다음 사유에 해당하는 경우에 퇴직한 근로자가 지급받지 못한 임금 등의 지급을 청구하면 제3자의 변제에 관한 민법 제469조에도 불구하고 그 근로자의 미지급 임금 등을 사업주를 대신하여 지급한다(제7조제1항). 임금채권보장법 제7조제1항에서 "정하는 사유"란 다음과 같다(동법 제7조제1항).

① 「채무자회생및파산에관한법률」에 따른 회생절차개시의 결정이 있는 경우

② 「채무자회생및파산에관한법률」에 따른 파산선고의 결정이 있는 경우

③ 고용노동부장관이 대통령령으로 정한 요건과 절차에 따라 미지급 임금 등을 지급할 능력이 없다고 인정하는 경우

④ 사업주가 근로자에게 미지급 임금등을 지급하라는 다음 어느 하나에 해당하는 판결, 명령, 조정 또는 결정 등이 있는 경우

가. 「민사집행법」 제24조에 따른 확정된 종국판결,

나. 「민사집행법」 제56조제3호에 따른 확정된 지급명령,

다. 「민사집행법」 제56조제5호에 따른 소송상 화해, 청구의 인낙(認諾) 등 확정판결과 같은 효력을 가지는 것

라. 「민사집행법」 제28조에 따라 성립된 조정
마. 「민사집행법」 제30조에 따른 확정된 조정을 갈음하는 결정
바. 「소액사건심판법」 제5조의7제1항에 따른 확정된 이행권고결정

2) 체당금의 범위

고용노동부장관이 사업주를 대신하여 지급하는 임금 등("체당금")의 범위는 다음과 같다. ① 근기법 제38조제2항제1호에 따른 임금 및 근퇴법 제12조제2항에 따른 최종 3년간의 퇴직급여 등, ② 근기법 제46조에 따른 최종 3개월분의 휴업수당이다.

체당금의 상한액은 임금, 물가상승률 및 기금의 재정상황 등을 고려하여 고용노동부장관이 대통령령으로 정하는 바에 따라 근로자의 퇴직 당시의 연령 등을 고려하여 그 상한액을 제한할 수 있으며 체당금이 적은 경우에는 지급하지 아니할 수 있다(동법 제7조제2항 및 동법시행령 제6조). 사업장 규모 등 고용노동부령으로 정하는 기준에 해당하는 근로자가 동법 제7조제1항에 따라 체당금을 청구하는 경우 고용노동부령으로 정하는 공인노무사로부터 체당금 청구서 작성, 사실확인 등에 관한 지원을 받을 수 있다(동법 제7조제4항).

체당금 상한액 고시〈2019.7.1. 고용노동부고시 제2019-31호〉

1. 임금채권보장법 제7조제1항제1호·제2호·제3호에 따른 체당금(일반체당금)

(단위: 만원)

퇴직당시 연령 / 체당금 종류	30세 미만	30세 이상 40세 미만	40세 이상 50세 미만	50세 이상 60세 미만	60세 이상
임금·퇴직급여 등	180	260	300	280	210
휴업수당	126	182	210	196	147

*비고: 임금과 휴업수당은 1월분, 퇴직급여 등은 1년분을 기준으로 한다.

2. 임금채권보장법 제7조제1항제4호에 따른 소액체당금: 300만원

(단위: 만원)

항 목	상한액
임금(휴업수당)	700
퇴직급여등	700

*총 상한액은 1,000만원

3) 체당금의 지급대상이 되는 근로자와 사업주의 기준

① 지급대상 근로자

임금채권보장법 제7조제3항의 규정에 의하여 체당금의 지급대상이 되는 근로자는 다음에 해당하는 날의 1년 전이 되는 날 이후부터 3년 이내에 당해 사업 또는 사업장(이하 "사업"이라 한다)에서 퇴직한 근로자로 한다.

(가) 임금채권보장법 제7조제1항제1호 또는 동조제2호에 따른 회생절차개시의 결정 및 파산선고의 결정이 있는 경우에는 그 신청일

(나) 「채무자회생및파산에관한법률」에 의한 회생절차개시의 신청 후 법원이 직권으로 파산의 선고를 한 경우에는 그 신청일 또는 선고일

(다) 임금채권보장법시행령 제4조제4호의 규정에 의한 도산 등 사실인정이 있는 경우에는 그 도산 등 사실인정의 신청일(제5조제2항에 따른 신청기간의 말일이 공휴일이어서 공휴일 다음 날 신청한 경우에는 신청기간의 말일을 말하며, 도산 등 사실인정의 기초가 된 사실이 동일한 2 이상의 신청이 있는 경우에는 최초의 신청일을 말한다)(임금채권보장법시행령 제7조)

(라) 임금채권보장법시행령 제7조에서 규정하는 '고용노동부장관의 도산 등 사실인정의 신청일의 1년 전이 되는 날' 전에 해고된 근로자라도, 그 해고처분이 무효인 경우에는 그동안 계약관계가 유효하게 계속되어 있었던 것으로 되므로, 체당금 지급대상 근로자로서 임금채권보장법 제7조에 의하여 사업주로부터 지급받지 못한 임금 등을 체당금으로 지급받을 수 있다(대법 2010.7.22, 2010두5479).

② 지급대상 사업주

임금채권보장법 제7조제3항의 규정에 의하여 근로자가 체당금을 지급받을 수 있는 사업주는 동법 제3조의 규정에 의하여 법의 적용대상이 되어 6월 이상 당해 사업을 행한 후에 제4조에 해당하는 사유가 발생한 사업주로 한다(임금채권보장법 시행령 제8조).

체당금의 지급대상이 되는 근로자와 사업주의 기준 그 밖에 체당금의 청구와 지급 등에 필요한 사항은 대통령령령으로 정한다(동법 제7조제3항 및 제4항).

③ 체불임금 등의 사업주 융자 제도

고용노동부장관은 사업주가 일시적인 경영상 어려움 등 고용노동부령으로 정

하는 사유로 퇴직한 근로자에게 임금 등을 지급하지 못한 경우에 사업주의 신청에 따라 체불임금 등을 지급하는데 필요한 비용을 융자할 수 있다(동법 제7조의2 제1항). 동조제1항에 따른 융자금액은 고용노동부장관이 해당 근로자에게 직접 지급하여야 한다(동조제2항). 체불임금 등 비용 융자의 구체적 기준, 금액, 기간 및 절차 등은 고용노동부령으로 정한다(동조제3항). 따라서 임금채권의 보장은 근로자가 체당금을 신청하여 지급받은 경우(동법 제7조)와 사업주의 신청에 따라 임금지급에 필요한 비용을 융자받은 경우(동법 제7조의2)가 있다. 그러나 어느 경우에도 고용노동부장관이 체당금 또는 융자금액을 해당 근로자에게 전액 지급한다. 사업주 융자제도는 사업주의 파산 등 생산 또는 영업활동이 중단된 경우가 아니고 일시적 경영상의 어려움이 있는 때에 체불임금 등을 보장하는 것이므로 그만큼 근로자의 임금채권 보호의 범위가 확대되었다고 볼 수 있다.

(3) 미지급임금 등의 청구권 대위

고용노동부장관은 임금채권보장법 제7조에 따라 근로자에게 체당금을 지급하였을 때에는 그 지급한 금액의 한도에서 그 근로자가 해당 사업주에 대하여 미지급 임금 등을 청구할 수 있는 권리를 대위한다(동법 제8조제1항).

근기법 제38조제2항에 따른 임금채권 우선변제권 및 근퇴법 제11조제2항에 따른 퇴직금채권 우선변제권은 임금채권보장법 제8조제1항에 따라 대위되는 권리에 존속한다(임금채권보장법 제8조제2항).

임금채권보장법 제7조에 따라 체당금을 지급받으려는 자는 퇴직을 증명하는 서류와 그 밖에 고용노동부령으로 정하는 서류를 고용노동부장관에게 제출하여야 하며 사업주는 근로자가 퇴직증명 등 서류를 요구하면 그 요구에 따라야 한다(동법 제12조).

(4) 사업주의 부담금

임금채권부담금이란 근로자가 기업의 도산으로 임금, 휴업수당 또는 퇴직금을 지급받지 못하고 퇴직한 경우 사업주를 대신하여 일정범위의 임금, 휴업수당 및 퇴직금을 지급하기 위해 고용노동부장관이 징수하는 사용자부담금을 말한다. 이 사용자부담금은 임금채권보장기금에 포함되어 체당금의 지급 등에 충당된다. 고용노동부장관은 미지급 임금 등을 대신 지급하는데 소요되는 비용에 충당하기 위하여 사업주로부터 부담금을 징수한다. 사업주가 부담하여야 하는 부담금은 그 사업에 종사하는 근로자의 보수총액에 1천분의 2의 범위에서 임금채권보장기금심의위원회의 심의를 거쳐 고용노동부장관이 정하는 부담금비율을 곱하여 산정한 금액으로 한다(임금채권보장법 제9조제1항 및 제2항). 보수총액을 결정하기 곤란한 경우에는 보험료징수법 제13조제6항에 따라 고시하는 노무비율에 따라 보수총액을 결정한다(임금채권보장법 제9조제3항). 고용노동부고시(2018.12.11, 제2018-79호)에 의한 임금채권보장기금 사업주부담금 비율은 임금 총액의 1,000분의 0.6(전업종 공통)이다.

(5) 부담금의 경감

1) 경감제도의 취지

사업주의 임금채권부담금은 일종의 사회보험적 성격을 가진 제도로 볼 수 있고 그에 따라 일부 예외를 제외한 모든 사업주를 대상으로 사업주부담금이 부과되고 있다. 그러나 임금채권보장기금의 조성 목적은 미지급된 퇴직금 등을 국가가 대신 지급하기 위함이므로, 퇴직금을 미리 지급했거나 미리 지급한 것으로 볼 수 있는 경우 등에는 부담금을 경감하는 제도를 두고 있다.

2) 부담금 경감요건

고용노동부장관은 다음에 해당하는 사업주에 대하여는 임금채권보장법 제9조에 따른 부담금을 경감할 수 있다. 이 경우 그 경감기준은 고용노동부장관이 임금채권보장기금심의위원회의 심의를 거쳐 정한다(동법 제10조).

① 삭제(2014.3.24 개정)

② 「근기법」 또는 「근퇴법」에 따라 퇴직금을 미리 정산하여 지급한 사업주

③ 「근퇴법」부칙 제2조제1항에 따른 퇴직보험 등에 가입한 사업주, 동법 제3장에 따른 퇴직연금제도(확정급여형퇴직연금제도, 확정기여형퇴직연금제도, 개인형퇴직연금제도)를 설정한 사업주

④ 「외국인근로자의고용등에관한법률」 제13조에 따라 외국인근로자 출국만기보험·신탁에 가입한 사업주

3) 부담금 경감 신청절차

임금채권보장법 시행령 제15조제2항, 동법 시행규칙 제9조에 의하면, 임금채권부담금 경감의 대상이 되는 사업주는 부담금 경감신청서에 퇴직보험 등의 가입사실을 증명하는 서류를 첨부하여 근로복지공단에 제출해야 한다. 신청이 있는 경우에는 임금채권보장법 시행령 제15조제3항에 따라 고용노동부장관은 그 경감 내용을 부담금 경감 요건을 갖춘 사업주에게 통지하게끔 규정되어 있다.

4) 임금채권보장기금 중 사업자부담금 경감 수준

① 부담금 경감기준

임금채권보장법 제10조에 따라 고용노동부장관이 고시한(고용노동부고시 제2018-50호, 2018.6.21) 「임금채권보장제도 사업주부담금 경감기준」에 의하면, 경감하는 부담금은 직전년도 말을 기준으로 동법 제9조에 따른 퇴직연금제도를 설정한 경우 부담금의 100분의 50에 해당하는 금액에 전체 근로자의 최종 3년간의 퇴직금 중 미리 정산하여 지급한 비율 또는 퇴직연금제도의 설정 등으로 지급이 보장되는 비율(퇴직급여 정산·지급보장 비율)을 곱하여 산정한 금액을 경감할 수 있음을 규정하고 있다.

② 퇴직급여 정산-지급보장비율의 산정 방법

퇴직급여 정산·지급보장 비율의 산정방법에 관하여는 고용노동부 고시 제2018-50호(2018.6.21) 「임금채권보장제도 사업주부담금 경감기준」 제2호에 따라 산정하여야 한다.

(6) 수급권의 보호

체당금을 지급받을 권리는 양도 또는 압류하거나 담보로 제공할 수 없다. 체당금의 수령은 대통령령으로 정하는 바에 따라 위임할 수 있다. 미성년자인 근로자는 독자적으로 체당금의 지급을 청구할 수 있다(동법 제11조). 고용노동부장관이 근로자에게 체당금을 지급하려는 경우에는 대통령령으로 정하는 바에 따라 당해 사업주에게 재산관계를 구체적으로 밝힌 재산목록의 제출을 명할 수 있다(동법 제13조제1항).

(7) 부정이득의 징수

① 고용노동부장관은 거짓이나 그 밖의 부정한 방법으로 체당금 또는 융자금을 받으려 한 자에게는 대통령령으로 정하는 바에 따라 신청한 체당금 또는 융자금의 전부 또는 일부를 지급 또는 융자하지 아니할 수 있다(동법 제14조제1항).

② 고용노동부장관은 체당금 또는 융자금을 이미 받은 자가 (가) 거짓이나 그 밖의 부정한 방법으로 체당금 또는 융자금을 받은 경우 (나) 그 밖에 잘못 지급된 체당금 또는 융자금이 있는 경우 대통령령으로 정하는 방법에 따라 그 체당금 또는 융자금의 전부 또는 일부를 환수하여야 한다(동법 제14조제2항).

③ 고용노동부장관은 체당금을 환수하는 경우 고용노동부령으로 정하는 기준에 따라 거짓이나 그 밖의 부정한 방법으로 지급받은 체당금에 상당하는 금액 이하의 금액을 추가하여 징수할 수 있다(동법 제14조제3항).

④ 체당금의 지급 또는 융자가 거짓의 보고·진술·증명·서류제출 등 위계의 방법에 의한 것이면 그 행위를 한 자는 체당금 또는 융자금을 받은 자와 연대하여 책임을 진다(동법 제14조제4항).

3. 임금채권보장기금

(1) 임금채권보장기금의 설치 및 기금의 조성

고용노동부장관은 동법 제7조에 따른 체당금의 지급에 충당하기 위하여 임금채권보장기금을 설치하고, 그 재원 조성을 위하여 ① 동법 제8조에 따른 사업주의 변제금, ② 동법 제9조에 따른 사업주의 부담금, ③ 금융기관이나 다른 기금 등으로부터의 차입금, ④ 기금의 운용으로 생기는 수익금, ⑤ 그 밖의 수입금을 재원으로 조성한다(동법 제17조 및 제18조).

(2) 임금채권보장기금의 용도

임금채권보장기금은 다음의 용도에 사용한다(동법 제19조).

① 체당금의 지급과 잘못 납부한 금액 등의 반환

② 제7조제6항에 따른 공인노무사 조력 비용 지원

③ 제7조의2에 따른 체불 임금 등 지급을 위한 사업주 융자

④ 제27조에 따라 업무를 위탁받은 자에 대한 출연

⑤ 차입금 및 그 이자의 상환

⑥ 임금등 체불 예방과 청산 지원 등 임금채권보장제도 관련 연구

⑦ 법률구조법에 따른 대한법률구조공단에 대한 출연. 다만, 임금 등이 체불된 근로자에 대한 법률구조사업 지원에 한정한다.

⑧ 그 밖에 임금채권보장사업과 기금의 관리·운용

(3) 임금채권보장기금의 관리·운용

임금채권보장기금은 고용노동부장관이 관리·운용한다(동법 제20조제1항).

임금채권보장기금의 회계연도는 정부의 회계연도에 따른다(동법 제21조).

제6절 연봉제를 둘러싼 법률문제

1 연봉제의 의의와 유형

1. 연봉제의 의의

연봉제란 '근로자에 대한 임금의 전부 또는 상당 부분을 당해 근로자의 업적 등에 관한 목표의 달성도를 평가하여 연간 단위로 설정하는 제도' 라고 정의된다. 그러므로 연봉제는 이른바 목표관리제도로서의 성과주의임금제도를 도입하는 경우에 많이 채용되고 있다. 연봉제는 개인의 능력, 실적 및 공헌도의 평가와 개별계약에 따라 연간 임금액이 결정되는 임금 지급 형태이다. 이는 연봉제를 취업규칙 또는 단체협약으로 도입하든지 간에 별도의 개별합의를 매년 체결함을 의미한다. 왜냐하면 취업규칙이나 단체협약에서 연봉제 도입을 규정하고 있더라도 여기에는 통상 연봉제의 운영방법 내지 평가기준을 두게 되고, 연봉액은 이에 따라 사후에 구체화되기 때문이다.

연봉제는 임금 지급을 ① 1년을 기준으로(연 단위의 임금 결정), ② 근로자의 성과·능력에 따라(비근로시간관리) 지급하는 제도로서 성과주의 인사를 철저히 구현하기 위한 제도이다.

2. 연봉제의 유형

연봉제의 유형에는 「특별수당을 제외한 단일연봉제」와 「기본연봉+업적연봉(업적상여) 형태인 업적상여 병용형연봉제」가 있다. 또한 연봉제는 확정연봉제와 조정연봉제가 있다. 확정연봉제란 연봉을 전년도의 성과·업적이나 당해연도의 역할·기대도에 따라 확정적으로 정하고, 당해연도의 업적은 다음연도에 반영하는 유형이다. 조정연봉제란 연봉액은 당해연도의 성과나 역할에 대한 연봉으로서 일단 성격을 가지되 연도말에 성과·업적에 따라 연봉액을 조정하는 유형이다.

우리나라에서는 확정형과 「기본연봉」과 「업적연봉」(상여)으로 편성되는 유형(업적상여병용형 확정연봉제)이 많다. 이것은 기본연봉은 변동시키지 아니하고 업적연봉에 의하여 임금을 변동시키는 것으로 임금의 안정성을 중시하는 한국형 연봉제이다. 업적상여병용형 확정연봉제의 경우 기본연봉액은 전년도의 업적을 중심으로 근로자의 역할(직위)이나 다음 년도에의 기대감을 고려하여 결정되고 업적연봉액은 전년도의 업적을 중심으로 평가하여 결정한다. 업적평가의 전제로서 연도 초에 개별적인 근로자와 상사와의 합의로 목표가 설정되고(목표관리제도) 연봉액의 결정시에는 그 목표달성도에 따라 개별적으로 교섭을 한다. 근속연수의 증가에 따른 호봉인상이나 정기승급은 통상 없다.

2 연봉제 도입방법 및 불이익 변경인 경우의 동의방법

1. 연봉제 도입방법

연봉제를 도입할 수 있는 방안으로는 근로계약을 통한 방법, 취업규칙을 통한 방법, 단체협약을 통한 방법, 그리고 노사협정을 통한 방법 등이 있을 수 있다. 그러나 이들은 상호간에 일정한 법적 효력이 있어 효력상의 순위가 있기 때문에 어느 한 형태로 도입된다 하더라도 그것만으로 항상 유효한 것이 아니며, 나머지 다른 부분과의 관계를 함께 고려하여 필요한 절차 및 요건을 모두 갖춘 경우에만 비로소 효력을 지니게 된다.

근로계약을 기초로 한 연봉제 계약은 상위규범인 취업규칙이나 단체협약에 반해서는 안 될 것이다(근기법 제96조, 제97조). 먼저 취업규칙상의 임금체계의 내용과 비교해 근로계약상의 연봉제의 내용이 근로자에게 유리한 때에는 연봉제의 계약이 유효하지만, 반대로 불리한 때에는 취업규칙의 내용을 변경하지 않는 한 연봉제 계약은 유효하다고 볼 수 없을 것이다(근기법 제97조). 마찬가지로 단체협약과의 관계에서도 이미 연봉제를 기본으로 한 임금협약이 체결되어 효력이 발생한 상태에서는 개별 근로자와 연봉제를 합의한다고 하여도 불리한 합의의 효력은 인정되지 않을 것이다(노조법 제33조).

2. 연봉제 도입이 불리한 변경인 경우의 동의방법

종전 연공형 임금체계를 성과연봉제 임금체계로 변경하는 경우 비조합원인 부장 대우 이상 직원에게만 적용되는 내용으로 취업규칙을 변경할 경우 근로자 과반수 또는 노동조합의 동의를 받아야 하는지가 문제되고 있다. 변경내용이 취업규칙 불이익변경에 해당하고 취업규칙 불이익변경 시점에는 일부 근로자집단만이 직접 불이익을 받더라도 그 나머지 다른 근로자집단에게도 장차 직급의 승급 등으로 변경된 취업규칙의 적용이 예상되는 경우라면 변경 적용을 받는 근로자집단은 물론 장래 변경된 취업규칙 규정의 적용이 예상되는 근로자집단을 포함한 전체 근로자집단이 동의의 주체가 된다(대법 2009.11.12, 2009다49377; 2014.12.8, 근로개선정책과-7027).

3 연봉액의 결정

① **연봉액의 확정과 임금청구권의 발생시기**: 연봉제 하에서 연봉액은 어떤 시점에서 확정되고 또는 임금청구권은 어떤 시점에서 발생하는가가 문제된다. 연봉액은 전년도의 업적평가에 의하여 확정된 것이고 연봉도 임금인 이상 구체적인 연봉청구권은 현실의 취업을 전제로 발생한 것으로(무노동 무임금의 원칙) 퇴직·해고·결근에 의하여 생기는 미취업부분에 대하여는 청구권이 발생하지 않는다. 기본 연봉액이 확정된 이상 사용자는 이것을 연도 도중에 일방적으로 감액할 수 없으며 당해 연도의 성적부진은 익년도의 연봉액 반영되어야 할 것이다. 업적연봉 부분도 마찬가지이다.

② **연봉평가 및 연봉조정기준**: 연봉제를 실시하면서 그 평가 및 연봉조정에 관한 기준을 마련하지 않아 연봉 재계약시 회사가 근로자에게 그 이전 연봉보다 훨씬 저하된 연봉을 제시하여 연봉 재계약이 되지 않는 경우도 있는데, 이러한 경우에도 회사가 일방적으로 근로계약을 종료시킬 수는 없을 것이며 원칙적으로 합리적 이유없이 근로자의 이전 연봉수준보다 저하된 연봉을 지급할 수도 없을 것이다.

근로자가 연봉협상 과정에서 다소 지나친 금액을 요구한 바 있다 하더라도 사용자가 이를 받아들이지 못함으로 인하여 근로자가 자발적인 의사에 기해 사직을 함은 별론으로 하고, 사용자측이 적정하다고 생각하는 연봉의 액수를 제시하고 협상을 시도하는 등 회사 설립 과정에서 이미 면접 등을 거쳐 채용한 근로자에 대한 최소한의 노력도 기울이지 않고 단지 지나친 금액을 요구한다는 것만으로 근로자를 해고하는 것은 정당하고 할 수 없다(서울행법 2002.6.25, 2001구16469).

4 연봉제 실시와 관련된 문제점

1. 연봉제 도입과 근로조건의 명시

사용자와 근로자는 동등한 지위에서 근로조건을 자유의사에 의하여 결정하도록 되어 있다(근기법 제4조). 연봉제를 개별 근로자와 근로계약을 체결해서 적용하는 경우에는 근기법 제17조가 규정하고 있는 근로조건(임금의 구성항목·계산방법·지급방법, 소정근로시간·휴일·휴가 그 밖의 근로조건)에 해당하므로 이를 명시하여야 한다.

연봉제를 실시할 경우에는 근기법 제17조 및 동법시행령 제8조의 규정에 따라 연 단위로 결정되는 연봉의 구성 및 지급방법이 서면으로 명시되어야 한다는 요건을 지켜야 하기 때문에 매년 연봉계약서가 별도로 작성되어야 한다.

2. 연봉제 적용 대상자

현재 근로시간 규제와의 관계에 있어서는 관리감독자(근기법 제63조제4호 및 동법 시행령 제34조)나 재량근로의 근로시간간주제(근기법 제58조제3항)의 적용대상자를 중심으로 도입되는 사례가 증가하고 있다(이 외의 일반 근로자에 있어서는 연봉제 하에서도 시간외 근로에 따라 가산임금을 지급한다).

3. 임금지급 규제·취업규칙 기재

임금은 매월 1회 이상 정기지급의 원칙(근기법 제43조제2항)이 있으므로 연봉제를 실시할 경우에도 이에 따라 연봉을 지급할 필요가 있다. 또한 연봉제는 임금제도이므로 취업규칙에서 연봉임금의 체계, 연봉의 결정·계산·지급방법, 연봉의 산정기간·지급시기, 대상자의 범위, 수당·상여의 취급에 관하여도 규정하여야 한다(근기법 제93조제2호, 제3호).

따라서 연봉액 자체는 연 단위로 결정하더라도 매월 정기적으로 지급하는 금액을 결정하여야 하므로 최소한 12로 나눈 금액으로 분할하여 월 1회 이상 지급해야 한다. 실무상으로는 연봉을 1/12 또는 1/16, 1/18, 1/20 등으로 매월 정기지급하는 경우에는 법 위반의 문제는 발생하지 아니하나, 1개월 이상의 기간을 정하여 지급하는 경우에는 근기법 위반의 문제가 발생한다.

4. 임금 지급방법상의 문제

근기법은 제43조제2항 본문에서 임금은 매월 1회 이상 일정한 날짜를 정하여 지급해야 한다고 하여 매월 1회 이상 정기지급의 원칙을 규정하고 있는데, 이 규정에 대하여는 예외가 인정되지 않는다. 따라서 연봉을 최소한 12로 나눈 금액으로 분할하여 지급하여야 한다.

한 연봉제는 임금제도이므로 취업규칙에서 연봉임금의 체계, 연봉의 결정·계산·지급방법, 연봉의 산정기간·지급시기, 대상자의 범위, 수당·상여의 취급에 관하여도 규정하여야 한다(근기법 제93조제2호, 제3호).

5. 퇴직금 지급방법상의 문제

연봉제를 도입하면서 매월 지급받는 임금 속에 퇴직금이란 명목으로 일정한 금원을 포함하여 지급하는 경우에 이것이 퇴직금의 지급으로서 효력이 있는지 여부가 문제된다. 판례(대법 2002.7.12, 2002도2211; 대법 2007.8.23, 2007도4171)는 「매월의 임금 속에 퇴직금을 포함시켜 지급받기로 하는 약정은 최종 퇴직시 발생하는 퇴직금청구권을 사전에 포기하는 것으로서 강행법규인 근퇴법 제8조제1항에 위반되어 무효」라고 판시하고 있다. 현행 근퇴법의 해석상 타당하다고 생각된다.

근퇴법 제8조제2항에 의하면 사용자는 주택구입 등 대통령령이 정하는 사유로 근로자가 요구하는 경우에는, 근로자가 퇴직하기 전이라도 기왕에 계속근로한 기간에 대하여 퇴직금을 미리 정산하여 지급할 수 있다. 어느 경우에나 처음부터 매월 급여일에 퇴직금을 지급하는 것은 근로자의 요청이 있다 하더라도 적법한 퇴직금의 정산이라고 볼 수 없을 것이다(대법 2007.11.26, 2007도3725).

6. 법정수당의 지급 문제

연봉액에 연장·야간·휴일근로에 대한 법정수당이 포함되어 있다고 명시하는 경우가 있는데(포괄산정 임금제도) 이러한 명시가 반드시 위법이라고 할 수는 없지만 법정수당의 지급 문제와 관련하여 통상임금 부분과 가산임금 부분을 명확히 구분할 필요가 있으며 정해진 가산임금 부분을 초과하여 연장근로 등을 하였을 경우에는 추가분을 지급하여야 한다(김형배, 「노동법」, 제26판, p.422).

7. 연차유급휴가의 부여 문제

연차유급휴가(근기법 제60조)를 사용하지 못한 경우 지급되는 연차유급휴가근로수당을 연봉액에 포함할 수 있는지가 문제된다.

연차유급휴가수당을 사전에 임금에 포괄산정하더라도 사용자가 이를 근로자의 휴가사용을 부인하는 근거로 사용하지 않는 한 이와 같은 포괄임금제 또는 연봉액에 포함하더라도 무효라고 할 수 없다(김형배, 「노동법」, 26판, p.42). 판례(대법 1998.3.24, 96다24699)도 같은 입장이다.

제6장

근로시간의 보호

제1절 근로시간의 의의와 산정

1 근로시간의 법률상 의의

1. 근로시간의 의의와 판단기준

(1) 근로시간의 의의

① 근기법 제50조제1항에서 「1주간의 근로시간은 휴게시간을 제외하고 40시간을 초과할 수 없다」고 규정하고, 동조제2항에서 「1일의 근로시간은 휴게시간을 제외하고 8시간을 초과할 수 없다」고 규정하여 근로시간은 휴게시간을 제외한 시간임을 규정하고 있다. 동법 제50조제3항은 「제1항 및 제2항에 따른 근로시간을 산정함에 있어 작업을 위하여 근로자가 사용자의 지휘·감독 아래에 있는 대기시간 등은 근로시간으로 본다」고 규정하여 근로시간 판단기준을 명확히 하고 있다.

② 근로시간이란 근로자가 사용자에게 노무를 제공하고 현실로 직접적인 사용자의 지휘·명령에 복무하고 있는 시간을 말한다. 근로자가 사용자의 지휘·감독을 받으면서 근로계약에 따른 근로를 제공하는 시간을 말한다(대법 2019.7.25, 2018도16228). 그러므로 근로시간은 작업의 개시로부터 종료까지의 시간에서 휴게시간을 제외한 시간 즉, 실 근로시간이다. 사용자의 지휘·명령 아래에 있는 시간인지 여부는 객관적으로 판단하여야 하며 단체협약, 취업규칙, 근로계약 등에 따라 결정되어야 할 것이다. 근기법 제50조의 위반은 형벌법규의 적용을 받으므로 당사자의 의사와 관계없이 확정되며 근로시간인지 여부에 관하여는 객관적인 판단을 하여야 한다.

③ 근로시간은 임금과 함께 중요한 근로조건 중의 하나로서 근대 노동운동과 노동법의 역사는 근로시간 단축의 역사라고도 할 수 있다.

(2) 근로시간과 근로계약

또한 근로시간은 근로계약과의 관계에서는 근로자의 근로의무의 시간적 한계를 설정하는 개념이다. 즉, 근로자는 근로계약에 따라 합의된 근로시간의 범위 내에서 근로할 의무를 부담하며 사용자는 그 범위 내에서 근로할 것을 요구할 권리를 가진다. 특히 「업무의 시작과 종료시각, 휴게시간, 휴일, 휴가 및 교대근로에 관한 사항」은 취업규칙의 필요적 기재사항이며(근기법 제93조제1호) 이에 따라 1일의 근로시간(근로의무)의 범위가 확정된다. 이 규정에 따라 당해 기업의 근로시간을 「소정근로시간」이라 하고 근로자가 근로의무를 지는 시간이라는 의미에서 「근로계약상의 근로시간」이며 또한 근로자가 근로계약상 근로의무를 지는 날을 「근로일」이라고 한다.

(3) 근로시간의 판단기준

1) 판례·학설 및 행정해석의 태도

① **판례의 태도**: 판례(대법 2019.7.25, 2018도16228; 대법 2016.11.23, 2014다5099)에 의하면 「근로시간이란 근로자가 사용자의 지휘·감독 아래 근로계약상의 근로를 제공하는 시간 즉, 실 근로시간을 말한다」고 한다. 이때 사용자의 지휘·감독은 명시적인 것에 한하지 않고 업무 매뉴얼이나 작업일보를 통하여 묵시적인 지시도 포함될 수 있다고 해석된다. 「근로자가 작업시간 중도에 현실로 작업에 종사하지 않은 대기시간이나 휴식, 수면시간이라 하더라도 그것이 휴게시간으로서 근로자에게 자유로운 이용이 보장된 것이 아니고 실질적으로 사용자의 지휘·감독아래 놓여 있는 시간이라면 근로시간에 포함된다」고 한다. 즉 지휘·감독설에 따르고 있다(대법 2017.12.13, 2016다243078; 2006.11.23, 2006다41990).

② **행정해석의 태도**: 근기법상 근로시간이란 사용자의 지휘·감독 아래 있는 시간 즉, 경제적 목적에 사용했느냐와 관계없이 노동력을 사용자의 처분 아래 둔 실구속시간을 말한다(2009.8.14, 근로기준과-2993). 여기서 근로자가 사용자의 지휘·감독 아래 있었는지 여부는 근로계약의 내용, 취업규칙의 정함, 당해 활동의 업무관련성 등을 종합하여 판단하여야 한다(2012.8.28, 근로개선정책과-4355).

③ **학설의 태도**: 기존 학설과 판례의 견해는 「지휘·감독설」이다. 이에 대하여 사용자의 지휘·감독 아래 있다는 것 외에 「業務性」을 보충적인 기준으로 해야 한다는 견해(「업무성보충설」, 임종률, 「노동법」, 제17판, p.493; 「한정적 지휘명령설」, 菅野和夫, 「労働法」, 제11판, p.453), 사용자의 관여 정도와 행위의 직무성의 정도를 상호

보충적으로 평가하는 견해(「상보적 2요건설」, 荒木尙志, 「労働時間の法的構造」, p.250)도 있다.

④ **평가:** 「업무성」을 보충적인 기준으로 하여 근로시간을 판단하는 경우에는 지휘·감독의 개념이 추상화되는 것을 방지할 수 있다. 그런 의미에서 사용자의 지휘·감독이라는 개념을 좁게 해석할 것이 아니다. 업무성에 의하여 보충하는 것은 근로시간의 판단기준을 명확히 할 수 있다는 점에서 그 의의가 있다. 다만, 근로자의 활동이 사적인 활동인가 사용자의 업무에 종사하는 것인가의 판단은 당사자의 의사나 약정에 따라 좌우되는 것이 아니라 객관적으로 판단되어야 한다(「객관설」, 김형배, 「노동법」, 제26판, p.427). 현재의 학설상의 통설·판례는 지휘·감독설이며 그 판단은 객관설의 입장에 있다. 이 견해가 타당하다고 생각된다.

2) 근로시간에 대한 ILO조약

ILO의 1930년 제30호 조약(제2조)은 「본 조약에 있어서 근로시간이란 근로자가 사용자의 지휘 하에 있는 시간을 말한다. 다만, 근로자가 사용자의 지휘 하에 있지 아니하는 휴게시간은 포함되지 않는다」라고 명시하고 있다. ILO조약에 의하면 사용자의 지휘·감독의 유무가 근로시간과 근로시간이 아닌 시간을 구별하는 기준이 된다.

2. 근로시간의 단축

(1) 근로시간 단축의 연혁

ILO는 1919년 제1회 총회에서 「공업적 기업에 있어서 근로시간을 1일 8시간, 1주 48시간으로 제한하는 조약」을 제1호 조약으로 채택하였다. 또한 ILO는 1962년에는 「근로시간의 단축에 관한 권고」의 전문에서 1주 40시간제를 「달성해야 할 사회적 기준」이라고 선언하여 1주 40시간제의 정착을 시도하여 구미제국에서는 1970년대에 법률 또는 단체협약으로 이 원칙(실질주휴2일제)을 실현하였다.

(2) 우리나라의 근로시간 단축내용

우리나라의 근기법은 제정 당시인 1953년 근로시간에 대하여 1주 48시간으로

하였으나 1989년 이를 개정하여 1주 44시간제로 단축시켰으며, 2003년 근기법을 개정하여 1주 40시간제를 업종별·사업규모별로 2004년 7월 1일부터 2011년까지 단계적으로 단축하였다(근기법 부칙 제4조).

3. 근로시간에 대한 기본원칙

> **법 제50조【근로시간】** ① 1주간의 근로시간은 휴게시간을 제외하고 40시간을 초과할 수 없다.
> ② 1일의 근로시간은 휴게시간을 제외하고 8시간을 초과할 수 없다.
> ③ 제1항 및 제2항에 따른 근로시간을 산정함에 있어 작업을 위하여 근로자가 사용자의 지휘·감독 아래에 있는 대기시간 등은 근로시간으로 본다.
> **법 제69조【근로시간】** 15세 이상 18세 미만인 자의 근로시간은 1일에 7시간, 1주에 35시간을 초과하지 못한다. 다만, 당사자 사이의 합의에 따라 1일에 1시간, 1주에 5시간을 한도로 연장할 수 있다.
> **산안법 제139조【유해·위험작업에 대한 근로시간 제한 등 】** ① 사업주는 유해하거나 위험한 작업으로서 높은 기압에서 하는 작업 등 대통령령으로 정하는 작업에 종사하는 근로자에게는 1일 6시간, 1주 34시간을 초과하여 근로하게 해서는 아니 된다.
> ② 사업주는 대통령령으로 정하는 유해하거나 위험한 작업에 종사하는 근로자에게 필요한 안전조치 및 보건조치 외에 작업과 휴식의 적정한 배분 및 근로시간과 관련된 근로조건의 개선을 통하여 근로자의 건강 보호를 위한 조치를 하여야 한다.

(1) 기본원칙

우리나라의 근기법은 근로시간에 대하여 세 가지 원칙을 갖고 있다.

첫째, 1주 40시간, 1일 8시간의 기본원칙(근기법 제50조제1항·제2항).

둘째, 유해·위험작업에 있어서의 1일 6시간, 1주 34시간의 원칙(산안법 제139조).

셋째, 연소자에 대한 1일 7시간, 1주 35시간의 원칙(근기법 제69조 본문).

그러나 이러한 원칙에 대하여는 다시 예외가 인정된다.

첫째 경우는 당사자간의 합의에 의하여 1주일 12시간 한도로 연장근로할 수 있고, 둘째 경우는 예외가 인정되지 아니하며, 셋째 경우는 당사자간의 합의에 의하여 1일 1시간, 1주일에 5시간을 한도로 연장할 수 있다.

(2) 근기법의 근로시간 규제의 취지

적정한 근로시간을 보장함으로써 근로자의 신체적·정신적 피로의 회복을 통하여 근로의욕을 향상시키며 또한 사회적·문화적 활동의 참가를 통하여 자신의 능력을 개발함으로써 인간다운 생활을 영위하게 하는데 있다.

(3) 「1주 40시간」과 「1일 8시간」의 관계

법정근로시간제는 우선 1주간의 근로시간은 40시간(근기법 제50조제1항)을 원칙으로 채택하고 1주간의 각 일에 대하여는 1일에 8시간을 초과하지 않도록 하고 있다(근기법제50조제2항). 근로시간의 규제는 1주간 단위의 규제를 기본으로 하고 1일의 근로시간은 1주의 근로시간을 각 일에 배분하는 경우에 그 상한으로 이해되고 있다. 따라서 근로시간의 기본원칙은 1주 40시간이고, 1일 8시간제는 이러한 기본원칙에 부수하여 행해지는 1일의 최장근로시간의 규제이다. 근기법 제50조, 제53조제1항, 제69조 및 제70조의 규정에 비추어 볼 때 18세 이상의 근로자의 경우에는 1주일에 12시간을 초과하지 않는다면 특별한 사정이 없는 한 1일 연장근로시간의 제한은 없다(대법 1997.7.25, 96다29892).

2 근로시간과 구별되는 개념

1. 구속시간과 실 근로시간

(1) 구속시간

구속시간이란 업무시작에서 종료까지의 시간이고, 휴게시간을 포함하는 개념이다. 근로자가 출근하고 퇴근할 때까지의 구속시간은 다음과 같은 시간으로 구별된다.

① **근로시간**: 회사의 지휘·명령하에 근로를 제공하고 있는 시간

② **휴게시간**: 근로시간 도중의 권리로서 근로로부터 이탈함을 보장받고 있는 시간

③ **구내자유시간**: 근로시간 전후에 있는 자유이용시간

(2) 실 근로시간

근로시간은 휴게시간을 제외한 것이고 8시간 근로라고 하는 경우에는 실 근로시간의 계산에 의한다. 「근기법 제50조의 1일 또는 1주일을 단위로 하여 과중한 근무시간을 제한하고자 하는 규정이므로 위 법조문의 근로시간은 실 근로시간을 의미한다」(대법 1992.11.4, 92누9766).

작업 중 자재부족 등으로 근로가 일시 중단된 경우 창고에서 근로자가 원자재가 오기를 기다리고 있는 시간과 같이 근로자가 자기장소를 떠나는 것도 아니고 자재 등이 도착하면 즉시 근로에 임할 상태에 있을 때(대기시간)에는 실제 근로를 하고 있지 않을 때에도 근로시간에 포함된다고 해석된다. 자유롭게 이용할 수 없다는 의미에서 휴게와는 다르다. 사용자의 처분하에 있는 노동력을 스스로 사용하지 않은 책임은 사용자가 져야 하는 것은 당연한 일이다.

2. 법정근로시간과 소정근로시간

(1) 법정근로시간

① 법정근로시간의 의의: 법정근로시간이란 법률로 규정되어 있는 근로시간으로서 「1주간의 근로시간은 휴게시간을 제외하고 40시간을 초과할 수 없다」(근기법 제50조제1항), 「1일의 근로시간은 휴게시간을 제외하고 8시간을 초과할 수 없다」(동법 제50조제2항)고 규정하고 있는데 이 근로시간의 한도를 법정근로시간이라 한다. 물론 어떠한 경우에도 「법정근로시간」을 초과해서 근로시킬 수 없다는 것은 아니다. 당사자간의 합의가 있는 경우에 법정근로시간을 초과해서 1주일 12시간 한도의 연장근로를 시킬 수 있고, 탄력적 근로시간제, 선택적 근로시간제, 재량근로시간제를 노사간의 서면합의로 도입·시행하거나, 또는 특별한 사정이 있는 경우에 고용노동부장관의 인가와 본인의 동의를 얻으면 법정근로시간을 초과할 수도 있다(다만, 여성과 소년에게는 일정한 제한이 있다).

그러나 취업규칙 등에서 근로자에게 의무화되고 있는 기본적인 근로시간, 이른바 소정근로시간은 법정근로시간을 초과해서 규정할 수는 없다.

또 근기법 제59조의 근로시간 및 휴게시간의 특례규정에 따라 사용자는 근로자대표와 서면합의를 할 때에는 근기법 제53조제1항의 규정에 의한 주 12시간을 초과하여 연장근로를 할 수 있다.

② **법정근로시간의 단축(주 40시간)과 휴일**: 법정근로시간의 단축은 '주 5일근무제' 인가 또는 '1주 40시간근로제' 인가의 문제이다.

근기법 제50조제1항에 따라 법정근로시간이 1주 40시간으로 단축되었다. 그렇다면 1주 40시간으로의 단축이 곧 주 5일근무제를 의미하는가? 이는 근기법 제55조에 따른 1일의 유급휴일 외에 소정근로일에서 제외되는 1일(예컨대, 1일 8시간씩 소정근로하는 사업장의 경우)의 법적 성질은 무엇인가의 문제이다. 근기법이 주 5일근무제(주휴 2일제)를 채택하고 있다는 근거는 없다. 따라서 1일의 유급휴일 외에 소정근로일에서 제외되는 1일은 근로시간 단축으로 인해 자연적으로 발생된 근로하지 않는 날. 다시 말하면 근로면제일 이른바 비번일 또는 휴무일로 해석될 수 밖에 없다. 따라서 소정근로일에서 제외되는 근로면제일에 근로하는 경우 휴일근로시의 가산임금(근기법 제56조)은 발생하지 않으며 주 40시간을 초과하였거나 1일 8시간을 초과한 경우 연장근로시의 가산임금(근기법 제56조)만 발생하게 된다. 다만, 단체협약이나 취업규칙 등을 통해 1일의 유급휴일 외에 소정근로일에서 제외되는 1일을 휴일로 정할 수 있고, 유급으로 할 수도 있을 것이다. 휴일로 정한 경우라면 당해 일에 근로를 할 때는 휴일근로시의 가산임금을 지급하여야 한다.

(2) 소정근로시간

① **소정근로시간의 의의**: 소정근로시간이란 근기법 제50조, 제69조 본문 또는 산안법 제139조제1항에 따른 근로시간의 범위에서 근로자와 사용자 사이에 근로하기로 정한 근로시간을 말한다(근기법 제2조제1항제8호). 각 기업은 단체협약과 취업규칙 등으로 근기법상의 근로시간제와 동등한 또는 그보다 단축된 근로시간을 소정근로시간으로 규정하고 있다. 사용자는 근로계약을 체결할 때에 근로자에게 소정근로시간을 서면으로 명시하고 그 근로자에게 교부하여야 한다(근기법 제17조).

② **소정근로시간의 법정근로시간 초과시의 효력**: 소정근로시간은 근기법상의 법정근로시간 또는 산안법상의 법정근로시간을 초과하는 경우에는 그 한도에 있어서 무효가 된다. 즉, 법정근로시간은 근로시간의 최장한도를 규정하는 것이고, 소정

근로시간은 법정근로시간의 한도내에서 각 기업이 설정한 시간으로서 법정근로시간보다 단축되는 경향이 있다.

소정근로시간이 법적 의미를 갖는 것은 근로계약을 통하여 근로자의 근로제공이 구체적으로 의무지워진 시간이며 다양한 근로시간 제도하에서 임금산정의 기준이 되는 근로시간이라는 점이다.

③ **소정근로시간의 명시방법**: 소정근로시간은 근로계약을 체결 또는 변경할 때에 서면으로 명시하고 근로자에게 교부하여야 한다(근기법 제17조). 또한 취업규칙 등에 규정하여야 한다. 업무의 시작과 종료 시각(근기법 제93조제1호)을 규정하지 아니하면 근로자는 몇 시에 출근하고 몇 시에 퇴근하여야 할지 모르기 때문에 노무를 제공할 수가 없다. 또 시간외근로에 대한 가산임금의 산정에 있어서 임금을 일, 주, 월 등 기간의 「소정근로시간 또는 통상임금산정기준시간」으로 나누어 계산(근기법시행령 제6조제2항)하게 되어 있으므로 이 시간의 장단은 임금의 시간 단가에 영향을 미치게 된다.

④ **소정근로시간과 통상임금 산정과의 관계**: 판례(대법 1991.1.15, 90다카25734; 대법 1990.12.26, 90다카2493; 대법 1991.6.28, 90다카14758; 대법 1991.7.26, 90다카1163)에서도 「근기법 제50조제1항·제2항 또는 제69조 본문의 규정에 의한 기준근로시간의 제한 범위 내에서 사용자와 근로자가 근로시간에 관하여 약정을 한 경우에는 그 약정의 근로시간이 근기법 제50조제1항·제2항 등의 기준근로시간에 우선하여 시간급 통상임금산정의 기초가 되어야 한다」고 하여, 기준근로시간의 범위 내에서 당사자가 약정한 근로시간을 소정근로시간으로 파악하고 있다.

예를 들어서 노사간에 근로계약, 취업규칙, 단체협약 등으로 1일 7시간의 근로를 규정하였다면 1일 7시간이 바로 소정근로시간이 되는 것이다.

그러나 노사가 1일 9시간을 약정하였다면 이는 소정근로시간이라고 할 수는 없고, 문자 그대로 “약정근로시간” 또는 “기준근로시간과 연장근로시간 1시간의 합의”라고 해야 정확한 표현이 될 것이다.

⑤ **법내초과근로와 연장근로시간 산정**: 연장근로시간은 법정근로시간을 초과하는 근로이므로 소정근로시간이 법정근로시간보다 짧은 경우에 소정근로시간을 초과하여 근무하는 시간(법내초과근로)은 법정근로시간의 범위 내에서는 연장근로시간으로 인정되지 않는다는 점이다.

예를 들어 소정근로시간을 1일 7시간으로 정한 경우, 8시간을 근무하였다면 소정근로시간에 비해 초과근무 1시간이 있더라도 이는 법정근로시간인 1일 8시간의 범위 내에 있으므로 연장근로시간으로 인정되지 않는 것이다. 근기법 제50조, 제69조 소정의 법정근로시간 범위 내에서 사용자와 근로자 사이의 소정 근로시간을 초과하는 근로(소위 법내초과근로)는 근기법 제56조의 시간외근로에 해당하지 않는다(대법 1991.6.28, 90다카14758). 다만, 단시간근로자의 초과근로에 대하여 기간제법 제6조제3항은 「사용자는 제1항에 따른 초과근로에 대하여 통상임금의 100분의 50 이상을 가산하여 지급한다」고 규정하여 비록 법정근로시간 이내라도 소정근로시간을 초과한 경우에는 가산임금을 지급하도록 규정하고 있다.

3 근로시간의 산정

1. 근기법 제50조제3항의 의의 및 근로시간 판단기준

(1) 근기법 제50조제3항의 의의

근기법 제50조제3항은 「제1항 및 제2항에 따른 근로시간을 산정함에 있어 작업을 위하여 사용자의 지휘·감독 아래에 있는 대기시간 등은 근로시간으로 본다」고 규정하고 있다. 동 조항의 규정 취지는 첫째, 대기시간을 임금이 지급되는 근로시간으로 보는 것이고, 둘째, 대기시간도 제50조제1항 및 제2항의 근로시간에 산입되어 원칙적으로 법정근로시간을 초과하여 근로하게 할 수 없다는 것이다. 이는 그동안 학설과 판례가 대기시간을 근로시간으로 인정해 온 것을 입법적으로 명문화한 것이다. 셋째, 동 규정은 「작업을 위하여」 근로자가 사용자의 지휘·감독 아래에 있는 「대기시간 등」을 근로시간이라고 보고 있으므로 「작업을 위한」, 「대기시간 등」의 의미에 관해서는 각 구체적 상황에 따라 근로자보호의 취지에 부합할 수 있도록 합리적으로 해석해야 할 것이다.

(2) 「작업을 위한 지휘·감독아래에 놓여있는 시간」의 판단기준

「작업을 위한 지휘·감독 아래에 놓여있는 시간」의 판단을 위해서는 일정한 장소적 구속, 시간적 구속, 행동상의 구속, 업무수행방법상의 구속, 노무지휘권에 따른 지배 내지 감독적인 구속하에 있는지를 기준으로 할 것이다. 따라서 작업도중에 정전·기계고장·원료공급중단 등으로 인한 대기시간, 자동차운전수·차장·식당접객원의 대기시간, 의사의 대기근로시간, 호텔포터의 야간근무대기시간, 작업과 작업 사이의 대기시간은 실질적으로 작업을 위하여 사용자의 지휘·감독 아래 놓여있는 시간이므로 임금이 지급되는 근로시간으로 보아야 한다(김형배, 「노동법」, 제26판, p.425). 대기시간이 잦은 단속적(斷續的) 근로에 대해서는 제50조제3항은 적용되지 않는다(근기법 제63조제3호).

2. 근로시간의 종료시각과 종료시기

실제 어느 시점부터 어느 시점까지가 근로시간인가는 단체협약, 취업규칙에 명확한 규정을 하고 있을 때를 제외하고 때때로 곤란한 문제가 제기된다.

예를 들면, 넓은 구내에 작업장이 산재하고 있을 때 입문시간과 작업장까지의 도착시간까지 어느 정도의 차이가 생기는 것은 불가피하다. 근로자가 현실적으로 노동력을 제공하는 업무시작의 전단계인 정문 통과 후 작업장 도착시까지의 보행에 요구되는 시간과 안전화·작업복을 갈아입는데 소요되는 시간을 근로시간에 포함시켜야 하는지의 여부는 취업규칙과 직장관행 등에 따라 결정하여야 한다. 그런데 정문 통과 후 작업장까지의 보행과 탈의 등의 행위는 그것이 작업 개시에 불가결한 것이라 해도 노동력 제공을 위한 준비행위이며 노동력 제공 그 자체는 아닐 뿐만 아니라, 특별한 사정이 없는 한 사용자의 직접적인 지배아래 놓여 있는 경우는 아니라 할 것이므로 탈의 등을 위한 시간은 근로시간이라고 볼 수 없다.

일반적으로 출근시간은 근무처에 도착하는 시간으로서 작업준비시간을 거쳐 작업에 착수하는 작업개시시간과 다르다(대법 1992.9.22, 92도1855).

3. 특별한 경우의 근로시간 판단

(1) 부수적인 활동의 경우

작업 현장에 도착하여 작업에 필요한 지시·훈시 등을 받는 시간은 실제로 작업은 개시되지 않더라도 근로시간에 산정하여야 한다고 해석된다. 부수업무시간을 근로자가 자유로이 이용할 수 없고 실제로 업무수행 또는 업무에 부수되는 근로를 제공하는 시간이라면 휴게시간으로 볼 수 없다(2004.5.27, 근기 67807-2651).

해당 운전기사들은 버스 출발지점에 차고지가 없어 부득이 근무일마다 차고지(서울 중랑구 신내동)가 있는 영업소로 가서 버스를 출고한 뒤 30분 가량 운전하여 출발지점으로 가서 운행을 시작하였고 운행을 마친 뒤에는 다시 차고지에 버스를 입고하였는데, 이러한 공차운행은 버스 운행 개시에 필수불가결한 업무관련 행위로서 이에 들어간 시간은 근로시간에 해당한다(대법 2016.8.24, 2015다5098).

(2) 향토예비군훈련시간

① **근로의무가 있는 경우와 근로의무가 없는 경우:** 「근로의무가 있는 근로일 또는 근로시간 중에 예비군훈련으로 근로치 못한 경우에는 그 훈련시간은 근로시간으로 인정하여야 한다. 그러나 근로의무가 없는 근로시간 외 또는 휴일 중의 훈련시간은 근로시간으로 인정하지 않아도 무방하다」(1991.9.20, 근기 01254-13675).

② **교대근무자의 경우:** 「교대근무자의 경우 근무시간 중의 훈련시간은 유급으로, 근무시간 외의 훈련시간은 무급으로 처리하더라도 무방하다」(1989.5.18, 근기 01254-7999).

③ **예비군 훈련을 마친 후 근로제공이 가능한 경우:** 근로시간과 훈련시간의 일부가 중복되어 있어 훈련을 마친 후 근로의 제공이 가능한 경우, 근로제공의무가 있음에도 불구하고 근로의 제공이 없었다면, 중복된 시간에 대해 유급으로 임금을 지급하였다 하더라도 이는 출근 후 근로제공 의무를 면한 조퇴로 볼 수 없으므로 결근으로 처리하여 그 주의 유급휴일수당을 지급하지 않아도 될 것이다(2009.12.23, 근로기준과-5560).

(3) 교육시간 및 합숙연수시간

① **교육시간의 경우:** 교육시간이 사용자의 지시·명령에 의해 강제되거나 또는 사용자의 책임하에 작업안전, 작업능률 등 생산성 향상을 위하여 근로자에게 의무적으로 소집·실시하는 교육은 근로시간으로 볼 수 있다. 또한 사용자가 여객자동차운수사업법에 의거 서비스질을 높이기 위해 소속 근로자에게 의무적으로 실시하는 교육시간은 근로시간으로 인정된다(2012.9.20, 근로개선정책과-4723).

② 합숙연수시간의 경우: 합숙교육이 사용자의 지시·명령에 의해 강제되는 경우에도 정상적인 근무와 달리 근로자들의 장기간 업무공백에 따른 업무복귀시 적응훈련 및 업무능력의 향상, 근로자의 자기계발 등 복합적인 목적으로 실시하는 경우에는 정상근로와는 동일하게 볼 수 없으므로 근기법 제56조에 의한 연장근로수당 지급의무가 당연히 발생한다고 보기 어렵다(2002.2.24, 근기 68207- 214).

(4) 일·숙직근무의 경우

일반적으로 일·숙직이란 정기적 순찰, 전화와 문서의 수수 기타 비상사태 발생 등에 대비하여 시설 내에서 대기하고 있는 것으로 그 자체의 노동의 밀도가 낮고 감시·단속적 노동인 경우가 대부분으로서 원래의 근로계약에 부수되는 의무로 이행되어야 하는 것이다.

근기법에서는 특정한 당직근무형태 및 당직수당에 대하여는 별도로 규정하고 있지 않으므로 회사의 취업규칙 등에 정하여 시행할 수 있다(2002.8.8, 근기 68207-2665). 따라서 정상근무에 준하는 임금을 지급할 필요가 없고, 야간·연장·휴일근로수당 등이 지급되어야 하는 것도 아니며 관례적으로 실비변상적 금품이 지급되고 있다는 특징이 있다(대법 1995.1.20, 93다46254).

「일·숙직근무의 태양이 그 내용과 질에 있어서 통상근무의 태양과 마찬가지라고 인정될 때에 한하여 일·숙직근무를 통상의 근로로 보아 이에 대하여 통상임금 및 근기법 제56조 소정의 가산임금을 지급하도록 하여야 하고, 일·숙직근무가 전체적으로 보아 근로의 밀도가 낮은 대기성의 단속적 업무에 해당할 경우에는 일·숙직근무 중 실제로 업무에 종사한 시간에 한하여 위 법 소정의 가산임금을 지급하도록 하여야 할 것」이라고 한다(대법 1990.12.26, 90다카13465). 이와는 달리 일·숙직시 감시·단속적인 일·숙직이 아니고 그 업무의 내용이 본래의 업무가 연장된 경우는 물론이고 그 내용과 질이 통상의 근로와 마찬가지로 평가되는 경우에는 그러한 초과근무에 대하여는 야간·연장·휴일근로수당 등을 지급하여야 할 것이다(대법 2019.10.17, 2015다213568; 대법 2000. 9.22, 99다7367;1996.6.28, 94다14742).

(5) 가면시간(parasleep, 일명 '일탈수면')

아파트 경비원들이 야간 휴게시간(24:00~04:00)에도 사용자의 지휘·감독 아래 경비실에서 가면한 시간은 휴식·수면시간으로 보기 어렵고 대기시간으로 보아야 한다(대법 2017.12.13, 2016다243078).

(6) 입갱·출갱시간의 경우

지하작업에 있어서 입·출갱시간은 근로시간에 산입된다. 구 근기법과 시행령은 지하작업에 대한 1일 법정근로시간을 6시간으로 하되, 입·출갱시간은 근로시간에 산입되지 않는다고 규정했으나 1990년 근기법과 시행령 및 산안법은 1일 법정근로시간을 8시간으로 늘리되 입·출갱시간에 대한 규정은 삭제됨에 따라 입·출갱시간은 원책적으로 근로시간에 포함된다(대법 1994.12.23, 93다53276).

제2절 40시간 근로시간제와 연장근로의 제한

1 40시간 근로제의 원칙

1. 근기법 제50조제1항 및 제2항의 의의

「1주간의 근로시간은 휴게시간을 제외하고 40시간을 초과할 수 없다」(근기법 제50조제1항), 「1일 근로시간은 휴게시간을 제외하고 8시간을 초과할 수 없다」(근기법 제50조제2항)고 규정하여 근기법은 1주일에 40시간, 1일에 8시간을 기준근로시간으로 규정하여 1주 40시간제와 1일 8시간제 원칙을 마련하고 있다. 8시간 근로제란 근로일의 근로시간을 기본적으로는 8시간으로 한정하는 원칙을 말한다. 그러므로 근로자의 근로일의 생활시간 전체(24시간) 중에서 근로에 충당될 시간부분을 근로자보호의 목적으로 제한하려고 하는 것으로 그것은 생활시간 내에서의 일종의 배분개념인 동시에 근로자보호를 위한 규제개념이다.

2. 40시간 근로제의 내용

(1) 1주의 기준

1) 1주의 정의: 「1주」란 "휴일을 포함한 7일을 말한다"(근기법 제2조제1항제7호). 일요일부터 토요일까지라는 견해가 있는데 반드시 일요일부터 토요일까지로 한정할 필요가 없으며, 취업규칙 등에서 정한 특정일 내지 개개 근로자의 채용일을 기점으로 하여 7일간을 1주로 볼 수 있다(2010.4.30, 근로기준과-918).

2) 주휴제의 기준: 주휴제는 1주간에 1일의 휴일을 주도록 되어 있기 때문에 실제에 있어서는 1주 40시간의 기준은 6일간의 근로에 대하여만 적용될 것이다. 그러므로 6일간의 근무시간을 똑같이 나누어 7시간 20분씩 할 수도 있으나, 보통의 경우 월요일에서 금요일까지 1일 8시간 형태로 1주 40시간의 기준을 시행하고 있다.

3) 1주 40시간의 판단: 1주 40시간의 판단도 실 근무시간을 기준으로 하므로, 판례(대법 1992.10.9, 91다14406)는 「주휴일이 아닌 유급휴일이 있는 주의 토요일의 경우 8시간의 근무를 명하였다고 하여도 그 경우 실 근로시간은 40시간(8시간×5일)이 되므로 그와 같은 근무명령은 근기법 소정의 규정을 위배한 것으로 보기는 어렵다」고 한다. 일요일을 제외한 유급휴일의 근로시간은 실 근로시간에 포함되지 않는다고 보아야 할 것이다.

4) 1주 근로시간 한도: 휴일근로는 연장근로에 포함되므로 법정근로시간 40시간, 연장근로 12시간(휴일근로 포함)만 가능하게 되어 1주 최대 근로시간은 총 52시간으로 제한된다.

(2) 1일의 기준

「1일」은 역일(曆日)의 1일을 의미하므로 오전 0시부터 오후 12시까지를 가리킨다. 그러나 하나의 근로가 2일에 걸쳐 계속적으로 행하여지는 경우에는 역일을 달리해도 1근로로 보아 8시간 제한규정을 적용한다. 그리고 2역일에 걸친 1근로는 업무시각이 속하는 날의 근로로서 당해 1일의 근로라고 보아야 한다.

3. 법정근로시간 위반의 효과

① 사용자는 예외적인 경우를 제외하고는 1일 8시간, 1주 40시간을 초과하는 근로를 시킬 수 없으므로 이에 위반하는 근로계약·단체협약 또는 취업규칙은 강행법규 위반으로 그 한도에서 무효이다. 근로자는 법정시간을 넘은 시간부분은 근로할 의무가 없다. 따라서 법정근로시간을 위반할 경우 벌칙(근기법 제110조)이 적용된다.

② 법정근로시간을 초과하여 시간외근로가 행하여졌을 때에는 시간외근로가 합법적(근기법 제53조, 제59조, 제69조 단서)이든 위법한 것이든 그 사유를 불문하고 근기법 제56조의 규정에 의한 가산임금이 지급되어야 한다.

2 연장근로 및 그 제한

법 제53조【연장근로의 제한】 ① 당사자 간에 합의하면 1주간에 12시간을 한도로 제50조의 근로시간을 연장할 수 있다.
② 당사자 간에 합의하면 1주간에 12시간을 한도로 제51조의 근로시간을 연장할 수 있고, 제52조제2호의 정산기간을 평균하여 1주간에 12시간을 초과하지 아니하는 범위에서 제52조의 근로시간을 연장할 수 있다.
③ 상시 30명 미만의 근로자를 사용하는 사용자는 다음 각 호에 대하여 근로자대표와 서면으로 합의한 경우 제1항 또는 제2항에 따라 연장된 근로시간에 더하여 1주 간에 8시간을 초과하지 아니하는 범위에서 근로시간을 연장할 수 있다.
1. 제1항 또는 제2항에 따라 연장된 근로시간을 초과할 필요가 있는 사유 및 그 기간
2. 대상 근로자의 범위
④ 사용자는 특별한 사정이 있으면 고용노동부장관의 인가와 근로자의 동의를 받아 제1항과 제2항의 근로시간을 연장할 수 있다. 다만, 사태가 급박하여 고용노동부장관의 인가를 받을 시간이 없는 경우에는 사후에 지체없이 승인을 받아야 한다.
⑤ 고용노동부장관은 제3항에 따른 근로시간의 연장이 부적당하다고 인정하면 그 후 연장시간에 상당하는 휴게시간이나 휴일을 줄 것을 명할 수 있다.
⑥ 제3항은 15세 이상 18세 미만의 근로자에 대하여는 적용하지 아니한다.

1. 연장근로의 의의 및 유형

(1) 연장근로의 의의

연장근로란 근기법에서 정하는 법정근로시간 또는 변형근로시간을 초과하는 근로를 말하며, 이는 그 법률상 원인이나 적법성 여부를 불문한다. 근기법에서 연장근로를 제한하는 것은 과중한 근로로 인해 근로자가 적절한 휴식을 취하지 못하는 것을 방지하기 위한 것이다(법제처 2015.7.9, 안건번호 15-0344). 사용자에게 경제적 압박을 통한 연장근로의 억제와 근로자의 연장근로에 대한 자주적 의사의 존중을 통하여 근로자의 건강과 문화생활을 보호하고자 한다.

(2) 연장근로의 유형

근기법상 연장근로의 유형에는 ① 업무의 일시적 증가와 같이 사업운영상 통상적으로 예상할 수 있는 상황에서 인정되는 연장근로(통상연장근로), ② 자연재해 그 밖에 특별한 사정이 있는 경우에 인정되는 연장근로(특별연장근로), ③ 운수업 등 법정 사업의 경우에 노사간 서면합의에 의하여 특례적으로 인정되는 연장근로(특례사업연장근로) ④ 30인 미만 사업장에 한시적(2021.7.1~2022.12.31)으로 인정되는 연장근로(특례연장근로)가 있다.

한편 유해 또는 위험한 작업에 종사하는 근로자와 임신 중인 여성의 경우 연장근로가 금지되며, 18세 미만의 연소자나 출산 후 1년이 경과하지 않은 여성에 대해서는 특칙이 있다. 즉, 사용자는 연장근로에 대해서는 통상임금의 50퍼센트 이상을 가산한 임금을 지급하여야 한다(근기법 제56조).

(3) 연장근로시간의 산정

연장근로시간의 산정은 실 근로시간을 기준으로 한다. 1일 8시간, 1주 40시간의 법정근로시간을 초과하는 경우에 연장근로가 된다. 그리고 소정근로시간이 법정근로시간을 초과하지 않는 경우에는 소정근로시간을 초과한 근로시간 중에서 법정근로시간에 달하는 부분까지에 대해서는 연장근로로 인정하지 않는다.

2. 통상연장근로

근기법 제53조제1항은 당사자 간에 합의하면 1주간에 12시간을 한도로 연장근로를 할 수 있다고 규정하고 있다. 그리므로 1일 8시간의 근로를 초과하는 근로시간과 주 40시간을 초과하는 근로시간은 주 12시간을 한도로 하여 당사자가 합의하면 적법한 연장근로시간으로 인정된다.

(1) 당사자의 의미

판례의 태도는 원칙적으로 근로자 개인과 사용자가 연장근로를 합의할 수 있다고 하며, 다만, 개별 근로자의 연장근로에 관한 합의권을 박탈하거나 제한하지 아니하는 범위 내에서는 단체협약에 의한 합의도 가능하다고 한다(대법 1995.2.10, 94다19228). 개별근로자의 근로조건 결정의 자유가 존중되어야 하기 때문에 판례의 태도가 타당하다.

(2) 합의의 방식

① **서면 합의인지 여부**: 당사자 사이의 합의는 근기법 제17조가 준용되어야 하기 때문에 원칙적으로 서면으로 작성되어야 한다는 견해가 있다. 이에 의하면 당해 합의 서면에는 연장근로사유, 연장근로일수, 연장근로업무의 종류 등이 기재되어야 한다. 이는 연장근로의 실시요건을 강화함으로써 당해 근로자를 보호하려는데 그 취지가 있다(김형배, 「노동법」, 제25판, p.436). 그러나 근기법은 합의의 형식·내용·시기에 대해 정하지 않고 있다. 그러므로 구두합의도 그 효력을 부정하기 어렵다(임종률, 「노동법」, 제17판, p.447; 하갑래, 「노동법총서」, p.150).

② **합의방식**: 합의방식은 연장근로시마다 하는 개별적 합의방식과 근로계약 체결시에 하는 포괄적 합의방식이 있는 바 판례와 행정해석은 포괄적 합의방식도 유효하다고 한다.

판례는 「개별 근로자와의 연장근로에 대한 합의는 연장근로를 할 때마다 그때 그때 할 필요는 없고 근로계약 등으로 미리 이를 약정하는 것도 가능하다. 또한 이때의 근로계약에서 특별히 기간을 정하지 아니한 경우에는 그 근로계약은 기간의 약정이 없는 것으로서, 이와 같은 경우 매년 당사자가 근로계약을 새로이 갱신하여야 하는 것은 아니므로 근로자가 위 근로계약을 해지하지 아니한 이상 연장근로에 관한 합의의 효력은 유효하다」(대법 1995.2.10, 94다19228; 대법 2006.6.23, 98다54650)고 한다. 행정해석(2013.12.13, 근로개선정책과-7771)도 판례와 같이 개별근로자와의 연장근로에 관한 합의는 연장근로를 할 때마다 할 필요는 없고 근로계약 등으로 미리 약정하는 것도 가능하다고 한다.

③ **평가**: 포괄적 합의설에 따르면 사용자는 근로자에게 연장근로명령을 할 수 있고, 그 명령이 권리남용에 해당하거나 근로자에게 부득이한 사유가 없으면 근로자는 그 명령에 따를 의무가 있다고 본다(임종률, 「노동법」, 제17판, p.447). 이에 대하여 개별적 합의설에 따르면 판례가 사용자의 편의에 따른 연장근로의 포괄적 합의를 인정한 것은 근로자보호를 위해 연장근로는 제한적으로 적용되어야 할 것

으로 예정하고 있는 근기법의 기본취지에 부합되지 않는 것이라는 비판하고 있다. 연장근로에 대한 근로자의 포괄적 동의에는 근로자의 거부권이 유보되어 있는 것으로 보아야 한다는 것이다(김형배, 「노동법」, 제26판, P.446).

(3) 연장의 한도

① **1주 또는 1일의 연장의 한도**: 근기법 제53조제1항의 연장근로는 「1주일에 12시간을 한도」로 하여 1주일에 총 52시간까지 근로를 할 수 있다고만 할 뿐 1일의 최장근로시간에 대해서는 명문의 규정이 없다. 근기법 제50조, 제53조제1항, 제69조 및 제70조의 규정에 비추어 볼 때 18세 이상의 근로자의 경우에는 1주일에 12시간을 초과하지 않는다면 특별한 사정이 없는 한 1일 연장근로시간의 제한은 없다(대법 1997.7.25, 96다29892).

② **출산 후 1년이 지나지 않은 18세 이상의 여성**: 연장근로는 1일에 2시간, 1주에 6시간, 1년에 150시간을 초과하지 못한다(근기법 제71조). 이는 출산 후의 1년간 연장근로를 제한하여 출산 후 여성의 건강을 보호하려는 것이다.

③ **연소자의 경우**: 당사자 사이에 합의하면 1일에 1시간, 1주에 5시간을 한도로 해당 법정근로시간을 초과하여 연장근로를 하게 할 수 있다(근기법 제69조 단서). 이는 연소자의 건강을 보호하고 교육시간을 확보하기 위한 것이다.

④ **탄력적 근로시간제도에서의 합의연장**: 당사자 사이에 합의하면 1주간에 12시간을 한도로 탄력적 근로시간제의 단위기간을 평균한 1주 40시간, 특정한 주 또는 날의 상한 근로시간을 초과하여 근로하게 할 수 있다(근기법 제53조제2항). 당사자 사이의 합의가 있더라도 '1주간에 12시간을 한도'로 연장할 수 있다. 따라서 1주간의 근로는 단위기간이 2주 이내인 경우에는 특정한 수의 상한 근로시간 48시간(제51조제1항 단서)에 12시간의 연장근로를 더하여 60시간까지 허용되고, 단위기간이 3개월 이내인 경우에는 특정한 주의 상한 근로시간 52시간(제52조제2항 단서)에 12시간의 연장근로를 더하여 64시간까지 허용된다(임종률, 「노동법」, 제17판, p.447).

이에 대하여 반대 견해는 당사자의 합의에 따른 연장근로는 어떠한 경우에도 1주 40시간의 법정근로시간을 기준으로 12시간(총근로시간 52시간)을 초과할 수 없고 따라서 탄력적 근로시간제나 선택적 근로시간제의 경우에도 특정한 주의 근로시간은 52시간을 절대로 초과할 수 없다고 한다(김형배, 「노동법」, 제26판, p.453). 그러나 근기법 제53조제2항이 '제51조의 근로시간' 또는 '제52조의 근로시간'을 연장할 수 있다고 명시하고 있고, '제50조의 근로시간'을 연장할 수 있다고 규정한 것이 아니므로 이 견해는 근거가 없는 주장이라고 생각된다(임종률, 「노동법」, 제17판, p.449). 이 견해가 타당하다고 생각된다.

⑤ **선택적 근로시간제도에서의 합의연장**: 당사자 사이에 합의하면 선택적 근로시간제의 정산기간을 평균하여 1주간에 12시간을 초과하지 않는 범위에서 정산기간을 평균한 1주 40시간을 초과하여 근로하게 할 수 있다(제53조제2항 후단). 그러나 당사자 사이의 합의가 있더라도 연장근로는 정산기간을 평균하여 1주간에 12시간을 초과하지 않아야 한다. 따라서 예컨대 정산기간이 4주인 경우 4주 동안 48시간을 한도로 연장근로를 할 수 있고, 이 48시간을 매주 12시간씩 배분할 수도 있고 특정한 주 또는 날에 집중적으로 배분할 수도 있다(임종률, 「노동법」, 제17판, p.449).

(4) 연장근로시간의 산정과 실 근로시간

① 연장근로시간은 1일 8시간 근로를 초과하는 근로시간과 1주 40시간 근로를 초과하는 근로시간을 의미하며, 그 계산은 실 근로시간을 기준으로 한다. 그러므로 결근이나 지각이 있는 경우에는 당해 시간을 제외하고 실제 근로한 시간이 1일 8시간 또는 1주 40시간을 초과할 때에 연장근로시간이 된다. 예컨대, 주 5일은 8시간 근무하고 토요일에 4시간 근무한 경우 주 중의 어느 날이 유급휴일이거나 휴가를 사용한 경우 토요일에 8시간을 근무하더라도 1주의 실 근로시간이 40시간을 초과하지 않는다면 토요일의 추가 4시간 근무가 연장근로로 취급되지 않는다(대법 1992.10.9, 91다14406).

② 당사자간의 합의가 있다고 하더라도 특정 주의 근로시간이 52시간을 초과할 수는 없으므로 1일 16시간 격일제 근로를 규정하고 있어서 특정 주의 근로시간은 64시간이 되는 중재재정은 근기법 제53조제1항의 법 조항에 위반되어 위법하다(대법 1997.10.10, 97누4951).

3. 특별연장근로(응급연장 · 인가연장)

(1) 특별한 사정이 있는 경우

① **규정내용**: 근기법 제53조제4항 본문은 「사용자는 특별한 사정이 있으면 고용노동부장관의 인가와 근로자 동의를 받아 제1항과 제2항의 근로시간을 연장할 수 있다」고 규정하고 있다. 이것은 본조제1항의 1주 12시간에 대한 예외규정이다.

② **특별한 사정의 의미**: 특별한 사정이란 천재·지변 그 밖에 이에 준하는 재해와 긴급·불가피한 사고로서 업무 운영상 통상적으로 예상할 수 없는 것을 말하며, 역시 8시간 근로의 보호입법적 취지에서 엄격하게 해석하여야 한다. 당해 사업 또는 사업장에서 자연재해와 재난및안전관리기본법에 따른 재난 또는 이에 준하는 사고가 발생하여 이의 수습을 위한 연장근로를 피할 수 없는 경우로 한정한다(근기법시행규칙 제9조제2항). 재난이란 국민의 생명·신체·재산과 국가에 피해를 주거나 줄 수 있는 것으로서 화재·붕괴·폭발, 교통사고, 화생방사고, 환경오염사고, 미세먼지 등으로 인한 피해를 말한다(재난및안전관리기본법 제3조). 「이에 준하는 사고」란 시설의 폭발, 화재, 그 밖에 사유로 사업장의 주된 설비나 기계 등의 고장으로 재해발생의 염려가 현저하거나 인근 주민의 안위가 위태로울 경우를 말한다. 기타 사업 운영상 통상적으로 예견할 수 없는 사태로서 단순한 경영상의 긴박한 납기, 선적 또는 필요에 의한 연장근로가 아니라고 인정될 것이어야 한다.

업무량 증가 등 경영상의 필요에 의하여 연장근로가 불가피하다든가 정기적인 기계의 수리 또는 통상적으로 예견되는 부분적인 수리 등은 이에 해당되지 않는다.

(2) 특별한 사정이 있는 경우의 연장근로의 요건

특별한 사정이 있는 경우, 연장근로를 하기 위하여서는 절차적 요건으로서 고용노동부장관의 인가와 본인의 동의가 있어야만 한다. 여기에서의 본인의 동의는 개별적인 동의를 원칙으로 하며, 이러한 동의를 하지 않은 근로자에게는 연장근로를 시킬 수 없다.

(3) 특별한 사정이 있는 경우와 사후 승인

① 사후승인의 요건: 특별한 사정이 있는 경우 사태가 급박하여 고용노동부장관의 사전인가를 얻지 못한 경우에는 사후에 지체없이 승인을 얻어야 한다(근기법 제53조제5항).

그러나 사후 승인이 부적당하다고 인정될 때에는 즉시 연장근로를 중지시키고 이미 제공된 연장근로에 해당하는 시간에 대신하는 휴게 또는 휴일을 줄 것을 명할 수 있는데, 이를 대휴명령이라고 한다. 여기서 고용노동부장관이 부적당하다고 인정할 경우란 특별한 사정이 없는데도 연장근로를 시킨 경우와 특별한 사정이 있더라도 필요한 범위를 넘어서 연장근로를 시킨 경우를 의미한다. 특례연장근로는 15세 이상 18세 미만의 근로자에 대하여는 적용하지 아니한다(근기법 제53조제6항).

② 연장 대상인 근로시간: 연장 대상이 되는「제1항과 제2항의 근로시간」이란 1주 40시간 뿐만 아니라 당사자간의 합의가 있을 때에는 1주 52시간도 포함하며, 12시간을 한도로 제51조의 탄력적 근로시간을 연장할 수 있으며 근기법 제52조제2호의 정산기간을 평균하여 1주간에 12시간을 초과하지 아니하는 범위 안에서 근기법 제52조의 선택적 근로시간을 연장할 수 있는 경우까지 포함하는 것이다.

(4) 특별한 사정으로 인한 근로시간인가 또는 승인신청절차

사용자는 근기법 제53조제4항의 규정에 의하여 근로시간을 연장하고자 하는 경우 또는 연장한 경우에는 특별한 사정으로 인한「근로시간연장인가 또는 승인신청서」(근기법시행규칙 별지 제5호 서식)에 근로자의 동의서 사본을 첨부하여 관할 지방고용노동관서의 장에게 제출하여야 한다(동법시행규칙 제9조제1항). 관할 지방고용노동관서의 장이 특별한 사정으로 인한 근로시간연장인가 또는 승인신청에 대하여 인가 또는 승인을 한 때에는 특별한 사정으로 인한「근로시간연장인가 또는 승인서」(근기법시행규칙 별지 제6호 서식)를 내주어야 한다(동법시행규칙 제9조제3항).

4. 특례사업에 대한 연장근로(특례사업연장)

이에 대해서는 제3절 5 근로시간 및 특례에서 기술한다.

5. 특례연장근로

30인 미만 영세사업장에게 근로시간 단축에 따른 충분한 준비기간을 부여하기 위한 제도로서 근로자대표와 서면합의를 통해 ① 연장근로(1주 12시간)을 초과하여 근로할 필요가 있는 사유 및 기간과 ② 대상 근로자의 범위를 정하여 1주 8시간의 연장근로를 추가적으로 할 수 있도록 허용하고 있다. 다만, 동 제도는 5~50인 미만 사업장에 주 52시간제가 도입되는 2021.7.1부터 2022.12.31까지 한시적으로 운용한다. 특례연장근로는 15세 이상 18세 미만의 근로자에 대하여는 적용하지 아니한다(근기법 제53조제6항).

6. 연장근로시간 위반의 효과

근기법이 연장근로를 제한하면서 이를 위반할 경우 처벌규정을 둔 취지는 연장근로의 사실적 행위를 금지하는 것뿐만 아니라, 연장근로시간의 상한을 초과하는 근로계약에 대해서는 사법상의 효력까지도 제한해 근로자를 보호하려는 데 있으므로 이는 강행법규(효력규정)에 해당한다(2014.2.26, 근로개선정책과-1182). 연장근로시간을 위반한 사용자에게는 2년 이하의 징역 또는 2천만원 이하의 벌금형이 부과될 수 있다(근기법 제110조제1호).

제3절 법정근로시간의 유연화

종전 근기법상 근로시간 규제는 근로자는 사용자가 정한 소정근로시간에 따라 근로하는 것을 전제로 하고 있었다. 그러나 화이트칼라 근로자나 지적 전문직근로자가 증가함에 따라 근로자가 자주적으로 업무시작·종료시각을 선택하여 시간배분이나 업무수행을 조정할 수 있는 주체적이고 유연한 근로형태가 증가하고 있다. 이러한 근로형태에 대응하는 근로시간제도에 있어서 1997년 개정된 근기법은 변형근로시간제를 탄력적 근로시간제·선택적 근로시간제(flexible 타임제)·재량근로시간제 등 세 종류를 신설하여 법정근로시간의 규제를 탄력화하였다. 이것은 제3차 산업의 증대, 경제의 서비스화에 따라 사업활동이나 노동형태의 변화에 대응하여 서비스업무를 효율적으로 제공하거나 계절의 영향을 받는 업종에 있어서는 노동력의 경제적 절약과 집중적 투입을 합리화할 것이 필요하므로 근로시간의 운영을 유연화할 것이 요청되기 때문이다. 그러나 구 근기법은 이러한 근로시간의 신축적 규제에 대해서는 아무런 규정을 두고 있지 않았다. 산업구조의 변화, 직업의 전문화, 여성의 진출 등 취업상황의 변화와 업종이나 사업의 종류에 따른 특수성, 고도산업화 과정에서 요청되는 근로시간의 신축적 규제 내지 보장은 이제 제도적으로 수용하여야 할 단계에 이르렀으므로 근기법에서 법정근로시간의 탄력화를 위한 제도를 도입하기에 이르렀다. 이에 따라 주휴 2일제나 연간휴일의 증가를 보다 용이하게 하고 근로시간 단축을 촉진할 수 있다는 데 있다.

1 탄력적 근로시간제

법 제51조【탄력적 근로시간제】 ① 사용자는 취업규칙(취업규칙에 준하는 것을 포함한다)에서 정하는 바에 따라 2주 이내의 일정한 단위기간을 평균하여 1주간의 근로시간이 제50조제1항의 근로시간을 초과하지 아니하는 범위에서 특정한 주에 제50조제1항의 근로시간을, 특정한 날에 제50조제2항의 근로시간을 초과하여 근로하게 할 수 있다. 다만, 특정한 주의 근로시간은 48시간을 초과할 수 없다.

② 사용자는 근로자대표와의 서면합의에 따라 다음 각 호의 사항을 정하면 3개월 이내의 단위기간을 평균하여 1주간의 근로시간이 제50조제1항의 근로시간을 초과하지 아니하는 범위에서 특정한 주에 제50조제1항의 근로시간을, 특정한 날에 제50조제2항의 근로시간을 초과하여 근로하게 할 수 있다. 다만, 특정한 주의 근로시간은 52시간을, 특정한 날의 근로시간은 12시간을 초과할 수 없다.
1. 대상 근로자의 범위
2. 단위기간(3개월 이내의 일정한 기간으로 정하여야 한다)
3. 단위기간의 근로일과 그 근로일별 근로시간
4. 그 밖에 대통령령으로 정하는 사항
③ 제1항과 제2항은 15세 이상 18세 미만의 근로자와 임신 중인 여성 근로자에 대하여는 적용하지 아니한다.
④ 사용자는 제1항 및 제2항에 따라 근로자를 근로시킬 경우에는 기존의 임금수준이 낮아지지 아니하도록 임금보전방안(賃金補塡方案)을 강구하여야 한다.

1. 탄력적 근로시간제의 의의

(1) 탄력적 근로시간제의 의의

① **의의**: 탄력적 근로시간제란 일정한 단위기간 내에서 소정근로시간을 평균하여 법정근로시간(1주 40시간)을 초과하지 않는다면, 단위기간 내의 특정한 날(3개월 단위는 1일 12시간을 초과하지 아니하는 범위)이나 특정한 주(2주 단위는 1주 48시간, 3개월 단위는 1주 52시간을 초과하지 아니하는 범위)에 대해서 법정근로시간을 초과하여도 탄력적 근로시간 한도 안에서는 법정근로시간을 초과한 시간을 연장근로 내지 시간외근로로 보지 않는 제도이다.

법정근로시간의 원칙을 전제로 하여 그 탄력적 배분을 위하여 인정되는 제도로서 탄력적 근로시간제는 2주간 이내의 탄력적 근로시간제와 3개월 이내의 탄력적 근로시간제의 2종류가 있다.

② **시간외근로와의 차이점**: 시간외근로는 당사자간의 합의를 조건으로 법정근로시간의 연장을 허용하고 연장된 근로시간에 대하여 가산임금을 지급하여야 하는 데 비하여, 탄력적 근로시간제는 일정 단위기간을 평균한 근로시간이 법정근로시간을 초과하지 않는 조건으로 특정한 날이나 특정한 주의 근로시간이 법정근로시

간을 초과하는 것을 허용하고 연장된 근로시간에 대하여 가산임금을 지급하지 않아도 된다는 점에서 다르다.

(2) 탄력적 근로시간제의 장 · 단점

① **탄력적 근로시간제의 장점**: 특정한 시기에 따라 업무량이 현저한 차이를 보이는 사업(건설업, 항만업, 항공운수업 등)이나 업무의 성질상 생산설비 가동을 중단하기 어려워 교대제로 운영되는 기업에서 업무량에 따라서 교대제의 근로시간 편성의 필요상 법정근로시간제의 원칙에 대한 일정한 예외를 인정하여 효율적인 근로시간의 운영을 가능하게 할 수 있다는 점이다.

② **탄력적 근로시간제의 단점**: 생산공정이나 업무수행의 형편에 맞추기 위하여 근로자가 집중적인 근무로 인하여 부담하게 될 육체적 피로가 누적되며 누적된 피로는 건강악화의 직접적인 원인이 될 수 있으며, 불규칙적인 근로시간의 배분으로 인하여 근로자의 정상적인 사회생활 및 가정생활을 저해할 수 있다는 점이다.

2. 2주 이내의 탄력적 근로시간제

(1) 2주 이내 탄력적 근로시간제의 의의

사용자는 취업규칙(취업규칙에 준하는 것을 포함한다)에서 정하는 바에 따라 2주 이내의 일정한 단위기간을 평균하여 1주간의 근로시간이 1주 40시간의 근로시간을 초과하지 아니하는 범위에서 특정 주에 1주 40시간, 특정한 날에 8시간을 초과하여 근로하게 할 수 있다. 다만, 특정주의 근로시간은 48시간을 초과할 수 없다(근기법 제51조제1항).

(2) 탄력적 근로시간제의 시행요건

1) 취업규칙(취업규칙에 준하는 것을 포함)에서 정하는 바에 따라야 할 것

① 2주 이내의 탄력적 근로시간제는 취업규칙 그 밖에 이에 준하는 것에 정하여야 한다. 즉, 10명 이상의 근로자를 사용하는 사업의 경우에는 취업규칙에 의해야 하고, '취업규칙에 준하는 것' 이란 취업규칙 작성의무가 없는 사용자(상시 10명 미

만의 근로자를 사용하는 경우, 근기법 제93조 참조)를 고려한 것으로, 이러한 사용자도 취업규칙에 준하여 문서로 이 '규정'을 작성하고 이를 근로자에게 널리 알려야 한다.

② 2주 이내의 탄력적 근로시간제도의 신규 채택·개정에 있어서는 근로자 과반수의 의견청취를 요하는 취업규칙의 변경이 필요하다는 점에서 노동조합이나 근로자 과반수의 의견을 들어야 한다(동법 제94조제1항).

③ 2주 이내의 탄력적 근로시간제 채택·개정이 취업규칙의 불리한 변경인지 여부: (가) 취업규칙의 불리한 변경이라는 견해(김형배, 「노동법」, 제26판, p.435)에 의하면 근로자 집단의 동의를 얻지 않으면 그 효력이 없다고 할 것이다(동법 제94조제1항 단서). (나) 취업규칙의 불리한 변경이 아니라는 견해(임종률, 「노동법」, 제17판, p.440)에 의하면 근로자집단의 의견청취로서 그 효력이 있다고 할 것이다. (다) 근로자에게 불리하게 변경되는지 여부는 제도 도입의 취지와 배경, 해당 사업체 업무의 성질, 취업규칙 기타 규정과의 전체적인 체제 등 제반 사정을 종합하여 판단하여야 한다.

2) 변형기간 및 단위기간 내의 법정근로시간 총계 이내에서 행할 것

취업규칙(취업규칙에 준하는 것을 포함한다)에는 2주 이내의 일정기간을 평균하여 1주당의 근로시간이 법정시간(근기법 제50조)을 초과하지 않는 범위 내에서 각각의 주 및 각각의 근로일의 근로시간을 구체적으로 규정하지 않으면 안된다.

단위기간은 2주 이내이므로 그 이내(예, 1주간)라도 좋다. 단위기간 내의 소정근로시간의 합계는 그 기간의 법정근로시간 총계 이하가 되어야 한다. 현행 법정근로시간이 주 40시간이므로 단위기간 내의 법정근로시간의 총계는 40×14일/7일 =80시간으로 계산된다.

3) 소정근로시간의 특정

단위기간 내의 각 주·각 일의 소정근로시간을 특정하고 1일의 업무시작 및 종료시각을 취업규칙에 명시하여야 한다. 2주 이내의 탄력적 근로시간제는 각 주·각 일의 소정근로시간이 취업규칙에 명시되어야 하므로 각 주·각 일의 근로시간을 특정하지 않고 주 40시간의 법정근로기간 범위 내에서 사용자가 업무형편을 이유로 하여 임의로 근로시간을 변경할 수 없다.

또한 단순히 2주 이내의 탄력적 근로시간을 채용하는 취지의 '규정'을 하는 것만으로는 충분하지 않다. '특정한 주' 또는 '특정한 날'에 각각의 법정시간을 초과하여 '근로하게 할 수 있다'고 하는 것으로부터 법정시간을 초과하여 근로시키는 주 또는 날을 구체적으로 특정하는 것이 필요하지만 나아가 취업규칙에 업무의 시작·종료시각의 기재를 의무로 하고 있는 것(근기법 제93조제1호)이나 본조 규정의 내용 전체로부터 판단하여 각각의 주, 각각의 날의 근로시간을 구체적으로 규정하여야 하는 것으로 해석된다.

4) 1주 최장근로시간의 설정

1주의 최장근로시간은 48시간으로 규제하고 있다(동법 제51조제1항 단서).

(3) 탄력적 근로시간제의 효과

탄력적 근로시간제도는 근로시간의 원칙의 영역내에 있어서 이를 변경한 것이기 때문에 특정의 주 또는 날에 법정근로시간 이상 근로시키더라도 시간외근로로는 되지 않으며, 따라서 가산임금 지급 의무도 발생하지 않는다. 다만, 법정근로시간을 초과하는 규정을 한 주 또는 날에 그 시간을 초과하여 근로시키는 경우나 법정근로시간 미만의 근로시간을 규정한 주 또는 날에 법정시간을 초과하여 근로시키는 경우에는 시간외근로로 된다. 또한 주 또는 일의 근로시간연장이 법정시간내라 하더라도 단위기간에 허용되는 총 근로시간의 범위를 초과하는 근로시간은 시간외근로로 된다. 따라서 이 경우에는 가산임금의 지급(근기법 제56조)에 관한 의무를 지게 된다.

3. 3개월 이내의 탄력적 근로시간제

(1) 3개월 이내 탄력적 근로시간제의 의의

사용자는 근로자대표와의 서면합의에 따라 다음 각 호의 사항을 정하면 3개월 이내의 단위기간을 평균하여 1주간의 근로시간이 제50조제1항의 근로시간을 초과하지 아니하는 범위에서 특정한 주에 제50조제1항의 근로시간, 특정한 날에 제50조제2항의 근로시간을 초과하여 근로하게 할 수 있다. 다만, 특정한 주의 근로시간은 52시간을, 특정한 날의 근로시간은 12시간을 초과할 수 없다(근기법 제51조제2항).

① 대상 근로자의 범위

② 단위기간(3개월 이내의 일정한 기간으로 정하여야 한다)

③ 단위기간의 근로일과 그 근로일별 근로시간

④ 그 밖에 대통령령으로 정하는 사항

그 밖에 대통령령으로 정하는 사항이란 서면합의의 유효기간을 말한다(동법시행령 제28조제1항).

근로시간의 원칙에 탄력성을 갖게 한다는 이유로 3개월 이내의 일정기간을 평균하여 1주의 근로시간이 법정시간을 초과하지 않는 경우 특정한 주 또는 특정한 날에 각각 법정근로시간 이상 근로시키는 것을 인정하는 제도로서 법정근로시간의 탄력화 방안 중 가장 기본적인 것이다.

(2) 3개월 이내의 탄력적 근로시간제의 시행요건

1) 근로자대표와의 서면합의에 의할 것

탄력적 근로시간제를 채택하는 경우에는 노사협정의 체결이 필요하다. 노사협정은 사업장별로 체결하는 것이고, 근로자측의 체결 당사자는 당해 사업장에 근로자의 과반수로 조직된 노동조합이 있는 경우에는 그 노동조합, 근로자의 과반수로 조직된 노동조합이 없는 경우에는 근로자의 과반수를 대표하는 자가 된다.

이에 대하여 근로자대표와의 서면합의가 아닌 탄력적 근로시간제의 적용을 받게 될 근로자들의 과반수를 대표하는 것으로 이해하면 될 것으로 보는 견해가 있다(김형배, 「노동법」, 제26판, p.439). 그 이유는 그 밖의 근로자들의 근로시간에 아무 영향을 주지 않는 한 그렇게 해석하는 것이 합리적일 것이기 때문이라고 한다. 이에 대하여 행정해석은 당해 사업장의 전체 근로자의 과반수를 대표하는 자와의 서면합의가 필요하다는 것이다. 그러나 행정해석과 같이 대상 근로자 과반수의 개별적 서면동의를 받는 경우에는 법적 요건을 충족하지 못한 것으로 보아야 할 것이다. 설령, 단체협약 상 탄력적 근로시간제에 대한 명문 규정이 없고 과반수가 되지 않는 노동조합의 반대가 있다 하더라도 근로자의 과반수를 대표하는 자의 동의가 있는 등 근기법 제51조제2항에 규정된 법적 요건을 갖추고 있다면 3개월 이내의 탄력적 근로시간제를 적용할 수 있다(2008.4.29, 근로조건지도과-1167).

2) 서면합의서의 효력

① 단체협약의 별도(부속)협약의 형식으로 체결하는 경우

노동조합의 대표자 또는 노동조합으로부터 위임을 받은 자와 단체협약의 별도(부속)협약의 형식으로 체결하는 경우에는 단체협약의 효력을 개폐하는 효력이 발생한다. 노동조합으로부터 위임을 받은 자가 단체협약의 별도(부속)협약이 아닌 단순한 서면합의 형식으로 체결하는 경우에는 기존 단체협약의 개정 효력을 인정할 수 없다.

② 노사협의회 근로자위원과의 서면합의 형식으로 체결하는 경우

단체협약을 개폐하는 효력은 발생하지 않으므로, 단체협약에 배치되는 경우 단체협약의 적용을 받는 근로자에게도 적용하려면 별도로 단체협약의 개정 절차를 밟아야 한다. 그러나 단체협약의 적용을 받지 않는 근로자에게는 서면합의만으로 적용 가능하다.

③ 취업규칙을 변경하는 경우

취업규칙과 관련해서는 반드시 기존 취업규칙의 변경이 없어도 적용이 가능하지만 근로조건 규정의 통일성을 기하기 위해 기존 취업규칙을 변경하는 것이 바람직하다. 취업규칙을 변경하는 경우 별도의 취업규칙 변경절차(근로자 과반수의 의견청취 또는 동의)는 거치지 않아도 된다.

④ 새로이 선출된 근로자대표와 서면합의하는 경우

노사협의회 근로자위원과의 서면합의 효력에 준하여 판단한다.

⑤ 기타 노사협의회에서 근로시간과 관련하여 의결하는 경우

근참법은 노사협의회에서 「작업과 휴게시간의 운용」에 관한 사항을 협의하거나 의결할 수 있도록 하고 있다(제20조제1항제7호). 이 경우 첫째 노사협의회의 의결만으로 탄력적 근로시간제를 도입할 수 있는지 여부와 둘째 의결된 사항에 대한 법적 효력이 문제가 된다.

탄력적 근로시간제의 도입과 관련한 사항 등 근기법상 사용자가 근로자대표와의 서면합의를 하도록 한 규정은 동 제도의 도입을 위한 기본적인 법적 요건이므로 노사협의회의 의결만으로는 도입이 불가하다. 따라서 탄력적 근로시간제 도입 등에 관한 사항을 노사협의회에서 의결하더라도 별도로 서면합의서를 작성하거나 취업규칙을 변경해야 한다(2007.11.29, 근로기준팀-8048).

3) 서면합의에서 체결해야 할 사항

① 대상 근로자의 범위(제1호)

대상 근로자란 탄력적 근로시간제의 적용대상으로서 탄력적 근로시간제에 따라 근로할 자를 말한다. 탄력적 근로시간제의 적용대상에 관하여는 '대상 근로자'의 범위를 정하여야 한다고 규정하고 있을 뿐 그 구체적인 방법에 대하여는 달리 정한 바가 없다. 그러므로, 사업장에서 근로조건(특히 근로시간)을 통일적으로 정할 필요성 등을 감안할 때, 탄력적 근로시간제 실시 '대상 근로자'를 반드시 개별 근로자로 정하여야 하는 것은 아니라고 할 것이다. 사용자는 기업의 필요나 업무의 특성에 따라 어느 근로자가 동 규정의 적용 대상 근로자인지 식별할 수 있도록 구체화되어야 할 것인데 직종·근로형태 등을 기준으로 집단적으로 정할 수 있다.

또한, 특정 직종이나 근로형태에 속하는 자를 탄력적 근로시간제 실시 대상으로 정하였다면, 달리 볼 사정이 없는 한 해당 직종 또는 근로형태에 속하는 근로자는 본인의 동의 여부에 관계없이 탄력적 근로시간제의 적용 대상자가 된다고 할 것이며, 아울러, 배치전환이나 근무명령으로 같은 직종 또는 근로형태에 속하게 된 자도 함께 적용된다(2006.3.29, 근로기준팀-1418).

② 단위기간(제2호)

3개월 이내의 탄력적 근로시간제의 단위기간은 「3개월 이내의 일정기간」으로 규정되어 있으므로 단위기간이 특정되어야 하며 기산일도 명확히 하여야 한다. 단위기간의 최장한도는 3개월이지만 3개월 이내라면 1개월, 3주간이라도 된다. 법정근로시간은 1주 40시간이므로 단위기간 내의 법정근로시간의 총계는 40시간×단위기간의 역일수/7일로 계산된다. 노사간의 서면합의에는 단위기간의 연장과 함께 그 기산일을 정할 필요가 있다. 3개월 단위의 탄력적 근로시간제를 채택한 경우에 단위기간을 통해서 근로시간의 한도를 정한다.

3개월 이내의 일정기간(단위기간)을 평균해서 1주당 근로시간이 1주간의 법정근로시간을 초과하지 않는 범위 내라는 것은 결국 단위기간에 있어서 소정근로시간의 합계를 다음의 공식으로 계산되는 시간의 범위 내로 하여야 한다는 것이다. 단위기간에 있어서 총 근로시간 산정방식은 다음과 같다.

$$\text{총 근로시간} = \frac{\text{1주간의 법정근로시간} \times \text{단위기간의 일수}}{\text{7일}}$$

1주간의 법정근로시간은 40시간이므로 3개월 단위로 계산하는 경우에는 3개월이 92일인 경우는 526시간, 91일인 경우는 520시간, 90일인 경우는 514시간, 89일인 경우는 509시간이 된다. 이 시간은 3개월 단위의 탄력적 근로시간제를 채택한 경우에 단위기간을 통해 법정근로시간이 된다. 따라서 1주 및 1일의 법정근로시간의 범위 내에 있다고 해도 단위기간을 통해 이 시간을 초과해서 근로시킨 경우 그 초과된 부분의 시간은 시간외근로가 된다.

③ 단위기간에 있어서의 근로일 및 당해 근로일별 근로시간(제3호)

3개월 이내의 탄력적 근로시간제를 채택하는 경우는 서면합의에 의해 단위기간에 있어서의 근로일 및 당해 근로일별 근로시간을 미리 특정하지 않으면 안된다. 이 경우 3개월 이내의 탄력적 근로시간제의 요건이 되고 있는 서면합의에서 정하는 방법에 관하여, 단순히 「3개월을 평균하여 1주간의 근로시간이 40시간을 초과하지 않는 범위 내에서 1일 8시간을 초과해서 근로시키는 일이 있다」고 규정한 것을 인정할지가 문제가 된다. 본조는 「특정한 주에 제50조제1항의 근로시간」, 「특정한 날에 제50조제2항의 근로시간」이라고 규정되어 있는 것만 봐도 16시간의 격일근무제 등과 같이 각 근로일의 변형근무의 상태를 구체적으로 정할 것을 요구하고 있다. 취업규칙 그 밖에 이에 준하는 것에 의해 변형기간에 있어 각 일, 각 주의 근로시간을 구체적으로 정할 것을 요구하고, 변형기간을 평균하여 주 40시간의 범위 내에 있더라도 사용자가 업무사정에 따라 임의로 근로시간을 변경하도록 한 제도는 여기에 해당되지 않는다.

④ 그 밖에 대통령령으로 정하는 사항

근기법 제51조제2항제4호에서 "그 밖에 대통령령으로 정하는 사항"이란 서면합의의 유효기간을 말한다(동법시행령 제28조제1항).

4) 근로하게 할 수 있다

탄력적 근로시간의 범위에서 근로한다면 1주 40시간, 1일 8시간을 초과하더라도 연장근로로 보지 않고 통상근로로 본다는 의미이다.

(3) 3개월 이내의 탄력적 근로시간제의 법적 효과

1) 법정근로시간 초과근로의 허용

근기법 제51조에 의해 근로시킬 경우에는 동법 제50조에서 정한 주 또는 1일 법정근로시간을 초과해도 법에 위반되는 것은 아니다. 본조에 의해 법정근로시간을 초과해서 근로시킬 수 있는 것은 노사간의 서면합의에서 법정근로시간을 초과해서 근로시킬 수 있다는 내용이 사전에 구체적으로 정해져 있는 날 또는 주(週)이고 근로시킬 수 있는 한도는 서면합의에서 정한 시간까지이다. 즉, 서면합의에서 1일 9시간으로 정한 날에는 9시간까지 근로시킬 수 있고, 1주 50시간으로 정한 주에는 50시간까지 근로시킬 수 있지만, 이를 초과해서 해당 일에 10시간 또는 해당 주에 52시간까지 근로시킬 수 없다(연장근로로서 제53조제2항에 의거하여 근로시킬 수는 있다).

2) 연장근로와의 관계

① 3개월 이내의 탄력적 근로시간제에 있어서는 1일 8시간 또는 1주 40시간을 넘는 소정근로시간이 설정된 주 또는 날에 대해서는 당해 소정근로시간이 법정근로시간 위반이 되지 않게 되며, 단위기간 내의 평균 근로시간이 이들 근로시간을 초과하지 않는 한 연장근로가 되지 아니한다. 따라서 사용자의 연장근로에 대한 가산임금 지급 의무도 발생하지 않는다.

② 휴일 규정과의 관계에 있어서는 문제가 없지만, 예를 들어 1일의 휴일을 다른 주로 대체한 경우에는 2일의 휴일이 있는 해당 주에 8시간×6일=48시간 근로시킨 것이 되며, 사전에 특정되어 있지 않은 주에 주 40시간을 초과해서 근로시킨 것이 되기 때문에 8시간분은 연장근로가 된다.

③ 탄력적 근로시간제하에서의 연장근로가 되는 경우

첫째, 1주 40시간, 1일 8시간을 초과한 근로시간이 정해진 특정한 주 또는 특정한 날에 대해서는 그 정해진 시간을 초과한 근로시간만이 연장근로가 된다. 이 경우에 정해진 시간을 초과한 연장근로에 대해서는 당사자간의 합의가 있어야 한다.

둘째, 1주 40시간, 1일 8시간 이하의 근로시간이 정해진 주 또는 일에 대해서는 법정근로시간이 1주 40시간, 1일 8시간을 초과한 때에 연장근로가 된다(예: 1일 7시간, 1주 40시간을 정한 주는 각각 8시간, 40시간 초과 시 연장근로).

셋째, 위의 경우에 1주 또는 1일의 근로시간연장이 법정근로시간의 범위 내라 하더라도 단위기간의 법정근로시간이 총 합계시간을 초과한 때에는 초과된 근로시간은 연장근로가 된다. 다만, 법정근로시간을 상회하는 특정 일의 근로시간은 12시간을, 특정 주의 근로시간은 52시간을 초과할 수 없다(근기법 제51조제2항 단서).

④ 특정 일의 근로가 야간근로 또는 휴일근로에 해당될 경우에 그에 대한 가산임금은 배제되지 아니한다.

(4) 탄력적 근로시간제하의 연장근로

당사자 간에 합의하면 1주 간에 12시간을 한도로 제51조의 탄력적 근로시간에 의한 근로시간을 연장할 수 있으며, 제52조제2호의 선택적 근로시간제에 의한 정산기간을 평균하여 1주 간에 12시간을 초과하지 아니하는 범위 내에서 제52조의 근로시간을 연장할 수 있다(근기법 제53조제2항).

탄력적 또는 선택적 근로시간제를 채택하고 있는 경우에 근기법 제53조제2항의 연장근로시간의 한도를 특정 주에 12시간까지 가능하므로 64시간까지 근로가 가능하다는 견해와 52시간까지만 가능하다는 견해의 대립이 있다.

① **특정 주에 64시간까지 근로가 가능하다는 견해**: 탄력적 근로시간제 하에서 근기법 제51조제2항에 따라 52시간을 초과하지 않는 범위에서 특정 주의 근로시간을 정할 수 있으므로 여기에 다시 연장근로 12시간을 더하면 문리상 「40시간(제50조제1항)+12시간(제51조제2항)+12시간(제53조제2항 전단)=64시간」까지 특정 주에 근로가 가능하다는 것이다(임종률, 「노동법」, 제17판 p.449)

② **특정 주에 52시간까지 근로가 가능하다는 견해**: 근기법 제52조제2항과 제50조의 연관적 해석에 있어서 근기법상 탄력적 근로시간제에서의 기준근로시간에 관한 연장한도는 1주 52시간, 1일 12시간이고, 제52조제2항의 '12시간의 한도' 라는 기준은 탄력적 근로(변형근로)에 의해서 1주 52시간 미만의 경우에 수용될 수 있는 규정이라고 해석한다(김형배, 「노동법」, 제25판, p.437). 그러나 근기법 제53조

제2항이 「제51조의 근로시간」 또는 「제52조의 근로시간」의 근로시간을 연장할 수 있다고 명시하고 있고, 「제50조의 근로시간」을 연장할 수 있다고 규정한 것이 아니므로 이 견해는 입법론으로는 몰라도 현행법의 해석으로는 근거가 없는 주장이라는 평가를 받고 있다.

(5) 탄력적 근로시간제도의 적용 제외 근로자

근기법에서는 근로시간 규제의 탄력화 이념에 따라 2주 단위 및 3개월 단위의 탄력적 근로시간제를 설정하고 있다. 이것은 시간단축을 촉진하고 서비스 산업의 증대나 경제의 서비스화에 대응하는 조치로서 소정근로시간의 불규칙적인 배분이나 탄력적 배치를 내용으로 하는 것이지만 근로자에 따라서는 이에 적응하기 곤란한 상황에 있는 경우도 있다. 이러한 근로자로서는 15세 이상 18세 미만 근로자와 임신 중인 여성 근로자에 대해서는 이를 적용하지 아니한다. 연소자 보호와 모성 보호의 일환으로서 규정한 것이다(동법 제51조제3항).

(6) 임금보전방안의 강구

① 사용자는 탄력적 근로시간제에 따라 근로자를 근로시킬 경우에는 기존의 임금 수준이 낮아지지 아니하도록 임금보전방안을 강구하여야 한다(근기법 제51조제4항). 탄력적 근로를 할 때 연장근로수당을 받지 못해 소득이 줄어드는 현상을 방지하기 위한 것이다. 이 규정은 탄력적 근로시간이 3개월 이내인 경우에는 사용자가 이를 준수하지 아니하여도 벌칙이나 제재가 가해지지 않으므로 훈시규정에 지나지 않는다.

② 고용노동부장관은 근기법 제51조제4항에 따라 임금보전방안을 강구하기 위하여 필요한 경우에는 사용자에게 그 보전방안의 내용을 제출하도록 명하거나 직접 확인할 수 있다(근기법시행령 제28조제2항).

2 선택적 근로시간제

법 제52조【선택적 근로시간제】 사용자는 취업규칙(취업규칙에 준하는 것을 포함한다)에 따라 업무의 시작 및 종료 시각을 근로자의 결정에 맡기기로 한 근로자에 대하여 근로자대표와의 서면합의에 따라 다음 각 호의 사항을 정하면 1개월 이내의 정산기간을 평균하여 1주간의 근로시간이 제50조제1항의 근로시간을 초과하지 아니하는 범위에서 1주간에 제50조제1항의 근로시간을, 1일에 제50조제2항의 근로시간을 초과하여 근로하게 할 수 있다.
1. 대상 근로자의 범위(15세 이상 18세 미만의 근로자는 제외한다)
2. 정산기간(1개월 이내의 일정한 기간으로 정하여야 한다)
3. 정산기간의 총 근로시간
4. 반드시 근로하여야 할 시간대를 정하는 경우에는 그 시작 및 종료시각
5. 근로자가 그의 결정에 따라 근로할 수 있는 시간대를 정하는 경우에는 그 시작 및 종료 시각
6. 그 밖에 대통령령으로 정하는 사항

1. 선택적 근로시간제의 의의와 취지

(1) 선택적 근로시간제의 의의

선택적 근로시간제란 1개월 이내의 소정의 정산기간 중에 총 근로시간을 근로하되 1일의 근로시간 및 출·퇴근 시각을 근로자의 결정에 맡기는 제도이다. 적용대상 근로자의 범위, 정산기간, 정산기간 중의 총 근로시간, 의무시간대(core time) 및 선택적 근로시간대(flexible time)의 시작과 종료시각 등을 노사간의 서면합의로 정하고 해당 근로자가 이 서면합의에 근거하여 특정한 날 또는 특정한 주에 법정근로시간을 초과하여 근로하더라도 연장근로가 되지 않는다(근기법 제52조).

근기법 제52조에 의하여 노사간의 서면합의에 포함되어야 할 사항은 다음과 같다.

(가) 대상 근로자의 범위(15세 이상 18세 미만 근로자를 제외한다)

(나) 정산기간(1개월 이내의 일정한 기간으로 정하여야 한다)

(다) 정산기간에 있어서의 총 근로시간

(라) 반드시 근로하여야 할 시간대를 정하는 경우에는 그 시작 및 종료시각

(마) 근로자가 그의 결정에 따라 근로할 수 있는 시간대를 정하는 경우에는 그 시작 및 종료시각

(2) 선택적 근로시간제의 취지

선택적 근로시간제는 근로자가 자신의 생활과 업무상황을 잘 조화시키면서 효율적으로 일할 수 있는 제도이나, 과거에는 이 제도를 실시하려 하여도 연장근로수당의 부담 때문에 실시할 수 없었다. 1997년 근기법 개정시 동법 제52조를 신설하여 일정요건하에서 선택적 근로시간제를 채택할 수 있게 하였다. 사용자가 임의로 출·퇴근 시각을 변경하여 근로자의 생활을 불규칙하게 만들면서 연장근로수당을 절약하는 사태를 방지하기 위하여 근로자 대표와의 서면합의(노사협정)로 소정사항을 미리 정한 경우에만 실시할 수 있다.

(3) 구체적인 실시형태

1일의 일정시간을 의무시간(코어 타임)으로 출근의무를 부여하되 출·퇴근은 근로자의 자유에 위임하는 표준형 선택적 근로시간제, 의무시간을 설정하지 아니한 완전 선택적 근로시간제까지 여러 가지 형태가 있다. 또한 일정한 기간(특정한 달)이나 특정 요일에 대해서만 업무시작시각과 종료시각을 고정하는 형태의 변칙적인 선택적 근로시간제도 있다. 위법하다는 견해도 있으나 기업실정에 따라 선택적 근로시간제 도입을 촉진하기 위해서는 위법하다고 할 필요는 없다(西谷敏, 「労働法」, 2008, p.295; 土田道夫, 「労働契約法」, 2008, p.309).

2. 선택적 근로시간제의 요건

(1) 근로자대표와의 서면합의에 의할 것

1개월 단위의 선택적 근로시간을 채택하는 경우에는 취업규칙 그 밖에 이에 준하는 것에 정할 필요가 있다. 취업규칙은 상시 10명 이상 근로자를 고용하는 사업은 근기법 제93조에 의하여 취업규칙 작성의무가 있으므로 1개월 단위의 선택

적 근로시간제를 채택하는 경우는 반드시 취업규칙에 이런 사항을 규정해야만 한다(단체협약에서 1개월 단위의 선택적 근로시간제를 채택하는 것은 물론 가능하지만 이 경우에도 그 취지를 취업규칙에 규정할 필요가 있다). 따라서 「그 밖에 이에 준하는 것」이란, 제93조의 규정에 의해 취업규칙을 작성하여야 할 의무가 없는 상시 10명 미만의 근로자를 고용하는 사업에서 1개월 단위의 선택적 근로시간제를 채택하는 경우를 예정한 것이다.

근기법 제14조에 따라 사용자는 취업규칙을 근로자가 자유롭게 열람할 수 있는 장소에 항상 게시하거나 갖추어 근로자에게 널리 알려야 한다. 취업규칙 그 밖에 이에 준하는 것에 있어서는 업무시작 및 종료시각을 그 근로자의 결정에 일임한다고 규정하여야 하지만, 근기법 제93조제1호에 의해 업무의 시작 및 종료시각에 관한 사항은 취업규칙에 정하도록 되어 있고 의무근무시간대(core time), 선택적 근로시간제(flexible time)도 업무의 시작 및 종료시각에 관한 사항이기 때문에 이들 시간대를 설정하는 경우에는 취업규칙에 규정해 둘 필요가 있다.

(2) 업무시작 및 종료시각을 근로자의 결정에 맡기기로 할 것

① **업무시작 및 종료시각에 대한 자주적 결정**: 선택적 근로시간제의 대상 근로자에 대해서는 업무의 시작 및 종료시각을 근로자의 결정에 의하여 근로할 수 있는 시간대를 취업규칙 그 밖에 이에 준하는 것에 명확히 정하여야 한다. 선택적 근로시간제는 근로자의 자유로운 시간관리가 보장되는 것을 전제로 근로일, 각 주의 근로시간을 미리 특정하는 것을 요건으로 하지 않고, 일 또는 주의 법정근로시간을 초과해서 근로시키는 것을 인정하는 것이다. 따라서 업무의 시작 및 종료시각에 대해서 근로자의 자주적인 결정이 중요하기 때문에, 취업규칙 그 밖에 이에 준하는 것에 이 점을 명확히 하도록 한 것이다. 따라서 근로자가 업무의 시작 및 종료시각을 모두 자주적으로 결정할 수 있는 근로계약상의 권리를 가질 것, 바꾸어 말하면 사용자가 근로일의 근로시간을 지정하는 것과 같은 업무명령을 할 수 없다는 것이 분명해진다.

② **업무시작 또는 종료시각 중 어느 하나만의 자주적 결정 여부**: 근기법 제52조는 업무의 시작 및 종료시각 모두를 근로자의 결정에 일임하는 것을 요건으로 하고 있어, 업무시작 또는 종료시각 한쪽에 대해서만 근로자의 결정에 맡기기로 하는

것은 이에 포함되지 않는다. 즉, 근로자의 자주적인 결정범위가 확대되고 생활과 업무와의 조화를 꾀하면서 근무하는 것이 용이해지는 것을 목적으로 한 것이다.

③ **선택적 근로시간이 극단적으로 짧은 경우**: 동일한 관점에서 선택적 근로시간(근로자의 선택에 의해 근로할 수 있는 시간대)이 극단적으로 짧은 경우, 코어타임(근로자가 근로해야 하는 시간대)의 개시에서 종료까지의 시간과 표준이 되는 1일 근로시간이 거의 일치하는 경우에 대해서는 기본적으로 업무의 시작 및 종료시각을 근로자의 결정에 일임하지 않는 것으로 본다. 예를 들어 시작 및 종료 각각의 선택적 근로시간이 30분 정도라면 근기법 제52조의 선택적 근로시간제라고 할 수 없다.

또한 업무 시작 및 종료시각을 30분 등의 단위로 구분해 두고, 그 중에서 근로자에게 선택하도록 하는 방법은 시작 및 종료시각을 자주적인 결정에 일임한 것이 아니라고 해석된다. 사용자가 선택적 시간대 중의 일정시간까지 출근할 것 또는 일정시간까지 직장에 잔류할 것을 근로자에게 명할 수 있는지에 대해서는 견해가 대립된다(이른바 의무시간대(core time)의 출근명령은 허용되는 것이 당연하다). 의무시간대의 조정이나 중요한 업무상 필요성이 있는 경우에는 신의칙상 직무수행의무를 인정해야 한다는 견해와 근로자의 자유로운 결정이 중요시되는 선택적 근로시간제의 성질상 근로자의 개별적 동의가 없는 출근의무는 인정될 수 없다는 견해가 있다. 후자의 견해가 타당하다(김형배, 「노동법」, 제26판, p.442).

(3) 노사간의 서면합의에 의할 것

1) 서면합의

선택적 근로시간제를 채택할 경우에는 노사간의 서면합의가 필요하다. 서면합의는 사업징별로 체결하는 것이고, 근로자측의 체결 당사자는 당해 사업장 근로자의 과반수로 조직된 노동조합이 있는 경우에는 그 노동조합, 근로자의 과반수로 조직된 노동조합이 없는 경우에는 근로자의 과반수를 대표하는 자로 한다.

서면합의에는 위 요건의 범위 내에서 대상 근로자의 범위, 정산기간, 정산기간에 있어서 각 근로일의 근로시간, 정산기간의 총 근로시간, 소정근로시간의 총시간을 초과해서 근로한 경우의 가산임금 지급 등에 대해서 협정한다. 서면합의의 효력은 그 합의에 정한 바에 따라 근로시켜도 근기법에 위반되지 않는다는 면책효과로, 근로자의 민사상 의무는 당해 협정으로 직접 발생하는 것이 아니라 단체협약·취업규칙 등의 근거가 필요하다. 따라서 「1개월 단위의 선택적 근로시간제를 채택하고 구체적으로는 노사간의 서면합의에서 정한 바에 따른다」고 규정한 것에 대해서는 노사간의 서면합의를 취업규칙의 일부로 취급한다면 가능하다고 해석하고 있다. 그러나 이 경우의 노사간의 서면합의는 취업규칙의 일부가 되기 때문에 노사간의 서면합의를 체결할 때마다 취업규칙을 변경하는 것이 되어 그를 위한 절차를 밟아야 한다.

2) 합의사항

① 대상근로자의 범위

업무의 내용에 따라서는 선택적 근로시간제가 적합하지 않는 경우도 있으므로 적용대상자의 범위를 노사협정사항으로 하는 것이 타당하다. 실제로 동제도가 적용되고 있는 업종으로는 연구기술개발, 사무관리, 판매영업, 정보처리 분야 등을 들 수 있다. 그러나 이 제도는 노사간의 합의가 있다고 하더라도 연소 근로자(15세부터 18세 미만)에게는 적용되지 않는다.

〈선택적 근로시간제의 예〉

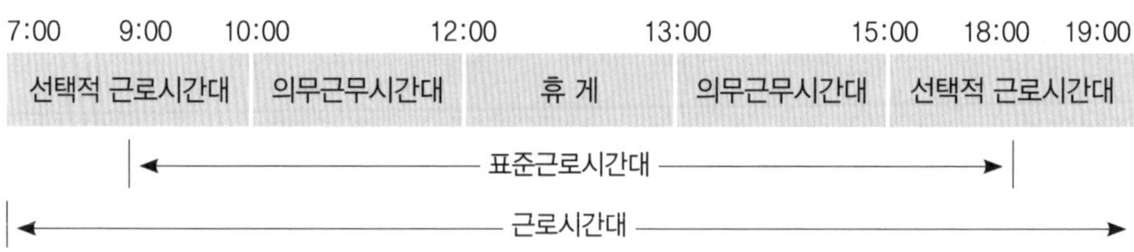

근로자는 [시업시각을 07:00~10:00 / 종료시간을 15:00~19:00]의 사이에서 자유롭게 선택할 수 있다.

노사간의 서면합의에서는 직종 등에 따라 대상이 되는 근로자의 범위가 명확하게 정해지면 된다. 근로자의 범위는 각 사업장에서 임의로 정해지기 때문에 개인별, 과별, 그룹별 혹은 사업장 전체 등 여러 가지 범위를 정할 수 있다. 또한 인사이동 등의 경우에 당해 근로자가 선택적 근로시간제에 따라 근로하게 될지 안 될지는 근로계약상의 문제이다.

② 1개월 이내의 정산기간

정산기간이란 근로계약상 근로자가 선택적 근로시간제하에서 근로해야 하는 시간을 정한 기간이다. 근로자는 정산기간에 정해진 시간을 근로하도록 근로일의 업무시작 및 종료시각을 스스로 결정해서 일하게 된다. 정산기간은 1개월 이내의 기간으로 한정하고 있는 데, 이는 월급제의 경우 단위기간이 1개월로 되어 있는 것과의 균형을 고려한 것이다. 노사간의 서면합의에서는 1개월 이내의 범위에서 정산기간을 정할 필요가 있는데, 취업규칙 그 밖에 이에 준하는 것 또는 노사간의 서면합의에서 정산기간의 기산일을 명확히 규정하여야 한다. 1개월 이내의 범위 내에서는 정산기간의 길이를 자유로 설정할 수 있으므로 정산기간을 4주 또는 2주로 하더라도 무방하다. 선택적 근로시간제를 도입하는 경우에 소정근로시간은 정산기간을 단위로 정해지므로 근로시간의 관리, 시간외근로에 대한 판단도 정산기간을 단위로 이루어진다. 또한 1일 소정근로시간을 8시간 이내로 정하여 근로자에게 그 업무시작 및 종료시각의 결정을 일임하는 것은 근기법 제52조에 저촉되는 것이 아니기 때문에 그와 같은 제도를 채택할 수 있다.

③ 정산기간에 있어서 총 근로시간

(가) 총 근로시간

정산기간에 있어서 총 근로시간이란 근로계약상 근로자가 정산기간에 근로해야 하는 시간으로 정해진 소정근로시간을 말한다. 소정근로시간은 정산기간을 단위로 정해지게 된다. 노사간의 서면합의에서 정산기간의 총 근로시간을 정하게 된다. 당해 정산기간 동안 근로자가 행한 실근로시간이 그에 부족한 경우에는 그 부족분은 결근시간으로 계산되고, 초과하는 경우는 소정근로시간 외의 근로로 계산된다. 따라서 소정근로시간을 초과하더라도 법정근로시간의 범위 이내인 경우에는 이른바 법내초과근로시간으로서 가산임금의 지급은 문제되지 아니한다. 반면에 선택적 근로시간제에서 근로자가 근로시간을 자주적으로 선택한 결과 당해 정산기간에서의 총 근로시간이 당해 정산기간의 법정근로시간을 초과하는 경우에는 시간외근로가 성립하고 따라서 해당 근로자에 대하여 가산임금을 지급하여야 한다. 근기법 제52조는 1주 또는 1일에 대한 근로시간의 상한을 정하지 않는 것은 입법상의 흠결이므로 탄력적근로시간제의 해당규정(1주 52시간, 1일 12시간의 근로시간상한규정)을 유추적용하는 것이 타당하다는 견해(김형배, 「노동법」, 제26판, p.432)는 입법론상으로는 타당하나 해석론상으로 받아들이기는 어렵다.

총 근로시간은 정산기간을 평균하여 1주간의 근로시간이 법정근로시간의 범위를 초과하지 않아야 한다. 따라서 20일인 달에는 40×20/5=160시간, 21일인 달에는 40×21/5=168시간을 초과해서는 아니된다.

(나) 근로시간의 과부족 이월

선택적 근로시간제에 있어서 정산기간 동안 실제로 근로한 시간이 정산기간에서 총 근로시간을 초과한 경우 또는 부족한 경우에 그 과부족분을 다음의 정산기간에 이월하여 처리할 수 있는가 하는 점이 문제된다. 이를 근로시간의 대차(貸借)라고 한다. 근기법상 이를 명시적으로 금지하는 규정을 두고 있지 않다. 이에 관하여 해석론상 견해가 대립하고 있다(김형배, 「노동법」, 제26판, p.443).

첫째, 대차제를 부정하는 견해: 정산기간 중 실제 근로시간에 과잉이 있었던 경우 총 근로시간으로 정해진 시간분은 그 기간의 임금 지급일에 지급되지만, 정해진 시간분을 초과해서 근로한 시간분은 다음 정산기간 동안 총 근로시간의 일부로 충당하는 것은 그 정산기간 내에 있어서 근로의 대가 일부가 그 기간의 임금 지급일에 지급되지 않는 것이 되어 그것은 근기법 제43조에 따른 임금전액지급의 원칙에 위반되므로 대차제에 의한 처리를 인정하지 아니한다.

둘째, 대차제를 긍정하는 견해: 정산기간이란 선택적 근로시간제하에서의 소정근로시간을 정할 경우의 단위가 되는 기간에 지나지 않는 것이므로 그 기간의 근로시간은 모두 당해 정산기간 중에 '청산' 되어야 하는 것은 아니라고 전제하면서 실제 근로시간이 정산기간 내의 소정근로시간을 초과하는가 아니면 소정근로시간에 미달하는가에 관계 없이 일정기간에 대하여 일정액의 임금을 지급하고, 근로시간의 과부족에 대해서는 그 달의 정산기간과 다음 달의 정산기간의 근로시간을 '청산' 하여 처리하는 것은 법적으로 문제되지 않는다는 견해가 있다. 대차제를 긍정하는 견해가 타당하다고 생각된다.

④ 반드시 근로하여야 할 시간대를 정하는 경우에는 그 시작 및 종료시각

⑤ 근로자가 그의 결정에 의하여 근로할 수 있는 시간대를 정하는 경우에는 그 시작 및 종료시각

⑥ 그 밖에 대통령령으로 정하는 사항: 표준근로시간(유급휴가 등의 계산 기준으로 사용자와 근로자대표가 합의하여 정한 1일의 근로시간)을 말한다(근기법시행령 제29조).

표준근로시간을 정하도록 규정한 취지는 선택적 근로시간제를 채택할 경우 각 근로일별 근로시간이나 각 주별 근로시간이 근로자별로 달라질 수 있으므로 표준이 되는 1일 근로시간을 정하여 유급휴일수당이나 연차유급휴가수당 계산의 기준

을 삼기 위한 것이다. 사전에 개별근로자가 신청한 시간이 아니라 대상근로자 전체에 일률적으로 적용되는 특정의 근로시간을 표준시간으로 정하는 것이 타당하다(2011.4.8, 근로개선정책과-703).

선택적 근로시간제는 1일의 근로시간을 특정하지 않기 때문에 유급휴가 수당 등의 계산기준이 되는 1일의 근로시간(표준근로시간)을 정하여야 하며, 표준근로시간은 원칙적으로 1주 평균 40시간의 범위 내에서 총 근로시간수를 정산기간 내의 근로일수로 나눈 시간이 된다.

선택적 근로시간제를 채용한 경우에는 취업규칙 또는 서면합의서에 정산기간의 기산일을 명확히 규정할 필요가 있다.

3. 선택적 근로시간제의 법적 효과

① 선택적 근로시간제를 채택한 경우에는 근로자 선택에 따라 주 또는 일의 법정근로시간을 초과해서 근로시켜도 법에 위반되지 않는다. 근로자가 자주적으로 선택한 결과 특정한 날의 근로시간이 8시간을 초과하거나 특정한 주의 근로시간이 40시간을 초과하여도 근기법 제53조의 시간외근로가 되지 않고 동법 제56조의 가산임금의 대상으로도 되지 않는다.

② 선택적 근로시간제를 채택한 경우에 시간외근로의 판단은 정산기간을 단위로 실시되고 정산기간에 있어서 총 법정근로시간의 한도를 초과한 시간이 시간외근로가 된다.

4월을 정산기간으로 정한 경우 그 달이 30일이라면 총 법정근로시간은 160시간(40×20/5)이므로 이 시간을 넘는 시간이 연장근로가 된다. 만약 소정근로시간이 총 법정근로시간인 160시간 이하에서 정해졌다면 법정근로시간까지의 근로는 법정근로시간 내의 근로이므로 법정연장근로수당의 지급의무가 없다. 선택적 근로시간제에서도 근로가 야간근로에 해당하는 경우에는 야간근로수당이 지급되어야 할 것이다.

③ 정산기간에서의 총 근로시간이 소정근로시간을 초과하더라도 법정근로시간의 범위 이내의 경우에는 이른바 법내 초과근로시간으로서 가산임금은 문제되지 아니한다.

④ 선택적 근로시간제가 실시되는 기간에 근로자가 근로시간을 자주적으로 선택한 결과 당해 정산기간에서의 총 근로시간이 그 정산기간의 법정근로시간의 범위를 초과하는 경우에는 연장근로가 성립하고, 따라서 근로자에 대하여 가산임금에 대한 청구권이 발생한다. 이 경우에 노사 간의 서면합의에서 정한 기간 동안의 최고연장근로시간이 정해질 수 있으나 원칙적으로 주당 12시간을 넘지 않는 범위 내에서 정해져야 한다(근기법 제53조제2항 후단).

⑤ 근기법 제52조의 규정이 초과근로시간의 상한규제에 관하여 정하고 있지 않은 것은 하나의 흠이라고 볼 수 있다. 이에 대하여는 탄력적 근로시간제의 해당 규정(동법 제51조제2항)을 유추 적용하는 것이 타당하다는 견해(김형배, 「노동법」, 제26판, p.449)와 근로자의 선택에 따라 1주 간에 40시간을, 1일에 8시간을 초과하지 않으면, 법정근로시간을 준수한 것으로 인정되고 연장근로를 거론할 여지가 없다는 견해(임종률, 「노동법」, 제17판, p.449)가 있는바 전자의 견해는 입법론으로 타당하나 해석론으로는 후자의 견해가 타당하다고 생각된다.

⑥ 선택적 근로시간제는 탄력적 근로시간제와는 달리 임금보전방안 강구에 관한 규정이 없고, 이 조항 자체의 위반에 대한 벌칙조항도 없다.

⑦ 선택적 근로시간제 하에서도 휴일근로·야간근로가 행해지는 경우에는 가산임금이 지급되어야 한다.

4. 적용제외

15세 이상 18세 미만의 근로자는 선택적 근로시간제가 적용되지 아니한다(근기법 제52조제1호).

3 사업장 밖 근로의 간주근로시간제

법 제58조【근로시간 계산의 특례】 ① 근로자가 출장이나 그 밖의 사유로 근로시간의 전부 또는 일부를 사업장 밖에서 근로하여 근로시간을 산정하기 어려운 경우에는 소정근로시간을 근로한 것으로 본다. 다만, 그 업무를 수행하기 위하여 통상적으로 소정근로시간을 초과하여 근로할 필요가 있는 경우에는 그 업무의 수행에 통상 필요한 시간을 근로한 것으로 본다.
② 제1항 단서에도 불구하고 그 업무에 관하여 근로자대표와의 서면합의를 한 경우에는 그 합의에서 정하는 시간을 그 업무의 수행에 통상 필요한 시간으로 본다.

1. 사업장 밖 근로의 간주근로시간제의 의의와 취지

(1) 간주근로시간제의 의의

간주근로시간제란 근로장소가 사업장 밖이거나 업무의 성질상 근로자에게 상당한 재량이 허용되는 경우와 같이 통상의 방법으로는 근로시간을 계산하기 어려운 경우에 실제의 근로시간과 상관없이 노사간에 미리 합의한 시간 등 일정한 시간을 근로한 것으로 간주하는 제도이다. 간주근로시간제는 당연히 간주된 근로시간에 대해서는 연장·야간·휴일근로에 대한 가산임금이 적용된다.

(2) 간주근로시간제의 취지

출장이나 그 밖의 사유로 사업장 밖에서 근로하여 근로시간을 산정하기 어려운 경우에 실 근로시간과 임금의 계산 등을 둘러싸고 노사간 분쟁의 소지가 있으므로 이를 근원적으로 해소하기 위하여 간주근로시간제를 도입하여 일정시간을 근로한 것으로 간주할 수 있는 근거를 마련한 것이다.

본 조항의 취지는 서비스 경제화 등으로 사업장 밖 근로가 증가하고 있는 것에 비추어 사업장 밖 근로에 관한 근로시간의 산정을 보다 합리적이고 명확하게 하기 위한 규정을 법 자체 내에 두었다는 것이다. 근기법은 근로시간 규제의 유연화의 일환으로 사업장 밖 근로의 근로시간 계산에 관해서 소정근로시간 근로한 것을 간주할 수 있다는 제도와 재량근로에 관한 근로시간 계산의 특례제도를 두었다.

근기법 제56조제1항의 규정에 따른 근로자가 근로시간의 전부 또는 일부를 사업장 밖에서 업무에 종사한 경우에 대하여 근로시간을 산정하기 어려운 때에는 소정시간을 근로한 것으로 본다. 다만, 당해 업무를 수행하기 위하여 통상적으로 소정근로시간을 초과하여 근로할 필요가 있는 때에는 그 업무의 수행에 통상 필요한 시간을 근로한 것으로 본다. 또 이 경우에 있어서 서면합의가 있으면 그 합의에서 정하는 시간을 당해 업무수행에 통상 필요로 하는 시간으로 본다. 간주근로시간제는 근로시간 계산에 대한 특례일 뿐으로 임금 지급 단위, 임금 지급일, 연장근로 계산 등은 당해 사업장이 채택하고 있는 근로형태(정상적 근로시간제·탄력적 근로시간제·선택적 근로시간제) 등에 따라 각각 상이하다.

2. 사업장 밖의 근로시간 간주의 요건

(1) 근로시간을 산정하기 어려울 것

근로시간의 전부 또는 일부를 사업장 밖에서 근로하여 근로시간을 산정하기 어려운 경우이어야 한다. 사업장 밖 근로의 유형은 ① 상태적(常態的)인 사업장 밖 근로(예컨대 취재기자·외근영업사원·신문판매요원 등), ② 출장 등과 같은 임시적인 사업장 밖 근로, ③ 근로시간의 전부를 사업장 밖에서 근로하는 경우, ④ 근로시간의 일부를 사업장 밖에서 근로하는 경우를 포함한다.

1) 간주 근로시간제 적용의 범위

간주 근로시간제가 적용되는 사업장 밖의 근로는 상태적인 사업장 밖의 근로(예: 취재기자, 외근영업사원) 뿐만 아니라 임시적인 사업장 밖의 근로(예, 출장)도 포함한다. 또 근로시간의 전부를 사업장 밖에서 근로하는 경우뿐만 아니라, 그 일부를 사업장 밖에서 근로하는 경우도 포함된다. 결국 1일의 소정근로시간을 근로한 것으로 취급된다(원칙적 간주).

2) 근로시간의 일부를 사업장 밖에서 근로한 경우

우선 근로가 전부 사업장 밖에서 행해진 경우에는 별 문제가 없다. 그러나 근로시간의 일부를 사업장 밖에서 근로한 경우가 문제된다. 이에 대해서는 사업장내 근로와 사업장 밖 근로를 일괄하여 소정근로시간을 근로한 것으로 간주하는 견해

(일괄간주설)와 사업장내근로는 그 시간대로 산정하고 사업장 밖 근로만을 간주시간의 대상으로 하여 별도로 보고 이를 합산하는 견해(별도간주설)가 있다. 근로시간 간주제는 근로시간의 산정이 곤란한 경우에 그 산정방법을 정한 제도이므로 근로시간의 산정이 가능한 사업장내근로를 간주제의 대상으로 할 필요가 없다는 점에서 별도간주설이 옳다고 본다(김형배, 「노동법」, 제26판, p.459).

3) 적용대상에서 제외되는 경우

사업장 밖의 근로라 하더라도 사용자의 구체적인 지휘·감독이이나 근로시간의 관리가 가능하다면 적용대상에서 제외된다. 이 때에는 산정된 근로시간 동안 근로한 것으로 취급하여야 한다. 근로시간을 산정하기 어려운 경우의 판단기준은 다음과 같다(고용노동부 2018.6.29, 유연근로시간제가이드).

(가) 여러 명의 그룹으로 사업장 밖에서 근로에 종사하더라도 그 구성원 중에 근로시간의 관리를 하는 자가 있는 경우

(나) 사업장 밖에서 업무를 수행하는 사람이 정보통신기기 등에 의하여 수시로 사용자의 지시를 받으면서 근무하는 경우

(다) 미리 회사로부터 사업장에서 방문처와 귀사시각 등 당일 업무를 구체적으로 지시를 받은 다음 사업장 밖에서 업무에 종사하고 사업장에 돌아오는 경우

(2) 소정근로시간을 근로한 것으로 볼 것

소정근로시간이란 취업규칙 등에서 근로자가 계약상 근로해야 할 시간으로 정해진 시간을 의미하며 직종 등에 의해 차이가 있을 경우에는 당해 근로자에 적용된 소정근로시간에 의한다. 근로시간을 산정할 수가 없는 때에는 실제의 근로시간에 불구하고 1일 소정근로시간 근로한 것으로 간주하게 되는 것이다.

출장 그 밖에 사업장 밖의 근로에 관한 간주규정은 근로시간의 산정에 관해서 적용된다. 즉, 간주규정은 어디까지나 근로시간의 산정에 관한 것으로 휴게시간의 규정은 전과 다름없이 적용되고 휴일근로 또는 야간근로에 해당되는 경우에는 휴일근로 또는 야간근로에 관한 각 규정이 그대로 적용된다.

(3) 그 업무의 수행에 통상 필요한 시간을 근로한 것으로 볼 것

그 업무를 수행하기 위하여 통상적으로 소정근로시간을 초과하여 근로할 필요가 있는 경우에는 그 업무의 수행에 통상 필요한 시간을 근로한 것으로 본다(근기법 제58조제1항 단서).

1) 소정근로시간을 초과하여 근로할 필요가 있는 경우의 의미

여기에서 그 업무는 사업장 밖에서 종사하는 업무를 의미하며, 간주근로시간제로 근로시간이 산정되는 것은 사업장 밖에서 종사한 업무와 관련된 근로시간이다. 따라서 근로시간 전부를 사업장 밖에서 업무에 종사한 경우 「그 업무의 수행에 통상 필요한 시간」을 근로한 것으로 간주하지만 근로시간의 일부만 사업장 밖에서 업무에 종사한 경우는 사업장내에서의 근로시간과 사업장 밖에서 종사한 업무와 관련된 「그 업무의 수행에 통상 필요한 시간」을 더하여 근로한 것으로 본다. 예컨대 사업장 밖에서 그 업무의 수행에 통상 필요한 시간이 6시간이라면 사업장내에서 근로한 시간이 3시간인 날에는 9시간, 4시간인 날에는 10시간 근로한 것으로 간주한다.

2) 업무수행에 통상 필요한 시간의 의미

그 업무의 수행에 통상 필요한 시간은 통상적 상태에서 그 업무를 수행하기 위해 객관적으로 필요한 시간을 의미한다. 즉, 사업장 밖에서의 업무에 관하여 근무일의 상황이나 종사하는 근로자 등에 따라 실제로 필요한 시간이 다를 수 있으므로 평균적으로 보아 당해 업무의 수행에 필요한 시간을 말한다.

(4) 근로자대표와의 서면합의

1) 서면합의의 취지

근기법 제58조제1항 단서에도 불구하고 그 업무에 관하여 근로자대표와의 서면합의를 한 경우에는 그 합의에서 정하는 시간을 그 업무의 수행에 통상 필요한 시간으로 본다(동법 제58조제2항). 동 조항의 취지는 간주시간의 산정이 어려워 노사 간에 분쟁이 초래될 수 있으므로 업무 실태를 가장 잘 알고 있는 노사 간에 위임하여 근로자측의 의견을 반영하도록 산정의 적정화를 꾀하는 데에 그 취지가 있다.

2) 서면합의 대상시간

사업장 밖에서의 업무로서 근로시간을 산정하기 어려운 사항에 관하여 근로자대표와의 서면합의로 업무수행에 필요한 근로시간을 규정한 경우에는 그 시간을 「그 업무수행에 통상 필요한 시간」으로 간주한다. 사업장 밖에서의 업무수행에 필요한 시간이 취급상품, 담당지역 등에 따라 차이가 난다면 서면합의에는 각각의 시간 수를 규정할 수 있다.

3. 간주근로시간제의 법적 효과

실제의 근로시간의 다과를 불문하고 소정근로시간 또는 통상필요근로시간을 근로한 것으로 본다. 그러므로 근로자가 실제로는 소정근로시간을 초과하여 근로하였다고 열거하여 반증하거나(소정근로시간 간주의 경우), 실근로시간이 통상필요시간을 초과하였다고 열거하여 반증하더라도(통상필요시간 간주의 경우) 임금청구권은 인정되지 아니한다. 이러한 의미에서 간주제는 원칙적으로 반증을 허용하지 아니한 효과가 있다.

사업장 밖의 간주근로시간제의 요건과 근로시간 계산의 특례

요건		근로시간 계산 특례
1. 근로자가 출장이나 그 밖의 사유로 근로시간의 전부 또는 일부를 사업장 밖에서 근로하여 근로시간을 산정하기 어려운 경우	⇒	소정근로시간을 근로한 것으로 간주
▽		
2. 다만, 그 업무를 수행하기 위하여 통상적으로 소정근로시간을 초과하여 근로할 필요가 있는 경우	⇒	그 업무의 수행에 통상 필요한 시간을 근로한 것으로 간주
▽		
3. 그 업무에 관하여 근로자대표와의 서면합의를 한 경우	⇒	그 합의에서 정하는 시간을 그 업무의 수행에 통상 필요한 시간으로 간주

4 재량근로의 간주근로시간제

> **법 제59조 【근로시간 및 휴게시간의 특례】** ①「통계법」제22조제1항에 따라 통계청장이 고시하는 산업에 관한 표준의 중분류 또는 소분류 중 다음 각 호의 어느 하나에 해당하는 사업에 대하여 사용자가 근로자대표와 서면으로 합의한 경우에는 제53조제1항에 따른 주(週) 12시간을 초과하여 연장근로를 하게 하거나 제54조에 따른 휴게시간을 변경할 수 있다.
> 1. 육상운송 및 파이프라인 운송업. 다만, 「여객자동차 운수사업법」 제3조제1항제1호에 따른 노선(路線)여객자동차운송사업은 제외한다.
> 2. 수상운송업
> 3. 항공운송업
> 4. 기타 운송관련 서비스업
> 5. 보건업
>
> ② 제1항의 경우 사용자는 근로일 종료 후 다음 근로일 개시 전까지 근로자에게 연속하여 11시간 이상의 휴식 시간을 주어야 한다.

1. 재량근로의 간주근로시간제의 의의

① **재량근로시간제의 의의**: 재량근로시간제란 근기법 제58조제3항의 규정에 따라 업무의 성질에 비추어 업무수행방법을 근로자의 재량에 위임할 필요가 있는 소정의 업무로서 사용자가 근로자대표와 서면합의로 정한 근로시간을 소정근로시간으로 간주하는 제도이다(2012.11.28, 근로개선정책과-6390).

② **재량근로제도의 취지**: 기술혁신·정보화·서비스 경제화에 따라 노동수행 방법에 있어서 근로자의 재량 여지가 많고 그 보수도 근로시간(양)보다 근로의 질(성과)에 따라 결정되는 것이 적절한 전문적 업무가 증가하고 있다. 연구개발업무, 정보처리시스템 분석, 설계업무, 기사의 취재·편집업무 등 창의성의 발휘가 필요한 고도의 전문적 업무에 종사하는 자는 사용자의 구체적 지시에 따라 업무를 수행하는 것보다 근로자의 재량에 맡기는 것이 노사 쌍방을 위하여 바람직한 것이다. 근기법은 고도의 전문적·재량적 업무종사자에 대하여는 일률적 규제를 탈피하여 그 적용대상 범위를 매우 엄격하게 한정하고 업무수행을 재량에 맡기되 근로의 시간(양)보다 근로의 질(성과)에 따른 보수를 책정할 수 있는 길을 열어 줄 필요가 있어 재량근로의 근로시간간주제를 도입한 것이다.

2. 재량근로의 간주근로시간제의 도입요건

사용자가 근로자대표와 서면합의하여야 하며, 서면합의로 정한 시간을 근로한 것으로 본다. 당해 서면합의에는 다음 사항을 명시하여야 한다.

(1) 대상 업무

업무의 성질에 비추어 업무 수행 방법을 근로자의 재량에 위임할 필요가 있는 업무로서 사용자가 업무의 수행 수단 및 시간 배분 등에 관하여 근로자에게 구체적인 지시를 하는 것이 곤란한 업무로서 대통령령으로 정하는 업무이어야 한다. 근기법 제58조제3항에서 "대통령령으로 정하는 업무"란 다음에 해당하는 업무를 말한다(동법시행령 제31조).

① 신상품 또는 신기술의 연구개발이나 인문사회과학 또는 자연과학분야의 연구업무
② 정보처리시스템의 설계 또는 분석 업무
③ 신문, 방송 또는 출판 사업에서의 기사의 취재, 편성 또는 편집 업무
④ 의복·실내장식·공업제품·광고 등의 디자인 또는 고안 업무
⑤ 방송 프로그램·영화 등의 제작사업에서의 프로듀서나 감독업무
⑥ 그 밖에 고용노동부장관이 정하는 업무

근기법 시행령 제31조제6호에서 '그 밖에 고용노동부장관이 정하는 업무'란 회계·법률사건·납세·법무·노무관리·특허·감정평가·금융투자분석·투자자산운용 등의 사무에 있어 타인의 위임·위촉을 받아 상담·조언·감정 또는 대행을 하는 업무를 말한다(2019.7.31, 고용노동부고시 2019-36호)

(2) 사용자가 업무의 수행 수단 및 시간 배분 등에 관하여 근로자에게 구체적인 지시를 하지 아니한다는 내용

당해 업무의 성질상 그 수행 방법을 근로자의 재량에 맡길 수 없음에도 당해 업무의 수행 수단 및 시간 배분의 결정 등에 관하여 구체적인 지시를 하지 않을 것을 노사간의 서면합의로 정하더라도 재량근로시간제의 적용을 받을 수 없다. 예컨대 많은 사람이 프로젝트팀을 구성하여 개발 업무를 행하는 경우로 그 팀장의

관리하에 업무 수행, 시간 배분이 이루어지고 있는 자나 프로젝트팀 내에서 업무에 부수하는 허드렛일, 청소 등만을 행하는 자, 연구개발 업무에 종사하는 자를 보조하는 조수, 프로그래머 등이 이에 해당된다.

※ 재량간주근로시간제의 요건과 근로시간 계산의 특례

요건	근로시간 계산 특례
업무의 성질에 비추어 업무 수행방법을 근로자의 재량에 위임할 필요가 있는 업무로서 대통령령이 정하는 업무	사용자가 근로자대표와 서면합의로 정한 시간을 근로한 것으로 간주

(3) 근로시간 산정은 노사 간의 서면합의로 정하는 바에 따른다는 내용

재량근로의 근로시간간주제의 기본적 효과는 근로자가 실제 근로한 시간에 관계없이(미달하건 초과하건) 서면합의에서 정해진 시간을 근로한 것으로 보는 것이다. 예컨대 8시간 간주근로의 경우 근로자가 실제로 근로한 시간 수를 들어 반증하더라도 간주시간의 효과를 번복할 수 없다는 데 있다.

재량근로의 근로시간간주제 하에서도 연장근로·휴일근로·야간근로에 관한 법적 규제가 그대로 적용된다. 또한 서면합의에서 정한 근로시간 수가 법정근로시간 수를 초과하는 경우에는 연장근로에 관한 약정이 병행적으로 처리되어야 하고, 그에 대한 가산임금이 지급되어야 한다(김형배, 「노동법」, 제26판, p.462).

3. 재량근로의 간주근로시간제의 법적 효과

(1) 적법하게 도입·운영되는 재량근로시간제

업무의 성질에 비추어 업무 수행 방법을 근로자의 재량에 위임할 필요가 있는 업무로서 대통령령으로 정하는 업무는 사용자가 근로자대표와 서면합의로 정한 시간을 근로한 것으로 본다. 따라서 근로자가 더 많이 근로했다거나, 사용자가 더 적게 일했다고 반증을 제시해도 간주된 근로시간은 바뀌지 않는다.

(2) 적법하지 않은 재량근로시간제 도입·운영 시 효과

① 법령 등에서 정한 대상 업무에 해당되지 않거나, 근로자대표와의 서면합의가

없는 경우, 서면합의의 필수기재사항이 명시되어 있지 않는 경우에는 재량근로제 자체가 무효가 될 수 있다. 또한 근로자의 업무수행 수단 등에 대한 사용자의 구체적인 지시가 상시·반복적으로 이루어져 제도의 취지를 훼손한다면, 해당 근로자에 대해 무효가 될 수 있다.

② 재량근로제가 무효가 되면 근로시간에 관한 일반적인 규정(근기법 제50조 등)이 적용되어 법정근로시간(1일 8시간, 1주 40시간)을 초과한 근로시간은 연장근로가 된다. 이 경우 실제 근로한 시간에 따라 임금 및 법정수당을 계산 지급하여야 하며, 실근로시간을 기준으로 근로시간 규정 위반 여부를 판단하여야 한다.

(3) 재량근로제와 휴게시간, 연장, 휴일, 야간근로 등의 적용 여부

재량근로시간제에 있어서도 휴게시간, 연장, 휴일, 야간근로 등의 근기법상의 근로시간 규정은 당연히 적용된다.

5 근로시간 및 휴게의 특례(특례사업연장근로)

법 제59조 【근로시간 및 휴게시간의 특례】 ① 「통계법」 제22조제1항에 따라 통계청장이 고시하는 산업에 관한 표준의 중분류 또는 소분류 중 다음 각 호의 어느 하나에 해당하는 사업에 대하여 사용자가 근로자대표와 서면으로 합의한 경우에는 제53조제1항에 따른 주(週) 12시간을 초과하여 연장근로를 하게 하거나 제54조에 따른 휴게시간을 변경할 수 있다.

1. 육상운송 및 파이프라인 운송업. 다만, 「여객자동차 운수사업법」 제3조제1항제1호에 따른 노선(路線)여객자동차운송사업은 제외한다.
2. 수상운송업
3. 항공운송업
4. 기타 운송관련 서비스업
5. 보건업

② 제1항의 경우 사용자는 근로일 종료 후 다음 근로일 개시 전까지 근로자에게 연속하여 11시간 이상의 휴식 시간을 주어야 한다.

1. 특례의 의의

근기법은 1주 40시간, 1일 8시간근로(근기법 제50조) 및 근로시간이 4시간인 경우에는 30분 이상, 8시간인 경우에는 1시간 이상의 휴게시간을 근로시간 도중에 주도록 규정하고 있다(동법 제54조제1항).

그러나 근기법 제59조는 사업의 성격 내지 업무의 특성을 감안할 때 엄격한 연장근로시간 및 휴게시간의 규제로 인하여 공중생활의 불편을 초래할 우려가 있거나 사업 목적 달성이 어려운 사업에 대해 사용자가 근로자대표와 서면으로 합의한 경우에는 근기법 제53조제1항에 따른 주 12시간을 초과하여 연장근로를 하게 하거나, 제54조에 따른 휴게시간을 변경할 수 있도록 규정하고 있다(2014.1.3, 근로개선정책과-62).

2. 특례의 요건

(1) 근로시간 및 휴게의 특례가 인정되는 사업

① 육상운송과 파이프라인 운송업. 다만, 「여객자동차 운수사업법」 제3조제1항 제1호에 따른 노선(路線)여객자동차운송사업은 제외한다.

② 수상운송업

③ 항공운송업

④ 기타 운송관련 서비스업

⑤ 보건업

(2) 근로자대표와의 서면합의

특례가 인정되는 사업에 해당되어야 할 뿐만 아니라 연장근로를 확대하거나, 휴게시간을 변경하기 위해서는 사용자는 근로자대표와 서면합의를 하여야 한다. 서면합의는 특례가 인정되기 위한 필요요건으로서 별도로 서면합의 외에 개별근로자의 동의가 있어야 한다는 견해(김유성, 「노동법 I」, p.167)와 서면합의만 있으면 된다는 견해(임종률, 「노동법」, 제17판, p.463)가 있다. 후자의 견해가 타당하다.

(3) 여러 업종이 함께 이루어지고 있을 경우의 특례적용범위

근기법은 사업 또는 사업장 단위로 적용되는 것이 원칙이며 동법 제59조는 그 적용대상을 동조에 해당하는 사업으로 하고 있으며 근기법 제59조에 의한 사업에 해당하는지 여부는 당해 사업의 목적과 주된 생산 활동이 무엇인지에 따라 판단하되 주요 생산품·사업 분야별 매출액, 근로자의 직종별 분포 등을 종합적으로 고려하여 근로시간 특례업종 해당 여부를 판단하여야 한다(2012.5.21, 근로개선정책과-2714). 근기법 제59조에 의한 사업에 해당된다면 근로자의 업무와 관계없이 전 근로자에 대해 적용될 것이다(2014.1.3, 근로개선정책과-62).

3. 연속휴식시간 11시간 보장

특례가 인정되는 5개 업종에 대해서도 근로일 종료 후 다음 근로일 개시 전까지 근로자에게 연속하여 11시간 이상의 휴식시간을 주어야 한다(근기법 제59조제2항). 이와 같이 연속 휴식시간 11시간 보장을 통해 장시간 근로로부터 근로자의 휴식권과 건강권 확보가 가능하도록 하였다. 그러나 특례업종에 해당되더라도 특례제도를 도입하지 않으면 연속 11시간 휴식 보장은 적용되지 않는다.

4. 특례인정효과

(1) 연장근로시간의 법정한도시간 초과근무

근로시간 및 휴게시간의 특례로 기준근로시간의 1주 12시간을 초과하여 연장근로하게 하거나, 제54조의 규정에 따른 휴게시간을 변경할 수 있다.

(2) 휴게시간의 변경

'휴게시간의 변경' 이란 휴게시간을 부여하되 그 시각을 변경하는 것을 의미하며, 휴게시간을 단축하거나 부여하지 아니하는 것으로 해석되어서는 아니된다.

(3) 가산임금의 지급

근기법 제56조에서 「사용자는 연장근로(제53조 · 제59조 및 제69조 단서)에 따라 연장된 시간의 근로에 대하여는 통상임금의 100분의 50 이상을 가산하여 지급하여야 한다」고 규정하고 있다. 근로시간 및 휴게의 특례가 인정된다고 하더라도 해당 시간이 각각 연장, 야간, 휴일근로에 해당될 때에는 연장근로수당 · 야간근로수당 · 휴일근로수당을 지급하여야 한다.

5. 특례 적용의 한계

특례제도는 그 적용대상을 근기법 제53조에 규정된 연장근로시간으로 한정하고 있으므로 연소근로자의 연장근로 제한(근기법 제69조), 임산부의 시간외근로 제한(근기법 제71조, 제74조), 잠수 · 잠함 등 유해 · 위험작업의 근로시간 제한(산안법 제139조)에 대해 특례가 인정되지 않는다.

제4절 근로시간 적용의 제외

법 제63조 【적용의 제외】 이 장과 제5장에서 정한 근로시간, 휴게와 휴일에 관한 규정은 다음 각 호의 어느 하나에 해당하는 근로자에 대하여는 적용하지 아니한다.

1. 토지의 경작·개간, 식물의 재식(裁植)·재배·채취 사업, 그 밖의 농림 사업
2. 동물의 사육, 수산 동식물의 채포(採捕)·양식 사업, 그 밖의 축산, 양잠, 수산 사업
3. 감시(監視) 또는 단속적(斷續的)으로 근로에 종사하는 자로서 사용자가 고용노동부장관의 승인을 받은 자
4. 대통령령으로 정하는 업무에 종사하는 근로자

영 제34조 【근로시간 등의 적용제외 근로자】 법 제63조제4호에서 "대통령령으로 정한 업무"란 사업의 종류에 관계없이 관리·감독업무 또는 기밀을 취급하는 업무를 말한다.

1 근로시간 적용 제외의 의의

근기법은 모든 사업과 근로자에게 적용되는 것이 원칙이나 사업의 성질 또는 업무의 특수성으로 인하여 8시간 근로제·주휴제 등의 근로시간에 대한 제반규정의 적용이 적합하지 않은 경우가 있다.

기후, 기상 등의 자연조건의 영향을 크게 받는 사업이거나 감시적·단속적 근로에 종사하는 근로자들의 출근·퇴근시간은 엄격하게 정해질 수 없으며, 이와 같은 근로자들의 시간외근로에 대하여도 가산임금을 엄밀하게 지급함이 없이 그 직무에 대하여 특별수당이 지급되는 경우가 있다.

이와 같이 사업의 성질이나 기업 내에서의 근로자의 지위, 직종 내지 형태 등에 따라서는 근기법상의 근로시간 등에 관한 법적 규제를 획일적으로 적용하는 것이 부적당하다는 데 적용제외의 취지가 있다.

2 근로시간·휴게·휴일규정 적용제외근로자

1. 농수산업 등에 종사하는 근로자

① 농림산업과 축산·양잠 및 수산업은 기후·기상 등의 자연적인 조건에 크게 영향을 받는 1차 산업이기 때문에 8시간 근로제 및 휴게·휴일제를 획일적으로 적용한다는 것은 적합하지 않으며, 이에 따라 적용의 예외가 인정된다. 근기법 제63조제1호 및 제2호의 사업에 해당하는지의 여부는 사업의 종류, 목적, 주된 생산활동 및 근로형태 등을 종합적으로 고려하여 판단해야 하며, 사업의 1차적인 판단기준에 있어서는 한국표준산업분류를 참고할 수 있다(2010.8.20, 근로기준과-576).

② 근기법 제63조제2호의 사업에 종사하는 근로자에 대해서는 근로시간과 휴일 등에 관한 근기법상의 규제가 적용되지 않도록 되어 있다 하여도 사용자의 취업규칙 등에 초과근로에 관하여 통상임금 범위 내의 수당을 지급하기로 하는 취지의 규정을 둔 경우에는 근기법 제63조의 규정에도 불구하고 취업규칙 등에 정한 바에 따라 그 초과근로에 대한 수당 등을 지급하기로 한 것으로 보아야 한다는 것이 판례(대법 1990.11.27, 89다카15939)이고 이러한 판례의 법리는 그 적용대상인 근로관계의 실질 및 규정의 취지가 같다고 볼 수 있는 근기법 제63조제1호의 사업에도 마찬가지로 적용된다 할 것이다(대법 2009.12.10, 2009다51158).

2. 감시 또는 단속적 근로에 종사하는 근로자

(1) 근기법 일부 규정의 적용을 배제하는 취지

감시 또는 단속적인 근로에 종사하는 자에 대하여 근로시간 등의 규정 적용을 제외하는 것은 일반 근로자에 비하여 노동력의 밀도가 낮고 신체적 피로나 정신적 긴장이 적은 감시·단속적 근로자의 경우에는 종사하는 업무의 특수성으로 인하여 법정근로시간이나 휴게 및 휴일에 관한 규정을 그대로 적용하는 것이 적절하지 않으므로, 근기법 제63조제3호에서 감시·단속적 근로자에 대하여 근로시간과 휴게 및 휴일에 관한 위 각 규정의 적용을 배제하는 예외를 인정하고 있다.

(2) 감시적 근로

1) 감시적 근로의 의의

① 「감시적 근로란 일정 부서에서 감시하는 것을 본래의 업무로 하고 상태(常態)로서 신체 또는 정신적 긴장이 적은 업무를 말한다」(대법 1997.4.25, 95다4056). 예컨대 수위, 물품감시인, 경비원 등을 말한다. 판례(대법 1993.7.27, 92다46462)는 「주된 업무는 경비계장으로서 경비원들을 관리·감독하여 경비업무 전반을 총괄하는 것이었으며 경비계장과 위 경비원들의 업무내용과 근무형태의 차이는 직급의 차이로 인한 것으로서 경비계장 역시 감시적 근로에 종사하는 경비직 직원」이라고 보고 있다.

② 그리고 정시적 순시, 긴급문서나 전화의 수수, 비상사태 발생에 대한 준비 등을 목적으로 하는 일직 또는 숙직으로서 통상적인 근로를 하지 않는 것도 감시적 업무에 속한다.

③ 감시 또는 단속적 근로에 종사하는 근로자에 대하여는 고용노동부장관으로부터 근기법 제4장과 제5장에서 정한 근로시간, 휴게와 휴일에 관한 규정의 적용을 제외하는 승인을 받았다면 사용자는 원칙적으로 승인을 받은 근로자에 대하여는 근로시간, 휴게와 휴일에 관한 규정이 적용되지 아니한다(대법 1997.4.25, 95다4056).

2) 감시적 근로자의 적용제외 승인 사건처리 기준

① 감시적 근로에 종사하는 자는 감시업무를 주 업무로 하며, 상태적으로 또는 정신적·육체적 피로가 적은 업무에 종사하는 자를 말한다(동법시행규칙 제10조제2항). 감시적 근로에 종사하는 자의 적용제외 승인 기준은 소정의 기준을 모두 갖춘 때에 한한다(고용노동부훈령 제291호, 2019.9.1, 근로감독관집무규정 제68조제1항).

② 감시적 근로자로 인정되지 않는 사례

정신적 긴장이 현저하게 높은 근로에 종사하는 자는 감시적 근로에 종사하는 자에 해당되지 아니한다.

(가) 범죄인의 감시인, 양수발전소의 경비담당근로자(대구지법 2019.8.29, 2018구합25044)

(나) 학생·아동의 수학여행, 소풍 등의 인솔 시중을 하는 자

③ 당사자의 합의가 감시·단속적 근로종사자에 대한 적용제외 승인요건인지 여부

격일제(24시간 교대) 근로종사자로서 24시간 격일제 근로형태에 대해 근로자와 입주자 대표간 근로계약을 체결하고 사용자가 「감시적·단속적 근로종사자에 대한 적용제외 승인신청」을 한 경우, 이미 24시간 격일제 근로형태에 대해 합의한 것이므로 승인신청자의 업무의 성질이 근기법 제63조제3호 규정에 정한 감시·단속적 근로에 해당한다면 승인해야 할 것이다(2003.7.21, 근기 68213-915). 근로시간 등의 적용제외 승인은 근로형태에 따른 근로자 수를 대상으로 하고 있으므로 승인당시의 근로조건이나 근로형태 등이 변경되지 않은 채 근로자 수가 감소된 경우에는 별도의 승인을 받지 않아도 승인의 효력은 지속된다(2014.4.22, 근로개선정책과-2448).

(3) 단속적 근로

1) 단속적 근로의 의의

단속적 근로에 종사하는 자란 근로가 간헐적·단속적으로 이루어져 휴게시간이나 대기시간이 많은 업무에 종사하는 자를 말한다(근기법시행규칙 제10조제3항). 다음과 같은 것들이 이에 해당한다.

① 고급승용차 또는 출·퇴근버스의 전용운전원 등과 같이 간헐적·단속적인 업무로서 근로시간 중에 대기시간이 많고 실 근로시간이 적은 업무

② 「돌발적인 사고발생에 대비하고 있는 기계수리공·전기수리공 등과 같이 통상근무가 한가한 업무로서 단속적 근로를 인정한 것」(1979.5.4, 법무 811-10511). 해외사업장에서 종사하는 요리·이발·경비·운전 등에 종사하는 자에 대한 단속적 근로의 인정(1976.6.11, 법무 811-13801) 등이 있다.

③ 건물시설관리를 위해 휴일 및 야간에 대기하는 자, 생산업체의 고압보일러실에 근무하는 자, 주한미군부대의 소방원 등이나 승강기안내원은 단속적 근로로 인정되지 않고 있다.

2) 단속적 근로자의 적용제외 승인 사건처리기준

근기법 제63조제3호 및 시행규칙 제10조제3항의 규정에 의한 단속적 근로에 종사하는 자의 적용제외 승인은 소정의 기준을 모두 갖춘 때에 한한다(근로감독관 집무규정 제68조제2항).

(4) 고용노동부장관의 승인

① **고용노동부장관 승인의 취지**: 어떠한 직종과 업무의 성질이 감시적·단속적 업무인가에 대해 그 형태는 천차만별이며 일반 근로자와 명확히 구별할 객관적 기준이 없고 본조의 적용에 의하여 근로조건에 영향을 주기 때문에 그 판단은 근로자보호의 견지에서 사용자의 주관적 자의에 맡길 수 없고 근로관계를 규제하는 고용노동부장관의 승인을 받도록 규정하고 있다. 고용노동부장관이 구체적으로 어떠한 기준에 의하여 승인할 것이냐는 근로의 형태가 복잡하여 기준을 인정하기는 어려우므로 개개의 구체적 근무형태와 성질을 살펴서 근로밀도가 높고 낮음의 관점에서 판단하여야 한다.

② **고용노동부장관 승인의 효력**: 고용노동부장관의 승인은 감시·단속적근로 종사자에 대한 적용제외 효력발생요건이며, 이 요건을 충족하지 않고 감시·단속적 근로에 종사하게 하고 8시간을 초과하여 근로하게 한 경우에는 사용자는 법정근로시간 위반 책임을 짐과 동시에 시간외 근로의 가산임금의 지급책임을 진다.

(5) 감시·단속적 근로자 근로시간 등 적용제외 승인신청 주체

'근기법' 제63조제3호 및 같은 법 시행규칙 제10조제1항에 따라 사용자는 '감시·단속적 근로에 종사하는 자' 에 대해 근로시간·휴게·휴일에 관한 규정을 적용하지 아니하려면 고용노동부장관의 승인을 받아야 한다.

파견근로자의 경우 근기법상 근로시간·휴게·휴일에 관한 규정 및 같은 법 제63조 규정의 적용에 있어서는 '파견법' 제34조제1항에 따라 사용사업주를 사용자로 보고 있고, 파견대상이 되는 업무에 종사하는 자가 '감시·단속적 근로에 종사하는 자' 에 해당되어 승인 요건에 부합되는지 여부도 그 업무를 수행하고 있는 장소에서 판단하여야 하므로 '근로시간 등의 적용제외 승인 신청' 의 사용자는 사용사업주로 보아야 할 것이다(2010.6.30, 근로기준과-1557).

3 관리·감독업무에 종사하는 근로자

근기법 제63조제4호에서 대통령령으로 정한 업무란 「사업의 종류에 관계없이 관리·감독업무 또는 기밀을 취급하는 업무」를 말한다(근기법시행령 제34조). 기업에 있어서는 일정한 직책에 있는 근로자를 「관리감독자」로 처우하고 있는 사례가 많으며 특히 연장근로에 대하여 가산임금의 지급의무(제56조)를 둘러싼 분쟁이 발생하고 있다.

1. 관리·감독업무를 담당하고 있는 자

(1) 의 의

관리·감독자란 공장장·국장·부장 등과 같이 근로조건의 결정 그 밖에 노무관리에 있어서 경영자와 일체적 지위에 있으면서 출·퇴근 등에 있어 엄격한 제한을 받지 않는 자를 말한다. 관리감독자란 사업의 종류와 관계 없이 근로조건의 결정 기타 노무관리에 관하여 경영자와 일체적인 입장에 있는 자를 말한다. 관리·감독자인지의 여부는 사업장 내 형식적인 직책에 불구하고 노무관리 방침의 결정에 참여하거나 노무관리상의 지휘감독 권한을 가지고 있는지 여부, 자신의 근로에 대하여 자유재량권을 가지고 있는지 여부, 그 지위에 따른 특별수당을 받고 있는지 여부 등을 종합적으로 판단하되, 그 명칭 여하에 불구하고 근무실태에 따라 구체적으로 판단되어야 할 것이다(2014.7.18, 근로개선정책과-4034).

판례(대법 1989.2.28, 88다카2974)는 「회사의 감독이나 관리의 지위에 있는 자로서 기업경영자와 일체를 이루는 입장에 있고 자기의 근로시간에 대한 자유재량권을 가지고 있어서 근기법 제63조에서 정한 근무시간·휴게와 휴일에 관한 규정이 적용되지 아니하는 자라면 시간외근무(평일의 법내 잔업시간을 포함한다)나 휴일근무에 대하여 통상임금 상당의 근무수당을 지급받을 수 없다」라고 판시한 것이 있는데, 동 판례는 모두 근로자의 직무내용과 근로시간 관리에 대한 자유재량권 및 특별수당을 받고 있는지 등의 3대 기준에 의하여 이를 긍정하여 근로시간 규제의 적용을 배제하고 있다.

(2) 적용제외의 취지

관리감독자는 직무 성질상 일반근로자와 달리 근로시간의 규제를 받지 않으며 근무나 출·퇴근에 있어서 자유재량이 있으며 엄격한 근로시간 규제가 없더라도 근로자보호법으로서의 근기법의 취지에 어긋나지 아니하며 그 보호에 부족함이 없다는 점에 있다. 따라서 그 적용제외 범위는 법 취지에 따라 한정하여 해석할 수밖에 없다.

(3) 관리·감독업무 여부에 대한 일반적인 판단기준

관리감독자에 해당하는지 여부는 실태에 따라 판단할 필요가 있으며 관리직이라는 명칭에 따라 바로 적용제외가 인정되는 것은 아니다.

(가) 직무내용, 지휘감독·인사권한, 책임에 비추어 기업경영의 중요사항에 관여하여 경영자와 일체적 입장에 있는지 여부

(나) 자기의 근로에 대하여 자유재량권을 가지고 출·퇴근 등에 엄격한 제한을 받고 있는 지위에 있는지의 여부

(다) 그 지위에 따른 특별수당을 받고 있는지의 여부 등이다.

(4) 재량근로자와의 차이

근로시간에 관하여 자유재량이 있다는 점에서 재량근로자(근기법 제58조제3항)와 다른 점은 없으나 이에 더하여 경영방침에 일정 정도 참여하는 등 경영자와 일체적 입장에 있으며 중요한 직무권한과 책임이 있고 특별한 처우를 받는 점이다. 요컨대 관리감독자는 근로시간 규제를 초과하여 활동하는 것이 요청되고 중요한 직무나 권한이 부여되며 고용권한·처우·책임 면에서 명확하게 일반 근로자계층과 구별되는 관리자계층을 의미한다.

2. 기밀을 취급하는 업무

비서 기타 그 직무가 경영자 또는 관리의 지위에 있는 자의 활동과 불가분하게 이루어지므로 인하여 출·퇴근 등에 있어서 엄격한 제한을 받지 않는 자를 말한다. 반드시 기업의 비밀서류 등을 취급하는 자를 가리키는 것은 아니다(1987.4.6, 근기 01254-5592).

4 적용범위

1. 적용배제되는 규정

① 근기법 제63조의 적용으로 인하여 「제4장 및 제5장에서 정하는 근로시간, 휴게 및 휴일」에 관한 규정과 이와 연계된 규정들도 포함된다(법제처 2015.7.9, 안건번호 15-0344).

제4장에서는 제50조(근로시간), 제51조(탄력적 근로시간제), 제52조(선택적 근로시간제), 제53조(연장근로의 제한), 제54조(휴게), 제55조(주휴일), 제56조(시간외·야간 및 휴일근로), 제58조(근로시간계산의 특례), 제59조(근로시간 및 휴게시간의 특례), 제69조와 제71조 중 연장시간근로 및 휴일근로에 관한 부분의 적용이 배제된다(법제처 2016.8.19, 안건번호-0432).

② 적용제외되는 근로자에 대하여는 법정근로시간에 제한받지 아니하며 휴게시간이나 주휴일을 부여하지 아니할 수 있고, 근기법 제56조에 의한 연장·휴일근로에 대하여 가산임금을 지급하지 않아도 된다.

2. 적용되는 규정

① **야간근로**: 야간근로를 제한하는 것은 야간 근무로 인해 심신의 피로가 가중되고 야간취침의 정상적인 생활습관이 파괴되는 것을 방지하기 위한 것이라는 점에서 연장근로 제한과 야간근로 제한은 그 보호 범위에 분명한 차이가 있다. 근기법 제63조제3호에서 감시·단속적인 근로자는 다른 일반근로자와 비교하여 노동강도가 낮고 신체적 피로나 정신적 긴장이 적다는 점에서 근로시간 등의 예외를 인정하고 있는 것이므로, 감시·단속적인 근로자라 하더라도 야간근로로 인한 피로에 대해서는 일반근로자와 같은 보호가 필요하다. 그러므로 근기법 제63조제3호에 따른 감시·단속적 근로자가 야간근로를 하는 경우에도 같은 법 제56조에 따라 야간근로수당을 지급해야 한다(법제처 2015.7.9, 안건번호 15-0344).

② **연차유급휴가 등**: 제도상의 취지를 달리하는 연차유급휴가에 관한 제60조, 생리휴가에 관한 제73조, 출산전휴가에 관한 제74조 및 육아시간에 관한 제75조 등은 적용제외되지 않는다.

제5절 휴게·휴일

1 휴 게

> **법 제54조【휴 게】** ① 사용자는 근로시간이 4시간인 경우에는 30분 이상, 8시간인 경우에는 1시간 이상의 휴게시간을 근로시간 도중에 주어야 한다.
> ② 휴게시간은 근로자가 자유롭게 이용할 수 있다.

1. 휴게시간의 의의

(1) 휴게시간의 개념

휴게시간이란 근로시간의 중단을 말하며 근로계약상 근로자가 근로시간 중에 사용자의 지휘·감독으로부터 벗어나 근로의무에서 이탈하여 자유로이 이용할 수 있는 시간을 말한다. 근기법 제54조는 「① 사용자는 근로시간이 4시간인 경우에는 30분 이상, 8시간인 경우에는 1시간 이상의 휴게시간을 근로시간 도중에 주어야 한다. ② 휴게시간은 근로자가 자유로 이용할 수 있다」고 규정하고 있다.

(2) 휴게시간제도의 취지

근기법 제54조에서 근로시간에 따른 휴게시간의 최저기준과 그 기준 위반에 대하여 벌칙(동법 제110조제1호)까지 부과하고 있는 것은, 근로자에게 충분한 휴게시간을 보장하여 계속적 근로로 인한 육체적·정신적 피로를 회복하게 함으로써 근로자의 건강을 보호하고 작업 능률을 증진시키며 재해를 방지하려는 데 그 목적이 있다고 할 것이다(법제처 2015.3.27, 안건번호 15-0068).

3) 판례와 행정해석의 태도

① **판례의 태도**: 판례(대법 2019.7.25, 2018도16228; 대법 2017.12.13, 2016다243078; 대법 2006.11.23, 2006다41990; 대법 1993.5.27, 92다24509; 대법 1993.5.27,

92다24509; 대법 1992.4.14, 91다20548)는 「근기법상의 휴게시간이란 근로자가 근로시간의 도중에 실제로 작업에 종사하지 않은 대기시간이나 휴식, 수면 등으로 실질적인 사용자의 지휘·감독 없이 근로자의 자유로운 이용이 보장된 시간을 의미한다」고 한다.

② **행정해석의 태도**: 행정해석(2013.3.19, 근로개선정책과-1773; 같은 취지 1987.8.5, 근기 01254-1249.5)도 판례와 같은 입장이다

또 다른 행정해석(1970.8.20, 근기 1455.9-7897)은 「당해 사업장 취업규칙상 식사시간과 휴게시간을 별도로 설치된 규정이 없다면 소정 휴게시간을 식사시간으로 사용케 함은 무방할 것」이라고 한다. 판례(대법 1994.3.8, 93다32408)도 같은 입장이다.

2. 휴게시간을 주는 방법

(1) 휴게시간의 길이

1) 4시간인 경우와 8시간인 경우의 의미

사용자는 근로시간 4시간에 대하여 30분 이상, 8시간에 대하여 1시간 이상의 휴게시간을 근로시간의 도중에 주어야 한다. 근기법 제54조는 「4시간인 경우」, 「8시간인 경우」라고 하고 있는데 4시간 이상, 8시간 이상의 경우로 보아야 한다. 따라서 1일의 근로시간이 4시간 미만이면 휴게시간이 없어도 되지만, 4시간 이상 8시간 미만이면 30분 이상, 8시간 이상이면 1시간 이상의 휴게시간이 근로자에게 주어져야 한다.

2) 장시간의 휴게시간 부여의 허용 여부

휴게시간의 길이와 관련하여 장시간의 휴게시간을 부여하는 것이 가능한지 여부가 문제된다. 행정해석(1990.11.28, 감독 01254-6504)은 「근기법 제54조에는 휴게시간의 최저기준만을 명시할 뿐 기타 상한적 규제가 명시된 바 없으므로 사용자가 근로자에게 브레이크타임제(호텔업인 경우 보통 14:00~17:00까지)를 실시토록 하는 것이 불법이라고 보기에는 곤란하다」라고 한다.

3) 근로시간 4시간 초과 8시간 미만의 휴게시간의 길이

근로시간이 4시간을 경과한 때에는 적어도 30분 이상의 휴식을 주어야 한다는 것이 아니고 실 근로시간의 총계가 4시간을 초과해서 8시간 미만 근로하는 경우에는 근로시간의 도중에 30분 이상의 휴식을 주어야 한다는 뜻이다.

4) 연장근로시 휴게시간 부여의무 여부

근기법 제54조에 따른 휴게시간은 근로자의 건강을 위하여 최소한도 필요한 시간을 정한 것으로 1일 8시간을 초과하여 발생한 연장근로에 대하여도 동 규정이 적용된다(2009.2.6, 근로조건지도과-722).

(2) 휴게시간의 배치

1) 근로시간 도중 부여

근기법 제54조는 근로시간의 길이에 따라 일정한 휴게시간을 근로시간의 도중에 줄 것을 규정하고 있으므로 업무의 개시 전 또는 업무의 종료 후에 휴게시간을 주는 것은 허용되지 않는다.

2) 휴게시간의 일제부여 여부

휴게시간을 주는 방법에 대하여는 명문의 규정은 없으나, 휴게는 원칙적으로 일시에 주어야 할 것이다.

3) 세분화된 휴게시간

1시간마다 10분, 20분 등 세분화하여 휴게시간을 준다면 근로의 중단이라는 의미에 있어서는 휴게시간이라 할 수 있으나 피로의 회복, 식사 기타 사회적·문화적 욕구의 실현이라는 휴게 본래의 취지를 충족시킬 수 없기 때문에 휴게시간제도의 취지에 위반된다. 그러나 취업규칙에 따라 교대휴게제를 정하는 것은 가능하다.

3. 휴게시간 자유이용의 원칙

(1) 의 의

휴게시간은 근로자가 자유로이 이용할 수 있다(근기법 제54조, 벌칙 제110조). 휴게시간은 근로자의 권리로서 인정되고 사용자의 지휘·감독으로부터 완전히 이탈하는 자유로운 시간이며 근로자는 이 시간을 자유로이 사용할 수 있기 때문이다.

(2) 휴게시간 자유이용의 한계

① 휴게시간은 작업의 시작부터 종료 시까지 제한된 시간 중의 일부이므로, 휴게시간 중이라고 하더라도 다음 작업의 계속을 위해 사용자의 지휘·감독 등 일정 수준의 제약을 받는 것은 부득이하다.

② 즉 근로자에게 그 종사하는 업무의 특성에 따라 자유로운 휴게시간을 부여하면서도 업무의 연속성을 유지하고 업무와 관련한 긴급 상황에 효율적으로 대응할 수 있도록 하는 등 최소한의 질서유지를 위해 휴게시간의 이용에 관한 제한이 이뤄질 수 있다고 할 것이다.

③ 이 경우 근로자로 하여금 사용자의 지휘·감독을 벗어나 휴게시간을 자유롭게 이용할 수 있도록 하되 그 장소를 사업장 안으로 제한하거나 휴게시간에 사업장 밖에 나갈 수 있도록 하고 이를 사전에 마련된 객관적 기준에 합치되는 경우에만 허가하는 등의 제한은 휴게시간의 이용장소와 방법에 관한 합리적인 제한이라고 봐야 할 것이다(법제처 2016.8.19, 안건번호 16-0432).

(3) 휴게시간 중의 노동조합 활동과 정치활동

1) 휴게시간 중의 노동조합 활동

휴게시간은 근로자가 자유롭게 이용할 수 있으므로 휴게시간 중에 조합 활동의 일환으로서 유인물 배포행위 등을 하는 것은 시설관리상의 목적을 해하지 않는 한 인정된다. 기업시설 내에서 조합 활동을 하는 것이 업무상의 지장을 초래하는 경우에 시설이용의 금지조치를 취하는 것, 시설이용에 대하여 신고제나 허가제로 하는 것은 위법하다고 할 수 없다.

휴게시간 중의 조합 활동이 휴게시간 자유이용의 원칙에 위배된다고 볼 수는 없으므로 휴게시간 중의 조합 활동을 금지하는 것은 근기법 제54조의 위반이 될 것이다.

2) 유인물 배포의 정당성 유무

휴게시간은 근로자가 자유롭게 이용할 수 있으므로 휴게시간 중의 조합 활동의 일환으로서 유인물 배포 등을 하는 것은 시설관리상의 목적을 해하지 않는 한 인정되어야 한다. 유인물 배포 행위가 정당한가 아닌가는 회사의 승인 여부만을 가지고 판단할 것은 아니고, 그 유인물의 내용, 매수, 배포의 시기, 대상, 방법, 이로인한 기업이나 업무에의 영향 등을 기준으로 노동조합의 정당한 업무를 위한 행위로 볼 수 있는지를 살펴본 다음 판단하여야 한다(대법 2017.8.17, 2017두227325; 대법 2011.9.8, 2009두14682; 대법 1997.12.23, 96누11778).

3) 휴게시간 중의 조합 활동의 금지와 그 당부

취업규칙 등으로 휴게시간 중의 조합 활동을 금지한 경우 그 당부에 관하여 논의되고 있다. 업무상 지장이 발생하는 것이 아닌데 휴게시간 중의 조합 활동을 전면적으로 금지하는 것은 타당성이 없고, 노조법 제81조와의 관계에서 부당노동행위에 해당한다고 볼 수 있는 경우가 많을 것이다.

4) 사업장 내의 근로자의 정치활동

사업장 내 시설관리 및 기업질서를 해칠 실질적 위험성의 유무는 신중히 판단해야 한다. 예컨대, 정치활동이 근로자 상호간의 대립·항쟁을 유발시킬 위험성이 있는지의 여부를 판단할 때 근로자들의 정치적 견해는 상이·대립적인 것이 일반적인 현상이다. 이러한 정치적 견해의 상이·대립의 범위를 넘어서 지나친 정치적 대립을 격화·증대시킬 개연성이 있는 정치활동에 해당하는지의 여부를 살펴보아야 한다. 정치활동의 위험성 판단은 사건별로 여러 사정을 종합·판단해야 한다. 예컨대, 유인물의 배포에 의한 정치활동과 관련해 보면, 유인물 배포의 형태·경위·목적 및 유인물의 내용 등을 고려해 그 위험성 유무를 판단할 수 있다.

4. 휴게시간의 적용배제 및 변경의 특례

(1) 휴게시간의 변경

휴게시간에 관한 원칙에 대해서는 근로시간 및 휴게시간 특례규정인 근기법 제59조에 의하여 제54조의 규정에 의한 휴게시간은 변경될 수 있다. 이는 법률에서 정한 휴게시간의 최저기준은 유지하되 공중의 편의 또는 업무의 특성 등을 고려하여 휴게시간의 간격이나 시간대를 변경할 수 있다는 제한적 의미로 이해되어야 할 것이고, 이를 벗어나 휴게시간을 법률에서 정한 기준보다 줄이거나 전혀 주지 않도록 변경할 수 있다는 의미는 아니라고 할 것이다(법제처 2014.3.27, 안건번호 15-0068).

(2) 적용제외의 경우

또한 근기법 제63조의 규정에 의하여 동법 제4장과 제5장에서 정한 휴게에 관한 규정을 일정한 사업의 근로자에 대하여는 적용하지 아니한다.

5. 근기법 제54조 위반의 효과

사용자가 휴게시간에 관하여 근기법 제54조를 위반하는 경우에는 2년 이하의 징역 또는 2,000만원 이하의 벌금이 과해진다(근기법 제110조제1호).

2 주휴일

법 제55조【휴 일】 ① 사용자는 근로자에게 1주에 평균 1회 이상의 유급휴일을 보장하여야 한다.
② 사용자는 근로자에게 대통령령으로 정하는 휴일을 유급으로 보장하여야 한다. 다만, 근로자대표와 서면으로 합의한 경우 특정한 근로일로 대체할 수 있다.

1. 휴일의 의의

(1) 휴일의 개념

① **휴일의 개념**: 휴일이란 근로자가 사용자의 지휘·명령으로부터 완전히 벗어난 날을 말한다. 휴일은 처음부터 근로의무가 없는 날이다(대법 2019.10.18, 2018다 239110). 그러므로 근로의무 있는 날에 특별한 사정에 따라 근로의무를 면제해 주는 「휴업일」 등과 다르다.

② **주휴일의 개념**: 근기법 제55조제1항은 「사용자는 근로자에게 1주일에 평균 1회 이상의 유급휴일을 보장하여야 한다」고 규정하고 있다. 본조항에서 규정하고 있는 휴일은 근기법 시행령 제30조에서 규정하는 1주 동안의 소정근로일을 개근한 자에게 보장하여야 하는 유급휴일이며, 1주일에 평균 1회 이상 보장하여야 하므로 주휴일이라고 한다.

③ **법정휴일과 약정휴일**: 근기법상 휴일이란 근로의 제공의무가 없는 날로서 법정휴일과 약정휴일이 있다. 법정휴일은 근기법에 따라 부여하는 주휴일과 「근로자의날제정에관한법률」에 따라 「5월 1일은 근로자의 날로 하고, 이 날을 근기법에 따른 유급휴일로 한다」는 규정에 따른 「근로자의 날」, 대통령령으로 정하는 휴일(관공서 공휴일)뿐이다. 약정휴일은 그 밖에 노사 당사자간 단체협약과 취업규칙 등에 따라 특정한 날을 휴일로 부여하는 경우로서 유급휴일과 무급휴일로서 구분된다.

④ **공휴일의 개념**: 공휴일은 「관공서의 공휴일에 관한 규정」에 따라 관공서가 쉬는 날을 말한다. 민간 사업장의 근로자에게 관공서의 공휴일을 유급휴일로 적용함으로써 모든 근로자가 공평하게 휴일을 향유할 수 있도록 하였다. 근기법 제55조제2항은 「사용자는 근로자에게 대통령령으로 정하는 휴일을 유급으로 보장하여야 한다」고 규정하였다.

관공서의 공휴일은 다음 각 호와 같다(관공서의공휴일에관한규정 제2조 본문).

1. 일요일
2. 국경일 중 3·1절, 광복절, 개천절 및 한글날
3. 1월 1일
4. 설날 전날, 설날, 설날 다음날(음력 12월 말일, 1월 1일, 2일)

5. 삭제 〈2005.6.30〉
6. 부처님오신날(음력 4월 8일)
7. 5월 5일(어린이날)
8. 6월 6일(현충일)
9. 추석 전날, 추석, 추석 다음날(음력 8월 14일, 15일, 16일)
10. 12월 25일(기독탄신일)
10의2. 「공직선거법」 제34조에 따른 임기만료에 의한 선거의 선거일
11. 기타 정부에서 수시 지정하는 날

(2) 휴일제도의 취지

휴일제도의 취지는 연속된 근로에서의 근로자의 피로회복과 건강회복 및 여가의 활용을 통한 인간으로서의 사회적·문화적 생활을 향유하기 위하여 마련된 것이다(대법 2013.11.28, 2011다39946; 대법 2009.12.24, 2007다73277). 휴일은 근로자의 건강하고 문화적인 사회생활을 영위할 권리를 구체화하기 위한 필수적인 조건의 하나라고 할 수 있다. 오늘날 7일 중 1일의 휴식을 주는 것은 국제적으로 보편화되어 있는 제도이다.

각국의 입법례를 볼 때에 우리나라의 근기법이 주휴제를 유급으로 하고 있는 것은 매우 진보적인 것이고 근기법의 특색의 하나이다. ILO조약 또는 각국의 입법례는 무급휴일제를 채택하고 있다.

2. 주휴제의 원칙과 내용

근기법 제55조에 따른 1주일에 1회 이상의 유급휴일을 청구할 수 있기 위해서는 1주 동안의 소정근로일 수를 개근함을 요한다(근기법시행령 제30조제1항). 주휴일 산정은 소정근로일을 개근한 경우에 부여하되 다만, 해당 주의 전부를 쉬었을 경우는 부여할 필요가 없다(2008.8.8, 근로조건지도과-3102). 「1회」란 1 역일(曆日)이어야 할 필요는 없고 계속하여 24시간이라면 충분하다.

(1) 주 1회의 유급휴일을 가질 수 있는 자

1) 1주 동안의 소정근로일을 개근한 자

주 1회의 유급휴일을 가질 수 있는 자는 1주 동안의 소정근로일수를 개근한 자에 한한다. 이 때 '개근'이란 근로제공의무가 있는 소정근로일에 결근하지 않는 것을 말한다(2009.12.23, 근로기준과-5560). 따라서 주 중(週 中)의 소정의 근로일수를 근로하지 못한 근로자는 근기법 제55조에 의한 임금청구권이 없다. 주 4일제 또는 주 5일제 근로의 경우에 소정의 근로일수를 근로하면 개근한 것이 된다.

2) 유급휴일

① 유급휴일이란「휴일제도의 취지를 살려 근로자가 이를 충분히 활용할 수 있도록 해주기 위하여 임금의 지급이 보장되어있는 휴일, 즉, 휴식을 취하더라도 통상적인 근로를 한 것처럼 임금이 지급되는 날」을 말하는 것이다(대법 2013.11.28, 2011다39946; 대법 2009.12.24, 2007다73277). 그러므로 주휴일의 요건은 "1주 동안의 소정근로일을 개근"한 것이라고 할 수 있겠으나, 근로자가 소정의 근로일수를 모두 근무하지 아니하였다 하더라도 사용자에 대하여 유급휴일로 처리하여 줄 것을 청구할 수 없을 뿐 휴일 자체가 보장되지 않는다고 볼 수는 없다. 나아가 근기법 제55조 같은 법 시행령 제30조의 해석상 사용자는 근로자가 소정근로일수를 모두 근무한 경우에는 근로자에게 1주일에 1회 이상의 유급휴일을 부여해야 하고, 근로자가 소정근로일수를 모두 근무하지 않은 경우에도 근로자에게 적어도 1주일에 1회 이상의 무급휴일을 부여해야 한다(대법 2004.7.1, 2002두2857).

② 근로자에 대하여 1주일에 평균 1회 이상의 유급휴일을 주어야 한다는 근기법 제55조의 규정은 매일 연속적으로 근로를 제공하는 경우에 한하지 않고, 24시간 근로와 24시간 휴무(비번)를 되풀이하는 이른바 격일제 근무의 경우에도 적용된다고 한다(대법 1991.7.26, 90다카11636).

(2) 1주 평균 1회 이상의 휴일

1) 1주일 평균 1회 이상의 휴일의 의미

주일에 1일 이상을 의미하고 24시간의 역일(오전 0시부터 오후 12시까지)을 의미하는 것이지만, 3교대 작업을 하는 경우에는 계속 24시간의 휴일을 주면 1일의 휴일이 된다.

2) 교대제근무의 예외

1주일에 1회 이상이란 적어도 1일의 유급휴일을 주어야 한다는 의미이며, 여기서의 1일은 역일상의 1일로서 오전 0시부터 오후 12시까지의 24시간을 의미하나, 교대제근무의 경우에 그 편성상 예외적으로 계속 24시간의 휴식을 주는 경우에는 주휴일로 해석된다고 한다(1987.3.6, 근기 01254-3655). 1일 이하의 분할 부여는 휴일로 볼 수 없다.

(3) 휴일의 특정

휴일은 단체협약이나 취업규칙으로 정하는 것이 보통인데, 휴일을 어느날에 주어야 하느냐에 대해서는 근기법은 특별히 휴일의 특정을 요구하고 있지는 않다. 취업규칙의 기재사항에 관한 규정(근기법 제93조제1호)도 이 점을 전제로 「휴일에 관한 사항」이라는 규정을 하고 있다. 따라서 휴일의 특정은 법률상 의무가 아니라고 해석된다. 또한 반드시 일요일일 필요는 없다.

3. 관공서의 공휴일의 대체

사용자는 근로자에게 대통령령으로 정하는 휴일을 유급으로 보장하여야 한다. 다만 근로자대표와 서면으로 합의한 경우 특정한 근로일로 대체할 수 있다(근기법 제55조제2항). 대통령령으로 정하는 휴일은 「관공서의공휴일에관한규정」에 의한 관공서의 공휴일을 의미하는 바 공휴일에는 「일요일」이 포함되어 있으므로 판매·유통업체 등의 경우 일요일에 정상적으로 근로하는 경우가 있으므로 근로자대표와 서면으로 합의한 경우 특정한 근로일로 대체할 수 있으나 공휴일 대체 절차가 복잡하기 때문에 「관공서의공휴일에관한규정」 제2조 각 호(제1호는 제외한다)에 따른 공휴일 및 제3조에 따른 대체공휴일을 말한다(근기법 시행령 제30조제2항)고 하여 공휴일에서 일요일을 제외하였다. 다만 근로자대표와 서면합의를 한 경우에는 공휴일을 갈음하여 특정한 근로일을 유급휴일로 대체할 수 있다(근기법 제55조제2항 단서).

4. 휴일근로수당

(1) 휴일근로와 가산임금

① 유급휴일의 근로에 대해서는 근기법 제56조의 가산임금 지급 규정이 적용된다. 휴일근로에 대한 가산임금의 지급의무를 규정한 근기법 제56조는 휴일근로를 당연히 전제하고 있으므로 당사자 간의 합의에 의하여(동법 제53조제1항) 또는 고용노동부장관의 인가와 본인의 동의를 조건으로(동법 제53조제4항 및 제69조) 사용자는 휴일근로를 시킬 수 있다고 보아야 할 것이다. 휴일근로에 대하여는 통상임금의 100분의 50 이상의 가산임금이 지급되어야 한다(제56조).

② 「휴일근로의 범위에는 근기법 제55조 소정의 주휴일근로 뿐만 아니라 단체협약이나 취업규칙에 의하여 정하여진 약정휴일 등의 근로도 가리키는 것이라고 보는 것이 상당하다」(대법 2019.8.14, 2016다9704·2016다9711; 대법 1991.5.14, 90다카1403).

(2) 휴무일근로

휴무일은 노사간에 근로의무 없는 날로 약정한 날이지만 휴일과 다르며 휴무일 근로를 하더라도 휴일근로수당이 가산되지 아니한다. 근기법 제50조에 따르면 1주간의 근로시간은 40시간을, 1일의 근로시간은 8시간을 초과할 수 없도록 규정하고 있으므로 특정 주의 월요일부터 금요일까지 매일 8시간씩 근로할 경우 근로를 제공하지 않는 토요일(일요일은 주휴일)은 노사간에 휴일로 정하지 않는 이상 무급휴무일이 될 것이다. 이 때 무급휴무일인 토요일에 근로를 함으로써 당해 주에 40시간을 초과하여 근로하였다면 근기법 제56조의 규정에 따라 연장근로수당을 지급하여야 할 것이다(2013.11.26, 근로개선정책과-7212; 2004.5.10, 근기 68207-2325).

(3) 취업규칙상의 휴일, 국경일 등의 휴일근로 여부

근기법상의 휴일근로란 주 1회의 유급휴일과 관공서의 공휴일에 근로시키는 것이므로 그 이외의 국경일(제헌절)에 하는 근로는 휴일근로로 취급하지 않아도 근기법 위반이 아니다. 그러나 취업규칙 등에서 회사창립기념일을 휴일로 정하고 있는 경우에는 휴일로서의 법적 취급을 받는다.

(4) 월급근로자의 주휴일근로에 대한 가산임금

월급근로자는 그 달의 근로일수와는 관계없이 고정급이 지급되고 있으므로 특별한 규정이 없는 한 주휴일의 근로에 대한 임금은 당연히 월급에 포함되어 있다(대법 1998.4.24, 97다28421; 부산고법 2017.11.15, 2015나5422). 주휴일의 근로에 대해서는 해당 근로시간 소정의 통상임금과 가산임금이 별도로 지급되어야 할 것이다.

(5) 휴일의 철야근무시 취급

휴일에 철야근무를 한 경우나 전일의 근로일에 철야근무를 하여 휴일의 오전 영시를 초과하여, 휴일에 이른 경우에는 어떻게 취급하는가의 문제가 있다. 근기법 제55조의 주휴일은 원칙적으로 역일을 지칭하고 있으며 오전 영시부터 오후 12시까지를 말하지만 당해 휴일을 포함하여 2역일에 걸친 근무를 행한 경우의 근기법 제56조에 의한 가산임금을 지급하여야 할 휴일근로 및 연장근로의 취급방법은 다음과 같다.

(가) 휴일근로를 한 부분이 있는 경우: 주휴일인 날의 오전 영시부터 오후 12시까지의 시간대에 근로를 한 부분은 휴일근로이다. 그러나 휴일의 전일의 근무가 연장되어 휴일에 이른 경우 및 휴일근무가 연장되어 익일에 이른 경우에 있어서도 휴일의 오전 영시부터 오후 12시까지의 시간대에 근무한 부분은 50% 이상의 가산임금의 지급이 요구되는 휴일근로시간이다.

(나) 시간외근로를 한 부분이 있는 경우: 휴일근로로 판단되는 시간을 제외하고 그 이외의 시간에 있어서 법정근로시간을 초과하는 부분은 시간외근로가 된다. 이 경우 1일 및 1주의 근로시간 산정에 있어서는 근로시간이 2역일에 걸치는 근무에 있어서는 근무의 개시시간이 속하는 날의 근무로서 취급한다.

(다) 철야 연속근로자가 휴일까지 계속되는 경우: 소정근로시간을 변경하여 근로가 오후 20:00부터 다음날 무급휴일인 08:00까지 계속되는 경우에는 비록 역일을 달리하더라도 시업시간이 속하는 날의 근로의 연속으로 보아야 한다(2010.3.26, 근로기준과-437).

4. 휴일의 대체

(1) 휴일대체의 의의

1) 휴일대체의 개념

휴일의 대체란 미리 휴일로 특정되어 있는 날에 근로를 시키고, 대신 근로가 예정된 다른 날을 휴일로 대체하는 것을 말한다. 근기법 제55조는 1주일에 평균 1회 이상의 유급휴일을 줄 것을 요구할 뿐이며 어느 날에 주어야 하느냐에 대하여는 규정하고 있지 않다.

휴일의 대체의 경우에는 휴일 자체가 변경되기 때문에 휴일에 근로시켜도 휴일근로로 되지 않는다. 한편, '근로자의 날'은 법정휴일로서 특정사실을 기념하기 위해 특정일로 정하여져 있으므로 휴일을 다른 날로 대체할 수 없다(2007.11.13, 임금근로시간정책팀-3356).

2) 휴일대체일에 대한 가산임금 지급 유무

사용자는 휴일의 대체로 인한 근로에 대하여는 근기법 제56조의 가산임금을 지급할 필요가 없다. 판례(대법 2008.11.13, 2007다590)는 「단체협약에 휴일대체에 관한 근거규정을 두고 있고, 근로자들이 자율적으로 다음달 공휴일에 근로할 일정수의 근로자를 이전 달에 미리 정하고, 공휴일 대신 쉬는 날을 근로자 본인이 정해 이를 스케줄 표에 표시하도록 했다면 휴일대체 근무에 대한 근로자들의 동의를 받은 것으로서 적법한 휴일대체로 인정할 수 있는 모든 요건을 갖췄다」고 한다.

행정해석(2001.8.22, 여원 68204-342)은 「이와 같이 대체한 경우라면 그날의 근무한데 대한 소정의 임금을 지급하면 되는 것이며 변경될 휴일의 근로에 대하여는 가산임금이 지급되어야 할 것이다」라고 한다. 그리고 「대체한 휴일을 이미 부여받은 자가 이후 위에 갈음되는 근로일에 근로하지 않았다면 1일의 결근이 될 것」이라고 한 행정해석도 있다(1982.8.18, 근기 01254-22853).

(2) 휴일대체의 요건

① 취업규칙이나 단체협약에서 특별한 사정이 있는 경우 다른 날로 휴일을 변경할 수 있다고 하는 규정을 두고 이에 따라 휴일을 변경하였을 경우에는 당해

휴일에 근로를 시킬 수 있다. 휴일의 대체는 사용자에 의해 악용될 가능성이 많이 때문에 근로자보호의 견지에서 그 절차에 엄격한 조건을 설정할 필요가 있을 것이다.

② 예정된 휴일을 변경하고자 할 때에는 취업규칙이나 단체협약에 규정하거나 또는 근로자의 동의를 얻어 실시해야 할 것이다.

행정해석(1990.7.10, 근기 01254-9675)은 「지정된 휴일을 단체협약, 취업규칙, 근로자의 동의에 따라 대체하고 동 지정휴일에 제공한 근로에 대해서는 별도의 휴일근로수당을 지급하지 않을 수 있으나, 이 경우에도 근로자가 대체된 휴일이 언제인지 미리 알 수 있도록 구체적으로 지정하여야 할 것이다」라고 한다. 다른 행정해석(1978.4.8, 법무 811-18759)은 「주휴일을 다른 날로 대체하는 경우에는 적어도 24시간 이전에 전근로자에게 주지시켜야 할 것」이라고 한다.

③ 취업규칙으로 휴일을 대체할 수 있는 구체적 사유와 대체한 날을 규정해두는 것이 바람직하고 또 휴일을 대체하기 전에 미리 대체할 날을 특정하여 행하여야 하고 대체실시일의 전일보다 이전에 또 대체일 후 일정기간 내의 특정의 대체일을 미리 지정한 뒤에 대체하여야 할 것이다.

(3) 휴일의 대체와 대휴의 차이

〈휴일의 대체와 대휴〉

구 분	휴일의 대체	대 휴
정 의	미리 휴일로 정해진 날을 근로일로 하고 이에 갈음하여 다른 근로일을 휴일로 한다.	휴일근로나 장시간의 시간외근로를 시킨 경우에 그 대상조치로서 통상의 근로일에 근로의무를 면제한다.
행사 조건	① 취업규칙에 휴일의 대체에 관한 규정을 한다. ② 대체일을 특정한다. ③ 늦어도 전일까지 본인에게 통지한다.	특별히 없다.
휴일의 지정	미리 사용자와 근로자가 결정한다.	사용자가 지정하거나 또는 근로자가 신청한다.
임금 취급	휴일 출근일에 통상의 임금을 지급하고 가산임금 지급은 필요없다.	휴일출근에 대하여 가산임금 지급이 필요하다.

대휴란 휴일대체의 경우와 같이 사전에 휴일과 다른 근로일을 대체하는 고지를 하지 아니하고 실제로는 휴일에 근로를 한 후에 휴일근로의 대상으로서 다른 근

로일을 휴일로 부여하는 것을 말한다. 휴일대체의 경우에는 대체하기 전의 휴일의 근로는 휴일근로가 되지 아니하나 대휴의 경우에는 다른 근로일에 휴일을 부여한다 하더라도 실제로는 휴일에 근로한 것이므로 휴일근로임에는 변함이 없고 휴일근로를 한 경우에는 휴일근로의 가산임금을 지급할 필요가 있다. 또한 근기법상에는 휴일근로에 갈음하여 대휴를 부여하는 것을 요구하고 있지 아니하다.

(4) 휴일대체의 효과

적법한 절차에 의한 휴일대체를 행할 경우에는 당해 휴일은 근로일이므로 휴일에 근로한 것이 아니다. 그러므로 휴일근로시의 가산임금을 지급할 필요는 없다. 또한 임산부 및 연소 근로자의 휴일근로의 금지규정(근기법 제70조)도 적용하지 아니하며 당연한 일이지만 대체에 따라 출근일로 된 날에 결근한 경우에는 임금삭감을 받을 수 있다. 다만, 휴일대체가 적법하게 행해지지 아니한 경우에는 당해 휴일의 근로는 휴일근로가 되어 휴일근로의 가산임금 등을 지급할 필요가 있다.

5. 주휴제 부여원칙의 예외

① **근기법 제63조에 의한 적용제외의 경우**: 근기법 제63조(적용제외)에 의하여 (가) 특정사업종사자(농림·수산업, 축산업, 양잠업 등), (나) 감시·단속적 근로자, (다) 관리·감독자, (라) 기밀사항 취급자에 대해서는 근로시간, 휴게의 경우와 같이 휴일에 관한 규정은 적용이 제외된다.

② **특별한 사정이 있는 경우**: 근기법 제53조제4항의 특별한 사정이 있는 경우에는 휴일에 근로를 시킬 수 있다고 보아야 할 것이다. 다만, 이 경우에는 고용노동부장관의 사전 인가와 본인의 동의 또는 사후에 지체없이 고용노동부장관의 승인을 얻어야 한다.

③ **임산부와 18세 미만자**: 임산부와 18세 미만자에 대해서는 휴일근로를 시킬 수 없는 것이 원칙이나 다만, 그 근로자의 동의와 고용노동부장관의 인가를 얻은 경우에는 휴일근로를 시킬 수 있다(근기법 제70조).

6. 대체공휴일제의 도입

대체공휴일제도란 「관공서의공휴일에관한규정」에 따라 설·추석 연휴 및 어린이날이 다른 공휴일(어린이날의 경우 토요일 포함)과 겹칠 경우 중첩되는 공휴일 다음 첫 번째 비공휴일을 공휴일로 운영하는 제도를 말한다. 「관공서의공휴일에관한규정」(2013.11.5. 개정시행)의 개정에 따라 대체공휴일제가 도입되었다. 명절과 가정을 중시하는 국민적 정서를 고려하고 휴식을 통한 재충전의 기회를 제공하기 위하여 설날 연휴 또는 추석 연휴가 다른 공휴일과 겹치는 경우에는 연휴 다음의 첫 번째 비공휴일을 공휴일로 하고, 어린이날이 토요일 또는 다른 공휴일과 겹치는 경우에는 어린이날 다음의 첫 번째 비공휴일을 공휴일로 하는 대체공휴일제를 도입하여 매년 일정 수준 이상의 공휴일을 보장하려는 것이다.

대체공휴일제 적용 시 늘어나는 연휴 기간(예: 2017년 10월 추석 연휴)

1	2	③	4	5	⑥	7	8	9
일	월	화	수	목	금	토	일	월
		개천절 ———추석 연휴———			대체 공휴일			한글날

7. 주휴제 위반의 효과

근기법 제55조를 위반하여 1주일의 소정근로일수를 개근한 근로자에게 1주일에 평균 1회 이상의 유급휴일을 주지 않는 사용자에 대하여는 2년 이하의 징역 또는 2,000만원 이하의 벌금에 처한다(동법 제110조제1호). 이는 근기법 제55조의 휴일부여의무의 이행을 확보하고 제55조의 취지가 충분히 실현될 수 있도록 한 것이다. 휴일근로를 되도록 억제하기 위하여 일정한 요건을 충족할 것을 요구하며 사용자에게 휴일근로 가산임금 지급의무를 부과하고 있다(동법 제56조제2항).

제6절 가산임금

> **법 제56조【연장, 야간 및 휴일근로】** ① 사용자는 연장근로(제53조·제59조 및 제69조 단서에 따라 연장된 시간의 근로를 말한다)에 대하여는 통상임금의 100분의 50 이상을 가산하여 근로자에게 지급하여야 한다.
> ② 제1항에도 불구하고 사용자는 휴일근로에 대하여는 다음 각 호의 기준에 따른 금액 이상을 가산하여 근로자에게 지급하여야 한다.
> 1. 8시간 이내의 휴일근로: 통상임금의 100분의 50
> 2. 8시간을 초과한 휴일근로: 통상임금의 100분의 100
>
> ③ 사용자는 야간근로(오후 10시부터 다음 날 오전 6시 사이의 근로를 말한다)에 대하여는 통상임금의 100분의 50 이상을 가산하여 근로자에게 지급하여야 한다.

1 가산임금의 의의

1. 가산임금의 개념

가산임금이란 법정근로시간을 초과하는 연장근로시간과 야간근로, 휴일근로에 대하여 통상임금에 일정률을 가산하여 지급하는 제도를 말한다.

2. 가산임금의 지급내용

근기법 제56조에서 사용자는 연장근로(제53조·제59조 및 제69조 단서에 따라 연장된 시간의 근로)와 야간근로(오후 10시부터 다음 날 오전 6시까지의 근로)에 대하여는 통상임금의 100분의 50 이상을 가산하여 지급하여 휴일근로에 대하여는 8시간 이내의 휴일근로는 통상임금의 100분의 50 이상을 가산하여 지급하고, 8시간을 초과한 휴일근로는 통상임금의 100분의 100 이상을 가산하여 지급하여야 한다고 규정하고 있다.

3. 가산임금의 취지

근기법은 사용자로 하여금 연장·야간·휴일 근로에 대하여 통상임금의 50% 이상을 가산하여 지급하도록 규정하고 있는데, 이는 사용자에게 금전적 부담을 가함으로써 연장·야간·휴일 근로를 억제하는 한편, 이러한 근로는 법정근로시간 내에서 행하여지는 근로보다 근로자에게 더 큰 피로와 긴장을 주고 근로자가 누릴 수 있는 생활상의 자유시간을 제한하므로 이에 상응하는 금전적 보상을 해주려는 데에 그 취지가 있다(대법[전원합의체] 2013.12.18, 2012다89399; 대법 1990.12.26, 90다카12493).

2 가산임금의 산정 기초임금 및 산정방법

가산임금의 산정 기초인 임금은 통상임금을 말한다(근기법 제56조). 가산임금의 산정에 있어서 통상임금의 개념 및 범위가 문제되나 이는 근기법시행령 제6조에 그 정의가 있다. 통상임금의 100분의 50 이상을 "가산하여야 한다"는 의미는 연장된 근로시간, 야간에 행한 근로시간 또는 휴일에 행한 근로시간에 대하여 지급하는 임금 100에 가산금 50% 이상을 합한 총계 150% 이상을 지급하여야 한다는 것이다.

1. 연장근로에 대한 가산임금 지급

(1) 가산임금이 지급되는 경우

근기법은 당사자간의 합의에 따라 1주일에 12시간 한도 내에서 근로시간을 연장한 경우, 특별한 사정이 있는 경우에 고용노동부장관의 인가와 본인의 동의를 얻어 근로시간을 연장한 경우, 근기법 제59조에 따른 특별한 사업에 대하여 근로자대표와의 서면합의를 통하여 근로시간을 연장한 경우, 연소 근로자의 연장근로의 경우에는 모두 연장된 근로시간에 대하여 연장근로수당을 지급하여야 한다고 규정하고 있다.

이 경우 사용자는 연장근로시간에 대하여 연장근로수당으로서 통상임금의 50%와 연장근로임금으로서 통상임금의 100% 등 총 150%를 지급하여야 한다.

단시간근로자는 근로계약에서 법정근로시간보다 근로시간을 짧게 약정하는 것이 일반적이다. 이 경우 근로계약에 규정된 근로시간을 초과하면 법정근로시간(1일 8시간, 1주 40시간) 이내의 근로인 경우라도 통상임금의 100분의 50을 가산하여 지급되어야 한다(기간제법 제6조제3항).

(2) 가산임금이 지급되지 아니하는 경우

탄력적 근로시간제도 및 선택적 근로시간제도 등을 채택하는 경우 1일 8시간 또는 1주 40시간을 초과하여 근무하여도 소정근로시간안의 근로이므로 연장근로수당이 지급되지 아니한다.

2. 야간근로에 대한 가산임금 지급

오후 10시부터 오전 6시까지의 근로를 '야간근로'라 하며, 야간근로에는 야간근로수당을 지급하여야 한다(근기법 제56조제3항). 야간근로수당은 근로시간이 법정근로시간을 초과하는지의 여부와 상관없이 통상임금의 100%와 야간근로수당으로서 통상임금의 50%를 합한 통상임금의 총 150%를 지급하여야 하거나, 선택적 보상휴가시에는 근로자대표와의 서면합의에 따라 임금을 지급하는 것에 갈음하여 휴가를 부여할 수 있다(근기법 제57조).

3. 휴일근로에 대한 가산임금 지급

(1) 휴일근로의 의미

근기법 제56조에서의 휴일근로에서 "휴일근로"란 근기법 제55조제1항의 주휴일, 동조 제2항의 관공서의 공휴일, 근로자의 날(5월 1일) 등의 법정휴일 및 단체협약이나 취업규칙에 의하여 약정휴일은 근로자가 근로할 의무가 없는 날을 말한다. 휴일근로에는 유급휴일과 무급휴일이 있다. 법정휴일은 근기법 제55조에 규정된 주휴일과 관공서의 공휴일 및 근로자의 날이며 유급휴일이다. 약정휴일은 회사창립기념일 등으로 취업규칙이나 단체협약이 정하는 바에 따라 유급휴일 또는 무급휴일로 할 수 있다.

(2) 유급휴일 및 무급휴일에 근로하는 경우의 가산임금 지급방법

유급휴일에 근로하는 경우에는 본래 근무를 하지 아니하여도 유급으로서 당연히 지급되는 100%, 휴일에 근로한 임금 100%, 휴일근로수당 50%를 합하여 총 250%의 임금을 지급해야 한다. 무급휴일의 경우에는 휴일에 근로한 임금 100%에 휴일근로수당 50%를 합하여 총 150%의 임금을 지급하면 된다. 또한 근로자대표와의 서면합의에 따라 임금을 지급하는 것에 갈음하여 휴가를 부여할 수 있다(동법 제57조).

(3) 휴일근로시간이 연장근로시간에 포함되는지 여부

휴일에 근로하는 시간이 휴일 아닌 다른 날에 이미 1주 40시간을 넘어 근로한 경우에는 휴일에 한 근로시간은 모두 휴일근로시간임과 동시에 연장근로시간에 해당하는지의 여부에 관하여 판례와 행정해석이 견해를 달리함으로써 그 적용을 둘러싸고 견해가 대립하고 있었으나 개정 근기법에 의하여 입법적으로 해결하였다.

① **판례의 태도**: 휴일 8시간 이내의 근로가 연장근로에 해당한다고 본 판례(서울고법 2011.11.18, 2009나74153; 서울고법 2012.11.9, 2010나50290)와 휴일 8시간 이내의 근로가 연장근로에 해당하지 않는다고 본 판례(서울고법 2012.2.3, 2010나23410; 부산고법 2016.2.4, 2015나21908)가 있었으나 대법원 전원합의체(대법 2018.6.21, 2011다112391)는 다음과 같이 판시하고 있다. 「근기법과 근기법 시행령 규정의 내용과 체계 및 취지, 법률규정의 제·개정 연혁과 이를 통해 알 수 있는 입법취지 및 목적, 근로관계 당사자들의 인식과 기존 노동관행 등을 종합적으로 고려하면, 휴일근로시간은 구 근기법 제50조제1항의 "1주 간 기준 근로시간 40시간" 및 제53조제1항의 "1주 간 연장근로시간 12시간"에 포함되지 않는다고 봄이 타당하다」는 것이다.

② **행정해석의 태도**: 행정해석(2000.9.19, 근기 68207-2855)은 대법원 판례의 입장과 같다. 휴일 8시간 이내의 근로는 연장근로에 해당하지 않는다고 하였다.

③ **근기법의 입법태도**: 근기법 제2조제1항제7호에서 '1주란 휴일을 포함한 7일

간을 말한다' 고 규정하여 1주의 개념과 범위를 명확히 하여 그 동안 판례 및 행정 해석상의 견해대립을 입법적으로 해결하였다. 1주가 7일임을 명시하여, 주 최대 근로시간은 52시간(법정근로 40시간 + 연장근로 12시간)으로 기업규모별로 단계적으로 단축하여 2021년 7월 1일부터는 전면 적용된다.

▲ 300인 이상: 2018.7.1(특례업종에서 제외된 21개 업종은 2019.7.1부터 시행), ▲ 50~300인 미만: 2020.1.1, ▲ 5~50인 미만: 2021.7.1

또한 휴일근로에 대하여는 근기법 제56조제2항에서 8시간 이내의 휴일근로는 통상임금의 100분의 50 이상을 가산하여 지급하고 8시간을 초과하는 휴일근로는 통상임금의 100분의 100 이상을 가산하여 지급하여 지급하도록 함으로써 중복할증문제를 해결하였다.

3 보상휴가제도

법 제57조【보상휴가제】 사용자는 근로자대표와의 서면합의에 따라 제56조에 따른 연장근로·야간근로 및 휴일근로에 대하여 임금을 지급하는 것을 갈음하여 휴가를 줄 수 있다.

1. 보상휴가제의 의의

(1) 보상휴가제의 의의

근기법 제57조에 의하면「사용자는 근로자대표와의 서면합의에 따라 제56조에 따른 연장근로·야간근로 및 휴일근로에 대하여 임금을 지급하는 것에 갈음하여 휴가를 부여할 수 있다」라고 규정하였다. 보상휴가란 이와 같이 임금에 갈음하여 지급되는 휴가를 말한다.

(2) 보상휴가제의 취지

보상휴가제의 취지는 근로자와 사용자의 임금과 휴가에 대한 선택의 폭을 확대하기 위한 것이다. 가산임금에 따른 임금 수입을 높이기 위하여 무리하게 연장·야간·휴일근로를 늘리는 산업현장의 경향을 개선하고 근로자의 실근로시간을 줄이기 위하여 보상휴가를 줄 수 있도록 한 것이다(임종률, 「노동법」, 제17판, p.469). 이 제도를 법령에 의해 시행하고 있는 국가는 일부(프랑스)이며 대부분 단체협약으로 시행하고 있으나 근기법상 노사간의 서면합의에 따라 보상휴가제 도입이 가능하도록 근거규정을 마련하였다.

2. 보상휴가제 도입요건

근로자대표와의 서면합의가 있어야 하며, 동 요건을 갖추지 못하면 효력이 없다. 근로자대표는 근로자 과반수로 조직된 노동조합이 있으면 그 노동조합, 근로자 과반수로 조직된 노동조합이 없으면 근로자 과반수를 대표하는 자이며, 서면합의는 노사 당사자가 서명한 문서의 형태로 작성되어야 한다.

3. 보상휴가 부여기준

(1) 해당 임금 및 가산임금과 휴가 사이의 동등한 가치

연장근로·야간근로·휴일근로에 대한 임금과 이에 갈음하여 부여하는 휴가 사이에는 동등한 가치가 있어야 하므로 근기법 제56조에 의한 가산임금까지 감안되어야 한다. 따라서 연장근로를 2시간 한 경우 가산임금을 포함하면 총 3시간분의 임금이 지급되어야 하므로 3시간의 휴가가 발생한다.

(2) 「임금을 지급하는 것을 갈음하여」의 임금의 범위

근기법 제57조의 '임금을 지급하는 것을 갈음하여'의 임금이 무엇을 의미하는지가 문제된다. 근로에 대한 임금을 지급하는 대신에 이를 휴가로 대체하는 것은 근로자의 생존권을 침해하는 것이므로 연장근로·야간근로·휴일근로에 대한 실제 '임금'은 근로자에게 지급되어야 하고 '가산임금'만이 대체 대상에 해당되며, 그 '가산임금'에 해당하는 근로시간을 산정하여 휴가를 부여하여야 한다는 견해가 있다. 그러나 '가산임금을 지급하는 것을 갈음하여' 라고 규정하지 아니하고 '임금을 지급하는 것을 갈음하여' 라고 규정하고 있는 점에 비추어 보면, 연장근로·야간근로·휴일근로에 대한 실제 '임금' 은 물론 '가산임금' 모두가 대체 대상이고, 그 전체 임금의 전부 또는 일부에 해당하는 근로시간을 산정하여 대체휴가를 부여할 수 있다고 봄이 상당하다(노동법실무연구회, 「근로기준법주해 Ⅲ」, p.177).

4. 휴가 부여방법

근기법 제57조에 의한 휴가는 소정근로시간 중에 부여되어야 한다. 휴가를 시간 단위로 부여할지 이를 적치해 '일' 단위로 부여할지는 노사가 서면합의로 정하는 바에 따른다. 부여되는 휴가는 유급으로 처리되어야 한다.

5. 노사 서면합의에 포함되어야 할 사항

근기법 제57조는 노사 서면합의로 보상휴가제를 도입할 수 있는 근거만 있으므로 세부적인 사항은 노사가 서면합의에 의해 노사가 자율적으로 정할 수 있다.

부여방식의 경우 ① 근로자의 청구에 의할 것인지 사용자가 일방적으로 지정할 것인지, ② 전 근로자에게 일률적으로 적용할 것인지 희망하는 근로자에 한하여 적용할 것인지 등이 있다.

6. 휴가를 사용하지 않을 경우 임금 지급 의무 및 임금의 성격

(1) 휴가를 사용하지 않을 경우 임금 지급 의무

보상휴가제는 임금 지급에 갈음하여 휴가를 부여하는 제도이므로 어떠한 이유로든 휴가를 부여하지 않은 경우에는 그에 대한 임금이 지급되어야 한다. 연차유급휴가와는 달리 사용자가 휴가사용 촉진조치를 통해 임금 지급의무를 면제받을 수 없다.

보상휴가시의 임금청구권은 휴가를 사용할 수 없게 된 것이 확정된 날의 다음 날부터 행사할 수 있으며, 위반시에는 근기법 제57조 위반이 된다. 다만, 휴가를 사용할 수 없게 된 것이 확정된 날의 다음 날부터 최초로 도래하는 임금 정기 지급일에 위 임금을 지급한 경우에는 법 위반으로 보지 아니한다.

(2) 보상휴가를 미사용한 경우 지급되는 임금의 성격

근기법 제57조의 규정에 따라 사용자는 근로자대표와의 서면합의로 보상휴가제를 실시하는 경우, 합의 이후에는 임금청구권 대신 휴가청구권이 발생하는 것이므로 노사가 정한 사용기간 이내에 휴가를 사용하는 경우 지급되는 임금은 휴가를 사용하지 않은 데 대한 보상으로 보아야 한다(2014.2.24, 근로개선정책과-370).

(3) 미사용수당의 발생시기

근기법 제57조에 따른 보상휴가제를 노사간 도입하기로 해 연장·야간·휴일 근로시간에 갈음한 휴가는 재직 중 적치 분할해 사용키로 하고 미사용 보상휴가에 대해 퇴직시 수당을 지급키로 합의했다면 그에 대한 미사용 수당 발생시기는 퇴직시이고, 이에 따른 채권의 시효도 퇴직일로부터 기산하는 것이 타당하다(2013.11.26, 근로개선정책과-7212).

7. 보상휴가제의 제한적 해석

임금채권(연장·야간·휴일근로수당 포함)은 그 채권을 가지고 있는 근로자 개인의 재산권이므로 사용자와 근로자대표 간의 서면합의에 따라 임금채권을 소멸하게 하는 처분적 행위는 헌법 제32조제3항의 기본취지에 반하는 위헌적 요소가 있다. 그러므로 근로자대표는 개별 근로자의 수권이나 동의를 얻어 그 수권 또는 동의내용을 기초로 사용자와 보상휴가의 시행에 관하여 서면으로 구체적 합의를 하는 것이 원칙이라는 견해(김형배, 「노동법」, 제26판, p.457)가 있는바 타당하다고 생각된다.

4 포괄임금제

1. 포괄임금의 의의 및 유형

일반적으로 포괄임금제란 근로계약 체결시 근로형태나 업무 성질상 법정기준 근로시간을 초과한 연장·야간·휴일 근로 등이 당연히 예정돼 있는 경우나 계산의 편의를 위해 노사 당사자간 약정으로 연장·야간·휴일 근로 등을 미리 정한 후 매월 일정액의 제수당을 기본임금에 포함해 지급하는 것을 말한다.

포괄임금제의 유형에는 ① **정액급제**: 기본임금을 미리 정하지 않고 제수당을 합한 금액을 월급 또는 일급 임금으로 정하는 경우와 ② **정액수당제**: 기본임금은 미리 정하되 연장근로수당 등을 실제 근로시간 수와 상관없이 매월 일정액으로 지급하는 경우가 있다.

2. 포괄임금제의 유효요건

포괄임금제는 임금계산을 간편하게 하고 임금의 경직성을 완화하는 측면이 있으나 장시간근로와 저임금의 요인이 될 가능성도 존재하므로 최근 판례는 포괄임금제의 유효요건을 비교적 엄격하게 해석하고 있다.

(1) 근로시간 산정이 어려운 경우

근로시간 및 근로형태, 그 업무의 성질 등에 비추어 실제로 근로시간 산정이 간편하지 않아 계산의 편의가 요구되어야 한다. 판례(대법 2010.5.13, 2008다6052)는 감시·단속적 근로 등과 같이 근로시간의 산정이 어려운 경우가 아니라면 다른 특별한 사정이 없는 한 근기법상의 근로시간에 따른 임금지급의 원칙이 적용되어야 한다는 입장(엄격해석론의 견해)이다. 과거의 판례 중에는 근로시간 계산의 편의 외에 직원의 근무의욕 고취를 요건으로 인정한 입장(확대해석론의 견해)도 있다.

(2) 포괄임금계약의 체결(근로자의 동의)

① **명시적 동의**: 근로계약 체결시 임금의 구성항목·계산방법·지급방법이 명시

되어야 하므로(근기법 제17조제1항), 포괄임금제에 따른 임금지급계약의 체결이 있어야 한다. 이러한 포괄임금제를 도입하기 위해서는 단체협약·취업규칙 등에 그 근거가 있거나 개별 근로자의 동의가 있어야 한다.

② **묵시적 동의**: 판례는 포괄임금제의 체결에 반드시 근로자의 명시적 동의가 필요한 것으로 보지 않는다. 즉, 근로자의 명시적인 동의가 없어도 업무의 성격이나 그 밖의 사정 등에 비추어 근로자의 묵시적인 동의를 인정하고 있다(대법 1999.5.28, 99다2881). 묵시적 합의에 의한 포괄임금약정이 성립하였다고 인정하기 위해서는, 근로형태의 특수성으로 인하여 실제 근로시간을 정확하게 산정하는 것이 곤란하거나 일정한 연장·야간·휴일근로가 예상되는 경우 등 실질적인 필요성이 인정될 뿐 아니라, 근로시간, 정하여진 임금의 형태나 수준 등 제반 사정에 비추어 사용자와 근로자 사이에 그 정액의 월급여액이나 일당임금 외에 추가로 어떠한 수당도 지급하지 않기로 하거나 특정한 수당을 지급하지 않기로 하는 합의가 있었다고 객관적으로 인정되는 경우이어야 할 것이다(대법 2016.10.13, 2016도1060).

(3) 근로자에게 불이익이 없고, 제반사정이 비추어 정당할 것

판례는 위의 두 가지 요건이 갖추어진 경우에도 포괄임금계약의 소극적 유효요건으로서 근기법에서 정한 기준에 미치지 못하는 등 '근로자에게 불이익이 없고, 여러 사정에 비추어 정당하다고 인정될 것'을 요구한다. 실제 근로시간 수의 산정에 따라 지급되어야 할 시간외, 야간 및 휴일근로수당 등을 근로시간 및 근로형태와 업무의 성질 등을 참작하고 계산의 편의와 직원의 근무의욕을 고취하는 뜻에서 매월 일정액을 제수당으로 지급하는 내용의 이른바 포괄임금제에 의한 임금지급 계약을 체결하더라도 그것이 달리 근로자에게 불이익이 없고 여러 사정에 비추어 정당하다고 인정된 때에는 이를 무효라고 할 수 없다(대법 2012.3.29, 2010다91046; 대법 2009.12.10, 2008다57852; 2010.10.27, 근로기준과-1477). 근로자에게 불이익이 없어야 한다는 것은 단체협약이나 취업규칙에 구체적인 임금지급기준 등이 규정되어 있는 경우에 그러한 규정상의 기준에 비추어 보아 불이익하지 않아야 한다는 것을 의미한다.

3. 포괄임금제 약정에 관한 판단기준

포괄임금제에 관한 약정이 성립했는지 여부는 근로시간, 근로형태와 업무의 성질, 임금산정의 단위, 단체협약과 취업규칙의 내용, 동종 사업장의 실태 등 여러 사정을 전체적·종합적으로 고려하여 구체적으로 판단해야 한다(대법 2016.10.13, 2016도1060). 비록 개별 사안에서 근로형태나 업무의 성격상 연장·야간·휴일근로가 당연히 예상되더라도 기본급과는 별도로 연장·야간·휴일근로수당을 세부항목으로 명백히 나누어 지급하도록 단체협약이나 취업규칙, 급여규정 등에 정하고 있는 경우는 포괄임금제에 해당하지 않는다. 따라서 단체협약 등에서 임금을 기본급과 제수당으로 명백하게 구분하고 있고 초과근로나 휴일근로에 관한 수당에 관하여 별도로 정하도록 하는 사정이 있다면 포괄임금에 관한 합의가 있다고 보기 어렵다(대법 2019.8.14, 2016다9704·9711; 대법 2012.3.29, 2010다91046; 대법 2009.12.10, 2008다57852).

4. 포괄임금제의 법적 효과

(1) 포괄임금제가 유효하게 성립된 경우

① 근로시간 산정이 어렵고, 포괄임금제에 대한 명시적 합의가 있는 경우로서 포괄임금제가 유효한 경우에 한하여 연장·야간·휴일근로수당, 주휴수당은 포괄임금에 포함되어 지급된 것으로 인정되고 차액지급의무를 면제한다.

② 연차유급휴가미사용수당은 이를 포괄임금에 포함할 경우 휴가사용권의 사전적 박탈의 문제가 있으므로 포괄임금에 포함할 수 없다. 사용자는 포괄임금제라는 이유로 연차휴가 사용을 제한할 수 없다(근기법 제60조제5항).

③ 퇴직금은 근로관계의 종료를 요건으로 그 지급사유가 발생하므로 포괄임금에 포함할 수 없다. 포괄임금에 포함되었다는 이유로 연차유급휴가 미사용수당 및 퇴직금을 별도로 지급하지 않으면 임금체불로 법 위반에 해당된다.

④ 포괄임금제가 유효하게 성립된 경우에도 근기법상의 근로시간 규정을 위반할 수 없으므로 실제 연장근로시간이 1주 12시간을 초과한 것이 입증되는 경우에는 법 위반에 해당된다(근기법 제53조제1항). 이 경우 실 근로시간에 따라 연장근로

한도 위반 여부를 판단한다. 다만 근기법 제59조(근로시간특례), 제63조(적용제외)가 적용되는 경우는 제외된다.

(2) 포괄임금제 성립이 유효하지 않은 경우

① 근로시간 산정이 어렵지 않거나, 근로시간 산정이 어려운 경우에도 포괄임금제에 대한 명시적 합의가 없는 경우에는 근기법상 실근로시간에 따른 임금지급원칙을 적용한다. 포괄임금에 포함된 정액의 법정수당이 근기법이 정한 기준에 따라 산정된 법정수당에 미달하는 경우에는 그 임금지급 관련 조항은 무효이다. 사용자는 실근로시간을 기준으로 근기법에 따라 산정된 법정수당 이상을 지급해야 한다. 미달되는 법중수당 추가 지급, 미지급 시 임금체불로 법 위반에 해당된다. 포괄임금으로 지급된 금액이 최저임금보다 적은 경우 최저임금법 위반에도 해당된다.

② 한편, 근무형태나 근무환경의 특성 등을 감안하여 노사 간에 실제의 연장근로시간 또는 휴일근로시간과 관계없이 일정 시간을 연장근로시간 또는 휴일근로시간으로 간주하기로 합의(보장시간제 약정)하였다면 사용자로서는 근로자의 실제 연장근로시간 또는 휴일근로시간이 위 합의한 시간에 미달함을 이유로 근로시간을 다투는 것이 허용되지 않는다. 따라서 이러한 합의가 있는 경우 근기법상 통상임금을 기초로 근기법 제56조가 정한 기준에 따라 연장근로수당 또는 휴일근로수당을 산정할 때에는 실제의 연장근로시간 또는 휴일근로시간이 위 합의한 시간에 미달하더라도 합의한 시간을 기준으로 삼아야 한다(대법 2019.8.14, 2018다244631; 대법 2016.8.29, 2011다37858; 대법 2012.3.29, 2010다91040; 대법 2007.11.29, 2006다81532).

제7절 휴가제도

1 휴가의 의의

① **휴가의 개념**: 휴가란 근로의무있는 근로일에 근로자가 사용자로부터 근로의무의 면제를 얻은 날을 말하며 소정근로일에 있어서만 휴가가 성립한다. 근로의무 면제의 효력발생은 근로자의 신청(의사표시)에 의한 경우와 근로자의 청구를 사용자가 승인하는 경우의 2개의 유형이 있다.

② **법정휴가와 약정휴가의 차이**: 휴가는 근기법 등 법률에 따라 사용자에게 의무사항이 된 「법정휴가」와, 법정휴가 이외에 추가로 회사가 취업규칙이나 단체협약 등의 규정에 따라 노사간에 설정한 「약정휴가」로 구별된다.

이때 「법정휴가」는 강제휴가이며, 「약정휴가」는 자유휴가라고 할 수 있다. 통상 신청에 의한 경우에는 전자가, 사용자의 승인이 필요한 경우는 후자이다. 약정휴가의 요건은 노사자치에 위임되어 있으나(반일휴가의 허용, 시기지정권·자유이용원칙의 배제 등) 단체협약이나 취업규칙으로 법정휴가와 약정휴가(법정외휴가)를 같은 규정 속에 규정하고 있고 그 요건·효과에 대해 특별한 규정이 없는 경우에는 법정휴가와 동일한 요건·효과(사법상의)가 약정되었다고 해석할 수 있다(菅野和夫, 「労働法」 10판, p.400).

법정휴가의 종류

구분	휴가의 종류	발생 요건	일 수	근 거
법정휴가	연차유급휴가	① 1월간 개근 ② 연간 80퍼센트 이상 출근	1일 15일	근기법 제60조
	생리휴가	여성인 근로자	월 1일	근기법 제73조
	출산전후휴가	① 임신 중의 여성 ② 출산 후의 여성	90일 (산후 45일 이상 확보)	근기법 제74조
	배우자 출산휴가	배우자가 출산한 근로자	10일(유급)	남녀고용평등법 제18조의2
	난임치료휴가	① 인공수정 ② 체외수정	3일 (최초 1일 유급)	남녀고용평등법 제18조의3
	가족돌봄휴가	가족의 질병, 사고, 노령, 자녀 양육	10일(무급)	남녀고용평등법 제22조의2

구분	휴가의 종류	발생 요건	일 수	근 거
약정 휴가	회사유급 휴가	법정유급휴가에 준하여 부여	소정 일수	취업규칙
	경조휴가	취업규칙 등에 정하는 결혼, 장의 등	소정 일수	상 동
	병가휴가	취업규칙 등에 정하는 업무상·업무외 상병	소정 일수	상 동
	특별휴가	취업규칙 등에 정하는 특별한 사유	소정 일수	상 동
	육아휴가	취업규칙 등에 정하는 육아 등의 사유	소정 일수	상 동
	기타 휴가	취업규칙 등에 정하는 기타의 휴가 사유	소정 일수	상 동

2 연차유급휴가

법 제60조【연차유급휴가】 ① 사용자는 1년간 80퍼센트 이상 출근한 근로자에게 15일의 유급휴가를 주어야 한다.

② 사용자는 계속하여 근로한 기간이 1년 미만인 근로자 또는 1년간 80퍼센트 미만 출근한 근로자에게 1개월 개근 시 1일의 유급휴가를 주어야 한다.

③ 사용자는 근로자의 최초 1년간의 근로에 대하여 유급휴가를 주는 경우에는 제2항에 따른 휴가를 포함하여 15일로 하고, 근로자가 제2항에 따른 휴가를 이미 사용한 경우에는 그 사용한 휴가 일수를 15일에서 뺀다(2017.11.29, 2018.5.29 시행). 삭제

④ 사용자는 3년 이상 계속하여 근로한 근로자에게는 제1항에 따른 휴가에 최초 1년을 초과하는 계속 근로 연수 매2년에 대하여 1일을 가산한 유급휴가를 주어야 한다. 이 경우 가산휴가를 포함한 총 휴가 일수는 25일을 한도로 한다.

⑤ 사용자는 제1항부터 제4항까지의 규정에 따른 휴가를 근로자가 청구한 시기에 주어야 하고, 그 기간에 대하여는 취업규칙 등에서 정하는 통상임금 또는 평균임금을 지급하여야 한다. 다만, 근로자가 청구한 시기에 휴가를 주는 것이 사업 운영에 막대한 지장이 있는 경우에는 그 시기를 변경할 수 있다.

⑥ 제1항부터 제2항까지의 규정을 적용하는 경우 다음 각 호의 어느 하나에 해당하는 기간은 출근한 것으로 본다.

1. 근로자가 업무상의 부상 또는 질병으로 휴업한 기간
2. 임신 중의 여성이 제74조제1항부터 제2항까지의 규정에 따른 보호휴가로 휴업한 기간
3. 「남녀고용평등법」 제19조제1항에 따른 육아휴직으로 휴업한 기간

⑦ 제1항부터 제4항까지의 규정에 따른 휴가는 1년간 행사하지 아니하면 소멸된다. 다만, 사용자의 귀책사유로 사용하지 못한 경우에는 그러하지 아니한다.

1. 연차유급휴가의 의의 및 법적 성질

(1) 연차유급휴가의 의의

① 연차유급휴가란 1년간 계속 근로한 근로자가 유급으로 받는 휴가를 말한다.

연차유급휴가제도의 취지는 근로자에게 매년 일정기간 근로의무를 면제함으로써 정신적·육체적 휴양의 기회를 제공하고 문화적이고 인간다운 생활을 보장하기 위한 것이다(대법 2013.12.26, 2011다4629; 대법 2008.10.9, 2008다41666).

② 연차유급휴가제도는 근로시간단축에 맞추어 비약적으로 충실해져서 1936년(연차유급휴가에 관한 조약 제52호)에는 근로자에게 1년 6일, 1970년(조약 제132호)에는 1년 3주의 연차유급휴가권을 설정하는 ILO조약을 채택하였다.

③ 연차유급휴가권의 기본적 내용은 연차유급휴가일에 근로의무가 소멸하고(민법의 채무면제이다. 민법 제506조) 연차유급휴가 수당청구권이 발생한다는데 있다. 한편 소멸 대상은 근로의무에 있으므로 노무급부와 관련되지 않는 근로자의 부수적 의무(성실의무, 비밀유지의무, 경업금지의무 등)는 연차유급휴가기간 중에도 존속한다.

(2) 연차유급휴가의 법적 성질

근로자의 연차유급휴가를 청구할 수 있는 권리인 연차휴가권의 법적 성질에 관해서는 형성권설, 청구권설, 그리고 이분설 등으로 나뉜다.

① **형성권설**: 이에 따르면 연차유급휴가권은 근기법의 요건을 충족하는 경우「법률상 당연히」(ipso iure) 부여되는 법적 권리라는 견해이다.

② **청구권설**: 이에 따르면「연차유급휴가는 근로자가 청구한 시기에 주어야 한다」는 법규정(근기법 제60조제5항 본문 전단)은 연차유급휴가의 '시기지정권'으로서 휴가의 시기를 특정하는 청구권이라는 견해이다.

③ **이분설**: 이 견해는 법 소정의 요건을 갖추면 당연히 발생하는 형성권과 아울러 연차휴가권에 대하여 구체적인 시기를 특정하기 위한「시기지정권」인 청구권이라고 본다. 이분설 또는 이원설(二元說)이 다수설(김형배,「노동법」, 제26판, p.479; 이상윤,「노동법」, 제13판, p.289)과 판례(대법 1997.3.25, 96다4930)의 입장이다.

④ **평가**: 그러므로 연차유급휴가는 80퍼센트 이상 출근하였다는 객관적 요건을 갖춤으로써 당연히 성립하는 연차휴가권과 휴가시기를 특정하기 위한 시기지정권

은 구별된다(김형배, 「노동법」, 제26판, p.480). 이분설이 타당하다. 즉, 휴가기간 중 근로의무가 면제되는 유급휴가지급청구권이 발생하는 것은 연차유급휴가권의 효과이고, 이 청구권은 시기지정권에 의하여 그 시기가 구체적으로 정하여진다.

2. 연차유급휴가의 성립요건

사용자는 1년간 80퍼센트 이상 출근한 자에 대하여는 15일의 유급휴가를 주어야 하며, 3년 이상 계속근로한 근로자에 대하여는 1년을 초과하는 계속근로연수 2년에 대하여 1일씩의 휴가를 가산하여 주되 총 휴가일수는 25일을 초과하지 않는다(근기법 제60조제1항·제2항·제4항).

(1) 1년간의 계속근로

1년간 80퍼센트 이상 출근은 당연히 1년간의 계속근로 중 80퍼센트 이상을 출근한 자를 말한다. 계속근로란 근로계약의 존속기간 즉, 당해 사업장에 근로자로서의 재직기간을 말한다. 계속근로는 실질적으로 판단되어야 한다. 계속근로는 재적으로 충분한 것이므로, 실제 취업하지 않는 휴직기간도 계속근로한 것으로 보아야 한다.

(2) 80퍼센트 이상의 출근

① **출근율의 산정**: 1년간 80퍼센트 이상의 출근이란 1년의 총 역일수에서 휴일·휴가 등을 뺀 일수 즉, 소정의 근로일에 80퍼센트 이상을 출근한 것을 말한다. 지각이나 조퇴 등의 경우에도 그날 출근한 것이라면 계산상은 출근일로서 취급된다. 근로자가 1년간 80퍼센트 이상 출근하였는지 여부는 1년간의 총 역일(曆日)에서 법령, 단체협약, 취업규칙 등에 의하여 근로의무가 없는 날로 정하여진 날을 제외한 나머지 일수, 즉, 연간 근로의무가 있는 일수(연간소정근로일수)를 기준으로 그 중 근로자가 현실적으로 근로를 제공한 날이 얼마인지를 비율에 따라 판단하여야 한다(대법 2017.5.17, 2014다232296, 2014다232302(병합); 2019.4.25, 임금근로시간과-30). 연간 소정근로일수는 본래 사용자와 근로자 사이에 평상적인 근로관계, 즉, 근로자가 사용자에게 근로를 제공하여 왔고 또한 계속적인 근로제공이

예정되어 있는 상태를 전제로 한 것이다(대법 2013.12.26, 2011다4629).

② **소정의 근로일**: 기준이 되는 소정의 근로일은 법령·단체협약·취업규칙에 의하여 주휴일·연차유급휴가·공민권 행사를 위한 휴일·생리휴가 등은 물론이고 단체협약이나 취업규칙 등에서 정한 근로의무가 없는 휴일은 유급, 무급을 불문하고 이를 제외하여 소정의 근로일수를 결정하여야 한다. 비록 휴일에 근로를 하더라도 휴일근로이지 근로일의 근로가 아니므로 소정근로일에 포함되지 아니한다.

③ **출근간주기간**: 근로자의 업무상의 부상 또는 질병으로 휴업한 기간과 출산전후에 휴업한 기간 및 남녀고용평등법 제19조제1항에 따른 육아휴직으로 휴업한 기간은 이를 출근한 것으로 본다(근기법 제60조제6항).

④ **1년간의 의미**: '1년간' 이란 1년간의 소정근로일을 의미한다고 보아야 할 것이다.

(3) 계속 근로한 기간이 1년 미만인 근로자 또는 1년간 80퍼센트 미만 출근한 근로자

1) 계속 근로한 기간이 1년 미만인 근로자

사용자는 계속하여 근로한 기간이 1년 미만인 근로자 또는 1년간 80퍼센트 미만 출근한 근로자에게 1개월 개근시 다음 달에 1일의 유급휴가를 주어야 한다(근기법 제60조제2항).

2) 1년간 80퍼센트 미만 출근한 근로자

근기법은 1년간 80퍼센트 미만 출근한 근로자에 대해서 구법에서는 연차유급휴가가 전혀 발생하지 아니하였으나 구법과는 달리 개정 근기법은 1개월 개근시 1일의 연차유급휴가를 부여하고 있다. 예컨대, 감봉, 정직 등 징계기간, 휴직기간, 개인적 부상·질병, 구속수감기간 등으로 80퍼센트 미만이 되는 경우에는 연차유급휴가가 전혀 발생하지 않는 것은 휴가제도의 취지에 합치한다고 볼 수 없다는 문제가 있었다. 연차유급휴가는 계속근로에 대한 보상적 성격을 가지고 있으므로 1년간 80퍼센트 미만 출근한 근로자에 대하여도 일정 일수의 연차유급휴가를 보장할 필요가 있으므로 이를 개정하여 연차유급휴가를 부여하도록 한 것이다.

(4) 휴가 일수

① 연차휴가권 발생의 요건(2(1) 및 (2))을 충족한 근로자에게는 채용 후 만 1년에 달한 날의 다음날에 15일의 연차휴가권이 발생한다(근기법 제60조제1항). 사용자는 3년 이상 계속해서 근로한 근로자에게는 동조제1항에 따른 휴가에 최초 1년을 초과하는 계속근로년수 매2년에 대하여 1일을 가산한 유급휴가를 주어야 한다. 이 경우 가산휴가를 포함한 총 휴가일수는 25일을 한도로 한다. 연차휴가는 휴양과 활력양성이 그 취지이므로 분할의 최저단위는 1근로일이다.

② 근로일(휴가일)은 역일(曆日)계산에 의하는 것이 원칙이다. 따라서 한번의 주야 교대근무는 2일간의 근로일로 취급된다. 역으로 하루 역일 내의 2근무를 쉬는 것도 1일의 연차휴가가 된다. 다만, 8시간 3교대제에 의한 2역일에 있어서의 근무는 해당 근무를 포함하는 계속 24시간이 1근로일로 취급되고 있다.

(5) 소정근로일수 및 출근 여부 판단기준

근로자가 1년간 80퍼센트 이상 출근하였는지 여부는 1년간의 총 역일(曆日)에서 법령, 단체협약, 취업규칙 등에 의하여 근로의무가 있는 날로 정하여진 날을 제외한 나머지 일수, 즉 연간 근로의무가 있는 일수(연간소정근로일수)가 얼마인지를 비율적으로 따져 판단하여야 한다(대법 2019.2.14, 2015다66052; 대법 2013.12.26, 2011다4629).

$$\text{출근율(\%)} = \frac{\text{연간출근일수}}{\text{연간소정근로일수}} \times 100$$

1) 파업기간

파업기간을 소정근로일에 산입하느냐의 여부이다. 판례(대법 2013.12.26, 2011다4629)는 근로자가 정당한 쟁의행위를 하거나 육아휴직을 하여 현실적으로 근로를 제공하지 아니한 경우, (중략) 헌법과 관련 법률에 따라 쟁의행위 등 근로자의 정당한 권리행사를 보장하고, 아울러 근로자에게 정신적·육체적 휴양의 기회를 제공하고 문화적 생활의 향상을 기하려는 연차유급휴가 제도의 취지를 살리는 한편, 연차유급휴가가 1년간의 근로에 대한 대가로서의 성질을 갖고 있고 현실적인 근로의 제공이 없었던 쟁의행위 등 기간에는 원칙적으로 근로에 대한 대가를 부여할 의무가 없는 점 등을 종합적으로 고려할 때, 연간 소정근로일수에서 쟁의행위 등 기간이 차지하는 일수를 제외한 나머지 일수를 기준으로 근로자의 출근율을 산정하여 연차유급휴가 취득 요건의 충족 여부를 판단하되, 그 요건이 충족된 경우에는 본래 평상적인 근로관계에서 80퍼센트의 출근율을 충족하였을 경우 산출되었을 연차유급휴가일수에 대하여 '연간 소정근로일수에서 쟁의행위 등 기간이 차지하는 일수를 제외한 나머지 일수'를 '연간 소정근로일수'로 나눈 비율을 곱하여 산출된 연차유급휴가일수를 근로자에게 부여함이 합리적이라고 할 것이다(대법 2013.12.26, 2011다4629)라고 판시했다. 행정해석도 판례의 입장과 동일하다(2013.7.30, 근로개선정책과-4449).

2) 직장폐쇄기간의 처리

① **적법한 직장폐쇄의 경우**: 사용자의 적법한 직장폐쇄로 인하여 근로자가 출근하지 못한 기간은 원칙적으로 연차휴가일수 산정을 위한 연간 소정근로일수에서 제외되어야 한다(대법 2017.7.11, 2013도7896). 다만 노동조합의 쟁의행위에 대한 방어수단으로서 사용자의 적법한 직장폐쇄가 이루어진 경우, 이러한 적법한 직장폐쇄 중 근로자가 위법한 쟁의행위에 참가한 기간은 근로자의 귀책으로 근로를 제공하지 않은 기간에 해당하므로, 연간 소정근로일수에 포함시키되 결근한 것으로 처리하여야 할 것이다(대법 2019.2.14, 2015다66052).

② **위법한 직장폐쇄의 경우**: 이와 달리 사용자의 위법한 직장폐쇄로 인하여 근로자가 출근하지 못한 기간을 근로자에 대하여 불리하게 고려할 수는 없으므로 원칙적으로 그 기간은 연간 소정근로일수 및 출근일수에 모두 산입되는 것으로 보는 것이 타당하다.

3) 노동조합전임자의 전임기간의 처리

① **연차휴가권리의 발생 여부**: 근로제공의무가 면제되는 노조전임기간은 연차휴가일수 산정을 위한 연간 소정근로일수에서 제외함이 타당하다. 다만 노조전임기간이 연차휴가 취득 기준이 되는 연간 총근로일 전부를 차지하고 있는 경우라면, 단체협약 등에서 달리 정하지 않는 한 이러한 노조전임기간에 대하여는 연차휴가에 관한 권리가 발생하지 않는다고 할 것이다(대법 2019.2.14, 2015다66052).

② **실질 소정근로일수의 취급**: 그리고 위와 같이 연간 소정근로일수에서 노조전임기간 등이 차지하는 일수를 제외한 후 나머지 일수(실질 소정근로일수)만을 기준

으로 근로자의 출근율을 산정하여 연차휴가 취득 요건의 충족 여부를 판단하게 되는 경우, 연차휴가 제도의 취지, 연차휴가가 가지는 1년간의 근로에 대한 대가로서의 성질, 연간 소정근로일수에서 제외하지 않고 결근으로 처리할 때 인정되는 연차휴가일수와의 불균형 등을 고려하면, 해당 근로자의 출근일수가 연간 소정근로일수의 8할을 밑도는 경우에 한하여, 본래 평상적인 근로관계에서 8할의 출근율을 충족할 경우 산출되었을 연차휴가일수에 대하여 실질 소정근로일수를 연간 소정근로일수로 나눈 비율을 곱하여 산출된 연차휴가일수를 근로자에게 부여함이 합리적이다(대법 2019.2.14, 2015다66052;대법 2013.12.26, 2011다4629).

③ **단체협약에서 정한 경우의 취급**: 이러한 법리는 단체협약에서 정한 연차휴가와 관련하여 연차휴가 취득을 위한 출근율과 실질 소정근로일수를 기준으로 한 연차휴가일수를 산정할 때에도 다른 정함이 없는 한 마찬가지로 적용된다(대법 2019.2.14, 2015다66052).

4) 정직 또는 강제휴직기간

정직이나 직위해제 등의 징계를 받은 근로자는 징계기간 중 근로자의 신분을 보유하면서도 근로의무가 면제되므로, 사용자는 취업규칙에서 근로자의 정직 또는 직위해제 기간을 소정근로일수에 포함시키되 그 기간 중 근로의무가 면제되었다는 점을 참작하여 연차유급휴가 부여에 필요한 출근일수에는 포함되지 않는 것으로 규정할 수도 있고, 이러한 취업규칙의 규정이 근기법 제60조에 반하여 근로자에게 불리한 것이라고 보기는 어렵다(대법 2008.10.9, 2008다41666). 행정해석(2009.9.1, 근로기준과-3296)도 대법원 판례와 같으며 「근로자의 귀책사유로 인한 징계기간은 소정근로일수에 포함하여 결근 처리한다. 다만 이를 다투어 확정된 부당 징계기간에 한하여 소정 근로일수에서 제외하고 나머지 기간에 비례하여 연차유급휴가를 부여하는 것이 타당하다」고 한다.

5) 사용자의 부당해고로 인하여 근로자가 출근하지 못한 기간

연차휴가수당을 산정하기 위한 연간 소정근로일수와 출근일수를 계산함에 있어서 사용자의 부당해고로 인하여 근로자가 출근하지 못한 기간을 근로자에 대하여 불리하게 고려할 수는 없으므로 그 기간은 연간 소정근로일수 및 출근일수에 모두 산입되는 것으로 보는 것이 타당하며, 설령 부당해고기간이 연간 총근로일수 전부를 차지하고 있는 경우에도 달리 볼 수는 없다(대법 2014.3.13, 2011다95519).

6) 업무상 재해로 인한 요양기간

근기법 제60조제6항제1호는 출근율을 계산할 때 근로자가 업무상의 부상 또는 질병(업무상 재해)으로 휴업한 기간은 출근한 것으로 간주하도록 규정하고 있다. 이는 근로자가 업무상 재해 때문에 근로를 제공할 수 없었음에도 업무상 재해가 없었을 경우보다 적은 연차휴가를 부여받는 불이익을 방지하려는 데에 그 취지가 있다. 그러므로 근로자가 업무상 재해로 휴업한 기간은 장단(長短)을 불문하고 소정근로일수와 출근일수에 모두 포함시켜 출근율을 계산하여야 한다. 설령 그 기간이 1년 전체에 걸치거나 소정근로일 수 전부를 차지한다고 하더라도, 이와 달리 볼 아무런 근거나 이유가 없다(대법 2017.5.17, 2014다232296, 2014다232302(병합); 2019.4.25, 임금근로시간과-30).

(6) 1년간 근무의 판단기준

① 근로자가 입사 1년째 되는 날 근로를 제공하고 당일퇴직된 경우

2008.3.6부터 2009.3.5까지 근무하고 2009.3.5에 퇴직 처리한 경우 1년 이상 근무자에 해당하여 연차수당을 청구할 수 있을까의 문제이다. 근로자가 1년째 되는 날 근로를 제공하고 당일 퇴직 처리되었다 하더라도 근로자가 근로를 제공한 날은 사용종속관계가 유지되는 기간으로 보아야 하므로 별도의 정함이 없는 한 그 다음날을 퇴직일로 간주해야 하므로 미사용한 연차유급 휴가일수에 대하여 연차수당을 지급하여야 한다(2008.5.29, 근로조건지도과-1754).

② 정년퇴직일을 만 60세가 되는 해의 12월 31일로 한 경우

단체협약, 취업규칙 등에 의하여 근로자의 정년을 만 60세로 정하고 정년퇴직일을 만60세가 되는 해의 12월 31일로 하도록 정하고 있다면, 정년퇴직일을 근로일로 볼 수 없으므로 정년퇴직하는 당해 연도 근무기간에 대한 연차유급휴가(연차휴가미사용수당청구권 포함)는 발생하지 않는다고 판단된다(2007.4.8, 임금근로시간정책팀-1345). 12월 31일자로 정년퇴직을 했다면 12월 31일 0시부터 그 효력이 생기기 때문에 실제 근무를 한 것은 12월 30일까지이므로 연차휴가수당을 받기에는 하루가 모자란다.

(7) 연차유급휴가권의 효과

① 일정한 일수의 연차휴가권을 취득한 근로자는 근기법 제60조제5항에 따라 시기지정권을 행사함으로써 휴가일에 대하여 취업의무를 소멸시키고 법소정의 휴가금청구권을 취득한다. 휴가를 부여할 의무가 있는 사용자는 근로자가 유급휴가를 향유하는 것을 방해해서는 아니 되며(이른바 부작위의무), 근로자가 희망하는 휴가가 실현될 수 있도록 노력해야 한다(김형배, 「노동법」, 제26판, p.479).

② 연차휴가권의 법적 효과는 근로자에게 근로일임에도 불구하고 취업의무를 부담하지 않는 휴가일을 부여하는 데 있으므로, 처음부터 취업의무가 없는 휴일 또는 휴직기간 중의 날에 대해서는 휴가가 성립하지 않는다고 보아야 한다(대법 2014.3.13, 2011다95519). 연차휴가 중에 지급되는 수당은 취업규칙이나 기타 노사의 협정으로 정하는 통상임금이나 평균임금으로 지급하여야 한다(근기법 제60조제5항). 근로자가 연차유급휴가를 사용하지 못하게 됨에 따라 사용자에게 청구할 수 있는 연차휴가수당은 임금이다(대법 2013.12.26, 2011다4629).

3. 연차유급휴가의 사용

(1) 유급휴가청구권

1년간 80퍼센트 이상 출근한 근로자에게 15일의 연차유급휴가를 부여하여야 하고(근기법 제60조제1항) 근로자는 전년도 출근율에 따라 연차유급휴가청구권이 발생한다. 15일은 연차유급휴가의 기초일수이며 이 기초일수의 분할에 대하여 명문규정이 없으므로 단체협약·취업규칙 등에서 결정할 수 있다.

(2) 연차유급휴가일의 대체

근로자의 요청 또는 동의가 있는 경우에는 무급휴일을 연차유급휴가로 대체하여 소정의 임금을 지급하는 것은 무방하다.

(3) 가산연차휴가제

① 가산연차휴가의 의의 및 취지: 가산연차휴가란 사용자는 3년 이상 계속근로한

자에 대해서는 계속근로연수 1년을 초과하는 2년에 대하여 당해 연도의 연차유급휴가인 15일의 휴가일수에 1일을 가산한 휴가를 말한다. 휴가일수는 기본 연차유급휴가와 가산연차유급휴가를 포함하여 25일을 초과할 수 없다. 가산연차휴가제의 취지는 연차유급휴가에 관하여 장기근속자를 우대하는 것이다.

② **가산연차휴가의 적용요건**: 「근기법 제60조제4항은 3년 이상 계속하여 근로한 근로자에게는 '제1항에 따른 휴가에 1일 가산' 하도록 규정하고 있는데 제1항은 80퍼센트 이상 출근자만을 대상으로 하고 있다. 따라서 80퍼센트 미만 출근자의 경우에는 가산의 전제가 되는 휴가 자체가 발생하지 않는 것이므로 가산휴가도 발생하지 않는다」(1989.1.28, 근기 01254-1488). 「근기법 제60조제4항에 의한 근속가산휴가는 전년도에 80퍼센트 이상 출근하였으면 족한 것이며 그 전년도 이전의 80퍼센트 이상 출근 여부는 관계되지 아니한다. 즉, 가령 12년 계속근로한 자는 1년을 초과하는 계속연수는 11년이므로(당해 연도에 80퍼센트 이상 출근한 자라면) 20일의 연차유급휴가를 받을 수 있는 것이며 이전 11년간에 매년마다 80퍼센트 이상 출근 여부는 전혀 관계되지 아니한다」(1979.12.6, 법무 811-28675). 그러므로 제1년도에 출근하여 15일의 휴가권을 얻은 자가 제2년도 80퍼센트 미만을 출근하여 휴가권을 얻지 못할 경우에도 제3년도에 80퍼센트 이상 출근한 경우에는 16일의 유급휴가권이 발생한다.

4. 연차휴가의 이용 목적

(1) 연차휴가 자유이용의 원칙과 예외

연차휴가의 이용 목적은 근기법이 관여할 바가 아니며 휴가를 어떻게 이용하는가는 사용자의 간섭을 허용하지 아니하는 근로자의 자유로서 이것을 「연차휴가 자유이용의 원칙」이라고 한다. 근로자는 연차휴가에 의하여 근로의무로부터 해방되므로 이것을 자유롭게 이용하는 것은 당연한 원칙이다.

1) 이용목적의 자유

이 원칙의 귀결로서 근로자는 연차휴가를 사용할 때 그 용도를 신고할 필요가 없고 설사 신고한 용도와 다른 용도로 연차휴가를 이용하였다 하더라도 그 성립에 아무런 영향이 없다. 연차휴가를 어떠한 목적으로 이용할 것인지는 근로자의 자유이다. 다만, 휴가기간 중 성실의무나 비밀준수의무·경업금지의무는 존속하므로 근로자가 휴가기간 중 이러한 의무를 위반한 경우(경업 타사에의 취업, 반사회적 활동에 의한 기업의 신용·명예의 훼손 등)에는 사용자는 징계처분 등의 책임을 추궁할 수 있다.

2) 이용목적의 고지 및 고지와 다르게 사용한 경우의 효력 여부

근로자는 연차휴가를 취득(시기지정권의 행사)할 때 연차휴가 목적을 고지할 필요가 없으며 사용자도 그 목적을 제시하도록 한 것은 원칙적으로 허용되지 아니한다. 이용목적의 고지의무를 정한 취업규칙 등은 무효이다. 목적을 고지하더라도 그 목적과 다른 목적으로 이용하는 것은 근로자의 자유이다.

3) 이용목적에 의한 시기변경권의 허용 여부

사용자가 연차휴가의 이용목적을 고려해서 시기변경권을 행사하는 것도 허용되지 아니한다. 그러나 반사회적 활동에의 참가 개연성이나 경업타사에서의 취업의 개연성이 고도로 인정되는 경우까지 일체 시기변경권을 부정하는 것은 지나친 것이다.

이와 같은 활동에 따라 기업이익(신용·명예, 재산적 이익)이 침해될 개연성이 높을 때에는 「사업 운영에 막대한 지장이 있는 경우」(근기법 제60조제5항 단서)에 해당된다고 해석된다. 이러한 종류의 활동에 있어서는 사후적 대응으로서는 도저히 불충분하므로 연차휴가 자유이용의 원칙에 대한 예외를 인정할 수 있다. 예컨대 근로자들의 연차유급휴가 사용목적이 권고사직을 받은 것에 대해 노동조합과 함께 항의를 위한 것이라고 하더라도 집단적·일방적으로 연차유급휴가를 청구함으로써 사업의 정상적 운영을 저해하는 경우가 아니라면 원칙적으로 연차유급휴가는 근로자들이 원하는 시기에 부여해야 할 것이다(2010.6.18, 근로기준과-1457).

4) 자유이용원칙의 예외

자유이용원칙의 예외로서 동일 시기에 복수의 시기지정이 경합하여 그 중 일부에 대해 시기변경권을 행사하는 경우나 시기변경권의 요건이 존재하므로 이용목적에 따른 변경권 행사를 위해 이용목적을 고려하는 것은 동 원칙 위반이 아니다. 이와 같은 고려는 근로자가 공평한 연차휴가를 취득하기 위해서 바람직하기 때문이다.

(2) 연차휴가를 이용하여 파업에 참가하는 경우의 허용 여부

연차휴가를 이용하여 자기 사업장의 파업에 참가하는 경우는 연차휴가권의 행사로 허용되지 않는다.

① 일제휴가투쟁

일제휴가투쟁이란 근로자가 쟁의목적에 이용하기 위하여 일제히 연차휴가의 시기지정을 하는 것을 말한다. 일제휴가투쟁은 근로자가 노동조합의 지령에 따라 소속 사업장의 파업 수단으로서 연차휴가를 이용하는 경우이다. 이와는 달리 근로자가 노동조합의 지령에 따르지 아니하고 자발적으로 쟁의행위에 참가하기 위해 연차휴가를 이용하는 경우에는 연차휴가의 효과를 부정할 것인가의 문제이다.

(가) 학설의 태도: 이에 대하여는 연차휴가 자유이용의 원칙을 관철하여 연차휴가를 쟁의목적에 이용하는 경우에 사용자가 시기변경권을 적법하게 행사하지 않는 한 연차휴가는 성립한다고 하는 견해와 연차휴가제도의 취지에 정면으로 위반된다고 하여 연차휴가의 효과를 부정하는 견해(김형배, 「노동법」, 제26판, p.483)가 대립하였다. 근로자들이 쟁의행위에 의한 집단적 목적을 수행하기 위하여 연차휴가를 빙자하여 업무의 정상적 운영을 거부하는 집단적 연차휴가의 경우에는 연차휴가제도의 기본 취지에 부합되지 않으므로 정당한 연차휴가권의 행사로 볼 수 없다.

(나) 판례의 태도: 판례(대법 1992.3.13, 91누10473; 대법 1997.12.26, 97누8427)에 의하면 「근로자가 그 소속사업장에서 그 업무의 정상적 운영을 저해할 목적으로 전원 일제히 휴가신고를 제출함으로써 직장을 포기·이탈하는 일제휴가투쟁은 그 실질이 연차휴가라는 본래의 연차휴가권의 행사가 아닌 것이므로 그에 대한 사용자의 시기변경권 행사도 있을 수 없고 일제휴가라는 이름 아래 파업에 들어간 근로자 전부에 대하여 임금청구권이 발생치 않게 된다」고 한다. 판례의 의도는 사용자의 시기변경권 행사를 처음부터 무시하는 연차유급휴가권 행사는 연차유급휴가권 행사라는 이름을 빌린 파업으로서 연차유급휴가권 행사가 아니라는 점을 명백히 한 것이다. 또한 판례(대법 2010.7.15, 2008다33399)는 「근로자가 유급휴가를 이용하여 파업에 참여하는 것은 평상적인 근로관계를 전제로 하는 유급휴가권의 행사라고 볼 수 없으므로 파업기간 중에 포함된 유급휴가에 대한 임금청구권 역시 발생하지 않는다」고 한다.

(다) 평가: 일제휴가투쟁은 그 실질에 있어서는 연차휴가라는 이름을 빌린 파업에 지나지 않으며 본래적인 의미의 연차유급휴가권의 행사라고 할 수 없으므로 이를 행사한 근로자들에게는 노조법이 적용되어야 할 것이다. 또한 판례를 그와 같이 이해하면, 시기변경권 행사를 무시한 휴가투쟁인 한 당해 사업장의 조합원의 일부가 일제히 행하는 휴가투쟁도 연차유급휴가권의 행사라고는 인정되지 않게 된다.

② 다른 사업장 근로자 쟁의행위에 참가 또는 지원하기 위한 연차휴가 이용

다른 근로자의 쟁의행위 등에 참가 또는 지원하기 위한 연차휴가를 이용하는 경우에는 연차휴가임금을 지급할 의무를 부정할 수 없다는 견해가 있다(임종률, 「노동법」, 제17판, p.480).

5. 연차유급휴가의 시기지정권과 시기변경권

(1) 시기지정권

1) 시기지정권의 의의·방법

시기지정권이란 근로자가 휴가의 시기를 지정하는 권리를 말한다. 시기지정권의 성격은 일반적으로 형성권인 휴가권과 연차유급휴가를 「청구한 때」 발생하는 청구권인 시기지정권으로 나누어 보고 있다(이분설).

연차유급휴가의 구체적 시기는 근로자가 시기지정권을 행사하여 특정된다. 휴가는 근로자가 청구한 시기에 주어야 한다(근기법 제60조제5항본문). 근로자가 자신에게 맡겨진 시기지정권(時期指定權)을 행사하여 어떤 휴가를, 언제부터 언제까지 사용할 것인지에 관하여 특정하여야 할 것이고, 근로자가 이와 같은 특정을 하지 아니한 채 시기지정을 할 경우 이는 적법한 시기지정이라고 할 수 없어 그 효력이 발생할 수 없다 할 것이다(대법 1997.3.25, 96다4930). 그러므로 시기지정 방법으로서는 첫째, 근로자가 희망하는 기간을 청구하면 사용자와의 조정으로 구체적 시기를 결정하는 방법과 둘째, 최초부터 구체적인 시기·종기를 특정하여 지정하는 방법이 있다. 우리나라에서는 둘째 방법을 많이 시행하고 있다. 시기지정권은 사용자의 「승인」이나 「허가」를 요건으로 하지 아니한다.

2) 시기지정의 대상

연차휴가는 특정한 소정근로일에 해당 근로자의 신청에 의하여 근로제공의무를 면제받는 것이므로 소정근로일을 휴가일로 지정해야 하고, 휴일을 휴가일로 지정할 수는 없다.

특정된 1근로일은 1휴가일로 처리되며, 이를 시간단위로 분할할 수 없다. 휴가일은 역일계산에 따르는 것이 원칙이다. 따라서 예컨대 1회의 주야 교대근무를 휴가로 특정하는 경우에는 2일의 휴가로 계산된다. 거꾸로 1역일 내의 2근무를 쉬더라도 이는 1일의 휴가로 처리된다. 다만, 8시간 3교대제의 경우 2역일의 근무에 대해서는 해당 근무를 포함한 계속 24시간이 1근로일(휴가일)로 인정된다(임종률, 「노동법」, 제17판, p.477).

3) 시기지정의 시기·절차

시기지정의 시기에 대해서는 특별한 제한이 없다(대법 1992.4.10, 92누404). 그러므로 취업규칙에서 시기지정의 시기(일정 일수 전까지 청구)나 방식(서면 등)을 규정하는 것이 많지만 특히 불합리한 내용의 것을 제외한다면 적법하다. 이러한 종류의 규정 취지는 사용자에게 시기변경권을 행사할 것인지의 여부에 대하여 판단할 수 있는 시간적 여유를 제공하고 대체요건의 배치 등에 의한 시기변경의 자제를 촉구하는 점에 있다고 해석된다. 연차휴가시기의 지정은 확정된 휴가일수 전부에 대하여 할 수도 있고 그 일부에 대하여 몇 차례에 걸쳐 할 수도 있다.

4) 시기지정권의 효과

시기지정권의 행사로서 사용자가 시기변경권을 적법하게 행사하지 않는 한 연차유급휴가권의 효과(근로의무의 소멸·연차유급휴가수당청구권의 취득)의 구체적 시기가 특정된다.

(2) 사용자의 시기변경권

1) 시기변경권의 의의

시기변경권이란 사용자는 근로자의 청구가 있는 시기에 연차유급휴가를 부여하여야 하나, 연차유급휴가를 주는 것이 사업 운영에 막대한 지장이 있는 경우에는 그 시기를 변경할 수 있는 권한을 말한다. 시기변경권은 연차유급휴가청구권과 사업운영과의 조정을 꾀하기 위한 권리이다. 다만, 시기변경권이더라도 그 내용은 연차유급휴가의 시기지정의 효과(연차유급휴가청구권에 의한 근로의무소멸시기의 특정)를 저지한다는 점에서 그 성질은 항변권(시기시정권의 효과 발생을 저지하는 해제조건)이다.

2) 시기변경권의 요건

시기변경권을 적법하게 행사하기 위한 요건은 근로자에 의한 연차유급휴가의 취득이 「사업 운영에 막대한 지장이 있는 경우」이어야 한다. 「사업운영에 막대한 지장이 있는 경우」란 첫째, 연차유급휴가 취득일에 근로자의 근로가 사업 운영에 불가결하고 둘째, 대체인원의 확보가 곤란하다는 것의 두 가지가 필요하다. 최근 판례(서울고법 2019.4.4, 2018두57171)는 「근로자가 지정한 시기에 휴가를 준다면 그 사업장의 업무능률이나 성과가 평상시보다 현저하게 저하되어 상당한 영업상의 불이익을 가져올 것이 염려되거나 그러한 개연성이 엿보이는 사정이 있는 경우를 말한다」고 판시하였다.

① **연차유급휴가 사용이 사업운영에 막대한 지장이 있는지 판단기준**: ㉠ 사업의 규모와 상황, ㉡ 유급휴가청구권의 직장에서의 배치, ㉢ 해당 근로자가 담당하는 작업의 내용·성질·업무수행의 긴박성, ㉣ 대체자의 배치의 난이, ㉤ 시기가 같은 연차휴가 청구권자의 수 등을 고려하여 제도의 취지에 반하지 않게 합리적으로 판단하되, 그 개연성이 인정되는 사정만으로 족하나 근로자가 입게 되는 불이익이 최소한에 그치도록 합리적인 기간 내에서 시기변경권을 행사하여야 할 것이다(서울고법 2016.8.29, 2015누58522).

② **대체요원의 확보 곤란**: 업무에 구체적 지장이 발생할 것이 예측되더라도 연차휴가 당일의 대체요원을 확보하는 것이 곤란하다는 것이 시기변경권의 요건이다. 대체요원의 확보가 가능하다면 이에 따라 연차휴가를 부여하는 것이 연차휴가권 보장 취지에 적합하다. 또한 대체요원의 확보의 배려·노력(요원조정, 대체가능한 근로자에 대한 의사 타진)을 전혀 하지 아니한 경우의 시기변경권 행사는 위법하다. 확보의 범위에 있어서는 단위로 된 사업(부·과)을 원칙으로 하되 당해 사업과 관련있는 업무까지 포함하도록 할 필요가 있다.

③ **시기를 변경할 수 있다는 의미**: 사용자가 그 시기를 변경할 수 있다는 의미는

그 시기를 변경하여 이를 특정할 수 있다고 해석할 수 없으며 근로자가 지정하는 시기와 다른 시기를 제시하여 다시 근로자가 이를 청구할 수 있다는 의미이다.

3) 시기변경권의 행사시기·방법

시기변경권은 연차유급휴가의 시기 지정 후 연차유급휴가의 개시 전에 일정한 합리적 기간 내에 행사하여야 한다. 예컨대, 근로자가 병가에 이어 연차유급휴가를 연속해서 사용하기로 청구한 경우 이에 대해 사용자가 정당한 시기변경권을 행사하지 않는다면 근로자는 연속해서 연차유급휴가를 사용할 수 있다(2010.3.23, 근로기준과-337). 연차유급휴가를 부당한 목적으로 이용하는 경우(경업타사에의 취업, 반사회적 활동에 종사하는 경우)에도 마찬가지이다. 한편 사용자는 시기변경에 있어서 연차유급휴가권에 따른 배려의무에 따라 그 이유를 고지할 의무가 있다고 해석된다.

4) 시기변경권 행사의 한계

사업장의 인력부족으로 대체근로자의 확보가 항상 곤란한 경우라면 연차휴가제도의 취지에 비추어 시기변경을 할 수 없다고 보아야 한다. 시기변경을 하려면 다른 시기에 휴가를 줄 수 있어야 한다. 예컨대 근로자가 퇴직 직전에 미사용 휴가일수에 대하여 한꺼번에 시기를 지정하는 경우에는 시기변경을 할 수 없다(임종률, 「노동법」, 제17판, p.478).

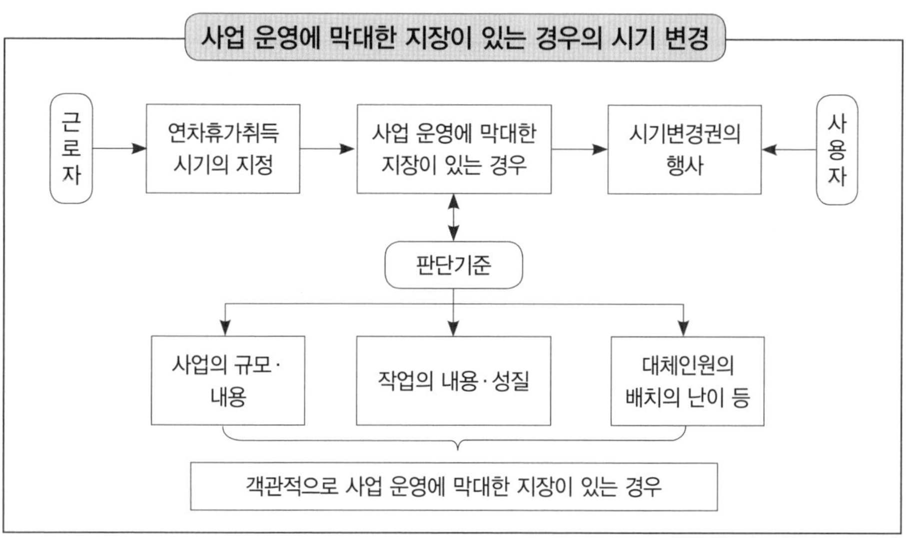

5) 시기변경권의 효과

시기변경권을 적법하게 행사하면 시기지정의 효과가 소멸하고 근로자는 근로의무를 부담한다. 그러므로 그 날에 결근한 근로자는 징계처분을 면할 수 없다. 시기변경권이 위법하게 행사된 경우에는 시기지정의 효과가 발생하고 근로의무가 소멸한다. 또한 위법한 시기변경이라면 불법행위가 되어 재산적 손해의 배상책임이 생길 수도 있다(土田道夫, 「労働法概說」, 제2판, p.151).

6. 연차유급휴가수당의 청구권 및 연차유급휴가미사용수당 청구권

(1) 연차유급휴가수당 청구권

연차유급휴가수당 청구권은 재직근로자가 전년도 근로 대가로 발생한 연차유급휴가를 사용할 경우 그 기간에 대하여 사용자에게 수당 지급을 요청할 수 있는 권리이며, 이와 같이 지급되는 연차유급휴가수당은 임금에 해당한다(근기법 제60조제5항).

(2) 연차유급휴가미사용수당 청구권 및 수당지급 · 지급범위

1) 연차유급휴가미사용수당 청구권

연차유급휴가미사용수당 청구권은 근로자가 전전년도의 근로의 대가로 발생한 연차유급휴가를 전년도에 사용하지 아니하고 근로를 제공한 경우 그 미사용 연차유급휴가일수에 해당하는 연차유급휴가미사용수당을 사용자에 대하여 청구할 수 있는 권리로서 연차유급휴가청구권이 소멸된 시점에 발생한다. 또한, 퇴직 등 근로관계가 종료되는 근로자가 이로 인해 사용하지 못하는 미사용 연차휴가일수에 해당하는 수당을 사용자에 대하여 청구할 수 있는 권리이다. 다만, 사용자가 근기법에 따른 연차유급휴가사용 촉진을 한 경우 연차유급휴가미사용수당 청구권이 소멸된다(근기법 제61조).

2) 연차유급휴가(미사용)수당 지급시기 및 지급범위

① 연차유급휴가수당

재직근로자의 경우에는 해당 근로자가 연차유급휴가를 사용할 경우 연차유급휴가수당을 지급하며, 그 범위는 취업규칙이나 그 밖의 정하는 바에 의한 통상임금 또는 평균임금으로 지급하여야 하며(근기법 제60조제5항) 그 지급시기는 연차유급휴가를 주기 전이나 준 직후의 임금 지급일에 지급하여야 한다(근기법 시행령 제33조). 연차휴가수당은 취업규칙 등에서 산정기준을 정하지 않았다면 그 성질상 통상임금을 기초로 하여 산정하여야 한다(대법 2019.10.18, 2018다239110).

② 연차유급휴가미사용수당

근로자가 전전년도 근로의 대가로 발생한 연차유급휴가를 전년도에 사용하지 아니하고 근로를 제공한 경우 연차유급휴가청구권이 소멸된 다음날에 연차유급휴가미사용수당 청구권이 발생한다. 이 경우 전년도에 사용하지 않고 근로를 제공한 연차유급휴가일수에 대하여 취업규칙이나 그 밖의 정하는 바에 의하여 통상임금 또는 평균임금을 지급하여야 한다.

연차유급휴가미사용수당은 취업규칙 등으로 연차유급휴가 청구권이 소멸된 날 이후 첫 임금 지급일에 지급하는 것으로 규정하여도 근기법 위반으로 볼 수 없다. 퇴직근로자의 경우에는 퇴직 전년도(예: 2016년도) 출근율에 의하여 퇴직연도(예: 2017년)에 발생한 연차유급휴가청구권이 근로관계가 종료됨에 따라 발생되며 이 경우 사용자는 퇴직연도의 휴가사용가능일수에 상관없이 미사용한 연차휴가일수에 대하여 퇴직일로부터 14일 이내에 취업규칙이나 그 밖의 정하는 바에 의한 통상임금 또는 평균임금을 지급하여야 한다(대법 2017.5.17, 2014다232296, 2014다232302(병합); 대법 2005.5.27, 2003다48549·48556; 2006.9.21, 임금근로시간정책팀-2820).

③ 격일제 근로자의 연차유급휴가미사용수당 산정

격일제 근로자가 근기법 제63조에 따른 '근로시간 등의 적용 제외 승인'을 얻은 경우 연차유급휴가미사용수당 지급을 위한 통상 하루의 소정임금은 근무일의 절반에 해당하는 근로시간분의 임금을 지급함이 타당하다(2014.4.22, 근로개선정책과-2445).

④ 회계연도를 기준으로 연차유급휴가를 산정하는 경우

연차유급휴가 산정 기산일은 개별 근로자의 입사일 등 실제로 근로제공을 개시한 날이 되는 것이 원칙이나, 노무관리의 편의상 단체협약·취업규칙 등에 의하여 전 근로자에 대하여 일률적으로 회계연도를 기준으로 연차유급휴가를 산정하는 경우 연차유급휴가미사용수당 청구권은 연차유급휴가 사용 가능년도 다음해의 첫날 발생한다. 연차유급휴가는 개인별 입사일을 기준으로 신청해야 함이 원칙이나 노무관리의 편의를 위해 회계연도 등을 기준으로 전 근로자에게 일률적으로 부여할 수도 있다 할 것이고, 이 경우 근로자에게 불리하지 않아야 한다. 따라서 근로자에게 불이익이 발생하지 않도록 근속기간에 비례하여 휴가를 미리 부여한 뒤 연차휴가 기준일을 일률적으로 정하여 시행하는 것은 무방하다(2008.5.29, 근로조건지도과-1755).

7. 연차유급휴가 사용과 불이익 취급

사용자는 근로자에게 연차유급휴가 사용을 이유로 상여금 산정상 불이익하게 취급한다거나 개근수당을 지급하지 않는 등의 불이익 취급을 할 수 있는가의 문제가 있다. 근기법은 연차유급휴가 사용일에 대해 일정액의 임금을 지급할 것을 의무화하고 있는 취지에서는 정근·개근수당과 상여금 등 연차유급휴가일에 대응하는 임금에 대해 연차유급휴가취득일을 출근한 날과 동일하게 취급해야 한다는 요청이 포함되어 있다고 보아야 하며, 정근·개근 수당과 상여금 계산상 연차유급휴가 취득일을 결근으로 취급하는 것은 사법상 위법이라고 해석된다(菅野和夫, 「労働法」, 제11판, P.417).

8. 연차유급휴가의 소멸

① 연차유급휴가는 1년간 행사하지 아니한 때에는 소멸한다(동법 제60조제7항). 「근로자의 청구시기는 근로자가 그 휴가를 청구할 지위를 얻게 된 뒤, 즉, 1년간의 근로를 마친 다음날로부터 1년 이내에 근로자가 이를 희망 또는 지정하는 시기에 주어야 한다」(대법 1972.1.28, 71다1758).

② 사용자의 귀책사유로 근로자가 유급휴가를 사용하지 못한 경우에는 1년 이후에도 유급휴가를 청구할 수 있다. 사용자의 귀책사유로 인하여 연차유급휴가권을 행사할 수 없는 기간만큼 연장된다. 근로자가 휴가시기를 지정하여 청구하였음에도 불구하고 휴가를 주지 않았다든지 또는 사용자의 귀책사유로 인한 휴업

등으로 말미암아 사실상 휴가 청구를 할 수 없는 경우 등이 모두 포함된다.

③ 연차유급휴가권이 소멸되기 전에 근로자가 퇴직한 경우에는 휴가일수에 해당하는 임금청구권은 퇴직과 동시에 당연히 소멸되지 않는다. 근로관계의 존속을 전제로 하는 연차휴가를 사용할 권리는 소멸한다 할지라도 근로관계의 존속을 전제로 하지 않는 연차휴가수당을 청구할 권리는 그대로 잔존하는 것이어서, 근로자는 근로관계 종료 시까지 사용하지 못한 연차휴가일수 전부에 상응하는 연차휴가 수당을 사용자에게 청구할 수 있는 것이다(대법 2017.5.17, 2014다232296, 2014다232302(병합); 대법 2005.5.27, 2003다48549·48556).

④ 한편 연차휴가를 사용할 권리 혹은 연차휴가수당 청구권은 근로자가 전년도에 출근율을 충족하면서 근로를 제공하면 당연히 발생하는 것으로서, 연차휴가를 사용할 해당연도가 아니라 그 전년도 1년간의 근로에 대한 대가에 해당한다(대법 2017.5.17, 2014다232296, 2014다232302; 대법 2011.10.13, 2009다86246; 대법 2014.3.13, 2011다95519).

근로자가 업무상 재해 등의 사정으로 말미암아 연차휴가를 사용할 해당연도에 전혀 출근하지 못한 경우라 하더라도, 이미 부여받은 연차휴가를 사용하지 않은데 따른 연차휴가수당은 청구할 수 있다. 이러한 연차휴가수당의 청구를 제한하는 내용의 단체협약이나 취업규칙은 근기법에서 정하는 기준에 미치지 못하는 근로조건을 정한 것으로서, 효력이 없다고 보아야 한다(대법 2017.5.17, 2014다232296, 2014다232302; 대법 1993.5.27, 92다24509).

⑤ 연차휴가근로수당 청구권 발생시기와 시효에 관하여 행정해석은 「연차휴가근로수당청구권은 휴가청구권이 소멸한 첫날에 발생하며 소멸시효는 3년이다」(2006.9.21, 임금근로시간정책팀-2820)라고 하였다. 연차유급휴가제도는 수당을 지급하면서 휴가를 주는 것이므로 휴가를 청구할 수 없게 되었다고 해서 당연히 수당청구권까지 소멸되었다고 할 수는 없을 것이다(대법 2000.12.22, 99다10806).

⑥ 연차유급휴가에 대한 환가 내지 금전적 보상을 예정하고 예정된 일수에 대한 연차유급휴가 취득을 인정하지 않는 것은 연차유급휴가 보장(근기법 제60조)에 반하는데 결과적으로 사용하지 못한 연차유급휴가일수에 따라 수당을 지급하는 것은 위법이 아니다.

⑦ 연차휴가를 사용할 권리는 다른 특별한 사정이 없는 한 그 전년도 1년간의

근로를 마친 다음날 발생한다고 보아야 하므로 1년 기간 만료일에 퇴직 등으로 근로관계가 종료한 경우에는 연차휴가는 물론 연차휴가수당도 청구할 수 없다고 보아야 한다(대법 2018.6.28, 2016다48297).

9. 연차유급휴가의 대체

> **법 제62조 【유급휴가의 대체】** 사용자는 근로자대표와의 서면합의에 따라 제60조에 따른 연차유급휴가일을 갈음하여 특정한 근로일에 근로자를 휴무시킬 수 있다.

(1) 연차유급휴가 대체제도의 의의 및 취지

① 「연차유급휴가대체제도」의 의의: 연차유급휴가대체제도란 근기법 제62조에 의하여 근로자대표와의 서면합의에 따라 연차유급휴가일에 갈음하여 특정 근로일에 근로자들을 휴무할 수 있도록 하는 일종의 집단적 성질을 가진 휴가실시제도이다. 연차유급휴가일 모두 근기법 제60조에 따라 연차유급휴가의 대체가 가능하다.

② 대체제도의 취지: 대체제도의 취지는 해당 사업 또는 사업장의 운영계획과 관련하여 노동력의 수요·공급을 시기적으로 적절하게 조절하기 위한 경영합리화를 위해 도입된 것으로 판단된다. 다시 말하면 휴가사용과 관련하여 그 사업 또는 사업장 내에서 노동력의 효율적 활용을 촉진하고, 다른 한편 노동력의 낭비를 방지함으로써 기업이익에 이바지하기 위한 제도로 이해된다.

(2) 연차유급휴가 대체제도의 시행요건

1) 근로자대표와의 서면합의가 존재할 것

연차유급휴가 대체제도는 다수의 근로자들을 특정 근로일에 휴무시킬 수 있는 제도이므로 집단적 성질을 가지고 있다. 따라서 이 제도를 시행하기 위해서는 그 요건으로서 근로자대표와의 서면합의가 있어야 한다.

여기서 사용자와 서면합의할 수 있는 근로자대표는 「그 사업 또는 사업장에 근로자 과반수로 조직된 노동조합이 있는 경우에는 그 노동조합, 근로자의 과반수로 조직된 노동조합이 없는 경우에는 근로자의 과반수를 대표하는 자」를 말한다.

따라서 유급휴가의 대체를 도입하면서 근로자대표와의 서면합의가 아닌 근로자 과반수의 개별적 서면동의를 받는 경우에는 근기법 제62조의 법적 요건을 충족하지 못한 것으로 보아야 한다(2012.1.31, 근로개선정책과-997).

근기법 제94조에 의한 취업규칙 변경절차를 거쳐 유급휴가의 대체를 취업규칙에 규정하였다면 근기법 제62조에 규정된 사용자와 근로자간 별도 서면합의가 없어도 당해 취업규칙상 유급휴가의 대체규정은 유효하다(2000.5.24, 근기 68207-1585). 다만, 취업규칙의 제·개정을 통해 유급휴가 대체를 하려면 사용자측의 개입이나 간섭이 배제된 상태에서 전 직원의 자유로운 의사에 따라 서면동의를 거친 경우에 한하여 근기법 제62조에 규정된 사용자와 근로자와의 별도 서면합의가 없이도 유급휴가 대체가 가능하다고 보이나 너무 많은 날들을 휴가일로 대체하는 것은 입법취지에 반한다(2006.8.25, 임금근로시간정책팀-2425).

2) 개별 근로자와 근로계약으로 유급휴가 대체가 가능한가

근로자는 연차유급휴가를 청구하여 사용하고자 하는 특정 근로일에 휴가를 사용할 수 있는바 개별 근로자의 계약 체결시 특정 근로일에 휴무를 원하는 근로자에 한하여 자율적으로 연차유급휴가를 사용토록 근로계약을 체결하는 것은 가능하다 할 것이다. 다만, 근기법 제62조의 취지가 개별 근로자의 청구나 동의 없이 근로자대표와의 서면합의에 의해 사용자가 일방적으로 유급휴가를 대체하는 집단적 성질을 가진 제도이다. 유급휴가 대체일수에 대한 한도는 규정되어 있지 아니하므로 원칙적으로 노사간의 서면합의에 따라야 할 것이다. 연차유급휴가 대체제도는 개별 근로자의 청구에 의한 유급휴가 사용과는 달리 보아야 한다.

3) 개별 근로자의 시기지정권과의 관계

유급휴가의 대체에 관하여 근로자대표와 서면합의가 있는 경우에 개별 근로자는 연차유급휴가의 시기지정권을 전혀 행사할 수 없는가? 근로자가 시기지정권을 행사하더라도 사용자는 이에 응할 필요는 없다. 유급휴가의 대체에 관한 사용자와 근로자대표의 서면합의는 유급휴가일을 지정하는 효력을 가지므로 이에 반대하는 근로자에 대해서도 효력을 미친다고 보아야 한다. 근로자의 시기지정권과 사용자의 시기변경권은 더 이상 행사할 수 없는 것으로 보아야 한다는 견해(김형배, 「노동법」, 제26판, p.488)가 있으나 유급휴가의 대체를 시행하는 이유가 「사업운영에 막대한 지장」(근기법 제60조제5항 단서)을 막기 위한 것인 때에는 사용자에게 변경권이 인정되어야 할 것으로 판단된다.

4) 유급휴가 대체가 가능한 특정 근로일의 의미

사용자는 근로자대표와의 서면합의에 따라 연차유급휴가일에 갈음하여 특정 근로일에 근로자를 휴무시킬 수 있다(근기법 제62조). 이 경우 연차유급휴가를 대체할 경우에는 원칙적으로 대체할 근로일을 특정하여야 한다는 의미이다(2011.9.19, 근로개선정책과-3099).

여기서 특정 근로일이란 근로의무가 있는 소정근로일 중의 특정일을 의미한다. 따라서 사용자는 법정휴일·휴가일뿐만 아니라 약정휴일·휴가일에 근기법 제62조의 규정에 의한 휴가를 대체할 수 없다(2006.9.21, 임금근로시간정책팀-2820). 대체휴가일을 근로일로 한정한 근기법 제62조의 규정내용과 취지 및 휴일의 의의 등을 고려하면 휴일을 대체휴가일로 정할 수는 없다(대법 2019.10.18, 2018다239110). 예컨대, 일요일이 주휴일이라면 소정근로일이 아니므로 연차유급휴가를 대체할 수 없으며, 토요일의 경우 취업규칙·단체협약 등에서 휴일로 정한 경우에는 소정근로일이 아니므로 연차유급휴가를 대체할 수 없으나 취업규칙·단체협약 등에서 휴일로 정하지는 않았으나 업무량 감소 등에 따라 휴무를 실시하고 있는 경우라면 소정근로일에 해당되므로 연차유급휴가를 대체할 수 있다(2002.2.27, 근기 68207-812).

10. 연차유급휴가사용 촉진

법 제61조 【연차유급휴가의 사용 촉진】 사용자가 제60조제1항 및 제4항에 따른 연차휴가의 사용을 촉진하기 위하여 다음 각 호의 조치를 하였음에도 불구하고 근로자가 휴가를 사용하지 아니하여 제60조제7항 본문에 따라 소멸된 경우에는 사용자는 그 사용하지 아니한 휴가에 대하여 보상할 의무가 없고, 제60조제7항 단서에 따른 사용자의 귀책사유에 해당하지 아니하는 것으로 본다.

1. 제60조제7항 본문에 따른 기간이 끝나기 6개월 전을 기준으로 10일이내에 사용자가 근로자별로 사용하지 아니한 휴가 일수를 알려주고, 근로자가 그 사용 시기를 정하여 사용자에게 통보하도록 서면으로 촉구할 것.
2. 제1호에 따른 촉구에도 불구하고 근로자가 촉구를 받은 때부터 10일이내에 사용하지 아니한 휴가의 전부 또는 일부의 사용 시기를 정하여 사용자에게 통보하지 아니하면 제60조제7항 본문에 따른 기간이 끝나기 2개월 전까지 사용자가 사용하지 아니한 휴가의 사용 시기를 정하여 근로자에게 서면으로 통보할 것

(1) 연차휴가사용 촉진제도의 의의 및 당연적용 여부

1) 연차휴가사용 촉진제도의 의의

연차휴가사용촉진은 회사에서 휴가사용기간이 만료되기 6개월 전에 근로자에게 사용하지 않은 연차휴가를 사용할 것을 요청하고 만일 근로자가 구체적인 휴가시기를 지정하지 않는 경우 회사가 시기를 지정하여 연차휴가를 사용하도록 촉진하는 제도이다. 회사가 연차휴가를 부여하였음에도 불구하고 근로자가 사용하지 않은 경우에는 회사의 금전보상의무가 면제된다.

연차휴가사용 촉진에 관하여 구법에는 없었으나 개정법에서는 사용자의 적극적인 사용 권유에도 불구하고 근로자가 휴가를 사용하지 아니하는 경우 원칙적으로 사용자에게 금전 보상의무는 없도록 하였다. 근로자가 연차유급휴가를 사용하지 않고 근로한 경우에는 유급으로 당연히 지급되는 임금과 유급휴가일의 근로에 대한 소정의 통상임금이 지급되어야 하며, 휴가사용기간(1년)이 경과한 후 연차휴가청구권은 소멸하지만, 여전히 휴가근로수당청구권은 존속한다(3년의 소멸시효).

이러한 해석론 때문에 근로자가 연차휴가제도를 금전보전의 수단으로 이용하고 있다. 이는 노동의 재생산의 유지와 문화적 생활의 확보라는 휴가제도의 본래의 취지에 어긋나는 것이다. 따라서 휴가제도의 본래의 취지에 맞게 휴가제도를 개선하고 휴가사용을 제고할 필요성이 발생하게 되어 2003년 근기법 개정시에 사용자의 적극적인 사용 권유에도 불구하고 근로자가 휴가를 사용하지 않는 경우 사용자의 금전보상의무를 면제하는 연차유급휴가의 사용 촉진규정(근기법 제61조)이 신설되었고 2012년 근기법 개정시 사용촉진시기를 종전 3개월 전에서 6개월 전으로 확대하였다.

2) 연차휴가사용 촉진제도의 당연적용 여부

연차유급휴가 사용촉진제도 자체만을 봤을 때 이 제도가 오로지 근로자에게만 유리한 제도라고 단정할 수 없다. 따라서 사용자는 근기법대로 연차유급휴가 사용촉진제도를 도입할 의무가 없으며, 연차유급휴가 사용촉진제도를 도입한 경우에도 사용촉진조치를 취할 의무가 없다. 근기법의 시행 이후 체결된 단체협약에서 연차유급휴가 사용촉진제도를 반영하지 않았다고 하더라도 그러한 단체협약이 근기법이 정하는 기준에 미치지 못하는 근로조건을 정한 것으로 무효라거나 근기법이 시행됨에 따라 연차유급휴가 사용촉진제도가 당연히 적용된다고 해석하기는 어렵다(대법 2015.10.29, 2012다71138).

(2) 연차휴가사용 촉진의 요건

사용자가 근기법 제60조제1항·제3항 및 제4항의 규정에 의한 유급휴가의 사용을 촉진하기 위하여 다음과 같은 조치를 하였음에도 불구하고, 근로자가 휴가를 사용하지 아니하여 근기법 제60조제7항 본문의 규정에 의하여 소멸된 경우에는 사용자는 그 미사용휴가에 대하여 보상할 의무가 없으며 근기법 제60조제7항 단서의 규정에 의한 사용자의 귀책사유에도 해당하지 아니하는 것으로 본다(근기법 제61조).

① 제60조제7항 본문에 의한 연차휴가청구권의 소멸시효기간이 끝나기 6월 전을 기준으로 10일 이내에 사용자가 근로자별로 미사용 휴가일수를 알려주고 근로자가 그 사용시기를 정하여 통보하도록 서면으로 촉구해야 한다.

연차유급휴가는 발생한 때로부터 1년간 사용할 수 있으므로 "연차휴가 사용기간 만료일 6월 전을 기준으로 10일 내에"란 연차휴가가 발생하여 1년이 되는 날을 기준으로 6개월 전부터 10일간을 의미한다. 사용자는 연차휴가 사용계획을 받아 휴가 사용을 적극 권고할 수 있으나 이는 동법 제61조에 의한 휴가사용 촉진조치는 아니므로 그에 따른 법적 효과(금전보상의무 면제)는 없다.

② 이러한 촉구에도 불구하고 근로자가 촉구를 받는 때로부터 10일 이내에 미사용 휴가의 전부 또는 일부의 사용시기를 정하여 통보하지 아니한 경우에는 제60조제7항 본문의 규정에 의한 기간이 끝나기 2개월 전까지 사용자가 미사용휴가의 사용시기를 정하여 근로자에게 서면으로 통보해야 한다.

(3) 근로자의 시기지정권과 사용자의 시기변경권과의 관계

휴가사용 촉진조치를 하는 경우에도 근로자의 시기지정권과 사용자의 시기변경권은 인정된다. 휴가사용 촉진조치는 휴가사용기간이 얼마 남지 않은 상태에서 이루어지는 것이므로 동 권리의 행사도 제한을 받는다. 근로자가 사용자의 휴가시기 지정 촉구에 따라 휴가시기를 지정한 경우 원칙적으로 그 지정한 시기에 휴가를 사용하여야 하며 다른 시기에 시기지정권을 행사할 수 없다. 근로자가 휴가

시기를 지정하지 않아 사용자가 그 휴가시기를 지정한 경우 사용자는 원칙적으로 그 지정한 시기를 변경할 수 없다. 다만, 사용자가 근기법 제61조에 따라 근로자로부터 휴가사용시기를 지정받은 경우에 그 지정받은 대로 휴가를 부여하는 것이 사업운영에 막대한 지장을 초래하는 경우에는 휴가시기를 조정하여 지정할 수 있을 것이다.

(4) 근로자가 지정된 휴가일에 출근하는 경우

1) 연차휴가사용촉진행위의 의사표시방법

사용자는 지정된 휴가일에 근로자가 출근한 경우 노무수령 거부의사를 명확히 표시하여야 하며, 명확한 노무수령 거부의사에도 불구하고 근로를 제공한 경우에는 연차휴가근로수당을 지급할 의무가 없다. 사용자가 노무수령 거부의사를 명확히 표시하지 않았거나 근로자에 대해 업무지시 등을 해 근로자가 근로를 제공한 경우에는 휴가일 근로를 승낙한 것으로 보아야 하므로 연차휴가근로수당을 지급해야 한다.

2) 노무수령 거부의사 유무에 대한 입증책임

노무수령 거부의사가 있었음에 대한 입증책임에 대하여 근기법은 직접 규정하고 있지 않다. 노무수령 거부의사 유무에 대한 판단기준은

(가) 업무수행 및 근태관리에 대한 지시 및 통제

(나) 노무수령 거부의사 방법의 명확성

(다) 출근사유가 업무수행과 긴밀한 관련성이 있는지 등 구체적인 사실관계를 종합적으로 고려하여 명확한 노무수령 거부의사가 있었는지를 판단하여야 할 것이다.

3) 노무수령 거부의사 표시의 방법

① 노무수령 거부의사 표시 방법에 관하여서 근기법에 아무런 규정이 없으므로 사용자가 출근한 근로자에 대하여 구두 또는 문서 등의 방법으로 즉시 귀가할 것을 통지할 수 있다.

② 이메일을 이용하여 사용자가 노무수령 거부의사를 해당 근로자에게 통지하는 방법이 적법한 노무수령 거부의사 방법이 될 수 있는가의 문제이다. 이메일의

경우 해당 근로자가 근기법 제61조제2호의 휴가사용시기 통보기간(10일) 이내에 반드시 열람한다는 보장이 없고, 열람했다 하더라도 메일 내용을 정확하게 인지했는지 확인할 수 없어 근로자가 인지할 수 있는 정도의 의사표시 수준이라고 보기 어렵다(2012.8.22, 근로개선정책과-4271). 예컨대 연차휴가일에 해당 근로자의 책상위에 '노무수령 거부의사 통지서'를 올려놓거나, 컴퓨터를 켜면 '노무수령 거부의사 통지' 화면이 나타나도록 할 경우, 노무수령 거부의사 통지방법으로 볼 수 있을 것이다(2010.3.22, 근로기준과-351).

(6) 연차유급휴가 사용촉진과 관련된 쟁점사항

1) 일부 근로자에게만 적용 또는 적용제외할 수 있는지 여부

근기법 제61조에 규정된 연차유급휴가 사용촉진조치는 일반적으로 동일한 사업 또는 사업장 내의 모든 근로자를 대상으로 실시하는 것이 바람직하나, 이는 사업주의 법적 의무사항이 아니라 사업장 사정에 따른 필요에 의해 시행 여부를 결정할 수 있는 제도이다(2004.1.7, 근로기준과-161).

연차휴가사용촉진 대상과 범위에 있어서도 조정이 가능하다. 즉, 사업장의 직종 또는 근로형태 등을 감안해 특정 집단의 근로자에 대해서는 휴가사용촉진조치의 적용을 제외할 수 있고, 연차휴가일수 모두를 사용촉진대상으로 하지 않고 일정 비율에 대해서만 연차휴가사용촉진을 하더라도 법 위반에 해당되지 아니한다. 또한 일부 근로자에게만 연차휴가사용촉진제도를 시행하는 것이 근기법상 균등처우 규정을 위반한 것으로 볼 수 있는지가 문제될 수 있는데, 근기법 제6조에서 사용자는 남녀의 성(性), 국적, 신앙 또는 사회적 신분을 이유로 한 차별을 금지하고 있으므로 동법을 위반한 것으로 보기는 어렵다(2004.4.1, 근로기준과-407).

2) 휴가사용촉진조치를 서면으로 하지 않고 사내 E-mail 또는 전자문서로 대체할 수 있는지 여부

'사내전산망의 E-mail을 활용하여 통보'하거나 '근로자별 미사용 휴가일수를 게재한 공문을 사내 게시판에 게재'하는 것은 그러한 방법이 근로자 개인별로 '서면' 촉구 또는 통보하는 것에 비하여 명확하다고 볼 수 없는 한 인정되기 어렵다(2013.11.1, 근로개선정책과-6488; 2004.7.27, 근로기준과-336).

기존의 '종이로 된 문서' 외에 전자문서로서 연차유급휴가사용촉진이 가능하기 위해서는 회사가 전자결재체계를 완비하여 전자문서로 모든 업무의 기안, 결재, 시행과정이 이루어져 근로자 개인별로 명확하게 촉구 또는 통보되는 경우에 한하여 서면 촉구 또는 통보로 인정될 수 있다(2010.11.16, 근로기준과-1983).

(7) 연차유급휴가 사용촉진의 효과

사용자는 연차유급휴가 사용촉진의 경우 근로자의 미사용휴가에 대하여 보상할 의무가 없으며, 소멸시효를 중단시키는 사유로서 사용자의 귀책사유에 해당하지 아니한 것으로 본다(근기법 제61조). 또한 연차유급휴가 사용기간을 이월한 사유가 사용자의 귀책사유에 해당되지 않는 경우에는 원칙적으로 연차유급휴가 청구권이 발생해 1년이 되는 날을 기준으로 6개월 전에 연차유급휴가 사용촉진을 해야 할 것이다(2013.9.6, 근로개선정책과-5225).

3 생리휴가

법 제73조 【생리휴가】 사용자는 여성 근로자가 청구하면 월 1일의 생리휴가를 주어야 한다.

1. 생리휴가의 의의

사용자는 여성 근로자가 청구하면 월 1일의 생리휴가를 주어야 한다(근기법 제73조). 여성 근로자에 대한 생리휴가의 보장은 ILO조약을 비롯하여 외국의 입법례에서는 거의 찾아볼 수 없으며, 특히 이를 유급으로 한 입법례는 없다. 구법에서는 이를 유급으로 하였으나 2003년 근기법 개정시 이를 삭제하였다. 생리휴가는 남성과 다른 생리적 특성을 가진 여성 근로자의 건강뿐만 아니라 모성보호의 취지에서 우리나라 근기법의 '제5장 여성과 소년'에 특별히 둔 보호규정이다.

2. 생리휴가의 내용

① **무급휴가의 부여**: 생리휴가는 여성 근로자가 청구하면 '1월에 1일'을 반드시 휴가로 주어야 한다. 단체협약 또는 취업규칙 등에서 1월에 2일 이상 주는 것도 무방하며 이를 모두 유급으로 하는 것도 무방하다.

② **개근 여부**: 생리휴가제도는 여성 근로자에 대하여 생리라고 하는 특수한 사정을 감안하여 설정한 것이므로 소정근로일수를 개근한 자에게만 주어야 하는 것이 아니라 당해 월의 소정근로일수의 개근 여부와는 관계없다.

③ **고용형태 불문**: 생리휴가제도는 여성 근로자의 특수한 신체적 사정을 감안하여 설정된 것이므로 상용근로자 뿐 아니라 일용근로자, 임시직근로자에게도 적용된다.

④ **생리현상 여부**: 생리현상이 없는 자에게는 생리휴가를 부여하지 않아도 된다(1989.11.1, 근기 01254-1553). 생리휴가제도의 취지로 볼 때 생리로 인하여 근로가 곤란한 여성 근로자를 특별히 보호하는 데 목적이 있고, 생리현상이 없는 여성 근로자까지 보호하고자 하는 것은 아니다. 따라서 생리현상이 없는 자(임신 중, 폐경, 자궁 제거 등)에게 무조건 생리휴가를 부여할 사용자의 법적 의무는 없는 것이다. 다만, 생리사실 유무의 입증책임은 휴가부여 의무 면제를 주장하는 사용자에게 있다(1989.11.1, 근기 01254-1552).

⑤ **임신 중인 여성**: 「임신 중인 여성에 대하여는 근기법 제74조(출산전후휴가)의 보호규정이 적용될 뿐 경험칙상 임신 중에는 생리가 없으므로 생리를 전제로 한 근기법 제73조(생리휴가)의 규정은 적용되지 않는다.

3. 여성 근로자의 청구

생리휴가는 여성 근로자가 청구하면 월 1일의 휴가를 주어야 한다. 사용자는 여성 근로자가 청구를 하면 월 1회의 생리휴가를 주어야 하나 그 청구가 없을 때에는 휴가를 주지 않는다고 하여도 위법이라고 할 수 없다.

4. 근기법 제73조 위반의 효과

근기법 제73조를 위반한 자에 대하여는 500만원 이하의 벌금에 처한다(근기법 제114조제1호).

4 출산전후휴가

법 제74조【임산부의 보호】 ① 사용자는 임신 중의 여성에게 출산 전과 출산 후를 통하여, 90일(한 번에 둘 이상 자녀를 임신한 경우에는 120일)의 출산전후휴가를 주어야 한다. 이 경우 휴가기간의 배정은 출산 후에 45일(한 번에 둘 이상의 자녀를 임신한 경우에는 60일) 이상이 되어야 한다.
② 사용자는 임신 중인 여성근로자가 유산의 경험 등 대통령령으로 정하는 사유로 제1항의 휴가를 청구하는 경우 출산 전 어느 때라도 휴가를 나누어 사용할 수 있도록 하여야 한다. 이 경우 출산 후의 휴가 기간은 연속하여 45일(한 번에 둘 이상의 자녀를 임신한 경우에는 60일) 이상이 되어야 한다.
③ 사용자는 임신 중인 여성이 유산 또는 사산한 경우로서 그 근로자가 청구하면 대통령령으로 정하는 바에 따라 유산·사산휴가를 주어야 한다. 다만, 인공임신중절 수술(「모자보건법」 제14조제1항에 따른 경우는 제외한다)에 따른 유산의 경우는 그러하지 아니하다.
④ 제1항부터 제3항까지의 규정에 따른 휴가 중 최초 60일(한 번에 둘 이상의 자녀를 임신한 경우에는 75일)은 유급으로 한다. 다만, 「남녀고용평등법」 제18조에 따라 출산전후휴가 급여 등이 지급된 경우에는 그 금액의 한도에서 지급의 책임을 면한다.
⑤ 사용자는 임신 중의 여성근로자에게 시간외근로를 하게 하여서는 아니 되며 그 근로자의 요구가 있는 경우에는 쉬운 종류의 근로로 전환하여야 한다.
⑥ 사업주는 제1항에 따른 출산전후휴가 종료 후에는 휴가 전과 동일한 업무 또는 동등한 수준의 임금을 지급하는 직무에 복귀시켜야 한다.
⑦ 사용자는 임신 후 12주 이내 또는 36주 이후에 있는 여성 근로자가 1일 2시간의 근로시간 단축을 신청하는 경우 이를 허용하여야 한다. 다만, 1일 근로시간이 8시간 미만인 근로자에 대하여는 1일 근로시간이 6시간이 되도록 근로시간 단축을 허용할 수 있다.
⑧ 사용자는 제7항에 따른 근로시간 단축을 이유로 해당 근로자의 임금을 삭감하여서는 아니 된다.
⑨ 제7항에 따른 근로시간 단축의 신청방법 및 절차 등에 필요한 사항은 대통령령으로 정한다.

1. 임산부 보호의 의의

(1) 임산부 보호의 의의

사용자는 임신 중의 여성에 대하여는 출산 전과 출산 후를 통하여 90일(한 번에 둘 이상 자녀를 임신한 경우에는 120일)의 출산전후휴가를 주어야 한다. 다만, 보호휴가는 출산 후에 45일(한 번에 둘 이상 자녀를 임신한 경우에는 60일)이 확보되어야 한다(근기법 제74조제1항).

임신 중인 근로자의 청구가 있는 경우에는 쉬운 종류의 근로로 전환시켜야 하며 시간외근로를 시키지 못한다.

(2) 임산부보호휴가제도의 취지

출산전후의 취업을 규제하여 모체와 자녀의 건강·안정을 함께 확보하고자 하는 것이다. 1952년 ILO협약(제103호) 「모성보호에 관한 협약」등 국제적인 입법추세를 반영하여 휴가기간을 종전 60일에서 90일(한 번에 둘 이상 자녀를 임신한 경우에는 120일)로 확대하고 출산전후 유급휴가기간은 최초 60일(한 번에 둘 이상 자녀를 임신한 경우에는 75일)로 하고 있다. 쌍둥이 등 다태아(多胎兒) 산모는 2명 이상 동시 출산, 난산, 높은 조산율 등으로 인해 산후 회복에 더 많은 시간이 필요해 육아부담이 일반 산모보다 훨씬 크므로 다태아를 출산한 경우에는 출산전후휴가 기간을 확대할 필요가 있으므로 이를 확대한 것이다.

2. 출산전후보호휴가의 내용

(1) 출산전후휴가의 청구

① 출산 전 휴가는 출산예정일의 45일 전부터 청구할 수 있다.

② 출산 후 45일(한 번에 둘 이상의 자녀를 임신한 경우에는 60일)간의 휴가는 청구가 없어도 당연히 보장된다. 출산전휴가시에는 청구가 필요하다는 점에서 다르다. 산전에 45일을 초과하였다 하더라도 출산 후에 45일(한 번에 둘 이상 자녀를 임신한 경우에는 60일) 이상의 유급보호휴가를 주어야 하며 이 경우 산후에 45일을 초과한 부분에 대해서는 무급처리가 가능하다.

③ 출산전후휴가 중 60일(한 번에 둘 이상 자녀를 임신한 경우에는 75일)간은 유급휴가이므로 임금청구를 할 수 있다.

④ 출산전후휴가기간은 연차유급휴가 청구권 발생의 요건이 되는 출근율 계산에 있어서는 출근한 것으로 본다(근기법 제60조제6항).

(2) 출산 전의 분할 사용

사용자는 임신 중인 여성 근로자가 유산의 경험 등 대통령령으로 정하는 사유로 출산전후휴가를 청구하는 경우 출산 전 어느 때라도 최장 44일의 범위에서 휴가를 나누어 사용할 수 있도록 하여야 한다. 이 경우 출산 후의 휴가 기간은 연속하여 45일(한 번에 둘 이상 자녀를 임신한 경우에는 60일) 이상이 되어야 한다(근기법 제74조제2항).

근기법 제74조제2항에 따라 출산 전에 분할하여 사용할 수 있는 경우는 다음과 같다(근기법시행령 제43조제1항).

① 임신한 근로자가 유산·사산의 경험이 있는 경우

② 임신한 근로자가 출산전후휴가를 청구할 당시 연령이 만 40세 이상인 경우

③ 임신한 근로자에게 유산·사산의 위험이 있다는 의료기관의 진단서를 제출한 경우

(3) 출산전후휴가와 임금

① 사용자는 출산전후휴가 90일(한 번에 둘 이상 자녀를 임신한 경우에는 120일) 중 최초 60일(한 번에 둘 이상 자녀를 임신한 경우에는 75일)에 대하여 임금을 지급하여야 한다. 다만, 남녀고용평등법 제18조의 규정에 따라 출산전후휴가급여 등이 지급된 때에는 그 금액의 한도에서 근기법 제74조제3항에 따라 사업주가 지급한 것으로 본다(동조제3항 단서).

② 남녀고용평등법 제18조에 따르면 국가는 근기법 제74조에 따른 출산전후휴가 또는 유산·사산 휴가를 사용한 근로자 중 일정한 요건에 해당하는 자에게 당해 휴가기간에 대하여 통상임금에 상당하는 금액(이하 '출산전후휴가급여 등' 이라 한다)을 지급할 수 있다(동조제1항). 그리고 제1항에 따라 지급된 출산전후휴가급여 등은 그 금액의 한도 안에서 근기법 제74조제3항에 따라 사업주가 지급한 것으로 본다(동조제2항). 이러한 제1항의 출산전후휴가급여 등을 지급하기 위하여 필요

한 비용은 재정 및 사회보장기본법에 의한 사회보험에서 분담할 수 있는데(동조제3항), 이는 고용보험법 제75조, 제76조에 따른다.

(4) 출산전후휴가급여(지급대상 및 기간)

① **지급대상**: 휴가 종료일 이전에 피보험 단위기간이 통산하여 180일 이상되는 근로자(휴가기간 중의 최초 60일도 포함)이어야 한다.

② **지급기간**: 고용보험법상 우선지원대상기업(동법 제19조, 동법시행령 제15조)은 90일을 고용보험에서 지원한다. 우선지원대상기업은 광업 300명 이하, 제조업 500명 이하, 건설업 300명 이하, 운수·창고 및 통신업 300인 이하, 기타 100명 이하, 위에 해당하지 않는 기업으로서 중소기업기본법 제2조제1항 및 제3항의 기준에 해당하는 기업이며 그 밖의 기업은 출산전후휴가등 기간 중 60일을 초과한 30일에 한하여 지원한다.

③ **지급내용**: 우선지원대상기업인 경우 고용보험에서 월 180만원을 지급하고 월 통상임금보다 부족한 부분은 사업주가 지급한다. 대규모 기업은 통상임금을 지급한다. 마지막 30일은 우선지원대상기업이거나 대규모기업이거나 모두 고용보험에서 월 180만원을 지급한다.

④ **지급요건**: 고용보험 피보험자인 근로자가 출산전후휴가 등을 받은 경우이어야 한다.

3. 유산·사산휴가

(1) 유산·사산휴가의 부여대상

① **'산'의 개념**: 정상분만 뿐 아니라 유산·사산·조산 등도 포함하며, 그간 행정해석으로 부여하였으나 2005년 근기법 개정시 법제화하였다.

② **임신기간에 따른 차등 부여**: 원칙적으로 자연유산인 경우에만 임신기간에 따라 차등 부여된다. 인공 임신중절인 경우 모자보건법 제14조제1항에 따라 허용되는 경우만 출산전후휴가의 부여대상이고, 나머지는 휴가부여대상에서 제외되며 불가피한 사유라 하더라도 모자보건법 제14조제1항에 해당하는 경우가 아니면 출산전후휴가가 인정되지 아니한다.

(2) 유산 · 사산휴가 부여일수

여성 근로자의 임신기간에 따른 건강회복 정도의 차이에 따라 단계별로 보호휴가를 한다(동법시행령 제43조제2항).

임 신 기 간	휴가부여일수
·11주 이내인 경우	유산·사산한 날부터 5일까지
·12주 이상 15주 이내인 경우	유산·사산한 날부터 10일까지
·16주 이상 21주 이내인 경우	유산·사산한 날부터 30일까지
·22주 이상 27주 이내인 경우	유산·사산한 날부터 60일까지
·28주 이상인 경우	유산·사산한 날부터 90일까지

(3) 유산 · 사산휴가의 청구

① 유산·사산휴가는 근로자의 명시적 청구가 있는 경우에 부여한다. 근로자가 휴가를 청구하는 경우에는 「유산·사산휴가신청서」에 휴가신청 사유, 유산·사산 발생일, 임신기간 등을 기재하여 의료기관이 발행한 진단서와 함께 당해 사업주에게 제출하여야 한다(근기법시행령 제43조제1항).

② 사업장의 취업규칙 등으로 정한 서식 또는 절차 등이 있다면 그에 따라 신청하면 될 것이며, 만일 근로자가 긴급하게 병원에 입원하게 되는 경우 구두 또는 유선으로 신청하고 사후에 서면으로 신청한다.

③ 근로자가 임신 이후 유산·사산한 사실을 의료기관의 진단서에 의해 입증해야 한다.

(4) 유산 · 사산휴가의 부여의무 위반의 효과

근로자가 유산·사산휴가를 신청하였으나 사용사가 보호휴가를 부여하지 않은 경우, 법 위반으로서 출산전후휴가의 벌칙규정과 동일하게 적용(2년 이하의 징역, 2,000만원 이하의 벌금)한다.

(5) 유산 · 사산휴가 급여

출산전후휴가와 동일하다.

4. 임신 중 여성근로자의 보호

(1) 시간외근로의 금지

근기법은 임신 중의 여성 근로자에 대한 시간외근로의 금지를 규정하고 있다. 임신 중의 여성 근로자에 대하여는 근기법 제50조에 의한 1일에 8시간, 일주일에 40시간을 초과하는 시간외근로를 시킬 수 없다.

근기법 제51조제1항과 제2항의 탄력적 근로시간제는 임신 중인 여성 근로자에 대하여는 실시할 수 없다. 법정근로시간을 일정한 조건 하에서 변형하는 탄력적 근로시간제는 임신한 여성 근로자의 건강과 태아의 순조로운 발육을 저해할 우려가 있기 때문이다.

시간외근로가 임신 중의 근로자에게 과중한 신체적·정신적 부담을 주는 것을 방지하여 산모 및 태아를 보호하기 위한 것이다. 이 경우 금지되는 시간외근로를 연장근로로 좁게 해석할 수도 있으나, '연장근로' 뿐만 아니라 '휴일근로' 및 '야간근로' 도 포함되는 것으로 넓게 해석되어야 할 것이다.

(2) 쉬운 종류의 근로 전환

사용자는 임신 중인 여성 근로자의 청구가 있는 경우에는 쉬운 종류의 근로로 전환시켜야 한다. 쉬운 종류의 근로의 종류에 대해서는 법에 특별한 규정이 없다. 그러나 종래 그 여성 근로자가 종사하였던 업무보다 쉬운 종류의 것이라고 보아야 하며, 근로자가 청구한 업무로 전환시키면 된다고 해석된다. 또 업무내용 뿐만 아니라, 근로시간대의 변경(아침당번을 낮당번으로 하는 등)도 포함된다고 할 것이다.

(3) 임신기간 중의 근로시간 단축 허용

사용자는 임신 후 12주 이내 또는 36주 이후에 있는 여성 근로자가 1일 2시간의 근로시간 단축을 신청하는 경우 이를 허용하여야 한다. 다만, 1일 근로시간이 8시간 미만인 근로자에 대하여는 1일 근로시간이 6시간이 되도록 근로시간 단축을 허용할 수 있다(근기법 제74조제7항). 사용자는 제74조제7항에 따른 근로시간 단축을 이유로 해당 근로자의 임금을 삭감하여서는 아니 된다(근기법 제74조제8항). 그 취지는 임신 후 12주 이내는 유산의 위험이 가장 높고 임신 36주 이후는 조산의 위험이 높기 때문에 해당 기간에 임신 기간 근로시간 단축제를 도입하여 임신·출산 친화적인 근로환경을 조성할 필요가 있다.

(4) 유해·위험 사업 사용금지

근기법 제65조(사용 금지)는 「① 사용자는 임신 중이거나 산후 1년이 지나지 아니한 여성(이하 "임산부"라 한다)과 18세 미만자를 도덕상 또는 보건상 유해·위험한 사업에 사용하지 못한다.

② 사용자는 임산부가 아닌 18세 이상의 여성을 제1항에 따른 보건상 유해·위험한 사업 중 임신 또는 출산에 관한 기능에 유해·위험한 사업에 사용하지 못한다.

③ 제1항 및 제2항에 따른 금지 직종은 대통령령으로 정한다」고 규정하고 있다.

임신 중인 여성, 산후 1년이 경과되지 아니한 여성, 임산부가 아닌 18세 이상의 여성, 18세 미만자는 임신 또는 출산에 관한 기능에 유해·위험하거나, 도덕상 또는 보건상 유해·위험한 사업에 사용하지 못한다. 각각의 사용금지 직종은 근기법 시행령 제40조에서 규정하고 있다.

(5) 연차유급휴가의 출근율 산정시 출근간주

출산전후휴가기간은 연차유급휴가의 출근율 산정시 출근한 것으로 간주한다(근기법 제60조제6항제1호).

(6) 해고시기의 제한

출산전후휴가기간과 그 후 30일은 해고하지 못한다(근기법 제23조제2항).

(7) 보호휴가 종료 후 직무복귀

사업주는 출산전후휴가 종료 후에는 휴가 전과 동일한 업무 또는 동등한 수준의 임금을 지급하는 직무에 복귀시켜야 한다(근기법 제74조제5항). 그동안 육아휴직에만 동일 직무복귀 규정이 적용되었으나 출산전후휴가 종료 후에도 전근과 부서이동 같은 불이익을 받지 않도록 하였다.

(8) 태아검진 시간의 허용

근기법 제74조의2에 의하면 「① 사용자는 임신한 여성근로자가 「모자보건법」 제10조에 따른 임산부 정기건강진단을 받는데 필요한 시간을 청구하는 경우 이를 허용해 주어야 한다. ② 사용자는 임산부가 정기건강진단 시간을 이유로 그 근로자의 임금을 삭감해서는 아니된다」고 규정하고 있다. 위 규정에서 「정기건강진단을 받는데 필요한 시간」이란 건강진단을 받기 위하여 이동하는 시간 및 대기하는 시간, 실제로 건강진단을 받는데 소요되는 시간 등을 포함하며 시간의 상한은 없다. 다만, 근로자가 정기건강진단을 받는데 필요한 시간보다 과도한 시간을 요구하는 경우까지 근로자가 신청한 시간을 모두 허용하여야 하는 것은 아니다 (2012.10.30, 여성고용정책과-3717).

「모자보건법」에 따른 임산부 정기 건강 진단 기준은 임신 28주까지는 매 4주에 1회, 임신 29주에서 36주까지는 매 2주에 1회, 임신 37주 이후에는 매1주에 1회이다(모자보건법시행규칙 제5조제1항 「별표1」).

5. 근기법 제74조 위반의 효과

근기법 제74조를 위반하는 자에 대하여는 2년 이하의 징역 또는 2,000만원 이하의 벌금에 처한다(근기법 제110조제1호).

5 배우자 출산휴가

1. 배우자 출산휴가의 의의

배우자 출산휴가란 배우자가 출산했을 때 모든 남성근로자가 사용할 수 있는 휴가로서 출산한 여성근로자와 태아의 건강을 보호하고 남성의 출산과 육아 참여를 확대하기 위한 제도이다.

남녀고용평등법 제18조의2는 배우자 출산휴가 제도를 도입하였다. 동조에 의하면 「① 사업주는 근로자가 배우자의 출산을 이유로 휴가를 청구하는 경우에 10

일의 휴가를 주어야 한다. 이 경우 휴가기간은 유급으로 한다. ② 제1항 후단에도 불구하고 출산전후휴가급여등이 지급된 경우에는 그 금액의 한도에서 지급의 책임을 면한다. ③ 배우자 출산휴가는 근로자의 배우자가 출산한 날부터 90일이 지나면 청구할 수 없다. ④ 배우자 출산휴가는 1회에 한정하여 나누어 사용할 수 있다. ⑤ 사업주는 배우자 출산휴가를 이유로 근로자를 해고하거나 그 밖의 불리한 처우를 하여서는 아니 된다」고 규정하고 있다.

배우자 출산휴가제도의 취지는 배우자가 출산시 도움을 줄 수 있도록 10일간의 유급휴가를 부여하되, 그 대상은 출산한 여성의 배우자인 남성근로자이다.

2. 배우자 출산휴가 기간 및 사용방법

배우자 출산휴가기간은 10일이다. 휴가기간은 유급휴가이다. 배우자 출산휴가는 근로자가 배우자의 출산을 이유로 휴가를 청구하는 경우에는 10일의 휴가를 반드시 부여하는 것이 원칙이나 근로자가 10일 이하로 청구하는 것은 무방하다. 일반적으로 배우자 출산휴가는 출산일 이후에 사용한다. 그러나 출산을 위한 준비과정 등을 고려하여 휴가기간 안에 출산예정일이 포함되면 출산일 전에 휴가를 사용할 수 있다.

배우자 출산휴가기간 중 근로제공의무가 없는 날(휴일 등)이 포함되는 경우에는 당해 휴가일수에 산입하지 아니한다(2019.6.14, 여성고용정책과-843).

배우자 출산휴가는 출산 후 90일의 범위 내에서 남성근로자가 필요한 날을 정하여 신청하는 것이므로 특별한 사유가 없는 한 근로자가 지정한 날에 주는 것이 원칙이다. 휴가는 원칙적으로 연속하여 사용해야 한다. 배우자출산휴가는 1회에 한정하여 나누어 사용할 수 있나. 나만 단체협악이나 취업규칙에 1회 이상의 분할 사용이 가능하도록 규정되어 있거나, 사업주의 동의가 있다면 분할 사용이 가능하다.

3. 배우자출산휴가를 이유로 한 해고의 금지

사업주는 난임치료휴가를 이유로 해고, 징계 등 불리한 처우를 하여서는 아니된다(동법 제18조의2 제5항).

6 난임치료휴가

1. 난임치료휴가의 의의

난임치료휴가란 근로자가 임신이 곤란할 경우에 인공수정 또는 체외수정 등 임신을 촉진하는 치료를 받기 위하여 청구하는 휴가를 말한다. 모성보호를 강화하기 위한 것이다(남녀고용평등법 제18조의3 제1항).

2. 난임치료휴가 기간 및 사용방법

사업주는 근로자가 난임치료휴가를 청구하는 경우에 연간 3일 이내에 휴가를 주어야 하며, 이 경우 최초 1일은 유급으로 한다. 다만 근로자가 청구한 시기에 휴가를 주는 것이 정상적인 사업 운영에 중대한 지장을 초래하는 경우에는 근로자와 협의하여 그 시기를 변경할 수 있다. 사업주는 난임치료휴가를 이유로 해고, 징계 등 불리한 처우를 하여서는 아니된다(남녀고용평등법 제18조의3 제2항). 난임치료휴가의 신청방법 및 절차 등은 대통령령으로 정한다(남녀고용평등법 제18조의3 제3항).

3. 난임치료휴가의 신청방법 및 절차

난임치료휴가를 신청하려는 근로자는 휴가를 신청하려는 날의 3일 전까지 사업주에게 신청하도록 하고, 사업주는 해당 근로자에게 난임치료를 받은 사실을 증명할 수 있는 서류의 제출을 요구할 수 있다(남녀고용평등법 제18조의3 제3항).

7 가족돌봄휴가

1. 가족돌봄휴가의 의의

가족돌봄휴가란 사업주는 근로자가 가족(조부모 또는 손자녀의 경우 본인 외에도 직계비속 또는 직계존속이 있는 등 대통령령으로 정하는 경우는 제외한다)의 질병, 사고, 노령 또는 자녀의 양육으로 인하여 긴급하게 그 가족을 돌보기 위하여 신청하는 경우에 허용하는 휴가를 말한다. 다만 근로자가 청구한 시기에 휴가를 주는 것이 정상적인 사업 운영에 중대한 지장을 초래하는 경우에는 근로자와 협의하여 그 시기를 변경할 수 있다(남녀고용평등법 제22조의2 제2항).

2. 가족돌봄휴가의 사용기간과 분할횟수

가족돌봄휴가기간은 연간 최대 10일로 하며, 일 단위로 사용할 수 있어야 한다. 다만 가족돌봄휴가기간은 가족돌봄휴직기간에 포함한다(동조 제4항제2호).

3. 가족돌봄휴가기간 사용시의 해고 금지

사업주는 가족돌봄휴가를 이유로 해당 근로자를 해고하거나 불리한 처우를 하여서는 아니 된다(동조 제5항).

4. 가족돌봄휴가기간의 근속기간 포함 여부 및 평균임금 산정기간 제외

가족돌봄휴가기간은 근속기간에 포함한다. 근기법 제2조제1항제6호에 따른 평균임금산정기간에서는 제외한다(동조 제6항).

제7장

여성 · 연소자의 보호

제1절 총 설

근기법 제5장은 여성 근로자와 연소 근로자에 대한 특별보호를 규정하고 있다. 이들 조항은 헌법 제32조제4항과 제5항에 명시된 여성과 연소자의 근로에 대한 특별보호를 구체화한 것이다. 여성 근로자와 연소 근로자에 대한 국가적 보호는 근기법상의 다른 규정과 마찬가지로 역사적 성격을 띤다. 선진제국의 노동보호법은 연소자나 여성을 과중한 근로시간·야간근로·유해·위험업무에서 보호하는 것으로부터 시작했다.

첫째, 연소 근로자는 성인 근로자에 대하여 신체적으로 열악하다. 또한 연소 근로자는 신체적·정신적으로 성장과정에 있다. 연소 근로자의 신체적·정신적 성장을 보호하고 원숙한 인간으로 성장할 수 있도록 특별한 법적 보호규정을 두고 있다. 여기서의 특별한 보호란 구체적인 현실을 직시한 실질적 평등을 이룩하기 위한 것으로서 해석되어야 한다.

둘째, 여성 근로자는 여성의 신체적·생리적인 특성과 모성보호라는 점에서 남성 근로자와 구별되고 또한 전통적으로 남성 근로자와 평등대우라는 측면에서 법적 보호를 필요로 하고 있다.

여성 근로자 보호에 대한 최근 추세는 합리적 이유가 없는 특별보호는 완화되거나 축소되어 가는 추세에 있으며, 여성에 대한 보호규정의 내용도 모성보호를 강화하는 성격을 띠는 것에 한정된다. 즉 「규제의 완화」와 「새로운 규제」라는 두 가지 측면을 가진다(김형배, 「노동법」, 제26판, p.493).

근기법의 규정형식을 보면 여성 근로자와 연소 근로자의 보호가 동일한 취지에서 이루어지는 것처럼 되어 있으나, 여성 근로자의 보호와 연소 근로자의 보호는 보호목적이 다르다. 헌법에서는 이 점을 분명히 하기 위해 제32조제4항(여성 근로자의 보호와 남녀평등)과 동조제5항(연소 근로자의 보호)에서 각각 보호의 헌법적 근거를 규정한다.

제2절 여성과 연소자에 대한 공통된 특별보호

근기법은 여성과 연소 근로자에 대한 공통된 특별보호로서, ① 탄력적 근로시간제도의 금지(제51조), ② 유해·위험사업에의 사용금지(제65조), ③ 야간·휴일근로의 금지(제70조), ④ 갱내근로의 금지(제72조)를 규정한다.

1. 탄력적 근로시간제도의 금지

> **법 제51조 【탄력적 근로시간제】** ③ 제1항과 제2항은 15세 이상 18세 미만의 근로자와 임신 중인 여성 근로자에 대하여는 적용하지 아니한다.

탄력적 근로시간제는 15세 이상 18세 미만의 근로자와 임신 중인 여성 근로자에 대하여는 이를 적용하지 아니한다. 이것은 연소자보호와 모성보호의 일환으로서 규정한 것이다.

2. 야간·휴일근로의 금지

> **법 제70조 【야간근로와 휴일근로의 제한】** ① 사용자는 18세 이상의 여성을 오후 10시부터 오전 6시까지의 시간 및 휴일에 근로시키려면 그 근로자의 동의를 받아야 한다.
> ② 사용자는 임산부와 18세 미만자를 오후 10시부터 오전 6시까지의 시간 및 휴일에 근로시키지 못한다. 다만, 다음 각 호의 어느 하나에 해당하는 경우로서 고용노동부장관의 인가를 받으면 그러하지 아니하다.
> 1. 18세 미만자의 동의가 있는 경우
> 2. 산후 1년이 지나지 아니한 여성의 동의가 있는 경우
> 3. 임신 중의 여성이 명시적으로 청구하는 경우
>
> ③ 사용자는 제2항의 경우 고용노동부장관의 인가를 받기 전에 근로자의 건강 및 모성보호를 위하여 그 시행 여부와 방법 등에 관하여 그 사업 또는 사업장의 근로자대표와 성실하게 협의하여야 한다.

(1) 의 의

근기법은 사용자가 여성과 18세 미만자를 야간근로와 휴일근로에 종사시키는 경우에는 일정한 제한을 부과하여 여성과 연소 근로자를 보호하고 있다.

야간근로의 경우 여성과 연소자의 건강상 유해하므로 각 국의 입법례에서도 이를 일반적으로 제한 또는 금지하고 있다. 또한 휴일근로 금지는 성인 근로자에 비하여 신체적 조건이 불리한 여성 근로자와 성장과정에 있는 연소자에게 건강유지를 위한 휴식시간을 제공하기 위한 것이다.

(2) 내 용

사용자가 여성과 18세 미만자에 대하여 야간근로와 휴일근로에 종사시키는 경우에는 일정한 제한이 부과된다(근기법 제70조).

야간근로는 인간의 생체주기를 깨뜨려서 특히 신체적으로 약한 여성과 연소자에게 부정적 영향을 가져오므로 이를 금지하고 있다.

휴일에는 근기법 제55조의 주휴일 및 「근로자의 날」 등의 법정휴일은 포함되나 행정해석(2001.12.13, 여원 68240-561)은 '약정휴일'은 제외된다는 입장이다. 근기법 제70조제1항의 휴일은 법정·약정휴일 모두 해당되나 동조제2항의 고용노동부장관의 인가가 필요한 '휴일' 중 약정휴일은 제외된다. 또한 휴일근로를 제한하는 이유는 연소자에게 휴식을 통하여 신체적·정신적으로 성장할 기회를 부여하고 여성 근로자의 신체적·모성적 보호를 위한 것이다.

1) 18세 이상의 여성 근로자

사용자는 18세 이상의 여성을 오후 10시부터 오전 6시까지의 시간 및 휴일에 근로시키려면 그 근로자의 동의를 받아야 한다. 야간·휴일근로의 전제조건으로서의 당해 여성근로자의 동의는 실질적으로 연장근로에서의 일반 성인근로자의 동의(근기법 제53조제1항)와 차이가 없다.

2) 임산부와 18세 미만자

사용자는 임산부(임신 중이거나 산후 1년이 경과되지 아니한 여성)와 18세 미만자를 오후 10시부터 오전 6시까지의 시간 및 휴일에 근로시키지 못한다. 다만, ① 임신 중인 여성이 명시적으로 청구하는 경우, ② 산후 1년이 지나지 아니한 여성의 동의가 있는 경우, ③ 18세 미만자의 동의가 있는 경우 등에 해당하는 경우로서 고용노동부장관의 인가를 받은 경우에는 근로시킬 수 있다. 또한 사용자는 상기 고용노동부장관의 인가를 받기 이전에 근로자의 건강 및 모성 보호를 위하여 그 시행 여부와 방법 등에 관하여 그 사업 또는 사업장의 근로자대표와 성실하게 협의하여야 한다.

3. 유해·위험사업에의 사용금지

법 제65조【사용금지】 ① 사용자는 임신 중이거나 산후 1년이 지나지 아니한 여성(이하 "임산부"라 한다)과 18세 미만자를 도덕상 또는 보건상 유해·위험한 사업에 사용하지 못한다.
② 사용자는 임산부가 아닌 18세 이상의 여성을 제1항에 따른 보건상 유해·위험한 사업 중 임신 또는 출산에 관한 기능에 유해·위험한 사업에 사용하지 못한다.
③ 제1항 및 제2항에 따른 금지 직종은 대통령령으로 정한다.

(1) 의의 및 취지

근기법 제65조의 규정은 성인 남자 근로자와 비교하여 신체적 생리적으로 약한 여성 근로자와 신체적으로 아직 성장과정에 있으며 일반적인 경험·기능·주의력 등이 불충분한 연소자에 대해서는 유해·위험하다고 인정되는 업무에의 종사를 금지하여 이들의 신체·건강상의 안전 및 도덕성을 보호하기 위한 것이었다. 그러나 현대산업사회에서의 산업안전장치의 발달·보급으로 사고위험이 현저히 감소되었으며 여성의 취업능력과 의욕도 향상되었으므로 오히려 동조에 따른 광범위한 사용 금지직종의 지정은 여성의 취업기회를 제한하는 결과를 초래하게 된다. 따라서 현행 근기법은 모성보호와 직접 관련된 여성 근로자만을 보호하는 방향에서 제65조를 규정하고 있다. 임산부가 아닌 18세 이상의 일반 여성 근로자이더라도 임신 또는 출산에 관한 기능에 유해·위험한 영향을 줄 수 있을 때에는 그러한 사업에 사용하지 못하도록 하여 사전에 모성을 보호하고 있다(김형배, 「노동법」, 제26판, p.495).

(2) 내 용

사용자는 여성 근로자와 연소자를 도덕상 또는 보건상 유해·위험 사업에 사용하여서는 아니된다(근기법 제65조). 사용금지 이유는 신체적으로 열악한 여성 근로자나 업무능력이 미숙하고 경험이 부족한 연소자를 도덕·보건상 유해·위험하다고 인정되는 업무에 종사시키는 것을 금지하여 이들의 신체건강상의 안전 및 도덕성을 보호하기 위한 것이다.

1) 임산부 및 18세 미만자

사용자는 임산부와 18세 미만자를 도덕상 또는 보건상 유해·위험한 사업에 사용하여서는 아니된다.

2) 임산부가 아닌 18세 이상의 여성

사용자는 임산부가 아닌 18세 이상의 여성을 상기 보건상 유해·위험한 사업 중 임신 또는 출산에 관한 기능에 유해·위험한 사업에 사용하지 못한다.

3) 유해·위험한 사업의 유형

유해·위험한 사업의 유형은 대통령령으로 규정하며, 근기법시행령 제40조는 임산부와 18세 미만자의 사용금지직종을 규정하고 있다.

(3) 직업소개사업자등의 사용금지 직종의 업소에의 소개 금지

직업소개사업자 등은 18세 미만의 구직자를 「근기법」 제65조에 따라 18세 미만자의 사용이 금지되는 직종의 업소에 소개해서는 아니된다(직업안정법 제21조의3 제2항).

4. 갱내근로의 금지

> **법 제72조 【갱내근로의 금지】** 사용자는 여성과 18세 미만인 자를 갱내(坑內)에서 근로시키지 못한다. 다만, 보건·의료, 보도·취재 등 대통령령으로 정하는 업무를 수행하기 위하여 일시적으로 필요한 경우에는 그러하지 아니하다.

(1) 의의 및 취지

사용자는 여성 근로자와 18세 미만자를 일정한 업무를 제외하고는 갱내에서 근로시키지 못한다. 갱내근로는 특수한 작업환경으로 인하여 연소자와 여성에게 적합하지 않기 때문에 이를 금지하고 있다.

(2) 금지 내용

사용자는 여성 근로자와 18세 미만자를 갱내에서 근로시키지 못한다. 갱내근로는 분진으로 인한 호흡기질환 및 갱내 붕괴사고의 가능성이 존재하는 등 작업환경이 열악·위험하기 때문에 여성과 연소자의 근로를 금지하고 있다. 갱내는 광물을 파내기 위해 땅 속을 파들어 간 굴을 의미하며, 광산의 경우 보통 지하에 있는 광물을 채굴하는 장소와 땅속에 있는 통로를 말한다.

"갱내"의 범위는 작업장소가 갱내로 판단되는 한 그 작업의 내용이 광업이 아닐지라도 갱내근로에 해당된다. 따라서 갱내에서 행하는 채광업무는 물론 경리·인사 등의 사무직업무, 경미한 근로도 이에 포함된다.

(3) 갱내근로의 허용업무

본래의 업무를 수행하기 위한 수단으로서 일시적으로 필요한 경우에 행하는 근로는 갱내의 근로에 해당되지 않는다. 근기법 제72조의 규정에 따라 여성과 18세 미만인 자를 일시적으로 갱내에서 근로시킬 수 있도록 허용함으로써 갱내근로에 대해서도 규제를 완화하였다. 갱내에서 근로시킬 수 있는 허용 업무는 다음과 같다(동법시행령 제42조).

① 보건, 의료 또는 복지업무
② 신문·출판·방송프로그램 제작 등을 위한 보도·취재업무
③ 학술연구를 위한 조사업무
④ 관리·감독업무
⑤ 제1호부터 내지 제4호까지의 업무와 관련된 분야에서 하는 실습업무

제3절 연소근로자에 대한 특별보호

만 18세 미만인 연소근로자는 정신적·신체적으로 성장단계에 있고, 교육이 우선되어야 하는 시기이므로 성인근로자와는 달리 특별한 보호가 필요하다. 헌법 제32조제5항에 "연소자의 근로는 특별한 보호를 받는다"고 규정하여 연소자 근로에 대한 특별보호의 일반원칙을 천명하고 있으며, 근기법 제5장(여성과 소년)에서 근로시간, 유해·위험한 사업에 사용 금지, 취직인허 등의 규정을 통해 특별보호 내용을 구체화하고 있다. 근기법상 「연소자」로서 특별보호를 받는 자는 「만 18세 미만자」이다. 또 미성년자도 근로계약 체결에 있어서 특별보호를 받는다. 근기법은 연소 근로자의 특별보호제도로서 ① 최저취업연령의 제한(제64조), ② 연소자 증명서의 비치(제66조), ③ 미성년자의 근로계약 보호(제67조), ④ 미성년자의 임금의 청구(제68조), ⑤ 연소자 근로시간의 제한(제69조, 제70조) 등을 규정하고 있다.

1 최저취업연령의 제한

법 제64조【최저연령과 취직인허증】 ① 15세 미만인 자(「초·중등교육법」에 따른 중학교에 재학 중인 18세 미만인 자를 포함한다)는 근로자로 사용하지 못한다. 다만, 대통령령으로 정하는 기준에 따라 고용노동부장관이 발급한 취직인허증(就職認許證)을 지닌 자는 근로자로 사용할 수 있다.
② 제1항의 취직인허증은 본인의 신청에 따라 의무교육에 지장이 없는 경우에는 직종(職種)을 지정하여서만 발행할 수 있다.
③ 고용노동부장관은 거짓이나 그 밖의 부정한 방법으로 제1항 단서의 취직인허증을 발급받은 자에게는 그 인허를 취소하여야 한다.

1. 15세 미만자의 사용금지

① 근기법은 15세 미만인 자의 고용을 원칙적으로 금지하고 있고 그 위반에 대

한 벌칙을 정하고 있다. 그 취지는 심신 발육이 불완전한 연소자를 혹사시키는 폐단을 예방하고 연소자가 의무교육을 마칠 수 있도록 의무교육연령 이전의 취업을 금지시키는데 있다.

모든 나라의 노동보호법은 유아나 아동이 임금노동에 끌려나와 건전한 성장이나 교육의 기회를 저해받지 않도록 최저취업연령을 설정하여 왔다. ILO도 1919년 제1회 총회에서 제5호 조약(공업에 사용할 수 있는 아동의 최저연령에 관한 조약)이래, 수차에 걸쳐서 조약이나 권고를 채택하여 왔다. 1973년 ILO 제138호 「취업의 최저연령에 관한 협약」에 의하면 최저취업연령은 의무교육완료연령보다 낮아서는 안되며, 어떠한 경우에도 15세 미만이 되어서는 아니된다는 원칙을 채택하고 있다.

② 근기법은 15세 미만인 자(「초·중등교육법」에 의한 중학교에 재학 중인 18세 미만인 자를 포함한다)의 사용을 금지하고 있으며 고용노동부장관의 취직인허증을 소지한 자에 한하여 예외가 인정되고 있다. 우리나라의 경우 의무교육 연한이 중학교까지 확대된 점을 감안하여 연소자가 의무교육을 받는데 지장이 없도록 최저취업연령을 15세 미만인 자로 하되 「초·중등교육법」에 의한 중학교에 재학 중인 18세 미만인 자를 포함할 필요가 있으므로 국제적 기준에 맞도록 이를 상향 조정하였다.

2. 취직인허증의 신청절차

(1) 취직인허증 발급의 요건

취직인허증 발급은 ① 본인의 신청에 의하되, ② 의무교육에 지장이 없어야 하며, ③ 직종을 지정하여서만 발급한다(근기법 제64조제2항). 취직인허증을 받을 수 있는 자는 13세 이상 15세 미만자로 한다. 다만, 예술공연 참가를 위한 경우에는 13세 미만인 자도 취직인허증을 받을 수 있다(동법시행령 제35조제1항).

(2) 취직인허의 금지직종

15세 미만자에 대해 사용금지된 직종은 근기법시행령 제40조에 따른 직종에 대하여는 취직인허증을 발급할 수 없다(동법시행령 제37조).

(3) 취직인허증 신청절차

15세 미만인 자가 고용노동부장관의 취직인허증을 발급받기 위한 신청절차상 필요한 요건은 다음 4가지다(동법시행령 제35조 및 시행규칙 제11조).

① 15세 미만인 자의 취직인허증교부신청서(별지 9호 서식)에 의하여, ② 학교장(의무교육 대상자와 재학 중인 자로 한정) 및 친권자 또는 후견인의 서명을 받아, ③ 사용자가 될 자와 연명(連名)으로 하여야 한다. ④ 그 연령을 증명하는 가족관계 기록사항에 관한 증명서를 첨부하여 제출하여야 한다.

3. 취직인허증의 발급기준

근기법 제64조제1항 및 시행령 제35조제1항 본문의 규정에 의한 13세 이상 15세 미만인 자(「초·중등교육법」에 의한 중학교에 재학 중인 18세 미만인 자를 포함한다)의 취직인허증은 본인의 신청에 따라 의무교육에 지장이 없는 경우에는 직종(職種)을 지정하여서만 발행할 수 있다.

근기법시행령 제35조제1항 단서 규정에 따라 예술 공연에 참가하는 13세 미만인 자에 대한 취직인허증의 발급에 관하여는 위의 발급기준에 의한다.

4. 취직인허증의 교부

고용노동부장관은 취직인허신청에 대하여 취직을 인허할 경우에는 고용노동부령으로 정하는 취직인허증에 직종을 지정하여 신청한 근로자와 사용자가 될 자에게 내주어야 한다(동법시행령 제36조제1항). 취직인허증에는 종사업무, 임금, 근로시간, 계약기간 등의 근로조건이 기재되어야 하며, 연소근로자를 고용하고 있는 도중에 이러한 내용에 변동이 생길 경우 취직인허증을 새로 발급하여야 한다. 15세 미만인 자를 사용하는 사용자가 취직인허증을 갖추어둔 경우에는 근기법 제66조에 따른 가족관계기록사항에 관한 증명서와 친권자나 후견인의 동의서를 갖추어 둔 것으로 본다(동법시행령 제36조제2항).

5. 취직인허의 취소

고용노동부장관은 거짓이나 그 밖의 부정한 방법으로 취직인허증을 발급받거나 인허받은 직종 외의 업무 또는 유해·위험한 업무에 취업시킨 경우에는 그 인허를 취소하여야 한다(동법 제64조제3항).

2 연소자증명서의 비치

법 제66조【연소자증명서】 사용자는 18세 미만인 자에 대하여는 그 연령을 증명하는 가족관계 기록사항에 관한 증명서와 친권자 또는 후견인의 동의서를 사업장에 갖추어 두어야 한다.

1. 가족관계 기록사항에 관한 증명서 및 친권자 또는 후견인의 동의서 비치

사용자는 18세 미만인 자에 대하여 그 연령을 증명하는 가족관계 기록사항에 관한 증명서와 친권자 또는 후견인의 동의서를 사업장에 갖추어 두어야 한다(근기법 제66조). 그 취지는 만 18세 미만인 자의 근로에 대해서 취업을 감독하고 사용자로 하여금 연소자의 연령을 확인하게 함으로써 근기법상의 여러 규정을 준수하여 연소자 보호의 실효성을 확보하려는 데 있다.

15세 미만인 자를 사용하는 사용자가 취직인허증을 갖추어 둔 경우에는 근기법 제66조에 따른 가족관계 기록사항에 관한 증명서와 친권자 또는 후견인의 동의서를 갖추어 둔 것으로 본다(동법시행령 제38조제1항). 15세 미만인 자를 사용하지 아니하게 된 사용자와 그 15세 미만인 자는 취직인허증을 고용노동부장관에게 지체 없이 반환하여야 한다(동법시행령 제38조제2항).

후견인이란 미성년자에 대하여 친권자가 없거나, 친권자가 법률행위의 대리권 및 재산권을 행사할 수 없을 때 그 미성년자를 보호하기 위하여 권한을 행사할 수 있는 자(지정후견인, 법정후견인, 선정후견인이 있음)를 말한다.

2. 연소자에 대한 취업동의서

직업소개사업자 등은 구직자의 연령을 확인하여야 하며, 18세 미만의 구직자를 소개하는 경우에는 친권자 또는 후견인의 취업동의서를 받아야 한다(직업안정법 제21조의3제1항).

3 미성년자의 근로계약 체결

> **법 제67조【근로계약】** ① 친권자나 후견인은 미성년자의 근로계약을 대리할 수 없다.
> ② 친권자, 후견인 또는 고용노동부장관은 근로계약이 미성년자에게 불리하다고 인정하는 경우에는 이를 해지할 수 있다.
> ③ 사용자는 18세 미만인 자와 근로계약을 체결하는 경우에는 제17조에 따른 근로조건을 서면으로 명시하여 교부하여야 한다.

1. 미성년자의 근로계약 체결방법

근로계약은 인적 종속을 가져올 수 있는 것이므로 친권 남용으로 미성년자에게 피해가 발생하는 것을 방지하기 위하여 친권자 또는 후견인은 미성년자의 근로계약을 대리해서 체결할 수 없고 미성년자 본인이 직접 근로계약을 체결할 수 있도록 한 것이다. 민법에 의하면 사람은 19세로 성년에 이르게 된다(민법 제4조). 미성년자가 법률행위를 하기 위하여는 법정대리인의 동의를 얻어야 한다(민법 제5조). 또 법정대리인인 친권자는 자녀인 미성년자를 대리해서 재산상의 법률행위를 할 수 있는데(민법 제920·제938조·제949조), 이때 법정대리인의 대리행위에 있어서는 미성년자의 동의를 필요로 하지 않는다.

(1) 친권자 또는 후견인의 동의를 얻어 체결하는 방법

민법의 일반적인 규정에 따르면 미성년자가 근로자로서 근로계약을 체결할 경우 미성년자 자신이 친권자나 후견인의 동의를 얻은 경우에는 민법의 일반원칙이 그대로 근기법에도 적용된다.

(2) 법정대리인(친권자, 후견인)이 미성년자의 동의를 얻고 체결하는 방법 (민법 제920조)

비록 미성년자의 동의를 얻는다 하더라도 미성년자에게 불리한 친권남용으로 인하여 미성년자의 인적 종속을 가져올 우려가 있기 때문에 법정대리인에게 근로계약의 체결을 대리할 수 없도록 함으로써 근로계약은 본인인 미성년자가 스스로 체결하도록 하고 있다. 근기법 제67조제1항은 「친권자나 후견인은 미성년자의 근로계약을 대리할 수 없다」고 규정하고 있다.

2. 미성년자에게 불리한 근로계약의 해지와 해지기준

그러나 미성년자가 법정대리인의 동의를 얻지 아니하고 근로계약을 체결한 때에는 미성년자와 법정대리인은 그 계약을 취소할 수 있다. 또 친권자, 후견인 또는 고용노동부장관은 근로계약이 미성년자에게 불리하다고 인정하는 경우에는 이를 해지할 수 있다(근기법 제67조제2항). 고용노동부장관에게 해지권을 부여한 것은 공공의 이익을 대표하는 한편 법정대리인이 미성년자의 이익을 도모한다고 볼 수 없는 경우 또는 법정대리인이 없는 경우를 위한 것이다.

3. 근로조건의 서면 명시 및 교부

사용자는 18세 미만인 자와 근로계약을 체결하는 경우에는 제17조에 따른 근로조건을 서면으로 명시하여 교부하여야 한다(근기법 제67조제3항). 사용자에게 18세 미만인 자와 근로계약을 체결하는 경우 근기법 제17조에 따른 근로조건을 서면으로 명시하여 교부하도록 한 취지는 연소 근로자의 노동기본권을 보호하고 사업주의 합법적 고용을 권장하는데 기여하고자 한 것이다.

4 미성년자의 임금청구 및 수령

법 제68조【임금의 청구】 미성년자는 독자적으로 임금을 청구할 수 있다.

① 근기법 제68조에 따른 미성년자는 독자적으로 임금을 청구할 수 있다. 임금은 근로자의 생계보장을 위한 필수불가결의 수단이므로 미성년자에게 독자적인 임금청구권을 부여한 것이다. 따라서 친권자는 미성년자의 임금을 대리청구하지 못한다. 근기법은 임금의 직접지급 원칙·대리계약 금지 및 미성년자의 독자적인 임금청구권을 보장하고, 친권자가 미성년자를 혹사하거나 임금 착취하는 등의 봉건적 폐단을 제거하여 미성년자를 특별보호한 것이다.

② 민법에 따르면 친권자 또는 후견인이 미성년자의 재산을 관리하고 재산권행사를 대리할 수 있다(민법 제920조·제949조 참조). 그러나 특별법인 근기법은 친권자가 미성년자의 임금을 대리청구하는 것을 금지하는 동시에 미성년자에게 임금청구권을 보장한 것이다.

5 연소자의 근로시간

법 제69조【근로시간】 15세 이상 18세 미만인 자의 근로시간은 1일에 7시간, 1주일에 35시간을 초과하지 못한다. 다만, 당사자 사이의 합의에 따라 1일에 1시간, 1주일에 5시간을 한도로 연장할 수 있다.

1. 법정 근로시간

연소 근로자의 근로시간은 1일에 7시간, 1주일에 35시간을 초과하지 못한다. 다만, 당사자 사이의 합의에 따라 1일에 1시간, 1주일에 5시간을 한도로 연장할 수 있다(동법 제69조). 근기법 제69조의 규정에 따른 근로시간은 휴게시간을 제외한 근로시간을 말한다(근기법시행령 제41조). 그 취지는 연소자의 건강을 보호하고 의무교육에 지장이 없도록 근로시간을 제한하고 있다.

연소 근로자에 대한 근로시간의 보호는 성인근로자에 비하여 신체적·정신적으로 아직 성장과정에 있으므로 근로시간의 규제를 통하여 건강의 유지와 건전한 성장을 보장받지 않으면 안 된다(김형배, 「노동법」, 제26판, p.496). 헌법 제32조제5항에서도 「연소자의 근로는 특별한 보호를 받는다」고 규정하고 있다. 근기법 제59조에 의한 근로시간 및 휴게 특례도 배제된다고 할 것이다.

2. 연장·야간·휴일근로의 제한

(1) 연장근로의 제한

이러한 법정근로시간은 당사자의 합의에 의하여 1일 1시간, 1주 5시간의 범위에서 근로시간을 연장할 수 있다(근기법 69조 단서). 즉, 1일 8시간, 1주 40시간까지 근로시킬 수 있다. 따라서 당해 시간을 초과하여 연장근로시킬 수 없으며, 근기법 제59조에 의한 노사협정에 의한 1주 12시간 초과의 특례연장근로도 시킬 수 없다고 본다. 다만, 근기법 제53조제3항의 규정에 의한 인가연장근로의 경우 그 적용 여부에 대해서는 이견이 있으나, 다수의 학설은 연소 근로자의 보호를 위해서 적용되지 않는다고 한다.

(2) 야간·휴일근로의 제한

법 제70조【야간근로와 휴일근로의 제한】 ① 사용자는 18세 이상의 여성을 오후 10시부터 오전 6시까지의 시간 및 휴일에 근로시키려면 그 근로자의 동의를 받아야 한다.
② 사용자는 임산부와 18세 미만자를 오후 10시부터 오전 6시까지의 시간 및 휴일에 근로시키지 못한다. 다만, 다음 각 호의 어느 하나에 해당하는 경우로서 고용노동부장관의 인가를 받으면 그러하지 아니하다.
1. 18세 미만자의 동의가 있는 경우
2. 산후 1년이 지나지 아니한 여성의 동의가 있는 경우
3. 임신 중의 여성이 명시적으로 청구하는 경우
③ 사용자는 제2항의 경우 고용노동부장관의 인가를 받기 전에 근로자의 건강 및 모성 보호를 위하여 그 시행 여부와 방법 등에 관하여 그 사업 또는 사업장의 근로자대표와 성실하게 협의하여야 한다.

연소자가 다수 아르바이트를 하고 있는 업종인 패스트푸드점, 주유소, 편의점, 일반음식점, PC방 등은 야간영업이 불가피한 경우에 해당한다고 볼 수 있으므로 이러한 경우 고용노동부장관의 인가를 받으면 야간근로와 휴일근로를 허용하고 있다.

1) 임산부 또는 18세 미만자의 야간 및 휴일근로 금지

사용자는 임산부와 18세 미만자를 오후 10시부터 오전 6시까지의 사이 및 휴일에 근로시키지 못한다. 다만, 18세 미만자의 동의가 있는 경우 고용노동부장관의 인가를 받기 전에 근로자의 건강 및 모성보호를 위하여 그 시행 여부와 방법 등에 관하여 그 사업 또는 사업장의 근로자대표와 성실하게 협의하여야 한다.

2) 금지되는 휴일근로의 범위

금지되는 휴일근로의 범위는 법정휴일(주휴일, 근로자의 날)에 한정되며, 회사의 약정휴일 근로나 부수적으로 수행하는 경우에는 일·숙직은 포함되지 않는다.

3) 18세 미만자의 야간 또는 휴일근로 종사시의 인가신청 절차

18세 미만자를 야간 또는 휴일근로에 종사시키고자 하는 사용자는 인가신청서에 해당 근로자의 동의서 및 근로자대표와의 협의 결과 사본을 첨부하여 관할 지방고용노동관서의 장에게 제출하며 지방고용노동관서의 장은 제반 요건이 충족된 경우 인가서를 교부한다. 사용자는 고용노동부장관의 인가를 받기 이전에 근로자의 건강을 위하여 그 시행 여부와 방법 등에 관하여 그 사업 또는 사업장의 근로자대표와 성실하게 협의하여야 한다(근기법 제70조제3항).

4) 근로자대표와의 성실한 협의

고용노동부장관의 인가 신청시 근기법 제70조제3항에 따라 근로자대표와 성실한 협의를 거치도록 되어 있으나 이때 근로자대표 선정 방법에 관해 별도 규정한 바 없으므로 근기법 제24조제3항에 규정된 근로자대표 관련사항을 준용한다.

근로자대표는 당해 사업장의 18세 미만 연소근로자 중에서 선출하는 것이 아니라 전체근로자 과반수가 지지하는 자이면 된다. 또한, 인가시 협의를 거치도록 되어 있으므로 반드시 당사자간 의견이 일치되지 않아도 협의를 거쳤다는 사실만으로 절차상 하자는 없다. 주요 협의사항은 야간·휴일근로의 업무범위 및 실시 필요성, 근로자 보호방안, 작업형태 및 근무조 편성 등이며 최초 협의후 18세 미만자가 발생할 때마다 협의할 필요는 없으나 업무내용, 근로방법 등 근무형태와 작업환경에 변동이 있어 야간 및 휴일근로에 영향이 미칠 경우 노사간 새로이 합의를 하여야 할 것이다(2007.11.4, 근로기준팀-7384).

(3) 탄력적 · 선택적 근로시간제의 적용배제

연소 근로자에 대해서는 근기법 제51조의 탄력적 근로시간제와 제52조의 선택적 근로시간제의 적용이 배제된다.

제4절 여성에 대한 특별보호

여성 근로자의 특별보호에 대해서는 최근 현저한 변화가 일어나고 있다. 흔히 국가법에 의한 여성 근로자의 보호는 근로관계에서의 남녀평등, 모성보호 그리고 특별보호 등 세 가지로 분류된다. 여성의 보호규정은 남녀고용평등법의 제정(1987.12.4, 법률 제3989호)시에 여성 근로자의 균등한 기회·대우의 확보라는 관점에서 모성보호규정을 강화하고, 그 후 차별 철폐와 적극적 고용개선조치 강화·일과 가정의 양립 지원이라는 방향에서 개정을 하였다(2007.12.21, 법률 제8781호). 2007년 12월 "일 중심"에서 "가정과의 균형"을 중시하는 근로자들의 의식변화에 대응하고, 저출산·고령화 시대에 여성 인력의 경제활동 참여를 늘이기 위하여 일·가정의 양립을 위한 정책을 강화함에 따라 법 명칭을 「남녀고용평등법」에서 「남녀고용평등과일·가정양립지원에관한법률」로 변경했다. 여성 근로자에 대한 특별보호는 남녀고용평등법상의 보호 및 근기법상의 특별보호제도로서 ① 생리휴가(제73조), ② 출산전후 보호휴가제도(제74조), ③ 태아검진 시간의 허용 등(제74조의2), ④ 육아시간(제75조), ⑤ 시간외근로제한(제71조)을 규정하고 있다.

1 남녀고용평등법상의 여성 근로자 취업지원

1. 기본목적

남녀고용평등법은 대한민국헌법의 평등이념에 따라 고용에서 남녀의 평등한 기회와 대우를 보장하고 모성 보호와 여성고용을 촉진하여 남녀고용평등을 실현함과 아울러 근로자의 일과 가정의 양립을 지원함으로써 모든 국민의 삶의 질 향상에 이바지하는 것을 목적으로 한다(남녀고용평등법 제1조). '일 중심' 에서 '가정과의 균형' 을 중시하는 근로자들의 의식변화에 대응하고, 저출산·고령화 시대에 여성 인력의 경제활동 참여를 늘리기 위하여 일·가정의 양립을 위한 정책을 강화함에 따라 법 제명을 「남녀고용평등법」에서 「남녀고용평등과 일·가정 양립 지원에 관한 법률」로 변경한 것이다.

2. 직업지도 및 직업능력 개발

직업안정기관은 여성이 적성, 능력, 경력 및 기능의 정도에 따라 직업을 선택하고, 직업에 적응하는 것을 쉽게 하기 위하여 고용정보와 작업에 관한 조사·연구자료를 제공하는 등 직업 지도에 필요한 조치를 하여야 하며(동법 제15조), 국가나 지방자치단체 및 사업주는 여성의 능력 개발 및 향상을 위하여 모든 직업능력 개발 훈련에서 남녀에게 평등한 기회를 보장하여야 한다(동법 제16조).

3. 모집과 채용 등에 있어서의 평등한 대우

사업주는 근로자를 모집하거나 채용할 때 남녀를 차별하여서는 아니된다(동법 제7조). 근로자의 교육·배치 및 승진에서 남녀를 차별하여서는 아니되며(동법 제10조), 또 근로자의 정년·퇴직 및 해고에서 남녀를 차별하여서는 아니되며, 여성 근로자의 혼인, 임신 또는 출산을 퇴직사유로 예정하는 근로계약을 체결하여서는 아니된다(동법 제11조). 사업주가 모집과 채용, 교육·배치 및 승진 등 규제에 위반한 경우에는 500만원 이하의 벌금에 처한다(동법 제37조제4항). 또한 정년·퇴직과 해고 등 규제에 위반한 경우에는 5년 이하의 징역 또는 3,000만원 이하의 벌금에 처하도록 벌칙이 규정되어 있다(동법 제37조제1항).

4. 모성보호와 출산전후휴가에 대한 지원

모성보호는 여성에게 고유한 임신, 출산, 수유기능과 같은 모성기능에 대한 보호를 말한다. 그러므로 모성보호는 여성에 대한 모든 보호나 우대조치와 여성에 대한 육아나 가사노동을 지원하는 조치와는 구별된다. 이러한 모성보호의 일환으로 국가는 남녀고용평등법 제18조의2에 따른 배우자출산휴가, 근기법 제74조에 따른 출산전후휴가 또는 유산·사산 휴가를 사용한 근로자 중 일정한 요건에 해당하는 자에게 그 휴가기간에 대하여 통상임금에 상당하는 금액(이하 "출산전후휴가급여 등"이라 한다)을 지급할 수 있다(남녀고용평등법 제18조제1항).

동법 제18조제1항에 따라 지급된 출산전후휴가급여 등은 그 금액의 한도에서 남녀고용평등법 제18조의2제1항 또는 근기법 제74조제4항에 따라 사업주가 지급한 것으로 본다(남녀고용평등법 제18조제2항). 출산전후휴가급여 등을 지급하기 위하여 필요한 비용은 국가재정이나 사회보장기본법에 따른 사회보험에서 분담할 수 있다(동조제3항). 여성 근로자가 출산전후휴가급여 등을 받으려는 경우 사업주는 관계 서류의 작성·확인 등 모든 절차에 적극 협력하여야 한다(동조제4항).

5. 육아휴직과 육아기 근로시간단축 제도 등

(1) 육아휴직

1) 육아휴직의 의의

① **육아휴직의 의의**: 육아휴직이란 근로자가 고용관계를 유지하면서 일정기간 육아를 위해 근로의무를 면제받는 제도를 말한다. 육아휴직제는 만8세 이하 또는 초등학교 2학년 이하의 자녀(입양한 자녀 포함)를 가진 근로자가 그 자녀 양육을 위한 휴직(육아휴직)을 신청하면 이를 허용하는 휴직을 말한다(동법 제19조). 남녀고용평등법 제19조는 모성보호와 자녀의 양육을 위하여 출산전후휴가 이외에 육아휴직제도를 규정하고 있다. 일·가정 양립을 원활하게 하고 근로자의 육아환경 조성을 위하여 육아휴직 대상 자녀연령을 현행 만6세 이하에서 만8세 이하 또는 초등학교 2학년 이하로 상향조정하였다.

② **육아휴직제도의 취지**: 육아휴직제도의 취지는 근로자가 육아 부담으로 인해 퇴직하는 것을 방지하고 직장생활과 가정생활을 조화롭게 양립시킬 수 있도록 남녀근로자가 육아를 위해 휴직할 수 있도록 보장하기 위한 것이다.

2) 육아휴직기간의 보장

육아휴직기간은 1년 이내로 한다(동법 제19조제2항). 육아휴직시기가 겹치지 않으면 부부가 각각 육아휴직을 사용할 수 있다. 동일한 자녀에 대하여 부부가 각각 1년씩 총 2년을 사용할 수 있다. 육아휴직은 1년 이내에서 1회에 한정하여 나누어 사용할 수 있다. 그리고 육아휴직은 출산전후휴가에 이어서 사용하지 않아도 되며, 육아휴직제도의 취지상 출산 전으로 소급하여 사용할 수는 없다(1990.12.5, 부소 01254-16806).

육아휴직 중인 근로자는 휴직기간 중에 자녀의 연령이 8세 또는 초등학교 2학년에 도달하여도 나머지 휴직기간을 모두 사용할 수 있다.

3) 육아휴직급여

① **육아휴직급여 원칙**: 육아휴직급여는 육아휴직 시작일의 3개월까지는 매월 통상임금의 80%(상한액 150만원, 하한액 70만원)를 지급하고, 육아휴직 시작일 이후 4개월부터 육아휴직 종료일까지는 근기법에 따라 산정한 월 통상임금의 100분의 50에 해당하는 금액으로 하되 상한액은 월 120만원, 하한액은 월 70만원으로 한다(고용보험법 시행령 제55조). 이 때 육아휴직 급여 중 100분의 75를 매월 받고 100분의 25는 육아휴직 종료 후 해당 사업장에 복귀하여 6개월 이상 근무한 경우에 합산하여 일시불로 받는다. 그리고 육아휴직급여액의 지급대상 기간이 1개월이 안되는 달에 대해서는 일수로 계산해 지급한다(고용보험법시행령 제95조). 25%를 제외한 육아휴직급여 월액이 50만원 미만인 자는 50만원을 지급한다.

② **육아휴직급여의 특례**: 같은 자녀에 대하여 부모가 순차적으로 육아휴직을 하는 경우 대상 자녀가 첫째 자녀인 경우에는 150만원, 두 번째 육아휴직을 한 피보험자의 최초 3개월의 육아휴직급여는 월 통상임금에 해당하는 금액으로 한다. 이 경우 그 월별 상한액을 250만원으로 한다(고용보험법 시행령 제95조의2).

4) 해고 금지 및 직무복귀와 육아휴직기간의 근속기간 포함

① **해고금지**: 사업주는 육아휴직을 이유로 해고나 그 밖의 불리한 처우를 하여서는 아니 되며, 육아휴직 기간에는 그 근로자를 해고하지 못한다. 다만, 사업을 계속할 수 없는 경우에는 그러하지 아니하다(동법 제19조제3항).

동 조항의 취지는 근로자가 자녀 양육으로 인하여 취업을 중단하거나, 퇴직하여야 하는 현실을 감안하여 자녀 양육에 대한 국가적·사회적 책임을 법으로 규정하여 사용자에게 근로자를 해고할 만한 정당한 사유가 있더라도 그 해당 기간에는 해고(정리해고 포함)할 수 없도록 한 것이다. 육아휴직을 이유로 한 불리한 처우란 다른 합리적인 이유없이 육아를 이유로 근로자에게 행해지는 차별대우를 말하는 것이다. 불리한 처우에는 해고, 휴직, 정직, 배치전환, 전근, 출근정지, 승급정지, 감봉 등 근로자의 경제·정신·생활상에 불이익을 주는 경우를 포함한다.

② **직무복귀 및 근속기간 포함**: 사업주는 육아휴직을 이유로 해고하지 못하며 육아휴직을 마친 후에는 휴직 전과 같은 업무 또는 같은 수준의 임금을 지급하는 직무에 복귀시켜야 하며 육아휴직 기간은 근속기간에 포함한다(남녀고용평등법 제19조). 근로자의 육아휴직제도 활용을 촉진하기 위하여 육아휴직을 분할하여 사용할 수 있도록 하였다.

(2) 육아기 근로시간 단축제도

1) 육아기 근로시간 단축 내용의 의의

육아기 근로시간 단축제도란 근로자가 만8세 이하 또는 초등학교 2학년 이하의 자녀(입양한 자녀를 포함한다)를 양육하기 위하여 근로시간의 단축을 신청하는 경우에 이를 허용하여야 하는 제도를 말한다(남녀고용평등법 제19조의2제1항 본문). 다만 대체인력 채용이 불가능한 경우, 정상적인 사업 운영에 중대한 지장을 초래하는 경우 등 대통령령으로 정하는 경우에는 그러하지 아니하다(동법 제19조의2제1항 단서). 만8세 이하 또는 초등학교 2학년 이하의 자녀(입양한 자녀 포함)를 둔 근로자는 전일제 육아휴직 대신 근로시간을 단축해 계속 근무할 수 있는 육아기 근로시간 단축을 선택할 수 있다는 것이다. 시간제 육아휴직 형태인 '육아기 근로시간 단축제' 를 도입하여 전일제 육아휴직과 함께 근로자의 형편에 따라 육아방법을 선택할 수 있어 육아휴직의 활용이 활발해질 것으로 예상된다. 종래에는 전일제 육아휴직만 사용할 수 있어 휴직에 따른 근로자 소득감소 및 경력단절, 동료의 업무가중, 기업의 대체인력 비용부담 등으로 활용도가 제한적이었는데, '육아기 근로시간 단축제' 는 이러한 점을 보완한 것으로서, 육아로 인한 근로자들의 노동시장 이탈을 방지하기 위한 것이다.

2) 육아기 근로시간 단축 내용

사업주가 동법 제19조의2제1항에 따라 해당 근로자에게 육아기 근로시간 단축을 허용하는 경우 단축 후 근로시간은 주당 15시간 이상이어야 하고 35시간을 넘어서는 아니된다(동법 제19조의2제3항).

육아기 근로시간 단축의 기간은 1년 이내로 한다(동조제4항). 다만 동법 제19조제1항에 따라 육아휴직을 사용할 수 있는 근로자가 육아휴직기간 중 사용하지 아니한 기간이 있으면 그 기간을 가산한 기간 이내로 한다(동조 제4항)고 하여 최대 2년을 사용할 수 있도록 하였다. 육아기 근로시간 단축을 나누어 사용할 수 있다. 이 경우 나누어 사용할 수 있도록 하고 육아기 근로시간 단축은 최소 사용단위를 3개월로 하되 분할 사용의 횟수에 제한을 두고 있지 아니하다(제19조의4 제1항). 사업주는 육아기 근로시간 단축을 이유로 해당 근로자에게 해고나 그 밖의 불리한 처우를 하여서는 아니된다(동조제5항). 사업주는 근로자의 육아기 근로시간 단축기간이 끝난 후에 그 근로자를 육아기 근로시간 단축 전과 같은 업무 또는 같은 수준의 임금을 지급하는 직무에 복귀시켜야 한다(동조제6항). 육아기 근로시간 단축의 신청방법 및 절차 등에 관하여 필요한 사항은 대통령령으로 정한다(동조제7항). 동법 제19조의2에 따른 육아기 근로시간 단축의 신청 등에 관하여 동법시행령 제6조부터 제9조까지의 규정을 준용한다. 이 경우 "육아휴직" 또는 "휴직"은 "육아기 근로시간 단축"으로, 동법시행령 제9조제2항 및 제3항의 규정 중 "근무개시일"은 "육아기 근로시간 단축 이전의 근무형태로 복귀하는 날"로 각각 본다(동법시행령 제9조의2).

3) 육아기 근로시간 단축 중 근로조건 등

사업주는 남녀고용평등법 제19조의2에 따라 육아기 근로시간 단축을 하고 있는 근로자에 대하여 근로시간에 비례하여 적용하는 경우 외에는 육아기 근로시간 단축을 이유로 그 근로조건을 불리하게 하여서는 아니된다(동법 제19조의3제1항). 동법 제19조의2에 따라 육아기 근로시간 단축을 한 근로자의 근로조건(육아기 근로시간 단축 후 근로시간을 포함한다)은 사업주와 그 근로자 간에 서면으로 정한다(동조제2항). 육아기 근로시간 단축기간 중의 근로조건은 서면으로 정하되, 근로시간과 비례하여 정하는 근로조건 이외에는 육아기 근로시간 단축을 이유로 근로조건을 저하시킬 수 없다.

사업주는 동법 제19조의2에 따라 육아기 근로시간 단축을 하고 있는 근로자에게 단축된 근로시간 외에 연장근로를 요구할 수 없다. 다만, 그 근로자가 명시적으로 청구하는 경우에는 사업주는 주 12시간 이내에서 연장근로를 시킬 수 있다(동조제3항).

육아기 근로시간 단축을 한 근로자에 대하여 근기법 제2조제1항제6호에 따른 평균임금을 산정하는 경우에는 그 근로자의 육아기 근로시간 단축 기간을 평균임금 산정기간에서 제외한다(동조제4항).

4) 근로시간 단축 청구에 대한 수용 여부

소정근로시간이 주35시간 미만인 근로자의 수용 여부는 사업주의 재량범위에 해당하는 것이 아니라 단축 전 근로시간과 무관하게 근로자는 단축 후 근로시간이 주15시간 이상 35시간 이하로 청구할 수 있으며 사업주는 근로자가 신청한 육아기 근로시간 단축시간을 그대로 수용하는 것이 사업 운영에 중대한 지장을 초래하는 경우가 아니라면 신청한 근로시간 단축을 수용해야 할 것이다(2019.6.13, 여성고용정책과-843).

5) 육아기 근로시간 단축기간 중 임금지급액 및 고용보험에서 지급하는 급여

① **임금지급액 산정**: 육아기 근로시간 단축기간 중 근무한 기간에 대해서는 사업주가 임금을 지급하고 단축된 근로시간에 대한 육아기 근로시간 단축급여는 고용보험에서 지급한다. 월 통상임금이 200만원인 근로자가 주당 근로시간을 40시간에서 20시간으로 단축하여 육아기 단축근무를 하면 임금은 실제 근무시간(200만원×20/40=100만원)만 지급받는다.

② **고용보험에서 지급하는 급여**: 이와 함께 고용보험에서 지급하는 육아기 근로시간 단축급여는 통상임금의 80%를 기준으로 주당 근로시간(40시간)대비 줄어든 근로시간(20시간)에 비례하여 산정한다. 월 통상임금이 200만원인 경우에는 200만원× $\frac{80}{100}$ × $\frac{20}{40}$ = 80만원을 지급받는다.

육아기 근로시간 단축급여 = 160만원×(20/40) = 80만원

<table>
<tr><td>매주 최초 5시간 단축분
〈육아기 근로시간 단축개시일을 기준으로 근기법에 따라 산정한 월 통상임금에 해당하는 금액(200만원을 상한액으로 하고, 50만원을 하한액으로 한다)〉</td><td>×</td><td>$\frac{5}{\text{단축 전 소정근로시간}}$</td></tr>
<tr><td>나머지 근로시간 단축분
〈육아기 근로시간 단축 개시일을 기준으로 근기법에 따라 산정한 월 통상임금의 100분의 80에 해당하는 금액(150만원을 상한액으로 하고, 50만원을 하한액으로 한다)〉</td><td>×</td><td>$\frac{\text{단축 전 소정근로시간} - \text{단축 후 소정근로시간} - 5}{\text{단축 전 소정근로시간}}$</td></tr>
</table>

매주 최초 5시간의 단축분에 대한 육아기 근로시간 단축 급여의 산정기준 금액을 통상임금의 80퍼센트에서 100퍼센트로 상향하고, 그 산정기준 금액의 상한을 150만원에서 200만원으로 상향한다.

(3) 배우자 출산휴가 부여

사업주는 근로자가 배우자의 출산을 이유로 휴가를 청구하는 경우에는 10일의 범위에서 근로자가 청구하는 일수만큼 주어야 하며, 휴가기간은 유급으로 한다. 근로자의 배우자가 출산한 날부터 90일이 지나면 청구할 수 없도록 하여 배우자 출산휴가제도를 도입하였다(동법 제18조의2). 양성 평등의 출산문화를 정착하기 위하여 남성 근로자에게 배우자 출산휴가를 부여하는 제도를 도입한 것이다.

(4) 난임치료휴가 부여

사업주는 근로자가 인공수정 또는 체외수정 등 난임치료를 받기 위하여 휴가를 청구하는 경우 연간 3일 이내의 휴가를 주어야 하며, 이 경우 최초 1일은 유급으로 한다. 이 부분의 해설은 제6장 제7절 ⑥ 난임치료휴가를 참조하기 바란다.

(5) 직장 보육시설 및 지원

사업주는 근로자의 취업을 지원하기 위하여 수유·탁아 등 육아에 필요한 보육시설(직장보육시설)을 설치하여야 한다(동법 제21조제1항). 직장보육시설을 설치하여야 할 사업주의 범위 등 직장보육시설의 설치 및 운영에 관한 사항은 영유아보육법에 따른다(동법 제21조제2항).

(6) 공공 복지시설 설치

국가 또는 지방자치단체는 여성 근로자를 위한 교육·육아·주택 등 공공복지시설을 설치할 수 있도록 규정하고 있다(동법 제22조). 국가와 지방자치단체가 공공복지시설을 설치할 때에는 공업단지, 농공지구 등 여성 근로자의 밀집지역부터 우선 설치하여야 한다(동법시행령 제16조).

(7) 가족돌봄휴직제

가족돌봄휴직제란 사용자는 근로자가 가족(조부모, 부모, 배우자, 배우자의 부모, 자녀 또는 손자녀) 등이 질병, 사고, 노령으로 인하여 휴직을 신청하는 경우에 이를 허용하여야 하는 휴직을 말한다(남녀고용평등법 제22조의2제1항). 남녀고용평등법 제22조의2제1항제1호에서 가족돌봄휴직을 할 수 있도록 사업주의 법적 의무를 규정하고 있다. 다만, 대체인력 채용이 불가능한 경우, 정상적인 사업 운영에 중대한 지장을 초래하는 경우, 본인 외에도 조부모의 직계비속 또는 손자녀의 직계비속이 있는 경우 등 대통령령으로 정하는 경우에는 그러하지 아니하다(동조제1항 단서). 가족돌봄휴직 기간은 연간 90일을 한도로 하며 분할하여 사용할 수 있다. 다만, 분할하여 사용하는 1회의 기간은 30일 이상이 되어야 한다(동조제3항).

(8) 가족돌봄휴가

가족돌봄휴가에 관해서는 제7절 휴가제도 [7] 가족돌봄휴가에서 이미 기술하였다.

6. 경비보조

국가, 지방자치단체 및 공공단체는 여성의 취업촉진과 복지증진에 관련되는 사업에 대하여 예산의 범위에서 그 경비의 전부 또는 일부를 보조할 수 있다(동법 제35조제1항).

7. 남녀고용평등실현을 위한 시책 수립 등

고용노동부장관은 남녀고용평등 실현과 일·가정의 양립에 관한 기본계획을 5년마다 수립하여야 하며, 기본계획에는 다음 사항이 포함되어야 한다(남녀고용평등법 제6조의2).

① 여성취업의 촉진에 관한 사항
② 남녀의 평등한 기회보장 및 대우에 관한 사항
③ 동일 가치 노동에 대한 동일 임금 지급의 정착에 관한 사항
④ 여성의 직업능력 개발에 관한 사항
⑤ 여성 근로자의 모성 보호에 관한 사항

⑥ 일·가정의 양립 지원에 관한 사항
⑦ 여성 근로자를 위한 복지시설의 설치 및 운영에 관한 사항
⑧ 직전 기본계획에 대한 평가
⑨ 그 밖에 남녀고용평등의 실현과 일·가정의 양립 지원을 위하여 고용노동부 장관이 필요하다고 인정하는 사항

2 근기법상의 여성 특별 보호규정

근기법상의 여성 보호규정은 제5장에서 이를 규정하고 있는데, 그 중에는 연소자와 동일한 규제를 하고 있는 것도 있는가 하면, 특히 여성 근로자만을 위하여 특별 보호규정을 한 것도 있는데 그 내용을 열거하면 다음과 같다.

1. 사용금지 등

법 제65조 【사용금지】 ① 사용자는 임신 중이거나 산후 1년이 지나지 아니한 여성(이하 "임산부"라 한다)과 18세 미만자를 도덕상 또는 보건상 유해·위험한 사업에 사용하지 못한다.
② 사용자는 임산부가 아닌 18세 이상의 여성을 제1항에 따른 보건상 유해·위험한 사업 중 임신 또는 출산에 관한 기능에 유해·위험한 사업에 사용하지 못한다.
③ 제1항 및 제2항에 따른 금지 직종은 대통령령으로 정한다.
영 제40조 【임산부 등의 사용금지 직종】 법 제65조에 따라 임산부, 임산부가 아닌 18세 이상 여성 및 18세 미만인 자의 사용이 금지되는 직종의 범위는 별표 4와 같다.

사용자는 여성이 임신 중이거나 산후 1년이 지나지 아니한 여성(임산부)에 대하여 도덕상 또는 보건상 유해·위험한 작업에 사용하지 못한다(근기법 제65조제1항). 사용자는 임산부가 아닌 18세 이상의 여성을 보건상 유해·위험한 사업 중 임신 또는 출산에 관한 기능에 유해·위험한 사업에 사용하지 못한다(동조제2항). 임산부, 임산부가 아닌 18세 이상의 여성의 사용이 금지되는 직종은 대통령령으로 정하고 있다(동법 제65조제3항).

2. 야간근로·휴일근로의 금지

사용자는 임산부와 18세 미만자를 원칙적으로 야간근로(오후 10시부터 오전 6시까지의 시간)와 휴일근로에 종사시키지 못한다. 다만, ① 산후 1년이 지나지 아니한 여성의 동의가 있는 경우, ② 임신 중의 여성이 명시적으로 청구하는 경우로서 고용노동부장관의 인가를 받은 경우에는 그러하지 아니하다. 인가기준은 18세 미만자의 야간 및 휴일근로 인가기준과 동일하다(근기법 제70조제2항).

3. 시간외근로의 제한

사용자는 산후 1년이 지나지 아니한 여성에 대하여는 단체협약이 있는 경우라도 1일에 2시간, 1주일에 6시간, 1년에 150시간을 초과하는 시간외근로를 시키지 못한다(근기법 제71조). 따라서 제53조제1항 단서에 의한 당사자간의 합의는 물론, 단체협약에 의한 경우라고 할지라도 이 제한에 따라야 한다. 이 규정은 1일·1주·1년에 대한 각 시간외근로의 최고한도를 규정한 것이다.

4. 출산전후 보호

근기법은 여성 근로자에 대하여 출산전후 유급휴가를 주는 것 이외에 임신 중의 여성 근로자의 요구가 있는 경우에는 쉬운 종류의 근로에 전환시켜야 하며 시간외근로를 시키지 못한다고 규정하고 있다. 이는 임신과 출산은 여성 근로자에게 있어 신체적·정신적으로 매우 중요한 일이며, 출산 후 소모된 체력을 회복하기 위하여 일정기간 휴양이 필요하며, 동시에 유아를 보살필 수 있게 하기 위해 규정되었다(제6장 제7절 4 출산전후휴가 참조).

5. 생리휴가

사용자는 여성 근로자가 청구하면 월 1일의 생리휴가를 주어야 한다(근기법 제73조). 제5장 제7절 3 생리휴가에서 언급하였다.

6. 육아시간의 보장

(1) 육아시간제도의 의의

근기법은 「생후 1년 미만의 유아를 가진 여성 근로자가 청구하면 1일 2회 각각 30분 이상의 유급수유시간을 주어야 한다」고 규정하고 있다(근기법 제75조). 이 규정은 유아를 가진 여성 근로자의 직장생활과 육아책임이 양립할 수 있도록 제도적으로 보호하는 데 있다.

(2) 육아시간의 청구권자

① 육아시간의 청구권자: 생후 1년 미만의 유아를 가진 여성 근로자로서 기혼이든 미혼이든 불문한다.

② 직접 분만한 자녀인지 여부: 해당 근로자가 직접 분만한 자녀임을 요하는가에 관하여는 견해가 나누어진다. 직접 분만한 유아가 아닌 양자도 해당된다는 견해와 달리 근기법이 '자녀를 기르는 여성'이 아니고 '생후 1년 미만의 유아를 가진 여성 근로자'라고 규정하고 있으며, 육아 중의 모성 보호라는 입장에서 직접 분만한 유아만이 해당된다는 견해도 있다. 그러나 모자 접촉을 통한 인간다운 생활보장이라는 본 제도의 취지에서 본다면 친자에 한하지 않고 생후 1년 미만인 입양된 양자의 경우도 포함된다고 하여야 할 것이다.

③ 육아시간을 청구할 수 있는 근로자의 고용형태: 정규직 근로자뿐만 아니라 단시간근로자 등 비정규직근로자에게도 적용된다.

(3) 육아시간의 부여방법

육아시간은 사용자가 부여하는 시간이며 자택 또는 탁아시설까지의 왕복시간을 포함시켜도 무방하다. 수유시간은 수유뿐만 아니라 유아를 보살피는 데 필요한 시간을 포함하는 것으로 해석하는 것이 일반적이다.

육아시간을 1일에 2회 30분 이상으로 한 것은 1일 근로시간을 8시간으로 하는 통상적인 업무형태를 예상하여 정한 것이므로 1일의 근로시간이 4시간 이내인 단시간근로자나 토요일 등에 근로시간이 4시간 이내인 경우에는 1회로서 족하다.

(4) 근기법 제75조 위반의 효과

당해 여성 근로자의 청구가 있음에도 불구하고 사용자가 근기법 제75조를 위반하여 수유시간을 주지 않을 때에는 2년 이하의 징역 또는 2,000만원 이하의 벌금에 처해질 수 있다(근기법 제110조).

제8장

인사이동 · 휴직 · 징계 · 근로관계의 이전

제1절 인사이동

- □ 인사이동
- □ 인사권의 법적 근거 및 인사권 행사의 판단기준
- □ 배치전환
- □ 기업간의 인사이동

제2절 휴 직

제3절 기업질서와 징계

제4절 기업조직 변동과 근로관계의 이전

제1절 인사이동

1 인사이동

1. 인사이동의 개념

인사이동이란 사용자의 인사권에 따라 근로자에게 전직·전근·전보·출장·파견·배치전환 등 다양한 형태의 근로관계를 변경하는 인사 처분을 말한다. 통상 인사이동의 개념은 기업 내에서 또는 기업과 기업 간의 근로자의 직무내용·근무장소·직위변경 및 근로관계 당사자의 변경 등을 가져오는 근로관계의 변동이라고 말할 수 있다. 인사이동은 인력의 적재적소 배치, 인사교류를 통한 사업운영의 효율증대를 목적으로 실시되는 경우가 많으나 고용조정을 위한 수단이나 근로자에 대한 제재의 수단으로도 활용되고 있다.

2. 근기법 제23조제1항의 "전직"과의 관계

근기법 제23조제1항에서 「사용자는 근로자에게 정당한 이유없이 해고, 휴직, 정직, 전직, 감봉 그 밖에 징벌(이하 "부당해고등"으로 한다)을 하지 못한다」라고 규정 함으로써, 사용자에 의한 전직은 항상 정당한 이유의 존부에 따라 그 효력이 좌우된다는 뜻을 명시하고 있다. 근기법 제23조제1항의 '전직'의 개념이 무엇인가에 대하여 학설상 이견은 있으나, 전직의 개념은 인사이동 전반을 포괄적으로 지칭하는 광의의 개념으로 보는 견해(이정, 「노동법의 세계」, 전면개정판, p.416)와 배치전환으로 보는 견해가 있다.

2 인사권의 법적 근거 및 인사권 행사의 판단기준

1. 인사권의 법적 근거

(1) 학설의 태도

인사권의 법적 근거에 대한 학설은 다음과 같다.

① **경영권설**: 사용자는 자신의 경영권을 바탕으로 하여 인사권을 행사할 수 있다고 한다. 즉, 근로자는 근로계약 체결에 의하여 경영체계에 편입됨으로써 사용자의 인사권 행사에 따른 노무지휘를 받게 된다는 학설이다.

② **포괄적 합의설**: 근로자는 사용자와의 근로계약 체결을 통하여 자신의 노동력을 사용자의 지휘·관리권한에 속하게 하는 포괄적 합의를 하게 되며, 사용자는 이러한 합의에 근거하여 인사권을 행사하게 된다는 학설이다.

③ **계약설**: 근로자와 사용자는 근로계약에 의하여 근로조건에 합의하게 되며, 이 경우 인사권의 행사 역시 하나의 근로조건으로서 근로자의 합의사항에 포함되므로 이러한 계약에 근거하여 사용자는 인사권을 행사할 수 있다고 한다. 따라서 사용자의 인사권은 근로계약에서 합의된 범위 내에서만 법적구속력이 있다는 학설이다.

④ **평가**: 포괄적 합의설과 계약설은 대립적으로 보이지만 포괄적 합의설에서도 직종·근무장소에 관한 근로계약상의 특약이 있다면, 노무지휘권(배치명령권)은 이에 따라 제약된다고 하고, 계약설에서도 직종·근무장소에 관한 포괄적 합의가 인정된다면 포괄적인 배치명령권이 긍정된다. 또 권리남용법리의 적용을 부정하지 않는다. 따라서 결국, 배치전환명령에 대해서는 직종·근무장소에 관한 근로계약 제한과 업무상 필요성·생활상 불이익에 관한 권리남용법리의 제약이 병존하는 것이 일치하여 인정받게 된 것이다.

다만, 포괄적 합의설은 근로계약에 있어서 사용자의 본래적인 직무내용·근무장소의 결정권을 긍정하고 특약이 없는 한 사용자의 자유결정권을 인정하는데 비해, 계약설은 사용자 본래의 결정권을 거부하고 배치전환 명령권의 범위는 어디까지나 개개의 계약내용에 의하는 것으로 한다. 즉, 포괄적인 배치전환 명령권을 인정하는 합의도 있을 수 있는데 그 존재는 입증이 필요하다. 양 설의 차이는 이러한 입증책임의 차이로 따져볼 수 있다(菅野和夫, 「労働法」, 제7판, P.410). 포괄적

합의설과 계약설의 차이는 계약당사자 사이에 직무내용이나 근무장소에 관한 약정(특약)이 증명되지 않는 경우 전자는 근로계약에 배치전환명령의 근거가 되는 포괄적 합의가 있음을 인정하는데 반하여, 후자의 경우 취업규칙 등의 규정이나 근로관계의 실태 등을 통해 그 근거가 되는 개별적 합의가 증명되어야 배치전환명령의 효력을 인정하는 데 있다(김형배·박지순, 「노동법강의」, 제8판, p.151). 인사권의 법적 근거에 관한 어느 학설을 선택하든 사용자의 인사권은 근기법 제23조제1항의 정당한 이유가 있는 경우에만 인정되고, 권리남용 금지의 원칙 및 신의칙 등에 의하여 상당한 제한을 받는다. 따라서 실제에 있어서는 판례의 정당성 기준이 중요시되지 않을 수 없다.

(2) 판례의 태도

판례(대법 2009.4.23, 2007두20157)는 사용자의 전근명령권을 근로계약 등 당사자의 약정에서 근거지우는 것이 아니라 처음부터 사용자의 인사권에 기하여 인정하고 있으며, 사용자의 일방적 의사표시에 의하여 전근의 효력을 발생케 한다는 점에서 포괄적 합의설에 기초하고 있다고 판단된다.

또한 판례(대법 2012.11.29, 2011두30069)는 업무상의 필요성에 비해 근로자가 입게 되는 생활상의 불이익이 훨씬 크고, 신의칙상 요구되는 협의절차도 거치지 아니한 채 이루어진 전보는 부당하다는 태도를 취하고 있다.

판례는 위에서 판시한 내용 이외에 「근로자 측과의 협의 등 그 전보처분 등의 과정에서 신의칙상 요구되는 절차를 거쳤는지 여부를 종합적으로 고려하여 결정하여야 한다」(대법 2000.4.11, 99두2936)고 함으로써 근로자와의 협의절차를 추가하여 판단하고 있다. 그러나 판례(대법 2004.2.12, 2003두13250)는 「전보처분 등을 함에 있어서 근로자 본인과 성실한 협의절차를 거쳤는지의 여부는 정당한 인사권의 행사인지의 여부를 판단하는 하나의 요소라고는 할 수 있으나, 그러한 절차를 거치지 아니하였다는 사정만으로 전보처분 등이 권리남용에 해당하여 당연히 무효가 된다고는 볼 수 없다」고 판시함으로써, 여전히 포괄적 합의설의 태도를 취하고 있다. 다만, 근로계약에서 근로내용이나 근무장소를 특별히 한정한 경우에 사용자가 근로자에 대하여 전보나 전직처분을 하려면 원칙적으로 근로자의 동의가 있어야 한다(대법 2013.12.28, 2010다52041).

2. 인사권 행사의 판단기준

인사이동이 정당한 인사권의 범위 내에 속하는지의 여부는 당해 인사이동 명령의 업무상의 필요성과 근로자의 생활상의 불이익과의 비교·형량에 의해서 판정된다(대법 2009.4.23, 2007두20157; 대법 1998.12.22, 97두5435).

① **'업무상의 필요성'이 있는 경우**: 인원배치를 변경할 필요성, 그 변경에 당해 근로자를 해당시킬 인원선택상의 필요성(합리성)의 쌍방을 의미한다. 업무상의 필요성은 타인을 가지고 대체하기 어렵다고 하는 고도의 것임을 필요로 하지 않으며 적재적소에의 노동력의 배치에 의한 근로의욕의 증대 및 경영의 능률증진과 인사교류를 통한 업무운영의 원활화를 꾀할 목적으로 이루어진 것이라면, 이는 업무상의 필요에 의하여 행하여진 것으로 볼 수 있다(대법 2013.2.28, 2010두20447).

② **'생활상의 불이익'이 있는 경우**: 근로자의 생활상의 불이익이 인사이동에 따라 통상 감수하여야 할 정도인지를 판단하고 경제적 이익에 한정되지 않고 정신적, 육체적, 사회적 이익 나아가 조합활동상의 이익까지도 포함하며, 위 양자는 서로 상관관계를 갖고 있다.

③ **'신의칙상 요구되는 절차'**: 회사가 전보를 하는 과정에서 근로자가 속하는 노동조합(노동조합이 없으면 근로자 본인)과 협의 등 그 전직처분을 하는 과정에서 신의칙상 요구되는 절차를 거쳤는지 여부를 종합적으로 판단하여야 한다(대법 2009.4.23, 2007두20157).사용자의 일방적인 전보명령을 제한하기 위한 절차적 정당성을 말하는 것으로 그 내용으로는 전보의 필요성에 대한 설명, 고려기간의 부여, 대상조치(반대급부)에의 배려 등 사용자가 근로자의 동의를 얻기 위한 노력의 정도나 동의를 얻지 못한 경우에도 본인의 가정생활상의 사정을 어디까지 고려하였는지의 사정 등을 들 수 있다. 이상의 요소는 서로 독립되어 요건을 충족시켜야 되는 것은 아니고 이를 종합적으로 고려하여 정당성 여부를 판단할 것이다(서울행정법원 2010.4.1, 2009구합25415).

3 배치전환

1. 배치전환의 의의와 기능

① **배치전환의 의의와 유형**: 배치전환이란 직종·직무내용 또는 근무장소가 동일한 기업 내에서 상당 기간에 걸쳐 변경되는 것을 말한다. 배치전환의 유형에는 직무내용 내지 직종의 변경을 뜻하는 전직과 근무장소의 변경을 뜻하는 전근이 있다. 동일 기업내의 이동인 점에서 「전출」과 구별되고, 장기 이동인 점에서 「출장」과 구별된다.

② **배치전환의 기능**: 배치전환은 적재적소에 노동력을 배치하여 근로의욕과 경영능률을 증진시키고 부서간의 인사교류를 통해서 업무운영의 원활화를 기하기 위해 기업사회에 넓게 활용되어 왔다. 최근 기업활동 규모의 확대와 경영의 합리화 조치나 고용조정과 관련하여 기업내 노동력의 유동을 촉진함에 따라 배치전환의 일반화 현상이 나타나기에 이르렀다.

③ **배치전환과 확인소송**: 배치전환명령은 형성적인 법률행위이다. 소송에 있어서는 통상 배치전환처에 있어서의 취업의무부존재확인의 소를 제기할 수 있으며 사정에 따라서는 배치전환명령의 무효확인, 배치전환 전의 직장에서의 근무를 할 근로계약상의 지위확인에 있어서도 소의 이익은 인정된다. 무효확인 등의 소(訴) 제기 후에는 근로자가 해고된 경우에도 확인소송을 바로 부적법하다고 할 수 없다. 배치전환명령의 효력을 저지하는 긴급한 필요성이 있는 경우에는 가처분신청도 가능하다(西谷敏, 「労働法」, 2008, p.219).

④ **배치전환과 해고**: 배치전환이 재판에 등장하는 가장 전형적인 사례는 배치전환명령 거부를 이유로 싱계해고 또는 해고를 하는 것이다. 이 경우 직접적으로 법적 판단의 대상이 된 것은 해고의 효력으로서 그 전제인 배치전환명령의 유효·무효가 문제된다. 배치전환명령이 무효라면 그 거부를 이유로 행한 해고는 당연무효이나 배치전환명령이 유효라고 판단되면 통상 그 거부를 이유로 행한 해고는 유효로 인정된다(대법 2006.9.14, 2006다33531).

2. 배치전환 명령권의 근거

사용자의 배치전환 명령권의 근거와 한계에 대한 견해는 2 1. 인사권의 법적 근거에서 기술하였다.

3. 배치전환 명령의 법적 규제

(1) 직무내용(직종)의 변경에 대한 제한

근로자가 제공하는 직종의 변경을 말하며, 이를 일반적으로 '전보' 또는 '전직'이라고 한다. 근로계약 체결시 또는 그 전개과정에서 당해 근로자의 직종이 한정되어 있는 경우에는 직종 변경을 사용자의 일방적 명령에 의하여 행할 수 없다.

① **근기법 제23조제1항에 의한 규제**: 근기법 제23조제1항은 사용자는 근로자에게 정당한 이유없이 전직을 하지 못한다고 규정함으로써, 사용자에 의한 전직은 항상 정당한 이유의 존부 여하에 따라 그 효력이 좌우된다는 뜻을 명시하고 있다.

② **정당한 이유에 대한 구체적 기준**: (가) 무엇이 '정당한 이유'인가에 관해서는 구체적으로 규정하는 바가 없으므로 현실적으로는 근로계약·취업규칙·단체협약 내에 '전직'의 정당한 이유로서의 기준들이 설정될 수 있다. 일반적으로 이들 규정에 따른 정당한 이유란 '경영상의 필요와 근로자의 능력 및 적성이 있는 경우'라 할 것이다. 그러므로 근로자가 그가 담당하고 있는 업무를 수행할 능력이 없거나 또는 능력을 상실한 경우, 여성 근로자가 임신으로 인하여 쉬운 업무를 담당할 것이 요청되는 경우(근기법 제74조제2항)에는 사용자는 전직을 고려할 수 있다.

(나) 그 밖의 경우에는 사용자는 근로자의 동의를 얻어 새로운 근로계약을 체결하는 형식으로 직무내용을 변경하는 것이 원칙이다. 직무내용의 변경이 근로계약상 약정의 범위를 벗어나거나(근기법시행령 제8조), 근로자가 동일한 직종을 오랫동안 수행하였고 앞으로도 그러한 직종에 종사하는 것이 기대되는 경우에는 근로자의 동의를 요한다.

(2) 근무장소의 변경에 대한 제한

동일한 기업 내에 수 개의 사업장이 있는 경우 한 사업장에서 다른 사업장으로 근무장소를 변경하는 전근이 있으며, 이는 근로자의 생활근거의 이전을 수반하는 경우도 있으므로 동일한 사업장 내에서 근무장소를 변경하는 배치전환에 비하여 근로자의 지위에 커다란 영향을 미치게 된다.

근로계약상 근무장소가 특정되어 있는 경우에는 그 변경시 근로자의 동의를 필요로 한다. 예컨대, 근무장소가 국회 현장으로 되어 있는 근로자를 다른 곳으로 전근 명령한 것은, 이것이 승진이기는 하나 그의 의사에 반하여 이루어진 것으로서 인사권의 남용에 해당한다(대법 1992.1.21, 91두5204).

부당전직기간 동안 사용자에게 임금 지급 의무가 있는지 여부이다. 근로자가 무효인 부당전직에 불응하여 전직명령의 효력을 다투면서 전직발령지에서 근로를 제공하지 아니하는 경우 이는 부당한 전직명령을 한 사용자의 귀책사유로 말미암은 것이므로, 근로자는 전직명령시부터 원직복귀시까지의 기간 동안 종전 근무지에서 계속 근로하였을 경우에 받을 수 있는 임금의 지급을 청구할 수 있다(대법 2006.9.14, 2006다33531).

① **근로제공 장소 결정의 원칙**: 근로제공의 장소는 당사자의 약정에 의해 결정되나, 대부분의 경우 근로자는 사용자의 지시에 따라 특정한 작업장에서 근로를 제공해야 한다. 그러나 사용자에 의한 지시권의 행사범위는 당사자 사이의 합의나 취업규칙 또는 경영관행에 의하여 제한될 수 있다.

② **동일한 사업장 내지 작업장 내에서의 근무장소의 변경**: 이에 관하여는 사용자의 지시가 있는 경우에는 이에 따라야 한다.

③ **근로자를 다른 사업장으로 배치전환하는 이른바 전근의 경우**: (가) 전직이나 전보는 원칙적으로 사용자의 권한에 속하여 업무상 필요한 범위 내에서는 상당한 재량을 인정하여야 하고, 이것이 근기법 제23조제1항 또는 제104조에 위반하거나 권리남용에 해당하는 등 특별한 사정이 없는 한 당연무효라고 할 수는 없고, 업무상의 필요성이 있는 이상 전보명령에 근로자의 동의를 필요로 한다고 할 수 없으며, 전보명령의 업무상의 필요성과 그로 인해 근로자가 입게 될 생활상의 불이익을 비교·교량하여 보더라도 근로자가 입게 되는 생활상의 불이익이 사회통념상 통상의 전보에 따르는 정도를 현저히 넘어서지 않는 한 권리남용이 되지 않는다(대법 1995.10.13, 94다52928).

(나) 사용자의 배치전환명령을 근로계약 등 당사자의 약정에서 근거짓는 것이

아니라 처음부터 사용자의 인사권에 기하여 인정하고 있는 것이며, 사용자의 일방적 의사표시에 의하여 배치전환의 효력을 발생케 한다는 점에서 이른바 포괄적 합의설에 기초하고 있다. 최근에 와서 대법원은 위에서 판시한 내용 이외에 '근로자 측과의 협의 등 그 전보처분 등의 과정에서 신의칙상 요구되는 절차를 거쳤는지의 여부를 종합적으로 고려하여 결정하여야 한다(대법 2000.4.11, 99두2963)' 고 함으로써 근로자와의 협의절차를 추가하여 판단하고 있다.

4 기업간의 인사이동

1. 전 출

(1) 전출의 의의

① **전출의 의의**: 전출이란 근로자가 사용자와의 기본적인 근로계약관계를 유지하면서 다른 기업에서 상당히 장기간 동안 근로를 제공하도록 하는 인사처분을 말한다. 기업 외부로의 인사이동인 점에서 전적과 같지만 전출은 사용자의 사업에 재직한다는 점에서 전적과 구별된다.

② **전출의 특징**: 전출의 특징은 근무장소나 직무내용의 변경에 있어서 근로자에 대하여 지휘·명령할 수 있는 사용자가 변경된다는 점에 있다. 전출에 있어서는 원래의 기업과의 관계에서는 휴직이 되는 경우가 전형적이며, 근로시간·휴일·휴가 등의 근무형태는 근무장소의 기업의 취업규칙에 따라 정해지며 노무수행의 지휘·명령권도 근무장소의 사용자가 가진다. 전출을 행할 때는 당초 기업과 전출처 기업간에 근로자를 받아들인다는 전출협정의 체결이 필요하다.

③ **전출의 실제적 기능**: 전출이 활용되는 실제적 필요성은 (가) 관련 회사 또는 자회사의 경영·기술지도, (나) 인사교류, 종업원의 능력 개발·경력 형성, (다) 고용인력의 조정, (라) 중고령자의 처우 등 다양한 측면에서 발생될 수 있다(김형배, 「노동법」, 제26판, p.584).

④ **전출명령권의 법적 성질**: 전출명령은 본래의 사용자와 다른 제3자 기업에의 취업의무가 있는 근로조건을 변경하는 인사이므로 본래 근로계약의 예정된 범위

를 초과하는 조치이다(민법 제657조제1항). 전출명령의 법적 성질은 법률행위(의사표시)이며 전출명령권은 형성권으로서의 성질을 가진다. 근로자는 소송에 의하여 전출명령의 효력 자체를 다툴 수 있다.

(3) 전출명령의 유효요건

1) 전출계약

전출은 당초 소속기업과 전출기업 사이의 전출계약을 전제로 한다. 전출계약은 전출 대상 근로자에 대한 업무지휘권을 소속기업이 전출기업에 넘겨주는 것을 주요 내용으로 한다. 이러한 전출계약에는 전출기간, 목적, 대상 근로자에 대한 처우, 사용자책임 분배 등에 관한 사항이 규정될 수 있다.

2) 근로자의 동의

① 근로자의 동의

전출은 기업 외부로의 인사이동이므로 노무제공을 받는 상대방의 변경이 따르는 중요한 근로조건의 변경에 해당되므로 이를 정당화할 만한 근로계약상의 근거를 필요로 한다. 노무제공의 상대방의 변경에 따라 임금 근로조건, 경력형성, 고용 등의 면에 불이익이 발생할 여지가 있는 이상 근로자의 의사를 무시할 수 없기 때문이다. 근로제공의 상대방이 변경되기 때문에 근로계약의 일신전속성(민법 제657조제1항)에 비추어 근로자의 동의가 있어야 한다(1997.5.24, 근기 68207-683). 전출에 대한 근로자의 동의는 명시적인 경우 뿐만 아니라 묵시적인 경우에도 유효하다.

② 개별적 동의 또는 포괄적 동의

문제는 근로자의 동의는 사전의 포괄적 동의로서 충분한 것인가 또는 개별적 동의가 있어야 하는지의 문제이다. 단지 취업규칙상의 규정이 있는 경우만으로는 부족하다. 한편 전출도 인사이동의 일환이므로 적정한 인사배치의 요청도 있으므로 항상 전출대상 근로자의 동의 없이는 전출을 명할 수 없다는 것도 불합리하다. 적어도 전출기업의 근로조건의 기본사항을 정한 취업규칙이나 단체협약의 규정, 해당 기업의 전출실정, 채용시의 사용자의 설명과 그에 대한 근로자의 동의 등을 기초로 전출에 관한 근로자와 사용자 사이의 합의가 있어야 한다. 근로자 보호 차원에서 근로자가 실제로 근무하게 될 기업에서의 임금·기타 근로조건, 전출기간, 원래의 기업으로의 복직 등에 관한 「전출규정」이 사전에 마련되어 있어야 할 것이다. 따라서 근로자의 포괄적 동의나 포괄적 규정이 있다는 추상적 이유만으로 당해 근로자에게 기대할 수 없는 불이익한 전출명령을 내리는 것은 정당하다고 볼 수 없다. 적어도 전출처 기업과의 기본사항과 근로조건 등 중요 내용을 정한 취업규칙이나 단체협약의 규정과 근로자와의 구체적 합의(구체적 합의설)가 있을 때 유효하다고 볼 수 있다(김형배, 「노동법」, 제26판, p.586).

(3) 전출명령권 남용과 위반의 효과

전출명령권의 남용인지의 여부는 전출명령의 「업무상의 필요성」과 전출자의 근로조건 및 「생활상의 불이익」을 비교·형량하여 근로조건이 대폭 저하되는 전출이나 복귀가 예정되지 아니한 전출은 정리해고의 회피 등 이것을 긍정할 수 있는 기업경영상의 사정이 없는 한 권리남용이 된다. 사용자가 근로자에 대하여 정당한 이유없이 전출을 한 경우에 대한 벌칙은 없다. 그러나 부당전출을 당한 근로자는 노동위원회에 신청하여 구제를 받을 수 있고(근기법 제28조제1항), 일반 법원에 제소하여 사법적 구제를 받을 수 있다. 또 부당 전출은 사법상 무효가 된다.

(4) 전출 중의 근로관계

1) 근로자와 소속기업간의 관계

전출근로자와 소속기업간의 근로계약관계는 존속하지만, 전출근로자의 노무제공이 전출기업에서 이루어지므로 소속기업과의 노무제공관계는 존재하지 않는다. 그러나 소속기업의 취업규칙 중 노무제공을 전제로 하지 않는 부분은 그대로 존재한다. 전출은 전출근로자와 당초 기업간에 근로계약관계를 유지한 채 전출처 기업에서도 근로계약관계가 성립한다는 점에서 당초 기업에만 근로계약이 성립하는 「근로자파견」과 구별된다.

2) 근로자와 전출기업간의 관계

전출근로자는 소속기업이 아닌 전출기업의 복무규율에 따른다. 소속기업의 권리의무 중 어떤 부분이 양도되는가는 통상 전출규정에서 정해지지만 명시적으로 정하지 않는 부분은 묵시의 합의나 신의칙에 의하여 보충적 해석이 행해진다. 일반적으로 취업에 관한 권리의무(노무제공청구권, 지휘·명령권, 출근정지처분권)는 전출기업에 이관되나 취업을 전제하지 아니한 권리의무(해고권이나 복귀명령권 등의 근로계약관계의 존부·변경에 관한 권리의무)는 소속기업에 남는다고 해석된다. 권리의무의 일부 양도를 초과하여 전출기업에 포괄적인 근로계약관계가 인정되는지 여부는 전출기업이 취득하는 권한의 실태에 따라 결정된다. 따라서 급여·제수당·상여금의 지급도 전출기업이 이를 행한다. 다만, 소속기업과 전출기업간의 지급액의 차액은 소속기업이 보상할 수 있다.

퇴직금의 지급에 있어서는 근속년수에 따라 양 기업에서 분담하는 것이 보통이며, 징계해고와 통상해고의 권한은 소속기업이 보유하고 그 밖의 징계권한은 전출기업이 가지는 경우가 많으나 이들 권한을 공유하는 경우도 있을 수 있다.

3) 전출기업과 소속기업간의 관계

전출근로자에 대한 근기법상의 각 규정에 관해서는 그 내용에 따라 양 기업 중 해당 사항을 관리하고 있는 사용자가 책임을 지며, 산안법상의 사업주 책임은 현실적으로 근로제공을 받고 있는 전출기업이 부담하며, 산재법상의 사업주책임도 원칙적으로 전출기업이 부담하지만, 합의에 따라 소속기업으로 하는 것도 가능하다.

4) 전출명령 위반의 효과

전출명령 자체가 포괄적 동의 또는 개별적 동의하에 이루어진 경우에 전출명령을 거부하면 징계의 대상이 되나, 동의 없이 이루어진 것으로 볼 수 없거나, 정당한 이유없이 행해지거나 절차규정 위배의 위법이 있는 경우에는 무효가 된다. 따라서 그러한 전출명령을 거부하는 것은 유효하고 이를 이유로 한 해고는 무효이다.

(5) 소속기업으로의 복귀

전출은 통상 전출기간이 경과하거나 전출사유가 소멸하면 근로자가 당초 기업에 복귀함으로써 종료한다. 이 경우에 당초 기업의 사용자가 해당 근로자의 동의 없이 일방적으로 복귀를 명할 수 있는지가 문제된다. 첫째 견해는 사용자는 근로자를 전출기업에서 복귀시킨 경우에는 당초 근로계약에서 예정된 사안으로 당해 근로자의 동의는 필요하지 아니하다. 복귀명령은 지휘감독의 주체인 전출기업에서 소속기업으로 변경하는 것으로 근로자가 소속기업의 지휘감독에 따라 노무를 제공하는 것은 소속기업과의 당초의 근로계약에 있으므로 합의까지 요구되는 것은 아니다.

둘째 견해는 복귀시에도 근로관계의 내용을 다시 변경시키는 것이므로 근로자의 동의가 있어야 한다는 견해(김형배, 「노동법」, 제26판, p.589)이다. 이 견해는 근로자의 동의는 반드시 개별적 동의일 필요가 없으며 전출 당시의 사전적 동의 또는 전출규정에의 근거조항이 있으면 가능한 것으로 보고 있다. 첫째 견해에 따르더라도 통상 근로계약 또는 전출규정에 따라 하는 것이므로 두 견해는 크게 차이가 없는 것으로 판단된다.

전출은 소속기업에 복귀하는 것이 당연히 예정되어 있으므로 소속기업과 근로자 간에 전출기간에 대한 약정이 있다는 등의 특별한 사정이 없는 한 소속기업 복귀에 대해서는 근로자의 동의는 필요하지 않다는 첫째의 견해가 타당하다고 본다.

2. 전 적

(1) 전적의 의의

1) 전적의 의의

전적이란 본래의 소속기업과의 근로계약관계를 종료하고 다른 기업과 근로계약관계를 새로이 체결하는 것을 말한다. 전적은 본래의 소속기업과의 근로계약이 종료된다는 점에서 근로계약이 그대로 존속되는 전출과 구별된다.

2) 전적의 특징

① 전적은 서로 긴밀한 협력관계에 있는 기업간에서, 또는 독립된 모회사와 자회사간에 여러 가지 원인과 필요성에 의하여 발생될 수 있을 것이다. 전적은 종전 기업과의 근로관계를 합의해지하고 이적하게 될 기업과 사이에 새로운 근로계약을 체결하는 것이다. 따라서 업무지휘권의 주체가 변경됨으로 인하여 근로자가 불이익을 받을 수 있으므로 근로자의 동의를 얻어야 그 효력이 생기는 것이다. 일반적으로 근로관계를 유지한 채 인정되는 배치전환이나 전출과 근로관계

자체를 해소시키는 전적과는 법률적으로도 기능면에서 큰 차이가 있으므로 전적은 전출보다 신중하게 근로자의 개별적 동의가 필요한 것으로 해석하는 것이 판례의 대체적인 입장이다(대법 1993.1.26, 92다11695; 대법 1994.6.28, 93누22463; 대법 1996.12.23, 95다29970; 대법 2003.10.23, 2003다38597).

② 근로자의 동의나 승낙은 단순히 취업규칙이나 단체협약에서 '전적을 명령할 수 있다'는 취지의 포괄적 규정으로는 부족하고 전적할 기업을 명확히 명시한다는 사실이 필요하며 전적 중의 대우도 충분히 고려하여 실질적으로 근로자의 불이익이 없어야 한다(菅野和夫, 「勞動法」, 제11판, p693).

(2) 전적의 유효요건

전적은 근로계약관계를 A기업에서 B기업으로 옮기는 것이기 때문에 다음과 같은 2개의 방법에 따라 행하여져야 한다.

첫째, 당해 근로자와 A기업 사이에 존재하는 근로계약관계를 양당사자 사이의 합의로 해지하고, 근로자는 B기업과 새로 근로계약을 체결해야 한다.

둘째, A기업과 B기업 사이에서 A기업 및 당해 근로자 사이의 근로계약관계를 인수할 수도 있으나 이때에는 반드시 근로자의 동의가 있어야 한다.

당사자간의 특별한 합의가 없는 경우 근로관계는 본래의 소속기업과 전적대상기업간에 단절된 것으로 보는 것이 원칙이다. 따라서 당해 근로자의 개별적·구체적 동의를 필요로 한다.

(3) 전적 후의 근로관계

전적의 경우에는 소속기업과의 근로계약관계가 종료되면서 한편으로는 전적 기업과의 근로계약관계가 시작되므로 노동보호, 근로계약관계, 집단적노사관계 모두 전적기업이 사용자가 되는 것이 원칙이다. 따라서 근로계약상의 사용자는 물론 근기법상의 사용자도 전적기업 뿐이며, 전적근로자의 소속기업에서의 근로관계도 전적기업에 승계되지 아니한다.

다만, 원기업으로의 복직, 임금차액의 지급 또는 근속기간의 통산 등에 관한 별도의 약정이 있을 때에는 그러한 한도 내에서 원기업과 해당 근로자 사이에 채권채무가 성립한다.

제2절 휴 직

1. 휴직의 의의와 종류

(1) 휴직의 의의와 근거

① **휴직의 의의**: 휴직이란 사용자가 어떤 근로자를 그 직무에 종사하게 하는 것이 불능이거나 또는 적당하지 아니한 사유가 발생한 때에 그 근로자의 지위는 그대로 두면서 일정한 기간 직무에 종사하는 것을 금지시키는 사용자의 처분을 말한다(대법 2009.9.10, 2007두10440; 대법 2005.2.18, 2003다63029).

② **휴직의 법적 근거**: 휴직은 단체협약이나 취업규칙의 규정에 의한 사용자의 일방적 의사표시(형성행위)로 행하여지거나 근로자의 신청에 대해서 사용자가 승낙의 의사표시를 함으로써 이루어진다. 사용자가 일방적으로 휴직명령을 하는 경우에는 근기법 제23조제1항에 의한 정당한 이유가 있어야 한다. 판례(대법 1992.11.13, 92다16690)는 사용자에게 취업규칙 또는 단체협약상 일정한 사유를 근거로 한 휴직명령권이 주어져 있는 경우라도 당해 휴직규정의 설정목적과 실제기능, 휴직명령권 발동의 합리성 여부 및 그로 인하여 근로자가 받게 될 신분상, 경제상의 불이익 등 구체적인 사정을 모두 참작하여 근로자가 상당한 기간에 걸쳐 근로의 제공을 할 수 없다거나 근로제공을 함이 매우 부적당하다고 인정되는 경우에만 정당한 이유가 있는 것으로 보고 있다. 정당한 휴직사유에는 여러 가지가 있을 수 있지만, 사용자의 휴직명령권이 남용될 때에는 근로자는 소득이 감소 또는 박탈되는 불이익으로 생활상의 어려움을 겪게 된다. 따라서 정당한 이유의 존부는 엄격히 해석되어야 한다(김형배, 「노동법」, 제26판, P.595).

③ **휴직명령은 사용자 고유권한인지 여부**: 기업이 그 활동을 계속적으로 유지하기 위해서는 노동력을 재배치하거나 그 수급을 조절하는 것이 필요불가결하므로, 휴직명령을 포함한 인사명령은 원칙적으로 인사권자인 사용자의 고유권한에 속하고, 따라서 이러한 인사명령에 대하여는 업무상 필요한 범위 안에서 사용자에게 상당한 재량을 인정하여야 한다. 그리고 그것이 근로자에 대하여 정당한 이유 없

이 해고·휴직·정직·감봉 그 밖에 징벌을 하지 못하도록 하는 근기법 제23조제1항에 위배되거나 권리남용에 해당하는 등 특별한 사정이 없는 한 무효라고 할 수 없다(대법 2009.9.10, 2007두10440).

④ **휴직명령의 정당성 판단기준**: 경영상의 필요를 이유로 하여 휴직명령이 취해진 경우 그 휴직명령이 정당한 인사권의 범위 내에 속하는지 여부는 당해 휴직명령 등의 경영상의 필요성과 그로 인하여 근로자가 받게 될 신분상·경제상의 불이익을 비교·교량하고, 휴직명령 대상자 선정의 기준이 합리적이어야 하며, 근로자가 속하는 노동조합과의 협의 등 그 휴직명령을 하는 과정에서 신의칙상 요구되는 절차를 거쳤는지 여부를 종합적으로 고려하여 결정하여야 한다(대법 2009.9.10, 2007두10440).고 한다. 사용자의 휴직명령은 근기법 제23조제1항에 위반하거나 권리남용에 해당하는 등 특별한 사정이 없는 한 무효라고 할 수 없다.

(2) 휴직의 종류

휴직에는 목적이나 내용을 달리하는 여러 가지의 제도가 있다.

① **상병휴직(질병휴직)**: 업무외의 상병에 따른 장기결근이 일정기간에 달하는 경우에 행하는 휴직이다. 상병기간 중에 상병이 회복되어 취업이 가능하면 복직시키고, 회복되지 아니하여 기간만료가 되면 자연퇴직된다. 상병휴직의 경우 종전의 노무를 행할 수 있는 건강상태로 회복하면 복직시킨다.

② **사고결근휴직**: 상병 이외의 자기 사정에 의한 결근이 일정기간에 이르는 경우에 행해지는 휴직조치이다.

③ **해고회피휴직**: 기업경영상의 사정에 의해 해고회피의 일환으로 이루어지는 경우이다.

④ **기소휴직(명령휴직)**: 형사사건으로 기소된 자를 일정 기간 또는 판결 확정시까지 휴직으로 하는 경우이다.

⑤ **전임자휴직**: 노동조합의 업무를 전담하기 위하여 단체협약상 편의제공으로서 부여하는 경우이다.

⑥ **육아휴직**: 영유아의 양육을 위하여 남녀고용평등법에 따라 행하는 경우이다.

⑦ **가족돌봄휴직**: 가족(조부모, 부모, 배우자, 배우자의 조부모, 자녀, 손자녀)의 질병, 사고, 노령 또는 자녀 양육을 위하여 남녀고용평등법에 따라 행하는 경우이다.

2. 휴직 중의 법률관계

① **휴직의 임금 지급 의무**: 휴직이 유효하게 성립하면 휴직기간 중 근로자는 근로제공의무가 해제되며 사용자는 휴직기간 중인 근로자에 대한 임금 지급은 원칙적으로 단체협약과 취업규칙에 정한 바에 따른다(대법 1992.3.31, 90다8763). 근로제공의무의 존재를 전제로 하는 연차유급휴가에 의한 권리도 이것을 행사할 여지가 없다.

② **휴직수당 지급**: 사용자측의 경영상의 귀책사유로 휴업하게 됨에 따라 휴직하는 업무휴직의 경우는 근기법 제46조에 의하여 평균임금의 70%에 해당하는 수당을 지급하여야 한다.

③ **민법상의 귀책사유가 있는 경우**: 근로자에 대한 휴직이 사용자의 고의 과실 등 민법상의 귀책사유로 인한 경우에는 임금 전액 지급의무가 있다.

④ **휴직기간의 계속근로년수 산입**: 휴직기간도 계속근로년수에 산입된다. 다만, 군복무로 인한 휴직의 경우 퇴직금 산정의 기준이 되는 계속근로년수에는 산입할 수 없으나 승진기간에는 산입한다(대법 1993.1.15, 92다41986). 다만, 공무원과 사립학교 교직원의 경우는 군복무기간도 계속근로년수에 산입한다(공무원연금법 제23조제5항, 사립학교교직원연금법 제31조제4항의 반대해석).

⑤ **휴직 중 복리후생시설 이용**: 휴직 중 근로계약은 존속하므로 복리후생시설, 사택의 이용관계도 계속된다.

⑥ **휴직기간 중 성실의무**: 휴직기간 중에도 근로자는 성실의무를 진다. 휴직기간 중에도 경업금지의무가 있으며 회사의 기밀을 누설하거나 명예훼손 등의 행위를 하여서는 아니된다. 만일 이러한 행위를 하였다면 회사의 징계규정에 따라 휴직기간 중이라도 징계처분을 받을 수 있다.

3. 휴직사유의 소멸과 근로관계

사용자는 근로자의 휴직기간이 만료되거나 휴직사유가 소멸한 경우 즉시 복직시켜야 한다. 복직은 원직복직을 원칙으로 하는 것으로 해석되지만, 경영상의 필요, 작업환경 등을 고려하여 종전의 업무나 작업장소가 크게 다르지 않고 근로자에게 합당한 일을 시키는 것이라면 원직복직이 아니더라도 근로계약 위반이라고 해석할 것은 아니다(대법 1997.5.16, 96다47074). 이 경우의 작업배치는 사용자의 고유권한인 경영권의 범위에 속하는 정당한 처분으로 판단하고 있다.

① **상병휴직**: 휴직기간 중 건강이 회복된 근로자는 사용자에게 복직을 청구할 수 있다. 회복의 정도는 반드시 휴직 전의 직무를 감당할 수 없더라도 손쉬운 작업에서 서서히 통상근무가 가능한 경우에는 복직시켜야 한다. 상병휴직은 건강진단결과 의학상 업무수행이 곤란하거나 업무수행시 병세가 악화될 우려가 있는 경우에 그 정당성이 인정될 수 있다. 상병이 치유된 경우에는 당연히 복직(휴직종료)하게 되는 경우와 사용자의 복직(휴직을 해제한다)의 의사표시를 요하는 경우가 있을 수 있다. 예컨대 감염병(예컨대, 만성활동성 B형간염)의 경우 간단한 조치로 그 전염 예방이 가능함에도, 단순히 만성활동성 B형간염의 보균자로 판명되었다는 이유만으로 6개월의 범위 내에서 그 치료 종결시까지 일체의 근로제공을 하지 못하도록 휴직명령권을 발동한 조치는 사회통념상 합리성을 결여한 처분이라고 판시한 사례가 있다(대법 1992.11.13, 92다16690).

② **사고결근휴직이나 특정한 사유에 의한 휴직**: 특정 사고 또는 특정 사유로 인해 근로제공을 할 수 없었던 경우 그 근로할 수 없는 사유가 소멸하면 근로자에게는 당연히 복직의 효과가 발생한다.

③ **해고회피휴직**: 구조조정 결과에 따라 정리해고 또는 복직을 시켜야 한다.

④ **기소휴직**: 취업규칙에서 「형사사건으로 기소된 자는 그 사건이 법원에 계류하는 기간 동안을 휴직으로 한다」고 규정하는 경우가 있다. 그러나 학설 판례는 일관되게 단순히 형사사건으로 기소되었다는 것만을 이유로 하여 기소휴직처분을 할 수 없다고 한다. 근로자의 취업이 기업의 사회적 신용이나 기업질서 유지에 지장이 없다면 비록 재판이 계속되고 있을지라도 정상근무에 지상이 없는 경우 휴직사유가 소멸되는 것으로 보아 복직시켜야 한다(대법 2005.2.18, 2003다63029). 당해 기소휴직규정의 설정목적과 그 실제기능, 휴직명령권 발동의 합리성 여부 및 그로 인하여 근로자가 받게 될 신분상·경제상의 불이익 등 구체적인 사정을 모두 참작하여 근로자가 상당한 기간에 걸쳐 근로의 제공을 할 수 없다거나, 근로를 제공하는 것이 매우 부적당하다고 인정되는 경우에만 정당한 이유가 있다고 보아야 한다는 것이다.

⑤ **전임자휴직**: 전임종료와 동시에 복직시켜야 한다.

⑥ **육아휴직**: 육아휴직기간 종료와 동시에 복직시켜야 한다.

⑦ **징계휴직**: 징계기간이 만료되고 복직되지 않으면 당연퇴직으로 본다는 취업규칙의 규정이 있더라도, 근기법 제23조제1항의 규정에 위배되므로 효력이 발생될 수 없다.

4. 휴직기간 만료 후 휴직사유가 해소되지 아니한 경우 자동퇴직 여부

휴직기간 만료 후 휴직사유가 해소되었음에도 불구하고 소정기간 내 복직원을 제출하지 않거나, 휴직사유가 해소되지 아니하였음을 이유로 휴직연장원을 제출하지 아니한 경우에 자동퇴직한 것으로 간주(자동소멸사유)한다는 단체협약상의 규정이 있는 때에는 이에 해당하는 사유가 발생한 경우에 사용자의 별도의 처분 없이 단체협약 소정의 날짜에 근로자에 대한 퇴직처분이 있는 것으로 볼 수 있다는 판례가 있다(대법 1995.4.11, 94다4011). 따라서 사용자의 별도의 처분(의사표시)은 필요하지 않다고 한다. 또한 동 판례는 당연퇴직조처는 근기법 제23조제1항의 소정의 정당한 이유가 있는 것으로 보고 있다.

5. 휴직기간의 만료에 의한 해고

휴직사유(의병휴직, 가사휴직, 확정판결 등)가 소멸되지 않았음에도 휴직기간이 만료한 경우에 자연퇴직 또는 해고로 처리해야 할 것인가가 문제된다. 이에 대해서는 근기법 제23조제1항이 적용되어야 한다는 견해가 있다. 이 경우에 정당한 사유를 어떻게 해석해야 할 것인지가 문제된다. 근로자는 휴직기간 동안에 휴직사유가 소멸할 것으로 예상하고 휴직신청을 제출하였으나, 그 기간 만료까지 그의 귀책사유 또는 유책성 없이 휴직사유가 소멸하지 않은 것이 일반적인 상황이라고 생각된다. 따라서 이 경우에는 경영상의 불가피한 사정, 종전 사업장의 폐쇄, 복직될 근로자의 작업능력의 현저한 저하 등의 사유가 없는 한 자동적 퇴직 또는 해고가 인정되어서는 안 될 것으로 생각된다.

제3절 기업질서와 징계

1. 기업질서 및 징계의 의의와 징계권의 근거

(1) 기업질서 및 징계의 의의

징계란 근로자의 기업질서 위반행위에 대하여 불이익을 가하는 제재(징벌)를 말한다. 기업질서란 일반적으로 경영 목적을 수행하는 조직체로서의 기업이 필요해서 실시하는 구성원에 대한 통제의 전반을 의미한다. 징계는 이러한 기업질서를 유지하는 가장 중요한 수단 중의 하나이다. 제재의 수단으로는 경고(견책), 감급(감봉), 출근정지(정직), 징계해고 등이 있다. 기업의 질서와 규율을 유지하기 위하여 사용자의 징계행위가 필요하다고 하더라도 징계행위는 근로자에게 불이익을 강제적으로 부과하는 것이며, 경우에 따라서는 근로자의 생존권을 침해할 수 있으므로 무제한 허용될 수 있는 것은 아니다. 근기법 제23조제1항은 정당한 이유 없는 해고 그 밖의 징벌을 금지하고 있고, 동법 제28조제1항은 부당해고 등에 대하여 근로자가 노동위원회에 구제를 신청할 수 있도록 하고 있다. 그리고 근기법 제93조제11호는 제재에 관한 사항을 취업규칙의 기재사항으로 명시하고 제95조는 감급의 제재의 경우 감액에 대한 일정한 제한을 가하고 있다.

(2) 징계권의 법적 근거와 성격

1) 징계권의 법적 근거

징계권의 법적 근거에 관하여 다음과 같은 견해가 있다.

① **고유권설**: 징계권은 기업질서를 유지하기 위하여 사용자의 경영권 또는 지시권에 근거하여 당연히 인정된 권리로 본다. 따라서 단체협약 또는 취업규칙 등에서 그 근거규정이 없을지라도 기업질서 유지에 필요한 합리적인 범위에서 징계권을 가진다고 본다(대법 1994.6.14, 93누3001).

② **법규범설**: 법규범설은 근로관계를 규율하는 법규범에 근거하여 사용자의 징

계권을 인정하고, 이러한 법규범으로 취업규칙을 든다(임종률 「노동법」, 제17판, P.530). 이 견해에 의하면 사용자는 징계사유와 수단을 취업규칙으로 규정하여야 징계할 수 있고, 취업규칙에서 정하고 있지 않는 사유와 수단으로는 징계할 수 없다고 본다.

③ **공동규범설**: 기업공동질서의 유지를 위한 징계제도는 사용자에 의하여 전단적으로 제정·운영되어서는 아니되고, 단체협약 또는 노사협정과 같이 공동규범에 의하여 징계사유와 징계방법, 징계의 집행주체와 징계절차 등이 명확히 규정되어야 한다고 본다. 즉, 징계처분이 효력을 발생하기 위해서는 첫째 징계규정이 설정되어 근로자에게 충분히 주지되어야 하고, 둘째 징계의 요건과 종류 등이 상세히 규정되어야 하며, 셋째 적법한 절차에 의하여 행해져야 하고, 넷째 청문과 소명의 기회가 주어져야 한다(김형배, 「노동법」, 제26판, P.608).

④ **징계권부정설**: 사회규범으로서 징계규정을 인정하면서도 이를 사용자의 사실상의 힘에 의한 것이라고 하여 근로자의 동의가 없는 한 징계권의 법적 구속력을 부정하는 견해도 있다.

⑤ **평가**: 고유권설은 징계권의 근거를 지나치게 확대함으로써 근로자보호라고 하는 노동보호법의 이념에 반한다. 반면에 공동규범설은 징계권의 근거를 지나치게 축소함으로써 합리적인 기업질서의 확립·유지의 필요성을 충족시키지 못하고 있다. 생각건대, 제재에 관한 사항은 취업규칙의 필요적 기재사항이고(근기법 제93조), 취업규칙의 작성과 변경에 대해서는 일정한 법적 제한이 가해지고 있는 점(근기법 제94조)에 비추어 볼 때, 징계권의 근거를 취업규칙에서 찾는 법규범설이 현행법의 체계에 가장 부합된다고 본다(김유성, 「노동법 I」, P.261).

2) 징계권의 법적 성격

징계권의 법적 성격은 근로자에 대한 제재벌(불이익조치)을 내용으로 하는 형성권이라고 할 수 있다. 징계는 근로자의 비위행위(기업질서 침해행위)를 대상으로 경제적·정신적·경력형성상의 불이익 조치(감급·출근정지에 수반하는 임금 감액 또는 부지급, 승급지연이나 인사고과상의 마이너스 평가 등)이다. 징계권은 이러한 제재벌인 근로계약의 일방적 해약(징계해고) 또는 일방적 변경(감급·강격·출근정지)을 사용자의 일방적 의사표시(법률행위)에 의하여 행사하는 권리로서 형성권이라고 할 수 있다. 그러므로 징계처분의 무효 확인을 요구하는 소(訴)에도 근로자의 법률상의 지위

변동이 있는 한 허용된다. 판례(대법 1994.6.14, 93두3001)는 징계권을 「기업질서를 유지」하기 위한 일종의 제재벌로 이해하고 있다.

(3) 징계권의 요건 · 효과

징계처분의 요건과 관련하여 징계라는 제재벌을 과하는 목적이 기업질서 유지에 있는 이상 징계권은 단순하게 근로자의 근로계약상의 의무 위반을 이유로 할 수 없으며 기업질서를 현실적으로 침해(업무저해나 직장규율의 지장 발생)하거나 적어도 실질적 위험이 인정되는 경우에 발동될 수 있다고 해석해야 할 것이다. 이 점은 취업규칙의 징계사유 해당성의 판단 시 근로자의 비위행위가 징계를 행할 단계에 있는지 여부에 따라 구체적으로 판단할 필요가 있다. 또한 징계사유 해당성이 인정되는 경우에도 제2의 요건으로서 징계가 징계처분의 남용이라고 평가되지 아니할 것이 요구되므로 이 단계에서 처분의 상당성이나 처분절차가 적정한지 심사된다. 요컨대 징계는 ① 징계사유 해당성과, ② 징계권 남용이라는 2단계의 적법성 심사에 따라야 한다. 근기법 제23조제1항은 「정당한 이유」없이는 징계처분을 할 수 없다는 기준을 제시하고 있고 정당한 이유의 구체적 내용은 판례나 행정해석에 의하여 상당한 정도로 정립되어 있다.

(4) 징계권의 한계

① **근거규정의 명시**: 징계권의 행사는 취업규칙 또는 단체협약 등에 징계사유, 종류, 정도에 관하여 규정을 정하여 미리 근로자에게 명시될 것을 필요로 한다. 이러한 징계규정을 결여할 때에는 징계권의 행사는 허용되지 않는다.

② **사생활상의 언동**: 징계권은 기업질서 유지상의 필요성이라는 징계의 본질 때문에 일정의 한계가 필요하다. 그 범위는 노사의 합의로 정해지는 것 이외에 유기적 조직체로서의 기업질서 유지에 필요한 범위로 한정된다. 따라서 근로자의 사생활상의 언동이나 범법행위는 원칙적으로 징계대상이 될 수 없다. 그러나 이러한 언동 또는 행위가 다른 근로자에게 나쁜 영향을 주거나 기업질서를 문란케 하여 기업의 사회적 평가 또는 신용을 실추시킬 염려가 객관적으로 인정될 때에는 징계권의 행사범위에 포함된다고 할 것이다(대법 1994.12.13, 93두23275).

③ **객관성과 예측가능성**: 징계는 근로자에게 불이익을 부과하는 징벌이기 때문

에 징계사유는 행위규범으로 기능할 수 있도록 객관적이고 예측가능성이 있어야 한다.

④ **강행법규·상위규정 위반 여부**: 징계사유는 강행법규에 어긋나서는 아니된다. 단체협약은 취업규칙에 우선하는 효력(근기법 제96조)을 갖기 때문에 단체협약상의 징계사유에 의하여 해고하여야 하고 취업규칙상의 징계사유에 의해서는 해고할 수 없다는 취지로 규정하고 있는 경우 취업규칙을 적용하여 해고할 수 없다(대법 2005.5.26, 2005두1152; 대법 1993.4.27, 92다48697). 그러나 단체협약에 반하지 않는 한 사용자는 취업규칙에서 새로운 징계사유를 정할 수 있다(대법 1999.3.26, 98두4672).

2. 징계절차의 제한

징계절차에 대하여 법에서 특별히 규율하고 있는 바는 없다. 다만, 근기법 제93조제11호에서는 취업규칙의 필요적 기재사항의 하나로 제재에 관한 사항을 정하고 있기 때문에 취업규칙에서 징계절차를 정하고 있는 것이 일반적이다. 단체협약이나 취업규칙 또는 이에 근거를 둔 징계규정에서 징계절차를 규정한 것은 징계권의 공정한 행사를 확보하고 징계제도의 합리적인 운영을 도모하기 위한 것으로서 중요한 의미를 갖는 것이다(대법 2006.11.23, 2006다48069). 단체협약에 정함이 있는 경우에는 단체협약이 우선적으로 적용된다. 또한 취업규칙 등에서 정해진 징계절차를 거치지 아니하고 한 징계처분은 그 효력을 인정할 수 없다(대법 1996.2.9, 96누12613).

(1) 징계사실의 통지

① **징계사실의 사전통지**: 징계위원회의 출석통지는 구두, 서면 등으로 할 수 있으나, 먼저 서면으로 출석통지를 하고 이를 수령하였다는 근로자 본인의 확인까지도 받는 것이 바람직하다. 취업규칙에 피징계자에게 징계위원회의 개최일시 및 장소를 일정한 기간의 여유를 두고 통지하도록 규정하고 있는 경우 이는 징계의 객관성과 공정성을 확보하기 위한 것이므로 그 절차를 위반하여 한 징계처분은 효력이 없다. 그러나 이러한 절차상의 하자가 있음에도 피징계자가 스스로 징계

를 위한 인사위원회에 출석하여 출석통지절차에 대한 이의를 제기함이 없이 충분한 소명을 하였다는 특별한 사정이 있다면 그 절차상의 하자는 치유된다고 할 것이다(대법 2016.11.24, 2015두54759).

② **급박한 출석통보:** 징계대상자가 징계위원회에 출석하여 변명자료를 준비할 만한 시간이 충분하지 않도록 출석통지시간을 규정하는 것은 변명과 소명자료 제출의 기회를 박탈하는 것과 다를 바 없어 취업규칙이나 징계규정이 정한 통지의 취지를 어긴 것이라 할 것이므로, 실제 출석통지는 사회통념상 합리적이고 타당한 시간적 여유를 두고 행하여져야 할 것이다.

③ **출석통지서 반송:** 사용자가 징계절차 규정에 따라 근로자에게 출석통지를 하였으나 반송된 경우 사용자에게 더 많은 노력이 요구될 여지가 있다면 이것을 이유로 징계절차를 거치지 않은 것은 절차 위반으로 무효라고 할 것이나, 사용자가 피징계자의 출석을 위해 상당한 노력을 하였음에도 주소파악이 어려웠다고 인정되면 당사자 출석이 없는 징계도 가능할 것이다.

④ **형사구금의 경우:** 징계대상자가 구속 중이라고 하여도 서면 또는 대리인을 통하여 징계절차에서 변명을 하고 소명자료를 제출할 이익이 있는 것이므로 사전통지를 하지 아니함으로써 이러한 기회가 박탈되었다면 그 징계는 효력이 없다고 볼 수밖에 없다(대법 1992.7.28, 92다14786).

(2) 징계위원회 개최시한을 위반하여 개최된 징계처분의 효력

단체협약에서 징계위원회 개최시한을 규정하면서 이를 위반하여 개최된 징계위원회의 징계를 무효로 한다는 취지의 규정을 두는 경우, 그 징계위원회 개최시한의 기산점은 원칙적으로 징계사유가 생긴 때이지만, 징계를 하는 것이 불가능한 사정이 있는 경우에는 그러한 사정이 없어진 때부터 위 기간이 기산된다. 만일 근로자에게 징계사유가 있더라도 그 사유가 나중에 밝혀지기 전까지 징계를 할 수 없었던 부득이한 사정이 있다면, 사용자가 징계절차를 개시해도 충분할 정도로 징계사유에 대한 증명이 있다는 것을 알게 된 때부터 징계위원회의 개최시한이 기산된다고 보아야 한다(대법 2017.3.15, 2013두26750).

(3) 징계위원회 구성·개최

① **제척원인이 있는 징계위원의 참석**: 제척원인이 있는 징계위원은 당해 사건의 직무집행으로부터 당연히 제외되어야 하는 것이므로, 이에 위반한 징계권의 행사는 징계사유가 인정되는지 여부에 관계없이 절차에 있어서의 정의에 반하는 것으로서 무효라고 보아야 할 것이다(대법 2007.2.8, 2006두18027). 징계위원회 구성과 관련한 절차규정은 징계위원회에 대한 근로자측의 참여권을 보장함으로써 절차적 공정성을 확보하고 사용자측의 징계권 남용을 견제해 징계제도의 합리적인 운영을 도모하기 위한 것으로 보고 이러한 취지에 부합하게 매우 엄격한 기준을 적용하고 있다.

② **취업규칙상 노사동수 징계위원회 구성과 절차 위반**: 취업규칙에 직접적으로 징계위원의 자격과 선임절차에 관해서 규정하고 있지는 않지만, 근로자측 징계위원들이 이전부터 근로자들을 대표하거나 근로자들의 의견을 대변해왔다는 등의 특별한 사정이 없는 한 근로자들의 의견을 반영하는 과정 없이 임의로 근로자측 징계위원을 위촉할 수 있는 것으로까지 해석할 수는 없다(대법 2006.11.23, 2006다48069).

③ **징계위원회 개최시의 예외 규정**: 회사의 징계위원회 규정에 징계위원회 개최시는 반드시 본인을 참석시켜 변명의 기회를 부여하되 본인의 변명이 회의진행을 저해하는 경우나 특별한 사항에 대하여 변명의 기회를 주지 않을 수 있다고 규정하고 있는 경우, 징계대상자에게 위 징계위원회의 개최사실을 통보하지 아니한 채 이루어진 회사의 징계대상자에 대한 징계해고는 그 절차에 있어서 위 징계위원회의 규정을 위반하여 한 것이므로 무효이다(대법 1990.12.7, 90다6095).

④ **이사회 및 운영위원회를 개최하여 징계한 경우**: 취업규칙에 의하면 직원의 징계 시에는 당사자에게 구두 또는 서면으로 소명할 기회를 부여할 수 있다고 규정되어 있는데 피징계자에게 소명의 기회를 부여할 것인지의 여부는 인사위원회의 재량사항이라고 보이기는 하지만, 소명의 기회를 부여하는 것은 객관적 진실을 규명하고 징계처분의 절차적 정당성을 확보한다는 중요한 의미를 가진다 할 것이므로 회사의 이사회 및 운영위원회가 근로자에게 소명의 기회를 부여하지 아니한 채 해고한 것은 징계절차의 재량권을 남용한 것으로서 중대한 위법이 있다(대법 2006.2.26, 2005두14806).

(4) 노조와의 협의(합의) 규정

1) 협의(합의) 규정의 의의

징계에 있어 노동조합과 사전에 협의토록 한 규정은 인사권이나 징계권을 전반적으로 제한하려는 합의나 동의조항과는 달리, 사용자가 인사처분을 함에 있어 신중과 공정을 기할 수 있도록 노동조합에게 의견을 제시할 수 있는 기회를 주기 위한 것으로 보아야 할 것인 바, 이를 이행치 않았더라도 징계자체가 무효라고 볼 수는 없다(대법 1993.4.23, 92다34940).

2) 합의조항

① **합의조항 위반의 효력**: 사용자가 인사처분을 함에 있어 노동조합의 사전동의나 승낙을 얻어야 한다거나 노동조합과 인사처분에 관한 논의를 하여 의견의 합치를 보아 인사처분을 하도록 규정된 경우에는 사용자는 그러한 노조의 합의를 얻어 징계처분을 하여야 할 것인 바, 이를 거치지 않은 것은 원칙적으로 무효이다((대법 2010.7.15, 2007두15797; 대법 2007.9.6, 2005두8788). 단체협약에서 노동조합 간부인사에 대하여는 사전 '합의'를, 조합원 인사에 대하여는 사전 '협의'를 하도록 규정한 경우, 노동조합 간부와 조합원을 구분하여 제한 정도를 달리 정한 것으로 보아야 하므로, 노동조합 간부에 대한 인사권은 노사 간 '의견의 합치'를 보아 행사하여야 하고, 단체협약에서 정리해고에 관하여 노사간 사전 '합의'를 하도록 한 규정을 정리해고의 실시 여부가 경영주체에 의한 고도의 경영상 결단에 속하는 사항이라는 사정을 들어 이를 사전 '협의'를 하도록 규정한 것으로 해석할 수 없다(대법 2012.6.28, 2010다38007).

② **노조측 권리남용 또는 포기의 경우**: 그러나 이러한 취지의 규정이 있다고 하여서 사용자의 피용자에 대한 징계권 그 자체를 부정할 수는 없는 것이므로, 근로자에게 징계사유가 있음에도 어떠한 경우나 노동조합의 동의가 있어야 그 징계권을 행사할 수 있다는 취지로 이해될 수는 없다. 사전 합의 조항을 두고 있더라도 노동조합이 사전 합의권을 '남용'하거나 스스로 사전 합의권을 '포기'하였다고 인정되는 경우는 사용자는 노사 '합의' 없이 인사처분할 수 있다. 노동조합측이 사전 합의권을 남용한 경우란, 노동조합측에 중대한 배신행위가 있고 이로 인하여 사용자의 절차 흠결이 초래되었다거나, 인사 처분의 필요성과 합리성이 객관적으로 명

백하며 사용자가 노동조합측과 사전 합의를 위하여 성실하고 진지한 노력을 다하였음에도 노동조합측이 합리적 근거나 이유없이 무작정 인사처분에 반대하였다는 등 사정이 있는 경우를 말한다(대법 2012.6.28, 2010다38007; 대법 2010.7.15, 2007두15797; 대법 2007.9.6, 2005두8788).

(5) 사전통고나 변명의 기회부여 관련조항이 없는 경우의 징계의 효력

판례는 「근로자를 징계함에 있어서는 사전에 징계대상자에게 이를 통지하여 변명할 기회를 주어야 하는 것이 원칙이지만, 단체협약이나 취업규칙 등에 징계절차에서 징계대상자에게 사전에 통고하거나 변명의 기회를 부여할 것을 명한 규정이 없는 경우에는 그와 같은 절차를 거치지 아니하고 징계를 했다하여 이것만 가지고서는 그 징계를 당연 무효라고 할 수 없을 것」(대법 1991.4.9, 90다카27042; 대법 1992.4.14, 91다4775; 대법 1992.10.9, 91다14406)이라는 입장을 고수하고 있다. 즉, 취업규칙이 징계절차를 규정하지 않음으로써 징계대상자에게 불이익을 준다 할지라도 징계절차가 생략된 취업규칙에 따른 징계를 무효로 간주할 수는 없다는 것이다.

(6) 징계처분에 대한 재심절차

① 근로자에 대한 징계절차에 하자가 있었으나 그에 대한 재심 심의과정에서 정당한 절차를 밟은 경우 그 징계절차는 적법한 것이냐의 여부를 둘러싸고 논란이 있다. 판례(대법 1981.6.9, 80다769; 대법 1999.3.26, 98두4672)에 의하면 「취업규칙에서 피용자에 대하여 징계해고를 하려면 반드시 출석통지서를 발부하도록 규정되어 있는데 이러한 절차를 밟지 아니하고 징계해고를 하였음은 중대하고 명백한 하자가 있다 할 것이나 이에 불복하여 위 취업규칙이 정하는 바에 따른 재심 심의과정에서 출석통지서를 발부하고 이에 따라 충분히 변명할 기회를 가졌다면 위 두 개의 징계절차는 그 전체가 하나의 징계해고 처분절차를 이룬다고 할 것이어서 결국 징계절차는 적법하다」고 판시하고 있다.

② 원래의 징계과정에 절차 위반의 하자가 있더라도 재심과정에서 보완되었다면 그 절차 위반의 하자는 치유되지만, 그 재심절차를 전혀 이행하지 않거나 재심절차에 중대한 하자가 있어 재심의 효력을 인정할 수 없는 경우에는 그 징계처분은 현저히 절차적 정의에 반하는 것으로 무효가 된다(대법 2010.5.27, 2010두1743).

3. 징계수단의 제한(징계처분의 종류)

근로자의 복무규율의 위반에 대한 징계처분의 종류로는 경고, 견책, 감급, 출근정지, 해고가 있다. 이러한 징계조치는 주로 취업규칙에 규정되어 있다.

(1) 견책·경고

① **견책의 의의**: 견책이란 장래에 기업질서 위반의 행위가 발생하지 않도록 근로자가 사용자에게 시말서를 제출하는 것으로 징계하는 방법을 말한다.

② **경고의 의의**: 경고는 단순한 훈계로 시말서의 제출을 요하지 않는 징계처분이다. 이러한 견책·경고는 직접적으로 근로자에게 불이익이 부과되지 않으나 후에 인사고과·승급 및 승진 등에 불리하게 반영될 수도 있다.

③ **사죄·반성하는 내용이 포함된 시말서 제출 강제의 효력**: 취업규칙에서 사용자가 근로자에게 시말서를 제출하도록 명령할 수 있다고 규정하는 경우 시말서가 단순히 사건의 경위를 보고하는 데 그치지 않고 나아가 근로관계에서 발생한 사고 등에 관해 자신의 잘못을 반성하고 사죄한다는 내용이 포함된 사죄문 또는 반성문을 의미한다면 이는 헌법이 보장하는 내심의 윤리적 판단에 대한 강제로서 양심의 자유를 침해한다. 그러한 취업규칙 규정은 헌법에 위반되어 근기법 제96조제1항에 따라 효력이 없고, 이에 근거한 사용자의 시말서 제출명령은 업무상 정당한 명령으로 볼 수 없다(대법 2014.6.26, 2014두35799; 대법 2010.1.14, 2009두6605). 판례는 반성이나 사죄의 내용을 포함하는 것은 근로자의 양심의 자유를 침해하는 것이라는 판단이다. 시말서 제출 불응을 이유로 근로자를 징계하거나 가중처분할 수 없다는 점을 명확히 한 것에 그 의의가 있다.

(2) 감 급

① **감급의 의의**: 감급이란 근로자의 복무규율 등 위반시의 징계조치로 근로자가 실제로 제공한 근로에 대한 임금액에서 일부를 공제하는 제재를 말한다. 단, 징계조치로서 감급에 대하여는 일정한 제한이 있다.

② **감급제재의 제한**: 근기법 제95조는 「취업규칙에서 근로자에 대하여 감급의 제재를 정할 경우에 그 감액은 1회의 금액이 평균임금의 1일분의 2분의 1을, 총

액이 1임금 지급기의 임금총액의 10분의 1을 초과하지 못한다」라고 규정하여 감급의 한도를 정하고 있다. 예컨대, 1일 평균임금이 10만원이고 월급액이 3백만원인 경우 1개의 징계사안에 대하여 1일 평균임금 10만원의 반액인 50,000원을 초과할 수 없고, 1임금 지급기에 여러 개의 징계사안에 대해 감급하는 경우에도 월급액 3백만원의 10%인 300,000원을 초과할 수 없다. 이러한 감급제한을 위반하는 경우에는 벌칙이 적용되고(근기법 제114조), 근기법 제95조 규정에 위반한 감급처분은 그 전체가 무효가 된다. 그러나 이 규정에 따른 감급에 의한 임금감액은 임금전액지급의 원칙(근기법 제43조제1항)에 반하지 않는다.

③ **다른 처분·조치와의 관계**: 감급은 근로자가 근로를 제공하여 구체적 임금청구권을 취득하는 경우에 부과하는 제재이다. 그러므로 결근·지각·조퇴 등 노무 부제공을 이유로 하는 임금삭감은 감급에 해당하지 아니한다. 다만, 본래 공제되어야 할 금액을 초과하는 임금삭감은 감급의 제재가 아니다. 또한 출근정지처분에 따른 임금 부지급도 노무의 부제공에 따른 결과이므로 노무제공을 전제로 한 감급은 아니다.

④ **상여와의 관계**: 임금에는 상여도 포함하므로 근로자에 대한 제재로서의 상여를 감액하는 경우에도 근기법 제95조가 적용된다. 그러나 상여가 인사고과사정이나 평가에 의해 결정되는 제도하에서는 근로자의 비위행위 등으로 마이너스로 평가되고 이에 따라 비위행위가 없는 근로자에 비교하여 근기법 제95조에서 정한 한도를 초과해서 상여액의 차이가 나더라도 바로 근기법 제95조의 위반은 아니다.

⑤ **강등·강직·강격 등과의 관계**: 감급은 근로자의 비위행위에 대한 제재로서의 처분이므로 강등·강직·강격 등에 따라 직무가 변경되고 이에 수반하여 임금이 감액되는 것은 근로자의 직무가 변경됨에 따라 수반되는 당연한 결과이므로 이는 근기법 제95조의 감급제재에 해당하지 않는다(인천지법 2004.10.5, 2004가단2341; 2012.11.23, 근로개선정책과-6292).

(3) 출근정지(정직)

① **출근정지의 의의**: 출근정지 또는 정직이란 근로제공을 일정기간 금지하는 징계처분이다. 출근정지 기간 중에는 사용자와 근로자사이의 근로계약은 존속되고 근속년수에도 포함되나, 통상적으로 근로제공이 이루어지지 않기 때문에 임금은 지급되지 않는다.

② **출근정지와 임금청구권의 발생 여부**: 출근정지 처분으로 인한 출근정지 기간은 취업하지 않은 기간에 해당하므로 임금 청구권은 발생하지 않는 것이며, 사규에 출근정지 및 그 기간 동안에는 임금을 지급하지 않는다는 규정은 근로자가 징계의 일환으로 출근정지의 제재를 받게 된 경우 출근정지 기간 중 임금을 받지 못하는 것은 징계로서 출근 금지된 당연한 결과이다(2000.1.20, 근기 68207-144). 따라서 회사는 정당한 징계처분으로서 출근정지기간 동안에 임금 지급 의무가 없으며 징계결정에 의한 출근정지 조치가 정당하다면 근로자는 출근정지와 이에 따른 연차휴가 등의 불이익도 감수해야 한다. 만약 이에 관하여 단체협약이나 취업규칙·근로계약에 정함이 있으면 그에 따라야 할 것이다.

(4) 징계해고

① **징계해고의 의의**: 해고에는 통상해고, 징계해고, 정리해고 등이 있다. 그 중 징계해고란 근로자의 비위행위를 이유로 취업규칙에 따라 징계목적으로 행하는 해고를 말한다. 사용자의 가장 무거운 징계조치로 사회통념상 근로계약을 지속시킬 수 없을 정도로 근로자에게 책임이 있어야 한다.

② **징계해고의 적법성 심사**: 징계해고는 직장을 상실시키는 중대한 불이익조치이므로 그 적법성은 특별히 엄격하게 판단하여야 한다. 징계해고는 근로자와 「제재」로서 근로관계를 단절하는 것이므로 근로자의 중대한 의무 위반과 기업질서 침해 사실(업무저해나 직장규율상의 손해의 발생)이 있는 경우에 가능하다고 해석해야 할 것이다. 구체적으로는 근기법 제23조의 「정당한 이유」와 관련하여 첫째, 징계해고사유의 해당성의 판단단계에서는 근로자의 비위행위의 정도나 사용자의 명령·규율의 유효성을 신중하게 판단(객관적 합리적 이유의 존부)하여 징계사유 해당성이 인정되는 경우에도 둘째 징계권 남용의 판단단계에서는 처분의 상대성이나 절차의 적격을 엄격하게 체크할 필요가 있다(사회통념상의 상당성의 존부). 요컨대 사용자는 징계해고를 「최후의 수단(ultima ratio)」으로서 선택해야 한다.

4. 징계사유

근로자의 어떤 비위행위가 징계사유로 되어 있느냐 여부는 구체적인 자료들을 통하여 징계위원회 등에서 그것을 징계사유로 삼았는가 여부에 의하여 결정되어야 하는 것이지 반드시 징계의결서나 징계처분서에 기재된 취업규칙이나 징계규정에서 정한 징계근거 사유만으로 징계사유가 한정되는 것은 아니다(대법 2009.4.9, 2008두22211). 징계규정은 회사마다 각양각색이며 취업규칙 조항에 따라 내용이 다르지만 공통적인 것은 기업질서 위반행위나 회사의 재산 등 생산성에 대한 침해행위가 중심을 이루고 있다. 징계사유를 유형별로 살펴본다.

(1) 경력사칭

1) 경력사칭의 내용과 유형

경력사칭이란 이력서에 또는 채용면접시에 근로자가 그의 경력을 허위로 기재·진술하는 것을 말한다. 대부분의 취업규칙은 경력사칭을 징계사유로 하고 있으나 「중요한 경력의 사칭」에 한정하고 있는 것이 많다. 판례도 일관하여 이것이 징계사유가 된다는 것을 긍정하는 동시에 사칭한 경력은 중요한 것임을 요한다고 하고 있다. 어떠한 사항이 중요한 경력에 해당되느냐 하는 것은 객관적으로 판단해야 하며, 특히 노동력의 평가에 관한 사항이 결정적 의의를 가지는 것으로 보아야 한다. 중요한 경력의 사칭에 해당하는 주된 것은 최종학력이나 직력·범죄력의 사칭이다. 예컨대 근로자의 대부분이 여성인 회사에 입사지원서 및 이력서를 작성함에 있어 강간치상죄로 형사처벌을 받고 징집이 면제된 전과사실을 은폐하고 경력을 과장한 것은 징계해고사유에 해당한다(대법 1991.4.9, 90다카27402).

최종학력의 사칭은 낮은 학력을 숨기고 높게 사칭하거나(과대사칭, 대법 1989.3.14, 87다카3196) 높은 학력을 낮게 사칭하는 것(과소사칭)도 포함한다.

2) 경력사칭을 이유로 한 징계해고의 정당성 판단 기준

① 기존 판례의 태도

경력사칭이 근기법 제23조제1항의 「정당한 이유」에 해당하는지 여부에 대하여 기존의 판례는 「가정적 인과관계」와 「기업질서 침해의 추상적 위험성」을 기준으로 판단하였다. 판례(대법 1990.10.30, 89다카30846)는 기업이 이력서나 그 증명서를 요구하는 것은 노동력평가 이외에 노사간의 신뢰성, 기업질서의 유지, 직장에 대한 정착성 등 전인격적 판단을 하기 위한 것이므로 회사가 그 근로자를 고용할 때 경력사칭 사실을 알았더라면 고용하지 않았을 것이 명백한 때에는 회사를 기만하여 채용된 행위는 취업규칙에 정한 징계해고사유에 해당한다고 한다.

② **최근 판례의 태도**

최근의 판례(대법 2012.7.5, 2009두16763)는 경력사칭행위가 징계해고사유에 해당하는 경우에도 근기법 제23조제1항을 적용하여 해고시점까지의 제반 사정을 중심으로 사회통념상 고용관계를 계속할 수 없을 정도의 해고의 정당성이 요구된다고 한다. 경력사칭과 업무관련성의 「현실적 인과관계」를 「해고시점」을 기준으로 판단하는 입장이다.

판례(대법 2012.7.5, 2009두16763)는 「학력 등의 허위기재를 징계해고사유로 규정한 취업규칙에 근거하여 근로자를 해고하는 경우에도, 고용 당시에 사용자가 근로자의 실제 학력 등을 알았더라면 어떻게 하였을지에 대하여 추단하는 이른바 가정적 인과관계의 요소뿐만 아니라, 고용 이후 해고시점까지의 제반사정을 보태어 보더라도 그 해고가 사회통념상 현저히 부당한 것은 아니라고 인정이 되어야만 정당성이 인정될 수 있다」고 한다. 사용자가 허위기재사실을 알게 된 경위, 알게 된 이후 근로자의 태도 및 사용자 조치, 추인으로 볼 수 있는 사용자의 행위가 있었는지, 같은 업무를 담당하는 다른 근로자의 학력 및 허위기재사실 여부, 해고에 이르기까지의 근로 내용과 기간, 허위 사실이 근로자의 정상적 근로제공에 지장을 초래하였는지, 징계시기 및 다른 징계사유 등, 허위 사실이 드러남으로써 노사간 또는 근로자 상호간 관계와 기업환경에 미치는 영향을 고려하여 판단한다고 한다. 이 판례는 경력사칭행위가 징계해고사유에 해당하는 경우에도 근기법 제23조제1항을 적용하여 해고시점까지의 제반 사정을 중심으로 판단한 점에서 기존의 판례 태도를 수정하고 있다. 타당한 판결이라고 생각한다.

3) 평 가

경력사칭을 이유로 통상해고가 아닌 징계해고를 하는 것은 부당하다는 논거에도 상당한 이유가 있다. 판례(대법 2012.7.5, 2009두16763)는 고용 당시 및 그 이후의 제반사정에 비추어 보더라도 사회통념상 현저히 부당하지 않다면 그 정당성이 인정된다고 한 점에서 양 견해의 간격을 좁히고 있다. 판례가 중대한 경력사칭을 징계해고사유로 보는 근거는 ① 근로능력 평가 외에, ② 근로자의 진정성과 정직성, 당해 기업에 대한 적응성 등을 위한 자료를 확보하고, ③ 나아가 노사간 신뢰관계 형성과 안정적인 경영환경 유지 등을 도모하고자 하는 데에도 목적이 있다고 본 것이다. 생각건대 기업과 근로자간의 신뢰관계는 기업질서의 근간을 이루고 있으며 이것을 파괴하는 '중요한 경력사칭'은 실질적으로 기업질서와의 관련성을 충분히 가진다고 생각할 수 있으므로 판례의 태도가 타당하다.

(2) 직무해태

① **직무해태가 징계사유가 되는 경우**: 무단결근·출근불량·근무성적불량·지각과다·직장이탈 등이 이에 속한다. 다만, 이것들은 그 자체로서는 단순한 채무불이행으로 그것이 취업에 관한 규율에 위반하거나 직장질서를 문란시켰다(예, 직장의 사기에 악영향을 주었다)고 인정된 경우에 비로소 징계사유가 된다고 해석하여야 한다.

② **직무해태의 구체적인 사례**: 무단결근 등의 사유 외에 예컨대, 근무실적 저조, 직무능력 부족 등의 사유는 징계처분의 대상이 될 수 없다.

(3) 업무명령 위배

① **시간외·휴일근로명령, 출장·배치전환·파견명령 위반의 경우**: 예컨대 취업에 관한 상사의 지시·명령의 위반이 그 전형적인 예이다. 시간외근로명령이나 휴일근로명령도 이러한 취업에 관한 지시·명령의 하나이다. 또 출장명령, 배치전환명령, 전출명령, 파견명령 등도 이에 속한다.

이러한 경우에는 사용자의 업무명령이 근로계약의 범위에서 유효한 것인가, 그리고 근로자에게는 그 명령에 복종하지 않는 것에 대해 부득이한 사유가 존재하였는가가 징계처분의 유효성을 판단하는 주요 문제가 된다(시간외·휴일근로명령의 경우에는 근기법상의 문제도 존재하는 것은 물론이다).

회사가 거래처의 클레임을 신속히 처리키 위해 출장대상자로 지명하자 근로자가 회사로부터 정직 10일간의 징계를 받아 기분이 나쁘다는 개인적인 감정과 회사와 사전합의도 안된 노조간부 수련회 참가 등을 내세워 출장명령을 거부한 것은 정당하다고 할 수 없다(대법 1992.3.13, 91두5020). 판례는 「운수회사가 근로자를 징계해고함에 있어서 운행경로이탈, 배차거부, 지시불응, 운행 중 장시간 무단주차, 교통사고 재발 등의 단체협약과 취업규칙의 소정의 징계사유를 이유로 한 것은 정당하다」(대법 1990.10.23, 89두6792)고 하며, 「출장명령, 안전 교육에의 참석명령, 전보명령과 같이 복무규칙상의 지시·명령에 대한 위반은 단체적 직장질서에 관한 것인 한 징계사유가 될 수 있다」(대법 1995.8.11, 95다10778)고 한다.

② **소지품 검사의 거부**: 기업의 검사의 필요성과 근로자의 프라이버시 등 인권과의 조화를 꾀할 필요가 있다. 소지품 검사는 (가) 검사를 필요로 하는 합리적 이유의 존재, (나) 검사방법이 일반적으로 타당한 방법과 정도로 행하여질 것, (다) 제도로서 근로자에 대하여 획일적으로 실시되는 것일 것, (라) 취업규칙 그 밖에 명시된 근거에 기인한 것일 것 등의 요건이 요구되고 있다.

③ **복장단정 지시 위반의 경우**: 근로자가 운전기사임에도 동료기사에게 대리 운행케 한 행위와 사용자의 지시에도 불구하고 삭발한 채 붉은색 조끼와 머리띠를 착용하고 승무하여 사용자의 직무상 지시를 거부한 행위는 단체협약 및 취업규칙상 해고사유에 해당할 뿐만 아니라 대리운행을 시킨 행위 및 복장단정 지시 위반 행위는 근로자로서 기본적인 근로제공의무를 이행하지 않은 것이므로 사회통념상 고용계약을 계속시킬 수 없을 정도에 이른 것으로 판단한 사례이다(대법 2006.9.8, 2006두9856).

(4) 업무방해

업무방해의 전형적인 사례는 노동조합의 쟁의행위가 사용자의 업무를 적극적으로 저해하는 형태로 이루어져 정당성을 인정받지 못하는 경우로 당해 조합의 지도자·적극가담자 등의 역할에 따라 이에 상응한 징계처분이 허용된다. 09:00 이전에 출근하여 업무준비를 한 후 09:00부터 근무하도록 되어 있는 직원들에 대하여 집단으로 09:00 정각에 출근하도록 시킨 행위는 업무방해죄를 구성한다(대법 1996.5.10, 96도419). 또한 근로자 개인과 사용자 내지 관리자 간의 다툼이 근로자에 의한 업무방해행위로 발전하는 사례도 있다. 예컨대, 회사의 자택대기명령에 따르지 아니하고 실력으로 취업을 강제시도하여 집요하게 회사출입을 한 근로자에 대하여 행한 징계해고를 유효라고 한 사례 등이다. 다수의 근로자들이 정당한 쟁의행위 아닌 집단적 단체행동으로 근로의 제공을 거부함으로써 사용자의 업무의 정상적인 운영을 저해하여 손해를 발생하게 한 경우에는 업무방해죄가 성립된다(대법 2006.5.12, 2002도3450).

(5) 비밀유지의무 위반

비밀유지의무 위반으로 인한 해고처분의 정당성을 판단함에 있어서는 우선적으로 그 정보가 보호가치가 있는지 여부와 추가적으로 회사의 손해발생 유무를 구체적으로 검토하여 해고의 정당성을 판단하여야 한다(대법 2007.2.22, 2006두18058).

(6) 직장규율 위반

1) 직장규율 위반의 양태

직무해태, 업무명령 위배와 약간 중복되나 직장규율의 위반도 징계사유이다. 업무수행 중 또는 직장 내에서 근로자의 행동을 규율하고 있는 여러 가지의 규정 위반이 이에 속한다. 가장 명백한 것은 횡령, 배임, 회사물품의 절도, 손괴, 동료나 상사에 대한 폭행 등의 비위행위(대법 1992.3.13, 91다36559), 부하의 부정행위를 방조하거나 묵인하는 행위, 회사에 중대한 손해를 입힌 경우(대법 1997.4.25, 96두9508) 등이다.

2) 유인물 배포 첨부의 정당성 여부

(가) 회사 구내에서 정치활동이나 연설, 집회, 유인물 배포·첨부 등을 일반적으로 금지하거나 허가제로 하고 있는 취업규칙규정의 위반에 대하여 판례(대법 2017.8.18, 2017두 227325; 대법 1996.4.24, 95다11504)는 「유인물의 배포가 허가제를 채택하고 있다고 할지라도 노동조합의 정당한 업무를 위한 행위까지 금지할 수는 없다. 유인물 배포행위가 정당한가 아닌가는 허가 여부만을 가지고 판단할 것이 아니고, 그 유인물의 내용·매수, 배포의 시기·대상·방법, 이로 인한 기업이나 업무에의 영향 등을 기준으로 판단하여야 한다」고 한다.

(나) 한편 노동조합활동으로 이루어진 선전방송이나 배포된 문서에 기재되어 있는 문언에 의하여 타인의 인격·신용·명예 등이 훼손 또는 실추되거나 그렇게 될 염려가 있고, 또 선전방송이나 문서에 기재되어 있는 사실관계의 일부가 허위이거나 표현에 다소 과장되거나 왜곡된 점이 있다고 하더라도, 선전방송이나 문서를 배포한 목적이 타인의 권리나 이익을 침해하려는 것이 아니라 노동조합원들의 단결이나 근로조건의 유지 개선과 근로자의 복지증진 기타 경제적, 사회적 지위의 향상을 도모하기 위한 것이고, 또 선전방송이나 문서의 내용이 전체적으로 보아 진실

한 것이라면, 그와 같은 행위는 노동조합의 정당한 활동범위에 속하는 것으로 보아야 한다. 그리고 이러한 법리는 사용자가 징계사유로 삼은 근로자의 행위가 선전방송이나 유인물의 배포인 경우 행위의 정당성 여부를 판단함에 있어서도 마찬가지로 적용된다(대법 2017.8.18, 2017다227325; 대법 2011.2.24, 2008다29123). 「근로자가 배포한 유인물이 허위사실을 적시하여 사용자에 대한 적개심을 유발시킬 염려가 있으며, 이 유인물을 사용자의 공장 내에 은밀히 뿌렸으므로 사용자의 시설관리권을 침해하고 직장질서를 문란시킬 구체적인 위험이 있기 때문에 이를 이유로 행한 징계해고는 정당하다」(대법 1992.6.23, 92누4253; 대법 1994.5.27, 93다57551).

3) 노동조합전임자의 직장규율 위반

【실무사례】 A회사의 근로자 甲은 2018년 12월부터 A회사에 설립되어 있는 기업별 노동조합인 B노동조합의 전임자로서 노동조합의 업무에만 종사하고 있다. A회사와 B노동조합은 2019년도 임금교섭 과정에서 극심한 의견대립을 보였고, B노동조합은 장기간의 파업을 진행하였다. 甲은 파업이 종결된 이후도 20여 일간 노동조합 사무실에 출근하지 않았다. 이에 A회사는 근로자 甲에 대해 무단결근을 이유로 징계해고 하였다. A회사의 취업규칙에는 7일 이상의 무단결근을 해고사유로 규정하고 있다. A회사의 근로자 甲에 대한 징계해고는 정당한가?

(가) 노동조합전임자의 의의 및 인정근거

① 노조전임자란 근로자로서의 지위를 그대로 유지하면서 근로계약상의 노무를 제공하지 않으며 노동조합의 업무만을 전담하는 자를 말한다. 노조법 제24조제1항에서는 「근로자는 단체협약으로 정하거나 사용자의 동의가 있는 경우에는 근로계약 소정의 근로를 제공하지 아니하고 노동조합의 업무에만 종사할 수 있다」고 규정함으로써 명문으로 노조전임제도를 인정하고 있다. 동 조항은 노조전임자가 될 수 있는 자를 근로계약관계에 있는 종업원임을 전제로 하고 있다. 노조전임자는 전임기간 동안 사업장에 출근하지 않고 노동조합사무실로 출근하는 등 노동조합 업무에만 종사하는 것이 보통이다.

② 노조전임자의 인정근거는 노조법 제24조제1항에 따라 ㉠ 단체협약으로 정하거나 ㉡ 사용자의 동의가 있는 경우에 둘 수 있다.

(나) 노조전임자의 지위와 활동

판례(대법 2011.2.10, 2010도10721)의 다수와 학설은 노조전임자의 지위를 휴직상태에 있는 근로자와 유사한 지위에 있다고 한다. 판례는 노조전임자라 할지라도 사용자와의 사이에 기본적 근로관계는 유지되므로 소정의 절차를 밟지 않은 것은 무단결근이 된다(대법 1995.4.11, 94다58087; 대법 1997.3.11, 95다46715)고 한다.

(다) 노조전임자의 직장규율 적용 여부

취업규칙이나 사규가 적용되므로 노조전임자에게도 출·퇴근 등의 업무규율이 적용됨에 따라 무단결근이 있게 되면 사규에 따른 징계를 할 수 있다. 노동조합사무실이 사업장 내에 존재하는 경우 사업장의 질서유지에 필요한 복무질서는 노조전임자에게 적용되는 것은 물론이다. 그러나 이에 대해서는 반대하는 유력한 견해(김형배, 「노동법」, 26판, P.969)도 있다. 그 이유는 노조전임자로 하여금 조합업무에 충실히 근무하도록 하는 것은 노동조합 자체가 규제할 사항이지 사용자가 통제·감독할 대상은 아니라는 것이다. 노조전임자의 복무를 사용자가 작성한 취업규칙이나 복무규율에 종사시키는 것은 노동조합의 자주성과 노동조합활동의 독립성을 해칠 염려가 있으므로 타당하지 않다는 견해도 상당한 이유가 있다.

(라) 평가

위 실무사례는 대법원 판례에 따르면 기업별 노조의 전임자로서 취업규칙 소정의 절차에 따르지 않고 20여 일간 무단 결근한 전임자에 대한 징계해고는 정당하다고 판단할 수 있으나 일부 유력한 견해에 따른다면 취업규칙 적용은 무리하므로 징계해고는 정당하지 않다고 판단될 것이다.

(7) 근로자로서의 지위·신분에 따른 규율의 위반

1) 사생활상의 비행

① 많은 기업에서는 회사의 명예·체면·신용의 훼손을 징계사유로 하거나(불명예로운 행위를 하여서 회사체면을 훼손할 때), 범죄행위 일반을 징계사유로 정하고 있으며(범죄행위를 범한 때), 이들 조항이 근로자의 사생활상 범죄, 그 밖의 비행에 대해서 적용되는 경우가 많다. 그러나 근로계약은 기업이 그 사업활동을 원활하게 수행하는 데 필요한 한도에서의 규율과 질서를 유지하기 위한 데 그 근거가 있다. 그러므로, 근로자의 사생활에서의 비행은 사업활동에 직접 관련이 있거나 기업의 사회적 평가를 훼손할 염려가 있는 것에 한하여 정당한 징계사유가 될 수 있으며, 근로자의 사생활에 대한 사용자의 일반적 지배까지 가능케 하는 것은 아니다(대법 1994.12.13, 93두23275). 예컨대 근로자가 자신이 거주하는 아파트 상하층간의 소

음 문제로 폭력을 행사하여 벌금형의 형사처벌을 받는 경우를 들 수 있다. 따라서 근로자의 사생활상 언동은 사업 활동에 직접 관련을 가지는 것 및 기업의 사회적 평가의 훼손을 가져오는 것만이 기업질서 유지를 위한 징계의 대상이 될 수 있다.

② 판례(대법 2001.12.14, 2000두3689)는 「기업의 사회적 평가를 훼손할 염려가 있다고 하기 위하여는 반드시 구체적인 업무저해의 결과나 거래상의 불이익이 발생하여야 하는 것은 아니고, 당해 행위의 성질과 정상, 기업의 목적과 경영방침, 사업의 종류와 규모 및 그 근로자의 기업에 있어서의 지위와 담당업무 등 제반 사정을 종합적으로 고려하여 그 비위행위가 기업의 사회적 평가에 미친 악영향이 상당히 중대하다고 객관적으로 평가될 수 있어야 한다」고 한다.

2) 이중취업

① 취업규칙에 「회사의 허가없이 타인에 고용되는 것」을 금지하고 그 금지사항의 위반을 징계사유로 하는 것이 상당수 있다. 근로자의 이중취업으로 인하여 사업장에서 피해를 입었을 경우 당해 근로자에 대한 시정요구, 제재(징계 사유, 징계 절차 등) 등에 대하여는 근기법에서 특별히 규정한 바가 없으므로 근로계약서, 취업규칙 등에서 규정할 수 있을 것이다(2007.8.3, 근로기준팀-5759). 근로자의 근로시간 외 시간의 활동은 자유이며 취업규칙에 의하더라도 이중취업(겸업)을 전면적으로 금지하는 것은 허용되지 아니함이 원칙이다(서울행법 2001.2.17, 2000구18062).

② 겸직 금지 내지 이중취업 금지에 관하여 취업규칙에서 이를 규정하고 있다면 해당 근로자에게 동 규정이 적용될 것이다. 한편 기업질서는 기업의 존립과 사업의 원활한 운영을 위해 필요불가결한 것이고 사용자는 기업질서 유지를 위해 노동관계 법령에 위반되지 않는 범위 내에서 적절한 제재를 할 수 있으므로 취업규칙 등에 징계에 대한 명시적 규정이 없다 하더라도 징계가 가능할 것이고 근기법 제23조에 위반하지 않는 한 당연히 무효라고 보기 어렵다(2014.5.14, 근로개선정책과-2813).

③ 판례(대전지법 2009.9.18, 2009가합550)는 근로자의 겸업으로 인해 기업의 경영질서가 문란케 되거나 기업의 대외적 신용·체면이 손상될 수 있으므로 겸업에 관해 사전에 회사의 승낙을 얻도록 취업규칙에서 규정하는 것은 부당하다고 할 수 없다. 만약 회사의 허가 없이 근로자가 겸업을 함으로써 회사의 업무에 지장이

초래되거나 회사의 명예·신용이 훼손되는 결과가 발생하는 경우(퇴폐업소 운영 등)에는 이를 징계사유로 삼을 수 있게 된다는 것이다. 그러나 회사의 업무에 지장이 초래되거나 회사의 명예·신용이 훼손되는 결과가 발생한다는 구체적인 입증이 없는 한 근로자가 다방이나 일반 음식점을 운영하는 것만으로는 징계사유로 삼을 수 없을 것이다(서울행법 2001.7.24, 2001구7465).

3) 성실의무 위반

근로자가 직장 밖에서 근무시간 외에 행하는 행위도 근로계약상의 성실의무 위반이라는 관점에서 징계처분의 대상이 되는 경우가 있을 수 있다. 즉, 성실배려의 관계를 하나의 기본적 내용으로 하는 근로계약관계에서는 근로자는 근로의무 이외의 영역에서도 근로계약상의 성실의무 위반으로 문책되는 일이 있을 수 있다. 예컨대 ① 사생활상 근로자가 자사 제품의 불매운동을 하는 일, ② 회사의 기밀을 누설하는 일, ③ 간부 직원이 동업 타사를 설립하여 부하의 대량 스카웃을 꾀한 행위 등은 성실의무를 위반한 것이다.

4) 사용자에 대한 명예훼손

직장상사 등에 대한 명예훼손적인 사실의 적시 및 모욕적인 언동 및 대표자 등에 대한 고소행위 및 업무방해 등의 행위는 그 행위의 성질상 정당한 노조활동 또는 쟁의행위의 일환으로 행해진 것으로 볼 수 없다. 근로자들의 행위는 회사 복무규정 소정의 징계사유에 해당하고, 이에 더하여 근로자들이 형사판결을 선고받은 회사대표자에 대한 명예훼손 및 모욕행위, 회사에 대한 업무방해 등 징계양정 사유를 참작하면, 근로자들에 대한 징계처분은 정당하다(대법 2007.4.6, 2007두1620).

또한 정당한 사유로 해고당한 근로자가 회사 대표 등이 부당해고를 했다고 비방하는 내용의 현수막을 게시한 행위는 명예훼손에 해당한다(대법 2019.4.25, 2019도1162).

5. 징계처분의 유효요건

징계사유가 인정되는 경우에도 징계처분이 유효하기 위해서는 다음과 같은 요건을 구비할 필요가 있다.

(1) 징계처분 근거규정의 존재

징계처분을 하기 위해서는 징계사유와 그에 대한 징계 종류·정도가 취업규칙상 명기되어 있어야 한다. 또 이러한 징계처분 근거규정은 그것이 설정되기 이전의 사범에 대해 소급 적용되어서는 안 된다(불소급 원칙). 또한 동일 사안에 대하여 2회 징계처분을 하는 것은 허용되지 않는다(일사부재리의 원칙).

징계는 사용자의 기업질서 위반행위에 대한 특별한 제재조치(제재벌)이므로 형벌법규 위반행위에 대하여 행하는 국가의 형벌권 행사와 유사한 측면이 있으므로 소급 처분의 금지나 일사부재리 원칙을 적용하는 것이 타당하다.

(2) 징계사유 해당성

징계처분이 유효하기 위해서는 근로자의 문제가 된 행위가 취업규칙이나 단체협약 등에서 정한 징계사유에 해당하여야 할 것과(대법 1990.4.27, 89다카541; 대법 1993.11.9, 93다37915), 당해 문제가 된 행위가 취업규칙 등에서 정한 징계사유에 해당한다고 하더라도 그 규정된 사유 자체가 적법한 것 즉, 그 징계가 근로자의 행위의 성질 및 태양 그 밖의 사정에 비추어 객관적이고 합리적인 이유가 있는 것으로 근기법 등의 강행법규에 반하지 않을 것(대법 1994.1.11, 93다49192)이라는 요건을 갖출 것이 요구된다.

① **징계사유 추가**: (가) 원래의 징계처분에서 징계사유로 삼지 않은 징계사유를 재심절차에 추가하는 것은 원칙적으로 허용되지 아니한다. 판례(대법 1996.6.14, 95누6410)는 「원래의 징계처분에서 징계사유로 삼지 아니한 징계사유를 재심절차에서 추가하는 것은 추가된 징계사유에 대한 재심의 기회를 박탈하는 것으로 되어 특별한 사정이 없는 한 허용되지 아니한다」고 한다.

(나) 징계위원회는 징계의결 요구권자에 의하여 징계의결이 요구된 징계사유를 심리대상으로 하여 그에 대하여서만 심리·판단하여야 하고 징계의결이 요구된 징계사유를 근본적으로 수정하거나 징계의결 이후에 발생한 사정 등 그 밖의 징계사유를 추가하여 징계의결을 할 수는 없다(대법 2012.1.27, 2010다100919).

② **과거의 비위사실을 징계양정에 반영**: 징계처분에서 징계사유로 삼지 아니한 비위행위라고 하더라도 징계 종류 선택의 자료로서 피징계자의 평소의 소행과 근무성적, 당해 징계처분 사유 전후에 저지른 비위행위 사실 등은 징계양정

에 있어서의 참작자료로 삼을 수 있는 것이다(대법 2005.9.28, 2005두79692; 대법 2002.5.28, 2001두10456).

③ **이중처분 금지**: 정당한 징계사유가 있는 경우에도 동일한 징계사유에 대하여 이중으로 징계처분을 할 수 없다. 이것을 일사부재리의 원칙 또는 이중처분금지의 원칙이라 한다.

그러나 사용자가 징계절차의 하자, 징계사유의 존부, 징계양정 등에 잘못이 있음을 스스로 인정한 때에는 노동위원회의 구제명령이나 법원의 무효확인 판결을 기다릴 것 없이 스스로 징계처분을 취소할 수 있고, 나아가 새로이 적법한 징계처분을 할 수 있다(대법 2010.6.10, 2009다97611).

(3) 평등 취급의 원칙

동일 규정에 동일 정도로 위반한 때에는 이에 대한 징계가 동일 종류, 동일 정도이어야 한다. 따라서 징계처분은 동일 사안에 대한 선례에 따라서 행하여야 한다. 또 종래 묵인하여 온 종류의 행위에 대하여 징계처분을 하기 위해서는 사전에 충분한 경고를 필요로 한다.

(4) 상당성의 원칙

① 징계는 규율 위반의 종류·정도, 그 밖의 사정에 비추어 타당한 것이어야 한다. 많은 징계처분(특히 징계해고)이 당해 사안의 징계사유 해당성을 긍정하면서도 그 행위의 성질, 태양이나 피처분자에 관한 제반 사정을 고려하여 징계양정이 과중하다면 그 징계처분을 무효로 하고 있다(대법 2018.11.9, 2015두56366; 대법 2018.10.4, 2016다24884; 대법 2017.3.15, 2013두26750). 사용자의 징계권 행사도 객관적으로 합리적인 이유를 결하거나 사회통념상 타당하다고 시인할 수 없는 경우에는 징계권의 남용으로서 무효가 된다고 판단하고 있다(대법 2018.11.9, 2015두56366).

② 피징계자에게 징계사유가 있어서 징계처분을 하는 경우, 어떠한 처분을 할 것인지는 징계권자의 재량에 맡겨져 있다. 다만 징계권자의 징계처분이 사회통념상 현저하게 타당성을 잃어 징계권자에게 맡겨진 재량권을 남용하였다고 인정되는 경우에 한하여 그 처분이 위법하다고 할 수 있다. 징계처분이 사회통념상 현저하게 타당성을 잃어 재량권의 범위를 벗어난 위법한 처분이라고 할 수 있으려면

구체적인 사례에 따라 징계의 원인인 비위사실의 내용과 성질, 징계로 달성하려는 목적, 징계양정의 기준 등 여러 요소를 종합하여 판단할 때에 징계 내용이 객관적으로 명백히 부당하다고 인정되어야 한다(대법 2017.3.15, 2013두26750).

(5) 적정절차

징계처분의 행사에 있어서는 정해진 절차를 준수하여야 한다. 그러므로 취업규칙이나 단체협약에 절차적 규제를 규정하는 사례가 많다. 예컨대 본인에 대한 변명기회 부여, 징계위원회 개최, 노동조합과의 협의 등이 있다. 이러한 징계절차를 정하고 있는 경우에 이것을 경유하지 않고 행한 징계처분은 징계권의 남용으로서 무효가 된다.

취업규칙 또는 단체협약상 노동조합과의 합의나 노사대표로 구성되는 징계위원회의 토의를 거칠 것 등이 요구되는 경우에는 그 절차를 준수해야 한다. 이러한 규정이 없는 경우에도 본인에게 최소한의 변명의 기회를 주는 것이 바람직하다.

6. 부당징계의 효과와 구제

(1) 부당징계의 효과

징계처분이 정당한 이유 없이 행해진 경우에는 당해 징계는 무효가 된다. 또한 징계가 부당하다고 인정되는 경우에는 그 처분이 무효가 될 뿐만 아니라 위법한 처분으로서 불법행위(민법 제750조)를 성립시키는 경우도 있다. 징계처분은 근로자에게 경제적 불이익을 주거나 그의 명예·신용을 훼손하고 정신적 고통을 주는 조치이므로 징계처분이 무효로 될 뿐만 아니라 사용자의 불법행위(민법 제750조)가 성립될 수 있다. 다만, 사용자의 고의·과실이나 근로자의 불이익은 신중히 검토되어야 하며 징계처분이 무효가 된다고 하여 모두 불법행위로 직결되는 것은 아니다(대법 2001.6.12, 99다27880). 징계처분이 불법행위의 요건(과실, 위법성, 손해의 발생)을 갖추었는가의 판단이 필요하다. 징계권의 남용이 건전한 사회통념이나 사회상규상 용인될 수 없음이 분명한 경우이어야 한다(대법 1997.9.26, 97다18974). 예컨대 징계사유를 거래처 등에 공표하는 경우는 명예훼손의 불법행위가 될 수 있다.

(2) 부당징계의 구제

근로자가 부당한 징계를 받은 경우 노동위원회에 의한 행정적 구제와 법원에 의한 사법적 구제의 두 가지 구제방법이 있다. 행정적 구제수단으로 사용자가 근로자에게 정당한 이유 없이 해고·휴직·정직·감봉 그 밖에 징벌을 한 때에는 당해 근로자는 노동위원회에 그 구제를 신청할 수 있다(근기법 제28조). 사법적 구제수단으로 법원에 징계처분무효확인의 소 등을 제기할 수 있다. 이에 관해서는 제9장 제2절 6, 7의 부당해고의 효과와 부당해고에 대한 구제방법에서 상세하게 기술하였다.

제4절 기업조직 변동과 근로관계의 이전

1. 기업조직의 변동

오늘날 치열한 기업경쟁으로 기업의 통합이나 사업부문의 폐지 등 기업조직의 변동이 빈번하게 발생하고 있다. 기업조직의 변동은 근로자에게는 고용상실의 위험을 초래할 수 있으므로 크나큰 영향을 끼치고 있다. 기업조직 변동의 주요형태는 2 이상의 회사가 합동하는 합병, 영업의 전부 또는 일부를 다른 회사에 양도하는 영업양도, 영업의 부분적인 포괄승계인 회사분할이 있다. 근로계약, 취업규칙, 단체협약, 노동조합의 승계는 기업조직의 변동 등의 방법에 따라 그 취급이 다르다.

2. 회사 합병시의 노동관계

회사의 합병이란 두 개 이상의 회사가 계약에 의하여 신회사를 설립하거나 또는 그 중의 한 회사가 다른 회사를 흡수하고, 소멸회사의 재산과 사원(주주)이 신설회사 또는 존속회사에 법정 절차에 따라 이전·수용되는 효과가 있는 것을 말한다(대법 2003.2.11, 2001다14351).

즉, 두 개 이상의 회사가 상법의 규정에 따라 청산절차를 거치지 않고 하나의 회사가 되는 법률사실을 말한다.

회사의 대표이사(지배주주 또는 경영담당자)가 바뀌었다고 해서 근로자의 법적 지위가 당연히 달라지는 것은 아니다. 회사의 합병에 있어서는 소멸회사(피합병회사)의 권리의무관계는 일괄하여 합병회사에 포괄승계되므로 소멸회사와 근로자간의 근로계약 내지 노동관계도 당연히 합병회사에 승계된다(상법 제235조, 제530조제2항, 제603조).

따라서 회사합병의 경우에는 합병계약에 의하여 노동관계(개별적 근로관계 및 집단적 노사관계)의 승계를 배제할 수 없는 것이 원칙이다.

3. 영업양도시의 노동관계 승계 여부

(1) 영업양도의 의의

① 영업양도란 일정한 영업목적에 의하여 조직화된 업체, 즉, 인적·물적 조직을 그 동일성을 유지하면서 일체로서 이전하는 것으로써 양도인과 양수인간의 영업양도·인수 계약에 따라 성립된다(대법 2011.9.8, 2009다24866).

② 영업이 포괄적으로 양도되면 양도인과 근로자간에 체결된 근로계약도 그대로 양수인에게 승계된다(대법 2003.5.30, 2002다23826).

③ 또한 영업의 일부만의 양도도 가능하지만 이 경우에도 해당 영업부문의 인적·물적 조직이 그 동일성을 유지하면서 일체로서 이전되어야 한다. 이러한 영업양도가 이루어진 경우에는 원칙적으로 해당 근로자들의 근로관계가 양수하는 기업에 포괄적으로 승계된다.

④ 회사의 일부 사업 부문이 상법상의 영업양도에 해당하는 요건을 갖추지 못하였다 하더라도 인적 조직 및 물적 시설이 해체됨이 없이 동일성을 유지하면서 계열회사에 이관된 경우, 이는 경영주체의 변경에 불과하여 근로관계는 계열회사에 승계되고, 이와 같이 근로관계가 포괄승계됨에 있어 근로자가 자의에 의하여 사직서를 제출하고 퇴직금을 지급받았다면 계속근로의 단절에 동의한 것으로 볼 수 있지만, 그것이 근로자의 자의에 의한 것이 아니라 회사의 경영방침에 의한 일방적인 결정에 따라 퇴직과 신규 입사의 형식을 거친 것에 불과하다면 이러한 형식을 거쳐서 퇴직금을 지급받았더라도 근로자에게 근로관계를 단절할 의사가 있었다거나 근로자가 계속근로의 단절에 동의하였다고 볼 수 없고, 따라서 계속근로관계는 단절되지 않는 것이다(대법 1997.6.27, 96다49674; 대법 1999.6.11, 98다18353).

(2) 영업의 동일성 판단기준

영업양도란 인적·물적 조직이 그 동일성을 유지하면서 일체로서 이전하는 것을 의미하는데, 「영업의 동일성 여부는 일반 사회관념에 의하여 결정되어져야 할 사실인정의 문제」이다. 즉, 매 사건마다 사회관념에 비추어 「영업의 동일성」 여부를 따져야 하는데, 이것이 매우 불확정적이고 추상적인 개념이어서 정확한 판단을 내리는 것이 간단치 않다.

법원의 기준에 따르면 영업의 동일성 인정 여부는 양도계약 당사자의 주관적 의사에 의하여 결정되는 것이 아니라 '일반 사회관념'에 따라 객관적으로 결정된다. 이러한 법원의 입장은 타당하지만, 영업의 동일성이 존재하는지 여부, 즉, 영업이 포괄적으로 승계되었는지 여부의 판단은 개별적 사건에 따라 달라질 수밖에 없다. 문제의 행위(양도계약관계)가 영업의 양도로 인정되느냐 안 되느냐는 단지 「어떠한 영업재산이 어느 정도로 이전되어 있는가에 의하여 결정되어야 하는 것이 아니라 거기에 종래의 영업조직이 유지되어 그 조직이 전부 또는 중요한 일부로서 기능할 수 있는가」에 의하여 결정되어야 하는 것이다(대법 2011.9.8, 2009다24866). 예컨대 영업재산의 전부를 양도했어도 그 조직을 해체하여 양도했다면 영업의 양도는 되지 않는 반면에, 영업재산의 일부를 유보한 채 영업시설을 양도했어도 그 양도한 부분만으로도 종래의 조직이 유지되어 있다고 사회관념상 인정되면 그것을 영업의 양도라 볼 것이다(대법 2003.5.30, 2002다23826; 대법 2002.3.26, 2000다3347).

(3) 노동관계 승계 여부에 관한 학설 및 판례

회사합병의 경우와는 달리 영업양도에 있어서도 양도인과 근로자간의 노동관계가 양수인에게 당연히 승계되는가? 이에 관하여는 크게 세 가지 견해가 대립되고 있다.

① **특약필요설**: 양도인과 근로자간의 노동관계는 이를 승계한다는 양도 당사자간의 특약이 있어야 비로소 양수인에게 승계되고 영업양도 계약만으로 당연히 승계되는 것은 아니라는 견해이다.

② **당연승계설**: 양도인과 양수인 사이에 영업양도에 관한 법률행위가 있으면 그것으로 종래의 근로관계는 그 전체가 포괄적으로 당연히 양수인에게 이전된다는 견해이다(임종률, 「노동법」, 제17판, p.540). 그러나 이 견해는 법률상 그러한 명문규정이 없는 한 무리라는 것이 지배적이다.

③ **원칙승계설**: 영업양도 당사자 사이에 영업양도에 관한 합의만 있을 뿐이고, 근로관계의 승계에 관한 약정이 없더라도 영업양도에 관한 합의 속에는 원칙적으로 근로관계를 포괄적으로 승계하기로 하는 내용의 합의가 포함된 것으로 해석하

는 견해이다. 이 견해는 영업양도의 합의 속에 근로관계의 포괄승계를 거부하는 의사표시가 없는 한 승계의 합의가 추정되는 것으로 해석한다. 따라서 원칙승계설에 있어서는 근로관계의 승계를 배제하는 반대의 특약이 인정된다(김형배, 「노동법」, 제26판, p.639). 이 견해가 타당하다.

④ **판례의 태도**: 판례(대법 1994.6.28, 93다33173; 대법 2005.6.9, 2002다70822)는 「영업양도 당사자 사이에 반대의 특약이 없는 한, 영업의 양도에 관한 합의 안에는 원칙적으로 근로관계를 포괄적으로 승계하기로 하는 내용의 합의가 있는 것으로 사실상 추정되고 근로관계의 전부 또는 일부를 제외하는 것은 지극히 예외적인 경우에 해당되므로 이러한 승계 제외의 특약이 유효하기 위해서는 영업양도시 근로관계의 승계를 배제할만한 합리적인 이유가 있어야 한다」고 함으로써 영업양도에 관한 합의 내에 근로관계를 포괄적으로 승계한다는 합의가 포함되어 있는 것으로 추정하고 있다. 그리고 더 나아가 「영업양도 당사자 사이에 근로관계의 일부를 승계의 대상에서 제외하기로 하는 특약이 있는 경우에는 그에 따라 근로관계의 승계가 이루어지지 않을 수 있으나, 그러한 특약은 실질적으로 해고나 다름이 없다 할 것이므로 근기법 제23조제1항 소정의 정당한 이유가 있어야 유효하다」고 한다. 당연승계설에 입각하고 있다.

4. 노동관계 승계배제 특약의 유효요건

통설과 판례의 입장에 따르면, 영업양도시 원칙적으로 노동관계가 양수인에게 포괄적으로 승계되지만 당사자간에 승계배제 특약이 있는 경우에는 승계되지 않을 수 있다. 다만, 그러한 경우에는 사실상 해고와 같은 효과가 발생되므로 근기법상의 해고제한 규정(근기법 제23조제1항 및 제24조제1항)의 요건을 충족시켜야 한다는 것으로 요약할 수 있다. 이렇게 볼 때 근로자의 노동관계가 양수인에게 승계되기 위해서는 정당한 해고사유가 있는 근로자의 승계를 제외하는 양도 당사자 사이의 특약이 없어야 한다.

해고사유가 없는 근로자의 노동관계는 양수인의 의사에 관계없이 양수인에게 승계되지만, 정당한 해고사유가 있는 근로자의 경우에 한하여 양도 당사자 사이의 특약으로 그 노동관계의 승계를 배제할 수 있다. 한편 근기법은 1998년 법개정을 통하여「사용자는 경영상의 이유에 의하여 근로자를 해고 하려면 긴박한 경영상의 필요가 있어야 한다. 이 경우 경영 악화를 방지하기 위한 사업의 양도·인수·합병은 긴박한 경영상의 이유가 있는 것으로 본다」(근기법 제24조제1항)고 규정하여 근로자의 해고보호가 경영 악화를 방지하기 위한 영업양도에 장애물이 되지 않도록 하였다.

5. 회사합병 또는 영업양도시 노동관계 승계의 법률효과

(1) 근로계약의 승계 여부

① 회사합병이나 영업양도에 있어서 근로관계의 승계는 근로계약의 일방 당사자인 사용자가 피합병회사나 영업양도인에게서 합병회사나 영업양수인으로 변경되는 것(사업주 변경)을 의미한다. 즉, 신사업주는 구사업주의 근로계약상의 권리의무를 포괄적으로 인수하며 구사업주의 근로계약상의 권리의무는 소멸한다. 합병에 의하여 근로관계가 승계되는 경우에는 피합병회사와 근로자간 근로계약상의 지위가 합병회사에 그대로 포괄적으로 승계되는 것이므로 별도의 정함이 없는 한, 임금이나 근로시간 등 모든 근로조건은 종전과 동일하고 계속근로연수에 따른 연차유급휴가 가산일수 산정에서 합병에 관계없이 피합병회사의 근속기간을 합산하여 계산하여야 할 것이다(대법 1994.3.8, 93다1589; 2006.8.4, 근로기준팀-4021).

② 구사업주가 체불한 임금(수당, 상여금, 퇴직금, 기타 급여 포함)에 대한 지급책임도 근로계약상의 권리의무에 포함되므로 신사업주가 인수한다. 다만, 체불이 구사업주가 야기한 것이고 신사업주가 지급능력이 부족한 경우도 있기 때문에 구사업주도 신사업주와 함께 연대채무를 지게 된다(상법 제42조의 부진정연대채무). 그러나 영업양도시 근로관계가 계속 유지되고 있는 근로자를 대상으로 적용되는 것이지 영업양도 전에 퇴직한 근로자나 영업양도 전에 이미 발생한 임금채권에 대하여는 적용되지 않는다(2006.8.4, 근로기준팀-4021).

(2) 취업규칙(근로조건)의 승계 여부

회사합병 또는 영업양도에 의한 노동관계 승계의 효과는 근로계약 당사자의 변경에 불과하며 근로조건의 변경을 당연히 수반하는 것은 아니다. 따라서 신사업주는 구사업주로부터 승계한 취업규칙이나 근로계약에서 정한 근로조건을 준수하여야 한다. 예컨대 승계된 근로자에게 적용되던 종전의 취업규칙에 의한 퇴직금이 신사업주의 취업규칙에 의한 퇴직금과 다른 결과가 되더라도 퇴직금 차등제도 금지(근퇴법 제4조제2항)에 반한다고 볼 수 없다. 다만, 신사업주가 근로자에게 더 유리한 구사업주의 취업규칙을 폐기하고 자신의 취업규칙을 획일적으로 적용하는 것은 승계된 근로자에게는 취업규칙의 불이익변경에 해당하므로 근로자의 집단적 의사결정방법에 의한 동의를 얻지 않고서는 신사업주의 취업규칙을 적용할 수 없다(대법 1995.12.26, 95다41659; 대법 1997.12.26, 97다17575 참조).

(3) 회사합병 또는 영업양도 전후의 근속연수 산정

퇴직금 산정을 위한 근속연수나 연차휴가 등의 출근율을 산정할 때에는 회사합병 또는 영업양도의 전후를 통산하여야 한다. 가령 회사합병 또는 영업양도시 특약으로 퇴직금 산정기간에 한하여 종전의 근속기간은 승계회사의 근속연수에 산입하지 않기로 하는 단서 조항을 합의하였다 하더라도 근로자의 동의가 없는 한 무효이다(대법 1991.11.12, 91다12806; 2004.5.20, 근로기준과-2548). 다만, 노동관계를 승계할 때 근로자의 요구에 의하여 중간퇴직금을 정산한 경우에는 그 이후의 퇴직금 산정에 있어서의 근속연수는 승계시점부터 새로이 기산한다(근퇴법 제8조제2항).

(4) 영업양도시 근로관계 승계에 반대하는 의사표시의 기간

영업양도시 양수기업으로의 근로관계 승계에 반대하는 의사는 근로자가 영업양도가 이루어진 사실을 안 날로부터 상당한 기간 내에 양도기업 또는 양수기업에게 표시하여야 한다. 상당한 기간 내에 표시하였는지 여부는 양도기업 또는 양수기업이 근로자에게 영업양도 사실, 양도이유, 양도가 근로자에게 미치는 법적·경제적·사회적 영향, 근로자와 관련하여 예상되는 조치 등을 고지하였는지 여부, 그와 같은 고지가 없었다면 근로자가 그러한 정보를 알았거나 알 수 있었던 시점, 통상적인 근로자라면 그와 같은 정보를 바탕으로 근로관계 승계에 대한 자신의 의사를 결정하는데 필요한 시간 등 제반 사정을 고려하여 판단하여야 한다(대법 2012.5.10, 2011다45217).

(5) 노동조합 및 단체협약의 승계 여부

회사가 합병되는 경우에는 피합병회사의 노동조합과 단체협약은 합병회사에 그대로 승계된다는 것이 판례의 태도이다(대법 1992.5.12, 90누9421). 그러나 영업양도의 경우에는 양도인 회사의 노동조합과 단체협약이 그대로 양수인회사에 이전(승계)되는 것인가에 관하여는 견해의 대립이 있다.

① **집단적 노사관계 승계 부정설(소수설)**: 이는 영업양도에 의하여 승계되는 것은 개별적 근로계약 관계이며, 양도인이 그의 사업장에서 노동조합에 대하여 가지고 있던 집단적 노사관계 내지 단체협약 관계에까지 승계의 효력이 당연히 미치는 것은 아니라는 견해이다.

② **집단적 노사관계 긍정설(다수설)**: 회사합병이나 영업양도로 근로자를 승계한 경우에는 그 근로자가 소속한 노동조합과 그 근로자에게 적용되던 단체협약(집단적 노사관계)도 함께 승계된다는 견해이다.

③ **판례의 태도**: 회사합병 또는 영업양도시 노동관계의 승계 여부에 관하여 개별적 근로관계뿐만 아니라 집단적 노사관계까지도 승계되는 것으로 해석하고 있다(집단적 노사관계 승계 긍정설). 「일반적으로 근로자를 그대로 승계하는 영업양도의 경우에 있어서는 특별한 사정이 없는 한, 종전의 단체협약도 잠정적으로 승계되어 존속하는 것으로 보아야 한다」(대법 1989.5.23, 88누4508).

「복수의 회사가 합병되더라도 피합병회사와 그 근로자 사이의 집단적인 근로관계나 근로조건 등은 합병회사와 합병 후 전체 근로자들을 대표하는 노동조합과 사이에 단체협약의 체결 등을 통하여 합병 후 근로자들의 근로관계내용을 단일화하기로 변경조정하는 새로운 합의가 있을 때까지는 피합병회사의 근로자들과 합병회사 사이에 그대로 승계되는 것이고, 합병회사의 노동조합이 유니언 숍의 조직형태를 취하고 있었다고 하더라도 피합병회사의 근로자들까지 아우른 노동조합과 합병회사 사이의 새로운 합의나 단체협약이 있을 때까지는 피합병회사의 근로자들이 자동적으로 합병회사의 노동조합의 조합원으로 되는 것은 아니라 할 것이다」(대법 2004.5.14, 2002다23185).

6. 회사분할

【실무사례】 A회사에는 상시 근로자 500명이 근무하고 근로자 과반수가 조합원으로 가입한 노동조합이 있다. A회사는 경영상 필요성에 의해 회사분할을 하기로 결정하고 1개월 동안 노동조합에게 이해와 협력을 구했으나 노동조합은 회사분할 자체를 반대하였다. 그러자 A회사는 상법상 회사분할(존속회사와 신설회사) 절차를 마친 후 분할된 업무에 종사하던 근로자 甲을 포함한 100명에게 신설회사(B회사)로 근로관계가 승계되었다며 B회사에서 근무하도록 서면으로 통보하였다. 근로자 甲이 B회사로 근로관계의 승계를 거부할 수 있는가?

(1) 회사분할제도의 의의

회사분할이란 하나의 회사를 두 개 이상의 회사로 나눈 것을 말한다. 회사분할은 1998년 상법개정으로 도입된 제도로 기업재편을 통한 경영효율성 제고, 한계 기업정리 및 업종 전문화, 유망사업의 전문적 육성, 거대기업의 소규모 전문기업화, 사업의 위험 분산, 이익분산에 의한 절세효과 등을 목적으로 이루어진다. 상법 제530조의10은 회사분할에 대해 합병과 마찬가지로 포괄승계를 인정하고 있음을 명시하고 있다. 분할 전 회사(기존회사)의 권리·의무가 분할 후 회사(신설회사)에 포괄승계되는 법률효과를 가지게 된다. 회사분할이 합병의 대칭적인 의미를 가지고 합병의 경우와 마찬가지로 법인격의 변동을 초래하는 특징이 인정된다면 분할에 있어서도 합병에서처럼 근로관계의 승계가 인정되는 것이 바람직하다는 것이다. 현행 상법은 분할의 법적 효과에 대해서도 합병의 경우에서처럼 권리·의무의 포괄승계를 인정하고 있으므로(상법 제530조의12), 근로관계의 승계도 포괄승계의 효과를 확대적용하는 것이 해석상 타당하다고 한다(김형배, 「노동법」, 제26판, p.632).

(2) 회사분할과 근로관계의 승계 여부

1) 견해의 대립

회사분할의 경우 근로관계의 승계를 위해서는 근로자 개인의 동의를 받아야 한다는 견해와, 회사분할은 포괄적 승계에 해당되므로 근로자 개인의 동의가 필요없다는 견해가 대립되고 있었다. 상법은 회사의 분할시 고용승계 문제에 대해서는 기존의 판례나 학계의 확립된 입장이 아직 없고 일부 학자나 기타 법률 전문가 사이에서 논의되고 있는 실정이다.

현행 상법은 분할의 법적 효과에 대해서도 합병의 경우에서처럼 (부분적)권리·의무의 포괄승계를 인정하고 있으므로(상법 제530조의12), 근로관계의 승계도 포괄승계의 효과를 확대적용하는 것이 해석상 타당하다고 한다(김형배, 「노동법」, 24판, p.618). 종전에는 회사분할의 경우 근로자에게 존속하고자 하는 회사를 선택할 권리가 있다는 것이 일반적인 입장이었다.

2) 최근 판례의 태도

(가) 하급심 판례의 태도: 복수의 사업을 영위하고 있던 회사가 분할되는 경우, 이러한 분할을 이유로 신설법인으로 이전되는 사업부문에 속한 근로자의 근로관계가 신설법인으로 승계되는 것인지 논란이 되었다. 하급심 판결은 ① 근로자의 동의가 있는 경우에만 근로관계가 승계된다는 취지의 판결(서울고법 2006.9.22, 2006나33021)과, ② 분할시 근로관계는 원칙적으로 승계되나 다만 근로자에게는 이를 거부할 권리가 인정되며, 이러한 거부권의 행사를 위한 상당기간을 부여하여야 한다는 취지의 판결(서울행법 2008.9.11, 2007구합45583)로 나뉘어 있었다.

(나) 대법원 판례의 태도: 최근 판례(대법 2013.12.12, 2011두4282)는 「상법 제530조의10은 분할로 인하여 설립되는 회사는 분할하는 회사의 권리와 의무를 분할계획서가 정하는 바에 따라서 승계한다고 규정하고 있으므로, 분할하는 회사의 근로관계도 위 규정에 따른 승계의 대상에 포함될 수 있다. 회사 분할에 따른 근로관계의 승계는 근로자의 이해와 협력을 구하는 절차를 거치는 등 절차적 정당성을 갖춘 경우에 한하여 허용되고, 해고의 제한 등 근로자 보호를 위한 법령 규정을 잠탈하기 위한 방편으로 이용되는 경우라면 그 효력이 부정될 수 있어야 한다. 따라서 둘 이상의 사업을 영위하던 회사의 분할에 따라 일부 사업 부문이 신설회사에 승계되는 경우 분할하는 회사가 분할계획서에 대한 주주총회의 승인을 얻기 전에 미리 노동조합과 근로자들에게 회사 분할의 배경, 목적 및 시기, 승계되는 근로관계의 범위와 내용, 신설회사의 개요 및 업무 내용 등을 설명하고 이해와 협력을 구하는 절차를 거쳤다면 그 승계되는 사업에 관한 근로관계는 해당 근로자의 동의를 받지 못한 경우라도 신설회사에 승계되는 것이 원칙이다」라고 하여 근로자의 선택권을 배제하였다. 「다만, 회사의 분할이 근기법상 해고의 제한을 회피하면서 해당 근로자를 해고하기 위한 방편으로 이용되는 등의 특별한 사정이 있는 경우에는, 해당 근로자는 근로관계의 승계를 통지받거나 이를 알게 된 때부터

사회통념상 상당한 기간 내에 반대 의사를 표시함으로써 근로관계의 승계를 거부하고 분할하는 회사에 잔류할 수 있다」고 한다. 대상판결의 파기환송심(서울고법 2014.10.23, 2014누1033; 대법 2015.3.12, 심리불속행 기각) 판결은 "근로자가 회사분할로 인하여 통상 예상할 수 있는 범위를 벗어나는 현저한 근로조건의 저하 등의 불이익을 입게 되는 경우에는 분할로 인한 근로관계의 승계에 대하여 거부권을 행사할 수 있다고 할 것"이라고 판시하였는바, 회사분할이 해고제한 규정을 회피하기 위한 경우뿐만 아니라 회사분할로 인하여 현저하게 근로조건이 저하되는 경우에도 거부권이 인정될 수 있다는 점도 아울러 유의하여야 할 것이다.

3) 평 가

회사가 근로자대표 및 근로자들과 회사분할과 그에 따른 사정들에 대해 충분한 협의절차를 거친 경우에는 해당 근로자들의 동의 유무에 관계없이 자동적으로 근로관계가 이전된다는 기준을 정립한 점에 그 의의가 있다. 대법원의 판단은 근로자의 선택권보다는 기업조직개편의 필요성이라는 사용자의 이익을 우선하고 있다. 그동안 우리 나라에서 특정 사업분야를 분할해 따로 회사를 신설한 경우 근로관계가 새로 설립한 회사로 승계되는지에 대해 명확한 기준이 없었는바 이 판결은 회사분할 시 근로관계 승계에 관한 명확한 기준을 제시한 점에 그 의의가 있다.

제9장

근로관계의 종료

제1절 해고 이외의 근로관계 종료사유

① 근로관계의 종료사유로서는 근로자의 동의에 의해 이루어지는 퇴직, 근로자의 의사에 반하여 사용자의 일방적 의사로 이루어지는 해고, 근로자와 사용자의 의사와는 무관하게 이루어지는 자동소멸 등의 여러 가지 종류가 있다(대법 1993.10.26, 92다54210).

② 계속적 계약관계인 근로자와 사용자간의 근로계약관계는 일반적으로 보아 당사자 쌍방의 근로관계 종료에 관한 합의(합의해지, 이것은 당사자 일방의 타방에 대한 청약과 상대방의 승낙의 의사표시가 합치됨으로써 이루어지게 된다) 또는 당사자 일방의 상대방에 대한 해지의 의사표시(근로자에 의한 경우에는 사직의 의사표시, 사용자에 의한 경우에는 해고권의 행사)로써 종료된다.

③ 사용자의 일방적 의사표시에 의한 근로관계의 종료는 근로자의 보호를 위한 해고제한의 법리에 따라 근기법상 정당한 이유를 필요로 하나(근기법 제23조), 그 밖에 근로자가 사직의 의사표시나 합의해지 또는 계약에 의한 종료의 경우에는 근기법상의 위와 같은 제한이 적용되지 아니한다. 그러나 이러한 근로자측의 의사표시나 합의가 근로자측의 궁박·경솔, 무경험으로 인하여 현저하게 공정을 잃은 경우 또는 사용자측의 사기나 강박에 의한 경우에는 민법상 법률행위의 효력에 관한 판단에 있어서도 경제적 약자인 근로자측의 사정을 충분히 고려함이 형평의 원칙에 비추어 상당하다고 할 것이다. 그 중요성의 정도에 따라 해고와 해고 이외의 종료 사유로 구별하여 법규정의 내용을 살펴본다.

1 기간의 정함이 있는 근로계약기간의 종료

현행법상 근로계약기간은 근기법에는 규정이 없으나 기간제법 제4조에서는 2년 이내로 한정하고 있다.

① 기간의 정함이 없는 근로계약(무기계약 또는 정년제 계약)

② 사업의 완료 또는 특정한 업무의 완성에 필요한 기간을 정하는 근로계약 등 기간제법 제4조제1항 단서 각 호의 특례에 해당하는 계약

③ 2년 이내의 기간을 정한 근로계약 등이 가능하다.

어느 경우라도 기간의 만료로 당해 근로계약은 종료하는 것이 원칙이다. 다만, 근로계약이 2년을 초과하여 근로관계가 사실상 계속되면 그 계약은 기간의 정함이 없는 근로계약이 체결된 것으로 본다.

또 기간제근로계약이 반복·갱신되어 기간의 정함이 없는 근로계약과 실질상 다를 바가 없게 된 때에는 근로계약기간이 만료된 후에도 근로계약이 계속되므로 사용자의 갱신 거절에는 정당한 이유가 있어야 한다.

2 합의해지

1. 합의해지의 의의

합의해지란 근로자와 사용자가 합의에 따라 근로계약을 해지하는 것을 말하며 당사자인 근로자와 사용자의 자유의사에 따른 것이므로 근기법상의 해고제한(동법 제23조, 제24조, 제26조, 제33조)이나 해고권 남용법리의 적용을 받지 않는다. 다만, 민법상의 법률행위(의사표시)에 관한 규정이나 제반 법리의 적용을 받는다. 당사자, 특히 근로자측에 의사표시의 하자·의사의 부존재가 있는 등 사적 자치가 실현되지 아니한 경우나 사회질서에 위반한 합의 등 사적 자치의 범위를 초과하는 경우에는 통상 민법의 의사표시에 관한 규정(민법 제107조 내지 제110조)이나 사회질서에 관한 규정(민법 제103조)이 적용된다. 이 경우 당해 합의해지는 취소할 수도 있고, 무효가 되기도 한다.

근로자가 사직서를 작성하여 사용자에게 제출한 경우에, 특별한 사정이 없는 한 그 사직서는 사용자와의 근로계약관계를 해지하는 의사표시를 담고 있는 것이므로 당사자 사이의 근로계약관계는 사용자가 그 사직서 제출에 따른 사직의 의사표시를 수락하여 합의해지(의원면직)가 성립하거나 민법 제660조 소정의 일정기간의 경과로 그 사직서 제출에 따른 해지의 효력이 발생함으로써 종료되는 것이다. 민법 제660조는 근로자의 해약의 자유를 보장하는 규정으로서 근로자에게 불

리하지 않는 한 그 기간이나 절차에 관하여 취업규칙에서 이와 달리 규정하는 것도 가능하다고 할 것이므로, 근로자가 사직할 때에는 일정한 기간 내에 사용자의 승인을 얻도록 하고 있는 경우 근로자가 사직원을 제출하였으나 사용자가 승인을 거부할 합리적인 이유가 없는데도 승인을 하지 아니하고 있을 때에는 위 법조 소정의 기간(취업규칙에서 이보다 짧은 기간을 규정한 때에는 그 기간)이 경과함으로써 근로관계는 종료된다(대법 1997.7.8, 96두5087).

2. 의원사직이 합의해지의 형식을 취하는 경우

사용자가 근로자로부터 사직서를 제출받고 이를 수리하는 의원사직의 형식을 취하여 근로계약관계를 종료시킨 경우, 사직의 의사없는 근로자로 하여금 어쩔 수 없이 사직서를 작성, 제출하게 하였다면 실질적으로 사용자의 일방적인 의사에 의하여 근로계약관계를 종료시키는 것이어서 해고에 해당한다고 할 것이나, 그렇지 않은 경우에는 사용자가 사직서 제출에 따른 사직의 의사표시를 수락함으로써 사용자와 근로자 사이의 근로계약관계는 합의해지에 의하여 종료되는 것이므로 사용자의 의원면직처분을 해고라고 볼 수 없다(대법 1997.7.8, 96두5087).

3. 근로계약당사자 일방이 계약해지에 관한 조건을 제시한 경우

근로계약이 합의해지되기 위하여는 일반적으로 계약이 성립하는 경우와 마찬가지로 계약이 청약과 승낙이라는 서로 대립하는 의사표시가 합치될 것을 요건으로 하는데, 이와 같은 합의가 성립하기 위하여는 쌍방 당사자의 표시행위에 나타난 의사의 내용이 객관적으로 일치하여야 하므로 계약당사자의 일방이 계약해지에 관한 조건을 제시한 경우 그 조건에 관한 합의까지 이루어져야 합의해지가 성립된다(대법 2018.8.16, 2018두43941 심리불속행기각; 서울고법 2018.6.4, 2017누84329).

4. 퇴직원 제출 후 철회한 경우

근로자가 이 의원퇴직에 있어서의 퇴직원을 제출한 후에 이를 철회한다거나 의사표시의 하자를 주장한다거나 하여 그 효력을 다투는 사건이 자주 발생한다.

이러한 사건에 대하여 판례(대법 2000.9.5, 99두8657; 대법 1993.7.27, 92두16942)는 「합의해약의 신청인 퇴직원은 사용자의 승낙(승인)의 의사표시가 행하여지기까지에는 철회할 수 있다」고 하고 있다. 판례에 의하면 「근로자가 사직원을 제출하여 근로계약관계의 해지를 청약하는 경우 그에 대한 사용자의 승낙의사가 형성되어 그 승낙의 의사표시가 근로자에게 도달하기 이전에는 그 의사표시를 철회할 수 있고, 다만, 근로자의 사직 의사표시 철회가 사용자에게 예측할 수 없는 손해를 주는 등 신의칙에 반한다고 인정되는 특별한 사정이 있는 경우에 한하여 그 철회가 허용되지 않는다」고 한다. 민법 제527조의 규정에 의하면 청약이 상대방에게 도달하면 이를 철회할 수 없는 것인데 판례는 사용자가 승낙의 의사표시를 하고 그 의사표시가 근로자에게 도달하기 전에는 일정한 조건하에 근로자는 그의 의사표시를 철회할 수 있도록 한 것이다. 이 판례는 민법 제527조의 내용을 근로자의 보호를 위하여 수정해석한 것이라고 볼 수 있다(김형배, 「노동법」, 제26판, p.670). 따라서 근로자의 철회의 의사표시가 유효한 이상 사용자가 사직원을 근거로 면직처분을 하는 것은 무효이다(대법 1992.4.10, 91다43138). 또한 퇴직의 의사표시가 착오 또는 사기·강박에 의하여 행하여진 경우에는 그 의사표시를 철회할 수 있다(민법 제109조, 제110조). 다만, 사직서 제출이 일방적인 근로계약 해지의 통고일 경우 사용자에게 의사표시가 도달한 이후에는 사용자 동의 없이 철회는 불가능하다(대법 2000.9.5, 99두8657). 이때 사직의 의사표시가 근로계약을 종료시키는 취지의 해지통고에 해당되는지, 근로관계에 대한 합의해지의 청약에 해당되는지 여부는 사직서의 기재내용, 사직서 작성·제출의 동기 및 경위, 사직 의사표시 철회의 동기 기타 여러 사정을 참작해 판단해야 할것이다(2014.7.9, 근로개선정책과-3880).

5. 진의 여부에 관한 판례의 태도

사직 또는 합의해지에 있어서 근로관계를 소멸시키겠다는 근로자의 진의 여부에 관한 판단에 있어서 판례는 다음과 같은 기본적 태도를 취하고 있다.

① 진의란 특정 내용의 의사표시를 하고자 하는 표의자의 생각을 말하는 것이고, 표의자가 진정으로 마음속에서 바라는 사항을 뜻하는 것은 아니다.

② 당시의 상황에서 최선의 결정이라고 판단하여 의사표시를 하였을 경우에는 내심의 의사로서의 진의가 인정된다.

③ 의원면직처리될지도 모른다는 것을 인식하였다는 것만으로는 내심에 사직의 의사가 있는 것이라고 할 수 없다(대법 2000.9.5, 99두8657).

④ 사직의 의사 없는 근로자로 하여금 어쩔 수 없이 사직서를 작성·제출하게 한 경우에는 진의의 의사표시가 인정되지 않는다. 사용자의 요구에 의하여 「어쩔 수 없이」(일괄)사표를 제출한 경우에는 진의의 의사표시가 인정되지 않으나, 희망퇴직(명예퇴직)의 경우와 같이 근로자가 제반사항을 종합적으로 고려하여 자발적으로 사직원을 제출한 때에는 합의해지가 인정된다.

이와 같이 판례의 태도에 의하면 근로자 스스로가 그의 결정에 의하여 최선의 방법으로서 사퇴의사를 표시한 때에는 진의의 의사표시가 있는 것이 된다(김형배, 「노동법」, 제26판, p.674).

⑤ 사직의 의사표시는 표의자가 진의 아님을 알고 한 것이라도 효력이 있으나 상대방이 진의 아님을 알았거나 알 수 있었을 경우는 무효로 인정된다(대법 2010.1.14, 2009두15951; 2014.7.9, 근로개선정책과-3880).

3 사 직

1. 사직의 의의와 그 규제

(1) 사직의 의의

사직이란 근로계약의 효력을 장래에 향하여 소멸시키는 근로자의 의사표시를 말하며 이에 대해서는 근기법상의 규제가 없으므로 기본적으로는 민법 규정에 따른다. 사직은 근로자와 사용자의 합의에 의한 근로계약의 해지를 의미하는 합의해지와 구별된다.

사직을 둘러싸고 각종 법률문제가 제기되고 있다. 기간의 정함이 없는 고용계약에 있어서 당사자는 언제든지 계약해지의 통고를 할 수 있으며 해고 통고 후 1월이 경과하면 해지의 효력이 생긴다(민법 제660조제2항). 또 기간으로 보수를 정한 때에는 상대방이 해지 통고를 받은 당기 후 1기를 경과함으로써 해지의 효력이 생긴다(민법 제660조제3항). 민법 제660조는 근로자의 해지의 자유를 보장하기 위한 규정이므로 동조제2항 및 제3항보다 짧은 기간(예컨대 퇴직 후 15일 경과 후 효력 발생)을 취업규칙에 정하고 있으면 취업규칙의 규정에 따라 근로계약은 유효하게 해지·종료된다(대법 2000.9.5, 99두8657).

이에 대하여 기간의 정함이 있는 고용계약의 경우 「부득이한 사유있는 때」에는 각 당사자는 계약을 해지할 수 있는 데 그치며 더구나 그 사유가 당사자 일방의 과실로서 생긴 때에는 상대방에 대하여 손해배상의 책임을 진다(민법 제661조).

(2) 사직 의사표시의 법적 성격

사직의 의사표시는 특별한 사정이 없는 한 당해 근로관계를 종료시키는 취지의 해약고지로 보아야 한다(대법 2000.9.5, 99두8657). 사직의 의사표시는 근로관계를 소멸하게 하는 형성권적 효력을 가진 일방적 해약고지이므로 합의해지의 청약이 아니다(김형배, 「노동법」, 제26판, p.668). 따라서 그 의사표시가 사용자에게 도달한 때에는 철회할 수 없다고 보아야 한다(대법 2000.9.5, 99두8657).

(3) 묵시의 갱신

또한 기간의 정함이 있는 근로계약이 기간 만료 후에도 쌍방의 이의가 없이 사실상 계속된 경우에는 먼저 계약과 동일한 조건으로 갱신되나 이 묵시의 갱신기간 중에 근로자는 언제든지 기간의 정함이 없는 경우와 동일하게 계약 해지를 할 수 있다.

2. 사직의 의사표시의 하자

(1) 사직의사표시의 하자

근로자의 일방적 해약인 사직이 법률적 분쟁을 생기게 하는 것은 근로자가 사용자의 권고(요구)에 따라 본의 아니게 퇴직원을 제출하고 그 후에 퇴직의 의사표시의 효력을 다투는 경우이다. 이러한 경우 합의해약과는 달리 퇴직원은 사용자에게 도달한 시점에 해약 고지로서 효력이 생기지만 민법상 의사표시의 하자에 관한 규정이나 법리에 따라 무효 또는 취소의 주장이 허용되는데 불과하다.

(2) 경영방침에 따라 사직원을 제출한 경우

근로자가 회사의 경영방침에 따라 사직원을 제출하고 회사가 이를 받아들여 퇴직처리를 하였다가 즉시 재입사하는 형식을 취함으로써 근로자가 그 퇴직 전후에 걸쳐 실질적인 근로관계의 단절이 없이 계속 근무하였다면 그 사직원 제출은 근로자가 퇴직을 할 의사 없이 퇴직의사를 표시한 것으로서 비진의 의사표시에 해당하고 재입사를 전제로 사직원을 제출케 한 회사 또한 그와 같은 진의 아님을 알고 있었다고 봄이 상당하다 할 것이므로 위 사직원 제출과 퇴직처리에 따른 퇴직의 효과는 생기지 아니한다(대법 2005.4.29, 2004두14090).

(3) 강박 · 오신 · 강요에 의하여 사직서를 제출한 경우

근로자를 장시간 실내에 가두어 두고 징계해고를 시사하면서 퇴직을 강요하였다는 경우와 같이 사용자가 근로자에게 공포심을 갖게 하여 퇴직의 의사표시를 하게 하였다고 인정되는 경우에는 강박에 의한 취소가 인정된다.

또 사용자가 당해 근로자에 대해 객관적으로는 해고사유 또는 징계해고사유가 없다는 것을 알면서 그것이 있는 것 같이 근로자에게 오신시켜서 퇴직의 의사표시를 시킨 경우에는 착오나 사기가 성립할 것이다. 또한 객관적으로 상당한 이유가 없는 데도 징계해고나 고소가 있을 수 있다는 것을 알려서 퇴직원을 제출시키는 것은 강박에도 해당할 수 있다. 또한 강요에 의해 제출된 사직서를 토대로 퇴직처리한 것은 부당한 해고이다(대법 2006.10.26, 2006두15172).

(4) 일괄사표 제출 후 선별수리한 경우

일괄사표를 제출케 하여 선별수리한 경우의 사직의 효력이 있느냐의 문제가 있다. 사용자가 근로자로부터 사직서를 제출받고 이를 수리하는 의원면직의 형식을 취하여 근로계약관계를 종료시킨다고 할지라도 사직의 의사가 없는 근로자로 하여금 어쩔 수 없이 사직서를 제출하게 한 경우에는 실질적으로는 사용자의 일방적 의사에 의하여 근로계약관계를 종료시키는 것이어서 해고에 해당하고 정당한 이유없는 해고조치는 부당해고라고 할 것이다(대법 2003.10.10, 2001다76229; 대법 1992.7.10, 92다3809). 위 사건에서 해당 근로자는 어쩔 수 없이 사직서를 작성·제출한 것이므로 그의 내심에는 사직의사가 없고 사직의 의사표시가 진의 아님을 사용자가 알고 있던 것이므로 민법 제107조제1항 단서에 의하여 그 의사표시는 무효이며 무효인 의사표시를 기초로 면직을 시킨 것은 실질적으로 사용자의 일방적 의사에 의한 부당해고에 해당된다.

(5) 형식적으로 제출한 사직서 수리의 경우

품질불량 등 문제에 대하여 근신하고 책임지는 모습으로 새로운 각오를 다지기 위해 형식적으로 제출한 사직서는 진의 아닌 의사표시에 해당되어 이를 이유로 한 사직서 수리행위는 부당해고이다(대법 2010.1.14, 2009두15951).

사직의 의사표시 존재 여부 사례 비교

사직의 의사표시 존재를 긍정한 사례	사직의 의사표시 존재를 부정한 사례
① 취업규칙에 퇴직원의 제출이 규정되어 있지만, 이메일 내지 구두로 사직의 의사표시를 한 경우(서울고법 2010.12.17, 2010누19838) ② 근로자가 징계감봉처분을 받고 급여가 적다는 이유로 2차례에 걸쳐 구두로 사직의 의사표시를 하고 이후 업무미배정에 대해서도 별다른 이의를 제기하지 않은 경우(서울행법 2015.12.8, 2015구합22654) ③ 근로자가 근로조건의 향상을 주장하면서 근로조건이 충족되지 않는다면 출근할 수 없다고 통보한 뒤 회사를 떠난 경우(서울고법 2008.11.7, 2008누16430) ④ 근로자가 사용자로부터 성과급 및 퇴직일자가 기재된 감사패를 이의 없이 수령하고 자신이 사용하던 진료실 열쇠를 반납하였으며 구직활동까지 한 사실이 있는 경우(서울고법 2009.1.7, 2008누22787) ⑤ 근로자가 고용노동관서에 연장근로수당 진정을 제기한 이후 출근하지 않고, 장기간 이의나 항의제기 없이 다른 곳에 취직한 경우(대법 2012.2.23, 2012두454 심리불속행기각) ⑥ 해고결정권한이 없는 자로부터 들은 말을 해고로 오인하고 출근하지 않은 경우(서울고법 2011.4.28, 2010누41002)	① 사용자의 지시에 따라 동료들과 작별인사를 했고, 이후에도 계속 출근하면서 해고통지서를 작성해줄 것을 요구한 경우(대법 2009.11.20, 2009두23051) ② 사업장이 차후 업종이 변경되거나 매각되면 다른 직장을 알아보겠다는 취지로 이야기한 경우(대법 2016.2.3, 2015두53237 심리불속행기각) ③ 컴퓨터에 사직서파일을 작성한 사실은 있으나, 이를 출력하여 제출하지 않은 경우(서울고법 2014.7.23, 2013누49540) ④ 사업장 폐지라는 정지조건부 사직의 의사표시를 하였으나 이후 조건이 성취되지 않은 경우(대법 2015.7.23, 2015두40101) ⑤ 필요하다면 사직하겠다고 하였을 뿐, 별도의 사직서를 제출하지 않은 경우(서울행법 2015.3.26, 2014구합62333)

3. 사직(퇴직)의 효력발생 시기

기간의 정함이 있는 근로계약관계는 당해 근로계약기간의 만료시이다.

반면 기간의 정함이 없는 근로계약 관계는 사용자가 근로자의 사직(퇴직)의 의사표시(사표)를 수리한 때이다.

① 근로자가 사용자에게 퇴직의 의사표시(사표제출)를 행한 경우 사용자가 이를 수리하였거나 또는 당사자 사이에 계약 종료시기에 관한 특약(단체협약, 취업규칙 및 근로계약)이 있다면 각각 그 시기(사표 수리한 시기 또는 특약에 따라 정한 시기)에 계약해지의 효력이 발생한다. 다만, 이 경우 해당 특약 내용이 관계법규에 저촉되어서는 아니된다.

② 근로자가 사용자에게 근로자의 퇴직의 의사표시(사표 제출)를 하였음에도 불구하고 사용자가 근로자의 의사표시를 수리하지 아니하거나 또는 계약 종료 시기에 관한 특약이 없다면 사용자가 해당 퇴직의 의사표시를 통고 받은 날로부터 1개월이 지날 때까지는 계약해지의 효력이 발생치 않으므로 고용종속관계는 존속되는 것으로 취급하여야 할 것이다(민법 제660조제2항).

③ ①및 ②의 경우 사용자가 근로자에게 지급하는 임금을 일정한 기간급으로 정하여 정기지급하고 있다면 사용자가 근로자의 퇴직의 의사를 통고받은 당기 후의 1임금지급기가 지난 때 계약해지의 효력이 발생하는 것으로 취급하여야 할 것이다(민법 제660조제3항, 2015.11.6, 고용노동부예규 제2015-100호「퇴직의 효력발생시기」).

<table>
<tr><th colspan="2">퇴직의사</th><th>퇴직효력 발생시기</th></tr>
<tr><td colspan="2">근로자가 퇴직의 의사표시(사표제출)를 행하여 사용자가 이를 승낙(사표수리)한 경우</td><td>수리한 때 계약해지의 효력이 발생</td></tr>
<tr><td colspan="2">단체협약·취업규칙 및 근로계약에 특약이 있는 경우 특약내용이 관계법규에 저촉되지 않아야 함.</td><td>특약의 시기에 계약해지의 효력이 발생</td></tr>
<tr><td rowspan="2">근로자의 사표를 사용자가 수리하지 아니한 경우</td><td>임금을 기간급으로 정하지 아니한 경우</td><td>사용자가 근로자의 의사표시를 통고받은 날로부터 1월이 경과하면 효력이 발생(민법 제660조제2항)</td></tr>
<tr><td>임금을 월급제 등 기간급으로 정한 경우</td><td>사표를 제출한 당기(월급제인 경우 그 달)후의 1임금지급기(그 다음달)가 경과하면 효력발생(민법 제660조제3항)</td></tr>
</table>

4 정년제

1. 정년제의 의의

정년제란 근로자가 일정한 연령에 달한 때에 근로자의 의사·능력과 무관하게 근로계약을 종료시키는 제도를 말한다. 정년제는 정년 도달 전의 퇴직이나 해고가 특별히 제한되지 않는다는 점에서 근로계약기간의 규정과는 다르다. 결국 근로계약의 종료사유에 관한 특수한 약정이라고 해석할 수밖에 없다. 정년에 대해서는 고령자고용촉진법 제19조에 따라 60세 이상 정년제를 채택하고 있으므로 사용자와 근로자가 자유로운 의사로 취업규칙이나 근로계약서 등에서 정할 수 있다. 또한, 하나의 사업장에서 근로조건, 근로 형태, 직종 등의 특수성에 따라 근로자 일부에게 적용되는 별도의 취업규칙을 작성하여 적용할 수도 있다(대법 1996.2.27, 95누15698). 정년을 달리 적용받던 비정규직 근로자가 정규직 근로자로 전환하였다면 정규직 근로자가 적용받는 취업규칙상의 정년 규정을 적용받아야 할 것이다(2008.4.21, 근로조건지도과-997). 장년고용 확대는 근로자 개인, 기업뿐만 아니라 사회·국가적으로도 크게 이익이다. 개인적으로는 소득생활을 연장할 수 있으며, 일을 통한 성취감 및 삶의 질을 높일 수 있고, 기업은 숙련기술을 활용할 수 있으며 다음 세대에 숙련을 전수하여 생산성이 향상될 수 있다. 또한 국가적으로는 노동공급 확대를 통한 경제성장 기여, 연금·복지비용 등 재정부담 감소 효과를 기대할 수 있기 때문이다

2. 정년제의 종류

(1) 정년퇴직제와 정년해고제

정년제는 보다 엄밀하게는 두 종류가 있을 수 있다. 하나는 정년에 달한 때에 당연히 근로계약이 종료하는 것으로서 이 경우의 근로계약의 종료는 「정년퇴직」이라고 칭한다. 이것은 근로계약에 있어서 종료사유의 약정이다. 또 하나는 정년에 달한 때에 해고의 의사표시를 하고 그에 따라 계약을 종료시키는 것으로서 「정년해고」라고 칭한다. 이것은 해고사유의 약정으로서 근기법상의 해고에 관한 규

제가 적용된다.

(2) 일률정년제와 차등정년제

일률정년제와 직종별 또는 직급별 차등정년제가 있다. 우리나라 기업의 다수는 일률정년제를 채택하고 있으며, 판례·학설의 다수도 원칙적으로 일률정년제를 인정하고 있다. 이는 기업의 조직과 운영의 적정화라는 관점에서 불합리한 제도는 아니라고 한다. 그렇지만 어떤 경우에도 법정 정년연령을 하회할 수 없으므로 60세 이상인 경우에 한하여 직위나 직렬별로 차등정년제가 유지될 수 있다. 그러나 남녀의 성, 국적, 신앙 또는 사회적 신분을 이유로 정년에 차등을 두는 것은 인정될 수 없다(근기법 제6조 및 남녀고용평등법 제11조 위반). 합리적 이유없이 여성근로자들에 대해서만 부당하게 낮은 정년을 정하여 조기 퇴직토록 하는 것은 남녀차별적 규정에 해당되어 무효이다(대법 1988.12.27, 85다카657). 근로자의 직위, 계급 등에 따라 정년에 차등을 두는 이른바 차등정년제는 사회통념상 합리성이 있는 한 인정될 수 있다(2007.11.29, 근로기준팀-8048).

(3) 계급정년제

계급정년제란 일정기간 동안 동일 계급에 머물러 있으면 그 기간이 만료되는 때 당연퇴직되는 제도로, 고령자고용촉진법 제19조의 취지에 반하는 것으로 해석된다. 다만, 예외적으로 경찰, 소방공무원, 경호원 등의 경우 해당직무의 특수성, 공익목적상 필요성 등을 고려하여 입법자가 법령을 통해 별도의 계급 정년을 인정하는 것이므로, 특별법 우선의 원칙에 따라 해당법의 적용을 받는 것이 타당할 것이다.

3. 정년과 퇴직시점

(1) 당사자 자율결정의 원칙

고령자고용촉진법 제19조제1항은 "사업주는 정년을 60세 이상으로 정하여야 한다"고 규정하고 있으며, 이는 사업장 정년연령의 최소한의 기준을 60세로 정한 것이다. 따라서 노사가 협의하여 자율적으로 60세를 초과하는 연령을 정년연령으로 정할 수 있다. 정년퇴직 시점에 대한 노사간 다툼을 방지하기 위해서는 정년해당 연령을 시기(始期)나 종기(終期) 등으로 퇴직시점을 명확히 정하는 것이 필요하다.

퇴직시점을 명확히 정하지 않고 관행적으로 운용해 온 경우에는 그 관행에 따라 퇴직시점이 결정된다. 퇴직시점에 대한 관행이 정립되어 있지 않을 경우에는 정년에 도달(시작)한 첫날에 퇴직토록 한다 해도 근기법 위반의 문제는 없다.

(2) 고령자고용촉진법 제19조의 60세 정년의 의미

고령자고용촉진법 제19조제1항은 "사업주는 근로자의 정년을 60세 이상으로 정하여야 한다"고 규정하고 있으며, 제2항에서는 "근로자의 정년을 60세 미만으로 정한 경우 60세로 본다"고 규정하고 있다. 따라서 사업주가 근로자의 정년을 60세 이상으로 정하여야 하는 것은 법적 의무이며, 정년을 60세 이상으로 정하지 않는 경우 근로자의 정년은 60세로 간주된다. 그러나 사업장에서 60세 미만으로 정년을 정하는 단체협약이 있는 경우에도, 법에 따라 해당 사업장의 정년은 60세로 간주된다. 따라서 2016.1.1.부터 정년을 60세 미만으로 정하고 있는 단체협약 및 취업규칙의 해당조항은 동법 제19조의 규정에 위반되는 범위 내에서 위법 무효이다(대법 2017.3.9, 2016다249236).

고령자고용촉진법에서 정하고 있는 "60세" 이상 정년은 "만 60세"를 의미하며, 최소한 만 60세 생일이 되는 날(만 60세에 도달한 날)까지는 근로자를 고용해야 한다는 뜻이다. 정년을 '65세'로만 정하고 만 65세에 도달하는 날을 의미하는지, 종료되는 날을 의미하는지를 명확히 하지 않았다면 통상 만 65세에 도달하는 날을 정년으로 보는 것이 판례(대법 1973.6.12, 71다2669)와 행정해석(2004.12.29, 근로기준과-6968)의 입장이다. 고령자고용촉진법 제19조에서 말하는 정년은 실제의 생년월일을 기준으로 산정하여야 한다(대법 2017.3.9, 2016다249236).

4. 정년의 연장

정년연장에 관한 사항은 취업규칙 또는 단체협약 등에 규정하되, 연장되는 기간을 명확히 하여야 한다. 연장기간이 경과하면 정년퇴직의 효과가 발생하며 정년

연장만을 이유로 기존의 근로조건을 저하시킬 수 없다.

정년이 경과한 후에도 사용자의 묵시적 동의 하에 계속해서 근로하였다면 특별한 사정이 없는 한 정년초과만을 이유로 해고할 수 없다.

5. 정년제의 적법성

정년제는 정년연령까지의 고용을 사실상 보장하더라도 정년시에는 본인 능력에 관계없이 연령이라는 하나의 사실에 따라 고용관계를 종료시키는 제도이므로 그 적법성이 문제된다. 학설 중에는 정년은 공서양속이나 사회질서 위반으로서 무효라는 견해도 있으나 현재 판례 및 학설의 다수는 정년제의 실제상의 고용보장기능이나 기업조직에 있어서의 인사의 쇄신수단으로서의 합리성을 참작하여 유효하다고 해석하고 있다. 우리나라는 정년의 고용보장기능은 여전히 중요하며 고용정책도 정년의 고용보장기능을 기대할 수 있는 상황이므로 정년제의 합리성을 긍정할 수 있다.

향후 정년제의 고용보장 효과가 변화하든가 장기고용시스템의 커다란 변화가 생긴 경우에는 정년제의 평가도 재검토해야 할 것이다(荒木尙志, 「労働法」, 제2판, p.271).

6. 정년 후의 재고용

(1) 정년 퇴직자 재고용과 법적 문제

사용자가 정년에 달한 근로자를 촉탁 등으로 일정기간을 정하여 재고용 하는 경우 이러한 정년 후의 재고용도 새로운 근로계약의 체결로서 그 내용에 대하여 쌍방의 합의가 필요하다. 정년퇴직자에게 정년연장을 요구할 수 있는 권리가 있다고 할 수 없다(대법 2008.2.29, 2007다85997). 따라서 사용자는 재고용할 자를 선별할 수 있는 것이 원칙이다. 그러나 취업규칙이나 단체협약 등에서 정년퇴직자에게 결격사유가 없는 한 재고용의 권리를 부여하고 있다거나 이러한 취급이 관행으로서 확립되어 묵시의 계약 내용이 되어 있다고 인정되는 경우에는 정년퇴직자에게 재고용계약의 체결을 요구할 권리가 생긴다. 또 정년 후의 자동적인 고용계속의 관행에 의해 사용자와 정년퇴직자간에 묵시의 재고용계약이 성립되고 있다고 판단되는 경우도 있을 수 있다.

(2) 정년이 지난 근로자에 대하여 고령이라는 이유로 근로계약의 해지가 가능한가

근로자가 정년이 지난 후에도 사용자의 동의 아래 기간의 정함이 없이 사용자와의 근로관계를 계속 유지하여 왔다면, 사용자는 특별한 사정이 없는 한 단순히 당해 근로자가 정년이 지났다거나 고령이라는 이유만으로 근로계약을 해지할 수는 없고, 당해 근로자를 해고하기 위하여는 근기법 제23조제1항 소정의 정당한 사유가 있어야 한다(대법 2003.12.12, 2002두12809).

5 고령자고용촉진법상의 정년 관련 규정

법 제19조【정년】 ① 사업주는 근로자의 정년을 60세 이상으로 정하여야 한다.
② 사업주가 제1항에도 불구하고 근로자의 정년을 60세 미만으로 정한 경우에는 정년을 60세로 정한 것으로 본다.
제19조의2【정년연장에 따른 임금체계 개편 등】 ① 제19조제1항에 따라 정년을 연장하는 사업 또는 사업장의 사업주와 근로자의 과반수로 조직된 노동조합(근로자의 과반수로 조직된 노동조합이 없는 경우에는 근로자의 과반수를 대표하는 자를 말한다)은 그 사업 또는 사업장의 여건에 따라 임금체계 개편 등 필요한 조치를 하여야 한다.
② 고용노동부장관은 제1항에 따라 필요한 조치를 한 사업 또는 사업장의 사업주나 근로자에게 대통령령으로 정하는 바에 따라 고용지원금 등 필요한 지원을 할 수 있다.
③ 고용노동부장관은 정년을 60세 이상으로 연장하는 사업 또는 사업장의 사업주 또는 근로자에게 대통령령으로 정하는 바에 따라 임금체계 개편 등을 위한 컨설팅 등 필요한 지원을 할 수 있다.

1. 정년연장

(1) 정년규정

사업주가 정년을 정하는 경우에는 그 정년이 60세 이상이 되도록 노력하여야 한다(고령자고용촉진법 제19조)고 하여 권고규정이었으나 고령화 사회에 대응하여 고용안정과 생산가능인구 부족현상에 대비하기 위하여 개정 고용상연령차별금지

및고령자고용촉진에관한법률(법률 제11791호, 2013.5.22)은 제19조를 다음과 같이 개정하여 법정 정년을 의무규정으로 하였다. 「① 사업주는 근로자의 정년을 60세 이상으로 정하여야 한다. ② 사업주가 제1항에도 불구하고 근로자의 정년을 60세 미만으로 정한 경우에는 정년을 60세로 정한 것으로 본다.」

(2) 법정정년 준수의무 위반의 효과

사업주가 법정정년 준수의무를 위반한 경우 근로자는 근기법의 부당해고금지 관련 조항과 고령자고용촉진법의 연령차별금지조항에 의해 보호받을 수 있다. 법정 정년에 미달하는 정년만을 이유로 한 근로관계 종료는 강행법규에 위반된다. 강행법규에 위반되는 근로관계 종료는 근기법의 해고금지조항의 적용을 받는다.60세 미만의 정년을 정한 취업규칙이나 단체협약은 법정 정년규정에 위반되는 범위 내에서 무효이다(대법 2017.3.9, 2016다249326).

(3) 법정 정년 위반시의 근로자의 권리구제수단

따라서 해당 근로자는 노동위원회에 부당해고구제를 신청할 수 있고, 법원에 해고무효확인소송과 손해배상청구소송을 할 수 있다. 기존의 60세 미만 정년규정을 근거로 해고를 당한 근로자는 노동위원회에 부당해고 구제신청을 통하여 원직 복직될 수 있고, 이 경우 해고기간 동안 근로를 제공하였더라면 받을 수 있었던 임금상당액을 지급받을 수 있다.

2. 정년연장과 임금체계 개편

(1) 임금체계 개편과 그 취지

60세 이상으로 정년을 연장하는 사업장의 사업주와 근로자 과반수로 조직된 노동조합(또는 근로자의 과반수를 대표하는 자)는 사업장 여건에 따라 임금체계 개편 등 필요한 조치를 하여야 한다(동법 제19조의2). 또한 고용노동부장관은 임금체계 개편 등을 하는 사업주 또는 근로자에게 컨설팅 등 필요한 지원을 할 수 있도록 한다(동법 제19조의2).

고령자고용촉진법은 정년을 60세 이상으로 정하도록 의무화하면서, 사업장의 여건에 따라 임금체계 개편을 포함한 필요한 조치를 하도록 함께 의무화하였다. 다만, '임금체계 개편 등 필요한 조치 의무'의 경우 벌칙 규정을 두고 있지 않은데, 이는 임금체계 및 연공성 정도 등 개별 사업장의 여건에 따라 달라질 수 있고, 노사가 서로 협력해야 할 사항이라는 점을 감안한 것이므로, 노사는 벌칙과 관계없이 충실한 협의를 통해 상생할 수 있는 방안을 찾아야 할 것이다.

(2) 임금체계 개편과 취업규칙의 불이익변경 여부

정년 60세 법제화에 따른 취업규칙 변경은 일반적인 사례와 달리 근로계약 당시 예상하지 못한 법 개정에 따른 변경이며 법률로 정년 연장과 임금체계 개편을 의무화함으로써 복수의 근로조건 변경에 상호 대가관계 또는 연계성을 부여한 것으로 의제하여 이를 종합적으로 고려하여 불이익 여부를 판단하여야 한다. 정년을 연장하면서 현재의 정년 이후부터 임금을 감액하는 경우에는 현재의 정년 이후에 정해진 임금 등이 없어 비교대상인 근로조건이 없으므로 일률적으로 불이익변경이라고 판단하기 어렵다는 견해도 있다. 그러나 그간의 판례 등을 고려해 볼 때 법정 정년 연장과 이에 따른 임금피크제 등이 하나의 근로조건으로 보아 서로 대가관계나 연계성이 반드시 인정된다고 보기 어려워 임금피크제 도입을 불이익이 아니라고 단정하기는 곤란하다. 따라서, 불이익 변경 여부에 대한 확정적 판단을 내리기에 앞서 노사는 사업장 여건에 맞는 임금피크제 등 임금체계 개편을 위한 성실한 논의와 합의를 도출하도록 노력함이 원칙이다.

동의를 얻지 못한 경우에는 기업의 원활한 운영 및 청년고용기회 확대 등을 위한 차원에서 이루어진 취업규칙 변경이라면 사회통념상 합리성 여부에 따라 그 변경된 취업규칙의 효력이 인정될 여지가 있는지를 판단할 필요가 있다.

3. 정년퇴직자의 재고용시의 계속근로기간 산정 및 임금결정

고령자고용촉진법 제21조에 의하면 「① 사업주는 정년에 도달한 자가 그 사업장에 다시 취업하기를 희망하는 때에는 그 직무수행능력에 적합한 직종에 재고용하도록 노력하여야 할 것이다. ② 사업주는 고령자인 정년퇴직자를 재고용함에 있어 당사자간의 합의에 의하여 근기법 제34조의 규정에 의한 퇴직금과 같은 법 제60조의 규정에 의한 연차유급휴가일수 계산을 위한 계속근로기간 산정에 있어 종전의 근로기간을 제외할 수 있으며 임금의 결정을 종전과 달리할 수 있다」고 규정하고 있다.

6 당사자의 사망 · 소멸

1. 당사자의 사망

① 사용자가 개인인 경우 그 개인의 사망이나 근로자 자신의 사망인 경우 근로계약은 종료하는 것이 원칙이다. 근로계약상의 지위는 일신전속적인 것으로서 상속되지 않으므로(민법 제657조) 근로관계는 원칙적으로 당연소멸된다.

② 사용자가 사망하더라도 그 기업이 상속인에 의해 상속되어 계속운영되며(포괄적 승계) 사용자와 근로자 사이의 인적관계가 문제되지 않는 경우에는 근로관계는 종료되지 않는다.

2. 법인격의 소멸(해산)및 파산

① 사용자가 법인인 경우 그 법인의 해산시 근로계약은 늦어도 청산의 종료시(법인격의 소멸시)까지는 종료된다. 통상은 그때 근로계약의 해약(해고)이 행하여진다.

② 기업의 파산으로 인하여 사업은 폐지되고 기업이 해체되는 것이 일반적이므로 파산관재인이 근로계약을 종료시키게 될 것이다.

3. 합병 · 영업양도와 근로계약

회사 합병의 경우에는 소멸회사의 권리의무관계가 일괄하여 합병회사에 포괄승계되므로 소멸회사 근로자의 근로계약도 합병회사에 승계된다고 하는 설이 통설이다. 다만, 합병도 그 본질이 영업양도이므로 승계되는 권리의무는 취사선택하여도 되며 근로계약은 합병계약상 승계가 정하여진 경우에만 승계된다는 설도 있다.

또한 승계를 희망하지 않는 근로자가 해약의 자유를 가지는 것은 말할 것도 없다. 이에 대하여 영업양도의 경우에는 양도계약에서 근로계약의 양도가 정하여지고 또한 근로자의 동의가 있어야 비로소 영업양도에 수반하는 근로계약의 이전이 실현된다.

제2절 해 고

1 해고의 의의

1. 해고의 개념

근기법상의 해고는 그것이 징계해고이든 직권면직이든 본질적으로는 근로계약의 해지로서 그 법적 성질은 상대방 있는 단독행위이다. 상대방 있는 단독행위는 그 의사표시가 상대방에게 도달하는 때에 효력이 발생한다고 할 것이고(대법 1997.9.26, 97다18974) 근로자를 해고하려면 해고사유와 해고시기를 서면으로 통지하여야 효력이 있다(근기법 제27조).

해고란 근로관계 종료사유의 하나로서 특히 사용자가 근로자에 대하여 일방적인 의사표시로 근로자를 근로계약관계에서 배제시키는 것이므로 근로자에게 불리한 조치이다. 해고는 다양한 방법으로 유형화하여 구분할 수 있으나 일반적으로 그 사유에 따라 ① 통상해고 ② 징계해고 ③ 정리해고(경영상해고)로 구분한다. 노사간의 합의해약, 임의퇴직, 기간만료의 형식을 띠었다 하더라도 실질적으로 사용자의 일방적 의사표시에 의한 해고인 경우도 있으므로 단순히 외형으로 판단할 것이 아니고 실태에 따라 판단하여 근기법 각 규정을 적용할 필요가 있다. 따라서 민법상 고용계약에서 인정되는 계약해지권은 노동법상의 근로계약에서는 근로자에게는 그대로 인정되지만, 사용자에게는 그대로 인정되지 않고 근기법 제23조에 의한 제한을 받게 된다. 즉, 사용자가 근로계약을 일방적으로 종료시키기 위한 해고처분을 하려면 「정당한 이유」가 있어야만 하는 것이다.

2. 해고제한에 관한 법적 규제

① 근기법 제23조제1항은 해고의 일반적 제한으로서 사용자는 근로자에게 정당한 이유없이 해고하지 못한다고 규정하고 있다. 그러므로 우리나라에 있어서는 이른바 해고자유설이 터잡을 여지가 없다. 그러나 무엇이 정당한 이유인가에 관

해서는 근기법이 구체적으로 규정하는 바가 없다.

정당한 이유는 취업규칙이나 단체협약으로 정할 수 있다. 정당한 이유의 존부는 취업규칙의 해고사유 해당성의 존부로서 판단된다. 이것을 「최후 수단의 원칙」(ultimarato-Grundsatz)이라고 부른다. 그러나 취업규칙이나 단체협약이 규정하였다 하여 모두 정당한 것으로 볼 수는 없으므로 그 여부는 근기법 제23조의 정당한 이유 등 해고제한의 법리에 따라 평가하여야 한다.

특히 정리해고의 경우에는 긴박한 경영상의 필요성과 함께 해고회피 노력을 다하고 합리적이고 공정한 해고의 기준을 정하여 이에 따라 대상자를 선정하여야 하며, 해고를 피하기 위한 방법과 해고의 기준 등을 근로자 과반수로 조직된 노동조합 등 근로자대표와 성실하게 협의하여야 한다고 규정하고 있다(근기법 제24조).

② 또한, 근로자가 업무상 부상 또는 질병의 요양을 위하여 휴업한 기간과 그 후 30일 동안 또는 산전·산후의 여성이 이 법에 따라 휴업한 기간과 그 후 30일 동안은 해고하지 못하도록 제한하고 있다(근기법 제23조제2항).

③ 아울러, 사용자가 근로자를 해고하려면 원칙적으로 30일 전에 해고를 예고하거나 30일 분 이상의 통상임금을 지급하도록 의무화하고 있다(근기법 제26조).

④ 모든 해고의 의사표시는 해고사유와 해고시기 등을 기재한 서면으로 하여야 효력이 발생하는 등 절차적 제한을 규정하고 있다(근기법 제27조).

3. 그 밖에 근로계약 종료와 해고

근기법의 해고제한 규정의 적용을 받는 해고는 그 명칭에 관계없이 사용자의 일방적인 의사표시에 의하여 근로관계가 종료되는 경우를 말한다.

(1) 당연퇴직

사용자 또는 근로자의 특별한 의사표시 없이 취업규칙 또는 단체협약에서 정한 사유의 발생만으로 근로관계가 종료되는 것을 당연퇴직 사유로 정하여 실시하는 경우가 있다. 일반적으로 ① 근로자의 사망, ② 정년, ③ 근로계약기간의 종료, ④ 휴직기간 만료 후 소정기간 내에 복직의 의사표시를 하지 않은 경우 등을 당연퇴직 사유로 규정하고 있다.

(2) 직권면직

취업규칙 등에 사용자가 직권으로 행하는 근로계약 종료의 경우를 규정하고 이를 '직권면직'으로 부르는 경우가 있다. 통상적으로 공공기관에서 취업규칙 등에 '업무능력이 부족한 자에 대하여 대기발령 조치를 내리고 그 기간 동안 복직명령을 받지 못하는 경우에 직권면직할 수 있다'는 규정을 두는 경우가 많다. "공무원 당연퇴직제도는 결격사유가 발생하는 것 자체에 의해 임용권자의 의사표시 없이 결격사유에 해당하게 된 시점에 법률상 당연히 퇴직하는 것이고, 공무원관계를 소멸시키기위한 별도의 행정처분을 요하지 아니하므로 당연퇴직 사유의 존재는 객관적으로 명확해야 한다(대법 2016.12.29, 2014두43806)."

(3) 해고제한 규정의 적용

당연퇴직, 직권면직 등 그 명칭이나 절차에 관계없이 사용자가 일방적으로 근로관계를 종료시키는 것으로 해석되는 경우에는 실질적으로 해고로 해석될 수 있어 근기법에 따른 해고제한 규정의 적용을 받는다. 판례(대법 1999.9.3, 98두19949)는 당연퇴직 등 명칭에 관계없이 사용자 측에 의해 일방적으로 근로관계를 종료시키는 경우에는 해고제한 규정이 적용된다고 한 사안과 또 다른 판례(서울고법 2014.11.13, 2012누38888; 대법 2012.3.12, 2014두15221 심리불속행기각)는 직권면직 규정에 불구하고 사용자 측에 의해 일방적으로 근로관계를 종료시키는 경우에는 해고제한 규정이 적용된다고 한 사안이 있다.

2 해고의 제한

1. 근기법에 의한 제한

법 제23조【해고 등의 제한】 ① 사용자는 근로자에게 정당한 이유없이 해고, 휴직, 정직, 전직, 감봉, 그 밖의 징벌(이하 "부당해고등"이라 한다)을 하지 못한다.

② 사용자는 근로자가 업무상 부상 또는 질병의 요양을 위하여 휴업한 기간과 그 후 30일 동안 또는 출산전후의 여성이 이 법에 따라 휴업한 기간과 그 후 30일 동안은 해고하지 못한다. 다만, 사용자가 제84조에 따라 일시보상을 하였을 경우 또는 사업을 계속할 수 없게 된 경우에는 그러하지 아니하다.

(1) 정당한 이유

1) 규정내용

근기법 제23조제1항은 해고의 일반적 제한으로서 「사용자는 근로자에게 정당한 이유없이 해고, 휴직, 정직, 전직, 감봉 그 밖의 징벌(이하 "부당해고 등"이라 한다)을 하지 못한다」고 규정하고 있다. 근기법은 민법의 해고자유의 원칙(민법 제660조)을 수정하고 사용자의 해고는 항상 정당한 이유의 존재 여부에 따라 그 효력이 좌우된다는 뜻을 명시하고 있다.

2) 입법취지

근기법 제23조제1항의 입법취지는 정당한 이유없이 근로자를 해고하지 못한다고 규정함으로써 근로자의 생존권과 노동권의 기초를 이루는 근로관계의 존속을 사용자의 자의적인 해고권으로부터 보호하여 근로자의 인간다운 생활을 보장하려는 데 있다. 그런데 무엇이 정당한 이유인가에 관해서는 근기법이 구체적으로 규정하지 아니하므로 해석에 의할 수밖에 없다.

3) 판례의 태도

판례(대법 2016.10.27, 2015다5170; 대법 2012.7.5, 2009두16963; 대법 1992.3.13, 91다39559; 대법 1987.4.17, 86다카1875)에 의하면 「근기법 제23조제1항 소정의 정당한 사유란 사회통념상 고용계약을 계속시킬 수 없을 정도로 근로자에게 책임있는 사유가 있다든가, 부득이한 경영상의 필요가 있는 경우를 말하는 것이므로 근로계약이나 취업규칙 등에 해고에 관한 규정이 있는 경우 그것이 근기법에 위배되어 무효가 아닌 이상 그에 따른 해고는 정당한 이유가 있는 해고이다」라고 판시하고 있다.

4) 해고의 유형별 정당성

법원은 근기법 제23조의 정당한 이유에 대하여 '사회통념상 근로관계를 계속할 수 없을 정도인지 여부'를 사용자의 인사경영권, 근로계약의 본질, 근로자의 귀책사유, 보호 필요성, 노동시장 상황 등을 종합적으로 고려하여 사안별로 판단하고 있다. 현행 해고법제와 이를 토대로 한 판례의 정당성 판단의 기본 원리는 독일, 일본 등의 노동관계법제와 유사하다.

① **통상해고**: 사용자가 근로자의 신체장해(대법 1996.12.6, 95다45934), 자격상실(서울고법 1991.1.23, 90구10997) 등으로 인하여 근로계약에서 정한 근로를 제공하지 못함을 이유로 해고하는 경우이다. 특히 근로자의 업무 능력 결여, 근무성적 부진 등이 "사회통념상 고용관계를 유지할 수 없을 정도로 객관적으로 불량한 정도"에 이른 경우에 해고의 정당성이 인정될 수 있다(서울고법 2013.11.1, 2013누18942). 근로자의 업무능력 결여, 근무성적 부진 등이 사회통념상 근로계약을 계속 시킬 수 없을 정도인지 여부는 단체협약, 취업규칙 등의 규정과 아래 사항을 종합적으로 고려하여 판단하여야 한다.

(가) 객관적, 합리적 기준에 의한 공정한 평가
(나) 교육훈련, 배치전환 동 개선의 기회를 부여했는지 여부
(다) 업무능력 결여, 근무성적 부진 기간, 교육훈련 결과 등을 고려하여 개선 가능성이 있는지, 업무에 상당한 지장을 초래하는 정도

② **징계해고**: 근로자의 업무명령 위반, 근태 불량, 회사 명예훼손 등 비위 행위로 인하여 해고하는 경우로서 "그 비위행위 등이 사회통념상 근로계약을 계속할 수 없을 정도"이어야 한다(대법 1994.1.11, 2012두25873). 근로자의 비위행위 등이 사회통념상 근로계약을 계속시킬 수 없을 정도인지는 다음의 사항 등을 종합하여 판단하여야 한다(대법 2018.10.4, 2016다242884; 대법 2017.3.15, 2013두26750; 대법 2016.11.24, 2015두54759).

(가) 해당 사용자의 사업 목적과 성격
(나) 사업장의 여건
(다) 해당 근로자의 지위 및 담당직무의 내용
(라) 비위행위의 동기와 경위
(마) 비위행위 등으로 인하여 기업의 위계질서가 문란하게 될 위험성 등 기업질

서에 미치는 영향

(바) 과거의 근무태도, 개전의 정 표시 여부 등

③ **통상해고와 징계해고의 구별**: 판례나 현장 실무는 단체협약이나 취업규칙상 징계부문(징계의 장)에 규정되어 있는 해고는 "징계해고", 인사부문(인사의 장)에 있는 경우 "통상해고"로 판단하고 있다. 근무성적이 현저히 낮은 경우 등 통상해고 사유가 단체협약이나 취업규칙 등의 징계부문에 규정되어 있다면 징계해고도 가능하다.

판례(대법 2007.2.9, 2006누18287 심리불속행기각)는 「무릇 징계제도가 실시되고 있는 기업에 있어서는 징계해고는 기업 질서위반에 대한 제재벌로서 통상해고와는 제도상 구별되는 것이고, 실제로도 징계해고는 근로자에게 통상해고에 비하여 단순히 금전적, 경제적인 불이익만 주는데 그치는 것이 아니라 "징계"를 받아 해고되었다는 불명예스런 경력을 남기게 되어 재취업에 중대한 장해를 수반하는 특별한 불이익을 주는 것이므로 사용자가 당초 징계해고를 하면서 동일한 비위사실이 통상해고사유에도 해당한다하여 예비적으로 통상해고의 의사표시를 하였다는 등의 특별한 사정이 없는 한 징계해고의 의사표시는 어디까지나 징계해고로서 독자적으로 그 유효성이 검토되어야 하고 징계해고사유가 통상해고사유에 해당한다 하여 사후적으로 이른바 징계해고의 통상해고로의 전환을 허용하여서는 아니 된다」고 한다.

④ **정리해고(경영상해고)**: 정리해고가 정당하기 위해서는 (가) 긴박한 경영상의 필요성, (나) 해고회피노력, (다) 합리적이고 공정한 해고대상자 선정, (라) 근로자대표와의 성실한 협의를 거칠 것을 규정하고 있다(근기법 제24조). 다만, 판례는 위 각 요건을 모두 구비하여야 경영상 해고가 정당하다고 보는 것이 아니라 여러 사정을 전체적·종합적으로 고려하여 해고가 객관적 합리성과 사회적 상당성을 지닌 것으로 인정되는 경우 정당성을 인정하고 있다(대법 2006.1.26, 2003다69393).

정리해고의 요건 중 '긴박한 경영상의 필요'란 반드시 기업의 도산을 회피하기 위한 경우뿐만 아니라 장래에 올 수도 있는 위기에 미리 대처하기 위하여 인원삭감이 필요한 경우를 포함한다(대법 2015.5.28, 2012두25873).

5) 해고관계규율의 체계

근로계약관계로부터 발생되는 해고사유(일신상의 사유, 행태상의 사유)에 관해서는

제23조제1항에서 규율하고 있고, 근로계약관계 외적인 영역에서 발생한 사유(정리해고)에 의한 해고사유와 요건에 관해서는 제24조에서 규율하고 있다. 이와 같이 현행 근기법상의 해고관계규정은 해고사유와 요건을 구별하여 이원적 규율 구조를 채택하고 있다(김형배, 「노동법」, 제26판, p.693).

6) 해고사유와 유형

① **통상해고**: 사용자가 '근로자의 근로계약상의 근로제공의무를 이행하지 못함'을 이유로 근로자를 해고하는 것으로 그 해고사유는 다음과 같다.

(가) 근로자의 부상·질병 그 밖의 건강상태로 인하여 근로제공의 어려움을 이유로 한 해고

(나) 형사소추(구속), 유죄판결(징역·금고형) 등으로 노무제공의무의 이행불능에 따른 해고

(다) 업무능력 결여, 업무성적 부진 등을 이유로 한 해고 등을 말하며 그 밖에 사용자가 긴박한 경영상의 필요 이외의 사유로 근로제공을 받을 수 없게 되어 근로자를 해고하는 경우도 이에 속한다.

(라) 직원 수를 줄이기 위한 것이 아닌 업무능률화를 위한 목적으로 직제규정 개정 등에 따른 직책 폐지 등으로 전보 등을 권유하였으나 이를 거절하는 경우의 해고(대법 1991.9.24, 91다13533)

(마) 파산선고를 받은 기업이 사업의 폐지를 위하여 청산과정에서 근로자를 해고하는 경우 등(대법 2004.2.27, 2003두902)도 이에 속한다.

② **징계해고**: 사용자가 근로자의 비위행위 등 기업질서 위반 행위에 대한 제재조치 중의 하나로 근로자를 해고 하는 것으로 그 해고사유는 다음과 같다.

(가) 업무명령 위반으로 인한 해고

(나) 근무태도불량으로 인한 해고

(다) 기업업무에 중대한 지장을 초래한 이유로 인한 해고

(라) 회사의 명예나 신용 훼손으로 인한 해고 등

③ **정리해고(경영상해고)**: 사용자가 '경제적, 산업 구조적, 기술적 변동 등에 따른 계획 등 긴박한 경영상의 필요'에 따라 기업의 유지와 존속을 전제로 근로자를 해고하는 것으로 그 해고사유는 다음과 같다.

(가) 기업의 도산, 영업실적의 악화

(나) 경쟁력 회복 또는 증강에 대처하기 위한 작업형태, 사업조직의 변경
(다) 생산성 향상, 신기술 도입
(라) 기술혁신에 따라 생기는 산업의 구조적 변화 등을 '긴박한 경영상 필요성'이 있는 것으로 본다.

아울러 경영 악화를 방지하기 위한 사업의 양도·인수·합병은 긴박한 경영상의 필요가 있는 것으로 간주한다(근기법 제24조제1항).

(2) 균등처우 원칙에 의한 제한

근기법 제6조는 근로조건의 균등처우 원칙을 규정하고 있는데 이 근로조건에는 해고도 포함된다. 따라서 성별·국적·신앙·사회적 신분을 이유로 한 해고는 위법, 무효이다. 이때 신앙에는 정치적 신조도 포함된다.

(3) 위법행위의 통보를 이유로 한 해고

1) 규정내용

근기법 제104조는 사업 또는 사업장에서 이 법 또는 이 법에 따른 대통령령을 위반한 사실이 있으면 근로자는 그 사실을 고용노동부장관이나 근로감독관에게 통보할 수 있고(제1항), 사용자는 이 통보를 이유로 근로자에게 해고나 그 밖에 불리한 처우를 하지 못한다(제2항)고 규정하고 있다.

2) 입법취지

그 입법취지는 사용자로 하여금 법을 준수하도록 하고 감독기관의 기능을 확보하기 위한 것이다. 그러므로 이를 위반하여 근로자를 해고한 경우에는 그 해고의 사법상의 효력이 부인된다.

3) 감독기관에 대한 근기법 위반사실 통보를 이유로 한 것인지의 판단기준

사용자의 근로자에 대한 불리한 처우가 근기법 제104조제2항에 위반된다는 이유로 처벌하기 위하여는 그 불리한 처우가 근로자의 감독기관에 대한 근기법 위반사실 통보를 이유로 한 것이어야 하고, 불리한 처우를 하게 된 다른 실질적인 이유가 있는 경우에는 근기법 제104조제2항 위반으로 처벌할 수 없다고 보아야 한다(대법 2012.10.25, 2012도8694).

(4) 해고시기의 제한

1) 업무상 상병 및 출산전후의 경우

① **관련규정**: 근기법 제23조제2항 본문은 「사용자는 근로자가 업무상 부상 또는 질병의 요양을 위하여 휴업한 기간과 그 후 30일 동안 또는 산전, 산후의 여성이 이 법에 따라 휴업한 기간과 그 후 30일 동안은 해고하지 못한다」고 규정하여 해고를 제한하고 있다. 이 규정은 강행규정이다.

② **입법취지**: 그 입법취지는 근로자에게 해고의 정당한 이유가 있더라도 업무상의 재해 또는 출산으로 인하여 노동력을 상실하고 있는 법정휴업기간과 노동력을 회복하기에 상당한 30일간에 대하여는 해고를 금지함으로써 근로자를 실직의 위험으로부터 절대적으로 보호하자는 데에 있다(대법 2011.11.10, 2009다63205; 대법 2001.6.12, 2001다13044).

③ **해고금지 및 근로계약기간이 종료되는 경우**: 이 휴업기간 중에는 정당한 이유가 있더라도 해고할 수 없으며 또한 즉시해고의 사유가 존재하고 있더라도 즉시해고를 하지 못하며 해고예고도 허용되지 않는다고 보아야 한다. 다만, 산전후휴가기간 중 또는 요양기간 중에 근로계약기간이 종료하는 등 근로관계 자동소멸사유가 발생하면 해당 휴가와 근로관계는 종료하게 된다(2008.1.2, 근로기준팀-8).

④ **해고제한이 적용되지 않는 경우**: (가) 업무외 상병에 의한 휴업기간인 경우, (나) 업무상 상병치료 중이더라도 휴업하지 아니하고 정상적으로 출근한 경우, (다) 업무상 상병으로 휴업 중이더라도 그 요양을 위해 휴업할 필요가 인정되지 아니한 경우(대법 2011.11.10, 2009다63205; 대법 1991.8.27, 91누3321)에는 해고제한이 있는 휴업기간이 아니다.

2) 해고시기 제한의 예외

근기법 제23조제2항 단서는 「사용자가 법 제84조에 따라 일시보상을 행하였을 경우 또는 사업을 계속할 수 없게 된 경우」에는 위 해고금지기간의 적용을 받지 않는다고 하였다.

① **일시보상의 지급**: (가) 일시보상이란 근로자의 업무상 부상 또는 질병에 대하여 사용자가 자기의 비용으로 필요한 요양을 행하게 하거나 요양비를 부담하는 등의 요양보상을 행하고 있으나 요양을 시작한 지 2년이 지나도 부상 또는 질병이

완치되지 아니하는 경우에는 사용자는 그 근로자에게 평균임금의 1,340일분을 한꺼번에 지급하고 근기법상의 모든 보상책임을 면할 수 있는 경우(동법 제84조)를 말한다.

(나) 사용자가 일시보상을 지급한 경우에는 업무상 상병을 요양하기 위한 휴업기간과 그 후 30일간 중이라도 근로자를 해고할 수 있다.

② **상병보상연금을 받는 경우:** 산재법 제80조제4항에서 「요양급여를 받는 근로자가 요양을 시작한 후 3년이 지난 날 이후에 상병보상연금을 지급받고 있으면 근기법 제23조제2항 단서를 적용할 때 그 사용자는 그 3년이 지난 날 이후에는 같은 법 제84조에 따른 일시보상을 지급한 것으로 본다」고 규정하고 있으므로 산재법의 이와 같은 요건을 갖추는 경우에는 해고금지의 예외사유가 된다.

③ **사업을 계속할 수 없게 된 경우:** (가) 사업을 계속할 수 없게 된 경우란 전쟁, 폭동, 지진, 홍수, 화재 등의 불의의 재해이거나 이에 준하는 불가항력적인 경우뿐만 아니라 사업을 계속할 수 없게 된 경우를 말한다. 사업의 전부 또는 대부분을 계속 수행하는 것이 상당기간 동안 불가능한 경우를 말하며, 탄광이 폐광을 하지 않고 생산량 일부만 감산한 경우처럼 사업의 일부를 축소하는 경우에는 해당되지 않는다(2010.1.28, 근로기준과-509).

(나) 불경기, 자금난, 자재부족, 판매부진 그 밖에 경영상의 사정으로 인하여 사업을 계속할 수 없게 된 경우는 이에 해당된다.

3) 해고금지기간 위반의 효력

사용자가 근기법 제23조제1항에 따른 해고금지기간 중에 근로자를 해고한 경우 정당한 해고 사유가 있더라도 무효가 된다(대법 2001.6.12, 2001다13044). 또한, 사용자가 동법 제23조제2항에서 정한 해고금지기간 중 해고를 한 경우에는 형사처벌(5년 이하의 징역 또는 5,000만원 이하의 벌금: 법 107조)을 받으며 해당 근로자가 그 해고를 승인하였다고 하더라도 사용자는 근기법을 위반한 것으로 처벌을 받게 된다(대법 1984.4.10, 84도367).

(5) 해고사유와 해고시기의 서면통지

> **법 제27조 【해고사유 등의 서면통지】** ① 사용자는 근로자를 해고하려면 해고사유와 해고시기를 서면으로 통지하여야 한다.
> ② 근로자에 대한 해고는 제1항에 따라 서면으로 통지하여야 효력이 있다.
> ③ 사용자가 제26조에 따른 해고의 예고를 해고사유와 해고시기를 명시하여 서면으로 한 경우에는 제1항에 따른 통지를 한 것으로 본다.

1) 서면통지의 취지

사용자는 근로자를 해고하려면 해고사유와 해고시기를 서면으로 통지하여야 한다. 근로자에 대한 해고는 서면으로 통지하여야 효력이 있다(근기법 제27조)고 규정하고 있다. 그 취지는 ① 해고사유 등의 서면통지를 통해 사용자로 하여금 근로자를 해고하는 데 신중을 기하게 함과 아울러, ② 해고의 존부 및 시기와 그 사유를 명확하게 하여 사후에 이를 둘러싼 분쟁이 적정하고 용이하게 해결될 수 있도록 하고, ③ 근로자에게도 해고에 적절히 대응할 수 있게 하기 위한 것이다(대법 2015.9.10, 2015두41401; 대법 2011.10.27, 2011다42324).

2) 서면통지의 내용

① 서면의 의미: 근기법 제27조의 규정상 '서면'이란 일정한 내용을 적은 종이로 된 문서를 의미한다. 전자문서에 의한 해고통지가 유효하느냐의 문제이다. (가) 전자문서및전자거래기본법 제3조는 '이 법은 다른 법률에 특별한 규정이 있는 경우를 제외하고 모든 전자문서 및 전자거래에 적용한다.'고 규정하고 있고, 같은 법 제4조제1항은 '전자문서는 다른 법률에 특별한 규정이 있는 경우를 제외하고는 전자적 형태로 되어 있다는 이유로 문서로서의 효력이 부인되지 아니한다.'고 규정하고 있는 점, (나) 출력이 즉시 가능한 상태의 전자문서는 사실상 종이 형태의 서면과 다를 바 없고 저장과 보관에 있어서 지속성이나 정확성이 더 보장될 수도 있는 점, (다) 이메일(e-mail)의 형식과 작성 경위 등에 비추어 사용자의 해고 의사를 명확하게 확인할 수 있고, 이메일에 해고사유와 해고시기에 관한 내용이 구체적으로 기재되어 있으며, 해고에 적절히 대응하는 데에 아무런 지장이 없는 등 서면에 의한 해고통지의 역할과 기능을 충분히 수행하고 있다면, 단지 이메일 등 전자문서에 의한 통지라는 이유만으로 서면에 의한 통지가 아니라

고 볼 것은 아닌 점 등을 고려하면, 근로자가 이메일을 수신하는 등으로 그 내용을 알고 있는 이상, 이메일에 의한 해고통지도 앞서 본 해고사유 등을 서면 통지하도록 규정한 근기법 제27조의 입법취지를 해하지 아니하는 범위 내에서 구체적 사안에 따라 서면에 의한 해고통지로서 유효하다고 보아야 할 경우가 있다(대법 2015.9.10, 2015두41401). 이 판례는 사용자가 근로자의 대리인인 노무사의 이메일로 사용자의 대표이사 인감이 날인된 징계결과통보서를 복사한 파일 등을 발송하였고, 근로자가 그 이메일을 수신한 경우, 이메일에 의한 해고통지가 예외적으로 유효하다고 판시한 것이다. 이 때 이메일은 우편과 같은 전달수단에 불과하기 때문이다.

② **해고사유의 특정**: 해고사유는 해고의 동기 또는 원인을 말하며, 근로자가 어떤 사유로 해고를 당하는 것인지를 구체적으로 알 수 있어야 하므로 해고통지 서면에는 해고의 근거로 삼는 사실관계를 명확하게 기재해야 한다. 업무상 횡령을 이유로 근로자를 징계해고하면서 "회사경영의 악화"를 해고사유로 기재하여 통지한 경우 해고의 서면통지 위반에 해당한다(서울행법 2010.6.3, 2009구합52844). 이는 해고 관련 분쟁의 용이한 해결과 근로자의 방어권 보장이 해고의 서면통지 제도의 입법취지이므로 근로자의 입장에서 해고의 사유가 무엇인지를 구체적으로 알 수 있어야 한다. 특히, 징계해고의 경우 해고의 실질적 사유가 되는 비위내용을 기재해야 하며, 징계대상자가 위반한 단체협약이나 취업규칙의 조문만을 나열하는 것만으로는 부족하다(대법 2011.10.27, 2011다42324). 다만, 징계통지서나 징계위원회를 거쳐 징계가 확정되는 경우에는 징계위원회 결과 통보서 등을 해고의 서면통지로 볼 수 있다.

③ **해고시기의 특정**: 해고시기는 해고의 효력을 발생시키고자 하는 시기를 말하며, 적어도 연·월·일을 기재하여야 한다. 해고사유만 명시하고 해고시기에 대하여 명시하지 않았다면 그 해고의 효력이 인정될 수 없다. 해고시기에 관하여 불확정 기한이나 조건을 붙이는 경우에는 해고의 시기를 특정한 것으로 볼 수 없다. 해고는 상대방 있는 단독행위이므로 사용자의 근로계약 해지의 의사표시가 상대방에게 도달한 때에 효력이 발생하는 것이 원칙이나(대법 1999.9.26, 97두16001), 서면에 기재된 해고시기와 도달시기가 다른 경우, 특히 서면에 기재된 해고시기를 도과하여 근로자에게 도달된 경우에는 기재된 해고시기에 해고의 효력이 발생한다(대법 2012.1.27, 2011두27843).

3) 서면통지의 방법 및 절차

해고의 서면통지의 형식과 방법에 관한 규정은 없으나 통지내용에는 해고사유와 해고시기가 구체적으로 기재되어야 하고 해고자의 진정한 의사가 있어야 하므로 사용자가 발송한 것임을 입증할 만한 서명 또는 날인 등이 있어야 한다. 통지의 방법은 근로자에게 도달하였다는 사실이 입증될 만한 등기우편, 직접교부 등의 방식을 사용하는 것이 혼선을 줄일 수 있다. 휴대폰 문자, e-메일, 회사 홈페이지 등을 이용하여 해고를 통지한 경우 등은 근기법 제27조에 따른 서면 해고통지로 볼 수 없다. 이 경우에는 사용자의 서명 또는 날인이 있다고 보기 어렵기 때문이다(2007. 1.29, 근로기준팀-8048).

4) 해고의 서면통지와 해고예고와의 관계

해고의 서면통지와 해고예고는 엄밀하게는 서로 다른 단계에서 이루어지는 별개의 행위이다. 그러나 사용자가 근기법 제26조에 따른 해고의 예고를 해고사유와 해고시기를 명시하여 서면으로 한 경우에는 근기법 제27조제1항에 따른 통지를 한 것으로 본다(근기법 제27조제3항). 서면통지의 간주는 해고사유와 해고시기를 명시하여 해고의 예고를 미리 한 경우에는 해고사유와 해고시기를 통지해야 하는 의무를 면해 줌으로써 해고의 절차를 명확하고 간명하게 하기 위한 것이다.

(6) 직장 내 괴롭힘 발생사실 신고 근로자 및 피해근로자 해고의 금지

사용자는 직장 내 괴롭힘 발생 사실을 신고한 근로자 및 피해자 등에게 해고나 그 밖의 불리한 처우를 하여서는 아니 된다(근기법 제76조의3제6항).

2. 남녀고용평등법에 의한 제한

(1) 정년·퇴직·해고의 경우

남녀고용평등법 제11조제1항에서는 정년·퇴직 및 해고에서 여성인 것을 이유로 남성과 차별하는 것을 금지하고 있다. 그 입법취지는 단지 여성임을 이유로 정당한 이유없이 해고하는 것을 금지하려는 것이 아니라 남·녀 근로자 모두에게 정당한 해고이유가 존재하는 경우에 특별한 사유없이 여성 근로자만을 차별적으로 해고하는 것을 금지하려는 것이다.

(2) 차별적 해고 금지

여성임을 이유로 정당한 이유없이 해고하는 것은 근기법 제6조, 제23조제1항에 위반하는 것으로 무효이지만 비록 정당한 이유의 요건을 갖춘 경우에도 여성임을 이유로 남자근로자에 비해 차별적으로 해고하는 것을 금지하려는 것이 그 취지이다.

(3) 배우자출산휴가의 경우

사업주는 배우자출산휴가를 이유로 근로자를 해고하거나 불리한 처우를 하여서는 아니된다(남녀고용평등법 제18조의2 제5항).

(4) 육아휴직의 경우

사업주는 육아휴직을 이유로 해고 그 밖의 불리한 처우를 하여서는 아니되며 육아휴직 기간에는 그 근로자를 해고하지 못한다. 다만, 사업을 계속할 수 없는 경우에는 그러하지 아니하다(남녀고용평등법 제19조제3항). 동 조항의 취지는 근로자가 자녀 양육으로 인하여 취업을 중단하거나, 퇴직하여야 하는 현실을 감안하여 자녀 양육에 대한 국가적·사회적 책임을 법으로 규정하여 사용자에게 근로자를 해고할 만한 정당한 사유가 있더라도 그 해당 기간에는 해고(정리해고 포함)할 수 없도록 한 것이다.

(5) 육아기 근로시간 단축의 경우

또한 사업주는 육아기 근로시간 단축을 이유로 해당 근로자에게 해고나 그 밖의 불리한 처우를 하여서는 아니된다(동법 제19조2제5항).

(6) 가족돌봄휴직·가족돌봄휴가 및 가족돌봄을 위한 근로시간단축청구권의 경우

사업주는 가족돌봄휴직·가족돌봄휴가 및 가족돌봄을 위한 근로시간단축청구권을 이유로 해당 근로자를 해고하거나 근로조건을 악화시키는 등 불리한 처우를 하여서는 아니된다(남녀고용평등법 제22조의2 제5항 및 제22조의3 제1항)..

(7) 난임치료휴가를 이유로 한 해고의 금지

사업주는 난임치료휴가를 이유로 해당근로자를 해고, 징계 등 불리한 처우를 하여서는 아니된다(동법 제18조의3 제2항).

(8) 성희롱 발생사실을 신고한 근로자 및 고객 등에 의한 성희롱 피해자의 경우

사업주는 성희롱 발생사실을 신고한 근로자나 피해 근로자 등에게 파면, 해임, 해고, 그 밖에 신분상실에 해당하는 불이익 조치를 하여서는 아니 된다(남녀고용평등법 제14조제6항). 또한 사업주는 고객 등으로부터 성적 요구 등에 불응한 것을 이유로 해고나 그 밖의 불이익한 조치를 하여서는 아니된다(동법 제14조의2제2항).

3. 노조법에 의한 제한

(1) 노조법과 부당노동행위

노동조합의 조합원이라는 것, 정당한 조합 활동을 하였다는 것 등을 이유로 하는 해고는 헌법 제33조의 단결권 등의 보장을 내용으로 하는 사회질서에 위반이 되어 무효로 된다. 또한 그러한 해고는 부당노동행위로서 노동위원회에 의한 구제명령의 대상이 된다(노조법 제81조).

(2) 해고가 부당노동행위인지의 판단기준

① 사용자가 근로자에 대하여 해고 등 불이익처분을 하면서 표면상으로 내세우는 불이익처분 사유와는 달리 실질적으로는 근로자의 정당한 노동조합활동을 이유로 불이익처분을 한 것으로 인정되는 경우에는 노조법 제81조제1호가 정한 부당노동행위라고 보아야 할 것이다. 근로자의 노동조합업무를 위한 정당한 행위를 실질적인 해고사유로 한 것인지의 여부는 사용자측이 내세우는 해고사유와 근로자가 한 노동조합 업무를 위한 정당한 행위의 내용, 해고를 한 시기, 사용자와 노

동조합과의 관계, 동종의 사례에 있어서 조합원과 비조합원에 대한 제재의 불균형 여부, 종래의 관행에 대한 부합 여부, 사용자의 조합원에 대한 언동이나 태도, 기타 부당노동행위 의사의 존재를 추정할 수 있는 제반 사정 등을 비교 검토하여 종합적으로 판단하여야 한다(대법 2006.9.8, 2006도388)고 판시하고 있다.

② 불이익처분을 할 당시 실제로 그 처분사유가 존재하였고 당시 사정으로 보아 사용자가 당해 불이익처분을 할 만한 정당한 이유가 있다고 판단한 것이 무리가 아니었다고 인정되는 경우에는 그 불이익처분이 노조법 제90조, 제81조제1호의 형사처벌 대상이 되는 부당노동행위에 해당한다고 단정하기는 어렵다(대법 2008.9.25, 2006도7233).

③ 회사의 반(反)조합활동이 해고사유에 일부 영향을 미치더라도 근로자에게 실질적인 정당한 해고사유가 있다면 부당노동행위에 해당하지 않는다.

「사용자가 근로자를 해고함에 있어 표면적으로 내세우는 해고사유와는 달리 실질적으로 근로자의 정당한 조합활동을 이유로 해고했다고 인정될 경우 그 해고는 부당노동행위에 해당한다. 그러나 정당한 해고사유가 있어 해고한 경우 비록 사용자가 근로자의 노동조합활동을 못마땅하게 여긴 흔적이 있거나 사용자에게 반노동조합의 의사가 추정되더라도(사용자의 해고사유가) 단순히 표면상의 구실에 불과하다고 할 수 없다」(대법 2014.2.13, 2011다78804; 대법 2012.5.24, 2010두15964; 대법 2008.6.26, 2007두22344).

4. 취업규칙·단체협약에 의한 제한

(1) 취업규칙에 의한 제한

근기법 제93조는 「퇴직에 관한 사항」을 취업규칙의 필요적 기재사항으로 하고 있다. 이 퇴직에 대한 사항에는 임의퇴직 뿐만 아니라 해고도 포함되므로 취업규칙에는 해고사유 및 절차에 관하여 기재하여야 한다. 취업규칙에 해고사유를 열거하는 경우 소정의 해고사유가 제한열거라고 해석될 때에는 사용자는 그 제한에 구속되어 소정사유에 해당되지 않는 한 해고할 수 없다. 또 취업규칙에서 소정의 해고사유에 해당할 때에는 해고에 관한 일반적 제한 및 법령에 의한 제한에 구속을 받는 것은 당연하다. 취업규칙의 해고기준 내용이 법기준보다 근로자에게 불리한 때에는 그 부분은 무효가 되고 법소정의 기준에 따른다.

(2) 단체협약에 의한 제한

단체협약에 의한 해고규제는 두 가지 종류가 있다. 첫째, 해고의 사전절차의 규제로서 해고협의조항이나 해고동의조항이 이에 속한다. 둘째, 해고이유의 규제로서 단체협약상 해고사유를 한정 열거하는 규정 등이 그 전형이다.

1) 해고협의·동의조항의 효력

① **사전협의 규정**: 노동조합 등과 사전협의규정을 둔 것은 인사나 징계의 공정성을 기하기 위한 취지이므로 해당 근로자의 해고에 관하여 노동조합과 협의절차를 준수하는 것이 바람직하다. 다만, 이는 필요한 의견을 제시할 기회를 주고 제시된 노동조합의 의견을 고려하는 것으로 사전협의규정을 준수하지 않았다고 하더라도 해고가 무효가 되는 것은 아니다(대법 1996.4.23, 95다53102).

② **동의규정**: 단체협약에 "노동조합의 동의가 있어야 한다"등의 규정을 두고 있는 경우에는 사전협의 규정과 달리 동의절차를 거치지 않는 해고는 원칙적으로 무효이다(대법 1994.9.13, 93다50017). 이는 사용자가 스스로의 의사에 따라 자기의 인사권을 제한하여 노동조합의 관여를 인정한 것으로 보기 때문이다.

③ **동의권의포기·남용**: 동의규정이 사용자의 인사권 자체를 부정하는 것은 아니므로 노동조합이 동의권을 포기하거나 동의거부권의 행사가 신의칙에 반하여 남용되었다는 등의 특별한 사정이 있는 경우에는 노동조합의 동의를 받지 않았다고 하더라도 이를 이유로 한 해고를 무효라고 할 수 없다(대법 2012.6.28, 2010다38007; 대법 2003.6.10, 2001두3136).

예를 들어 회사가 징계위원회에 회부된 당사자와 노동조합측에 구두 또는 서면으로 수회에 걸쳐서 사전통고를 하였음에도 징계위원회에 참석조차 거부하는 경우(대법 1992.12.8, 92다32074), 명백하고도 중대한 징계 사유가 있음에도 노동조합 간부라는 이유만으로 징계를 거부하는 경우(대법 1993.8.24, 92다34926) 등에는 동의권의 포기 또는 남용으로 볼 수 있다. 다만, 단순히 해고사유에 해당한다거나 실체적으로 정당한 이유가 있는 해고로 보인다는 이유만으로 노동조합이 동의권을 남용하여 해고를 반대하고 있다고 단정하여서는 아니 된다(대법 2007.9.6, 2005두8788).

2) 단체협약상 해고사유 열거의 의의

단체협약에 해고사유가 한정열거되어 있는 경우에는 「근로자의 대우에 관한 기준」으로서 규범적 효력(노조법 제33조)이 인정되고 그 이외의 이유에 의한 해고는 무효가 된다. 이것은 단체협약의 규범적 효력이라는 독자적 효력에 근거한 규제이다. 단체협약에서 해고사유를 단체협약에만 의하도록 명시적으로 규정하고 있는 경우 취업규칙으로 단체협약 소정의 해고사유와는 다른 새로운 해고사유를 규정할 수 없음에도 취업규칙에 의거하여 형사사건으로 금고이상의 형이 확정되었다는 이유로 한 당연퇴직 처분은 근로관계의 자동소멸사유가 아니므로 실질적인 해고에 해당하고, 단체협약에 위배되어 무효이다(대법 2010.7.8, 2010두8416).

3 정리해고(경영상 해고)

법 제24조 【경영상 이유에 의한 해고의 제한】 ① 사용자가 경영상 이유에 의하여 근로자를 해고하려면 긴박한 경영상의 필요가 있어야 한다. 이 경우 경영 악화를 방지하기 위한 사업의 양도·인수·합병은 긴박한 경영상의 필요가 있는 것으로 본다.
② 제1항의 경우에 사용자는 해고를 피하기 위한 노력을 다하여야 하며, 합리적이고 공정한 해고의 기준을 정하고 이에 따라 그 대상자를 선정하여야 한다. 이 경우 남녀의 성을 이유로 차별하여서는 아니된다.
③ 사용자는 제2항에 따른 해고를 피하기 위한 방법과 해고의 기준 등에 관하여 그 사업 또는 사업장에 근로자의 과반수로 조직된 노동조합이 있는 경우에는 그 노동조합(근로자의 과반수로 조직된 노동조합이 없는 경우에는 근로자의 과반수를 대표하는 자를 말한다. 이하 "근로자대표"라 한다)에 해고를 하려는 날의 50일 전까지 통보하고 성실하게 협의하여야 한다.
④ 사용자는 제1항에 따라 대통령령으로 정하는 일정한 규모 이상의 인원을 해고하려면 대통령령으로 정하는 바에 따라 고용노동부장관에게 신고하여야 한다.
⑤ 사용자가 제1항부터 제3항까지의 규정에 따른 요건을 갖추어 근로자를 해고한 경우에는 제23조제1항에 따른 정당한 이유가 있는 해고를 한 것으로 본다.

1. 정리해고의 의의

(1) 정리해고의 개념 및 성격

① 정리해고의 개념: 정리해고란 불황 등의 경영악화로 인해 경영의 축소, 특정 사업부문의 폐쇄 등을 하지 않을 수가 없게 되어 고용조정의 필요가 생긴 경우에 근로자 등을 감축하기 위하여 행하는 해고를 말한다. '경영상 해고'라는 용어는 근기법 제24조상의 '경영상 이유에 의한 해고'를 약칭한 것으로 실무상으로는 정리해고, 고용조정, 인원정리, 감원, 집단해고, 대량해고, 인원감축, 인원축소 등의 명칭으로 부르기도 한다. 사업 폐지를 위한 청산과정에서 근로자를 해고하는 것은 정리해고가 아니다(대법 2001.11.13, 2003다27975).

② 정리해고의 성격: 정리해고는 사용자 측의 사정에 따라 이루어지는 비귀책성, 해고대상자가 특정되지 않는 단계에서 해고안이 제시되는 불특정성, 해고자가 복수인 집단성의 특징을 가진다(하갑래, 「노동법총서」, p.341).

(2) 정리해고의 유형

정리해고란 불황 등의 경영상의 사유로 과잉인원에 대하여 경영의 축소, 기구의 폐쇄·폐지 등에 의하여 인원을 정리할 필요가 발생하였을 경우에 행하는 해고를 말한다. 정리해고는 경영의 어려움이나 부진을 타개·극복하기 위해서 하는 「위기회피형 정리해고」와 경영의 어려움에 이르기 전 단계에서 경영합리화나 경쟁력 강화를 목적으로 일정 사업부문을 폐지·축소하거나 잉여인력 부담을 덜기 위해서 하는 「전략적 합리화형 정리해고」가 있다(김형배, 「노동법」, 제26판, p.716; 土田道夫, 「労働法概説」, 2판, p.266).

(3) 정리해고의 취지

정리해고는 고용조정의 수단으로 이용되므로 고용조정을 사용자의 자유재량에 맡길 수 없다. 즉, 정리해고는 근로자가 자신의 귀책사유 없이 이른바, 사용자측의 일방적인 사정으로 그 신분을 상실하는 결과가 초래되므로 근로자의 생존권을 보호한다는 견지에서, 형평의 관념에 의한다면 사용자의 정리해고에도 제약이 있어야 한다는 것이다. 이를 일탈한 경우에는 정당한 이유없는 해고로서 당해 해고는 무효로 된다고 해석된다.

2. 정리해고의 정당성 판단기준

(1) 정리해고의 4대요건

근기법 제24조제1항 내지 제3항에 의하면 사용자가 경영상의 이유에 의하여 근로자를 정리해고하려는 경우 그 요건은 (가) 긴박한 경영상의 필요가 있어야 하고, (나) 해고를 피하기 위한 노력을 다하여야 하며, (다) 합리적이고 공정한 기준에 따라 대상자를 선정하여야 하고, (라) 해고를 피하기 위한 방법과 해고의 기준 등을 근로자의 과반수로 조직된 노동조합 또는 근로자대표에게 해고실시일 50일 전까지 통보하고 성실하게 협의하여야 한다.

(2) 정리해고 요건충족 판단기준

정리해고는 근로자의 일신상, 행동상의 귀책사유가 없는데도 고용이 종료된다고 하는 점에서 통상해고보다는 그 해고요건을 엄격하게 해석해야 할 것이다. 즉, 오로지 경영상의 사정으로 근로자를 해고하는 정리해고는 근로자의 생존권 보장이라는 차원에서 보다 엄격한 실체적·절차적 정당성을 갖추어야 가능하다는 것이다. 이러한 각 요건의 구체적 내용은 확정적·고정적인 것이 아니라 구체적 사건에서 다른 요건의 충족 정도와 관련하여 유동적으로 정해지는 것이므로, 구체적 사건에서 정리해고가 위 각 요건을 모두 갖추어 정당한지 여부는 위 각 요건을 구성하는 개별 사정들을 종합적으로 고려하여 판단하여야 한다(대법 2006.1.26, 2003다69393).

(3) 4요건설과 4요소설의 구별의의

판례는 정리해고의 4가지 사항을 "요건"이 아니라 종합적 고찰이라는 측면에서 판단의 "요소"로 파악하고 있다(종합설). 4요건설의 경우 4요건을 반드시 충족하지 않는 한 해고무효라고 하는 데 대하여 4요소설의 경우 정리해고의 효력은 4요소를 종합판단하여 어느 한 요소가 결여하더라도 해고는 유효하다고 하여 해고규제를 완화하는 기능이 있다. 다만, 실제로는 4요소설에 의하더라도 해고회피노력의무나 피해고자 선정에 문제가 있는 사례에는 해고무효로 보고 있으므로 4요건설 간에 큰 차이는 없다(김형배, 「노동법」, 제26판, p.718; 土田道夫, 労働法概説」, 2012, 제2판, p.267).

3. 정리해고의 요건

(1) 긴박한 경영상의 필요

1) 개 요

근기법 제24조제1항에 의하면 「사용자가 경영상의 이유에 의하여 근로자를 해고하려면 긴박한 경영상의 필요가 있어야 한다. 이 경우 경영악화를 방지하기 위한 사업의 양도·인수·합병은 긴박한 경영상의 필요가 있는 것으로 본다」고 규정하고 있다.

기업이 경영상의 사정에 의하여 근로자를 해고하는 정리해고에 있어서는 근로관계의 존속보호라는 관점에서 해고를 하지 않으면 기업경영이 위태로울 정도의 긴박한 경영상의 필요성이 존재하여야 한다. 즉, 인원삭감의 실시가 불황·경영부진 등에 따른 기업경영상의 충분한 필요성에 기인하고 있어야 한다는 것이다.

2) 긴박성의 정도에 관한 학설

① **도산회피설**: 정리해고를 하지 않으면 기업의 도산이 필연적이라는 객관적 상태에 있어서만 그 정당성이 인정된다는 견해이다.

② **합리적 필요설**: 도산회피까지는 이르지 않더라도 사용자가 정리해고를 결정한 것이 객관적으로 보아 합리적인 것이라고 인정된다면 그 결정은 정리해고를 무효로 하는 것이 아니라는 견해이다.

③ **감량경영설**: 생산성 향상, 이윤추구를 위하여 사용자가 정리해고의 결정을 할 수 있고 그 결정은 유효한 것으로 보는 견해이다.

긴박한 경영상의 필요성에 대하여 판례는 도산회피설(대법 1989.5.25, 87다카132)에서 합리적 필요설(대법 1991.12.10, 91다8647; 대법 1992.5.12, 90수9421)로 완화되는 추세에 있다 경영악화 방지를 위한 사업의 양도·인수·합병은 긴박한 경영상의 필요가 있는 것으로 본다(근기법 제24조제1항 후단).

3) "긴박한 경영상 필요성"의 판단기준

① 긴박성의 정도

정리해고를 위한 '긴박한 경영상의 필요성'은 기업의 인원삭감조치가 영업성적의 악화라는 기업의 경제적인 이유뿐만 아니라 생산성의 향상, 경쟁력의 회복 내지 증강에 대처하기 위한 작업형태의 변경, 신기술의 도입이라는 기술적인 이유와 그러한 기술혁신에 따라 생기는 산업의 구조적 변화를 이유로 하는 경우에도 인정된다. 그러므로 사용자가 근로자를 해고하지 아니하면 반드시 기업의 도산이 초래될 수밖에 없는 고도의 경영위기 상태가 있어야 하는 것이 아니고, 장래에 올 수도 있는 위기에 미리 대처하기 위하여 인원삭감이 객관적으로 보아 합리성이 있다고 인정될 때에도 긴박한 경영상의 필요성이 있는 것으로 넓게 보아야 한다(대법 1991.12.10, 91다8647; 대법 2015.5.28, 2012두25873).

쌍용자동차정리해고사건에서 판례(대법 2014.11.13, 2012다14517; 대법 2014.11.13, 2014다20875·20882)는 쌍용자동차가 처한 경영위기 상황과 관련하여 국제금융위기와 경기불황에 덧붙여 연구개발 투자 및 신차 개발 소홀에 따른 경쟁력 약화, 주력 차종인 SUV 세제 혜택 축소 및 경유가격 인상에 따른 판매량 감소 등에서 비롯된 계속적·구조적 위기에 해당하여 외부적 경영여건의 변화로 잠시 재무상태 또는 영업실적이 악화되었다거나 단기간 내에 쉽게 개선될 수 있는 부분적·일시적 위기가 아니었던 것으로 봄이 타당하므로 긴박한 경영상 필요가 존재한다고 판단하였다.

그러나 예를 들어, 정리해고에 의하여 인원삭감조치를 한 후에 남은 근로자의 임금을 대폭 인상하였다거나, 해고된 근로자 수만큼이나 그 이상의 근로자를 신규로 채용하였다거나 순이익의 증가에 따라 주주에게 고율의 주식배당을 하는 등 명백히 모순되는 경영상의 행동이 뒤따른 경우 등은 긴박한 경영상의 필요성이 부정되는 대표적인 사례일 것이다(대법 1995.11.24, 94누10931).

② 경영상 필요성의 계속성

'긴박한 경영상의 필요'란 적어도 기업이 일정수의 근로자를 감원하지 않으면 안될 경영악화 또는 기업재정상의 어려움이 계속적으로 누적되어 왔고 장래에도 쉽사리 해소되지 않을 개연성이 있어야 한다. 반드시 기업의 도산을 회피하기 위한 경우에 한정되지 아니하고, 장래에 올 수도 있는 위기에 미리 대처하기 위하여 인원삭감이 필요한 경우도 포함되지만, 그러한 인원삭감은 객관적으로 보아 합리성이 있다고 인정되어야 한다(대법 2015.5.28, 2012두25873; 대법 2012.2.23, 2009두15401; 대법 2004.1.15, 2003두11339). 기업의 전체 경영실적이 흑자를 기록하고 있더라도 일부 사업부문이 겪고 있는 경영악화가 구조적인 문제 등에 기인한 것으로 쉽게 개선될 가능성이 없고 해당 사업을 그대로 유지하면 결국 기업 전체의 경영상황이 악화될 우려가 있는 등 장래 위기에 대처할 필요가 있다면 해당 사업을 축소 또는 폐지하고 잉여인력을 감축하는 것이 불합리한 것이라고 볼 수 없다(대법 2012.2.23, 2009나39600(주)콜텍). 따라서 노동조합의 파업 등의 사유로 단순히 일시적으로 정상적인 경영이 어려웠다는 사정만으로는 '긴박한 경영상의 필요' 가 있다고 할 수 없다(대법 1993.1.26, 92누3076).

③ 경영상 필요의 심사기준

'긴박한 경영상의 필요성' 유무는 사업전체의 경영사정을 종합적으로 심사하여 결정되어야 하고 일부 사업부분만의 영업상 수지 등 경영사정을 기준으로 하여 결정될 것은 아니다(대법 2015.5.28, 2012두25873; 대법 2006.9.22, 2005다30580). 그러나 법인의 어느 사업부문이 다른 사업부문과 인적·물적·장소적으로 분리·독립되어 있고 재무 및 회계가 분리되어 있으며 경영여건도 서로 달리하는 경우에는 예외가 인정될 수 있을 것이다(대법 2015.5.28, 2012두25873).

④ 긴박성의 판단시점

기업 내 근로자의 인원삭감을 하지 않으면 안 될 '긴박한 경영상의 필요' 가 있었는지 여부는 정리해고를 한 당시에 놓여 있던 사정을 기준으로 하여 판단하여야 한다. 그러므로 근로자를 정리해고한 이후에 경영여건의 변화로 인하여 경영상태가 호전되었다고 하더라도 이러한 사정은 정리해고의 정당성을 판단함에 있어서 고려될 성질의 것이 아니다(대법 1992.11.10, 91다19463).

⑤ 기업주의 결정과 사법심사

기업 운영에 필요한 인력의 규모가 어느 정도인지, 잉여인력은 몇 명인지 등은 상당한 합리성이 인정되는 한 경영판단의 문제에 속하는 것이므로 특별한 사정이 없다면 경영자의 판단을 존중하여야 하며, 사후적인 노사대타협으로 해고인원이 축소되었다는 사정만으로 회사가 제시한 감축 규모가 비합리적이라거나 자의적이라고 볼 수 없다고 판단하고 있다(대법 2014.11.13, 2014다20875; 대법 2013.6.13, 2011다60193). 법원의 심사권한은 기업주의 조치가 명백히 비합리적이거나 자의적인 경우에 그로 인하여 발생한 해고를 부당한 해고로 판단할 수 있는 권한에 그친다(김형배, 「노동법」, 제26판, p.726).

4) 사업의 양도·인수·합병

① 규정내용

경영악화를 방지하기 위한 사업의 양도·인수·합병은 긴박한 경영상의 필요가 있는 것으로 본다(근기법 제24조제1항 후단).

② 사업의 양도·인수·합병의 의의

(가) 사업의 양도란 일정한 사업목적에 따라 조직화된 업체, 즉, 물적·인적 조직을 그 동일성을 유지하면서 일체로서 이전하는 것(대법 2003.5.30, 2002다23826; 대법 1991.8.9, 91다15225) 또는 일정한 사업 목적에 따라 조직화된 유기적 일체로서의 기능적 재산을 이전하는 것(대법 1997.11.25, 97다35085)을 말한다.

(나) 사업의 인수·합병이란 기업체의 경영지배권 획득을 목적으로 하는 행위를 포괄적으로 지칭하는 것이다. 기업 간의 경쟁이 치열해지고 더구나 세계화(globalization)시대를 맞아 자본의 이동이 자유롭게 되면서 인수·합병은 기업의 경쟁력을 유지·강화하는 수단으로 널리 이용되고 있다(임종률, 「노동법」, 제17판, p.554).

③ 사업의 양도·인수·합병과 경영악화 방지

사업의 양도·인수·합병은 경영악화를 방지하기 위한 것이어야 정리해고를 할 수 있게 된다. 사업의 양도·인수·합병의 당사자 중에서 어느 쪽에 경영악화 방지의 목적이 있어야 하는가, 즉, 어느 쪽이 정리해고의 주체가 되는가가 문제이다.

사업의 양도, 기업의 인수 또는 합병이 있기 전에 양도인·피양수인·피합병인이 정리해고의 주체가 된다고 보는 견해가 있다(김형배, 「노동법」, 제26판, p.724, 종전견해수정). 그러나 양수인 또는 인수·합병인이 인계받은 근로자를 정리해고하기 위하여 긴박한 경영상의 필요가 있음(근기법 제24조제1항 전단)으로써 족하고 그에게 경영악화를 방지하기 위한 양도·인수·합병인 것(근기법 제24조제1항 후단)을 요하지 않는다(임종률, 「노동법」, 제17판, p.555)는 견해가 있다. 생각건대 경영악화의 우려가 있는 기업은 다른 사업을 양수하거나 인수·합병할 경제적 여력도 없다. 따라서 경영악화 방지의 목적은 양도인 또는 피인수·합병인에게 있어야 하고, 이들이 정리해고의 주체가 된다고 보아야 한다. 경영악화의 우려에 직면한 기업이 사업의 양도·인수·합병 전에 그 근로자를 정리해고함으로써 양도·인수·합병 후의 경영악화를 방지하고 경쟁력을 가지도록 하려는 것이 이 규정을 둔 취지라 할 것이다(임종률, 「노동법」, 제17판, p.555). 이 견해가 타당하다.

(2) 사용자의 해고회피노력

근기법 제24조제2항에 의하면 「제1항의 경우에 사용자는 해고를 피하기 위한 노력을 다하여야 하며 합리적이고 공정한 해고의 기준을 정하고 이에 따라 그 대상자를 선정하여야 한다. 이 경우 남녀의 성을 이유로 차별하여서는 아니된다」고 규정하고 있다.

1) 해고회피노력의 의의

정리해고의 요건 중 '해고를 피하기 위한 노력을 다하여야 한다(해고회피노력)' 는 것이란 경영방침이나 작업방식의 합리화, 신규채용의 금지, 일시휴직 및 희망퇴직의 활용 및 전근 등 사용자가 해고범위를 최소화하기 위하여 가능한 모든 조치를 취하는 것을 의미한다. 사용자가 정리해고를 하는 데 있어서는 해고를 회피하기 위한 모든 노력을 다하여야 하며 정리해고는 최후의 수단이어야 한다. 이를 위하여 자발적 퇴직자의 모집, 경영경비의 절감, 외주·도급의 해약, 신규채용의 중단, 조업시간의 단축, 여유가 있는 지역에의 근로자의 이동촉진, 배치전환, 작업방식의 과학화 등 기타 경영의 합리화 등의 수단을 다한 후에 이를 하여야 하며, 이러한 수단을 다하지 아니한 때에는 사용자의 성실성이 의심되고, 인원정리가 진실로 기업의 합리화 방침에 의한 것인가 의문을 갖게 된다. 기업 특성과 해고사유를 고려, 노사가 협의 후 실효성 있는 방안을 선택할 수 있다. 노조의 반대 등으로 실현되지 않아도 회피노력은 인정된다.

2) 해고회피노력의 방법과 정도

① 해고회피노력의 방법과 정도는 확정적·고정적이 아니라 당해 사용자의 경영위기의 정도, 정리해고를 실시하여야 하는 경영상의 이유, 사업의 내용

과 규모, 직급별 인원상황 등에 따라 달라지는 것이다(대법 2014.11.13, 2014다20875·20882; 대법 2013.6.13, 2011다60193; 대법 2011.3.24, 2010다92148; 대법 2004.1.15, 2003두11339). 사용자가 해고를 회피하기 위한 방법에 관하여는 노동조합 또는 근로자대표와 성실하게 협의하여 정리해고실시에 관한 합의에 도달하였다면 이러한 사정도 해고회피노력의 판단에 참작되어야 한다(대법 2011.9.8, 2009두14682; 대법 2002.7.9, 2001다29452).

② 최우선적으로는 근로관계의 유지를 전제로 하면서도 근로자의 기존 근로조건 및 이익이 유지될 수 있는 종합적이고 다양한 경영상의 자구조치가 실시되어야 한다. 인건비 이외의 기타 비용절감을 위한 노력(접대비·광고선전비의 절감, 광열비의 절감, 외주비용의 절감, 사무실의 축소 등) 및 수입증대를 위한 노력(불요불급한 자산의 매각, 새로운 판로의 개척, 판매조건의 완화 등) 등이 고려되어야 한다(조용만, 경영해고 회피법리의 현재와 미래·노동법연구(제13호), 2002년, p.113).

③ 기존 근로조건의 변경을 수반하는 해고회피조치가 모색되어야 한다. 근로조건을 변경하여 고용을 계속 유지할 가능성이 있고 그 근로자가 이에 동의할 수 있는 경우이면, 근로자를 해고할 수 없을 것이다. 그러나 근로자가 이를 거부하는 경우 사용자가 더 이상 다른 해고회피방안을 마련할 수 없다면 그 근로자를 해고하는 것이 부당하다고 할 수 없을 것이다(김형배, 「노동법」, 제26판, p.730).

④ 쌍용자동차 정리해고사건에서 서울고법(2014.2.7, 2012나14427; 2012나742(병합))은 회사(쌍용자동차)가 정리해고 당시 무급휴직 조치를 우선적으로 시행하지 않다가 정리해고 이후에야 비로소 시행한 점을 들어 해고회피노력을 다하지 않았다고 판단하여 회사에 패소판결을 내렸으나 대법원(대법 2014.11.13, 2012다14517; 대법 2014.11.13, 2014다20875·20882)은 무급휴직 조치는 노사간 극심한 대립으로 기업의 존립 자체가 위태롭게 되자 최악의 상황을 막기 위해 고육지책으로 시행된 것으로, 회사가 무급휴직을 우선적으로 시행하지 않았다고 하여 해고회피노력을 다하지 않은 것으로 보기는 어렵다고 판단하였다. 그리고 회사가 정리해고에 앞서 부분휴업, 임금 동결, 순환휴직, 사내협력업체 인원 축소, 희망퇴직 등의 조치를 실시한 점을 들어, 회사가 해고회피노력을 다한 것으로 볼 수 있다고 판단하였다.

3) 판례상 해고회피노력으로 인정되고 있는 사례

(가) 경영방침의 개선(대법 1993.11.23, 92다12285), (나) 작업의 과학화·합리화(대

법 1992.12.22, 92다14779), (다) 사무실 규모축소, 임원의 임금동결(대법 1995.11.24, 94누10931), (라) 임시직·계약직근로자 등의 재계약정지(중노위 1996.12.17, 96부해174), (마) 신규채용의 중지(대법 1993.12.28, 92다34858), (바) 연장근로의 축소(대법 1990.3.13, 89다카24445), (사) 전직 등 배치전환(대법 1992.12.22, 92다14779), (아) 일시휴업(대법 1992.12.22, 92다14779), (자) 퇴직희망자의 모집(대법 1992.12.22, 92다14779; 서울고법 2004.7.29, 2003누18363) 등으로 유형화할 수 있다.

4) 행정해석

고용보험법상의 고용안정지원제도(휴업수당지원금·근로시간단축지원금·고용유지훈련지원금·근로자사외파견지원금·인력재배치지원금)를 활용할 경우, 해고회피노력을 한 것으로 인정하고 있다(1998.3.28, 근기 68201-586).

(3) 해고대상자의 공정한 선정기준

【실무사례】 상시 근로자 100명을 고용하여 자동차부품을 생산하는 A회사는 최근 판매실적의 부진을 이유로 다음과 같은 해고의 기준을 가지고 甲을 포함한 생산직 근로자 12명을 선정하여 2017년 1월 2일에 정리해고를 단행하였다.
[A회사가 정한 해고 대상자 선정 기준(합계: 100점)]
근무태도평가(근무태도는 기본품성, 동료의식, 책임감, 자기계발로 구성): 40점
징계: 10점, 근태: 5점, 경미 사고: 5점, 포상: 10점
근속기간: 15점, 부양가족: 15점
그런데, 해고된 근로자 甲등 12명 중 甲을 포함하여 10명은 징계, 근태, 경미 사고, 포상 평가에서는 최상위권 점수를 받았으나 근무태도평가에서는 최하위권 점수를 받은 반면, 정리해고 되지 않은 잔존근로자 88명 중 12명은 근무태도평가에서 만점을 받았으나 징계, 근태, 경미 사고, 포상 평가에서는 최하위권 점수를 받았다.
문제: 甲은 위와 같은 해고 대상자 선정기준을 가지고 정리해고 한 것은 위법하다고 주장한다. 甲의 주장의 타당성에 관하여 논하시오. (단, 나머지 정리해고의 유효요건은 논하지 아니함)

1) 정리해고기준 설정의 의의

① 규정내용

근기법 제24조제2항에 의하면 「… 합리적이고 공정한 해고의 기준을 정하고 이에 따라 그 대상자를 선정하여야 한다. 이 경우 남녀의 성을 이유로 차별하여서는 아니된다」고 규정하고 있다.

② 정리해고기준의 필요성

기업의 도산으로 전원 해고하는 경우라면 모르되, 긴박한 경영상의 필요에 의하여 전체 근로자 중에서 그 일부를 선정해서 정리해고할 때에는 왜 그 근로자가 정리대상자가 되었는가에 대해서 합리적인 이유가 필요하며, 이 때문에 「정리해고기준」등의 선정기준을 작성하는 것이 필요하게 된다.

정리기준이 합리성과 공정성을 결여한다면 설사 긴박한 경영상의 필요성과 해고 회피노력이 인정된다 하더라도 해고 자체가 무효가 될 수 있다. 판례는 정리해고 대상자 선정기준은 근무태도에 대한 주관적 평가와 객관적 평가 및 근로자 측 요소가 각 1/3씩 비중을 차지하고 있는데, (가) 근무태도라는 단일한 대상을 주관적 평가와 객관적 평가로 나누어 동일하게 배점하고 주관적 평가 항목에서 해당 근로자들과 잔존 근로자들 사이에 점수를 현격하게 차이가 나도록 부여함으로써 결국 근무태도에 대한 주관적 평가에 의하여 해고 여부가 좌우되는 결과가 된 점, (나) 근무태도에 대한 주관적 평가의 개별 항목 중 현장직 근로자들의 업무 특성에 비추어 적절해 보이지 않는 부분이 있고, (다) 해당 근로자들에 대하여 부여된 주관적 평가 점수가 객관적 평가 점수나 잔존 근로자에 대한 주관적 평가 점수와 비교해 볼 때 납득하기 어려울 만큼 차이가 큰 점 등 그 선정기준 자체가 합리적이고 공정하다고 인정하기 어렵고, 그 기준을 정당하게 적용하여 해고 대상자를 선정하였다고 보이지도 아니하므로 해당 근로자들에 대한 해고가 위법하다는 것이다(대법 2012.5.24, 2011다11310).

③ 정리기준의 합리성·공정성 판단 방법

정리기준이란, 전체 근로자 중에서 해고하여도 부득이하다고 생각되는 자를 우선적으로 선정하는 기준이다. 정리해고 대상자를 선정함에 있어서 요구되는 합리적이고 공정한 기준은 확정적·고정적인 것은 아니고 당해 사용자가 직면한 경영위기의 강도와 정리해고를 실시하여야 하는 경영상의 이유, 정리해고를 실시한 사업부문의 내용과 근로자의 구성, 직급별 인원상황, 정리해고 실시 당시의 사회·경제적 상황 등에 따라 달라진다(대법 2014.11.13, 2012다14517). 객관적 합리성과 사회적 상당성을 가진 구체적 기준이 마련되어야 하고 그 기준을 실질적으로 공정하게 적용하여 정당한 해고대상자의 선정이 이루어져야 한다(대법 2013.6.13, 2011다60193; 대법 2012.5.24, 2011두11310).

2) 정리기준의 설정 방법

① **선정기준이 정해진 경우**: 해고 대상 근로자의 선정기준이 단체협약이나 취업규칙에 정하여져 있다면 이에 따른다.

② **과거 학설의 입장**: 이런 기준이 없는 경우에는 원칙적으로 근로자측의 주관적인 사정에 해당하는 자료를 위주로 하여 상대적으로 사회적, 경제적 약자에 해당하여 「사회적 보호의 관점」에서 더욱 보호받아야 할 근로자 순으로 해고대상자에서 제외하는 방법으로 선발한다. 즉, 부양가족관계, 근속연수, 재산관계, 재취업의 가능성, 건강상태 등을 종합적으로 고려하여 객관적이고 합리적인 선별기준을 적용하여야 한다.

③ **사용자 이익에 보다 더 큰 비중을 둔 경우**: 해고대상자를 선별함에 있어서 선별 대상 근로자들의 주관적, 개인적인 사정에만 의존할 수는 없고, 사용자측의 경영상의 이해관계와 관련된 사정도 함께 참작하여야 형평의 원칙에 부합한다고 할 수 있다. 정상적인 사업운영이나 기업의 수익성 제고 등 정당한 경영상의 필요에 따라 선별 대상 근로자 중 특정 근로자에 대해서는 계속 취업시키는 것이 필수적으로 요청됨에도 불구하고, 선별 대상 근로자들 상호간의 주관적 사정 만에 의하여 이러한 근로자가 해고대상자로 정하여진다면 현저히 부당하거나 불합리한 결과가 초래될 수 있으므로 이러한 사용자측의 이해관계도 충분히 고려되어야 한다. 정리해고를 추진하는 과정에서 직원들 중 근무경력이 길어 부실 운영에 관련된 책임도가 높은 장기근속자의 순서로 정리해고의 대상으로 고려한 것은 합리적이다(서울고법 2010.4.1, 2009구합25415).

④ **노동조합측의 동의를 얻는 경우**: 선정 기준 및 방법이 대다수 근로자가 속해 있는 근로자대표와 합의에 도달하여 결정된 것이라면 그에 대하여 대부분의 근로자가 동의한 것으로 볼 수 있으므로 그것이 지나치게 자의적이거나 불합리한 것이 아닌 한 그 합리성을 부인할 수 없다(대법 2002.7.9, 2001다29452).

⑤ **판례의 태도**: 판례(대법 2002.7.9, 2001다29452; 대법 2006.9.2, 2005다30580)는 「합리적이고 공정한 기준 역시 확정적·고정적인 것은 아니고 당해 사용자가 직면한 경영위기의 강도와 정리해고를 실시하여야 하는 경영상의 이유, 정리해고를 실시한 사업부문의 내용과 근로자의 구성, 정리해고 실시 당시의 사회·경제상황 등에 따라 달라지는 것이고, 사용자가 해고의 기준에 관하여 노동조합 또는 근

로자대표와 성실하게 협의하여 해고의 기준에 관한 합의에 도달하였다면 이러한 사정도 해고의 기준이 합리적이고 공정한 기준인지의 판단에 참작되어야 한다」고 판시하고 있다.

3) 판례상 합리적이고 공정한 기준으로 인정되고 있는 사례

판례는 근로자측 요소와 사용자측 요소를 임의로 혼합하여 기준으로 한 경우는 물론, 근무 성적·상벌관계·경력·숙련도 등 여러 가지 사용자측 요소만 고려한 경우(대법 1987.5.12, 85누690), 인사고과에 따른 근무 성적만을 기준으로 한 경우(대법 1992.11.10, 91다19463)도 합리성과 공정성을 부정할 수 없다고 본다. 그리고 상용근로자보다 촉탁직원을(대법 1995.12.5, 94누15783), 근속 기간이 긴 자보다 짧은 자를(서울고법 1996.5.9, 95구19784), 연령이 많은 고위 직급자와 장기 재직자 및 근무성적 불량자를(대법 2002.7.9, 2001다29452) 우선적으로 해고하는 것은 합리적이고 공정한 것으로 인정한다. 그러나 근무태도에 대한 주관적 평가에서 현격한 점수 차이를 내도록 하여 해고하는 것(대법 2012.5.24, 2011두11310), 장기근속자를 우선적으로 해고하는 것은 합리적이고 공정한 것으로 인정하지 않는다(대법 1993.12.28, 92다34858).

4) 위법한 선정 기준

정리기준 선정시 성별·국적·신앙·사회적 신분을 선정기준으로 하거나 노동조합의 조합원 또는 정당한 조합활동을 하거나 정당한 쟁의행위에 참가한 자를 우선적으로 선정하는 기준은 허용되지 않는다. 또 근기법은 해고 대상자의 선정에 관하여 '남녀의 성을 이유로 차별'하는 것을 금지하고 있다(근기법 제24조제2항 후단). 그 취지는 정리해고시 여성 근로자를 우선적으로 선정하는 경향이 있어 이를 특별히 방지하기 위하여 당연한 이치를 주의적·확인적으로 규정한 것이다(임종률, 「노동법」, 제17판, p.557).

(4) 근로자대표와의 성실한 협의

1) 근기법 제24조제3항의 내용과 취지

경영상의 이유에 의하여 근로자를 해고하는 경우 사용자는 근기법 제24조제2항의 규정에 의한 해고를 피하기 위한 방법 및 해고의 기준 등에 관하여 당해 사업장에 근로자의 과반수로 조직된 노동조합이 있는 경우에는 그 노동조합, 없는 경우에는 근로자의 과반수를 대표하는 자(이하 양자를 '근로자대표'라 한다)에 대하여 해고를 하고자 하는 날의 50일 전까지 통보하고 성실하게 협의하여야 한다(근기법 제24조제3항).

정리해고의 절차적 요건을 규정한 것은 근기법 제24조제1, 2항이 규정하고 있는 정리해고의 실질적 요건의 충족을 담보함과 아울러 비록 불가피한 해고라 하더라도 협의과정을 통한 쌍방의 이해 속에서 실시되는 것이 바람직하다는 이유에서이다(대법 2006.1.26, 2003다69393). 사용자가 정리해고를 하기 위하여는 민주적으로 선출된 또는 민주적 대표성을 갖는 근로자대표와 성실한 협의를 하여야하는바, 이는 정리해고가 개별 근로자의 문제가 아니라 집단적 노사관계와 관련되는 사항이므로 상호 대등한 차원에서 근로자들의 이해관계를 대변할 수 있는 근로자대표와 협의하여 회사의 경영상황을 충분히 인식시켜 근로자들에 대한 설득과 협력을 얻도록 하고 근로자들의 양보 아래 해고회피노력을 진행하고 최종적으로는 해고대상자를 선정함에 있어서 공정성을 기하라는 취지이다(서울행법 2010.9.3, 2009구합57290). 근로자대표인 노동조합에 대하여 또는 노동조합이 설립되어 있지 않으면 근로자대표에게 동 부문폐쇄의 필요성을 충분히 설명하고 근로자와 정리 시기·방법에 대하여 충분한 협의를 행할 것이 요청된다.

2) 협의기간

근기법은 경영상 해고시 사전통보기간을 종전의 60일에서 50일로 단축함으로써 해고의 유연성을 제고하였다. 사용자의 50일 전의 사전협의의무를 정리해고의 유효요건으로 규정하였으므로 사용자가 정리해고를 단행하기 위해서는 반드시 50일 전에 사전협의를 거쳐야 한다.

3) 협의의 주체

협의의 주체는 근로자대표이다. 당해 사업 또는 사업장에 근로자의 과반수로 조직된 노동조합이 있는 경우에는 그 노동조합, 그러한 노동조합이 없는 경우에는 근로자의 과반수를 대표하는 자가 근로자대표가 된다.

① **근로자 과반수로 조직된 노동조합이 있는 경우**: 사용자가 근로자들 중의 일부 직급을 대상으로 정리해고를 실시하려면, 대상이 되는 근로자들이 노동조합원이라거나 노동조합원은 아니지만 그들의 의사에 따라 노동조합에 사용자와의 협상

을 위임한 것이라는 등의 특별한 사정이 없는 한, 그 대상이 되는 근로자들을 대표할 수 있는 자와 정리해고에 관한 협의를 진행하여야 하고, 대표성을 지니지 못한 노동조합과 협의를 진행할 수는 없다(서울행법 2000.8.22, 99구27282).

② **근로자 과반수로 조직된 노동조합이 없는 경우:** (가) 노동조합이 근로자의 과반수로 조직되지 않은 경우에는 근로자의 과반수를 대표하는 자를 선정하여야 한다. 이 경우 선정방법에는 특별한 제한이 없으며, 정리해고회피방법 및 해고기준에 대한 대표권을 행사한다는 것을 근로자에게 주지시킨 상태에서 근로자의 의사를 모으는 적당한 방법이면 된다. 따라서 반드시 직접 투표에 의하지 않아도 되며, 1인의 대표는 물론 복수의 근로자대표를 선정하는 것도 가능하다.

(나) 당해 사업 또는 사업장 단위에 근참법에 의한 노사협의회가 설치되어 있으면 그 근로자위원을 근로자대표로 볼 수 있다(2007.11.20, 근로기준팀-8048).

(다) 근로자의 과반수로 조직된 노동조합이 없는 경우에 정리해고에 관한 협의의 상대방이 형식적으로는 근로자 과반수의 대표로서의 자격을 명확히 갖추지 못하였더라도 실질적으로 근로자의 의사를 반영할 수 있는 대표자라고 볼 수 있는 사정이 있다면 위 절차적 요건도 충족하였다고 보아야 할 것이다(대법 2012.5.24, 2010두15964).

4) 사전협의

① 사전협의 의무의 법적 성격

성실한 사전협의는 동의를 의미하는 것은 아니다. 정리해고의 공정을 기하게 하기 위하여 필요한 의견을 제시할 기회를 주고 아울러 근로자대표로부터 제시된 의견을 참고자료로 고려하게 하려는데 그 취지가 있다. 근로자대표가 합리적 이유없이 협의를 기피할 경우 사용자에게 협의의무 불이행의 책임을 물을 수 없다. 노사간 합의에 도달한 때에는 50일이 경과하지 않더라도 해고는 가능하다. 근로자대표에 대한 통보와는 별도로 해당 근로자에게 해고예고는 필요하다.

② 사전협의 결여시의 효력

이와 같은 50일 전에 사전협의를 거치지 아니하고 행한 해고는 무효라고 해석된다. 근기법 제24조제3항이 해고를 피하기 위한 방법과 해고의 기준을 해고실시 50일 이전까지 근로자대표에게 통보하게 한 취지는 소속근로자의 소재와 숫자에 따라 그 통보를 전달하는 데 소요되는 시간, 그 통보를 받은 각 근로자들이 통보

내용에 따른 대처를 하는 데 소요되는 시간. 근로자대표가 성실한 협의를 할 수 있는 기간을 최대한으로 상정·허여하자는 데 있는 것이다.

③ 판례의 태도

판례의 태도는 50일 기간의 준수는 정리해고의 효력요건은 아니어서 구체적 사안에서 통보 후 정리해고 실시까지의 기간이 그와 같은 행위를 하는데 소요되는 시간으로 부족하였다는 등의 특별한 사정이 없으며 정리해고의 그 밖의 요건은 충족되었다면 그 정리해고는 유효하다(대법 2003.11.13, 2003두4119)는 입장이다. 그러나 이러한 50일의 사전통보기간을 규정한 절차적 요건의 핵심은 근로자대표와의 성실한 협의라고 할 것이며, 근기법이 명시적으로 협의절차를 거칠 것을 규정하고 있는 이상 근기법 제24조제3항에서 정한 협의절차를 거치지 않은 경우 정리해고는 무효라고 할 것이다.

5) 합의거부권의 남용

해고동의조항이 단체협약에 포함되어 있는 경우에도 노동조합이 합의권을 포기하거나 남용하였다고 인정되는 때에는 동의를 거치지 않고 행한 해고가 정당하다는 것이 법원의 일관된 입장이다(대법 2012.6.28, 2010다38007). 즉, 해고동의조항이 사용자에게 있는 인사권을 노동조합과의 합의를 거쳐 행사하도록 제한한 것일 뿐 사용자의 인사권을 근본적으로 부정하는 것은 아닌 이상, 정리해고를 하는 경우, 위와 같이 사전 합의가 있어야 하도록 규정되어 있는 경우에도, 노동조합측에 중대한 배신행위가 있고 이로 인하여 사용자의 절차의 흠결이 초래된 경우이거나, 또는 사용자인 회사에 정리해고를 하여야 할 긴박한 경영상의 필요가 있음이 명백하며 회사가 노동조합과 사전 합의를 위하여 성실하고 진지한 노력을 다하였는데도 불구하고 노동조합측이 합리적 근거나 이유를 제시함이 없이 무작정 정리해고에 반대함으로써 사전 합의에 이르지 못하였다고 인정되는 경우에는 노동조합측이 합의거부권을 남용한 것이 되어 사용자가 이러한 합의 없이 한 정리해고도 다른 요건을 갖추고 있는 한 유효하다는 것이다(대법 2012.6.28, 2010다38007). 다만, 해고기준에 관한 근로자대표와의 협의 결과 합의에 이루어진 때에는 전체 근로자들의 의사가 폭넓게 대표되고 있는 한 그 규범적 효력이 인정되어야 할 것이다(서울행법 1999.5.28, 98구12764). 그러나 이와 같은 합의도 해고의 「정당한 이유」의 한계를 벗어날 수 없다(김형배, 「노동법」, 제26판, p.742).

4. 정리해고와 관련한 쟁점사항

(1) 정리해고와 단체교섭 대상 여부

판례는 사용자의 경영권은 헌법상 보장되어 있는 실체적 권리임을 강조하면서 기업의 구조조정에 의한 해고 전에 노조와 사용자가 협약상 「합의」를 하도록 약정하였더라도 이를 「협의」의 취지로 해석해야 한다는 견해를 명백히 하고 있다. 노조의 「합의」가 있을 경우에만 구조조정을 할 수 있다면 경영주체에 의한 고도의 경영상의 결단, 즉, 경영권은 부인되는 결과를 가져올 수 있다. 따라서 기업의 존립과 관련된 구조조정의 실시 여부는 원칙적으로 합의의 대상이 될 수 없고, 단체교섭의 사항이 되지 않는다(대법 2014.3.27, 2011두20406; 대법 2002.2.26, 99도5380; 대법 2003.2.11, 2000도4169; 대법 2003.2.28, 2002도5881; 대법 2003.3.14, 2002도3883; 대법 2003.3.28, 2002도6060).

(2) 고용안정협약의 효력 및 이에 반하여 이루어진 정리해고의 효력

① 고용안정협약의 의의: 고용안정협약이란 경영환경의 악화로 고용불안이 가중되는 상황에서 노사간에 「정리해고 등을 하지 아니한다」또는 「인위적 혹은 일반적인 인원감축을 하지 아니한다」는 내용의 단체협약을 체결한 경우를 말한다.

② 고용안정협약의 효력에 관한 견해의 대립: 첫째, 긍정설은 경영상해고 자체가 긴급피난이론에 근거한 것이므로 법률상 요건에만 합치되면 경영상해고가 가능하다고 한다.

둘째, 부정설은 고용안정협약 자체를 존중해야 하므로 경영상해고가 불가능하다고 한다.

셋째, 신의칙설은 경영상 긴박한 이유가 명백하게 존재하고 법률상 요구되는 요건 충족을 위해 노력을 기울이면 경영상해고가 가능하다고 한다.

넷째, 제한적 신의칙설은 고용안정협약이 체결되면 그 내용이 준수되어야 하나, 협약체결 당시에 예상하지 못한 사정변경이 있고, 이러한 변경이 '긴박한 경영상 이유'로 인정될 만하면 경영상해고가 가능하다고 한다.

③ 판례의 태도: 판례는 사용자가 경영권에 속하는 사항이라 하더라도 노동조합과의 협상에 따라 정리해고를 제한하기로 하는 내용의 단체협약(고용안정협약)을 체결

하였다면 특별한 사정이 없는 한 그 단체협약이 강행법규나 사회질서에 위배된다고 볼 수 없고, 나아가 이는 근로조건 기타 근로자에 대한 대우에 관하여 정한 것으로서 그에 반하여 이루어지는 정리해고는 원칙적으로 정당한 해고라고 볼 수 없다. 다만, 이처럼 정리해고의 실시를 제한하는 단체협약을 두고 있더라도, 그 단체협약을 체결할 당시의 사정이 현저하게 변경되어 사용자에게 그와 같은 단체협약의 이행을 강요한다면 객관적으로 명백하게 부당한 결과에 이르는 경우에는 사용자가 단체협약에 의한 제한에서 벗어나 정리해고를 할 수 있을 것이다(대법 2014.3.27, 2011두20406). 판례와 같이 제한적 신의칙설이 타당하다(하갑래, 「노동법총서」, p.346).

5. 정리해고 요건 결여의 효과

근기법은 정리해고가 이상의 「4 요건」을 갖춘 경우에 정당한 이유가 있는 것으로 보아 유효한 해고로 본다. 따라서 이러한 요건을 갖추지 않은 해고는 정당한 이유가 없는 해고로 무효가 된다. 정리해고의 유효요건인 「4 요건」은 개개의 요건이 형식상 엄격하게 갖추어져야 하는 것은 아니라고 생각된다. 정리해고도 해고의 하나의 유형인 이상 독립적인 개별적 4 요건을 기계적으로 적용할 필요는 없으며, 통상해고와 마찬가지로 각 요건을 종합하여 해고의 효력을 판단하면 충분하다고 생각된다(이른바 종합설).

6. 기타 정리해고의 제한 규정

(1) 대량해고시 신고의무

사용자는 경영상의 이유에 의하여 일정규모 이상의 인원을 해고하고자 할 때에는 대통령령으로 정하는 바에 따라 고용노동부장관에게 신고하여야 한다(근기법 제24조제4항). 정리해고의 정당성의 판단요건은 아니며 벌칙규정이 없다. 사용자가 경영상의 이유에 따라 해고를 하는 경우 1개월 동안 상시근로자 수가 99명 이하 사업장에서는 10명 이상, 100명 이상 999명 이하 사업장에서는 상시근로자 수의 10퍼센트 이상, 1000명 이상 사업장에서는 100명 이상의 근로자를 해고자 할 때에는 ① 해고의 사유, ② 해고 예정 인원, ③ 근로자대표와의 협의한 내용, ④ 해고일정 등을 고용노동부장관에게 신고하여야 한다(동법시행령 제10조).

사용자에 대하여 경영상 이유로 일정규모 이상 근로자 해고시 해고계획을 신고토록 한 취지는 노사간 원만한 협의를 지원하고, 대량해고에 대한 행정적 감시와 지도를 하고 해고자에 대한 직업안정사업 등을 적절히 연계하여 추진하기 위한 것이다. 사용자는 경영상 이유에 의한 해고계획을 신고하려면「경영상 이유에 의한 해고계획 신고서」(별지 제2호 서식)에 근기법 제24조제3항에 따라 근로자대표에게 통보한 내용을 적은 해고 관련 서류를 첨부하여 관할 지방고용노동관서의 장에게 제출하여야 한다(근기법시행규칙 제3조).

해고계획 신고는 해고의 효력과는 관계없는 규정이므로 해고계획을 신고하지 않은 경우에도 해고는 유효하며 부당해고로 볼 수는 없다. 동 규정에 위반하더라도 벌칙의 적용이 없으며 일종의 훈시규정이라고 할 것이다.

(2) 우선 재고용의무

> **법 제25조【우선 재고용 등】** ① 제24조에 따라 근로자를 해고한 사용자는 근로자를 해고한 날부터 3년 이내에 해고된 근로자가 해고 당시 담당하였던 업무와 같은 업무를 할 근로자를 채용하려고 할 경우 제24조에 따라 해고된 근로자가 원하면 그 근로자를 우선적으로 고용하여야 한다.
> ② 정부는 제24조에 따라 해고된 근로자에 대하여 생계안정, 재취업, 직업훈련 등 필요한 조치를 우선적으로 취하여야 한다.

1) 우선 재고용의무의 내용

근기법 제24조의 규정에 의하여 경영상의 이유에 의하여 근로자를 해고한 사용자는 해고한 날부터 3년 이내에 사용자는 근로자가 해고 당시 담당하였던 업무와 같은 업무를 할 근로자를 채용하려고 할 경우에는 동법 제24조에 따라 해고된 근로자가 원하면 그 근로자를 우선적으로 고용하여야 한다(근기법 제25조제1항). 종전에는 사업주에게 경영상 이유로 해고한 근로자를 우선 고용하도록 노력할 의무만을 부과하고 있어 해고된 근로자를 그 업무에 재고용하도록 하는 수단으로서의 실효성이 낮다는 문제점이 있었으므로 이를 개선한 것이다.

2) 우선 재고용의무의 법적 성격

사용자의 재고용의무는 법적 의무이나 벌칙은 부과되지 않는다. 해당 근로자는 요건을 충족하여 사용자에 대하여 근기법에 따를 재고용청구권을 갖게 된다. 따라서 근로자는 사용자에 대하여 고용의무확인 또는 이행의 소를 제기할 수 있으며, 사용자가 재고용의무를 게을리하면 근기법상의 의무 위반에 대한 책임을 지게 된다(김형배, 「노동법」, 제26판, p.744). 근로자는 사용자에게 민사상 손해배상을 제기할 수 있다(2007.11.29, 근로기준팀-8048). 판례(서울고법 2013.8.30, 2012나92373)는 형식상 희망퇴직한 근로자도 실질적으로는 정리해고의 일환으로 퇴직했다면 근기법 제25조에 의하여 재고용의무 대상자로 보아야 한다고 한다. 사용자의 우선 재고용 의무규정은 사용자로 하여금 우선적으로 해고 근로자를 재고용토록 유도하기 위한 것이며, 사업주가 해고자의 재고용을 위해 노력하라는 훈시적 규정이 아니라 법적 의무규정이란 점이 본 규정의 취지이다.

3) 구 근기법 제32조의2의 재고용의무와의 차이

판례는 구 근기법 제32조의2의 재고용의무는 정리해고자를 우선적으로 고용하도록 노력하라는 취지에 불과하므로 다른 근로자를 채용하였다고 하더라도 우선 재고용 노력의무를 위반하였다고 평가할 수는 없다(대법 2006.1.26, 2003다69393)고 한다.

4) 우선 재고용의 절차

근기법은 우선 재고용 절차에 관한 규정이 없으나 먼저 해고 효력이 발생한 날로부터 3년 이내에 근로자를 채용하고자 하는 경우 사용자는 재고용우선권을 갖는 근로자에게 개별적 통지의 형식으로 재고용을 제안해야 할 것이다.

5) 우선 재고용의 판단기준

우선 재고용을 원하는 근로자의 수가 신규 채용직의 수 이하인 경우 특별한 사정이 없는 한 그 자의 채용을 거부할 수 없다. 그러나 재고용을 원하는 재고용우선권자의 수가 신규채용직의 수보다 많은 경우에는 기업이익의 관점에서 적격자를 선택할 수 있다. 이 문제는 단체협약이나 취업규칙에서 우선 재고용 기준을 정하고 있는 경우 사용자는 이에 구속된다.

6) 우선 재고용의무 위반의 효과

정리해고된 근로자는 근기법 제25조제1항의 해당 요건이 충족되면 사용자에 대하여 사법상의 재고용청구권을 갖게 된다. 따라서 근로자는 사용자에 대하여 고용의무 확인 또는 이행의 소를 제기할 수 있으며, 사용자가 재고용의무를 게을리하거나 다른 근로자를 고용하면 손해배상책임을 부담해야 한다(김형배, 「노동법」, 제26판, p.744). 그러나 동조 위반에 대한 벌칙 조항이 없는 것은 입법적 미비라고 지적된다.

(3) 국가의 고용보장조치

정부는 정리해고된 근로자에 대하여 생계안정, 재취업 직업훈련 등 필요한 조치를 우선적으로 취하여야 한다(근기법 제25조제2항). 이 규정에 의하여 정리해고된 근로자는 고용보험법상의 실업급여 등의 지급을 우선적으로 받을 수 있는 법적 근거가 마련되었다고 볼 수 있을 것이다.

4 해고의 예고

> **법 제26조【해고예고】** 사용자는 근로자를 해고(경영상 이유에 의한 해고를 포함한다)하려면 적어도 30일 전에 예고를 하여야 하고, 30일 전에 예고를 하지 아니하였을 때에는 30일분 이상의 통상임금을 지급하여야 한다. 다만, 다음 각 호의 어느 하나에 해당하는 경우에는 그러하지 아니하다.
> 1. 근로자가 계속 근로한 기간이 3개월 미만인 경우
> 2. 천재·사변, 그 밖의 부득이한 사유로 사업을 계속하는 것이 불가능한 경우
> 3. 근로자가 고의로 사업에 막대한 지장을 초래하거나 재산상 손해를 끼친 경우로서 고용노동부령으로 정하는 사유에 해당하는 경우

1. 해고예고의 의의 및 취지

(1) 해고예고의 의의 및 근기법 제26조 본문의 내용

해고예고란 「사용자는 근로자를 해고(경영상 이유에 의한 해고를 포함한다)하려면 적어도 30일 전에 예고를 하여야 하고, 30일 전에 예고를 하지 아니하였을 때에는

30일분 이상의 통상임금을 지급하여야 한다」(근기법 제26조 본문)는 제도를 말한다.

(2) 해고예고제도의 취지

해고예고 제도를 도입한 취지는 사용자가 갑자기 근로자를 해고하면 근로자의 생활에 어려움이 있을 수 있으므로, 새 일자리를 구할 수 있는 시간적 여유를 주거나 그렇지 않으면 그 기간 동안의 생계비를 보장하여 해고로 인한 근로자의 어려움을 덜어주려는 데 있다(헌재 2015.12.23, 2014헌바3). 사용자의 해고예고는 일정 시점을 특정하여 하거나 언제 해고되는지를 근로자가 알 수 있는 방법으로 하여야 한다(대법 2010.4.15, 2009도13833). 정당한 이유없는 해고는 사법상 무효이므로 해고예고는 정당한 이유가 있는 경우에 적용된다. 그러므로 해고예고수당과 함께 퇴직금을 수령했다 하더라도 해고에 대한 이의를 보류하는 한 그것이 해고처분을 승인했다거나 그에 대한 불복을 포기한 것으로 볼 수 없다(대법 1991.5.14, 91다2663).

2. 예고기간

예고는 적어도 30일 전에 하여야 한다. 예고기간의 계산에 대해서는 근기법에 특별한 규정이 없으므로 민법의 일반원칙에 따라야 한다.

3. 예고방법

(1) 예고방법

사용자는 근로자를 해고하려면 해고사유와 해고시기를 서면으로 통지하여야 한다. 근로자에 대한 해고는 서면으로 통지하여야 효력이 있다(동법 제27조). 사용자는 해고예고 시 해고 시점을 특정하여 하거나 언제 해고되는지를 근로자가 알 수 있는 방법으로 하여야 한다(대법 2010.4.15, 2009도13833).

또한 사용자가 '수습기간 후 업무능력과 업무태도가 개선되지 않으면 정식채용을 하지 않겠다'는 불확정한 조건을 붙여 한 해고 예고는 효력이 없다(서울고법 2019.9.10, 2019나2013832).

(2) 예고 후의 해고시기의 변경

사용자가 당초 해고의 의사표시에 기한 해고시기에 도달하기 이전에 해고시기를 연기하는 취지로 새로이 해고의 의사표시를 한 경우, 이는 새로운 해고의 의사표시에 해당하고, 그 내용에 있어서도 근로자들에게 이익이 된다면 새로운 해고 예고의 의사표시의 효력이 적법·유효하게 발생한다(서울서부지법 2007.5.29, 2007도209).

4. 예고기간 중의 근로관계 및 해고금지사유가 발생한 경우

(1) 예고기간 중의 근로관계

해고예고를 한 경우에도 예고기간 만료시까지는 종래의 근로관계가 유효하게 존속된다. 따라서 원칙적으로 예고기간 동안 근로자는 근로제공의 의무가 있고, 사용자는 이에 대한 임금 지급의 의무가 있다.

(2) 해고예고기간 중에 해고 금지사유가 발생한 경우

해고예고기간 중에 해고금지 사유가 발생하였다면 예고기간이 해고시기 제한기간 중에 만료되었다 하더라도 해고할 수 없다. 이 경우에 해고제한사유의 발생 전에 있었던 해고예고의 효력에 관하여 다음과 같은 세 가지 견해가 있다.

① **무효설**: 해고예고는 당연히 효력을 상실하며 해고 금지기간의 종료 후에 다시 해고예고를 하여야 한다는 견해

② **효력정지설**: 해고예고 자체는 유효하나 해고 금지사유의 발생으로 그 효력의 발생이 일시적으로 정지되어 해고 금지기간이 종료되면 새로 예고를 하지 않더라도 나머지 해고예고기간이 계속 진행된다는 견해

③ **절충설**: 해고 금지기간이 장기인 경우에는 해고예고가 무효가 되고 단기인 경우에는 일시정지된다는 '절충설' 등의 견해가 제시되고 있다. 해고금지기간에는 "해고예고도 허용되지 않는다고 보아야 한다"는 입장에서는 무효설이 타당하다.

5. 예고수당의 산정 및 지급방법

① **예고수당의 산정**: 30일 전에 해고예고를 하지 않은 경우에는 이에 갈음하여 30일분 이상의 통상임금을 해고예고수당으로서 지급해야 한다.

② **예고수당의 지급방법**: 예고수당은 과거의 근무제공에 대한 반대급부가 아니므로 근기법상의 임금(동법 제2조제1항제5호)이나 민법상의 보수(민법 제656조)로 볼 수 없다. 그러나 임금에 준하는 것이라 할 수 있으므로 임금 지급에 관한 근기법 제43조를 유추해석하여 당해 근로자에게 직접·전액을 통화로 지급하여야 하며, 이를 지급하지 않는다는 특약이나 분할하여 지급한다는 약정은 무효이다.

③ **부당해고인 경우 해고예고수당의 반환 여부**: 부당해고로 판정되어 복직한 경우 이미 받은 해고예고수당을 사용자에게 반환할 의무가 있는지 여부에 관하여는 반환해야 한다는 견해와 반환할 필요가 없다는 견해로 양분되어 있다. 판례는 근기법 제26조 본문에 따른 해고예고수당은 해고가 유효한지 여부와 관계없이 지급되어야 하는 돈이고, 그 해고가 부당해고에 해당하여 효력이 없다고 하더라도 근로자가 해고예고수당을 지급받을 법률상 원인이 없다고 볼 수 없다. 따라서 반환의무가 없다(대법 2018.9.13, 2017다16778)고 판시하였다.

④ **예고수당의 지급시기**: 또한 예고수당은 그 지급이 예고기간 만료와 같은 효력을 갖게 되므로 늦어도 해고와 동시에 지급하여야 할 것이다. 예고수당은 해고예고의 적용예외사유가 존재하지 아니한 경우에 즉시해고의 효력발생 요건으로서 그 지급을 법률에서 요구하는 특수한 성질의 수당이므로 그 지급시기는 적어도 해고와 동시에 지급하여야 한다.

6. 해고예고 위반시 해고의 효력

정당한 이유가 없는 해고는 당연히 무효이므로 해고예고를 했는지의 여부는 문제가 되지 않는다. 문제는 해고에 정당한 이유는 있지만 해고예고를 하지 않는 경우 그 해고의 효력은 어떻게 되느냐에 관하여 견해의 대립이 있다.

① **유효설**: 근기법 제26조의 본문 규정은 단순한 단속규정에 지나지 않으므로 그 위반의 해고는 유효하다는 견해(임종률, 「노동법」, 제17판 p.565). 판례(대법 1998.11.27, 97누14132)는 「해고예고를 하지 아니하였다고 하더라도 해고의 정당

한 이유를 갖추고 있는 이상 해고의 효력에는 영향이 없다」고 한다.

② **무효설**: 상기의 규정은 효력규정이므로 그 위반의 해고는 당연히 무효라는 견해(김형배, 「노동법」, 제26판, p.700).

③ **상대적 유효설**: 예고 위반의 해고가 즉시해고로서의 효력은 발생하지 않지만 그 후 예고기간이 경과하거나 예고수당을 지급하면 그때부터 효력이 발생한다는 견해(하경효, 「해고예고 규정 위반과 단체협약에 따른 노조와의 합의없이 행한 징계면직의 효력」, 경영계(1994.7), p.56) 등으로 대립하고 있다.

④ **평가**: 해고예고는 돌연한 해고로 인한 근로자의 생활상의 위협을 방지하기 위한 것이므로 이것은 해고의 효력발생을 위한 하나의 강행적 요건으로 파악되어야 한다. 따라서 예고 위반의 해고는 무효라고 봄이 타당하다.

7. 즉시해고

(1) 즉시해고의 의의

① **즉시해고의 개념**: 즉시해고란 근기법 제26조 단서에서 규정한 해고예고가 불필요한 해고를 말한다. 근기법 제26조 단서는 「1. 근로자가 계속 근로한 기간이 3개월 미만인 경우, 2. 천재·사변, 그 밖의 부득이한 사유로 사업을 계속하는 것이 불가능한 경우, 3. 근로자가 고의로 사업에 막대한 지장을 초래하거나 재산상 손해를 끼친 경우로서 고용노동부령으로 정하는 사유에 해당하는 경우」라고 규정하고 있다.

② **즉시해고의 취지**: 즉시해고의 취지는 근로자가 계속 근로한 기간이 3개월 미만인 경우이거나 사용자가 자신의 귀책사유없이 돌발적으로 야기된 불가항력적 상황으로 인하여 사업을 계속하는 것이 불가능한 경우에까지 해고예고를 요구한다는 것은 형평에 반하고, 근로자가 사용자에 대하여 중대한 의무를 위반함으로써 기본적 신뢰관계가 깨어진 경우에까지 근로자에게 해고예고의 보호를 할 필요가 없기 때문이다.

(2) 즉시해고의 요건

1) 근로자가 계속 근로한 기간이 3개월 미만인 경우

헌법재판소(헌재 2015.12.23, 2014헌바3)는 '월급근로자로서 6개월이 되지 못한 자'를 해고예고의 적용예외로 규정하고 있는 조항(구 근기법 제35조제3호)에 대하여 근무기간이 6개월 미만인 월급근로자의 근로의 권리를 침해하며, 근무기간이 6개월 이상인 월급근로자나 월급제 이외의 형태로 보수를 받는 근로자와 합리적 근거 없이 차별취급을 하여 평등원칙 위반을 이유로 위헌결정을 하였다. 해고예고의 적용 예외 규정에 대하여는 적용 예외 대상 사유들 간에 일관적·체계적인 기준이 결여되었다는 문제점 등이 여러 차례 지적된 바 있어 이를 정비한 것이다.

2) 부득이한 사유로 사업을 계속하는 것이 불가능하여야 한다

① 「그 밖의 부득이한 사유」란 예고를 할 여유가 없는 사유로서 예컨대 당해 사업장의 중심이 되는 주요한 건물·설비 또는 기재 등의 소실·천재·사변에 준하는 정도의 돌발적이고 불가항력적인 사유로서 경영자에게 그 책임을 물을 수 없는 경우를 말하며 단순한 불황이나 경영상의 애로는 이에 포함되지 않는다(2010.7.27, 근로기준과-272). 따라서 부득이한 사유로 인해 「사업을 계속하는 것이 불가능한 경우」란 사업의 전부 또는 대부분의 계속이 불가능한 경우를 말한다.

② 사업계속의 불가능에 대한 판단은 사용자가 사업경영자로서 사회통념상 취할 수 있는 모든 조치를 다하였음에도 불구하고 어찌할 도리가 없는 정도를 기준으로 한다. 이에 대한 입증책임은 사용자가 부담해야 한다(대법 1970.2.24, 69다1568).

3) 근로자의 귀책사유가 있어야 한다

근로자의 귀책사유란 근로자를 보호할 필요가 없을 정도의 중대한 의무 위반 내지 배신행위를 의미한다. 근기법 제26조제3호는 해고예고기간의 준수의무가 없는 근로자의 귀책사유로 「근로자가 고의로 사업에 막대한 지장을 초래하거나 재산상 손해를 끼친 경우」로 한정하였다. '귀책사유의 판정' 에 있어서는 근로자의 지위·직책·계속근무연한·근무상황 등을 고려하여 종합적으로 판단하여야 할 것이다. 「해고의 예외가 되는 근로자의 귀책사유」는 동법시행규칙 제4조 및 별표에서 규정하고 있다.

5 해고의 효력

1. 근로자로서의 지위 상실

사용자에 의해서 해고된 근로자는 원칙적으로 근로자로서의 지위를 상실한다.

사용자는 임금 지급 의무를 면하고 근로자는 근로제공의 의무를 면한다고 할 것이다. 근로자가 해고의 효력을 다투고 있고 그 해고가 당연무효인 경우에는 사용자에 의한 근로계약의 해지는 처음부터 절대적으로 아무런 효력이 없는 것이어서 근로자는 당연히 그 지위를 유지하게 되는 반면에 그 해고가 정당한 때에는 근로자가 아무리 해고의 효력을 다투더라도 근로자의 지위는 그 해고에 의하여 당연히 종료되는 것이다.

2. 해고된 자가 부당노동행위 또는 부당해고구제신청한 경우의 근로자 지위

(1) 부당노동행위 구제신청의 경우

① 노조법 제2조제4호라목은 근로자가 아닌 자의 가입을 허용하는 경우를 노동조합의 결격요건의 하나로 열거하고 다만, 해고된 자가 노동위원회에 부당노동행위의 구제신청을 한 경우에는 중앙노동위원회의 재심판정이 있을 때까지는 근로자가 아닌 자로 해석하여서는 아니된다.

노조법 제2조제4호라목 단서 규정은 「노동조합의 설립 및 존속을 보호하고 사용자의 부당한 인사권의 행사에 의하여 노동조합의 활동이 방해받는 것을 방지하기 위한 규정으로서 노동조합의 구성원이 될 수 있는 자격에 관하여 규정한 것일 뿐 사용자와 근로자와의 근로관계에 관한 규정은 아니므로(대법 1991.11.8, 91도326) 노동조합의 조합원으로서의 지위와 관련하여서만 적용이 되어야 할 것이고, 근로자와 사용자와의 개별적인 근로계약 위반의 효력에 확대적용될 수는 없다 할 것이다」(대법 1993.6.8, 92다4254).

② 부당해고 구제신청이 부당노동행위와 관계없이 이루어진 경우에는 해고와 동시에 근로자로서의 법적 지위는 모두 상실된다.

(2) 부당해고구제신청 중 근로계약기간이 만료된 경우

근로자가 부당해고구제신청을 하여 해고의 효력을 다투던 중 근로계약기간의 만료로 근로관계가 종료하였다면 근로자로서는 비록 이미 지급받은 해고기간 중의 임금을 부당이득으로 반환하여야 하는 의무를 면하기 위한 필요가 있거나 퇴직금 산정시 재직기간에 해고기간을 합산할 실익이 있다고 하여도, 그러한 이익은 민사소송절차를 통하여 해결될 수 있어 더 이상 구제절차를 유지할 필요가 없게 되었으므로 구제이익은 소멸한다고 보아야 할 것이다(대법 2009.12.10, 2008두22136).

3. 지위 상실의 시기

그러므로 원칙적으로 사용자로부터 해고의 통지를 받은 때 근로자는 그 지위를 상실한다. 다만, 해고된 자가 부당노동행위 구제신청을 하여 중앙노동위원회의 재심판정이 있을 때까지 노동조합의 가입이나 활동과 관련된 범위 내에서 잠정적으로 그 지위를 보유한다고 보아야 할 것이다.

6 부당해고의 효과

1. 사법상 무효

정당한 이유없이 근로자를 해고한 경우에는 그 해고는 사법상 당연히 무효이다. 부당해고는 사법상 당연히 무효이므로 근로관계는 해고가 있었던 시점부터 계속해서 존속한 것이 된다. 따라서 근로자는 사용자에게 원직에 복직시켜줄 것을 청구할 수 있다(김형배, 「노동법」, 제24판, p.738). 또한 부당해고에 대해서는 노동위원회에 그 구제신청(근기법 제28조제1항)을 할 수 있으며, 법원에 대해서는 해고무효확인의소를 제기할 수 있다.

2. 무효인 해고기간 중의 임금

(1) 정당한 이유없이 해고된 근로자가 해고무효의 판결(또는 가처분결정)을 얻어 직장에 복귀하는 경우

사용자가 근로자를 해고하였으나 그 해고에 정당한 이유가 없어 해고무효의 판결을 얻어 직장에 복귀하는 경우 해고시부터 직장복귀시까지 기간에 임금을 청구할 수 있는가의 문제이다.

해고가 무효인 경우에 근로자는 그 부당해고기간 동안에 정상적으로 일을 계속하였더라면 받을 수 있었던 임금을 모두 지급받을 수 있다. 해고 근로자가 해고기간 동안 근무를 하지는 않았다고 하더라도 해고가 무효인 이상 그동안 사용자와의 근로관계는 계속되고 있는 것이고, 근로자가 해고기간 동안 근무를 하지 못한 것은 근로자를 부당하게 해고한 사용자에게 책임 있는 사유로 인한 것이기 때문이다(대법 2014.3.13, 2011다95519; 대법 1981.12.22, 81다626). 객관적으로 정당한 이유가 없는 해고를 한 사용자는 해고에 의한 근로자의 취업불능에 대하여 원칙적으로 '귀책사유'가 있다고 할 것이므로 근로자는 해고기간 중의 임금청구권을 상실하지 않는다. 「해고무효확인 소송에서 해고무효확인과 함께 해고자를 원직에 복직시켰을 때까지 임금을 주라고 판결한 경우 복직할 때까지는 정년 범위 내로 해석해야 한다」(대법 1993.3.23, 92다51341).

(2) 해고기간 중의 임금청구권이 인정되는 경우의 임금의 범위

해고기간 중의 임금청구권이 인정되는 경우에 그 액은 당해 근로자가 해고되지 않았다면 근로계약상 확실히 지급되었을 임금의 합계액이 된다.

이에 대한 판례(대법 2012.2.9, 2011다20034)에 의하면 「사용자의 부당한 해고처분이 무효이거나 취소된 때에는 그 동안 피해고자의 근로자로서의 지위는 계속되고 있었던 것이 되고, 근로자가 그간 근로의 제공을 하지 못한 것은 사용자의 귀책사유로 인한 것이라 할 것이니 근로자는 민법 제538조제1항에 의하여 계속 근로하였을 경우에 받을 수 있는 임금 전부의 지급을 청구할 수 있다」고 한다. 여기에서 근로자가 지급을 청구할 수 있는 임금은 근기법 제2조제1항제5호에서 규정하는 임금을 의미한다.

(3) 부당해고기간에 임금이 인상된 경우의 임금산정방법

예컨대 단체협약서에 매년 단체교섭을 통하여 임금인상을 결정, 시행하도록 되어 있어 이에 따라 매년 임금인상을 하여 왔다면 부당해고기간 동안의 근로자의 임금도 해고처분 이후에 체결된 단체협약서에 의하여 인상된 임금에 따라 산정하여야 한다(대법 1993.9.24, 93다21736).

(4) 사용자의 귀책사유없이 근로제공을 하지 못한 경우

판례(대법 1995.1.24, 94다40987)는 「해고기간 중 근로자가 징역형의 선고를 받아 상당기간 동안 구속된 경우 해고가 무효라 하더라도 구속기간 동안에는 근로자가 근로의 제공을 할 수 없는 처지였으므로 구속기간 동안의 임금을 청구할 수 없다」고 한다.

(5) 사업이 폐지된 경우

사용자가 정당한 사유에 의하여 사업을 폐지한 경우에는 사용자의 귀책사유로 인하여 근로제공을 못한 것이 아니므로 그 기간 중에는 임금을 청구할 수 없다(대법 1994.9.13, 93다50017). 그러나 법인이 청산절차를 종료하지 않은 이상 해산결의를 하였다는 사유만으로 그 법인격이 소멸되어 더 이상 존재하지 않는다고 할 수 없으므로, 해산결의를 완료한 법인을 상대로 부당해고의 효력을 다투는 소의 이익이 없다고 할 수 없다.

3. 해고기간 중의 임금과 중간수입 공제

근로자가 부당하게 해고된 경우에는 사용자의 귀책사유에 해당되고, 따라서 해당 근로자는 그로 인하여 취업할 수 없었던 기간 동안의 임금을 청구할 수 있다(민법 제538조제1항). 그런데 문제는 해당 근로자가 해고기간 중에 다른 직장에 취업하여 얻은 수입이 있는 경우(이른바 중간수입)에 이는 근로자가 자기의 채무를 면함으로써 이익을 얻은 것으로서 상환받아야 할 해고기간 중의 전체임금액으로부터 공제할 수 있는 것인가 하는 점이 문제된다(김형배, 「노동법」, 제26판, p.760). 이론적으로는 전액공제설, 공제부정설, 절충설이 대립하고 있다.

판례는 이 문제에 대하여 원칙적으로 중간수입공제를 인정하면서도 한계를 정하여 근기법상 휴업수당(평균임금의 100분의 70)의 한도를 넘어서 공제하여서는 아니된다고 하여 절충적인 입장을 취하고 있다(대법 1991.6.28, 90다카25277). 판례는 「그와 같은 중간수입은 민법 제538조제2항에서 말하는 채무를 면함으로써 얻은 이익에 해당하므로, 사용자는 해당 근로자에게 해고기간 중의 임금을 지급함에 있어서 이 금액을 임금액에서 공제할 수 있다. 다만, 근기법 제46조는 근로자의 최저생활을 보장하려는 취지에서 사용자의 귀책사유로 인하여 휴업하는 경우에는 사용자는 휴업기간 중 당해 근로자에게 그 평균임금의 100분의 70 이상의 수당을 지급하여야 한다고 규정하고 있고, 여기에서의 휴업이란 개개의 근로자가 근로계약에 따라 근로를 제공할 의사가 있음에도 불구하고 그 의사에 반하여 취업이 거부되거나 또는 불가능하게 된 경우도 포함된다고 할 것이므로, 근로자가 지급받을 수 있는 임금액 중 근기법 제46조 소정의 휴업수당의 범위 내의 금액은 사용자의 귀책사유로 해고된 근로자가 해고기간 중에 다른 직장에 취업하여 지급받은 임금은 민법 제538조제2항에 의해 이를 공제하여야 한다고 한다. 다만, 근기법의 적용을 받는 '근로자'에 한해서는 동법 제46조가 규정하는 휴업수당 해당부분은 최소한 보장되어야 하므로, 따라서 다른 직장에서 받은 임금이 휴업수당 범위 내인 경우에는 이를 공제할 것이 아니고, 휴업수당을 초과한 경우에 한해 그 초과부분만을 공제하여야 한다(대법 1993.11.9, 93다37915). 이 견해가 타당하다.

7 부당해고에 대한 근로자의 권리구제방법

1. 부당해고에 대한 구제방법

부당해고에 대한 구제방법으로는 민사적 구제 및 행정적 구제가 있다.

정당한 이유가 없는 해고 즉, 부당해고에 대한 구제제도에 있어서 우리나라는 노동위원회를 통한 행정적 구제와 법원에 의한 사법적 구제의 이원주의 방식을 채택하고 있다. 근로자는 부당해고가 있는 경우 법원에 근로자지위확인 또는 해고무효 확인의 소를 제기하거나(사법적 구제절차) 노동위원회에 구제를 신청할 수 있다(행정적 구제절차). 양자를 아울러 부당해고 구제절차라고 부른다. 근로자는 그 중 어느 일방을 선택하거나 양자를 병행할 수 있다. 종래에는 부당해고 중에서 부당노동행위로서의 해고만이 노동위원회의 행정적 구제의 대상이 되었으나 1989년에 개정된 근기법은 제28조를 신설하여 모든 부당해고에 대해서 노동위원회에 구제신청을 할 수 있는 길을 열어 놓고 있다.

이것은 사용자의 정당한 이유없는 해고 등에 대하여 일반 법원에 의한 사법적 구제방법 외에 노동위원회에 의한 행정적 구제제도를 따로 마련하여 불이익처분을 받은 당해 근로자가 보다 간이·신속하고 저렴한 비용으로 정당한 이유없는 해고 등에 대한 구제를 받을 수 있도록 하는데 그 취지가 있다(대법 1992.11.13, 92누1114).

(1) 법원을 통한 부당해고 구제절차

부당해고에 대하여는 민사소송법에 의하여 해고무효확인의 소 및 손해배상청구의 소 등의 제기가 가능하다.

부당해고를 당한 근로자의 종국적인 구제수단은 법원을 통한 사법구제이다. 그러므로 부당해고를 당한 근로자가 노동위원회를 통한 행정구제제도를 거치지 않고, 처음부터 바로 법원에 민사소송을 제기하든지 아니면 노동위원회의 판정에 불복하여 사후에 법원에 행정소송을 제기하든지의 여부는 근로자의 선택의 문제이다.

이때 부당해고를 당한 근로자는 사용자를 상대로 하여 법원에 해고무효확인소송 또는 근로자지위확인소송을 제기할 수 있다. 또한 본안 소송의 제기와 함께 가처분제도에 의한 구제 즉, 근로자지위보전가처분을 신청할 수 있음은 물론이다. 노동위원회를 통한 부당해고 구제절차와 달리 소제기에 제척기간은 없다. 「해고에 대하여 확인소송을 구하는 이유가 단순히 사회적인 명예의 손상을 회복하기 위한 것이라면 이는 현존하는 권리나 법률상의 지위에 대한 위험이나 불안을 제거하기 위한 것이라 할 수 없고, 그것이 재취업의 기회가 제한되는 위험을 제거하기 위한 것이라 하여도 이는 사실상의 불이익이지 법률상의 불이익이라 할 수 없다」(대법 1995.4.11, 94다4011). 이러한 소송은 민사소송의 절차에 따른다.

근로자에 대한 해고가 무효임의 확인을 구함과 아울러 근로를 제공할 수 있었던 기간 동안의 임금을 청구하는 경우, 해고무효확인의 소는 근로계약상의 지위 회복을 목적으로 하는 것임이 명백하므로, 사실심 변론종결 당시 이미 인사규정에 의한 당연해직 사유인 정년을 지났다면 근로자로서의 지위를 회복하는 것은 불가능하게 되었으므로 해고무효확인의 소는 확인의 이익이 없다. 그러나 그러한 사실이 없었더라면 해고가 부당하다고 판단될 경우, 계속 근무하였더라면 받을 수 있었을 임금에 대한 근로자의 청구의 이익은 여전히 남아 있다(대법 2013.6.13, 2012다14036).

해고무효 확인판결이 확정되었음에도 근로자의 의사에 반하여 정당한 이유없이 근로자의 근로제공을 계속적으로 거부하는 경우에는 근로자의 인격적 법익을 침해하는 것이 되므로 사용자는 그로 인한 근로자의 정신적 고통에 대하여 배상할 의무를 부담한다(대법 1996.4.23, 95다6823).

(2) 노동위원회를 통한 부당해고 구제절차

> **법 제28조【부당해고등의 구제신청】** ① 사용자가 근로자에게 부당해고등을 하면 근로자는 노동위원회에 구제를 신청할 수 있다.
> ② 제1항에 따른 구제신청은 부당해고등이 있었던 날부터 3개월 이내에 하여야 한다.

1) 구제신청기간과 그 취지

근기법 제28조는 사용자가 정당한 이유없이 근로자를 해고한 때(경영상의 이유에 의한 해고를 포함한다)에는 노동위원회에 구제를 신청할 수 있도록 하고(동법 제28조제1항), 그 구제신청은 부당해고등이 있었던 날부터 3개월 이내에 하여야 한다(동법 제28조제2항)고 정하고 있다. 3개월의 신청기간은 제척기간이므로 그 기간이 경과하면 노동위원회를 통한 행정적 권리구제를 신청할 권리는 소멸된다(대법 1997.2.14, 96두5926).

이러한 행정구제가 신설되기 전에는 부당노동행위에 해당되는 해고 이외의 「정당한 이유」가 없는 해고의 경우에 근로자가 복직 등의 구제를 받기 위하여는 법원에 민사소송을 제기하는 길밖에 없었다.

그러나 민사소송을 통한 사법구제는 과다한 소송비용과 소송기간의 장기화로 인하여 부당해고 구제제도로서는 많은 문제점을 안고 있는 것이 사실이다. 노동위원회의 행정적 구제 절차는 민사 소송을 통한 통상적인 권리구제방법에 따른 소송 절차의 번잡성, 절차의 지연, 과다한 비용 부담 등의 폐해를 지양하고 신속·간이하며 경제적이고 탄력적인 권리 구제를 도모하기 위한 것이고, 이처럼 신속·간이한 행정적 구제 절차로서의 기능을 확보할 목적으로 구제신청의 기간을 단기간으로 제한하고 있다(대법 1997.2.14, 96누5926). 그렇기 때문에 부당해고를 당한 근로자가 노동위원회의 구제명령에 의하여 간이·신속하게 구제를 받을 수 있도록 하기 위한 취지에서 본조항을 신설한 것이다. 따라서 이 제도의 취지를 제대로 실현하려면 현행 노동위원회의 구제제도가 가지고 있는 여러 가지의 결함(예컨대 심사기간의 장기화, 노동위원회의 독립성 결여 등)부터 먼저 개선되어야 할 것이라고 생각한다.

2) 구제신청기간의 기산점

구제신청은 부당해고 등이나 부당노동행위가 있은 날부터 3개월 이내에 하여야 한다. 이 경우 그 기산일은 다음과 같다(노동위원회 규칙 제40조).

① 해고의 경우에는 「근기법」 제27조에 따라 근로자가 받은 해고통지서에 기재된 해고일. 다만, 해고통지서에 기재된 해고일이 해고통지서를 받은 날보다 이전일 때에는 해고통지서를 받은 날

② 해고 이외의 징벌은 근로자가 징벌이 있었음을 안 날. 다만, 그 장벌에 관한 통지(구술통지를 포함한다)를 받은 경우에는 그 통지를 받은 날

③ 부당노동행위가 계속되는 경우에는 그 행위가 종료된 날

④ 징계 재심 절차를 거친 경우에는 원처분일. 다만 다음의 경우에는 재심처분일로 한다.

(가) 징계의 재심절차에서 원처분이 취소되고 새로운 징계처분을 한 때

(나) 징계의 재심절차에서 원처분이 변경된 때

(다) 단체협약이나 취업규칙 등에서 재심청구시 재심이 결정될 때까지 원처분의 효력이 정지되도록 규정한 경우

3) 구제신청의 대상

구제신청의 대상은 사용자에 의한 부당해고 등이다(근기법 제28조제1항). 근기법 제28조제1항에서의 "부당해고 등"이란 근기법 제23조제1항에서 규정하고 있는 「정당한 이유 없이 행한 해고, 휴직, 전직, 정직, 감봉 그 밖의 징벌」을 의미한다. 또한 근기법 제24조에 의한 정리해고도 동조 제5항에 따르면 근기법 제23조제1항에 따른 정당성 판단의 대상이므로 부당해고 등에 포함되므로 구제신청의 대상에 포함된다.

4) 구제이익

부당해고 구제를 신청한 근로자가 노동위원회에서 구제를 받으려면 구제이익이 있어야 하며 없는 경우에는 구제신청을 각하한다. 근로자가 부당해고 구제신청을 하여 해고의 효력을 다투던 중 근로계약기간의 만료로 근로관계가 종료되었다면 구제이익은 소멸된 것으로 본다.

5) 구제신청 당사자

근기법은 법의 적용범위를 상시 5인 이상의 근로자를 사용하는 사업장으로 규정하고 있으므로(법 제11조) 상시 4명 이하의 근로자를 사용하는 사업장에 근무하다가 해고를 당한 근로자는 노동위원회에 부당해고 구제신청을 할 수 없다.

2. 부당해고등에 대한 구제절차

(1) 부당해고등에 대한 노동위원회의 조사 등

> **법 제29조【조사 등】** ① 노동위원회는 제28조에 따라 구제신청을 받으면 지체 없이 필요한 조사를 하여야 하며, 관계 당사자를 심문하여야 한다.
> ② 노동위원회는 제1항에 따라 심문을 할 때에는 관계 당사자의 신청이나 직권으로 증인을 출석하게 하여 필요한 사항을 질문할 수 있다.
> ③ 노동위원회는 제1항에 따라 심문을 할 때에는 관계 당사자에게 증거 제출과 증인에 대한 반대심문을 할 수 있는 충분한 기회를 주어야 한다.
> ④ 제1항에 따른 노동위원회의 조사와 심문에 관한 세부절차는 「노동위원회법」에 따른 중앙노동위원회(이하 "중앙노동위원회"라 한다)가 정하는 바에 따른다.

1) 해고사건의 관할

해고사건의 심사는 원칙적으로 2심제이다. 초심은 지방노동위원회가, 재심은 중앙노동위원회가 관할권을 가진다.

2) 구제신청

노동위원회에는 해고사건을 심사할 권한이 주어져 있으나 이것은 당사자의 신청이 있을 때 행사할 수 있으며 직권으로 발동할 수 없다. 신청은 원칙적으로 서면으로 하여야 한다.

① 신청인과 피신청인

신청인이란 사용자의 해고처분으로 그 권리를 침해당한 근로자로서 노동위원회에 구제신청을 할 수 있다. 이 경우에 신청인이 될 수 있는 자는 해고 등의 불이익처분을 받은 당해 근로자뿐이고, 노동조합은 이에 포함되지 않는다(대법 1992.11.13, 92누1114; 대법 1993.5.25, 92누12452).

근기법 제28조제1항의 규정에 의하여 부당해고등의 구제신청을 하려는 근로자는 「부당해고등의구제신청서」(별지 제3호 서식)를 관할 지방노동위원회에 제출하여야 한다(동법시행규칙 제6조).

피신청인이란 고용주로서의 사용자만을 말하는가 아니면 사용자 일반을 말하는가에 대하여 견해의 다툼이 있을 수 있으나 이론상으로는 해고처분을 할 수 있는 자는 모두 피신청인이 될 수 있다고 생각된다.

② 신청의 제척기간

구제신청은 해고처분이 있었던 날로부터 3개월 이내에 하여야 한다. 사용자의 근로자에 대한 부당해고등의 구제신청은 그 행위가 있은 날부터 3개월 이내에 행하도록 규정하고 있는 바, 해고 등의 불이익처분이 일정한 기간이 경과한 후에 그 효력을 발생하는 경우에는 위 기간은 그 효력발생일부터 기산하는 것으로 보아야 한다(대법 2002.6.14, 2001두11076).

제척기간을 설정한 이유는 상당한 기간이 경과하면 사실관계의 입증이 곤란하고 구제명령의 실효성이 상실되기 때문이다.

③ 심사절차

심사절차는 조사와 심문으로 구분된다. 조사와 심문은 구제신청을 받은 후 지체없이 개시하여야 한다. 심문을 할 때 노동위원회는 관계 당사자의 신청이나 그 직권으로 증인을 출석하게 하여 필요한 사항을 질문할 수 있다. 또한 관계 당사자에 대하여 증거의 제출과 증인에 대한 반대심문을 할 수 있는 충분한 기회를 주어야 한다. 해고처분에 대한 판정과 구제명령은 노동위원회의 공익위원만이 행하는 권한에 속하지만 조사 및 심문절차에는 사용자위원과 근로자위원도 관여할 수 있다.

④ 화해의 권고 등

노동위원회법 개정으로 기존 화해제도에 더하여 집행력을 부여한 화해제도가 시행되고 있다. 노동위원회는 근기법 제28조에 따른 판정, 명령 또는 결정이 있기 전까지 관계당사자의 신청 또는 직권으로 화해를 권고하거나 화해안을 제시할 수 있으며, 화해안에 대하여 관계당사자가 수락하면 관계당사자와 위원 전원의 서명날인으로 화해조서를 작성하게 되면 민사소송법에 따른 재판상 화해의 효력을 갖게 된다(노동위원회법 제16조의3).

(2) 부당해고 등의 구제명령과 그 이행 확보수단

> **법 제30조【구제명령 등】** ① 노동위원회는 제29조에 따른 심문을 끝내고 부당해고등이 성립한다고 판정하면 사용자에게 구제명령을 하여야 하며, 부당해고등이 성립하지 아니한다고 판정하면 구제신청을 기각하는 결정을 하여야 한다.
> ② 제1항에 따른 판정, 구제명령 및 기각결정은 사용자와 근로자에게 각각 서면으로 통지하여야 한다.
> ③ 노동위원회는 제1항에 따른 구제명령(해고에 대한 구제명령만을 말한다)을 할 때에 근로자가 원직복직을 원하지 아니하면 원직복직을 명하는 대신 근로자가 해고기간 동안 근로를 제공하였더라면 받을 수 있었던 임금 상당액 이상의 금품을 근로자에게 지급하도록 명할 수 있다.
> **영 제11조【구제명령의 이행기한】**「노동위원회법」에 따른 노동위원회(이하 "노동위원회"라 한다)는 법 제30조제1항에 따라 사용자에게 구제명령(이하 "구제명령"이라 한다)을 하는 때에는 이행기한을 정하여야 한다. 이 경우 이행기한은 구제명령을 한 날부터 30일 이내로 한다.

1) 구제명령의 내용

노동위원회는 심문을 마친 후 부당해고등이 성립한다고 판정하면 구제명령을 하여야 하며 부당해고등이 성립하지 아니한다고 판정하면 구제신청을 기각한다. 부당해고 등에 대하여 원직복직 및 해고 등이 없었더라면 지급받을 수 있었던 임금상당액의 지급명령이 이루어지는 것이 일반적이다. 임금상당액 지급은 부당해고기간 동안에 정상적으로 일을 하였다면 받을 수 있었던 임금을 모두 지급받을 수 있다(민법 제538조제1항).

① 부당해고가 성립하는 경우

노동위원회는 심문을 끝내고 부당해고등이 성립한다고 판정하면 사용자에게 구제명령을 하여야 하며 부당해고등이 성립하지 아니한다고 판정하면 그 구제신청을 기각하여야 한다(근기법 제30조제1항). 노동위원회는 근기법 제30조제1항에 따라 사용자에게 구제명령을 하는 때에는 이행기간을 정하여야 한다. 이 경우 이행기한은 근기법 제30조제2항에 따라 사용자가 구제명령을 서면으로 통지받은 날부터 30일 이내로 한다(근기법시행령 제11조). 노조법 제82조 이하의 구제절차에 따른 구제명령은 사용자에게 이에 복종하여야 할 공법상의 의무를 부담시킬 뿐 직접 노사간의 사법상의 법률관계를 발생 또는 변경시키는 것은 아니지만, 근로자에 대한 해고처분이 무효인 경우에는 그동안 근로계약관계가 유효하게 계속되어 있었던 것으로 되어 여전히 근로자로서의 지위를 유지한 것으로 되고, 근로자가 해고기간 동안 근로를 제공하지 못한 것은 부당한 해고를 한 사용자의 귀책사유로 말미암은 것이므로 근로자는 민법 제538조제1항에 따라 계속근로하였을 경우에 그 반대급부로 받을 수 있는 임금 전부의 지급을 구할 수 있으며, 여기서 지급을 구할 수 있는 임금은 근기법 제2조에서 규정하는 임금을 의미한다(대법 2010.7.22, 2010두5479).

② 부당해고가 성립하지 않을 경우

부당해고 등이 성립하지 않으면 구제신청을 기각하고 사용자와 근로자에게 각각 서면으로 이를 통지하여야 한다. 이를 기각결정이라 한다(근기법 제30조제1항·제2항).

2) 서면통지

해고등 사건에 대한 판정, 구제명령 및 기각 결정은 사용자와 신청인에게 각각 서면으로 통지하여야 한다(근기법 제30조제2항).

3) 구제명령의 이행

사용자와 신청인은 구제명령이 있는 때에는 이에 따라야 한다. 구제명령의 내용에 관해서는 법률에 특별한 규정이 없으나 해고처분에 의하여 침해된 상태를 회복하는데 필요하고도 적절한 구체적인 조치를 명하여야 한다는 것은 해고제한 제도의 취지와 행정구제의 탄력성에 비추어 당연한 요청이다. 따라서 피해고자를 원직 또는 원직에 상당하는 지위에 복직시키도록 하고 해고가 없었더라면 지급했어야 할 임금상당액의 지급을 명하는 것이 원칙이다. 노동위원회로부터 원직복직 명령을 받은 경우의 원직이란 반드시 복직 전의 직책만을 의미하는 것은 아니며, 기업의 인사 질서, 사용자의 경영상 필요, 작업 환경의 변화 등을 고려하여 복직 근로자에게 그에 합당한 일을 시킨다면 비록 종전 업무와 다소 다르더라도 원직복직을 이행한 것으로 볼 수 있을 것이다. 노동위원회의 원직복직 명령에 대하여 처벌을 회피할 목적으로 재임용장만을 주고 동시에 대기발령을 명령하였다면 이는 사실상 원직복직을 이행한 것으로 볼 수 없을 것이다(2007.12.10, 근로기준팀-8310).

4) 부당해고와 금전보상제

① 금전보상제의 의의

금전보상제란 부당해고 구제명령에 대해 근로자가 복직을 희망하지 않는 경우 노동위원회가 원직복직에 대신하여 금전보상 지급의 구제명령을 할 수 있도록 한 제도이다. 근기법 제30조제3항의 금전보상명령은 원직복직을 원하지 않는 근로자에 대한 구제수단으로서, 정당한 이유 없는 해고의 구제방식을 다양화한다는 취지와 목적을 갖고 있는 것이다. 금전보상명령제의 입법목적은 근로자가 부당해고를 당하였으나 원직복직을 원하지 않는 경우 원직복직을 명하는 구제명령이 효과적인 구제수단이 되지 못하는 문제점을 해결하기 위한 것이다(대법 2019.1.17, 2018두58349, 심리불속행기각; 대전고법 2018.8.31, 2018누11324).

종전에는 노동위원회는 사용자가 한 근로자 해고가 부당해고로 판정되면 사용자에 대하여 구제명령으로써 원직복직과 함께 해고기간 동안 정상적으로 근로하였다면 받을 수 있었던 임금상당액을 지급할 것을 명하고 있으나 근로자가 이를 원하지 아니하는 경우 효과적인 구제수단이 되지 못하므로 원직복직을 대신하여 금전보상금을 지급하고 근로관계를 종료할 필요성이 있다는 점이 지적되어 왔다.

정당한 이유없이 해고된 근로자에게 구제명령(해고에 대한 구제명령만을 말한다)을 할 때에 근로자가 원직복직을 원하지 아니하면 위로금과 함께 해고기간 동안의 임금 상당액이 지급되어야 한다. 즉, 근로자가 원직복직을 하면 「**원직복직+해고기간 동안의 임금상당액**」이, 금전보상 신청을 한 경우는 「**위로금+해고기간 동안의 임금상당액**」이 지급되어야 한다. 부당해고의 경우 원직복직과 임금 지급이라는 일률적인 구제제도보다는 해고분쟁의 내용과 성격, 당사자의 의사 등을 고려하여 보다 다양한 구제내용과 방식의 인정이 필요하다고 본다. 특히 복직이 현실적으로 기대될 수 없는 경우에까지 원직복직 명령을 내리는 것은 근본적으로 문제가 있다. 근로자가 복직 대신에 근로관계 종료를 원하는 경우에는 구제명령으로 원직복직을 명하는 대신 근로자가 해고기간 동안 지급받을 수 있었던 임금 상당액 이상의 금전적 보상 방법을 구제방법의 한 형태로 도입한 것이다(김형배, 「노동법」, 제26판, p.764). 이는 정당한 이유없는 해고의 구제방식을 다양화함으로써 권리 구제의 실효성을 제고하고 근로관계 단절상태의 장기화를 방지하여 근로관계를 조속히 안정시키는 효과가 기대되고 있다.

② **금전보상제의 법적 성질 및 보상금 지급명령의 형식**

(가) **금전보상제의 법적 성질**: 금전보상제는 근기법에 규정된 부당해고 구제절차에서 노동위원회가 사용자에게 내리는 구제명령의 하나로서 인정된다. 즉, 노동위원회 구제절차라는 공법관계하에서 사용자에게 이행의무가 부과되는 공법상의 구제조치에 해당된다. 따라서 금전보상 명령이 내려졌다 하더라도 근로자와 사용자간의 사법(私法)상의 권리의무관계에 직접적인 영향을 미치는 것은 아니다(대법 1996.4.23, 93다53102).

(나) **보상금 지급명령의 형식**: 금전보상제는 원직복직을 명하는 구제명령 대신에 보상금 지급을 명하는 것이므로 보상금 지급명령의 한 내용에 해당된다. 당해 사건의 심판위원회가 구제명령을 내리면서 그 내용을 원직복직과 임금상당액의 지급을 명할지 아니면 보상금의 지급을 명할지를 결정한다. 심판위원회는 보상금 지급명령을 내릴 경우 그 구체적인 금액을 결정하고 명령서의 주문에 그 금액을 정하여 명기하여야 한다.

③ **보상금 지급의 요건**

(가) **부당해고가 성립한다고 판정하여 구제명령을 내리는 경우**: 금전보상제는 노동위원회의 부당해고구제신청에 대하여 제한적으로만 허용된다. 금전보상은 부당해고 구제신청에 대해 노동위원회가 부당해고가 성립한다고 판정하여 구제명령을 내리는 경우에만 해당되고 해고 이외의 사유는 해당되지 않는다. 근기법 제30조제1항의 문언상 금전보상명령은 구제명령을 할 때 원직복직이 객관적으로 가능한 것을 전제로 부당해고에 대한 구제명령인 원직복직명령을 대신하여 금전보상을 행할 수 있다는 것일 뿐 원직복직이 객관적으로 가능하지 않은 경우까지 금전보상명령을 할 수 있다는 의미는 아니다(대법 2019.1.17, 2018두58349).

(나) **원직복직을 원하지 아니하는 경우**: 금전보상은 "근로자가 원직복직을 원하지 아니하는 경우"에만 인정된다. 이것은 노사관계 여건상 사용자에 의한 해고의 남용이 우려된다는 점을 고려하여 금전보상의 신청사유를 엄격히 제한한 것이다. 근로자는 부당해고 구제신청 사건에 있어서 원직복직을 원하지 아니하는 경우에는 금전보상명령을 신청할 수 있다.

(다) **금전보상명령 신청기간**: 금전보상명령을 신청하고자 하는 근로자는 심문회의 개최일을 통보받기 전까지 「금전보상명령신청서」(별지 제17호 서식)를 제출하여

야 한다(노동위원회규칙 제64조제2항). 금전보상의 신청사유를 근로자가 원직복직을 원하지 아니하는 경우로 한정하고 신청주체도 근로자로 한정하고 있다.

④ 보상금액의 산정

(가) 보상금액의 산정방법: 노동위원회가 보상금 지급명령을 내리는 경우 보상금액의 정확한 액수를 명령서에 기재하여야 하는데, 근기법 제30조제3항에서는 '근로자가 해고기간 동안 근로를 제공하였더라면 지급받을 수 있었던 임금 상당액 이상의 금품' 이라고만 정하고 있다. 이것은 해고기간 동안의 임금상당액과 위로금을 포함한 것으로 그 액수는 당사자의 귀책사유와 해고의 부당성의 정도 등을 고려하여 노동위원회가 결정한다. 금전보상은 이미 해고가 부당하다고 판정된 후에 원직복직을 대신하여 내려지는 구제명령이므로 해고기간 동안의 임금은 소급해서 지급되어야 한다. 따라서 그에 추가해서 지급되는 위로금이 실질적 의미의 보상금의 성격을 갖는다.

(나) 임금상당액 지급 대상기간인 해고기간의 범위: 그런데 근기법은 보상금의 한도를 규정하지 아니함으로써 보상금의 범위를 둘러싸고 분쟁에 휩싸일 우려도 발생한다. 독일의 해고제한법 제10조는 해고보상금의 한도를 12개월분의 임금으로 정하고 있다(김형배, 「노동법」, 제26판, p.764). 임금상당액 지급의 대상기간이 '해고기간' 인데, 그 시작 시점은 해고시로 명확하나 그 종료 시점은 언제까지로 하는가가 불명확하다. 임금액에 상당한지 여부는 노동위원회의 전문성에 기초한 재량에 맡겨져 있다고 보아야 할 것이다. 노동위원회는 근로자가 금전보상명령을 신청한 경우에는 당사자에게 근로계약서, 임금대장 등 금액 산정에 필요한 자료를 제출하도록 명령할 수 있으며, 보상금액의 산정기간은 해고일로부터 당해 사건의 판정일까지로 한다(노동위원회규칙 제65조).

⑤ 금전보상명령의 방법

노동위원회가 금전보상명령을 하는 때에는 그 보상금액과 구제명령을 한날로부터 30일 이내에서 정한 이행기한을 명시하여야 한다(노동위원회규칙 제66조).

⑥ 보상금액 산정에 대한 불복방법

근기법은 당사자의 일방이 노동위원회가 결정한 보상금액에 불복하는 경우에 그 불복절차에 대하여 명문의 규정이 없다. 이 경우에도 부당해고 구제절차와 동일한 불복절차가 적용되어야 할 것이다.

(3) 구제명령의 확정

> **법 제31조【구제명령 등의 확정】** ①「노동위원회법」에 따른 지방노동위원회의 구제명령이나 기각결정에 불복하는 사용자나 근로자는 구제명령서나 기각결정서를 통지받은 날부터 10일 이내에 중앙노동위원회에 재심을 신청할 수 있다.
> ② 제1항에 따른 중앙노동위원회의 재심판정에 대하여 사용자나 근로자는 재심판정서를 송달받은 날부터 15일 이내에「행정소송법」의 규정에 따라 소를 제기할 수 있다.
> ③ 제1항과 제2항에 따른 기간 이내에 재심을 신청하지 아니하거나 행정소송을 제기하지 아니하면 그 구제명령, 기각결정 또는 재심판정은 확정된다.

1) 재심신청

지방노동위원회의 구제명령이나 기각결정에 불복하는 사용자나 근로자는 구제명령서나 기각결정서를 통지받은 날부터 10일 이내에 중앙노동위원회에 재심을 신청할 수 있다(근기법 제31조제1항). 재심사는 신청된 불복의 범위 안에서 초심의 처분을 승인·취소 또는 변경할 수 있을 뿐이며 초심신청의 범위를 넘을 수 없는 것이 원칙이라고 해석된다.

2) 행정소송

중앙노동위원회의 재심판정에 대하여 사용자나 근로자는 중앙노동위원회 위원장을 상대로 그 재심판정서를 송달받은 날로부터 15일 이내에「행정소송법」의 규정에 따라 소를 제기할 수 있다(근기법 제31조제2항). 제1항 및 제2항에 따른 기간 이내에 재심을 신청하지 아니하거나 행정소송을 제기하지 아니하면 그 구제명령·기각결정 또는 재심판정은 확정된다(근기법 제31조제4항).

(4) 구제명령 등의 효력

> **법 제32조【구제명령 등의 효력】** 노동위원회의 구제명령, 기각결정 또는 재심판정은 제31조에 따른 중앙노동위원회에 대한 재심 신청이나 행정소송 제기에 의하여 그 효력이 정지되지 아니한다.

노동위원회의 구제명령·기각결정 또는 재심판정은 근기법 제31조에 따른 중앙노동위원회에 대한 재심신청이나 행정소송 제기에 의하여 그 효력이 정지되지 아니한다(근기법 제32조).

(5) 이행강제금 및 벌칙 부과

> **법 제33조【이행강제금】** ① 노동위원회는 구제명령(구제명령을 내용으로 하는 재심판정을 포함한다. 이하 이 조에서 같다)을 받은 후 이행기한까지 구제명령을 이행하지 아니한 사용자에게 2천만원 이하의 이행강제금을 부과한다.
> ② 노동위원회는 제1항에 따른 이행강제금을 부과하기 30일 전까지 이행강제금을 부과·징수한다는 뜻을 사용자에게 미리 문서로써 알려 주어야 한다.
> ③ 제1항에 따른 이행강제금을 부과할 때에는 이행강제금의 액수, 부과 사유, 납부기한, 수납기관, 이의제기방법 및 이의제기기관 등을 명시한 문서로써 하여야 한다.
> ④ 제1항에 따라 이행강제금을 부과하는 위반행위의 종류와 위반정도에 따른 금액, 부과·징수된 이행강제금의 반환절차, 그 밖에 필요한 사항은 대통령령으로 정한다.
> ⑤ 노동위원회는 최초의 구제명령을 한 날을 기준으로 매년 2회의 범위에서 구제명령이 이행될 때까지 반복하여 제1항에 따른 이행강제금을 부과·징수할 수 있다. 이 경우 이행강제금은 2년을 초과하여 부과·징수하지 못한다.
> ⑥ 노동위원회는 구제명령을 받은 자가 구제명령을 이행하면 새로운 이행강제금을 부과하지 아니하되, 구제명령을 이행하기 전에 이미 부과된 이행강제금은 징수하여야 한다.
> ⑦ 노동위원회는 이행강제금 납부의무자가 납부기한까지 이행강제금을 내지 아니하면 기간을 정하여 독촉을 하고 지정된 기간에 제1항에 따른 이행강제금을 내지 아니하면 국세 체납처분의 예에 따라 징수할 수 있다.
> ⑧ 근로자는 구제명령을 받은 사용자가 이행기한까지 구제명령을 이행하지 아니하면 이행기한이 지난 때부터 15일 이내에 그 사실을 노동위원회에 알려줄 수 있다.

1) 이행강제금제도

① 이행강제금의 입법취지

개정근기법은 정당한 이유없는 해고등에 대한 처벌규정을 삭제하는 대신 정당한 이유없는 해고 등에 대한 구제명령을 이행하지 아니한 사용자에 대하여 이행강제금 및 벌칙을 부과하고 있다(근기법 제33조 및 제111조). 노동위원회가 원직복직 외에 임금상당액의 지급을 명하는 구제명령을 하고 이를 불이행하는 경우 이행강제금을 부과할 수 있도록 규정한 취지는 부당해고 등으로 일정 기간 근로를 제공하지 못하여 임금을 받지 못한 근로자들의 생활고를 잠정적으로나마 신속·간이하게 경제적이고 탄력적인 구제를 도모하기 위한 것이다(헌재 2014.5.29, 2013헌바171). 이는 종래 노동위원회의 부당해고 구제명령에 대하여 적절한 이행확보수단이 마련되지 않아 구제의 실효성이 적었다는 비판을 입법적으로 수용한 것이다. 이와 같은 이행강제금은 근로자를 신속하게 구제하고 노동위원회가 발령한 구제명령의 실효성을 보장하기 위하여 구제명령을 이행하지 않은 사용자로 하여금 구제명령을 이행하게 하는 행정상의 간접강제수단으로서 일정한 금원을 납부하게 하는 침익적 행정행위에 해당하므로, 이행강제금 부과처분의 전제가 되는 구제명령은 그 내용을 구체적으로 특정하는 것이 바람직하다(대법 2010.10.28, 2010두12682).

② **이행강제금의 의의 및 법적 성질**

이행강제금이란 행정법상의 부작위의무 또는 비대체적 작위의무를 일정한 기한까지 의무를 이행하지 않을 때에는 일정한 금전적 부담을 과할 뜻을 미리 계고함으로써 의무자에게 심리적 압박을 주어 장래를 향하여 의무의 이행을 확보하려는 행정상 강제집행수단을 말한다(대법 2015.6.24, 2011두2710; 헌재 2004.2.26, 2001헌바80·84·102·103·2002헌바26(병합)).

③ **임금상당액의 액수를 구체적으로 특정하지 않는 구제명령의 효력**

구제명령에서 지급의무의 대상이 되는 '임금상당액'의 액수를 구체적으로 특정하지 않았다고 하더라도 구제명령의 이행이 불가능할 정도로 불특정하여 위법·무효라고 할 수 없으므로, 이행강제금 부과처분은 적법하다(대법 2010.10.28, 2010두12682).

④ **이행강제금의 부과기관**

이행강제금의 부과기관은 구제명령을 내리는 처분청인 노동위원회이다(근기법 제33조제1항). 노동위원회가 구제명령을 내리는 기관이므로 그 이행지도 및 이행여부를 확인하도록 하는 것이 구제명령의 실효성 확보를 위해 효과적이기 때문이다.

⑤ **이행강제금의 부과대상**

이행강제금은 노동위원회의 구제명령 확정 여부와 관계없이 사용자가 노동위원회의 구제명령의 이행기한까지 정당한 이유없이 이행하지 아니한 경우에 부과한다(근기법 제33조제1항). 원직복직과 임금상당액 지급명령, 금전보상 구제명령도 포함되며, 휴직, 전직, 감봉 등 처분이 부당한 것으로 판정되었을 경우 그에 대한 다양한 내용의 구제명령이 모두 불이행시 이행강제금의 대상이 되는 구제명령이다. 따라서 당사자가 이의를 제기하여 행정소송을 제기한 경우라도 이행강제금이 부과된다.

⑥ 이행강제금의 부과기준

근기법 제33조제1항에서 부당해고등에 대한 구제명령을 이행하지 않은 자에게 이행강제금을 부과하도록 규정하고 동조제4항에서 이행강제금을 부과하는 위반행위의 종류 및 위반정도에 따른 금액, 부과·징수된 이행강제금의 반환 절차 그 밖의 필요한 사항을 대통령령으로 정하도록 하고 있다. 대통령령으로 위반행위의 종류(해고·휴직·정직·전직·감봉 그 밖의 징벌)별로 이행강제금 부과기준을 정하고 있다. 예컨대 해고 500~2,000만원, 휴직·정직 250~1,000만원, 전직·감봉 200~500만원, 그 밖의 징벌 100~500만원 등이다. 구체적인 이행강제금의 금액은 위반행위와 종류에 따른 부과금액의 범위에서 위반행위의 동기·고의·과실 등 사용자의 귀책 정도, 구제명령 이행을 위한 노력의 정도, 구제명령을 이행하지 아니한 기간 등을 고려하여 결정한다.

객관적으로 구제명령 이행이 불가능할 경우(사업체의 도산, 해산 등)에는 유예 또는 면제할 수 있도록 하고 있다.

⑦ 이행강제금의 부과절차

이행강제금의 부과절차는 처분청이 이행강제금을 부과하기 전에 문서로서 알리고 기간 내에 이행하지 않는 경우 이행강제금을 부과한다.

(가) 이행강제금 부과 예고: 근기법상 이행강제금도 구제명령을 내린 처분청인 노동위원회가 이행강제금을 부과하는 날의 30일 전까지 이행강제금을 부과·징수한다는 뜻을 사용자에게 미리 문서로써 알려주어야 한다(근기법 제33조제2항).

(나) 이행강제금 부과 결정 및 부과처분: 노동위원회는 이행강제금의 액수, 부과사유, 납부기한, 수납기관, 이의제기방법 및 이의제기기관 등을 명시한 문서로서 사용자에게 통지한다(동법 제33조제3항). 이때 15일 이내의 납부기한을 정하여 고지되어야 하고(근기법시행령 제12조제1항), 사용자에게 10일 이상의 기간을 정하여 구술 또는 서면(전자문서 포함)에 의한 의견 진술의 기회를 주어야 한다(근기법시행령 제12조제3항).

(다) **이행강제금의 추가 부과**: 사용자가 구제명령을 계속 불이행하는 경우 구제명령일로부터 1년에 2회 범위 내에서 총 4회까지 이행강제금을 부과할 수 있다. 이 경우 이행강제금은 2년을 초과하여 부과·징수하지 못한다(근기법 제33조제5항).

(라) **구제명령 이행시의 조치**: 노동위원회는 구제명령을 받은 자가 구제명령을 이행한 때에는 새로운 이행강제금의 부과를 즉시 중지하되, 구제명령을 이행하기 전에 이미 부과된 이행강제금은 징수하여야 한다(근기법 제33조제6항).

(마) **근로자의 불이행시의 통고권**: 근로자는 구제명령을 받은 사용자가 그 이행기한까지 구제명령을 이행하지 아니하는 경우에는 이행기한이 경과한 때부터 15일 이내에 그 사실을 노동위원회에 알려줄 수 있다(근기법 제33조제8항).

(바) **이행강제금의 징수 절차**: 이행강제금의 징수 절차는 「국고금관리법시행규칙」을 준용한다. 이 경우 납입고지서에는 이의 제기 방법 및 기간 등을 함께 적어야 한다(근기법시행규칙 제8조). 국세환급가산금의 이율을 곱한 금액을 가산하도록 하였다(근기법시행령 제15조 및 동법시행규칙 제7조제1항).

⑧ 이행강제금의 부과유예

노동위원회는 다음 어느 하나에 해당하는 사유가 있는 경우에는 직권 또는 사용자의 신청에 따라 그 사유가 없어진 뒤에 이행강제금을 부과할 수 있다(근기법시행령 제14조).

(가) 구제명령을 이행하기 위하여 사용자가 객관적으로 노력하였으나 근로자의 소재불명 등으로 구제명령을 이행하기 어려운 것이 명백한 경우

(나) 천재·사변, 그 밖의 부득이한 사유로 구제명령을 이행하기 어려운 경우

⑨ 이행강제금의 반환

노동위원회는 중앙노동위원회의 재심판정이나 법원의 확정판결에 따라 노동위원회의 구제명령이 취소되면 직권 또는 사용자의 신청에 따라 이행강제금의 부과·징수를 즉시 중지하고 이미 징수한 이행강제금을 반환하여야 한다(근기법시행령 제15조제1항).

노동위원회가 이행강제금을 반환하는 때에는 이행강제금을 납부한 날부터 반환하는 날까지의 기간에 대하여 이율(국세기본법 시행규칙 제13조의 2에 따른 국세환급 가산금의 이율)을 곱한 금액을 가산하여 반환하여야 한다(근기법시행령 제15조제2항 및 근기법시행규칙 제7조제1항). 이행강제금의 반환절차는 「국고금관리법시행규칙」을

준용한다(근기법시행규칙 제7조제2항).

⑩ **이행강제금에 대한 불복절차**

이행강제금을 부과하는 문서에 이의제기방법 및 이의제기기관을 명시하도록 하고 있지만(근기법 제33조제2항), 하위 법령에서 구체적인 내용은 명시하고 있지 않다. 그 밖에 근기법 관련 법령에서 특별한 재판 절차를 규정하고 있지 않으므로 사법적 통제로서 일반적인 행정소송절차에 따른 불복(즉, 이행강제금 부과나 취소소송)이 인정된다고 해석된다(김홍영, 부당해고 구제절차에서의 금전보상제도 및 이행강제금제도, 노동법학, 제25호(2007.12), p.66).

⑪ **이행강제금 미납시의 조치**

국세 체납처분의 예(압류 → 매각 → 청산)에 의하여 강제 징수한다.

2) 벌칙부과

확정된 구제명령을 이행하지 않는 자에 대한 벌칙으로 1년 이하 징역 또는 2천만원 이하의 벌금을 부과하되, 고발권은 노동위원회만이 갖도록 하였다. 고발권한을 노동위원회에서만 갖도록 하는 것은 원직복직을 이행하지 않는 경우 이행강제금과 벌칙을 연계하여 운영하기 위한 것이다.

3) 이행강제금과 처벌의 관계

① **이행강제금과 벌금의 병행**: 벌칙과 이행강제금은 구제명령의 실효성 확보를 목적으로 도입된다는 공통점이 있으나 벌칙은 확정된 구제명령을 이행하지 않은 자에게 부과가 가능하나 이행강제금은 구제명령이 확정되거나 확정되지 않은 단계에서 모두 부과가 가능하다. 따라서 확정된 구제명령을 이행하지 않은 자에게는 벌칙과 이행강제금의 부과가 가능하다.

② **이중처벌 금지 원칙의 위반 여부**: 일반적으로 이행강제금은 동일한 사건에 있어서 과태료 또는 형사벌과 병과될 수 있으며 이러한 경우 헌법 제13조제1항에서 규정하고 있는 이중처벌 금지의 원칙에 위반되지 않는다고 보는 것이 일반적이다. 헌법이 금지하는 것은 범죄에 대한 국가의 형벌권 실행으로서 과벌을 의미하는 것이지 국가가 행하는 일체의 제재나 불이익처분을 모두 "처벌"에 포함할 수는 없다(인천지법 2013.5.9, 2012구합5682). 그런데 이행강제금제도를 규정한 근기법 제33조와 형사처벌조항을 규정한 근기법 제111조는 모두 확정된 구제명령을

이행하지 아니한 사용자의 행위를 그 제재의 대상으로 하고 있어 그 기본적 사실관계는 동일하다. 이행강제금은 과거의 일정한 법률 위반행위에 대한 제재로서의 형벌이 아니라 장래의 의무이행 확보를 위한 강제수단일 뿐이어서 국가가 형벌권을 실행한다고 하는 과벌에 해당하지 아니하여 헌법 제13조제1항이 금지하는 이중처벌 금지 원칙이 적용될 여지가 없다(헌재 2014.5.29, 2013헌바171).

4) 이행강제금 제도에 대한 문제점

이행강제금 제도가 전형적인 민사분쟁에 해당하는 부당해고의 구제수단으로서 타당한 제도인가에 대하여 다음과 같이 비판이 제기되고 있다.

① **과잉침해 금지원칙 위반 여부**: 이행강제금의 도입은 상당히 실효성이 있는 제도이지만 통상 국민의 권익과의 충돌 즉, 행정편의적 이유로 국민들에게 과잉제재로 인한 권익침해를 가져오게 되어 헌법상의 과잉침해 금지원칙을 위반한 것으로 평가될 수 있다는 비판이 있다. 헌법재판소(헌재2014.5.29, 2013헌바171)는 근기법상 이행강제금 조항(제33조제1항 및 제5항)의 위헌 여부에 관하여 동 조항은 목적의 정당성과 수단의 적합성, 침해의 최소성, 법익의 균형을 갖추어 과잉금지원칙에 위배되지 아니하므로 사용자의 재산권을 침해하지 아니한다고 결정했다.

② **노동위원회 결정에 대한 행정적 강제집행수단 인정 문제**: 부당해고에 관한 분쟁은 사법관계인 근로계약관계에서 발생하는 분쟁으로서 원칙적으로 일반법원이 관할권을 갖는 권리분쟁이다. 근기법은 소송경제적 이유에서 근로자의 보호를 효율적으로 실현하기 위하여 노동위원회에게 예외적으로 부당해고 구제절차를 운영할 수 있는 권한을 부여하고 있다. 따라서 부당해고에 관한 노동위원회의 결정에 대하여 행정적 강제집행수단을 인정하는 것은 사안의 본질상 허용될 수 없다는 비판이 있다. 헌법재판소(헌재2014.5.29, 2013헌바171)는 근기법상 이행강제금 조항(제33조제1항 및 제5항)의 위헌 여부에 관하여 동 조항은 목적의 정당성과 수단의 적합성, 침해의 최소성, 법익의 균형을 갖추어 과잉금지원칙에 위배되지 아니하므로 사용자의 재산권을 침해하지 아니한다고 결정했다.

③ **법치주의 원칙 위반 문제**: 사용자의 이행의무가 아직 확정되지 아니하였음에도 이를 행정적 강제수단으로 이행을 강제하는 것은 법치주의 원칙에 어긋난 결과가 초래될 수 있다는 비판이 있다(김형배, 「노동법」, 제26판, p.771). 헌법재판소(헌재 2014.5.29, 2013헌바171)는 행정소송에 관한 판결이 확정되기 전에 행정청의 처

분에 대해 공정력과 집행력을 인정하는 것은 우리 행정법체계에서 일반적으로 채택되고 있는 것이므로 이를 법치주의 원칙에 위반된다고 할 것은 아니라고 한다.

3. 변경해약고지

(1) 변경해약고지의 의의

해고에 관하여 최근 논의되고 있는 것은 사용자가 근로조건의 변경을 신청하고 근로자가 이것을 승낙하지 않는 경우에는 종래의 근로계약의 해약고지(해고)의 의사표시를 하는 이른바 변경해약고지 문제이다. 변경해약고지는 법적으로는 근로조건 변경을 근로자가 거부하는 것을 정지조건으로 하거나 또는 근로조건 변경을 근로자가 승낙하는 것을 해제조건으로 하는 해고의 의사표시로 구성된다. 변경해약고지는 근로조건 변경을 목적으로 행하여지고 근로자가 사용자의 근로조건 변경 신청을 승낙하면 근로계약이 유지된다는 점에서 근로관계의 종료만을 목적으로 하는 통상의 해고와는 구별된다.

(2) 독일해고제한법

독일에서는 근로계약에 근무장소와 직종이 특정되어 있는 경우가 많아 이를 변경하기 위해 변경해약고지가 실시될 필요가 있는데 독일의 해고제한법 제2조 1문은 “사용자가 근로관계를 해지하면서 그 해고와 관련하여 근로자에게 변경된 근로조건으로 근로관계의 계속을 청약하는 때에는 근로자는 근로조건의 변경이 사회적으로 정당한 것임을 유보하면서 사용자의 청약을 승낙할 수 있다”고 규정하고 있다. 독일의 판례는 변경해약고지의 정당성을 두 가지 측면에서 검토하는데 먼저 기존 근로조건을 변경하지 않고 근로계약을 유지하는 것이 사용자와 근로자에게 기대불가능한 것인지를 판단하고, 다음으로 변경된 근로조건이 종래의 그것과 비교할 때 근로자에게 기대가능한 것인지를 판단한다.

(3) 우리나라의 경우

그러나 우리나라의 경우는 근기법 제23조에서 해고에 정당한 이유가 있어야 함을, 제24조에서 경영상 이유에 의한 해고의 요건과 절차를 규정하고 있을 뿐 변경해약고지와 관련한 규정은 없으며, 법원의 판례도 아직 찾을 수 없다.

(4) 일본 판례의 동향

변경해약고지가 유효하다고 본 최초의 일본 판례는 항공산업의 국제적 구조조정이 진행되어 동경지사의 인원을 대폭 줄인 후 잔존 종업원의 고용형태와 근로조건을 근본적으로 변경하기 위해 실시한 변경해약고지에 대해 ① 근로조건 변경이 회사 운영에 불가결하고, ② 변경의 필요성이 근로자가 받게 되는 불이익을 상회하고, ③ 새로운 계약에 따르지 않을 경우 해고를 정당화할만한 충분한 사유가 있고, ④ 해고회피노력을 다하였을 것이라는 판단기준을 설정하여 새로운 계약에 따르지 않은 근로자에 대한 해고를 유효하다고 보았다(일본 東京地決 2003.4.13). 이에 대하여 다른 판례(일본 大阪地判 2006.8.31)는 변경해약고지라는 근로조건 변경을 위한 해고를 긍정하지 않고 정리해고의 실질을 갖추었는가에 따라 판단하여야 한다고 본 것도 있다.

(5) 변경해약고지의 문제점

변경해약고지에 있어서 근로조건 변경에 따를 것인가 또는 이를 거부해서 해고될 것인가의 양자택일을 하여야 하므로 근로자로서는 냉혹한 선택일 수밖에 없다. 근로조건 변경을 승낙하지 않을 경우 해고된다는 점에서 변경해약고지도 해고로서의 측면을 가지며, 해고에 관한 법적 규제가 적용된다고 본다. 따라서 변경해약고지가 근로조건 변경을 주된 목적으로 하는 점에서, 근로조건 변경의 필요성 및 상당성이 있는가 하는 점과 이를 해고라는 수단으로 실시하는 것이 상당성을 가지는가라는 두 가지 측면에서 검토되어야 한다.

제3절 퇴직급여제도

> **법 제34조 【퇴직급여제도】** 사용자가 퇴직하는 근로자에게 지급하는 퇴직급여제도에 관하여는 근퇴법이 정하는 대로 따른다.

1 퇴직급여의 의의와 법적 성격

1. 퇴직급여의 의의

퇴직급여란 계속적인 근로관계의 종료를 사유로 하여 사용자가 퇴직하는 근로자에 대하여 지급하는 금품을 말한다. 퇴직급여제도나 근퇴법 제25조에 따른 개인형 퇴직연금제도에 의하여 근로자에게 지급되는 연금 또는 일시금이 이에 해당한다(근퇴법 제2조제5호). 퇴직급여 지급방법에는 일시금급여와 연금제도가 있는데 근기법은 원칙적으로 일시금급여방법을 채택하고 있었으나 근퇴법은 퇴직금제도와 함께 퇴직연금제도를 도입했다.

근퇴법 제4조제1항은 「사용자는 퇴직하는 근로자에게 급여를 지급하기 위하여 퇴직급여제도 중 하나 이상의 제도를 설정하여야 한다. 다만, 계속 근로기간이 1년 미만인 근로자, 4주간을 평균하여 1주간의 소정근로시간이 15시간 미만인 근로자에 대하여는 그러하지 아니하다」고 규정하고 동법 제8조제1항은 「퇴직금제도를 설정하려는 사용자는 계속근로기간 1년에 대하여 30일분 이상의 평균임금을 퇴직금으로 퇴직근로자에게 지급할 수 있는 제도를 설정하여야 한다」고 규정하고 있다. 근기법 제93조제4호에서 「퇴직에 관한 사항」, 제5호에서 「근퇴법에 의한 퇴직금·상여와 최저임금에 관한 사항」을 취업규칙의 필요적 기재사항으로 명시하도록 규정한다.

2. 퇴직급여제도의 의의

퇴직급여제도란 확정급여형 퇴직연금제도, 확정기여형 퇴직연금제도 및 개인형 퇴직연금제도를 말한다(근퇴법 제2조제7호). 퇴직급여제도는 선진국에서는 실업보험, 노령보험 등의 사회보험제도 또는 연금제도의 발달로 인하여 그에 흡수되었거나 그를 보완하는 제도로 발전하였으나 우리나라의 경우에는 외국의 입법례에서 그 유례를 찾아볼 수 없을 정도로 변천되었다. 퇴직급여제도는 노사의 자율적인 결정에 따라 단체협약 등을 통해서 규율되어야 함이 원칙이지만, 우리나라와 같이 근대적 노사관계가 성숙되어 있지 않는 곳에서는 퇴직 후의 근로자의 생존권을 보장하기 위하여 퇴직급여제도를 법제화하고 있다.

근로자의 퇴직 후의 생활보장수단으로서, 후불임금적 성격을 띠는 근로조건의 일부 또는 근로자의 권리로서의 성격으로 발전하게 되었다. 퇴직급여제도를 단체협약이나 취업규칙에 일임하지 아니하고 법제화하여 강행토록 한 것은 이러한 취지에서이다.

퇴직급여제도의 적용대상 사업장은 일시금형태의 퇴직금제도나 퇴직연금제도 중 하나는 반드시 실시하여야 한다(근퇴법 제4조제1항).

근퇴법상 퇴직금제도는 현행과 동일하지만(동법 제8조 내지 제11조), 퇴직보험 및 퇴직일시금신탁제도는 폐지된다(동법부칙 제2조).

퇴직급여에 관한 규정은 강행규정으로서 퇴직사유가 근로자의 임의퇴직이냐 사용자에 의한 해고이냐 여부에 관계없이 근퇴법에 정하여진 하한을 기준으로 한 퇴직급여는 반드시 지급되어야 한다(대법 2004.6.25, 2002다51555).

3. 퇴직급여의 법적 성격

퇴직급여의 법적 성질에 대하여는 학설상 공로보상설, 생활보장설, 임금후불설로 나눠지는데 우리나라의 학설·판례는 임금후불설의 입장을 취하고 있다.

① **임금후불설**: 임금후불설이란 퇴직급여의 성질을 근로자에게 지급되지 않았던 임금을 퇴직시에 사후적으로 지급하는 것으로 보아 퇴직금을 기본적으로 근로조건의 일환으로 파악하는 입장이다.

② **공로보상설**: 공로보상설이란 퇴직급여를 근로자에게 재직시 기업에 공헌한데 대한 보상으로 지급하는 것으로 파악하는 입장으로서 헌법재판소(1995.7.21 결정, 94헌바27·29)와 대법원 판례(대법 1995.10.12, 94다36186)는 징계에 의하여 파면된 근로자의 퇴직금 감액에 대한 정당성의 근거로 제시하였다.

③ **사회보장설**: 사회보장설이란 퇴직금을 사회보장제도가 완비되지 않은 상황에서 근로자의 생활보장을 위해 지급되는 것으로 보는 입장이다.

④ **평가**: 판례는 퇴직급여는 사회보장적 급여로서의 성격 외에 임금의 후불적 성격과 성실한 근무에 대한 공로보상적 성격도 지닌다(대법[전원합의체] 2014.7.16, 2013므2250; 대법 1995.10.12, 94다36186). 퇴직금제도는 근로자가 1년 이상의 기간 계속 근로를 제공하고 퇴직할 경우에 사용자가 근로자의 근로 제공에 대한 임금 일부를 지급하지 아니하고 축적하였다가 이를 기본적 재원으로 하여 근로자가 퇴직할 때 이를 일시금으로 지급하는 것으로서, 퇴직금은 본질적으로는 후불적 임금의 성질을 지닌 것이다.

4. 「근퇴법」의 적용범위

「근퇴법」은 동거의 친족만을 사용하는 사업 또는 가사사용인을 제외하고 근로자를 사용하는 모든 사업 또는 사업장에 적용된다(근퇴법 제3조). 따라서 그 동안 근기법상 퇴직금제도가 적용되지 않았던 근로자 5명 미만의 사업에도 동법이 적용되도록 하였다.

2 퇴직급여의 내용

근퇴법은 퇴직급여의 지급을 사용자의 의무사항으로 하여 ① 퇴직금의 금액을 계속근로기간 1년에 대하여 30일분 이상의 평균임금으로 할 것, ② 동일 사업 내에 차등제도를 둘 수 없다는 것, ③ 중간정산퇴직금제도, ④ 퇴직연금제도 ⑤ 퇴직급여의 지급시기 등을 명시하고 있다. 다만, 계속근로기간이 1년 미만인 근로자, 4주간을 평균하여 1주간의 소정근로시간이 15시간 미만인 근로자에 대하여는 적용하지 아니한다(동법 제4조제1항단서).

1. 계속근로기간의 계산

① **계속근로기간은 1년 이상:** 근로자가 퇴직급여를 청구할 수 있기 위해서는 적어도 근로연수가 1년 이상이어야 한다. 이때의 계속근로기간은 원칙적으로 근로자의 재직기간을 말하므로 재직기간 중 일부를 퇴직금 산정의 기초가 되는 근속기간에서 제외하는 것은 그러한 내용이 단체협약이나 취업규칙으로 규정되어 있고, 그와 같이 하여 산정한 퇴직금 액수가 근로자퇴직급여보장법에 따라 산정한 퇴직금 액수 이상이라는 등의 특별한 사정이 없는 한 허용될 수 없다(대법 2011.10.27, 2011다42324).

② **기간제근로자의 무기계약근로자로 전환 시 계속근로기간 산정방법:** 당사자가 자율적으로 채결한 근로계약기간의 만료로 근로관계가 유효하게 종료됐다면, 퇴직금 산정을 위한 계속근로기간에 포함되지 아니한다. 그러나 기간제근로자로 계속 근로관계를 유지하고 있는 상태에서 무기계약직 근로자로 전환된 경우라면, 이는 기간제에서 무기계약직으로 고용형태만 변경된 것에 불과하므로 기간제근로자로 근무한 기간도 퇴직금 산정을 위한 계속근로기간에 포함돼야 할 것이다(2016.3.4, 퇴직연금복지과-867).

③ **계속근로기간이 1년을 초과한 경우:** 계속근로기간이 1년을 초과한 몇년, 몇월, 몇일인 경우에 있어서는 1년 미만 단수인 몇월 몇일에 대하여도 퇴직금을 비례하여 산정지급해야 한다(예규 제2015-99호 (2015.11.6), 「근퇴법 제4조제1항 단서 해석기준」).

④ **계속근로기간이 1년 미만자에 대한 적립금의 귀속:** 근퇴법 시행령 제15조제3호에 의하면 계약이 해지되는 경우 적립금은 가입자(근로자)에게 지급되어야 하나 계속근로기간이 1년 미만인 가입자에 대한 적립금은 사용자에게 귀속되어야 한다고 규정되어 있는바, 달리 볼 사정이 없는 한 계속근로기간이 1년 미만인 가입자에 대한 운용수익을 포함한 적립금은 사용자에게 귀속되어야 할 것이다(2005.11.9, 퇴직급여보장팀-646).

2. 퇴직금 청구권자

① **근기법상의 근로자**: 퇴직금을 청구할 수 있는 자는 근기법상의 근로자이기 때문에 근로계약에 의하여 현실적으로 특정한 사업 또는 사업장에서 고용되어 있어야 한다는 점이다.

② **사망자 퇴직금의 수급권자**: 근로자가 사망하는 경우의 퇴직금의 수급권자(또는 우선순위)는 통상 퇴직금 규정에 정하고 있으나 사망근로자의 유족 고유의 권리로서 상속재산에 속한다.

3. 30일분 이상의 평균임금

퇴직금제도를 설정하고자 하는 사용자는 계속근로기간 1년에 대하여 30일분 이상의 평균임금을 퇴직금으로 퇴직하는 근로자에게 지급할 수 있는 제도를 설정하여야 한다(동법 제8조제1항).

근기법 제2조제1항제6호에 의한 방법으로도 타당성있는 평균임금을 산정할 수 없는 경우(근기법시행령 제4조)와 일용근로자의 경우에는 고용노동부장관이 이를 결정하도록 되어 있다(근기법시행령 제3조).

근기법 제2조제2항에 의하면 동조제1항제6호에 따라 산출된 금액이 그 근로자의 통상임금보다 적으면 그 통상임금액을 평균임금으로 한다고 규정하고 있다.

4. 퇴직금의 지급시기

사용자는 근로자가 퇴직한 경우에는 지급사유가 발생한 날부터 14일 이내에 지급하여야 한다. 다만, 특별한 사정이 있는 경우에는 당사자간의 합의에 의하여 지급기일을 연장할 수 있다(근퇴법 제19조 단서).

5. 퇴직금의 시효

퇴직금을 받을 권리는 3년간 이를 행사하지 아니하면 시효로 인하여 소멸한다(근퇴법 제11조). 단기소멸시효가 적용된다.

「퇴직금채권의 시효기간은 그 채권을 행사할 수 있는 날로부터 진행하므로 퇴직금에 관한 권리는 퇴직한 다음 날로부터 진행한다」(대법 1980.5.3, 79다2322).

6. 퇴직급여제도의 설정의무

(1) 퇴직금제도의 설정

근퇴법상 퇴직금제도는 「퇴직금제도를 설정하려는 사용자는 계속근로기간 1년에 대하여 30일분 이상의 평균임금을 퇴직하는 근로자에게 퇴직금을 지급하는 제도를 설정하여야」하며, 그 외에 중간정산, 지급기한, 시효 및 우선변제 등도 종래의 근기법의 내용과 동일하다(법 제8조 내지 제11조). 다만, 퇴직연금제도의 실시에 따라 구 근기법 제34조제4항에 의한 퇴직보험과 퇴직일시금신탁은 퇴직연금제도로 전환할 수 있는 기간을 두고 2011년부터 폐지하였다(법 부칙 제2조).

종래의 퇴직보험 등은 사외적립 수준이 전적으로 사용자의 재량에 맡겨져 있고 연금으로 전환할 수 있는 장치가 미비하였기 때문에 이를 보완 발전시킨 형태로 확정급여형 퇴직연금제도를 도입하였다.

(2) 사용자의 퇴직급여제도 설정의무

퇴직금지급의무를 지는 사용자란 실질적으로 근로자가 제공하는 노무에 대하여 보수를 지급할 의무를 지는 자를 말하는 것이고, 그러한 관계에 있지 않다면, 근기법 기타 다른 법률 등에 의하여 사용자로 취급되는 경우가 있다고 하여 근기법상의 퇴직금지급의무까지 진다고 할 수 없다(대법 2007.3.30, 2004다8333).

사용자는 퇴직하는 근로자에게 급여를 지급하기 위하여 퇴직금제도 또는 퇴직연금제도 중 하나 이상의 제도를 설정하여야 한다(근퇴법 제4조제1항 본문). 사용자가 어떠한 퇴직급여제도도 설정하지 아니한 경우에는 동법 제8조에 의한 퇴직금제도가 설정된 것으로 본다(근퇴법 제5조). 또 퇴직연금제도가 폐지되거나 운영이 중단된 경우에는 폐지된 이후 또는 중단된 기간에 대해서는 동법 제8조에 의한 퇴직금제도가 적용된다(근퇴법 제27조).

그러나 계속근로기간이 1년 미만인 근로자, 4주간을 평균하여 1주간의 소정근로시간이 15시간 미만인 근로자에 대해서는 퇴직급여제도의 설정이 의무화되어 있지 않다(근퇴법 제4조제1항 단서).

(3) 퇴직금제도를 설정하지 아니한 경우

사용자는 퇴직하는 근로자에게 급여를 지급하기 위하여 퇴직급여제도 중 하나 이상의 제도를 설정하여야 한다(근퇴법 제4조제1항 본문). 동법 제1항의 규정에 불구하고 사용자가 퇴직급여제도를 설정하지 아니한 경우에는 제8조의 규정에 의한 퇴직금제도를 설정한 것으로 본다(근퇴법 제5조).

3 퇴직금 차등제도의 금지

근퇴법 제4조 【퇴직급여제도의 설정】 ② 제1항에 따라 퇴직급여제도를 설정하는 경우에 하나의 사업에서 급여 및 부담금 산정방법의 적용 등에 관하여 차등을 두어서는 아니 된다.

1. 차등금지제도의 의의와 취지

① **규정내용**: 근퇴법 제4조제2항에서 「제1항에 따라 퇴직급여제도를 설정하는 경우에 하나의 사업에서 급여 및 부담금 산정방법의 적용 등에 관하여 차등을 두어서는 아니 된다.」고 하여 동일 사업에 있어서 차등제도의 설정을 금지하고 있다.

② **차등제도의 의의**: 차등제도란 퇴직금지급제도의 설정에 있어서 일부근로자에 대하여 유리 또는 불리하게 취급하는 제도를 말한다.

③ **차등금지제도의 취지**: 판례(대법 1993.2.9, 91다21381; 대법 1993.10.12, 93다18365)는 「퇴직금 차등제도 금지의 입법취지는 하나의 사업 내에서 직종(예컨대 사무직과 생산직), 직위(예컨대 고위직과 하위직), 업종(예컨대 제조업과 서비스업)별로 서로 다른 퇴직금제도를 두어 차별하는 것을 금지하고 하나의 퇴직금제도를 적용하게 하고자 함에 있는 것이다」라고 한다.

④ **법정기준을 상회하는 경우**: 근퇴법 제4조 소정의 기준은 최저기준이므로 노·사의 합의에 의하여 그 기준 이상으로 정하여도 근퇴법 또는 근기법에 저촉되지

는 않는다. 그리하여 각 사업장에는 이른바 누진적 퇴직금제도가 채택되고 있는 경우가 있다. 누진적 퇴직금제도란 근퇴법에 정한 최저한도를 취업규칙 또는 단체협약에 의하여 일정한 근속기간에 따라 상향하여 규정하는 것을 말한다.

2. 차등이 되는 제도

① **직종 등에 따른 차등:** 직종과 직위에 따라 임금이 다르기 때문에 퇴직시에 산출된 평균임금에 차이가 생긴다는 것은 어쩔 수 없는 일이지만 평균임금을 기초로 하여 퇴직금을 산출하는 조건을 달리할 수는 없게 된 것이다.

② **고용형태에 따른 차등:** 임시직, 정년연장자 등과 같이 근로자의 특성에 따라 다른 퇴직금 차등제도를 두는 경우도 금지된다.

③ **성별에 따른 차등:** 퇴직금지급제도와 관련하여 여성 근로자에게 차등규정을 둔다면 동법 제4조 위반뿐만 아니라 근기법 제6조 위반도 될 것이다.

3. 차등이 되지 않는 제도

① **근속기간에 따라 지급률을 달리하는 경우:** 「근속기간(10년 미만자는 법정률, 10년 이상자는 누진율)에 따라 퇴직금지급률을 달리하는 규정이 퇴직금 차등제도에 해당하는 것으로 보기 어렵다」(1993.11.17, 임금 68207-707).

② **기업합병으로 인한 차등:** 「회사의 합병에 의하여 근로관계가 승계되는 경우 합병 후 존속회사나 신설회사는 소멸회사에 근무하던 근로자에 대한 퇴직금관계에 관하여 종전과 같은 내용으로 승계되는데 이러한 경우 차등제도로 볼 수 없다」(대법 1994.3.8, 93다1589).

③ **명예퇴직자에 대한 퇴직가산금을 지급한 경우:** 장기근속자의 정년 이전 조기퇴직을 유도하기 위하여 퇴직일부터 정년까지의 기간이 길수록 많은 금액이 지급되는 내용의 명예퇴직금제도를 설정하여 운영하는 경우, 퇴직금 차등 금지 원칙이 적용된다고 보기 어렵다(대법 2007.11.29, 2005다28358). 명예퇴직자 또는 정년 이전 자진퇴사자에게 퇴직가산금을 지급한 것은 퇴직금 차등제도와 관련없는 것으로 해석된다(1987.6.10, 근기 01254-9416).

④ **임금피크제 적용근로자에게만 퇴직연금제도를 적용하는 경우**: 일정한 연령, 근속연수에 도달하면 해당 사업장의 모든 근로자에게 임금피크제를 적용하고 이에 따라 퇴직급여가 감소하는 근로자에게 확정기여형 퇴직금제도를 적용하는 것은 차별금지로 볼 수 없다(2016.12.26, 퇴직연금복지과-4868).

4. 퇴직금 차등제도의 금지대상

근퇴법 제4조제2항에 의한 퇴직금 차등제도의 금지는 하나의 사업 내의 근로자들 사이에서만 문제가 된다. 해당 사업 이외의 근로자와의 차등은 동조의 금지대상이 되지 않는다는 사실이다.

4 퇴직금 중간정산제도

근퇴법 제8조【퇴직금제도의 설정】 ② 제1항에도 불구하고 사용자는 주택구입 등 대통령령으로 정하는 사유로 근로자가 요구하는 경우에는 근로자가 퇴직하기 전에 해당 근로자의 계속근로기간에 대한 퇴직금을 미리 정산하여 지급할 수 있다. 이 경우 미리 정산하여 지급한 후의 퇴직금 산정을 위한 계속근로기간은 정산시점부터 새로 계산한다.

1. 퇴직금 중간정산의 의의 및 취지

퇴직금 중간정산제란 근로자가 퇴직하기 전이라도 계속 근로한 기간에 해당하는 퇴직금을 정산하여 미리 지급받을 수 있는 제도이다.

퇴직금은 근로자가 퇴직하는 경우에 한하여 일시금으로만 지급할 수 있어 기업은 누적적으로 증가하는 퇴직금으로 인한 부담이 크며 장기근속자나 다수 근로자가 일시에 퇴직할 경우 또는 도산시 기업의 자금부담이 가중되고 있고 근로자의 경우 긴급 자금이 필요할 경우 퇴직금으로 활용하고 싶어도 구 근기법상으로는 퇴직을 하여야만 퇴직금을 지급받을 수 있는 불합리한 면도 있었다.

2. 퇴직금 중간정산의 요건

(1) 근로자의 요구

주택구입 등 대통령령으로 정하는 사유로 근로자의 요구가 있어야 중간정산이 가능하다. 퇴직금 중간정산 제도의 입법취지와 퇴직금의 성격 등을 종합하여 볼 때 반드시 근로자가 먼저 중간정산을 적극적으로 요구한 경우에만 퇴직금 중간정산의 합의가 유효한 것은 아니며, 퇴직금 중간정산의 합의가 개별적 근로자의 자유로운 의사에 따라 이루어진 것이면 퇴직금 중간정산은 유효하다고 보아야 한다(대법 2012.10.25, 2012다41045). 퇴직금 중간정산제는 소정의 법정사유가 있고 근로자의 요구가 있는 경우에 시행이 가능하며 근로자의 요구에 사용자가 반드시 응해야 할 의무가 있는 것은 아니다.

취업규칙이나 단체협약에 퇴직금 중간정산제의 실시를 위한 근거가 있다 하더라도 개별 근로자의 별도의 구체적인 요구가 있어야 중간정산이 가능하다.

(2) 퇴직금 중간정산 사유

퇴직금 중간사유는 근퇴법시행령 제3조에 명시되어 있다.

영 제3조【퇴직금의 중간정산 사유】 ① 법 제8조제2항 전단에서 "주택구입 등 대통령령으로 정하는 사유"란 다음 각 호의 어느 하나에 해당하는 경우를 말한다.

1. 무주택자인 근로자가 본인 명의로 주택을 구입하는 경우
2. 무주택자인 근로자가 주거를 목적으로 「민법」 제303조에 따른 전세금 또는 「주택임대차보호법」 제3조의2에 따른 보증금을 부담하는 경우. 이 경우 근로자가 하나의 사업에 근로하는 동안 1회로 한정한다.
3. 근로자가 6개월 이상 요양을 필요로 하는 다음 각 목의 어느 하나에 해당하는 사람의 질병이나 부상에 대한 의료비를 해당 근로자가 본인 연간 임금총액의 1천분의 125를 초과하여 부담하는 경우
   가. 근로자 본인
   나. 근로자의 배우자
   다. 근로자 또는 그 배우자의 부양가족
4. 퇴직금 중간정산을 신청하는 날부터 역산하여 5년 이내에 근로자가 「채무자회생및파산에관한법률」에 따라 파산선고를 받은 경우

5. 퇴직금 중간정산을 신청하는 날부터 역산하여 5년 이내에 근로자가 「채무자회생및 파산에관한법률」에 따라 개인회생절차개시 결정을 받은 경우
6. 사용자가 기존의 정년을 연장하거나 보장하는 조건으로 단체협약 및 취업규칙 등을 통하여 일정나이, 근속시점 또는 임금액을 기준으로 임금을 줄이는 제도를 시행하는 경우
6의 2. 사용자가 근로자와의 합의에 따라 소정근로시간을 1일 1시간 또는 1주 5시간 이상 변경하여 그 변경된 소정근로시간에 따라 근로자가 3개월 이상 계속 근로하기로 한 경우
6의3. 법률 제15513호 근기법 일부개정법률의 시행에 따른 근로시간의 단축으로 근로자의 퇴직금이 감소되는 경우
7. 그 밖에 천재지변 등으로 피해를 입는 등 고용노동부장관이 정하여 고시하는 사유와 요건에 해당하는 경우
② 사용자는 제1항 각 호의 사유에 따라 퇴직금을 미리 정산하여 지급한 경우 근로자가 퇴직한 후 5년이 되는 날까지 관련 증명 서류를 보존하여야 한다.

(2) 퇴직금을 미리 정산하여 지급할 수 있다.

① 「계속근로한 기간에 대한 퇴직금」: 근로자가 퇴직하기 전에 당해 근로자가 계속근로한 기간에 대한 퇴직금을 미리 정산하여 지급할 수 있다. 근로자의 요구가 있는 경우 중간정산 단위기간의 제한은 없다.

② 장래의 기간에 대하여 미리 정산을 약정한 경우: 중간정산은 이미 계속근로한 기간에 대하여 발생한 퇴직금을 대상으로 하는 것이지 아직 근로하지 아니한 장래의 기간에 대하여 미리 정산을 약정할 수 없다(대법 2007.11.16, 2007도3725; 대법 2007.8.23, 2007도4171).

3. 퇴직금 중간정산과 다른 근로조건에의 영향

① 다른 근로조건에의 영향: 정산시점부터 계속근로연수가 새로이 기산되고 근로연수와 관련있는 다른 근로조건 예컨대 승진·승급·호봉·상여, 근속수당, 연차유급휴가산정 등에 있어서는 최초 입사시부터 계속근로연수가 통산되는 것이다(2007.11.14, 퇴직급여보장팀-4583).

② 누진제 퇴직금제도와 중간정산 문제: 사용자와 근로자 사이에 별도의 정함이

없는 한 중간정산 전·후의 계속근로기간은 단절되는 것인바, 퇴직금 누진제를 채택하고 있는 사업장에서 중간정산 전의 계속근로기간 중 일부 기간에 대하여만 중간정산이 이루어진 경우, 그 일부 기간이 최초 근로개시 시점으로부터의 일부 기간인 경우와 같이 그 정산이 이루어진 기간 다음부터 새로 계속근로기간을 기산하기로 한 것으로 볼 수 있는 경우이거나 중간정산 전의 계속근로기간 중 일정 기간에 대하여 중간정산을 하면서 중간정산 전의 잔여 근로기간을 중간정산 후의 계속근로기간에 포함시키기로 정한 경우가 아닌 한, 중간정산 전의 잔여 근로기간과 중간정산 후의 근로기간을 합산하여 계속근로기간을 산정하고 퇴직금 누진제를 적용할 수는 없다고 보아야 한다(대법 2012.10.25, 2012다41045).

4. 퇴직금 중간정산 이후 임금인상이 결정된 경우

① **퇴직금의 추가 지급 여부**: 임금인상 결정일 이전에 퇴직금 중간정신이 이루어지고 결정된 임금인상률이 퇴직금 중간정산일 이전으로 소급하여 적용되는 경우 이미 실시한 퇴직금 중간정산분에 대하여도 소급적용한다는 별도의 정함이 없는 이미 실시한 퇴직금 중간정산의 효력은 완성되어 평균임금을 다시 산정할 필요는 없다(2002.7.24, 임금 68207-523).

② **퇴직금 중간정산을 위한 평균임금의 산정기준일**: 퇴직금 중간정산을 위한 평균임금의 계산은 노·사가 특별히 정한 바가 없으면 근로자가 중간정산을 요구한 시점을 '퇴직금을 산정하여야 할 사유가 발생한 날' 로 보아 계산한다. 여기서 퇴직금을 산정하여야 할 사유가 발생한 날이란 퇴직일 또는 근퇴법 제8조제2항의 퇴직금 중간정산의 경우에는 당사자간 별도 정함이 없었다면 근로자의 중간정산 요구일이 될 것이다(2001.5.2, 임금 68207-312).

5. 퇴직금 중간정산과 임금채권의 소멸시효

근퇴법 제8조제2항에 따라 유효하게 퇴직금 중간정산을 실시하여 퇴직금을 지급하였으나 계산 착오로 일부 미지급 퇴직금이 확인되었을 때 임금채권의 소멸시효 기산일을 중간정산 퇴직금 지급일로 보아야 하는지 아니면 퇴직일로 보아야 하는지 여부이다.

① **행정해석**: 행정해석은 「퇴직금은 그 성격상 근로관계 종료에 따라 발생되고 중간정산은 퇴직금의 일부를 당사자의 합의로 퇴직 전에 미리 지급 받을 수 있는 경우에 지나지 않으므로 비록 유효하게 중간정산이 이루어졌다 하더라도 중간정산시 계산착오 등으로 지급 받지 못한 퇴직금의 일부에 대한 소멸시효는 퇴직일로부터 기산하여야 할 것이다」라고 한다(2008.6.3, 근로조건지도과-1863).

② **판례의 태도**: 판례는 「미지급 중간퇴직금 채권의 소멸시효는 그 퇴직금 중간정산일로부터 기산되고, 중간퇴직금 정산 이후에 근로관계가 계속되었다 하더라도 미지급 중간퇴직금 채권을 행사할 수 없었다고 보기 어려우므로 퇴직금 중간정산 기산일을 기준으로 한다는 원심의 판단은 정당하다」고 한다(대법 2006.5.26, 2003다54322·54339). 그러나 퇴직금 중간정산 전의 계속근로기간 중 일부 기간에 대하여만 중간정산의 합의가 성립한 경우, 중간정산의 합의가 없었던 기간에 대하여는 중간정산 퇴직금청구권이 발생할 여지가 없고 최종 퇴직 시점에 그 기간에 대한 퇴직금청구권이 발생하는 것이며, 이에 대한 소멸시효도 중간정산 시점이 아닌 최종 퇴직 시점부터 진행한다(대법 2012.10.25, 2012다41045).

③ **평가**: 시효제도의 취지에 비추어 판례의 태도가 타당하다고 생각한다. 사용자와 근로자의 합의로 퇴직금 중간정산이 성립한 일부 근로기간에 대하여는 중간정산시점에 중간정산 퇴직금청구권이 발생하고 소멸시효도 그때부터 기산되지만, 중간정산이 없었던 나머지 근로기간에 대하여는 최종 퇴직시에 퇴직금청구권이 발생하고, 소멸시효도 최종 퇴직시점으로부터 진행한다(대법 2008.2.1, 2006다20542).

5 퇴직금 감액사유

단체협약이나 취업규칙의 퇴직급여에 관한 규정에서 징계 또는 업무와 관련하여 금고 이상의 형을 받는 등의 퇴직금 감액사유가 규정되어 있는 경우에 사용자는 퇴직금을 감액하여 지급할 수 있는가 여부이다. 이 문제는 퇴직금의 법적 성질을 어떻게 보느냐에 따라 결론이 달라진다.

(1) 감액할 수 없다는 견해

임금의 법적 성질을 후불적 임금으로 보는 입장은 징계 등의 사유로 임금을 감액할 수 없으며, 근로자가 업무나 회사의 신용이나 명예와 관련하여 형을 받음으로써 사용자(회사)에 대하여 손해를 입게 한 때에는 별도로 손해배상청구를 하는 것이 옳을 것이다. 왜냐하면 임금의 성질을 가진 퇴직금에도 근기법 제43조제1항이 적용되어 그 전액을 지급해야 하기 때문이다.

(2) 감액할 수 있다는 견해

퇴직금의 법적 성질을 후불임금적 성격 이외에 사회보장적 급여로서의 성격과 공로보상적 성격을 아울러 가진다는 입장은 다음과 같은 전제요건하에서 퇴직금감액규정의 효력을 인정하고 있다. 첫째, 감액사유 규정이 임직원으로 하여금 재직 중 성실하고 청렴하게 근무하도록 유도하기 위한 정당한 목적을 가지고 있고, 둘째, 제한 사유를 업무와 관련된 범죄행위로 금고 이상의 형을 선고받은 중대한 사유가 발생한 경우 등으로 한정하며, 셋째, 제한 범위도 근기법 및 근퇴법 소정의 법정퇴직금제도에 위배되지 않아 무효라고 할 수 없고, 넷째, 퇴직금의 복합적 성격에 비추어 합리적인 퇴직금 감액규정은 퇴직금의 본질에 어긋나지 않는다고 한다.

(3) 평 가

판례(대법 2002.9.6, 2002다29442; 대법 2003.5.16, 2001다54977)는 퇴직금에 대하여 부가적으로 공로보상적 성질을 인정하더라도 근퇴법 제8조제1항이 보장하고 있는 최저한도의 퇴직금 이상을 감액할 수는 없다고 판단한다. 적어도 법정최저액은 공제대상에서 제외되어야 한다고 보아야 할 것이다. 법정 퇴직금은 근로자에게 후불되는 임금으로 보아야 하기 때문이다(김형배, 「노동법」, 제26판, p.796).

6 퇴직금 분할 약정의 효력

1. 실질적인 퇴직금 분할 약정의 경우

퇴직금 분할 약정이란 사용자와 근로자가 매월 지급하는 월급이나 매일 지급하는 일당과 함께 퇴직금으로 일정한 금원을 미리 지급하기로 한 약정을 말한다. 퇴직금 분할 약정은 법 소정의 퇴직금 중간정산으로 인정되는 경우가 아닌 한 최종 퇴직 시 발생하는 퇴직금청구권을 근로자가 사전에 포기하는 것으로서 강행법규인 같은 법 규정에 위배되어 무효이다. 퇴직금 분할 약정에 따라 사용자가 근로자에게 퇴직금 명목의 금원을 지급하였다 하더라도 퇴직금 지급으로서의 효력이 없다. 그런데 근로관계의 계속 중에 퇴직금 분할 약정에 의하여 월급이나 일당과는 별도로 실질적으로 퇴직금을 미리 지급하기로 한 경우 이는 어디까지나 위 약정이 유효함을 전제로 한 것인바, 그것이 위와 같은 이유로 퇴직금 지급으로서의 효력이 없다면, 사용자는 본래 퇴직금 명목에 해당하는 금원을 지급할 의무가 있었던 것이 아니므로, 위 약정에 의하여 이미 지급한 퇴직금 명목의 금원은 근기법 제2조제1항제5호 '근로의 대가로 지급하는 임금'에 해당한다고 할 수 없다. 이처럼 사용자가 근로자에게 퇴직금 명목의 금원을 실질적으로 지급하였음에도 불구하고 정작 퇴직금 지급으로서의 효력이 인정되지 아니할 뿐만 아니라 근기법 제2조제1항제1호의 임금 지급으로서의 효력도 인정되지 않는다면, 사용자는 법률상 원인 없이 근로자에게 퇴직금 명목의 금원을 지급함으로써 위 금원 상당의 손해를 입은 반면 근로자는 같은 금액 상당의 이익을 얻은 셈이 되므로, 근로자는 수령한 퇴직금 명목의 금원을 부당이득으로 사용자에게 반환하여야 한다고 보는 것이 공평의 견지에서 합당하다(대법[전원합의체] 2010.5.20, 2007다90760).

2. 퇴직금 지급 면탈을 위한 형식적인 분할약정의 경우

근로자의 월급에 분할지급된 퇴직금은 부당이득으로 반환해야 하지만 퇴직금제도를 강행법규로 규정한 입법취지를 감안할 때, 이 같은 법리는 사용자와 근로자 사이에 실질적인 퇴직금 분할약정이 존재함을 전제로 해 비로소 적용된다. 그러나 사용자가 퇴직금 지급을 면탈하기 위해 형식적으로 퇴직금 분할약정을 했다면 근로자는 퇴직금 명목으로 받은 돈을 반환할 의무가 없다(대법 2010.6.20, 2008다9150).

3. 퇴직 후 재직 중의 사유로 퇴직금 감액사유가 인정된 경우

퇴직금이 감액되는 경우는 법정 퇴직금액 이상을 지급하도록 되어 있는 누진제 적용의 경우에 문제될 수 있다고 보아야 한다. 퇴직금의 감액이 확정된 경우에는 근로자는 감액분을 공제한 나머지 금액에 대해서만 청구권을 가진다. 그러므로 근로자가 퇴직 당시 퇴직급여 전액을 지급받았으나 퇴직 후 재직 중의 업무와 관련하여 퇴직금 감액사유가 인정되면 그 감액 상당액은 부당이득으로서 반환해야 한다(대법 2002.9.6, 2002다29442; 대법 2003.5.16, 2001다54977; 대법 2009.9.24, 2007다56876).

7 퇴직연금제도

1. 퇴직연금의 의의와 전환

(1) 퇴직연금의 의의

퇴직연금이란 일반적으로 기업이 근로자의 노후생활의 안정을 위하여 재직 중에 현금 또는 현물(주식 등)을 적립하여 정년퇴직 이후에 연금급여를 지급하는 제도로서 퇴직저축(Retirement Savings) 또는 기업연금(Corporate Pensions)이라고도 한다. 퇴직연금제도의 유형으로 확정급여형 퇴직연금과 확정기여형 퇴직연금 등이 있다.

(2) 퇴직연금제도의 취지

현행 퇴직일시금제도는 퇴직 후 소득보장 기능이 효율적으로 활용되지 못하고 있다는 점과 기업도산시 근로자의 퇴직금 수급권이 확보되지 않고 근로자 퇴직시 기업의 일시금 부담이 가중되어 노후생활 보장이라는 복지사회의 수요를 충족시키기에 적합하지 아니하므로 퇴직연금제도로의 대체를 허용하여 기업실정에 맞게 퇴직금제도를 탄력적으로 운영되도록 할 필요가 있다.

퇴직연금제도가 실시되는 경우 기업은 일시에 거액의 지출이 요구되는 퇴직일시금과 달리 자금조달이 원활해지므로 그 비용을 연구개발, 교육훈련 등에 투자하여 경쟁력을 확보하고 근로자의 생활안정을 보장해줌으로써 노사관계의 장기적 안정을 도모할 수 있다.

근로자측에서 볼 때 일시불로 퇴직금을 지급받은 후에 관리·운용에 필요한 지식과 경험이 부족하여 투자에 실패하는 경우에는 생활에 위협을 받게 되지만 퇴직연금제도는 그와 같은 위협없이 노후 생활을 보장받을 수 있는 점에 장점이 있다.

(3) 퇴직연금제로의 전환

① 퇴직연금제로 전환(신설 사업장의 경우 선택)하고자 하는 경우에는 근로자대표의 동의를 얻어야 한다. 근로자대표란 근로자 과반수로 구성된 노동조합이 있는 경우에는 그 노동조합, 없는 경우에는 근로자의 과반수를 말한다. 그 취지는 퇴직급여제도들은 각각 장단점이 있으므로 노사가 협의하여 선택하도록 하기 위한 것이다. 여기서 퇴직급여제도란 현행근기법상에 퇴직금관련 규정은 근퇴법으로 전체가 이관되어 현행 퇴직금제, 퇴직연금제(확정급여형·확정기여형)를 총칭하고 있다.

② 선택된 제도의 내용을 변경하고자 할 경우에는 근로자대표의 의견을 들어야 하며 만일 불이익 변경 시에는 근로자대표의 동의를 얻어야 한다.

근로자대표의 동의가 있는 경우 하나의 사업에 두 가지 형태의 퇴직연금제도를 설정하고, 근로자별로 선택토록 할 수 있으며, 선택치 않은 근로자는 어느 하나의 퇴직연금제도가 적용되도록 설정할 수 있다(2005.11.11, 퇴직급여보장팀).

③ 퇴직연금제의 형태는 사업장별로 노사가 합의하여 확정급여형 또는 확정기여형을 선택할 수 있다. 이는 사업장 여건 및 근로자의 선호가 다양하므로 노사가 자율적으로 선택할 수 있도록 한 것이다.

근로자의 퇴직연금제도 변경이 가능하다면 변경시점까지의 퇴직급여는 어떻게 처리되는지의 문제이다.

법에 의한 급여는 근로자의 퇴직, 당해 퇴직연금제도의 폐지 또는 제도운영이 중단된 경우에 급여를 지급하기로 퇴직연금규약에 정한 경우 이외에는 근로자에게 지급되어서는 아니되므로, 이러한 사유가 발생하기 전까지는 당해 제도 내에 계속 적립되어 운용된다고 할 수 있다. 다만, 퇴직연금규약을 통해 제도간의 적립금 이전을 허용하는 것은 법에서 제한하고 있지 않으므로 제도의 성격상 이전이 가능한 경우에는 특별한 사정이 없는 한 가능하다고 할 것이다(2005.11.11, 퇴직급여보장팀).

2. 퇴직연금채권의 양도 및 압류 금지

근로자퇴직급여보장법은 제7조에서 퇴직연금제도의 급여를 받을 권리에 대하여 양도를 금지하고 있으므로 위 양도금지 규정은 강행법규에 해당한다고 볼 것이다. 따라서 퇴직연금제도의 급여를 받을 권리에 대한 압류명령은 실체법상 무효이고, 제3채무자는 그 압류채권의 추징금 청구에 대하여 위 무효를 들어 지급을 거절할 수 있다. 한편 민사집행법은 제246조제1항제4호에서 퇴직연금 그 밖에 이와 비슷한 성질을 가진 급여채권은 그 1/2에 해당하는 금액만 압류하지 못하는 것으로 규정하고 있으나, 이는 위 근퇴법 상의 양도금지 규정과의 사이에서 일반법과 특별법의 관계에 있으므로, 근퇴법 상의 퇴직연금채권은 그 전액에 관하여 압류가 금지된다고 보아야 한다(대법 2014.1.23, 2013다71180). 이 판례에 따라 퇴직연금의 피압류 적격 여부와 관련된 논란은 일단락되었다.

3. 퇴직연금의 종류

근퇴법은 퇴직급여로서 일시금인 퇴직금제도 이외에 퇴직연금제도를 도입하였다. 근퇴법에 의한 퇴직연금은 연금형태로 퇴직금을 지급받는 제도로서 확정급여형 퇴직연금제도와 확정기여형 퇴직연금제도가 있다.

(1) 확정급여형 퇴직연금제도

1) 확정급여형 퇴직연금의 의의

확정급여형 퇴직연금(Defined Benefit Retirement Pension: DB형)란 근로자가 받을 급여의 수준이 사전에 결정되어 있는 퇴직연금제도를 말한다(근퇴법 제2조제8호). 근로자가 받을 연금급여(산정방식)가 사전에 확정되고, 사용자가 부담(적립)할 금액은 적립금 운용결과에 따라 변동될 수 있는 연금제도를 말한다. 근로자가 받을 연금급여는 일시금 기준으로 현행 퇴직금과 같은 금액이 되도록 하며, 연금은 일시금을 퇴직연금규약에 정한 바에 따라 종신 또는 일정기간(5년 이상) 분할하여 받게 된다.

사용자는 연금지급에 대비하여 노사가 퇴직연금규약으로 정한 금융기관에 대통령령으로 정한 수준 이상의 적립금을 근로자 명의로 적립하고 최종 지급책임을 지며, 금융기관은 사용자와의 계약에 기초하여 자율적으로 적립금을 운용하게 된다.

이러한 확정급여형은 경영이 안정적이고 영속적인 기업, 퇴직연금수급자에 대한 관리능력이 있는 대기업 등에 적합할 것으로 보인다.

2) 확정급여형 퇴직연금제도의 설정(규약의 작성)

확정급여형 퇴직연금제도를 설정하고자 하는 경우 사용자는 근로자대표의 동의를 얻어 「확정급여형 퇴직연금규약」을 작성하여 고용노동부장관에게 신고하여야 한다(근퇴법 제12조). 이는 퇴직연금제도의 적절한 설정 및 운영을 위하여 사업장에서 퇴직연금제도의 내용을 설정함에 있어 갖추어야 할 기준을 정하고 근로자의 참여를 보장하려는 것이다. 퇴직연금제도를 설정하고자 하는 사용자는 근로자대표의 동의를 얻어 퇴직연금규약을 작성하여야 하며, 그 규약에는 확정급여형 퇴직연금의 경우 퇴직시의 급여수준(퇴직시 일시금 기준으로 근속기간 1년당 30일분의 평균임금에 상당하는 금액 이상)에 관한 사항 등을, 확정기여형 퇴직연금의 경우 사용자의 부담금 부담 및 납부(최소한 가입자의 연간 임금총액의 12분의 1의 금액은 사용자가 매년 1회 이상 현금으로 부담·납부)에 관한 사항 등을 기재하도록 한 것이다.

사업장별로 노사가 협력하여 자율적으로 퇴직연금제도를 설계할 수 있도록 하여 노사간의 신뢰성을 제고할 것으로 기대된다. 규약은 노사가 자율적으로 당해 사업장의 연금제도를 설계하는 의미를 가지나, 퇴직금 제도를 대체하는 성격을 가지기 때문에 규약에 포함될 최소한도의 요건을 설정할 필요가 있다.

「퇴직연금규약」이란 근기법상의 취업규칙과 그 성격이 유사한 것으로 개별 사업장의 퇴직연금제도를 설계하는 성격을 가지는 것으로 법정사항을 모두 포함하여야 하며 사항별로 그 이외 또는 법정사항을 상회하는 수준은 노사가 자유로이 정할 수 있다.

3) 확정급여형 퇴직연금 규약의 기재사항

확정급여형 퇴직연금제도를 설정하고자 하는 사용자는 근로자대표의 동의를 얻어 다음의 사항을 기재한 확정급여형 퇴직연금규약을 작성하여 고용노동부장관에게 신고하여야 한다(근퇴법 제12조).

① 퇴직연금사업자 선정에 관한 사항

② 가입자에 관한 사항

③ 가입기간에 관한 사항. 이 경우 가입기간은 퇴직연금제도의 설정 이후 해당 사업에서 근로를 제공한 기간으로 하되, 해당 퇴직연금제도의 설정 전에 해당 사

업에서 제공한 근로기간에 대하여도 가입기간으로 할 수 있다. 이 경우 법 제8조 제2항에 따라 퇴직금을 미리 정산한 기간은 제외한다(동법 제14조제2항).

④ 급여수준에 관한 사항. 이 경우 급여수준은 가입자의 퇴직일을 기준으로 산정한 일시금이 계속근로기간 1년에 대하여 30일분의 평균임금에 상당하는 금액 이상이 되도록 하여야 한다(동법 제15조).

⑤ 급여 지급능력 확보에 관한 사항. 확정급여형 퇴직연금제도를 설정한 사용자는 급여 지급능력을 확보하기 위하여 매 사업연도 말 다음에 해당하는 금액 중 더 큰 금액(이하 "기준책임준비금"이라 한다) 이상을 적립금으로 적립하여야 한다. 다만, 제14조제2항에 따라 해당 퇴직연금제도 설정 이전에 해당 사업에서 근로한 기간을 가입기간에 포함시키는 경우 대통령령으로 정하는 비율에 따른다(근퇴법 제16조제1항). 근퇴법 제16조제1항 본문에서 "대통령령으로 정하는 비율"이란 법 제16조제1항에 따른 기준책임준비금 대비 적립금 비율로 다음의 구분에 따른다(시행령 제5조제1항).

㉠ 2012년 7월 26일부터 2013년 12월 31일까지의 기간: 100분의 60

㉡ 2014년 1월 1일부터 2015년 12월 31일까지의 기간: 100분의 70

㉢ 2016년 1월 1일부터 207년 12월 31일까지의 기간: 100분의 80

㉣ 2018년 1월 1일 이후: 고용노동부령으로 정하는 100분의 80 이상의 비율

근퇴법 제16조제1항 단서에서 "대통령령으로 정하는 비율"이란 법 제14조제2항에 따라 해당 퇴직연금제도의 설정 전에 해당 사업에서 제공한 근로기간(이하 "과거근로기간"이라 한다)을 가입기간에 포함시키는 경우 해당 근로기간에 대한 기준책임준비금 대비 적립금 비율로서 과거 근로기간의 연수(年數)와 가입 후 연차(年次)의 구분에 따라 고용노동부장관이 정하여 고시하는 비율을 말한다(시행령 제5조제2항).

확정급여형 퇴직연금제도의 운용관리업무를 수행하는 퇴직연금사업자는 매 사업연도 종료 후 6개월 이내에 고용노동부령으로 정하는 바에 따라 산정된 적립금이 최소적립금을 상회하고 있는지 여부를 확인하여 그 결과를 대통령령으로 정하는 바에 따라 사용자에게 알려야 한다. 다만, 최소적립금보다 적은 경우에는 그 확인 결과를 근로자대표에게도 알려야 한다(근퇴법 제16조제2항).

사용자는 근퇴법 제16조제2항에 따른 확인 결과 적립금이 대통령령으로 정하는

수준에 미치지 못하는 경우에는 대통령령으로 정하는 바에 따라 적립금 부족을 해소하여야 한다(근퇴법 제16조제3항).

근퇴법 제16조제2항에 따른 확인 결과 매 사업연도 말 적립금이 기준책임준비금을 초과한 경우 사용자는 그 초과분을 향후 납입할 부담금에서 상계(相計)할 수 있으며, 매 사업연도 말 적립금이 기준책임준비금의 100분의 150을 초과하고 사용자가 반환을 요구하는 경우 퇴직연금사업자는 그 초과분을 사용자에게 반환할 수 있다(근퇴법 제16조제4항).

⑥ 급여의 종류 및 수급요건 등에 관한 사항. 이 경우 다음의 내용이 명시되어야 한다.

(가) 연금은 55세 이상으로서 가입기간이 10년 이상인 가입자에게 지급할 것. 이 경우 연금의 지급기간은 5년 이상이어야 한다.

(나) 일시금은 연금수급 요건을 갖추지 못하거나 일시금 수급을 원하는 가입자에게 지급할 것

⑦ 제28조에 따른 운용관리업무 및 제29조에 따른 자산관리업무의 수행을 내용으로 하는 계약의 체결 및 해지와 해지에 따른 계약이전에 관한 사항

⑧ 운용현황의 통지에 관한 사항. 이 경우 매년 1회 이상 적립금액 및 운용수익률 등이 고용노동부령이 정하는 바에 따라 가입자에게 통지되어야 한다.

⑨ 가입자의 퇴직 등 급여지급 사유발생과 급여의 지급절차에 관한 사항

⑩ 퇴직연금제도의 폐지·중단사유 및 절차 등에 관한 사항. 이 경우 폐지·중단사유 등이 명시되어야 한다.

⑪ 그 밖에 확정급여형 퇴직연금제도의 운영을 위하여 대통령령으로 정한 사항(동법시행령 제4조)

(가) 부담금의 산정 및 납입에 관한 사항

(나) 법 제28조에 따른 운용관리업무 및 법 제29조에 따른 자산관리업무의 수행에 대한 수수료의 부담에 관한 사항

(다) 가입자에 대한 교육의 방법 및 절차에 관한 사항

(라) 복수의 퇴직연금사업자와 운용관리업무에 관한 계약을 체결한 경우 업무의 처리방안에 관한 사항. 이 경우 법 제17조제5항에 따라 가입자가 개인형 퇴직연금제도의 계정을 지정하지 아니하는 경우 급여를 이전할 퇴직연금사업자의 지정에 관한 사항을 포함한다.

(2) 확정기여형 퇴직연금제도

1) 확정기여형 퇴직연금의 의의

확정기여형 퇴직연금(Defined Contribution Retirement Pension: DC형)이란 사용자의 부담금이 사전에 확정되고 근로자가 받을 퇴직급여는 적립금의 운용실적에 따라 변동될 수 있는 연금제도를 말한다.

사용자가 연간 임금총액의 1/12 이상의 금액을 노사가 퇴직연금규약에서 선정한 금융기관의 근로자 개인별 계좌에 적립하면, 근로자는 금융기관이 선정·제시하는 운용방법을 선택하여 적립금을 운용(투자)하고, 금융기관은 근로자의 지시에 따라 운용하여 근로자에게 연금 또는 일시금을 지급하게 된다.

확정기여형은 기업의 수명이 짧거나 경영이 불안정한 기업, 자체 퇴직연금제도를 설계하기 어려운 중소기업, 연봉제를 실시하며 매년 퇴직금 중간정산을 하는 기업, 직장이동이 빈번한 근로자 등에게 적합할 것으로 보인다.

2) 제도의 설정(규약의 작성)

확정기여형 연금제도 규약의 기재사항은 근퇴법 제13조에 규정된 내용을 기재하여야 한다.

① 부담금의 부담에 관한 사항. 이 경우 다음의 내용이 명시되어야 한다.

(가) 사용자는 최소한 가입자의 연간 임금총액의 12분의 1에 해당하는 금액은 현금으로 부담하도록 할 것

(나) 가입자는 (가)에 의한 사용자의 부담금 외에 추가로 부담금을 부담할 수 있다는 것

② 부담금의 납부에 관한 사항. 이 경우 다음의 내용이 명시되어야 한다.

(가) 사용자는 매년 1회 이상 정기적으로 부담금을 납부할 것

(나) 사용자는 가입자가 탈퇴한 때에 당해 가입자에 대한 부담금을 미납한 경우에는 탈퇴일부터 14일 이내에 그 부담금을 납부할 것

③ 적립금의 운용에 관한 사항. 이 경우 가입자는 적립금의 운용방법을 스스로 선정할 수 있고, 매반기 1회 이상 적립금 운용방법의 변경이 가능하여야 한다.

④ 적립금 운용방법 및 정보의 제공 등에 관한 사항. 이 경우 다음의 내용이 명시되어야 한다.

(가) 매반기 1회 이상 위험과 수익구조가 서로 다른 세 가지 이상의 적립금 운용방법이 제시되어 있을 것

(나) 운용방법별 이익 및 손실의 가능성에 관한 정보 등 가입자가 적립금의 운용방법을 선정하는 데 필요한 정보가 제공될 것

⑤ 중도인출에 관한 사항. 이 경우 주택구입 등 대통령령으로 정하는 사유가 발생하는 때에는 중도인출이 허용되어야 한다(동법시행령 제8조).

기본생활을 영위하기 어려운 사정 발생 시 퇴직연금을 활용할 수 있도록 하기 위하여 주택구입이나 회생절차개시의 결정 또는 파산선고를 받은 경우에는 퇴직연금의 급여를 받을 권리를 담보로 제공할 수 있도록 퇴직연금 수급권의 담보제공 사유를 확대한 것이다.

(가) 무주택자인 가입자가 주택을 구입하는 경우: 가입자별 적립금의 100분의 50

(나) 가입자 또는 그 부양가족이 6월 이상 요양을 하는 경우: 가입자별 적립금의 100분의 50

(다) 가입자가 「채무자회생및파산에관한법률」에 따른 회생절차개시의 결정을 받은 경우

(라) 가입자가 「채무자회생및파산에관한법률」에 따른 파산선고를 받은 경우

(마) 그 밖에 천재지변 등 고용노동부령으로 정하는 사유와 요건을 갖춘 경우: 천재지변 등으로 인하여 가입자 또는 부양가족이 고용노동부장관이 정하여 고시하는 기준 이상의 피해를 입은 경우를 말한다.

⑥ 제12조제1호(4.①) 내지 제3호(4.③)·제6호(4.⑥) 내지 제10(4.⑩)호에 관한 사항(고용노동부장관이 별도로 정하여 고시하는 한도)

⑦ 그 밖에 확정기여형 퇴직연금의 운영을 위하여 대통령령으로 정하는 사항

(가) 법 제15조의 규정에 의한 운용관리 업무 및 법 제16조의 규정에 의한 자산관리업무의 수행과 관련하여 소요되는 비용의 부담에 관한 사항

(나) 가입자에 대한 교육방법에 관한 사항

(3) 개인형 퇴직연금제도

1) 개인형 퇴직연금제도의 의의

개인형 퇴직연금제도란 가입자의 선택에 따라 가입자가 납입한 일시금이나 사

용자 또는 가입자가 납입한 부담금을 적립·운용하기 위하여 설정한 퇴직연금제도로서 급여의 수준이나 부담금의 수준이 확정되지 아니한 퇴직연금제도를 말한다(근퇴법 제2조제9호).

2) 개인형 퇴직연금제도의 설정

퇴직연금사업자는 개인형 퇴직연금제도를 운영할 수 있다(동법 제24조제1항).

다음 어느 하나에 해당하는 사람은 개인형 퇴직연금제도를 설정할 수 있다(동법 제24조제2항).

① 퇴직급여제도의 일시금을 수령한 자

② 확정급여형 퇴직연금제도 또는 확정기여형 퇴직연금제도의 가입자로서 자기의 부담으로 개인형 퇴직연금제도를 추가로 설정하려는 사람

③ 자영업자 등 안정적인 노후소득 확보가 필요한 사람으로서 대통령령으로 정하는 사람(이 경우 근퇴법 시행(2012.7.26) 후 5년이 경과한 날부터 적용한다(동법 부칙 제6조)

퇴직금제도 설정 사업장에 재직 중인 근로자는 개인형 퇴직연금제도의 적용대상이 아니다.

3) 개인형 퇴직연금제도의 운용

개인형 퇴직연금제도를 설정한 사람은 자기의 부담으로 개인형 퇴직연금제도의 부담금을 납입한다. 다만, 대통령령으로 정하는 한도를 초과하여 부담금을 납입할 수 없다(동법 제24조제3항). 이 경우 「대통령령으로 정하는 한도」란 이전 사업에서 받은 퇴직급여제도의 일시금 등을 제외한 금액으로 연간 1천 800만원(개인형 퇴직연금제도의 계정이 여러 개인 경우에는 부담금의 합계액)을 말한다(근퇴법시행령 제17조).

4) 개인형 퇴직연금제도의 급여 종류별 수급요건 및 중도인출

개인형 퇴직연금제도의 급여 종류별 수급요건은 다음과 같다(동법시행령 제18조).

① **연금**: 55세 이상인 가입자에게 지급. 이 경우 연금 지급기간은 5년 이상이어야 한다.

② **일시금**: 55세 이상으로서 일시금 수급을 원하는 가입자에게 지급

가입자가 근퇴법 제2조제1항 각 호의 어느 하나에 해당하는 경우 법 제24조제5항에 따라 개인형 퇴직연금제도의 적립금을 중도인출할 수 있다.

5) 개인형 퇴직연금제도로의 이전 사유

퇴직연금제도(확정급여현, 확정기여형)에서 퇴직시 개인형 퇴직연금제도로 강제 이전이 제외되는 경우는 다음과 같다(동법시행령 제9조).

① 가입자가 55세 이후에 퇴직하여 급여를 받는 경우

② 가입자가 근퇴법 제7조제2항에 따라 급여를 담보로 대출받은 금액 등을 상환하기 위한 경우. 이 경우 가입자가 지정한 개인형 퇴직연금제도의 계정으로 이전하지 아니하는 금액은 담보대출 채무상환 금액을 초과할 수 없다.

③ 퇴직급여액이 고용노동부장관이 정하는 금액 이하인 경우

300만원 이하인 경우(2015.12.11, 고용노동부고시 제2015-89호)를 말한다.

(4) 업무의 수행(위탁)

1) 운용관리업무

퇴직연금제도를 설정하려는 사용자는 운용관리업무의 수행을 내용으로 하는 계약을 퇴직연금사업자와 체결하여야 한다. 적립금의 운용관리는 전문적인 기관에 의해서 안전하게 운용될 수 있도록 하기 위하여 퇴직연금사업자에게 위탁하도록 한 것이다. 퇴직연금사업자의 등록 등에 관한 사항(근퇴법 제26조)과 퇴직연금사업자의 책무(근퇴법 제33조)에 대해서는 별도의 규정을 두고 있다.

2) 자산관리업무

퇴직연금제도를 설정한 사용자는 자산관리업무의 수행을 내용으로 하는 계약을 퇴직연금사업자와 체결하여야 한다(근퇴법 제29조제1항). 이는 적립금의 관리업무를 퇴직연금사업자에게 위탁하도록 한 것이다. 계약의 형태는 근로자의 수급권 보호를 위하여 적립금이 사용자로부터 분리되어 근로자의 수급권을 확보할 수 있는 특별계정에 의한 보험계약 또는 신탁계약만 허용하였다(근퇴법 제29조제2항).

제4절 근로관계 종료와 법적 효과

1 근로관계의 종료

근로관계란 근로자가 사용자에게 근로를 제공하고 사용자는 이에 대하여 임금 및 기타 급료를 지급함을 목적으로 하는 계약에 의하여 성립하는 근로자와 사용자간의 법률관계이다. 이와 같은 근로관계는 계속적 법률관계라는 특질이 있다. 근로관계의 본질은 노사간에 계속적·협동적 신뢰관계에 기초를 두고 기업의 계속적 운영이라는 조직적이고 통일적인 활동을 전개한다. 그러므로 근로관계가 종료한 경우에는 유기적 법률관계로서의 근로관계가 소멸한다. 그러나 근로관계로부터 구체적으로 파생된 개별적인 권리 의무는 법상 소정의 이행이 되지 않거나, 만족을 얻지 못하는 한 소멸되지 않는다. 따라서 이행되지 않거나 만족을 얻지 못한 임금청구권, 재해보상청구권은 근로관계의 종료 후에도 소멸시효가 완성할 때까지 존속한다.

2 사용자의 의무

1. 금품청산

법 제36조【금품청산】 사용자는 근로자가 사망 또는 퇴직한 경우에는 그 지급사유가 발생한 때부터 14일 이내에 임금·보상금 그 밖에 일체의 금품을 지급하여야 한다. 다만, 특별한 사정이 있을 경우에는 당사자 사이의 합의에 의하여 기일을 연장할 수 있다.

(1) 금품청산의 의의

근기법 제36조는 근로자가 사망 또는 퇴직한 경우 해당 근로자의 퇴직금이나 권리에 속하는 금품이 신속하게 지급되지 않는다면 퇴직근로자 또는 사망근로자의 가족의 생활이 곤란하게 될 수 있고, 시간의 경과에 따라 금품의 반환에 따르는 불편과 위험이 따를 우려가 있으며 임금이 생계의 원천인 근로자의 경우 이와 같은 폐단을 배제하는 데에 그 입법취지가 있다(대법 2011.11.10, 2011도10539). 근로자가 사망 또는 퇴직한 경우에 그러한 근로자 등의 생활안정을 도모하기 위한 안전판이 마련될 수 있도록 확실히 강제하려는 데 있다(대법 2006.2.9, 2005두12848). 퇴직은 임의 퇴직에 한하지 않으며 기간만료, 해고, 징계해고 등 근로관계 종료사유를 포함한다.

(2) 금품청산의 내용

1) 임금, 보상금 그 밖의 일체의 금품의 지급

임금, 보상금 그 밖의 일체의 금품을 지급하여야 한다.

① 임금은 근기법 제2조제1항제5호의 임금을 말한다. 일반적으로 이미 제공한 근로의 대가인 임금을 의미하지만 근로자가 지급을 요구할 수 있는 임금은 모두 포함된다. 예를 들면 「월의 도중에 퇴직한 경우에는 해당 월분의 임금을 전액 지급한다」는 특약이 있는 경우에는 그 특약에 의하여 근로하지 않은 부분에 대한 임금도 청구할 수 있다.

② 보상금이란 재해보상금을 말하며 요양보상(동법 제78조), 휴업보상(동법 제79조), 장해보상(동법 제80조), 유족보상(동법 제82조), 장의비(동법 제83조), 일시보상(동법 제84조), 분할보상(동법 제85조) 등 일체의 보상금을 말한다.

③ 그 밖의 일체의 금품의 범위에는 근로자가 제공한 근로와 직접적인 관계가 있을 필요는 없고 그 발생원인이 근로관계에 기초하여 사용자에게 지급의무가 부여된 금품이라면 금품청산 보호대상으로 봄이 타당하다. 예컨대 목표달성 성과급은 근기법상 임금이 아니더라도 근로관계에 기초하여 발생한 금품으로 같은 법 제36조의 「그 밖에 일체의 금품」에 포함되므로, 이를 위반시 처벌이 가능하다(2009.6.29, 근로기준과02195). 또한 적립금, 보증금, 저축금, 퇴직금, 예고수당 등 명칭을 불문하고 근로자에게 귀속할 일체의 금품을 말한다. 소득세법 제137조에 따른 근로소득세액의 연말정산환급금은 근로자에게 귀속되어야 하는 금품으로서 근기법 제36조의 일체의 금품에 해당한다(대법 2011.5.26, 2009도2357). 사용자인 甲이 퇴직 근로자 乙의 당해 연도 연말정산환급금을 당사자 사이에 지급기일 연장에 관한 합의 없이 지급사유가 발생한 날로부터 14일 이내에 지급하지 아니한 행위는 근기법 제112조제1항, 제36조 위반죄에 해당한다(대법 2011.9.8, 2011도3015). 즉, 근로자의 소유권에 속하는 금전 또는 물품으로서 근로관계와 관련하여

사용자에게 예치 또는 보관을 부탁한 것을 포함한다.

2) 금품청산의 시기

① **지급사유가 발생한 때**: 사용자의 금품청산의무는 그 지급사유가 발생한 때로부터 기산하여야 한다. 근로자의 사망 또는 그 밖의 퇴직사유로 사용자와 근로자 사이의 근로관계가 종료되면 즉시 임금·보상금·퇴직금 그 밖에 일체의 금품에 관하여 사용자에게 지급의무가, 근로자에게는 지급청구권이 발생한다.

근로자의 청산요구에 관계없이 사용자가 이 금품청산 의무의 이행을 지체하면 연체책임을 부담해야 한다. 근기법 제109조, 제36조 위반죄는 근로자의 사망 또는 퇴직으로 임금 등의 지급사유 발생일부터 14일이 경과하는 때에 성립하는 것이다(대법 2006.5.11, 2005도8364).

② **청구권자**: 퇴직의 경우의 청구권자는 자기퇴직은 말할 것도 없고 해고, 징계해고인 경우의 당해근로자를 말한다. 사망의 경우는 상속인만이 청구권자에 해당되며, 일반채권자는 임금의 직접지급 원칙상 그 청구권자에 포함되지 않는다. 다만, 여기서 말하는 상속인 중에서 취업규칙에 의해 그 순위(그 순위에서는 혼인신고를 하지 않았어도 사실상 혼인관계에 있는 자를 배우자와 마찬가지로 취급한다)를 변경한 경우(근기법시행령 제48조)에는 그 자에게 지급하여도 위반되지 않는다. 따라서 사업주가 법인일 경우에는 위 14일이 경과할 당시에 퇴직금 등의 지급 권한을 갖는 대표자가 그 체불로 인한 죄책을 짐이 원칙이고, 14일이 경과하기 전에 파산선고를 받아 그 지급권한을 상실하게 된 대표자는 특별한 사정이 없는 한 그 죄책을 지지 않는다(대법 2010.5.27, 2009도7722).

③ **특별한 사정이 있는 경우의 연장**: 특별한 사정이 있는 경우에는 당사자 사이의 합의에 의하여 지급기일을 연장할 수 있다(근기법 제36조 단서).

근기법에 의하면 당사자 사이의 합의에 의하여 근로자의 사망 또는 퇴직한 경우에 임금 등의 지급연장이 가능하도록 규정되어 있는데, 구법 시행령 제13조에서 그 기일연장이 3개월을 초과할 수 없도록 규정하여 이 위반시 형사처벌이 과해지는 것은 죄형법정주의의 원칙에 위배되고 위임입법의 한계를 벗어난 것으로서 무효라는 판결(대법 1998.10.15, 98도1759)에 따라 동법시행령 개정시 3개월을 초과할 수 없다는 동조항을 삭제하였다.

④ **근기법상 임금 등의 기일 내 지급의무 위반죄의 면책사유인 '임금 등을 기일 안에**

지급할 수 없었던 불가피한 사정'의 판단기준: '임금이나 퇴직금을 기일안에 지급할 수 없었던 불가피한 사정'이 있었는지 여부를 판단함에 있어서는, 사용자가 퇴직 근로자 등의 생활안정을 도모하기 위하여 임금이나 퇴직금 등을 조기에 청산하기 위해 최대한 변제노력을 기울이거나 장래의 변제계획을 분명하게 제시하고 이에 관하여 근로자측과 성실한 협의를 하는 등, 퇴직 근로자 등의 입장에서 상당한 정도 수긍할만한 수준이라고 객관적으로 평가받을 수 있는 조치들이 행하여졌는지 여부도 하나의 구체적인 징표가 될 수 있을 것이다(대법 2011.11.10, 2011도10539; 대법 2006.2.9, 2005도9230).

3) 금품청산과 관련된 쟁점

① **해고처분을 취소할 경우 퇴직금 미지급으로 인한 근기법 제36조 위반죄 성립 여부:** 사용자가 근로자를 해고하였으나 이에 관한 다툼이 제기되었다는 사정 등을 이유로 14일 이내에 금품청산을 하지 않다가 노동위원회의 구제명령 등에 따라 사후에 해고처분을 취소하고 원직복직시킨 경우에 있어 당해 사용자에게 형사벌칙이 적용되는 여부가 문제된다. 판례(대법 2009.11.12, 2009도7908)는 근로자의 퇴직금지급청구권은 퇴직이라는 근로관계의 적법한 종료를 요건으로 하여 발생하는 것이므로 근로계약이 유효하게 존속하는 한 사용자의 퇴직금지급의무는 발생할 여지가 없어 근기법 제36조 위반죄가 성립되지 아니한다. 이는 사용자가 그 해고처분을 취소함으로써 해고의 효력 및 그에 기한 퇴직금지급의무가 소급적으로 소멸하게 되는 경우에도 마찬가지이다. 근로자의 구제신청으로 해고처분이 취소되고 복직발령을 받은 이상 그에 기한 퇴직금지급의무는 소급적으로 소멸하게 되어 퇴직금 미지급으로 인한 근기법 위반죄의 구성요건적 사실이 존재하지 않게 되었으므로 형사벌칙이 적용될 수 없다고 한다.

② **해석상 다툼의 여지가 있는 금품을 지급하지 아니한 경우 근기법 위반 여부:** 임금지급의무에 대해 다툴 만한 근거가 있다면 사용자가 그 임금을 지급하지 않았다 하더라도 근기법 위반의 고의가 있었다고 인정하기 어렵다. 사후적으로 사용자의 민사상 지급책임이 인정된다고 해서 곧바로 사용자에게 근기법 위반죄의 고의가 인정된다고 단정해서는 안 된다(대법 2018.1.25, 2015도1681).

(4) 미지급임금에 대한 지연이자

법 제37조【미지급 임금에 대한 지연이자】 ① 사용자는 제36조에 따라 지급하여야 하는 임금 및 「근퇴법」제2조제5호에 따른 급여(일시금만 해당된다)의 전부 또는 일부를 그 지급사유가 발생한 날부터 14일 이내에 지급하지 아니하는 경우 그 다음 날부터 지급하는 날까지의 지연일수에 대하여 연 100분의 40 이내의 범위에서 「은행법」에 따른 은행이 적용하는 연체금리 등 경제여건을 고려하여 대통령령으로 정하는 이율에 따른 지연이자를 지급하여야 한다.
② 제1항은 사용자가 천재·사변 그 밖의 대통령령으로 정하는 사유에 따라 임금 지급을 지연하는 경우 그 사유가 존속하는 기간에 대하여는 적용하지 아니한다.

1) 지연이자의 의의

근기법 제37조는 근로자가 사망 또는 퇴직한 경우의 임금 및 퇴직금의 지연이자에 대하여 고율(연 20%)의 이자 지급의무를 부과함으로써 체불발생을 예방하고 조기청산을 유도하고 있다. 사용자는 근로자가 사망 또는 퇴직한 경우에는 임금·보상금·퇴직금 등을 지급사유가 발생한 날부터 14일 이내에 지급하지 않는 경우에는 벌칙(3년 이하의 징역 또는 2천만원 이하의 벌금)이 적용된다(근기법 제109조제1항). 이 경우에 피해자의 명시적인 의사와 다르게 공소를 제기할 수 없다(반의사불벌죄; 동조제2항). 사용자에 대한 경제적 압력을 통하여 퇴직하는 근로자에 대한 금품청산 의무의 이행을 독려하려는 것이다.

2) 지연이자 적용대상 근로자

근기법 제37조에 따른 지연이자는 같은 법 제36조의 금품 청산 대상 중 '임금'과 '퇴직급여 일시금'에 한정하고 있어 재직 중의 근로자에게는 적용되지 않는다(2008.6.3, 근로조건지도과-1863).

3) 지연이자율

근로자가 퇴직하였음에도 사용자가 임금 및 퇴직급여(일시금만 해당)의 전부 또는 일부를 퇴직한 날부터 14일 이내에 지급하지 않는 경우에는 그 다음 날부터 지급하는 날까지의 지연일수에 대하여 대통령령으로 정하는 특별지연이자를 지급하여야 한다(근기법 제37조제1항).

근기법 제37조제1항에서 '대통령령으로 정하는 이율'이란 연 100분의 20을 말한다(동법시행령 제19조).

4) 지연이자의 적용제외

사용자가 천재·사변 그 밖에 대통령령으로 정하는 사유에 의하여 임금 지급을 지연하는 경우에는 그 사유가 존속하는 기간에 대하여는 특별지연이자를 적용하지 않는다(제37조제2항). 물론 이 경우에도 민법상의 지체책임(이자의 지급과 기타의 손해배상책임)은 소멸하지 않는다. 지연이자의 적용제외사유인 '그 밖에 대통령령으로 정하는 사유'란 다음 어느 하나에 해당하는 경우를 말한다(동법시행령 제18조).

① 「임금채권보장법」 제7조제1항 각 호의 어느 하나에 해당하는 경우

② 「채무자회생및파산에관한법률」, 「국가재정법」, 「지방자치법」 등 법령상의 제약에 따라 임금 및 퇴직금을 지급할 자금을 확보하기 어려운 경우

③ 지급이 지연되고 있는 임금 및 퇴직금의 전부 또는 일부의 존부를 법원이나 노동위원회에서 다투는 것이 적절하다고 인정되는 경우

④ 그 밖에 제1호부터 제3호까지의 규정에 준하는 사유가 있는 경우

2. 임금·퇴직금 등 우선변제 청구권

이에 관해서는 제4장 제5절 ② 임금채권 우선변제제도에서 이미 기술했다.

3. 귀향여비

근로계약 체결 당시 명시된 근로조건이 사실과 다른 경우에 근로자는 즉시 근로계약을 해지할 수 있다(근기법 제19조제1항 후단). 이 경우 근로계약이 해지되었을 경우에는 사용자는 취업을 목적으로 거주를 변경한 근로자에게 귀향여비를 지급하여야 한다(근기법 제19조제2항).

4. 사용증명서

> **법 제39조【사용증명서】** ① 사용자는 근로자가 퇴직한 후라도 사용기간, 업무 종류, 지위와 임금 그 밖에 필요한 사항에 관한 증명서를 청구하면 사실대로 적은 증명서를 즉시 내주어야 한다.
> ② 제1항의 증명서에는 근로자가 요구한 사항만을 적어야 한다.

(1) 사용증명서의 의의

근기법 제39조는 근로자가 퇴직한 후 재취업을 하고자 할 때 도움이 되도록 하려는 것이며 그 근로자가 장차 유리한 지위를 얻을 수 있도록 사용자에게 사용증명서의 교무를 의무화시키고 있다(2007.12.13, 근로기준팀-8493).

근로자가 해고되었거나 퇴직한 경우라도 사용자는 근로자의 청구가 있을 때에 사용기간, 업무 종류, 지위와 임금 그 밖에 필요한 사항에 관한 증명서를 사실대로 적은 증명서를 즉시 내주어야 하며(근기법 제39조제1항), 이 경우에 사용자는 근로자가 요구하지 않은 사항을 기재하여서는 아니된다(동조제2항). 또한 근로자의 취업을 방해할 목적으로 비밀기호 또는 명부를 작성·사용하거나 통신을 하여서는 아니된다(근기법 제40조).

사용증명이 있다고 해서 퇴직근로자에게 반드시 유리하다고만은 할 수 없으므로, 사용자의 교부의무는 퇴직근로자의 청구가 있어야 발생한다.

(2) 사용증명서의 기재내용

① 사용자가 교부하여야 할 사용증명서의 기재사항은 「사용 기간, 업무 종류, 지위와 임금 그 밖에 필요한 사항」으로서 근로자가 청구하는 사항이다.

이 증명서에는 근로자가 요구하는 사항만을 기재하여야 한다. 사용자는 미리 제3자와 공모하여 근로자의 취업을 방해할 목적으로 당해 근로자가 기재를 요구하지 않은 국적·신앙·사회적 신분 또는 노동조합 활동 등에 관하여 사용증명서에 기재하여서는 안된다.

이 규정에서 말하는 「퇴직」이란 임의퇴직(사직, 합의해약) 뿐만 아니라 해고, 징계해고, 계약기간의 만료 등에 의한 근로관계의 소멸을 포함한다. 또한 「임금」이란 해당 근로자가 재직 중에 수령한 임금에 관한 사항을 말하는 것이고, 이에 급여명세서, 임금대장 등이 포함되는 것은 아니다(2007.9.10, 근로기준팀-6424).

② 즉, 사용증명서는 근로자가 특별히 요구한 것은 기입하나, 요구하지 않은 것은 기입해서는 안된다. 그러므로 법적 의무 기재사항 외에 위의 기재사항 중에서 근로자가 특히 기입하지 말도록 청구했음에도 불구하고 이를 기입하는 것은 본조 위반으로서 벌칙조항이 적용된다고 해석한다.

사용자는 근로자로부터의 청구에 따르지 않고 그 청구한 이외의 사항을 기입할 때, 근기법 제39조의 사용증명서의 기재사항을 기입치 않을 때, 사용증명서의 교부를 거부하거나, 즉시 교부하지 아니할 때 모두 벌칙을 받게 된다.

③ 「그 밖에 필요한 사항」에 있어서 사용자는 근로자가 청구한 사항이라 해도 객관적으로 보아 당해 근로자에게 불리하다고 인정되는 사항에 대하여는 이를 거부할 수도 있다고 해석된다. 왜냐하면 사용증명서의 취지가 헌법 제32조제1항의 소위 근로권의 구체적인 행사로서 재취업 활동을 유리하게 전개할 수 있는 편의를 도모하기 위한 것이므로 「그 밖에 필요한 사항」은 재취업에 필요하고 유리한 자료로서의 필요한 사항으로 해석되어야 하기 때문이다.

④ 사용증명서와 경력증명서의 구별이다. 경력증명서는 근무한 근로자의 사용기간, 업무 종류, 지위와 임금 등을 기록한 것으로 근로자의 경력을 증명하는 문서를 의미하는데, 사용증명서와 경력증명서는 그 기재 내용이 거의 유사하다고 볼 수 있다. 따라서 사용증명서는 근로자의 경력을 확인할 수 있는 근거 자료로 활용될 수 있을 것이다(2007.12.13, 근로기준팀-8493).

(3) 사용증명서의 청구

사용증명서를 청구는 할 수 있는 자는 계속하여 30일 이상 근무한 근로자로 하되 청구할 수 있는 기한은 퇴직 후 3년 이내이어야 한다(근기법시행령 제19조). 청구기한 종류 후에는 사용자는 근로자의 사용증명서 교부청구를 거부할 수 없다. 다만, 퇴직 후 3년이 경과된 이후 근로자가 사용증명서의 교부를 청구한 경우 사용자가 근로자의 청구를 거부할 수 있을 것이나 이 경우에도 사용자가 스스로 사용증명서를 교부하는 것은 무방하다(2005.11.30, 근로기준팀-1453). 재직 중인 근로자라도 근기법 제39조에 의한 사용증명서를 요구할 수 있다(2002.7.15, 근기 68207-2459).

퇴직 후 오랜 기간이 경과하면 계약서류, 근로자 명부 등 증거가 될 만한 서류의 멸실 등의 혼란이 있으므로 교부청구권의 행사에 제한을 하고 있다.

5. 취업방해의 금지

법 제40조【취업방해의 금지】 누구든지 근로자의 취업을 방해할 목적으로 비밀 기호 또는 명부를 작성·사용하거나 통신을 하여서는 아니된다.

(1) 취업방해 금지의 취지

사용자나 제3자(사용자였던 자를 포함한다) 등 누구든지 다른 사람이 근로자로 취업하려는 것을 방해할 목적으로 비밀 기호 또는 명부를 작성·사용하거나 통신을 하여서는 아니된다(근기법 제40조). 이른바 블랙리스트(black list) 작성의 금지를 명시한 조항이다. 동조항의 입법취지는 사용자나 제3자등 누구든지 근기법 제2조제1항제1호의 근로자로 취업하려는 것을 방해받지 않도록 보장하는 데 있다. 그러므로 채용 중에 있는 근로자에게 해고를 종용한 것은 근기법 제40조 위반으로 처벌할 것이 아니라 별도의 입법으로 다루어야 한다(2011.9.7, 근로개선정책과-2998). 어떠한 사항을 막론하고 비밀기호를 사용해서는 안된다. 취업방해의 금지는 사용증명서에 허위사항을 기입하는 것은 물론 명부를 작성·사용하거나 통신의 수단을 취하는 것도 금지된다.

(2) 취업방해 금지의 대상

근기법 제40조는 누구든지 근로자의 취업을 방해할 목적으로 비밀기호 또는 명부를 작성·사용하거나 통신을 하여서는 안된다고 규정하고 있으므로 이는 사용자뿐만 아니라 근로자나 제3자에 대하여도 적용되며 이를 위반할 경우에는 근기법 제107조에 의한 처벌대상이 된다(2003.7.4, 근기 68207-828).

(3) 취업방해 금지 내용

① 일반적으로 취업방해의 의사가 없었던 경우나 취업방해의 목적이 아닌 단

순한 경력조회 등은 취업방해 금지제도의 취지에 반하는 것으로 볼 수 없다.「경력조회 결과를 근로자의 취업을 방해하기 위한 목적으로 사용한 경우나 또는 경력조회에 의하여 작성·사용되거나 통신된 내용이 근로자의 취업을 방해하여 취업방해 목적이 객관적으로 인정되는 경우에는 근기법 위반의 문제가 발생한다」(1994.10.14, 근기 68207-1621).

② 사용증명서에 비밀기호를 사용하거나 허위사실을 기입, 통고라고 하는 객관적 사실의 존재만으로도 사용자의 취업방해 의사를 추정할 수 있다.

블랙리스트의 회람과 같은 미리 계획적으로 취업을 방해하는 것을 금지하는 취지이므로, 사전의 합의에 기초하지 않은 개개의 구체적인 사실에 대하여 조회가 있는 경우에 회답하는 것은 가능하다.

③ 취업 후 6개월 이상 근무하지 않고 퇴직한 근로자를 동종업체에서 다시 채용하지 않을 목적으로 동종업체들간에 재직기간이 명시된 퇴직근로자 명단을 작성해 공유했고, 실제로 그 명부에 기재된 근로자에 대해서는 채용한 사실이 없는 경우라면 이를 달리 볼 사정이 없는 한 근기법 제40조 위반에 해당된다. 다만, 취업방해의 목적이 있는지 여부는 객관적으로 입증되는 경우를 포함하여 사전조사를 통해 구체적 사실관계를 확인하여야 한다(2013.4.18, 근로개선정책과-2398).

제10장

기능습득 · 기숙사 · 직장 내 괴롭힘

제1절 기능습득

1 총 설

근기법 제7장의 기능습득에 관한 규정들은 도제제도와 비슷한 양성공과 수습공을 둘러싸고 발생되는 각종의 폐단을 배제하고 기능자양성을 위한 질서를 수립하기 위하여 마련된 것이다. 따라서 근기법 제7장의 규정의 취지는 근로자직업능력개발법과는 달리 다분히 전근대적인 요소를 제거하기 위한 소극적인 성격을 가지고 있다. 그리고 동 규정들은 현재 사용자와 일정한 법률관계에 있는 근로자들에게만 적용된다.

2 기능습득자의 보호

법 제77조【기능습득자의 보호】 사용자는 양성공, 수습, 그 밖의 명칭을 불문하고 기능의 습득을 목적으로 하는 근로자를 혹사하거나 가사, 그 밖의 기능 습득에 관계없는 업무에 종사시키지 못한다.

1. 기능습득자 보호의 의의

근기법 제77조에서는 「사용자는 양성공, 수습 그 밖의 명칭을 불문하고 기능의 습득을 목적으로 하는 근로자를 혹사하거나 가사 그 밖의 기능 습득에 관계없는 업무에 종사시키지 못한다」고 규정하고 있다.

이것은 봉건적인 도제제도하에 있어서 기능의 전수를 빙자하여 근로자 특히 연소 근로자를 혹사하거나 기능 습득에 관계없는 가사노동 등에 종사시키는 폐단을 제거하려는 취지에서 마련된 것이다. 이 규정은 전근대적 성격을 가진 것이지만 우리나라의 현실이 영세기업이 많고 그곳에서는 이와 같은 폐단이 많으므로 현실적으로는 중요한 의미가 있는 규정이라고 할 것이다.

2. 혹사금지와 기능습득에 관계없는 업무종사 금지

근기법 제77조는 기능의 습득을 목적으로 하는 근로자를 혹사하는 것을 금지하고 기능의 습득을 관철하려고 한 것이다. 그를 위해서는 첫째로 기능습득을 목적으로 하는 근로자에 대한 혹사를 금지하였다.

근기법 제77조의 보호대상은 양성공·수습공·견습공 등 그 명칭과는 관계없이 기능의 습득을 목적으로 고용되어 있는 모든 근로자를 포함한다.

둘째로 기능습득을 목적으로 하는 근로자를 가사 그 밖의 기능습득에 관계없는 작업에 종사시키는 것을 금지하였다.

「가사 그 밖의 기능 습득에 관계없는 업무」중에는 기계, 기구, 기재 등을 내리고 넣는 것, 정비사업장의 정돈, 청소 등 당해 기능을 습득하는 데 필요하다고 인정되는 일은 이에 포함되지 않으나 이러한 일의 범위를 넘어서 잡역에 사용하여서는 아니된다.

3. 근기법 제77조 위반의 효과

근기법 제77조는 이 목적을 위한 규정이다. 본 규정 위반에 대해서는 동법 제114조에 의한 벌칙의 적용을 받는다.

제2절 기숙사

1 총 설

기숙사 제도를 활용하면 통근의 불편이 해소되고 근로능률이 증진될 뿐 아니라 공동생활을 통하여 인격의 양성에 기여하게 된다. 그러나 자칫 잘못하면 그것은 사용자의 근로착취와 사실상의 강제근로의 수단에 되고, 또 풍기의 문란과 비위생의 온상이 되기 쉽다. 그러므로 이러한 나쁜 점을 제거하여 근기법은 기숙사 생활을 보장하고(근기법 제98조), 생활질서를 존중하며(동법 제99조), 그 설비의 안전과 위생을 확보하기 위하여(동법 제100조) 제반 규정을 두고 있는 것이다. 따라서 근기법은 특히 사업의 부속기숙사에 대하여 기숙근로자의 사생활의 자유·기숙사 생활의 자치·기숙사 생활의 질서 및 기숙사의 설비와 안전보건에 관한 규정을 둠으로써 기숙사에서 생활하는 근로자들을 보호하고 있다.

원래 기숙사 자체는 당연히 근로조건이라고 할 수 없으며, 또한 근로관계의 내용을 이루는 것도 아니다. 그러나 기숙사가 근로조건과 관련을 가진다는 것은 말할 것도 없으며 기업의 종류에 따라서는 기숙사의 이용이 실질적으로 예상되며 또한 조건으로 되어 있는 경우도 없지 않아 않다. 따라서 이 경우에는 기숙사는 근로관계의 내용과 관련하여 고찰될 수도 있을 것이다.

2 기숙사 생활의 보장

법 제98조【기숙사 생활의 보장】 ① 사용자는 사업 또는 사업장의 부속 기숙사에 기숙하는 근로자의 사생활의 자유를 침해하지 못한다. ② 사용자는 기숙사 생활의 자치에 필요한 임원 선거에 간섭하지 못한다.

1. 사생활의 자유보장

① 근기법 제99조제1항에서는 「사용자는 사업 또는 사업장의 부속 기숙사에 기숙하는 근로자의 사생활의 자유를 침해하지 못한다」고 규정하고 있다. 규제대상이 되는 기숙사란 상태로서 상당 인원수의 근로자가 숙박해서 공동생활의 실태를 갖추고 있는 것을 말하며 사업에 부속한다 함은 사업경영의 필요상 그 일부로서 설치되어 그 폐지는 사업경영이 불가능하거나 또는 현저히 곤란하게 될 수 있는 사업과의 필연적인 관련성을 가지는 것을 말한다.

② 근로자는 근로계약에 의하여 취업시간 중에는 사용자의 지휘·명령에 따라야 하지만 취업시간이 아닌 직장 밖에서는 사용자와 완전히 대등한 시민으로서 사적 생활의 자유를 가진다. 이것은 기숙사에서의 생활이 근로조건인 경우에도 마찬가지이다. 사생활의 자유침범을 금지하고 있는데 구체적으로 어떤 행위를 말하는가에 대한 구체적인 규정은 없으나 외출·외박에 승인을 받게 하는 것, 교육, 오락 등의 행사에 강제로 참가케 하는 것, 특별한 경우를 제외하고 면회의 자유를 제한하는 것, 전화나 서신의 간섭·검열, 사물(私物)의 점검이라든가 특정한 종교를 믿도록 종용하는 것 등을 들 수 있다.

사생활의 자유가 보장되어야 하는 이상 기숙사에서의 공동생활의 질서는 기숙하고 있는 근로자의 자치에 의해서 유지될 수밖에 없다.

2. 기숙사 생활의 자치보장

근기법 제99조제2항에서는 「사용자는 기숙사 생활의 자치에 필요한 임원 선거에 간섭하지 못한다」고 규정하고 있다. 임원의 선거에 있어 그 구성·수·선출방법 등을 간섭하여서는 아니된다. 이것은 기숙사 생활의 자치에 대한 가장 명백한 침해행위이기 때문이다. 그러나 이러한 임원 이외에 기숙사설비의 관리자를 선임한다든가 또는 사감을 선정하는 것은 사용자의 권한에 속한다. 이들은 기숙사 내에 거주하고 있어도 기숙사에서의 자치형성에 참가하는 자는 아니며 따라서 임원으로 취임할 수 없다. 사용자측의 직원은 사감 그 밖의 명칭의 여하를 불문하고 기숙사의 설비의 관리와 기숙사규칙의 이행에 관한 사용자의 사무를 취급할 수 있을 뿐이다.

사용자가 기숙사 생활의 자치에 필요한 임원 선거에 간섭할 경우에는 500만원 이하의 과태료를 부과한다(근기법 제114조제1호). 구법에서는 500만원 이하의 벌금에 처하던 것을 500만원 이하의 과태료 부과로 전환하여 법 위반에 대한 처벌의 합리성을 높인 것이다.

3 기숙사규칙의 작성·변경

1. 기숙사규칙의 작성과 변경의 취지

기숙사는 다수의 근로자들이 생활을 같이 하는 곳이며, 사용자는 기숙사에 관하여 관리권을 가지므로 근기법은 기숙사에 있어서의 공동생활의 질서를 유지하기 위하여 사용자에 대하여 기숙사규칙의 작성의무, 기재사항, 작성절차 및 준수의무 등을 규정한다(근기법 제99조).

2. 기숙사규칙의 기재사항

근기법 제99조제1항은 「부속기숙사에 근로자를 기숙시키는 사용자는 다음 각 호의 사항에 관하여 기숙사규칙을 작성하여야 한다.

1. 기상, 취침, 외출과 외박에 관한 사항
2. 행사에 관한 사항
3. 식사에 관한 사항
4. 안전과 보건에 관한 사항
5. 건설물과 설비의 관리에 관한 사항
6. 그 밖에 기숙사에 기숙하는 근로자 전체에 적용될 사항」을 규정하고 있다.

기숙사규칙의 필요적 기재사항에 기상, 취침 외출과 외박, 행사, 식사, 안전과 보건, 건설물과 설비의 관리에 관한 사항 등 개인의 사생활상의 사항이 포함되고 있다. 이것은 기숙사 생활에는 사용자가 간섭할 수 없는 사생활 부분뿐만 아니라 경영상의 요청과 사생활상의 사정과의 조정을 필요로 하는 부분도 존재하므로 그것을 노사의 공동관리 부분으로 한다는 취지라고 해석된다.

이와 같은 기숙사규칙을 작성케 하는 것은 사용자가 그의 시설의 이용방법에 관하여 일정한 기준을 정하도록 하여 질서를 유지케 하는 동시에 규칙제정에 의한 근로자의 사생활의 침해가 없도록 하고 안전·보건에 관한 배려를 도모하기 위한 것이다.

3. 기숙사규칙의 작성·변경에 대한 동의 절차

① 사용자는 기숙사규칙의 작성·변경에 관하여는 기숙사에 기숙하는 근로자의 과반수를 대표하는 자의 동의를 얻어야 한다(근기법 제99조제2항·제3항, 제115조). 근로자들의 동의를 얻도록 한 것은 기숙사규칙이 근로자들의 사생활에 관련되어 있고, 직접·간접으로 근로조건에 관계되기 때문이다. 취업규칙의 작성의 경우와 달리 근로자의 동의를 얻도록 한 것은 그러한 사항이 특히 사생활에 관계가 있기 때문이다. 그것은 민주적 방법을 채택하기 위한 것이다.

② 사용자는 근로자의 과반수를 대표하는 자의 동의를 받으려고 하는 경우 기숙사에 기숙하는 근로자의 과반수가 18세 미만인 때에는 기숙사규칙안을 7일 이상 기숙사의 보기 쉬운 장소에 게시하거나 갖추어 두어 알린 후에 동의를 받아야 한다(근기법시행령 제54조). 이와 같이 기숙사규칙은 사용자와 근로자의 동의로써 작성되는 것이므로 노사가 모두 준수하여야 하는 것은 당연하므로 법은 그 준수의무를 정한 것이다(근기법 제99조제3항).

4. 기숙사규칙의 게시 및 주지

사용자는 근기법 제99조제1항에 따른 기숙사규칙을 기숙사에 게시하거나 갖추어 두어 기숙하는 근로자에게 널리 알려야 한다(근기법 제14조제2항).

4 기숙사의 설치·운영 기준

법 제100조【부속 기숙사의 설치·운영 기준】 사용자는 부속 기숙사를 설치·운영할 때 다음 각 호의 사항에 관하여 대통령령으로 정하는 기준을 충족하도록 하여야 한다.
1. 기숙사의 구조와 설비
2. 기숙사의 설치 장소
3. 기숙사의 주거 환경 조성
4. 기숙사의 면적
5. 그 밖에 근로자의 안전하고 쾌적한 주거를 위하여 필요한 사항

법 제100조의2【부속 기숙사의 유지관리 의무】 사용자는 제100조에 따라 설치한 부속 기숙사에 대하여 근로자의 건강 유지, 사생활 보호 등을 위한 조치를 하여야 한다.

1. 기숙사의 구조와 설비

사용자는 기숙사를 설치하는 경우 다음의 사항을 모두 충족해야 한다(근기법 시행령 제55조).

① 침실 하나에 15명 이하의 인원이 거주할 수 있는 구조일 것
② 화장실과 세면·목욕시설을 적절하게 갖출 것
③ 채광과 환기를 위한 적절한 설비 등을 갖출 것
④ 적절한 냉·난방 설비 또는 기구를 갖출 것
⑤ 화재 예방 및 화재 발생 시 안전조치를 위한 설비 또는 장치를 갖출 것

2. 기숙사의 설치 장소

사용자는 소음이나 진동이 심한 장소, 산사태나 눈사태 등 자연재해의 우려가 현저한 장소, 습기가 많거나 침수의 위험이 있는 장소, 오물이나 폐기물로 인한 오염의 우려가 현저한 장소 등 근로자의 안전하고 쾌적한 거주가 어려운 환경의 장소에 기숙사를 설치해서는 안 된다(근기법 시행령 제56조).

3. 기숙사의 주거 환경 조성

사용자는 기숙사를 운영하는 경우 다음의 사항을 준수해야 한다.

① 남성과 여성이 기숙사의 같은 방에 거주하지 않도록 할 것

② 작업시간을 달리하는 2개 조 이상의 근로자들이 같은 침실에 거주하지 않도록 할 것

③ 기숙사에 기숙하는 근로자가 감염병에 걸린 경우에는 해당 근로자의 침실, 개인용품 등에 대하여 소독 등 필요한 조치를 취할 것

4. 기숙사의 면적

기숙사 침실의 넓이는 1인당 2.5제곱미터 이상으로 한다.

5. 근로자의 사생활 보호 등

사용자는 기숙사에 기숙하는 근로자의 사생활 보호 등을 위하여 다음의 사항을 준수해야 한다(근기법 시행령 제58조의2).

① 기숙사의 침실, 화장실 및 목욕시설 등에 적절한 잠금장치를 설치할 것

② 근로자의 개인용품을 정돈하여 두기 위한 적절한 수납공간을 갖출 것

제3절 직장 내 괴롭힘 금지

1 직장 내 괴롭힘의 개념과 판단

1. 직장 내 괴롭힘의 개념과 사례

개정 근기법 제76조의2에서는 직장 내 괴롭힘의 정의를 "사용자 또는 근로자는 직장에서의 지위 또는 관계 등의 우위를 이용하여 업무상 적정범위를 넘어 다른 근로자에게 신체적·정신적 고통을 주거나 근무환경을 악화시키는 행위"로 규정하여 이를 금지한다.

직장 내 괴롭힘은 근로자의 정신적·신체적 건강에 악영향을 끼칠 뿐만 아니라 기업에도 막대한 비용부담을 초래하게 되었다. 또한 외국인근로자의 직장 내 괴롭힘 때문에 노동인권개선에 소극적이라는 국내외 비판이 제기되고 있는 실정으로, 이에 대한 대책을 마련하려는 것이다.

근기법 개정(2019.1.15 법률 제16270호, 2019.7.16 시행)으로 최초로 "직장 내 괴롭힘"이 법률로서 정의되고 금지된다는 원칙이 세워졌다는 것에 큰 의의가 있다. 근로자를 포함하는 노무제공자의 "인격권"의 보장이 핵심가치임을 확인한 것이다.

2. 직장 내 괴롭힘에 속하는 범주(사례)(고용노동부 2019.2.21, 직장 내 괴롭힘 판단 및 예방·대응 매뉴얼)

① 직장 내 괴롭힘에 속하는 사례에는 폭언, 폭력, 협박을 행사하는 극단적인 경우

② 고의적으로 업무에서 배제하는 행위, 업무와 무관한 사적인 심부름이나 업무지시를 지속적으로 강요하는 행위, 집단적 따돌림, 업무수행과정에서의 의도적 무시, 배제하는 행위 등

③ 업무를 과도하게 부여하는 행위

④ 업무에 필요한 주요 비품(컴퓨터, 전화 등)을 제공하지 않거나 인터넷, 사내 인트라넷 접속을 차단하는 행위

3. 직장 내 괴롭힘의 판단

직장 내 괴롭힘이 성립되는지에 대해서는 당사자의 관계, 행위가 행해진 장소 및 상황, 행위에 대한 피해자의 명시적 또는 추상적인 반응의 내용, 행위의 내용 및 정도, 행위가 일회적 또는 단기간의 것인지 또는 계속적인 것인지 여부 등의 구체적인 사정을 참작하여 종합적으로 판단하되, 객관적으로 피해자와 같은 처지에 있는 일반적이고도 평균적인 사람의 입장에서 신체적·정신적 고통 또는 근무환경의 악화의 결과가 발생하였음이 인정되어야 한다.

2 직장 내 괴롭힘 발생 시 조치

근기법 제76조의3은 '직장 내 괴롭힘 발생 시 조치'로 직장 내 괴롭힘의 신고·조사, 보호조치, 신고자 보호 등에 관하여 다음과 같이 규정하고 있다.

제76조의3【직장 내 괴롭힘 발생 시 조치】 ① 누구든지 직장 내 괴롭힘 발생 사실을 알게 된 경우 그 사실을 사용자에게 신고할 수 있다.
② 사용자는 제1항에 따른 신고를 접수하거나 직장 내 괴롭힘 발생 사실을 인지한 경우에는 지체 없이 그 사실 확인을 위한 조사를 실시하여야 한다.
③ 사용자는 제2항에 따른 조사 기간 동안 직장 내 괴롭힘과 관련하여 피해를 입은 근로자 또는 피해를 입었다고 주장하는 근로자(이하 "피해근로자등"이라 한다)를 보호하기 위하여 필요한 경우 해당 피해근로자등에 대하여 근무장소의 변경, 유급휴가 명령 등 적절한 조치를 하여야 한다. 이 경우 사용자는 피해근로자등의 의사에 반하는 조치를 하여서는 아니 된다.
④ 사용자는 제2항에 따른 조사 결과 직장 내 괴롭힘 발생 사실이 확인된 때에는 피해근로자가 요청하면 근무장소의 변경, 배치전환, 유급휴가 명령 등 적절한 조치를 하여야 한다.
⑤ 사용자는 제2항에 따른 조사 결과 직장 내 괴롭힘 발생 사실이 확인된 때에는 지체 없이 행위자에 대하여 징계, 근무장소의 변경 등 필요한 조치를 하여야 한다. 이 경우 사용자는 징계 등의 조치를 하기 전에 그 조치에 대하여 피해근로자의 의견을 들어야 한다.
⑥ 사용자는 직장 내 괴롭힘 발생 사실을 신고한 근로자 및 피해근로자등에게 해고나 그 밖의 불리한 처우를 하여서는 아니 된다.

1. 신고 및 조사

누구든지 직장 내 괴롭힘 발생사실을 사용자에게 신고할 수 있고, 사용자는 직장 내 괴롭힘 발생사실을 신고받거나 인지한 경우 지체 없이 조사하여야 한다(근기법 제76조의3 제1항 및 제2항).

2. 피해근로자 등에 대한 보호조치

또한 사용자는 조사하는 동안 피해자를 보호하기 위하여 피해자의 의사에 반하지 않는 한 근무장소 변경, 유급휴가 명령 등 적절한 조치를 하여야 한다(근기법 제76조의3 제3항 및 제4항).

3. 가해자에 대한 징계 등

직장 내 괴롭힘이 확인된 경우 행위자에 대한 징계 등 적절한 조치를 취해야 한다(근기법 제76조의3 제5항).

4. 신고자 보호

근기법 제76조의3 제6항에 위반하여 '직장 내 괴롭힘 발생사실을 신고한 근로자 및 피해근로자등에게 해고나 그 밖의 불리한 처우를 하여서는 아니된다' (근기법 제76조의3 제6항). 불리한 처우를 한 사용자에게 3년 이하의 징역 또는 3천만원 이하의 벌금에 처한다는 규정을 두고 있다(근기법 제109조제1항).

5. 취업규칙의 필요적 기재사항으로 규정화

개정 근기법은「직장 내 괴롭힘의 예방 및 발생 시 조치 등에 관한 사항」을 취업규칙의 필요적 기재사항의 하나로 추가하고 있다(근기법 제93조제11호). 근기법 제76조의3과의 관계에서 취업규칙에 구체적으로 기재되어야 할 사항으로는 ① 금지되는 직장 내 괴롭힘 행위, ② 직장 내 괴롭힘 예방교육, ③ 고충상담, ④ 사건처리절차, ⑤ 피해자 보호조치, ⑥ 가해자 제재, ⑦ 재발방지대책 등이 있다.

제11장

안전과 보건

제1절 산안법의 개요

1 산업재해예방과 안전보건

근기법 제76조【안전과 보건】 근로자의 안전과 보건에 관하여는 「산업안전보건법」에 따른다.

근로자의 생명·신체·건강은 근로자에게 무엇보다도 중요한 것이며, 그것들이 근로로 인하여 손상되지 아니하도록 하는 것은 노동법의 주요 과제이다. 나아가서는 산업재해에 대한 사후적 보상제도인 산업재해 보상책임의 보험제도화도 산업재해의 억제효과를 가질 수 있다. 그러나 이 과제의 중심을 이루는 것은 산업현장에서의 안전·보건의 확보이며, 그에 의한 산업재해(직업병을 포함하여)의 방지이다.

2 산안법의 제정과 목적

산업안전보건법(이하 산안법이라 약칭한다)은 산업안전·보건에 관한 기준을 확립하고 그 책임의 소재를 명확하게 하여 산업재해를 예방하고 쾌적한 작업환경을 조성함으로써 노무를 제공하는 자의 안전과 보건을 유지·증진함을 목적으로 한다(산안법 제1조)고 규정하여 산안법의 목적을 '근로자'에서 '노무를 제공하는 자'의 안전 및 보건의 유지·증진으로 대상을 확대하였다. 구체적으로 그간 산업재해 위험에 노출되어 있음에도 불구하고, 산안법의 보호대상에서는 제외되었던 특수형태근로종사자와 배달종사자를 보호대상으로 포함하였다. 근기법 제76조에 의하면 「근로자의 안전과 보건에 관하여는 「산안법」이 정하는 바에 따른다」고 규정하여 종전의 근기법 제6장의 안전보건규정에 갈음하여 산안법이 통일적으로 적용됨을 분명이 하였다.

산안법은 이와 같이 법 개정에 의하여 근로자와 사용자 사이의 근로관계를 직접 규제하게 되었다. 이는 근로자의 안전과 보건에 관한 이중적 규율체제로부터 단일체제로 바뀌었다는 점에서 중요한 의의가 있다.

3 산안법의 적용범위

산안법은 모든 사업에 적용된다(산안법 제3조). 다만, 유해·위험의 정도, 사업의 종류·사업장의 상시근로자 수 등을 고려하여 대통령령으로 정하는 사업 또는 사업장에는 산안법의 전부 또는 일부가 적용하지 아니할 수 있다. 구체적으로 상시근로자 5명 미만 사업, 사무직 근로자만 사용하는 사업, 일부 서비스업, 의복제조업, 일부 도·소매 음식숙박업, 금융·보험법에 대하여 동법의 일부가 적용되지 아니하고 있다(동법시행령 별표 1).

4 도급인·수급인의 산업재해 통합 공표

고용노동부장관은 산업재해를 예방하기 위하여 대통령령으로 정하는 사업장의 산업재해 발생건수, 재해율, 그 순위 등을 공표하여야 한다(산안법 제10조제1항). 고용노동부장관은 도급인 사업장(도급인이 제공하거나 지정한 경우로서 도급인이 지배·관리하는 대통령령으로 정하는 장소를 포함한다. 이하 같다)중 대통령령으로 정하는 사업장에서 관계 수급인 근로자가 작업을 하는 경우에 산업재해 발생건수 등에 관계 수급인의 산업재해 발생 건수 등을 포함하여 공표하여야 한다(산안법 제10조제2항).

외주화의 확대로 인해 재해발생 건수를 하청업체로 전가하고 있는 현실을 바로잡아 산업재해 지표를 정확하게 반영하고 도급인의 책임을 강화한 것이다.

5 사업주 형사처벌 강화

산업재해 예방을 위해 산안법의 실효성을 담보하고자 사업주의 안전조치 및 보건조치 위반에 대한 형사처벌을 강화하였다. 우선 사업주가 안전조치 및 보건조치 의무를 위반하여 근로자가 사망하는 경우(7년 이하의 징역 또는 1억원 이하의 벌금)에 지나치게 낮은 형이 선고되는 경향이 있어 해당 범죄를 5년 이내에 두 번 이상 범하는 경우 그 형의 2분의 1까지 가중하도록 하였다(산안법 제167조).

또한, 안전조치 및 보건조치 위반으로 근로자가 사망한 경우 법인인 사업주에게 선고되는 벌금형이 최대 1000만원을 넘지 않는 등 지나치게 낮아 형벌의 효과가 크지 않았다. 이에, 법인에 대한 벌금형의 법정형을 현행 1억원 이하에서 10억원 이하로 상향하였다(산안법 제173조). 아울러 산안법 위반으로 2회 이상 형사처벌을 받는 자가 다수 있어, 제재의 실효성을 담보함과 동시에 산업재해 예방이라는 법의 목적을 실질적으로 달성할 수 있도록 안전 및 보건조치 위반으로 근로자를 사망하게 한 자에게 법원에서 유죄 선고를 하는 경우에는 수강명령을 병과할 수 있도록 하였다(제174조).

제2절 안전·보건관리체제

1 안전·보건관리체제

1. 대표이사의 안전·보건계획 수립과 이사회 보고 및 승인

일정 규모 이상 기업의 대표이사에게 기업의 안전·보건에 관한 계획을 수립하고, 이를 이사회에 보고하여 승인을 얻도록 하였다(산안법 제14조제1항). 이에 따라 기업의 산업재해 예방을 위한 시스템이 사업장 단위가 아닌 기업 차원에서 체계적으로 작동될 수 있게 되었다.

2. 안전보건관리책임자

① **대상 사업장**: 사업주는 상시 근로자 100명(토사석 광업 등은 50명 이상, 농업 등은 300명 이상, 건설업은 공사금액 20억원 이상을 제외한 사업은 100명)이상을 사용하는 사업과 상시 근로자 100명 미만을 사용하는 사업 중 고용노동부령으로 정하는 사업장에는 안전보건관리책임자를 두어 총괄관리하도록 하여야 한다(산안법 제13조제1항, 시행령 제9조).

② **자격**: 안전보건관리책임자는 해당 사업장에서 그 사업을 실질적으로 총괄·관리하는 자(예컨대 공장장·지점장·사업소장·현장소장)로서 안전관리자와 보건관리자를 지휘·감독한다(산안법 제13조제2항).

③ **직무**: 안전보건관리책임자는 안전보건관리업무를 총괄·관리하는데 구체적인 관리사항에 대하여는 산안법 제15조제1항에서 명시하고 있다. 안전보건관리책임자는 산안법 제17조에 따른 안전관리자와 제18조에 따른 보건관리자를 지휘·감독한다(동법 제15조제2항).

④ **신고**: 사업주가 안전보건관리책임자를 선임한 때에는 그 선임사실 및 해당 업무수행 내용을 증명할 수 있는 서류를 갖춰둬야 한다(동법시행령 제9조제4항).

3. 관리감독자

사업주는 사업장의 관리감독자에게 당해 직무와 관련된 안전·보건에 관한 업무로서 안전·보건점검 등 대통령령으로 정하는 업무를 수행하도록 하여야 한다(산안법 제15조제1항).

관리감독자란 경영조직에서 생산과 관련되는 업무와 그 소속직원을 직접 지휘·감독하는 직위에 있는 자를 말한다(동법 제16조제1항).

4. 안전관리자

① **개념**: 안전관리자란 안전에 관한 기술적인 사항에 관하여 사업주 또는 안전보건관리책임자를 보좌하고 관리감독자에게 지도·조언하는 업무를 수행하는 자이다(산안법 제17조제1항).

② **선임대상 사업장 및 선임방법**: 산안법시행령은 안전관리자를 두어야 할 사업의 종류와 사업장의 상시근로자 수·안전관리자의 수·자격·업무·권한·선임방법, 그 밖에 필요한 사항에 대해 명시하고 있다(산안법 제17조제2항).

③ **안전관리자의 자격과 직무**: 안전관리자의 자격은 산안법시행령 제14조 및 〈별표 3〉에, 업무는 동법시행령 제13조에 각각 규정하고 있다.

④ **안전관리자 증원·개임명령**: 고용노동부장관은 산업재해 예방을 위하여 필요한 경우로서 고용노동부령으로 정하는 사유에 해당하는 경우에는 사업주에게 안전관리자를 대통령령으로 정하는 수 이상으로 늘리거나 교체할 것을 명할 수 있다(산안법 제17조제3항).

⑤ **안전관리전문기관업무위탁**: 안전관리전문기관의 지정 요건 및 절차에 관한 사항은 대통령령으로 정하고, 안전관리전문기관의 업무수행기준, 안전관리전문기관이 위탁업무를 수행할 수 있는 지역, 그 밖에 피요한 사항은 고용노동부령으로 정한다(동법 제17조제4항). 대통령령으로 정하는 사업의 종류 및 사업장의 상시근로자 수에 해당하는 사업장의 사업주는 산안법 제21조에 따라 지정받은 안전관리 업무를 전문적으로 수행하는 기관(안전관리전문기관)에 안전관리자의 직무를 위탁할 수 있다(산안법 제17조제4항).

5. 보건관리자

① 개념: 보건관리자란 보건에 관한 기술적 사항에 관하여 사업주 또는 안전보건관리책임자를 보좌하고 관리감독자에게 지도·조언하는 업무를 수행하는 자이다(산안법 제18조제1항).

② 선임대상 사업장 및 선임방법: 보건관리자를 두어야 하는 사업의 종류와 사업장의 상시근로자 수·보건관리자의 수·자격·업무·권한·선임방법 그 밖에 필요한 사항은 동법시행령에서 규정하고 있다(산안법 제18조제2항).

③ 보건관리자의 자격과 직무: 보건관리자의 자격은 동법시행령 제8조 및 〈별표 6〉에서, 업무는 산안법시행령 제17조에 규정되어 있다.

④ 보건관리자 증원·교체명령:고용노동부장관은 산업재해예방을 위하여 필요한 경우로서 고용노동부장관이 정하는 사유에 해당하는 경우에는 사업주에게 보건관리자를 정수 이상으로 늘리거나 교체할 것을 명할 수 있다(산안법 제18조제3항).

⑤ 보건관리업무 위탁: 사업주는 고용노동부장관이 지정하는 보건관리전문기관에 보건관리업무를 위탁할 수 있으며 이 경우 보건관리자를 선임하지 않아도 된다(산안법 44제16조제3항).

6. 안전보건관리담당자

① 개념: 안전보건관리담당자란 사업장에 안전 및 보건에 관하여 사업주를 보좌하고 관리감독자에게 지도·조언하는 업무를 수행하는 사람을 말한다. 사업주는 안전보건관리담당자를 두어야 하나 안전관리자 또는 보건관리자가 있거나 이를 두어야 하는 경우에는 그러하지 아니하다(산안법 제19조제1항).

② 선임 대상 사업장 및 선임방법: 안전보건관리담당자를 두어야 하는 사업의 종류와 사업장의 상시 근로자수, 안전보건담당자의 수, 자격·업무·권한·선임방법 그 밖에 필요한 사항은 대통령령령으로 정한다(산안법 제19조제2항).

7. 산업보건의

① 선임: 상시근로자 50명 이상을 사용하는 사업으로서 의사가 아닌 보건관리

자를 둔 사업장의 사업주는 근로자의 건강관리나 그 밖에 보건관리자의 업무를 지도하기 위하여 사업장에 산업보건의를 두어야 한다. 다만, 의사를 보건관리자로 둔 경우에는 그러하지 아니하다(동법 22조제1항).

② **자격·직무·권한·선임 방법**: 이 때 산업보건의를 두어야 하는 사업의 종류와 사업장의 상시근로자 수, 산업보건의의 자격·업무·권한·선임방법 그 밖에 필요한 사항은 시행령에 규정을 두고 있다(동법 제22조제2항).

8. 안전보건총괄책임자

① **개념**: 안전보건총괄책임자란 도급인은 관계수급인인 근로자가 도급인의 사업장에서 작업을 하는 경우에는 그 사업장의 안전보건관리책임자를 도급인의 근로자와 관계수급인 근로자의 산업재해를 예방하기 위한 업무를 총괄하여 관리를 지정받는 자를 말한다(산안법 제62조제1항).

② **선임대상 사업장**: 수급인 및 하수급인에게 고용된 근로자를 포함하여 상시근로자가 50명 이상인 1차 금속제조산업, 선박 및 보트건조업, 토사석, 광업, 기타 100명 이상 제조업, 수급인과 하수급인의 공사 금액을 포함한 해당 공사의 총공사금액이 20억원 이상인 건설업이 대상 사업장이다.

③ **업무**: 안전보건총괄책임자의 업무는 (가) 중대재해 발생시 작업중지 및 재개, (나) 도급사업에 있어서의 안전·보건조치, (다) 수급업체의 산업안전보건관리비의 집행감독 및 이의 사용에 관한 수급업체간의 협의·조정, (라) 안전인증대상기계·기구 등과 자율안전확인대상기계·기구 등의 사용 여부 확인, (마) 위험성 평가의 실시에 관한 사항 등이다(동법시행령 제24조).

9. 산업안전보건위원회

① **개요**: 사업주는 사업장의 안전·보건에 관한 중요사항을 심의·의결하기 위하여 사업장에 근로자위원과 사용자위원이 같은 수로 구성되는 산업안전보건위원회를 설치·운영하여야 한다(산안법 제24조제1항).

② **구성**: 산업안전보건위원회 위원은 근로자위원 및 사용자위원 각 10명 내외로 구성된다.

(가) 사업의 대표자 1명(동일 사업 내에 지역을 달리하는 사업장이 있는 경우에는 그 사업장의 최고책임자)

(나) 산업보건의 1명(선임된 사업장에 한한다)

(다) 안전관리자(안전관리자의 업무를 위탁한 경우에는 당해 대행기관의 해당사업장 담당자를 말한다) 1명, 보건관리자(보건관리자의 업무를 위탁한 경우에는 당해 대행기관의 해당사업장 담당자를 말한다) 1명 또는 당해 사업장 부서의 장 중에서 사업주가 지명하는 자 9명 이내

(라) 근로자대표(근로자의 과반수로 조직된 노동조합이 있는 경우에는 그 노동조합의 대표자를, 없는 경우에는 근로자의 과반수를 대표하는 자를 말한다) 1명, 근로자 대표가 지명하는 명예산업안전감독관 1명 이상 및 근로자대표가 지명하는 근로자 9명 이내

③ **산업안전보건위원회의 운영**: 산업안전보건위원회의 위원장은 위원 중에서 호선한다. 위원장은 3개월마다 정기회의를 개최하여야 하며, 필요한 경우 임시회의를 개최할 수 있다. 회의결과는 근로자에게 알려주어야 한다.

근로자대표는 사업주에게 산업안전보건위원회(산안법 제29조의2에 따라 설치한 노사협의체)의 의결사항에 대한 통지를 요청할 수 있다(산안법 제11조제2항제1호). 산업안전보건위원회 및 노사협의체회의는 그 결과를 회의록으로 작성하여 보존하고 회의록은 2년간 보존하여야 한다(산안법 제19조제3항, 제29조의2제4항, 제64조).

④ **심의·의결사항**: (가) 법 제13조제1항제1호 내지 제5호 및 제7호에 관한 사항, (나) 법 제13조제1항제6호의 규정 중 중대재해에 관한 사항, (다) 유해하거나 위험한 기계·기구 그 밖의 설비를 도입한 경우 안전·보건에 관한 조치

산업안전보건위원회는 해당 사업장의 근로자의 안전과 보건을 유지·증진시키기 위하여 필요한 사항을 정할 수 있다(동법 제19조제4항).

산업안전보건위원회의 심의·의결 또는 결정은 산안법과 동법에 따른 명령·단체협약, 취업규칙 및 안전보건관리규정에 반하여서는 아니 된다(동법 제19조제6항).

10. 명예산업안전감독관

고용노동부장관은 산업재해예방활동에 대한 참여와 지원을 촉진하기 위하여 근로자·근로자단체·사업주단체 및 산업재해 예방관련 전문단체에 소속된 자 중에서 명예산업안전감독관을 위촉할 수 있다(동법 제23조제1항). 사업주는 명예산업안

전감독관에 대하여 불리한 처우를 해서는 아니된다(동법 동조제2항).

2 안전보건관리규정의 작성 및 준수

1. 안전보건관리규정의 작성

사업주는 사업장의 안전·보건을 유지하기 위하여 ① 안전·보건관리조직과 그 직무에 관한 사항, ② 안전·보건교육에 관한 사항, ③ 작업장의 안전 및 보건에 관한 사항, ④ 사고 조사 및 대책수립에 관한 사항, ⑤ 그 밖에 안전·보건에 관한 사항 등을 포함한 안전보건관리규정을 작성하여야 한다(동법 제25조제1항).

안전보건관리규정을 작성하거나 변경할 때에는 산업안전보건심의위원회의 심의·의결을 거쳐야 하며, 산업안전보건심의위원회가 설치되어 있지 아니한 사업장의 경우에는 근로자대표의 동의를 받아야 한다(동법 제26조).

2. 안전보건관리규정의 준수 및 효력

사업주와 근로자는 안전보건관리규정을 지켜야 하며(동법 제27조), 안전보건관리규정은 단체협약 및 취업규칙에 반할 수 없다. 이 경우 안전보건관리규정 중 단체협약 또는 취업규칙에 반하는 부분에 관하여는 그 단체협약 또는 취업규칙에 정한 기준에 따른다(동법 제25조). 안전보건관리규정은 동법에서 규정한 것을 제외하고는 그 성질에 반하지 아니하는 범위에서 근기법의 취업규칙에 관한 규정을 준용한다(산안법 제28조).

3. 안전보건관리규정을 작성하여야 할 사업의 범위

안전보건관리규정을 작성하여야 할 사업의 종류, 사업장의 상시근로자 수 및 안전보건관리규정에 포함되어야 할 세부적인 내용, 그 밖에 필요한 사항은 고용노동부령으로 정한다(산안법 제25조제3항).

제3절 유해·위험방지조치

1 사업주의 의무

1. 법령요지의 게시 및 안전보건표지의 설치·부착

① 법령요지의 게시: 사업주는 산안법과 동법에 의한 명령의 요지 및 안전보건관리규정을 각 사업장의 근로자가 쉽게 볼 수 있는 장소에 게시하거나 갖추어 두어 근로자에게 널리 알려야 한다(동법 제34조).

② 안전보건표지의 설치·부착: 사업주는 유해하거나 위험한 장소·시설·물질에 대한 경고, 비상시에 대처하기 위한 지시·안내 또는 그 밖에 근로자의 안전 및 보건 의식을 고취하기 위한 사항 등을 그림, 기호 및 글자 등으로 나타낸 표지(안전보건표지)를 근로자가 쉽게 알아 볼 수 있도록 설치하거나 부착하여야 한다. 이 경우 「외국인근로자의고용등에관한법률」 제2조에 따른 외국인근로자(같은 조 단서에 따른 사람을 포함한다)를 사용하는 사업주는 안전보건표지를 고용노동부장관이 정하는 바에 따라 해당 외국인근로자의 모국어로 작성하여야 한다(산안법 제37조제1항).

2. 사업주의 안전·보건 조치

(1) 안전조치

① 사업주는 다음 어느 하나에 해당하는 위험으로 인한 산업재해를 예방하기 위하여 필요한 조치를 하여야 한다(산안법 제38조제1항). (가) 기계·기구 그 밖의 설비에 의한 위험, (나) 폭발성·인화성·발화성 물질 등에 의한 위험, (다) 전기·열·그 밖의 에너지에 의한 위험

② 사업주는 굴착, 채석, 하역, 벌목, 운송, 조작, 운반, 해체, 중량물 취급, 그 밖의 작업을 할 때 불량한 작업방법 등에 의한 위험으로 인한 산업재해를 예방하기 위하여 필요한 조치를 하여야 한다(동조 제2항).

③ 사업주는 근로자가 다음의 어느 하나에 해당하는 장소에서 작업을 할 때 발생할 수 있는 산업재해를 예방하기 위하여 필요한 조치를 하여야 한다(동조 제3항).

(가) 근로자가 추락할 위험이 있는 장소, (나) 토사·구축물 등이 붕괴할 우려가 있는 장소, (다) 물체가 떨어지거나 날아올 위험이 있는 장소, (라) 천재지변으로 인한 위험이 발생할 우려가 있는 장소

필요한 조치란 객관적으로 효과가 기대되는 구체적인 조치를 의미한다. 구체적인 조치기준은 「산업안전보건기준에관한규칙」에서 규정하고 있다.

④ 산안법은 산업재해를 예방하고 쾌적한 작업환경을 조성함으로써 '근로자'의 안전과 보건을 유지·증진함을 목적으로 하는 것이므로(같은 법 제1조) 같은 법 제37조, 제29조 등이 규정하고 있는 안전상의 조치의무 또는 근로자를 사용하여 사업을 행하는 사업주가 부담하여야 하는 재해방지의무는 작업장 내의 모든 사람에게 적용되는 것이 아니라 사업주와 실질적인 고용관계가 있는 근로자에 대하여만 적용된다(대구지법 2007.2.13, 2006고정3671). 예컨대 공사에 필요한 작업을 위하여 일일임대차계약에 의하여 임차한 카고트럭의 소유자 겸 운전기사가 작업 중 현장에서 사망한 사안에서, 임차인인 사업주와 피해자 사이에 실질적인 고용관계가 성립하였다고 보기 어려워 사업주가 피해자에 대해 산안법 제38조에 규정된 안전상의 조치의무를 부담한다고 할 수 없다.

⑤ 사업주에 대한 산안법 제64조, 제38조 위반죄는 사업주가 자신이 운영하는 사업장에서 산업안전기준에 관한 규칙이 정하고 있는 바에 따른 안전조치를 취하지 않은 채 산안법 제38조에 규정된 안전상의 위험성이 있는 작업을 하도록 지시하거나, 그 안전조치가 취해지지 않은 상태에서 위 작업이 이루어지고 있다는 사실을 알면서도 이를 방치하는 등 그 위반행위가 사업주에 의하여 이루어졌다고 인정되는 경우에 한하여 성립하는 것이지, 단지 사업주의 사업장에서 위와 같은 위험성이 있는 작업이 필요한 안전조치가 취해지지 않고 이루어졌다는 사실만으로 성립하는 것은 아니다(대법 2007.3.29, 2006도8874).

(2) 보건조치

사업주는 다음의 어느 하나에 해당하는 건강장해를 예방하기 위하여 필요한 조치(보건조치)를 하여야 한다(산안법 제39조제1항).

① 원재료·가스·증기·분진·흄(fume, 열이나 화학반응에 의하여 형성된 고체증기가 응축되어 생긴 미세입자를 말한다)·미스트(mist, 공기 중에 떠다니는 작은 액체방울을 말한다)·산소결핍·병원체 등에 의한 건강장해

② 방사선·유해광선·고온·저온·초음파·소음·진동·이상기압 등에 의한 건강장해

③ 사업장에서 배출되는 기체·액체 또는 찌꺼기 등에 의한 건강장해

④ 계측감시(計測監視), 컴퓨터 단말기 조작, 정밀공작(精密工作) 등의 작업에 의한 건강장해

⑤ 단순반복작업 또는 인체에 과도한 부담을 주는 작업에 의한 건강장해

⑥ 환기·채광·조명·보온·방습·청결 등의 적정기준을 유지하지 아니하여 발생하는 건강장해

(3) 근로자의 안전조치 및 보건조치 준수

근로자는 제38조 및 제39조에 따라 사업주가 한 조치로서 고용노동부령으로 정하는 조치 사항을 지켜야 한다(산안법 제40조). 구체적인 조치기준은 「산업안전보건기준에관한규칙」에서 규정하고 있다.

(4) 고객응대근로자(감정노동자) 보호

고객응대근로자란 서비스산업을 중심으로 고객을 직접 대면하거나 정보통신망을 통하여 상대하면서 상품을 판매하거나 서비스를 제공하는 업무에 종사하는 근로자를 말한다. 사업주는 고객의 폭언, 폭행, 그 밖에 적정 범위를 벗어난 신체적·정신적 고통을 유발하는 행위(폭언 등)으로 인한 건강장해를 예방하기 위하여 필요한 조치를 하여야 한다(산안법 제41조제1항).

사업주는 고객의 폭언등으로 인하여 고객응대근로자에게 건강장해가 발생하거나 발생할 현저한 우려가 있는 경우에는 업무의 일시적 중단 또는 전환 등 대통령령으로 정하는 필요한 조치를 하여야 한다(동조 제2항).

고객응대근로자는 사업주에게 제2항에 따른 조치를 요구할 수 있고, 사업주는 고객응대근로자의 요구를 이유로 해고 또는 그 밖의 불리한 처우를 해서는 아니된다(동조 제3항).

3. 작업중지 등의 조치

① **사업주의 작업중지권**: 사업주는 산업재해가 발생할 급박한 위험이 있을 때 또는 중대재해가 발생하였을 때에는 즉시 작업을 중지시키고 근로자를 작업장소로부터 대피시키는 등 필요한 안전·보건상의 조치를 한 후 작업을 다시 시작하도록 하여야 한다(동법 제52조 및 제54조제1항).

② **근로자의 작업중지권**: (가) 근로자는 산업재해가 발생할 급박한 위험이 있는 경우에는 작업을 중지하고 대피할 수 있다. 해당 근로자는 지체없이 그 사실을 바로 관리감독자에게 보고하고, 관리감독자는 보고를 받으면 안전 및 보건에 관하여 필요한 조치를 하여야 한다(동법 제52조제1항 내지 제3항).

(나) 사업주는 산업재해가 발생할 급박한 위험이 있다고 믿을 만한 합리적인 이유가 있는 때에는 동조 제1항에 따라 작업을 중지하고 대피한 근로자에 대하여 해고나 그 밖의 불리한 처우를 하여서는 아니된다(동법 제52조제4항).

③ **고용노동부장관의 시정 및 작업중지 조치**: (가) **시정조치**: 고용노동부장관은 사업주가 사업장의 건설물 또는 그 부속건설물 및 기계·기구·설비·원재료(기계·설비등)에 대하여 안전 및 보건에 관하여 고용노동부령으로 정하는 필요한 조치를 하지 아니하여 근로자에게 현저한 유해·위험이 초래될 우려가 있다고 판단될 때에는 해당 기계·설비등에 대하여 사용중지·대체·제거 또는 시설의 개선, 그 밖에 안전 및 보건에 관하여 고용노동부령으로 정하는 필요한 조치(시정조치)를 명할 수 있다(산안법 제53조제1항).

(나) 제57조제1항에 따라 시정조치 명령을 받은 사업주는 해당 기계·설비등에 대하여 시정조치를 완료할 때까지 시정조치 명령 사항을 사업장 내에 근로자가 쉽게 볼 수 있는 장소에 게시하여야 한다(동조 제2항).

(다) 고용노동부장관은 사업주가 해당 기계·설비등에 대한 시정조치 명령을 이행하지 아니하여 유해·위험 상태가 해소 또는 개선되지 아니하거나 근로자에 대한 유해·위험이 현저히 높아질 우려가 있는 경우에는 해당 기계·설비등과 관련된 작업의 전부 또는 일부의 중지를 명할 수 있다(동조 제3항).

(라) 사용중지 명령 또 작업중지 명령을 받은 사업주는 그 시정조치를 완료한 경우에는 고용노동부장관에게 사용중지 또는 작업중지의 해제를 요청할 수 있다(동조 제4항).

④ **중대재해 발생 시 고용노동부장관의 작업중지 조치**: 고용노동부장관은 중대재해가 발생하였을 때 다음의 어느 하나에 해당하는 작업으로 인하여 해당 사업장에 산업재해가 다시 발생할 급박한 위험이 있다고 판단되는 경우에는 그 작업의 중지를 명할 수 있다(산안법 제55조제1항).

(가) 중대재해가 발생한 해당 작업

(나) 중대재해가 발생한 작업과 동일한 작업

고용노동부장관은 토사·구축물의 붕괴, 화재·폭발, 유해하거나 위험한 물질의 누출 등으로 인하여 중대재해가 발생하여 그 재해가 발생한 장소 주변으로 산업재해가 확산될 수 있다고 판단되는 등 불가피한 경우에는 해당 사업장의 작업을 중지할 수 있다(동조 제2항).

고용노동부장관은 사업주가 작업중지의 해제를 요청한 경우에는 작업중지 해제에 관한 전문가 등으로 구성된 심의위원회의 심의를 거쳐 고용노동부령으로 정하는 바에 따라 작업중지를 해제하여야 한다(동조 제3항).

4. 방호조치

(1) 방호조치의 내용

① 산안법 제80조는 누구든지 동력으로 작동하는 기계·기구로서 대통령령으로 정하는 것은 고용노동부령으로 정하는 유해·위험 방지를 위한 방호조치를 하지 아니하고는 양도·대여·설치 또는 사용에 제공하거나, 양도·대여의 목적으로 진열하여서는 아니된다(동법 제33조제1항).

② 누구든지 동력으로 전달하는 기계·기구로서 작동부분의 돌기부분, 동력전달부분이나 속도조절부분 또는 회전기계의 물림점을 가진 것은 고용노동부령으로 정하는 방호조치를 하지 아니하고는 양도, 대여, 설치 또는 사용에 제공하거나 양도·대여의 목적으로 진열하여서는 아니 된다(동법 제33조제2항).

(2) 산안법 제33조제1항의 행위주체

산안법 제33조제1항이 그 행위주체를 사업주로 한정하지 않고 있음은 그 문언상 명백하고, 승강기 등 유해·위험 기계·기구를 양도·대여·설치·사용·진열하는 자가 반드시 사업주와 일치하는 것도 아니므로, 위 법 조항은 사업주의 개념을 전제로 한 규정이 아니라고 할 것이다. 즉, 위 법 조항은 승강기 등 유해·위험 기계·기구에 대하여 유해·위험방지를 위한 방호조치를 하여야 할 법령상의 의무가 있는 자가 필요한 방호조치를 하지 아니한 경우뿐만 아니라, 널리 누구라도 승강기 등 유해·위험 기계·기구가 유해·위험방지를 위한 방호조치를 취하지 아니한 상태라는 점을 인식하면서 이를 사업장에 양도·대여의 목적으로 진열하는 행위를 금지하는 규정이라고 해석함이 상당하고, 그렇게 해석하는 이상 위 법 조항이 유해·위험 기계·기구를 이용하여 근로에 종사하는 근로자의 사업주만을 수범자로 하는 규정이라고 볼 아무런 근거가 없다(대법 2006.1.12, 2004도8875).

(3) '위험기계 등을 대여하는 자의 대여를 받는 자에 대한 서면 교부의무'의 취지

산안법 제33조제3항, 동법시행령 제27조제2항, 동법시행규칙 제49조제1항제2호는, 위험기계 등을 대여하는 자로 하여금 대여를 받는 자에게 당해 기계 등의 능력 및 방호조치의 내역, 특성 및 사용상의 주의사항, 수리·보수 및 점검 내역과 주요 부품의 제조일을 기재한 서면을 교부하도록 하고, 동법시행령 [별표 8호] 제12호는 그러한 위험기계 등에 '버킷굴삭기'를 규정하고 있는바, 위와 같은 서면 교부의무는 위험기계 등을 대여받는 자로 하여금 그 방호조치 등을 숙지하도록 함으로써 사업장 내의 위험을 예방하여 작업자들의 안전을 도모하고자 하는 데에 그 취지가 있으므로, 비록 '버킷굴삭기'를 대여하는 자가 운전원을 함께 파견하였다고 하더라도 대여를 받는 자에 대한 위 서면 교부의무가 면제된다고 볼 수는 없다(대법 2010.2.25, 2009도3835).

5. 안전인증

고용노동부장관은 유해하거나 위험한 기계·기구·설비 및 방호장치·보호구(유해·위험기계 등)의 안전성을 평가하기 위하여 안전에 관한 성능과 제조자의 기술능력·생산 체계 등에 관한 안전인증기준을 정하여 고시하여야 한다(산안법 제83조제1항). 이 경우 안전인증기준은 유해·위험기계등의 종류별, 규격 및 형식별로 정할 수 있다(산안법 제83조제2항).

6. 유해성물질의 제조금지와 제조허가

누구든지 다음 어느 하나에 해당하는 물질(제조 등 금지물질)로서 대통령령으로 정하는 물질을 제조·수입·양도·제공 또는 사용하여서는 아니된다(산안법 제117조 제1항).

① 직업성 암을 유발하는 것으로 확인되어 근로자의 건강에 특히 해롭다고 인정되는 물질

② 산안법 제105조에 따라 유해·위험성이 평가된 유해인자나 제109조에 따라 유해성·위험성이 조사된 화학물질 가운데 근로자에게 중대한 건강장해를 일으킬 우려가 있는 물질

산안법 제117조제1항 각 호의 어느 하나의 기준에 해당하는 물질(허가대상물질)로서 대통령령으로 정하는 물질을 제조·사용 또는 해체·제거하고자 하는 자는 고용노동부령으로 정하는 바에 의하여 미리 고용노동부장관의 허가를 받아야 한다. 허가 받은 사항을 변경하고자 할 때에도 또한 같다(산안법 제118조제1항).

7. 석면조사

건축물이나 설비를 철거하거나 해체하려는 경우에 해당 건축물이나 설비의 소유주 또는 임차인 등(건축물·설비소유주등)은 다음의 사항을 고용노동부령으로 정하는 바에 따라 조사(일반석면조사)한 후 그 결과를 기록하여 보존하여야 한다(산안법 제119조제1항).

① 해당 건축물이나 설비에 석면이 함유되어 있는지 여부

② 해당 건축물이나 설비 중 석면이 함유된 자재의 종류, 위치 및 면적

8. 유해인자의 관리

고용노동부장관은 고용노동부령으로 정하는 바에 따라 근로자에게 건강장해를 일으키는 화학물질 및 물리적 인자 등(유해인자)의 유해성·위험성 분류기준을 마련하여야 한다(산안법 제104조).

고용노동부장관은 유해인자가 근로자의 건강에 미치는 유해성·위험성을 평가하고 그 결과를 관보 등에 공표할 수 있다.(제105조제1항).

유해성·위험성 평가대상 유해인자의 선정기준, 유해성·위험성 평가의 방법, 그 밖에 필요한 사항은 고용노동부령으로 정한다(동조제3항).

9. 도급시 산업재해 예방(도급의 제한)

(1) 도급 등 유해·위험 작업의 도급금지

직업병 발생 위험이 높은 도금, 수은·납·카드뮴을 사용하는 작업 등의 사내도급을 금지하되, 일시·간헐적 작업이나 수급인이 보유한 기술이 전문적이고 도급인의 사업 운영에 필수불가결한 경우(고용노동부장관의 승인 필요)에는 예외적으로 도급을 허용하였다. 사업주는 근로자의 안전 및 보건에 유해하거나 위험한 작업으로서 다음 의 어느 하나에 해당하는 작업을 도급하여 자신의 사업장에서 수급인의 근로자가 그 작업을 하도록 해서는 아니 된다(산안법 제58조제1항).

① 도금작업

② 수은, 납 또는 카드뮴을 제련, 주입, 가공 및 가열하는 작업

③ 동법 제118조제1항에 따른 허가대상물질을 제조하거나 사용하는 작업

사업주는 동법 제58조제1항에도 불구하고 다음의 어느 하나에 해당하는 경우에는 동법 제58조제1항 각 호에 따른 작업을 도급하여 자신의 사업장에서 수급인의 근로자가 그 작업을 하도록 할 수 있다(동법 제58조제2항).

(가) 일시·간헐적으로 하는 작업을 도급하는 경우

(나) 수급인이 보유한 기술이 전문적이고 사업주(수급인에게 도급을 한 도급인으로서의 사업주를 말한다)의 사업 운영에 필수 불가결한 경우로서 고용노동부장관의 승인을 받은 경우

(2) 도급의 승인

사업주는 자신의 사업장에서 안전 및 보건에 유해하거나 위험한 작업 중 급성 독성, 피부 부식성 등이 있는 물질의 취급 등 대통령령으로 정하는 작업을 도급하려는 경우에는 고용노동부장관의 승인을 받아야 한다. 이 경우 사업주는 고용노동부

령으로 정하는 바에 따라 안전 및 보건에 관한 평가를 받아야 한다(산안법 제59조).

(3) 도급인의 안전조치 및 보건조치 책임 강화

사고사망자 중 수급인 근로자의 비중이 높은 현실을 감안하여 사업장의 유해·위험 요소에 대한 실질적인 지배관리권을 가진 도급인의 책임을 강화하였다. 도급인의 안전조치 및 보건조치 의무를 일부 위험한 장소에서 도급인 사업장 전체와 더불어 화재·폭발·추락·질식 등 대통령령령으로 정하는 유해·위험한 장소로서 사업주가 지배·관리가능한 장소로 학대하여 수급인 근로자에 대한 산업재해 예방 책임을 강화하고, 도급인이 안전조치 및 보건조치 의무를 위반한 경우 그 처벌 수준을 강화하였다. 3년 이하 징역 또는 3천만원 이하 벌금, 근로자 사망 시 7년 이하 또는 1억원 이하의 벌금, 5년 내 반복 시 그 형의 2분의 1까지 가중한다(산안법 제167조, 제169조).

① **안전보건관리총괄책임자**: 도급인은 관계수급인 근로자가 도급인의 사업장에서 작업을 하는 경우에는 그 사업장의 안전보건관리책임자를 도급인의 근로자와 관계수급인 근로자의 산업재해를 예방하기 위한 업무를 총괄하여 관리하는 안전보건총괄책임자로 지정하여야 한다. 이 경우 안전보건관리책임자를 두지 아니하여도 되는 사업장에서는 그 사업장에서 사업을 총괄하여 관리하는 사람을 안전보건총괄책임자로 지정하여야 한다(동법 제18조제1항).

② **도급에 따른 산업재해예방조치**: 도급인은 관계수급인 근로자가 도급인의 사업장에서 작업을 하는 경우 다음 각 호의 사항을 이행하여야 한다.

(가) 도급인과 수급인을 구성원으로 하는 안전 및 보건에 관한 협의체의 구성 및 운영

(나) 작업장 순회점검

(다) 관계수급인이 근로자에게 하는 제29조제1항부터 제3항까지의 규정에 따른 안전보건교육 실시 확인

(라) 관계수급인이 근로자에게 하는 제29조제3항에 따른 안전보건교육의 실시 확인

(마) 다음의 어느 하나의 경우에 대비한 경보체계 운영과 대피방법 등 훈련

㉠ 작업 장소에서 발파작업을 하는 경우

㉡ 작업 장소에서 화재·폭발, 토사·구축물 등의 붕괴 또는 지진 등이 발생한 경우

(바) 위생시설 등 고용노동부령으로 정하는 시설의 설치 등을 위하여 필요한 장소의 제공 또는 도급인이 설치한 위생시설 이용의 협조

③ **도급인의 정보 제공**: 다음의 작업을 도급하는 자는 그 작업을 수행하는 수급인 근로자의 산업재해를 예방하기 위하여 고용노동부령으로 정하는 바에 따라 해당 작업 시작 전에 수급인에게 안전 및 보건에 관한 정보를 문서로 제공하여야 한다(산안법 제65조제1항).

(가) 폭발성·발화성·인화성·독성 등의 유해성·위험성이 있는 화학물질 중 고용노동부령으로 정하는 화학물질 또는 그 화학물질을 함유한 혼합물을 제조·사용·운반 또는 저장하는 반응기·증류탑·배관 또는 저장탱크로서 고용노동부령으로 정하는 설비를 개조·분해·해체 또는 철거하는 작업

(나) 제1호에 따른 설비의 내부에서 이루어지는 작업

(다) 질식 또는 붕괴의 위험이 있는 작업으로서 대통령령으로 정하는 작업

④ **도급인의 관계수급인에 대한 시정조치**: (가) 도급인은 관계수급인 근로자가 도급인의 사업장에서 작업을 하는 경우에 관계수급인 또는 관계수급인 근로자가 도급받은 작업과 관련하여 이 법 또는 이 법에 따른 명령을 위반하면 관계수급인에게 그 위반행위를 시정하도록 필요한 조치를 할 수 있다. 이 경우 관계수급인은 정당한 사유가 없으면 그 조치에 따라야 한다(산안법 제66조제1항).

(나) 도급인은 제65조제1항 각 호의 작업을 도급하는 경우에 수급인 또는 수급인 근로자가 도급받은 작업과 관련하여 이 법 또는 이 법에 따른 명령을 위반하면 수급인에게 그 위반행위를 시정하도록 필요한 조치를 할 수 있다. 이 경우 수급인은 정당한 사유가 없으면 그 조치에 따라야 한다(동법 제66조제2항).

⑤ **산업안전보건관리비의 계상**: 산업안전보건관리비란 건설공사발주자가 도급계약을 체결하거나 건설공사도급인(최초 수급인은 제외)이 건설공사 사업 계획을 수립할 때에는 고용노동부장관이 정하여 고시하는 바에 따라 산업재해 예방을 위하여 사용하는 비용을 말한다(산안법 제73조제1항). 산업안전보건관리비를 도급금액 또는 사업비에 계상(計上)하여야 한다.

(4) 건설업 특례 규정

대통령령으로 정하는 건설공사발주자로 하여금 건설공사의 계획단계에는 안전보건대장을 작성토록 하고, 설계·시공 단계에는 안전보건대장의 이행 등을 확인토록 하였다(산안법 제67조).

건설공사도급인에게 자신의 사업장에서 타워크레인 등 대통령령으로 정하는 기계·기구 등이 작동되고 있거나 설치·해체 작업이 이루어지고 있는 경우 필요한 조치를 하도록 하였으며 타워크레인을 설치하거나 해체하려는 자에게는 고용노동부장관에게 타워크레인 설치·해체업을 등록하도록 하고, 사업주는 등록한 자로 하여금 타워크레인 설치·해체 작업을 맡기도록 의무화하였다(산안법 제82조).

10. 물질안전보건자료 작성·제출 및 비공개 심사

유해화학물질로 인한 근로자의 건강장해를 예방하기 위하여 화학물질을 제조·수입하는 자에게 물질안전보건자료를 작성하여 고용노동부장관에게 제출하도록 의무를 부과하였다(산안법 제110조제1항). 또한 기업이 영업 비밀을 자의적으로 판단하여 화학물질의 명칭과 함유량을 공개하지 않아 근로자가 위험에 노출되는 문제를 해소하기 위하여 화학물질의 명칭과 함유량을 영업비밀로 인정받기 위해서는 사전에 고용노동부장관의 승인을 받도록 하여 화학물질에 대한 근로자의 알권리를 보장하였다(산안법 제112조).

2 근로자의 의무

근로자는 안전조치(산안법 38조) 및 보건조치(동법 39조)에 따라 사업주가 한 조치로서 고용노동부령으로 정하는 조치 사항을 지켜야 한다(동법 40조). 또한 사업주 및 근로자는 안전보건관리규정을 지켜야 한다(동법 제27조). 노동보호입법은 주로 사용자에 대한 의무를 정하여 벌칙을 가지고 이를 이행시키는 것이 보통인데, 산안법 제40조는 근로자에게도 위험방지에 필요한 사항을 준수할 의무를 규정하고 있다. 이것은 근로자의 인명의 존중이라는 사상을 구현하기 위하여 마련된 것이다.

제4절 근로자의 보건관리

헌법상 국가는 재해를 예방하고 그 위험으로부터 국민을 보호하기 위하여 노력할 의무가 있는바(헌법 제34조제6항), 산안법은 이에 기초하여 산업재해를 예방하고 쾌적한 작업환경을 조성하여 근로자의 안전과 보건을 유지·증진하기 위한 구체적 규정을 두고 있다.

이러한 산안법상의 근로자의 보건관리에 관한 규정에는 작업환경의 측정, 건강진단, 건강관리수첩, 역학조사, 취업제한에 의한 건강 보호 등이 있다.

1 작업환경의 측정

1. 의 의

작업환경의 측정이란 작업환경의 실태를 파악하기 위해서 해당 근로자 또는 작업장에 대하여 사업주가 유해인자에 대한 측정계획을 수립한 후 시료를 채취하고 분석·평가하는 것을 말한다(산안법 제2조제13호). 사업주는 유해인자로부터 근로자의 건강을 보호하고 쾌적한 작업환경을 조성하기 위하여 인체에 해로운 작업을 하는 작업장으로서 고용노동부령으로 정하는 자격을 가진 자로 하여금 작업환경 측정을 하도록 하여야 한다(동법 제125조제1항). 사업주가 작업환경 측정기관에 위탁하여 측정한 경우에는 측정기관이 그 결과를 기록하여 보존하고 고용노동부장관에게 보고하여야 한다. 다만 작업환경측정기관이 작업환경측정을 한 후 그 결과를 고용노동부장관에게 제출한 경우에는 작업환경측정 결과를 보고한 것으로 본다(동법 제125조제5항).

2. 근로자대표의 참석

작업환경의 측정시 근로자대표가 요구하면 사업주는 근로자대표를 입회시켜야 한다(산안법 제125조제4항). 사업주는 산업안전보건위원회 또는 근로자대표가 요구하면 작업환경측정 결과에 대한 설명회 등을 개최하여야 한다(동법 제125조제7항). 사업주가 측정기관에 작업환경측정을 위탁하여 실시한 경우에는 측정기관이 그 결과를 고용노동부장관에게 제출토록 하고 사업주의 측정결과 보고의무를 면제했다.

3. 대상 사업과 측정주기

대상 사업장은 작업환경측정 대상 유해인자에 노출되는 근로자가 있는 작업장을 말하며, 작업환경측정 대상 유해인자는 동법시행규칙 〈별표 11의5〉에 명시하고 있고, 사업별로 측정주기와 기구·장치의 점검주기 등에 대해 「산업안전보건기준에관한규칙」에 정하고 있다.

4. 측정결과의 조치

사업주는 작업환경측정의 결과를 해당 작업장 근로자에게 알려야 하며 그 결과에 따라 근로자의 건강을 보호하기 위하여 해당 시설·설비의 설치·개선 또는 건강진단의 실시 등의 조치를 하여야 한다(산안법 제125조제6항).

5. 지정측정기관에의 위탁

사업주는 작업환경측정 및 작업환경측정에 따른 시료의 분석을 고용노동부장관이 지정하는 측정기관(작업환경측정기관)에 위탁하여 실시할 수 있다(산안법 제125조제6항). 지정측정기관의 유형·업무범위·지정요건 및 지정절차 등에 대해서는 산안법 제126조제4항에서 규정하고 있다.

6. 지정측정기관의 평가 및 결과공표

① 고용노동부장관은 작업환경측정기관의 측정·분석 결과에 대한 정확성과 정밀도를 확보하기 위하여 작업환경측정기관의 측정·분석능력을 확인하고, 작업환경측정기관을 지도하거나 교육할 수 있다. 이 경우 측정·분석능력의 확인, 작업환

경측정기관에 대한 교육의 방법·절차, 그 밖에 필요한 사항은 고용노동부장관이 정하여 고시한다(산안법 제126조제2항).

② 고용노동부장관은 작업환경측정의 수준을 향상시키기 위하여 필요한 경우 작업환경측정기관을 평가하고 그 결과(산안법 제126조제2항에 따른 측정·분석능력의 확인 결과를 포함한다)를 공개할 수 있다. 이 경우 평가기준·방법 및 결과의 공개, 그 밖에 필요한 사항은 고용노동부령으로 정한다(산안법 제126조제3항).

7. 작업환경측정 신뢰성 평가

고용노동부장관은 산안법 제125조제1항 및 제2항에 따른 작업환경측정 결과에 대하여 그 신뢰성을 평가할 수 있다(산안법 제127조제1항). 사업주와 근로자는 고용노동부장관이 신뢰성을 평가할 때에는 적극적으로 협조하여야 한다(동법 동조제2항). 신뢰성 평가의 방법·대상 및 절차, 그 밖에 필요한 사항은 고용노동부령으로 정한다(동법 동조제3항).

2 건강진단

1. 의의 및 유형

사업주는 상시 사용하는 근로자의 건강 관리를 위하여 고용노동부장관이 지정하는 기관 또는 건강진단기관에서 근로자에 대한 건강진단을 실시하여야 한다(산안법 제129조제1항). 산안법상 건강진단에는 정기적으로 실시하는 일반건강진단, 배치전 건강진단 유해인자와 관련된 업무 등에 대해 추가로 실시하는 특수건강진단 및 임시건강진단 등이 있다. 근로자는 사업주가 실시하는 건강진단을 받아야 한다.

2. 근로자대표의 참석

사업주는 제129조부터 제131조까지의 규정에 따른 건강진단을 실시하는 경우 근로자대표가 요구하면 근로자대표를 참석시켜야 한다(산안법 제132조제1항). 사업주는 산업안전보건위원회 또는 근로자대표가 요구할 때에는 직접 또는 건강진단을 한 건강진단기관에 건강진단 결과에 대하여 설명하도록 하여야 한다. 다만, 개별 근로자의 건강진단 결과는 본인의 동의 없이 공개해서는 아니 된다(동법 제132조제2항).

3. 진단결과의 처리

사업주는 산안법 제129조부터 제131조까지의 규정에 따른 건강진단의 결과를 근로자의 건강 보호 및 유지 외의 목적으로 사용해서는 아니 된다(동법 제132조제3항). 사업주는 건강진단 결과 근로자의 건강을 유지하기 위하여 필요하다고 인정할 때에는 작업장소 변경, 작업 전환, 근로시간 단축, 야간근로(오후 10시부터 다음날 오전 6시까지 사이의 근로를 말한다)의 제한, 작업환경측정, 시설·설비의 설치·개선 등 적절한 조치를 하여야 한다(동법 제132조제4항).

4. 특수건강진단기관 평가·공표

고용노동부장관은 특수건강진단기관을 평가하고 그 결과(진단·분석능력의 확인 결과를 포함한다)를 공개할 수 있다. 이 경우 평가 기준·방법 및 결과의 공개, 그 밖에 필요한 사항은 고용노동부령으로 정한다(동법 제135조제4항).

5. 건강관리카드의 교부

고용노동부장관은 건강장해가 발생할 우려가 있는 업무에 종사하였거나 종사하고 있는 사람의 직업성질환 조기발견 및 지속적인 건강관리를 위하여 일정 건강관리카드를 교부해야 하며(동법 제137조제1항). 건강관리카드를 발급받은 사람이 「산재법」제41조에 따라 요양급여를 신청하는 경우에는 건강관리카드를 제출함으로써 해당 재해에 관한 의학적 소견을 적은 서류의 제출을 대신할 수 있다(산안법 제137조제2항). 건강관리카드를 발급받은 사람은 그 건강관리카드를 타인에게 양도하거나 대여해서는 아니 된다(동법 제137조제3항). 건강관리카드의 서식, 발급 절차, 그 밖에 필요한 사항은 고용노동부령으로 정한다(동법 제137조제5항).

3 역학조사

1. 역학조사의 실시

고용노동부장관은 직업성 질환의 진단 및 예방, 발생 원인의 규명을 위하여 필요하다고 인정할 때에는 근로자의 질환과 작업장의 유해요인의 상관관계에 관한 역학조사를 할 수 있다(산안법 제141조제1항). 사업주 및 근로자는 고용노동부장관이 역학조사를 실시하는 경우 적극 협조하여야 하며, 정당한 사유 없이 역학조사를 거부·방해하거나 기피해서는 아니 된다(동조제2항).

2. 역학조사의 대상 및 절차

역학조사의 방법·대상·절차, 그 밖에 필요한 사항은 고용노동부령으로 정한다(산안법 제141조제6항).

3. 역학조사에 대한 자료요청 및 협조

고용노동부장관은 역학조사를 위하여 필요하면 산안법 제 제129조부터 제131조까지의 규정에 따른근로자의 건강진단 결과, 「국민건강보험법」에 따른 요양급여기록 및 건강검진 결과, 「고용보험법」에 따른 고용정보, 「암관리법」에 따른 질병정보 및 사망원인 정보 등을 관련 기관에 요청할 수 있다. 이 경우 자료의 제출을 요청받은 기관은 특별한 사유가 없으면 이에 따라야 한다(동법 제141조제5항). 최근 사회적 관심이 집중되는 업무상 질병이 다수 발생함에 따라 원인규명 및 대책 마련을 위한 역학조사가 실시되고 있으나 업무상 질병의 특성상 질병의 원인규명 및 대책마련을 위해서는 전·현직 근로자 개인의 건강정보 등이 필수적이나 정보제공의 근거미비 등을 이유로 정보보유 기관의 협조가 제대로 이뤄지지 않아 조사가 지연 또는 제한되는 등의 어려움을 겪고 있다. 이러한 문제를 해결하기 위해 고용노동부장관은 역학조사에 필요한 경우 건강진단정보, 진료기록 및 고용정보 등을 보유하고 있는 기관에 정보제공을 요청할 수 있고 관련 기관은 이에 응하도록 한 것이다. 이에 따라 신속하고 내실 있는 역학조사를 수행, 질병의 원인을 규명함으로서 근로자 보호조치가 가능할 것이다.

4 취업제한에 의한 건강보호

1. 질병자의 근로 금지·제한

사업주는 감염병, 정신질환 또는 근로로 인하여 병세가 크게 악화될 우려가 있는 질병으로서 고용노동부령으로 정하는 질병에 걸린 사람에게는 의사의 진단에 따라 근로를 금지하거나 제한하여야 한다(산안법 제138조제1항). 사업주는 근로가 금지되거나 제한된 근로자가 건강을 회복하였을 때에는 지체 없이 근로를 할 수 있도록 하여야 한다(동법 제138조제2항).

2. 근로시간의 연장제한

사업주는 유해하거나 위험한 작업으로서 높은 기압에서 하는 작업 등 대통령령으로 정하는 작업에 종사하는 근로자에게는 1일 6시간, 1주 34시간을 초과하여 근로하게 해서는 아니 된다(산안법 제139조제1항). 사업주는 유해하거나 위험한 작업에 종사하는 근로자에게 필요한 안전조치 및 보건조치 외에 작업과 휴식의 적정한 배분 및 근로시간과 관련된 근로조건의 개선을 통하여 근로자의 건강 보호를 위한 조치를 하여야 한다(동법 제139조제2항).

3. 자격 등에 의한 취업제한

사업주는 유해하거나 위험한 작업으로서 상당한 지식이나 숙련도가 요구되는 고용노동부령으로 정하는 작업의 경우 그 작업에 필요한 자격·면허·경험 또는 기능을 가진 근로자가 아닌 사람에게 그 작업을 하게 해서는 아니 된다(동법 제140조제1항). 이를 위반하면 3년 이하의 징역 또는 3,000만원 이하의 벌금에 처한다(동법 제169조제1호).

5 안전·보건 교육의 실시

1. 근로자에 대한 안전·보건 교육

사업주는 소속 근로자에게 정기적으로 안전·보건교육을 실시하여야 한다. 사업주는 근로자를 채용할 때와 작업내용을 변경할 때에는 그 근로자에게 고용노동부령으로 정하는 바에 따라 해당 작업에 필요한 안전보건교육을 하여야 한다. 사업주는 근로자를 유해하거나 위험한 작업에 채용하거나 그 작업으로 작업내용을 변경할 때에는 제2항에 따른 안전보건교육 외에 고용노동부령으로 정하는 바에 따라 유해하거나 위험한 작업에 필요한 안전보건교육을 추가로 하여야 한다(동법 제29조제1항 내지 제3항). 이러한 규정에도 불구하고 해당 근로자가 채용 또는 변경된 작업에 경험이 있는 등 고용노동부령으로 정하는 경우에는 안전보건교육의 전부 또는 일부를 면제할 수 있다(동법 제30조제2항).

2. 관리책임자 등에 대한 직무 교육

① 안전보건관리책임자·안전관리자, 보건관리자 및 안전보건관리담당자, ② 안전관리전문기관·보건관리전문기관·건설재해예방전문기관·지정받은 안전검사기관·지정받은 자율안전검사기관·석면조사기관의 종사자는 안전·보건에 관한 직무교육을 받아야 한다(동법 제32조). 이 경우에도 다른 법령에 따라 교육을 받는 등 고용노동부령으로 정하는 경우에는 직무교육의 전부 또는 일부를 면제할 수 있다(동법 제32조제1항). 관리책임자 및 안전·보건관리자 직무교육을 복원하되, 산업보건의와 관리감독자를 삭제하여 자율적으로 실시토록 하였다.

제5절 안전·보건에 관한 감독 및 명령

1 사전적 예방조치

1. 유해·위험방지계획서의 제출

사업주는 다음의 어느 하나에 해당하는 경우에는 산안법 또는 산안법에 따른 명령에서 정하는 유해·위험 방지에 관한 사항을 적은 계획서(유해위험방지계획서)를 작성하여 고용노동부령으로 정하는 바에 따라 고용노동부장관에게 제출하고 심사를 받아야 한다. 다만, ③에 해당하는 사업주 중 산업재해발생률 등을 고려하여 고용노동부령으로 정하는 기준에 해당하는 사업주는 유해위험방지계획서를 스스로 심사하고, 그 심사결과서를 작성하여 고용노동부장관에게 제출하여야 한다(산안법 제42조제1항).

① 대통령령으로 정하는 사업의 종류 및 규모에 해당하는 사업으로서 해당 제품의 생산 공정과 직접적으로 관련된 건설물·기계·기구 및 설비 등 일체를 설치·이전하거나 그 주요 구조부분을 변경하려는 경우

② 유해하거나 위험한 작업 또는 장소에서 사용하거나 건강장해를 방지하기 위하여 사용하는 기계·기구 및 설비로서 대통령령으로 정하는 기계·기구 및 설비를 설치·이전하거나 그 주요 구조부분을 변경하려는 경우

③ 대통령령으로 정하는 크기, 높이 등에 해당하는 건설공사를 착공하려는 경우

2. 안전·보건 진단의 실시

고용노동부장관은 추락·붕괴, 화재·폭발, 유해하거나 위험한 물질의 누출 등 산업재해 발생의 위험이 현저히 높은 사업장의 사업주에게 안전보건진단기관이 실시하는 안전보건진단을 받을 것을 명할 수 있다(산안법 제47조제1항).

3. 공정안전보고서의 작성·제출

사업주는 사업장에 대통령령으로 정하는 유해하거나 위험한 설비가 있는 경우 그 설비로부터의 위험물질 누출, 화재 및 폭발 등으로 인하여 사업장 내의 근로자에게 즉시 피해를 주거나 사업장 인근 지역에 피해를 줄 수 있는 사고로서 대통령령으로 정하는 사고(중대산업사고)를 예방하기 위하여 대통령령으로 정하는 바에 따라 공정안전보고서를 작성하고 고용노동부장관에게 제출하여 심사를 받아야 한다. 이 경우 공정안전보고서의 내용이 중대산업사고를 예방하기 위하여 적합하다고 통보받기 전에는 관련된 유해하거나 위험한 설비를 가동해서는 아니 된다(동법 제44조제1항).

4. 안전보건개선계획의 수립·시행

고용노동부장관은 다음의 어느 하나에 해당하는 사업장으로서 산업재해 예방을 위하여 종합적인 개선조치를 할 필요가 있다고 인정되는 사업장의 사업주에게 고용노동부령으로 정하는 바에 따라 그 사업장, 시설, 그 밖의 사항에 관한 안전보건개선계획의 수립·시행을 명할 수 있다(산안법 제49조).

① 산업재해율이 같은 업종의 규모별 평균 산업재해율보다 높은 사업장

② 사업주가 필요한 안전조치 또는 보건조치를 이행하지 아니하여 중대재해가 발생한 사업장

③ 대통령령으로 정하는 수 이상의 직업성 질병자가 발생한 사업장

④ 제106조에 따른 유해인자의 노출기준을 초과한 사업장

⑤ 산안법 제106조에 따른 유해인자의 노출기준을 초과한 사업장

사업주와 근로자는 안전보건개선계획을 준수하여야 한다(동법 제50조제3항).

2 사후적 구제조치

1. 검사·수거 및 지도

근로감독관은 필요하다고 인정한 때에는 해당 장소(사업장, 안전관리대행기관·보건

관리전문기관이 사무소, 석면해체·제거업자의 사무소, 산업안전지도사의 사무소)에 출입하여 질문을 하고, 장부, 서류, 그 밖의 물건의 검사 및 안전보건 점검을 하며, 관계 서류의 제출을 요구할 수 있다. 이 경우 근로감독관은 해당 사업주 등에게 그 결과를 서면으로 통지하여야 한다(동법 제155조제1항 및 제2항).

2. 사용중지 등의 조치명령

고용노동부장관은 사업주가 사업장의 건설물 또는 그 부속건설물 및 기계·기구·설비·원재료에 대하여 안전 및 보건에 관하여 고용노동부령으로 정하는 필요한 조치를 하지 아니하여 근로자에게 현저한 유해·위험이 초래될 우려가 있다고 판단될 때에는 해당 기계·설비등에 대하여 사용중지·대체·제거 또는 시설의 개선, 그 밖에 안전 및 보건에 관하여 시정조치를 명할 수 있다(산안법 제53조제1항). 고용노동부장관은 사업주가 해당 기계·설비등에 대한 시정조치 명령을 이행하지 아니하여 유해·위험 상태가 해소 또는 개선되지 아니하거나 근로자에 대한 유해·위험이 현저히 높아질 우려가 있는 경우에는 해당 기계·설비등과 관련된 작업의 전부 또는 일부의 중지를 명할 수 있다(동법 제53조제3항).

3. 근로자의 준수의무

고용노동부장관은 산업재해 예방을 위하여 필요하다고 인정할 때에는 근로자에게 안전보건관리규정의 준수 등 적절한 조치를 할 것을 명할 수 있다(동법 제51조제8항).

4. 영업정지의 요청

고용노동부장관은 사업주가 다음 각 호의 어느 하나에 해당하는 산업재해를 발생시킨 경우에는 관계 행정기관의 장에게 관계 법령에 따라 해당 사업의 영업정지나 그 밖의 제재를 할 것을 요청하거나 「공공기관의운영에관한법률」 제4조에 따른 공공기관의 장에게 그 기관이 시행하는 사업의 발주 시 필요한 제한을 해당 사업자에게 할 것을 요청할 수 있다(산안법 제159조제1항).

① 제38조, 제39조 또는 제63조를 위반하여 많은 근로자가 사망하거나 사업장 인근지역에 중대한 피해를 주는 등 대통령령으로 정하는 사고가 발생한 경우

② 제53조제1항 또는 제3항에 따른 명령을 위반하여 근로자가 업무로 인하여 사망한 경우

3 근로자에 대한 불이익처우 금지

사업장에서 산안법이나 동법의 명령에 위반한 사실을 근로자가 고용노동부장관이 근로감독관에게 신고를 이유로 근로자에 대하여 해고 그 밖의 불리한 처우를 하지 못한다(동법 제157조제1항·제3항). 또한 산업재해가 발생할 급박한 위험이 있다고 믿을 만한 합리적 근거가 있을 때에는 작업을 중지하고 대피한 근로자에 대하여 이를 이유로 해고 그 밖의 불리한 처우를 하여서는 안된다(동법 제52조제4항).

제12장

재해보상

☐ 산업재해보상제도의 기본적 성격과 특징

☐ 산재보상제도의 내용

1 산업재해보상제도의 기본적 성격과 특징

산업재해(근로자가 업무에 종사한 것으로 인해 일어난 신체장해, 사망, 부상, 질병)의 사용자에 의한 보상은 시민법의 원리에 따라 근로자가 사용자에 대하여 손해배상책임을 추궁함으로써만 실현된다. 이 책임추궁에 있어서는 과실책임의 원칙이 적용되므로 피재자인 근로자 또는 그의 유족은 사용자과실의 존재 및 그것과 재해 간 인과관계의 존재를 입증할 것이 요구된다. 그러나 각 국에서는 이러한 과실책임의 원칙이 점차 경감되어 마침내 과실책임의 원칙 그 자체를 폐기하는 새로운 제도가 성립하기에 이른다. 즉, 산업재해는 기업의 영리활동에 수반하는 현상인 이상 기업활동으로 이익을 얻고 있는 사용자에게 당연히 손해의 보상을 행하게 함으로써 근로자를 보호해야 한다는 인식이 형성되었고 이 결과 산재보상제도가 입법화된 것이다. 이 새로운 보상제도에 있어서는 무과실책임과 배상액의 정액화가 주요한 특징이다.

이 산업재해보상제도는 산재보상보험제도에 의해서 만전을 기하게 된다. 이것은 국가(정부)가 보험제도를 관장(운영)하고, 사용자는 의무로서 이에 가입하여 보험료를 납부하며 산업재해를 당한 근로자가 이 보험에 의해서 재해에 대한 보상을 받는 제도이다. 선진제국의 상당수 국가에서는 산재보험제도의 보상책임적 성격을 약화시켜 사회보험제도의 일환으로서의 성격을 강화하여 가고 있다.

2 산재보상제도의 내용

1. 재해보상의 요건

① 근기법은 제8장 「재해보상」에서 근로자가 업무상 부상·질병에 걸리거나 신체장해를 입거나 사망한 경우에 사용자는 재해 보상을 행하도록 규정하였다. 산재법 및 근기법상의 근로자에 해당하는지 여부는 계약의 형식에 관계없이 그 실질에 있어서 임금을 목적으로 종속적인 관계에서 사용자에게 근로를 제공하였는지 여부에 따라 근로자 여부를 판단하여야 할 것이다(대법 2010.5.27, 2007두9741; 대법 2002.9.4, 2002다4429).

② 근로자가 재해보상을 청구할 수 있기 위해서는 재해가 '업무상' 발생한 것이어야 한다(근기법 제78조 이하; 산재법 제1조).

③ 재해발생에 대하여 근로자의 중대한 과실이 없어야 한다(근기법 제81조 참조). 근로자의 중대한 과실로 인한 재해에 대하여는 사용자에게 책임을 귀속시키지 않는다. 산재법에는 근기법 제81조와 같은 내용의 규정이(산재법 제6조 및 동법시행령 제3조제5호) 없다.

④ 근기법상 재해보상이란 근로자에게 업무상 재해가 발생한 경우에 사용자가 근로자에게 직접 행해야 하는 각종 보상을 말하며 실제 요양 및 치료기관을 대상으로 보상하여야 한다(2012.9.26, 근로개선정책과-4833).

2. 업무상의 재해

(1) 의 의

산업재해가 성립하기 위해서는 근로자에게 발생된 재해가 '업무상 재해에 해당되어야 한다. 산재법 제5조제1호에서 '업무상' 이라는 개념은 근로자가 업무를 수행하는 도중에 재해가 발생하였다는 의미에서의 '업무수행성' 및 근로자가 수행한 업무에 기인하여 재해가 발생하였다는 의미의 '업무기인성' 이라는 두 가지 요건을 필요로 한다는 것이 일반적인 견해 및 판례(대법 1997.11.14, 97누13009)이다. 근로자가 법 소정의 어느 하나에 해당하는 사유로 부상·질병 또는 장해가 발생하거나 사망하면 업무상의 재해로 본다. 다만, 업무와 재해 사이에 상당인과관계(相當因果關係)가 없는 경우에는 그러하지 아니하다(산재법 제37조제1항).

(2) 업무상 재해의 인정기준

산재법 제37조는 업무상의 재해의 인정기준에 관하여 다음과 같이 규정하고 있다.

「**제37조【업무상의 재해의 인정기준】** ① 근로자가 다음 각 호의 어느 하나에 해당하는 사유로 부상·질병 또는 장해가 발생하거나 사망하면 업무상의 재해로 본다. 다만, 업무와 재해 사이에 상당인과관계(相當因果關係)가 없는 경우에는 그러하지 아니하다.

1. 업무상 사고
   가. 근로자가 근로계약에 따른 업무나 그에 따르는 행위를 하던 중 발생한 사고
   나. 사업주가 제공한 시설물 등을 이용하던 중 그 시설물 등의 결함이나 관리소홀로 발생한 사고·다. 삭제(2017.10.24 개정, 2018.1.1 시행)
   라. 사업주가 주관하거나 사업주의 지시에 따라 참여한 행사나 행사준비 중에 발생한 사고
   마. 휴게시간 중 사업주의 지배관리하에 있다고 볼 수 있는 행위로 발생한 사고
   바. 그 밖에 업무와 관련하여 발생한 사고
2. 업무상 질병
   가. 업무수행 과정에서 물리적 인자(因子), 화학물질, 분진, 병원체, 신체에 부담을 주는 업무 등 근로자의 건강에 장해를 일으킬 수 있는 요인을 취급하거나 그에 노출되어 발생한 질병
   나. 업무상 부상이 원인이 되어 발생한 질병
   다. 「근기법」제76조의2에 따른 직장 내 괴롭힘, 고객의 폭언 등으로 인한 업무상 정신적 스트레스가 원인이 되어 발생한 질병
   라. 그 밖에 업무와 관련하여 발생한 질병
3. 출퇴근 재해
   가. 사업주가 제공한 교통수단이나 그에 준하는 교통수단을 이용하는 등 사업주의 지배관리하에서 출퇴근하는 중 발생한 사고
   나. 그 밖에 통상적인 경로와 방법으로 출퇴근하는 중 발생한 사고

② 근로자의 고의·자해행위나 범죄행위 또는 그것이 원인이 되어 발생한 부상·질병·장해 또는 사망은 업무상의 재해로 보지 아니한다. 다만, 그 부상·질병·장해 또는 사망이 정상적인 인식능력 등이 뚜렷하게 저하된 상태에서 한 행위로 발생한 경우로서 대통령령으로 정하는 사유가 있으면 업무상의 재해로 본다.

③ 제1항제3호나목의 사고 중에서 출퇴근 경로 일탈 또는 중단이 있는 경우에는 해당 일탈 또는 중단 중의 사고 및 그 후의 이동 중의 사고에 대하여는 출퇴근 재해로 보지 아니한다. 다만, 일탈 또는 중단이 일상생활에 필요한 행위로서 대통령령으로 정하는 사유가 있는 경우에는 출퇴근 재해로 본다.

④ 출퇴근 경로와 방법이 일정하지 아니한 직종으로 대통령령으로 정하는 경우에는 제1항제3호나목에 따른 출퇴근 재해를 적용하지 아니한다.

⑤ 업무상의 재해의 구체적인 인정 기준은 대통령령으로 정한다.」

(3) 업무상 재해의 판단기준

1) 업무수행성

업무수행성이란 단순히 '어떠한 구체적 업무를 수행하던 중'이라는 협의의 의미가 아니고 당해 근로자가 사용자의 지배·관리하에서 업무를 수행하는 것을 말한다. 전반적인 지배·관리하에서 그 직무에 부수하여 기대되는 행위로 인하여 생긴 재해도 포함한다(김형배, 「노동법」, 제26판, p.529). 업무수행성은 사용자의 지배 또는 관리하에서 이루어지는 당해 근로자의 업무수행 및 그에 수반되는 통상적인 활동과정(예: 생리행위, 작업시작 전후의 준비·정리행위 등)에서 재해의 원인이 발생한 것을 의미하는 것이다. 정규의 근무시간 외의 행동은 그것이 업무를 위한 준비작업 또는 본래의 업무의 마무리 등으로 업무에 통상 부수하거나 업무의 성질상 당연히 부수하는 것이 아닌 한 일반적으로 업무수행으로 보지 아니하고 또한 업무장소에서 업무시간 내에 발생한 사고라도 비업무적 활동 때문에 생긴 사고라면 업무상 재해에 해당하지 않는다(대법 2006.10.13, 2006두7669).

2) 업무기인성

업무기인성이란 업무상의 행동 및 이와 관련된 작업조건 또는 작업환경과 재해 사이에 상당인과관계가 인정되는 것을 말한다. 판례(대법 2012.2.9, 2011두25661)는 업무수행과 재해 사이에 의학적·자연과학적 인과관계가 있는 경우에만 업무기인성이 인정되는 것은 아니며, 근로자의 취업 당시의 건강상태, 발병경위, 질병의 내용, 치료의 경과 등 제반 사정을 고려할 때 업무와 질병 사이에 상당인과관계가 추단(推斷)되는 경우에는 그 입증이 있다고 볼 수 있다고 한다. 이때 인과관계의 유무는 평균인이 아닌 해당 근로자의 건강과 신체조건을 기준으로 구체적으로 판단한다(대법 2001.7.27, 2000두4538).

인과관계의 인정에 있어서 해당 근로자에게 과실이 있다 하더라도 그것이 중대한 과실이 아닌 한(근기법 제81조), 업무기인성을 인정하는 데는 아무 영향이 없다. 다만, 근로자의 고의·자해행위·범죄행위 또는 그것이 원인이 되어 발생한 사상일 경우는 제외한다. 다만, 산재법상으로는 '과실' 여부가 문제되지 않는다.

(4) 업무수행성과 업무기인성의 관계

① 업무상이란 개념은 근로자가 사용자와의 근로관계에 기하여 활동하던 중에 재해가 발생하였다는 의미에서의 업무수행성과 업무와 재해 사이에 상당인과관계가 있어야 한다는 의미에서의 업무기인성이라는 두 개의 요건으로 구성된다. 그러나 보상책임을 손실의 분배라는 관점에서 고찰한다면 두 요소를 모두 갖추는 경우에만 업무상 재해를 인정할 필요는 없을 것이다.

② 실무상 업무수행성의 요건이 업무상 재해와 업무외 재해에 관한 1차적 판단기준이 된다고 볼 수 있다. 업무수행성이 인정되는 대부분의 재해가 업무상의 것이라고 판단되며, 업무수행성이 인정되는 재해 중에서 업무기인성이 부인되는 재해는 특수한 경우에 해당한다고 할 수 있다. 따라서 일반적으로 업무수행성에 의하여 업무기인성은 추정된다. 그러나 사망과 같이 그 원인이 다양한 경우에는 업무기인성이 곧바로 업무수행성에 의하여 추정된다고 하기 어려운 경우가 있다(대법 1990.10.23, 88누5037 「업무수행 중 재해가 발생하였으나 그 사인이 분명하지 않은 경우에 이를 업무에 기인한 것으로 추정할 수 없다」).

③ 그러므로 업무기인성을 부인하기 위해서는 반증사유가 존재하여야 하며, 이에 대한 입증책임은 사용자가 부담해야 할 것이다(대법 1994.8.26, 94누2633). 판례는 「근로자의 업무와 재해발생 사이에는 인과관계가 있어야 하고 그 인과관계는 이를 주장하는 측에서 증명하여야 하는바, 그 인과관계 유무는 반드시 의학적, 자연과학적으로 명백히 증명되어야 하는 것은 아니며 규범적 관점에서 상당인과관계가 인정되는 경우에는 그 증명이 있다고 보아야 한다(대법 2017.4.28, 2016두56134; 대법 2015.5.28, 2013두21328).

④ 최근 증가하고 있는 과로사에 대해서는 업무수행성이 1차적 기준이 될 수 없으며, 업무와 질병과의 인과관계만이 판단되면 충분할 것이다. 왜냐하면 업무와의 상당인과관계를 인정할 수 있는 재해는 실제로 사업장 밖에서 또는 업무 후에 발생하는 경우도 적지 않으므로, 이러한 경우에는 업무수행성을 기준으로 「업무상」 여부를 판단하는 것은 무의미할 것이기 때문이다(김형배, 「노동법」, 제26판, p.529). 따라서 업무수행성은 업무와 재해의 인과관계의 판단에 있어서 1차적 기준이긴 하지만, 모든 재해에 대해서 요구되는 불가결한 기준이라고 할 수는 없다(대법 2008.2.28, 2006두17956).

3. 업무상 재해의 구체적 인정기준

업무상의 재해의 여부를 인정하는 기준에 관해서는 산재법 제37조에서 업무상 재해를 「업무상 사고」와 「업무상 질병」으로 구분하고(동조제1항), 근로자의 자해 또는 범죄행위로 인하여 업무상 재해가 부인되는 경우(동조제2항)와 구체적 인정기준을 대통령령으로 규정할 것(동조제3항)을 정하고 있다.

(1) 업무상 사고

1) 업무수행 중의 사고

① 근로자가 (가) 근로계약에 따른 업무수행 행위, (나) 업무수행 과정에서 하는 용변 등 생리적 필요 행위, (다) 업무를 준비하거나 마무리하는 행위 그 밖에 업무에 따르는 필요적 부수행위, (라) 천재지변·화재 등 사업장 내에 발생한 돌발적인 사고에 따른 긴급피난·구조행위 등 사회통념상 예견되는 행위를 하던 중에 발생한 사고는 업무상 사고(산재법 제37조제1항가목)로 본다(동법시행령 제27조제1항).

② 근로자가 사업주의 지시를 받아 사업장 밖에서 업무를 수행하던 중에 발생한 사고는 업무상 사고로 본다. 다만, 사업주의 구체적인 지시를 위반한 행위, 근로자의 사적 행위 또는 정상적인 출장 경로를 벗어났을 때 발생한 사고는 업무상 사고로 보지 않는다(동법시행령 제27조제2항).

③ 업무의 성질상 업무수행 장소가 정해져 있지 않은 근로자가 최초로 업무수행 장소에 도착하여 업무를 시작한 때부터 최후로 업무를 완수한 후 퇴근하기 전까지 업무와 관련하여 발생한 사고는 업무상 사고로 본다(동조제3항).

④ 근로자가 어떠한 행위를 하다가 사망한 경우에 당해 근로자가 그 행위에 이르게 된 동기나 이유, 전후 과정 등을 종합적으로 고려하여 그 행위가 당해 근로자의 본래의 업무행위 또는 그 업무의 준비행위, 사회통념상 그에 수반되는 생리적 행위 또는 합리적·필요적 행위로서 그 전반적인 과정이 사용자의 지배·관리하에 있다고 볼 수 있는 경우에는 업무상 재해로 인한 사망으로 인정될 수 있다(대법 2009.10.15, 2009두10246).

2) 시설물 등의 결함에 따른 사고

① 사업주가 제공한 시설물, 장비 또는 차량 등의 결함이나 사업주의 관리소홀로 발생한 사고는 업무상 사고로 본다(동법시행령 제28조제1항).

② 사업주가 제공한 시설물 등을 사업주의 구체적인 지시를 위반하여 이용한 행위로 발생한 사고와 그 시설물 등의 관리 또는 이용권이 근로자의 전속적 권한에 속하는 경우에 그 관리 또는 이용 중에 발생한 사고는 업무상 사고로 보지 않는다(동조제2항).

3) 출퇴근 중의 사고

① 출퇴근 중의 사고

근로자가 출퇴근하던 중에 (가) 사업주가 제공한 교통수단이나 그에 준하는 교통수단을 이용하는 등 사업주의 지배관리하에서 출퇴근하는 중 발생한 사고, (나) 그 밖에 통상적인 경로와 방법으로 출퇴근하는 중 발생한 사고는 업무상 사고로 본다(산재법 제37조).

「출퇴근」이란 취업과 관련하여 주거와 취업장소 사이의 이동 또는 한 취업장소에서 다른 취업장소로의 이동을 말한다(산재법 제5조제8호).

② 사업주가 제공한 교통수단 이용 중의 사고

근로자가 출퇴근하던 중에 발생한 사고가 다음의 요건에 모두 해당하면 법 제37조제1항제3호가목에 따른 출퇴근 재해로 본다(산재법 시행령 제35조제1항).

(가) 사업주가 출퇴근용으로 제공한 교통수단이나 사업주가 제공한 것으로 볼 수 있는 교통수단을 이용하던 중에 사고가 발생하였을 것

(나) 출퇴근용으로 이용한 교통수단의 관리 또는 이용권이 근로자측의 전속적 권한에 속하지 아니하였을 것

③ 통상적인 경로와 방법으로 출퇴근하는 중 발생한 사고

그 밖에 통상적인 경로와 방법으로 출퇴근하는 중 발생한 사고는 업무상 사고로 본다(산재법 제37조제3항). 출퇴근 사고 중에서 출퇴근 경로 일탈 또는 중단이 있는 경우에는 해당 일탈 또는 중단 중의 사고 및 그 후의 이동 중의 사고에 대하여는 출퇴근 재해로 보지 아니한다. 다만, 일탈 또는 중단이 일상생활에 필요한 행위로서 대통령령으로 정하는 사유가 있는 경우에는 출퇴근 재해로 본다(동법 제37조제3

항). 일상생활에 필요한 행위를 하기 위해 이동하거나, 그 행위를 마치고 다시 이동하는 도중에 사고를 당하면 업무상 재해로 인정된다. 출퇴근 경로일탈 또는 중단이 "일상생활에 필요한 행위로서 대통령령으로 정하는 사유"란 다음 어느 하나에 해당하는 경우를 말한다(산재법 시행령 제35조의2).

(가) 일상생활에 필요한 용품을 구입하는 행위

(나) 「고등교육법」 제2조에 따른 학교 또는 「직업교육훈련 촉진법」 제2조에 따른 직업교육훈련기관에서 직업능력 개발향상에 기여할 수 있는 교육이나 훈련 등을 받는 행위

(다) 선거권이나 국민투표권의 행사

(라) 근로자가 사실상 보호하고 있는 아동 또는 장애인을 보육기관 또는 교육기관에 데려주거나 해당 기관으로부터 데려오는 행위

(마) 의료기관 또는 보건소에서 질병의 치료나 예방을 목적으로 진료를 받는 행위

(바) 근로자의 돌봄이 필요한 가족 중 의료기관 등에서 요양 중인 가족을 돌보는 행위

(사) (가)부터 (바)까지의 규정에 준하는 행위로서 고용노동부장관이 일상생활에 필요한 행위라고 인정하는 행위

④ 출퇴근 재해 적용 제외 직종 등

출퇴근 경로와 방법이 일정하지 아니한 직종으로 대통령령으로 정하는 경우에는 제1항제3호나목에 따른 출퇴근 재해를 적용하지 아니한다(산재법 제37조제4항). 산재법 제37조제4항에서 "출퇴근 경로와 방법이 일정하지 아니한 직종으로 대통령령으로 정하는 경우"란 다음의 어느 하나에 해당하는 직종에 종사하는 사람(법 제124조에 따라 자기 또는 유족을 보험급여를 받을 수 있는 자로 하여 보험에 가입한 사람으로서 근로자를 사용하지 아니하는 사람을 말한다)이 본인의 주거지에 업무에 사용하는 자동차 등의 차고지를 보유하고 있는 경우를 말한다(산재법 시행령 제35조의2). 그 취지는 자동차 차고지를 보유하고 있으므로 출퇴근 재해가 발생할 가능성이 없기 때문이다.

(가) 「여객자동차운수사업법」제3조제1항제3호에 따른 수요응답형 여객자동차 운송사업

(나) 「여객자동차운수사업법 시행령」제3조제2호라목에 따른 개인택시운송사업

(다) 산재법 시행령 제122조제1항제2호라목에 해당하는 사람이 수행하는 배송 업무

⑤ **개정의 의의**

현행은 출퇴근 중 발생한 사고의 업무상 재해 인정과 관련하여 사업주가 제공한 교통수단이나 그에 준하는 교통수단을 이용하는 등 사업주의 지배관리 하에서 발생한 사고만을 업무상 재해로 인정하고 있었다. 그러나 공무원·교사·군인 등의 경우 통상적인 경로와 방법으로 출퇴근 중 발생한 사고를 업무상 재해로 인정받아 「공무원연금법」상의 급여지급 대상으로 보호받고 있어 형평성의 문제가 제기되어 왔다. 헌법재판소(헌재 2016.9.29, 2014헌바254)는 사업주 지배하의 출퇴근 재해에 대해서만 제한적으로 보호하는 업무상 재해로 보고 그 이외의 방법으로 출퇴근하던 중에 발생한 재해는 업무상 재해로 인정하지 않는 현행 규정이 헌법상 평등의 원칙에 위배되는 것으로 보아 헌법불합치 판결을 내린 바 있다. 헌법재판소(헌재 2019.9.26, 2018헌바218, 2018헌가13)는 업무상 재해에 통상의 출퇴근 재해를 포함시키는 개정산재보험법 조항을 개정법 시행일(2018.1.1)이후 최초로 발생하는 재해부터 적용하도록 하는 것이 평등원칙에 위반되므로 동 조항의 헌법불합치결정일인 2016.9.29 이후부터 소급 적용하는 것이 정당하다는 것이다.

4) 휴게시간 중 사고

근기법 제54조의 규정에 의하여 사업주가 근로자에게 제공한 휴게시간 중에 사업장 내에서 사회통념상 휴게시간 중에 할 수 있다고 인정되는 행위로 인하여 발생한 사고로 사상한 경우에는 이를 업무상 재해로 본다(대법 2000.4.25, 2000다11102). 다만, 취업규칙 등을 위반하거나 고의·자해 및 범죄행위 또는 그것이 원인이 되어 사상한 경우에는 그러하지 아니하다(산재법 제37조제1항제1호마목).

5) 출장 중의 사고

① **업무상의 재해로 볼 수 있는 것은 다음과 같다**(동법시행령 제27조).

(가) 근로자가 사업주의 출장지시를 받아 사업장 밖에서 업무를 수행하고 있을 때 발생한 사고로 인하여 사상한 경우.

(나) 출·퇴근 도중이라 하더라도 근로자가 사업주의 지시를 받아 업무를 수행하

고 있을 때 발생한 사고로 인하여 사상한 경우.

(다) 사업주의 지시를 받아 사업장 외의 장소로 출·퇴근하여 직무를 수행하고 있는 근로자(외근근로자)가 최초로 직무수행장소에 도착하여 직무를 시작한 때부터 최후로 직무를 완수한 후 퇴근하기 전까지의 사이에 발생한 사고로 인하여 사상한 경우.

② 업무상의 재해로 볼 수 없는 경우는 다음과 같다.

(가) 출장 도중 정상적 경로(순로)를 벗어났을 때 발생한 사고로 인한 근로자의 사상

(나) 근로자의 사적행위·자해행위나 범죄행위 또는 그것이 원인이 되어 발생한 근로자의 사상

(다) 출장이 개시되지 않았거나 출장이 끝난 후의 사망

(라) 사업주의 구체적인 지시를 위반한 행위로 인하여 근로자의 사상이 발생한 경우

6) 행사 중의 사고

운동경기·야유회·등산대회 등 각종 행사(이하 "행사"라 한다)에 근로자가 참가하는 것이 사회통념상 노무관리 또는 사업운영상 필요하다고 인정되는 경우로서 다음 경우 중 어느 하나에 해당하는 경우에 근로자가 그 행사에 참가(행사 참가를 위한 준비·연습을 포함한다)하여 발생한 사고는 업무상 사고로 본다(동법시행령 제30조).

① 사업주가 행사에 참가한 근로자에 대하여 행사에 참가한 시간을 근무한 시간으로 인정하는 경우

② 사업주가 그 근로자에게 행사에 참가하도록 지시한 경우

③ 사전에 사업주의 승인을 받아 행사에 참가한 경우

④ 그밖에 ①부터 ③까지의 경우에 준하는 경우로서 사업주가 그 근로자의 행사 참가를 통상적·관례적으로 인정한 경우가 그것이다.

근로자가 회사 밖의 행사나 모임에 참가하던 중 재해를 당한 경우, 그 행사나 모임의 주최자, 목적, 내용, 참가인원과 그 강제성 여부, 운영방법, 비용부담 등의 사정들에 비추어, 사회통념상 그 행사나 모임의 전반적인 과정이 사용자의 지배나 관리를 받는 상태에 있고, 또한 근로자가 그와 같은 행사나 모임의 순리적인 경로를 일탈하지 아니한 상태에 있다고 인정되는 경우에는 업무상 재해로 인정할

수 있을 것이다(대법 2008.10.9, 2008두8475; 대법 2007.3.29, 2006두19150). 또한 사업주가 지배나 관리를 하는 회식에서 근로자가 주량을 초과하여 음주를 한 것이 주된 원인이 되어 부상·질병 또는 장해가 발생하거나 사망한 경우에도 업무와 과음, 그리고 재해 사이에 상당인과관계가 인정된다면 업무상 재해에 해당한다(대법 2015.11.12, 2013두25276).

7) 특수한 장소에서의 사고

사회통념상 근로자가 사업장 내에서 할 수 있다고 인정되는 행위를 하던 중 태풍·홍수·지진·눈사태 등의 천재지변이나 돌발적인 사태로 발생한 사고는 업무상 사고로 본다. 그러나 근로자의 사적 행위, 업무이탈 등 업무와 관계없는 행위를 하던 중에 사고가 발생한 것이 명백한 경우는 제외된다(산재법시행령 제31조). 근로자가 휴일에 사적으로 술을 마신 후 자유롭게 귀가하여 사업주가 제공한 숙소에서 잠을 자던 도중 원인불명의 화재로 사망한 사건은 업무상 재해에 해당되지 않는다(대법 2015.4.23, 2014두46128).

8) 요양 중의 사고

업무상 부상 또는 질병으로 요양을 하고 있는 근로자에게 (가) 요양급여와 관련하여 발생한 의료사고, (나) 요양 중인 산재보험 의료기관(산재보험 의료기관이 아닌 의료기관에서 응급진료 등을 받는 경우에는 그 의료기관)내에서 업무상 부상 또는 질병의 요양과 관련하여 사고가 발생하면 업무상 사고로 본다(산재법시행령 제32조).

9) 제3자의 행위에 따른 사고

제3자의 행위로 근로자에게 사고가 발생한 경우에 그 근로자가 담당한 업무가 사회통념상 제3자의 가해행위를 유발할 수 있는 성질의 업무라고 인정되면 그 사고는 업무상 사고로 본다(산재법시행령 제33조).

10) 기타의 사고

① 타인의 폭력에 의한 재해

재해가 업무와 관련이 있고 재해 원인인 가해행위와 업무사이에 시간적·장소적 상당인과관계가 있을 때에는 업무상 재해이다. 예를 들어, 숙직 중에 강도에 의하여 부상을 입거나 사망한 경우가 이에 해당한다. 근로자가 타인의 폭력에 의하여 재해를 입은 경우, 그것이 직장 안의 인간관계 또는 직무에 내재하거나 통상 수반하는 위험의 현실화로서 업무와 상당인과관계가 있으면 업무상 재해로 인정하되, 가해자와 피해자 사이의 사적인 관계에 기인한 경우 또는 피해자가 직무의 한도를 넘어 상대방을 자극하거나 도발한 경우에는 업무기인성을 인정할 수 없어 업무상 재해로 볼 수 없으나, 직장 안의 인간관계 또는 직무에 내재하거나 통상 수반하는 위험의 현실화로서 업무와 상당인과관계가 있으면 업무상 재해로 인정하여야 한다(대법 2016.5.12, 2016두31036; 대법 2011.7.28, 2008다12408).

② 고의·자해행위·범죄행위 또는 그것이 원인이 되어 발생한 재해

근로자의 고의·자해행위나 범죄행위 또는 그것이 원인이 되어 발생한 부상·질병·장해 또는 사망은 업무상의 재해로 보지 아니한다. 다만, 그 부상·질병·장해 또는 사망이 정상적인 인식능력 등이 뚜렷하게 저하된 상태에서 한 행위로 발생한 경우로서 대통령령으로 정하는 사유가 있으면 업무상의 재해로 본다(산재법 제37조제2항). 산재법 제37조 제2항에서 규정하고 있는 '근로자의 범죄행위가 원인이 되어 사망 등이 발생한 경우'란 근로자의 범죄행위가 사망 등의 직접 원인이 되는 경우를 의미하는 것이지, 근로자의 폭행으로 자극을 받은 제3자가 그 근로자를 공격하여 사망 등이 발생한 경우와 같이 간접적이거나 부수적인 원인이 되는 경우까지 포함된다고 볼 수는 없다(대법 2017.4.27, 2016두55919).

③ 자살의 업무상 재해

종전에는 업무상 재해로 인정하지 않았으나 업무상 스트레스로 인하여 정신과 치료를 받은 자 또는 업무상 재해로 인하여 요양 중인 자가 정상의 인식 능력이 현저히 저하된 상태에서 한 행위로 발생한 경우로서 대통령령으로 정하는 사유가 있으면 업무상 재해로 본다(산재법 제37조제2항). 산재법 제37조제2항 단서에서 대통령령으로 정하는 사유란 다음의 어느 하나에 해당하는 경우를 말한다(동법시행령 제36조).

(가) 업무상의 사유로 발생한 정신질환으로 치료를 받았거나 받고 있는 사람이 정신적 이상 상태에서 자해행위를 한 경우

(나) 업무상의 재해로 요양 중인 사람이 그 업무상의 재해로 인한 정신적 이상 상태에서 자해행위를 한 경우

(다) 그 밖에 업무상의 사유로 인한 정신적 이상 상태에서 자해행위를 하였다는

것이 의학적으로 인정되는 경우

업무상 재해인 질병에 기인하여 심신상실 내지 정신착란의 상태에 빠져 그 상태에서 자살이 이루어진 것인 한, 사망과 업무 사이에 상당인과관계가 있다(대법 2011.6.9, 2011두3944). 근로자가 자살행위로 인하여 사망한 경우에, 업무로 인하여 질병이 발생하거나 업무상 과로나 스트레스가 그 질병의 주된 발생원인에 겹쳐서 질병이 유발 또는 악화되고, 그러한 질병으로 인하여 정상적인 인식능력이나 행위선택능력, 정신적 억제력이 결여되거나 현저히 저하되어 합리적인 판단을 기대할 수 없을 정도의 상황에서 자살에 이르게 된 것이라고 추단할 수 있는 때에는 업무와 사망 사이에 상당인과관계가 있다고 할 수 있다. 그리고 그와 같은 상당인과관계를 인정하기 위하여는 자살자의 질병 내지 후유증상의 정도, 그 질병의 일반적 증상, 요양기간, 회복가능성 유무, 연령, 신체적·심리적 상황, 자살자를 에워싸고 있는 주위상황, 자살에 이르게 된 경위 등을 종합적으로 고려하여야 한다(대법 2019.5.10, 2016두59010; 대법 2015.5.28, 2013두21328; 대법 2014.10.30, 2011두14692).

④ 쟁의행위 중의 재해

판례는 정당한 쟁의 활동중에 발생한 재해를 업무상 재해로 인정하지 않고 있다. 인원감축을 반대하기 위하여 노조원이 취업을 강행하다가 부상한 경우에도 사용자의 지휘·명령이 없으므로 업무상 재해로 인정되지 않는다.

(2) 업무상 질병

1) 업무상 질병의 의의

업무상 질병이란 업무상 사유로 인하여 발생한 질병으로서 실제 그 상당인과관계를 파악하기 곤란한 경우가 많은 바, 근기법과 산재법은 각 업무상 질병의 종류와 업무상 질병의 인정기준을 규정하고 있다. 사용자는 근로자가 취업 중에 업무상 질병에 걸리거나 부상 또는 사망한 경우에는 지체없이 의사의 진단을 받도록 하여야 한다(근기법시행령 제44조제2항).

'업무상 질병'이란 ① 업무수행 과정에서 물리적 인자·화학물질·분진·병원체·신체에 부담을 주는 업무 등 근로자의 건강에 장해를 일으킬 수 있는 요인을 취급하거나 이에 노출되어 발생한 질병(직업병), ② 업무상 부상이 원인이 되어 발생한 질병, ③ 직장 내 괴롭힘, 고객의 폭언 등으로 인한 업무상 정신적 스트레스가 원인이 되어 발생한 질병, ④ 그 밖에 업무와 관련하여 발생한 질병을 말한다(산재법 제37조제1항제2호). 업무상 질병 중에서 업무와의 관련성이 직접 문제되는 것은 직업병이다. 직업병은 업무수행 중 사고로 갑자기 발생하는 경우도 있지만, 상당 기간 동안 서서히 진행되거나 또는 잠복기를 거쳐 발생하는 경우도 있고, 또 근로자의 건강상태나 기존의 다른 질병과 겹쳐서 발생하는 경우도 있다. 이 때문에 근로자의 질병이 업무수행 과정에서 건강유해요인에 노출로 인하여 발생한 것인지(인과관계 유무)에 관한 판단은 어려운 문제이다(임종률, 「노동법」, 제17판, p.499).

산재보험법 제5조제1호의 업무상 재해를 인정하기 위한 전제로서 근로자가 주장하는 질병의 존재를 인정하기 위해서는 감정결과 등 객관적이고 합리적인 방법으로 확인되는 근로자의 증상이 그 질병의 진단과 관련하여 일반적으로 통용되는 의학적 지식이나 진단기준에 부합하여야 하고, 그렇지 않다면 특별한 사정이 없는 한 질병의 존재 자체를 인정하기는 어렵다고 보아야 한다(대법 2018.12.27, 2018두46377).

2) 업무상 질병의 종류

근기법 시행령 제44조제1항 및 별표 5에서는 업무상 질병의 종류를 예시하고 있는 바, 이는 크게 사고성 질병과 직업성 질병, 그 밖에 업무로 인한 것이 명확한 질병으로 구분된다.

감정노동자(텔레마케터·판매원·승무원 등)의 적응장애 또는 우울증도 업무상 질병에 포함된다. 산재법 시행령 개정(2016.3.22, 대통령령 제27050호 시행일 2016.3.28)에 따라 시행령 제34조제3항 관련 [별표 3] 「업무상 질병에 대한 구체적 인정기준」 제4호사목에서 「업무와 관련하여 고객 등으로부터 폭력 또는 폭언 등 정신적 충격을 유발할 수 있는 사건 또는 이와 직접 관련된 스트레스로 인하여 발생한 적응장애 또는 우울병 에피소드」가 신설되었다. 여기서 적응장애란 스트레스를 겪은 후 지나치게 강하게 나타나는 감정적, 행동적 반응이다. 우울병 에피소드란 의욕저하와 우울감 탓에 인지·정신·신체적 증상을 일으키는 질환이다.

감정노동 종사자의 근무도중 타인의 폭력에 의한 재해는 업무상 재해에 해당한다(대법 2008.8.21, 2008두7953).

3) 업무상 질병의 인정기준

① 근로자가 근기법시행령 제44조제1항 및 별표 5의 업무상 질병의 범위에 속하는 질병에 걸린 경우 다음의 요건 모두에 해당하면 업무상 질병으로 본다(산재법 시행령 제34조제1항).

(가) 근로자가 업무수행 과정에서 유해·위험요인을 취급하거나 유해·위험요인에 노출된 경력이 있을 것

(나) 유해·위험요인을 취급하거나 유해·위험요인에 노출되는 업무시간, 그 업무에 종사한 기간 및 업무환경 등에 비추어 볼 때 근로자의 질병을 유발할 수 있다고 인정될 것

(다) 근로자가 유해·위험요인에 노출되거나 유해·위험요인을 취급한 것이 원인이 되어 그 질병이 발생하였다고 의학적으로 인정될 것

업무상의 질병에 대해서는 근기법시행령 제44조 및 〈별표 5〉에 이를 구체적으로 규정하고 있다(제1호 내지 제38호). 업무상 질병 여부의 판단에 관해서는 산재법시행령 제34조 및 제35조에서 그 인정요건 내지 인정기준을 자세히 규정하고 있다.

근로복지공단은 업무상 질병 또는 업무상 질병에 따른 사망의 인정 여부를 판정할 때에는 그 근로자의 성별·연령·건강 정도 및 체질 등을 고려하여야 한다(동법 시행령 제34조제4항).

② 업무상 부상을 입은 근로자에게 발생한 질병이 다음의 요건 모두에 해당하면 업무상 질병으로 본다(동법시행령 제34조제2항).

(가) 업무상 부상과 질병 사이의 인과관계가 의학적으로 인정될 것

(나) 기초질환 또는 기존질병이 자연발생적으로 나타난 증상이 아닐 것

③ 그 밖에 업무로 인한 것이 명확한 질병은 업무상 질병으로 본다. 판례(대법 2014.6.12, 2012두24214)는 산재법 시행령에 규정된 업무상 질병(시행령 제34조제3항)이 한정적 규정이 아니라 예시적 성격의 규정임을 확인하고 있다.

④ 업무상 질병과 인과관계의 판단에 판례 법리

문제는 업무와 질병 사이에 상당인과관계가 존재한다고 볼 것인지에 있다. 예컨대 평소 법령에 예시된 질병이 아닌 고혈압, 간염, 간질 등이 있는 근로자가 업무수행 과정에서 과로나 스트레스 등을 겪은 후 그 질병이 악화된 경우 업무와 질병 사이의 인과관계의 판단이 문제된다.

(가) 질병의 주된 원인이 업무수행과 직접 관계가 없더라도 업무상의 과로나 스트레스 등이 질병의 주된 원인에 겹쳐서 질병이 유발 또는 악화된 경우에는 인과관계가 있다.

(나) 인과관계는 반드시 의학적·자연과학적으로 명백히 입증되어야 하는 것이 아니라 법적·규범적 관점에서 상당인과관계가 인정되면 그 증명이 있다고 보아야 한다.

산업재해의 발생원인에 관한 직접적인 증거가 없더라도 근로자의 취업 당시의 건강 상태, 질병의 원인, 작업장에 발병원인물질이 있었는지 여부, 발병원인물질이 있는 작업장에서의 근무기간 등 제반 사정을 고려할 때 업무와 질병과의 사이에 상당인과관계가 있다고 추단되는 경우에도 입증이 있다고 보아야 한다」고 하여 사실상 입증책임의 전환을 꾀하고 있다(대법 2018.6.19, 2017두35097; 대법 2017.4.28, 2016두56134; 대법 2014.6.12, 2012두24214; 대법 2011.6.9, 2011두3944).

(다) 질병의 주된 발생원인이 업무수행과 직접적인 관계가 없더라도 적어도 업무상의 과로나 스트레스가 질병의 주된 발생원인에 겹쳐서 질병을 유발 또는 악화시켰다면 그 사이에 인과관계가 있다고 보아야 할 것이다. 또한 평소에 정상적인 근무가 가능한 기초질병이나 기존질병이 직무의 과중 등이 원인이 되어 자연적인 진행속도 이상으로 급격하게 악화된 때에도 인과관계가 증명된 것으로 보아야 한다(대법 2017.4.28, 2016두56134).

(라) 업무와 질병과의 인과관계의 유무는 보통평균인이 아니라 당해 근로자의 건강과 신체조건을 기준으로 판단하여야 한다(대법 2010.3.25, 2010두733; 대법 2007.4.12, 2006두4912). 예컨대, 근로자가 헤르페스 바이러스에 기인한 급성망막괴사증이나 뇌염 등의 질병이 발생하기 직전에 업무로 인하여 극도로 과로하였거나 스트레스를 받은 사실이 인정되는 경우 업무상 재해에 해당한다.

(마) 근로자에게 발병한 질병이 이른바 '희귀질환' 또는 첨단산업현장에서 새롭게 발생하는 유형의 질환에 해당하고 그에 관한 연구결과가 충분하지 않아 발병원인으로 의심되는 요소들과 근로자의 질병 사이에 인과관계를 명확하게 규명하는 것이 현재의 의학과 자연과학 수준에서 곤란하더라도 그것만으로 인과관계를 쉽사리 부정할 수 없다. 특히, 희귀질환의 평균 유병율이나 연령별 평균 유병율에 비해 특정 산업 종사자 군(群)이나 특정 사업장에서 그 질환의 발병율 또는 일정

연령대의 발병율이 높거나, 사업주의 협조 거부 또는 관련 행정청의 조사 거부나 지연 등으로 그 질환에 영향을 미칠 수 있는 작업환경상 유해요소들의 종류와 노출 정도를 구체적으로 특정할 수 없었다는 등의 특별한 사정이 인정된다면, 이는 상당인과관계를 인정하는 단계에서 근로자에게 유리한 간접사실로 고려할 수 있다. 나아가 작업환경에 여러 유해물질이나 유해요소가 존재하는 경우 개별 유해요인들이 특정 질환의 발병이나 악화에 복합적·누적적으로 작용할 가능성을 간과해서는 안 된다(대법 2017.8.29, 2015두3867). 이 사건은 삼성전자 LCD공장에서 근무한 근로자에게 발병 악화된 다발성 경화증과 업무 사이에는 상당인과관계가 있다는 것이다.

4. 산재보상의 종류와 내용

사용자는 근로자가 업무상 부상을 당하거나 질병에 걸리거나 장해가 발생하거나 또는 사망한 경우(업무상 재해)에는 근기법의 재해보상 또는 산재법상의 보험급여가 행하여진다. 근기법상의 보상으로는 요양보상, 휴업보상, 장해보상, 유족보상, 장의비의 지급이 있고, 산재법상의 보험급여로는 요양급여, 휴업급여, 장해급여, 간병급여, 유족급여, 상병보상연금, 장의비급여, 직업재활급여(산재법 제36조제1항), 장해특별급여(산재법 제78조), 유족특별급여(산재법 제79조)가 있다. 다음에서는 근기법상의 보상, 산재법상의 보험급여가 같은 종류에 속하는 것은 대칭적으로 설명하고, 그 밖의 산재법상의 급여는 별도로 설명하기로 한다.

(1) 요양보상

1) 근기법상 요양보상

① 요양보상의 의의

근로자가 업무상 부상 또는 질병에 걸리면 사용자는 그 비용으로 필요한 요양을 행하거나 또는 필요한 요양비를 부담하여야 한다(근기법 제78조).

요양 중인 근로자의 상병을 호전시키기 위한 치료가 아니라 단지 고정된 증상의 악화를 방지하기 위한 치료는 근기법 제78조제1항이 정한 요양보상의 대상에 해당하지 않는다(대법 2013.12.12, 2013다210299). 업무상 질병과 요양의 범위 및 요양보상의 시기는 대통령령으로 정한다(동법 제78조제2항)는 동법시행령 제44조제1항 및 〈별표 5〉에 게시되어 있다.

② 요양의 범위

근기법상 요양의 범위는 진찰, 약제 또는 진료재료와 의지, 그 밖의 보철구의 지급, 처치·수술 그 밖의 치료, 입원 간병 및 이송 등 요양상 적당한 것이어야 한다(동법시행령 제44조 및 별표 5).

사용자는 근로자가 취업 중에 업무상 질병에 걸리거나 부상 또는 사망한 경우에는 지체없이 의사의 진단을 받도록 하여야 한다(동법시행령 제44조제2항).

요양보상은 매월 1회 이상 하여야 한다(동법시행령 제46조).

③ 일시보상과의 관계

그러나 요양보상을 받는 근로자가 요양을 시작한 지 2년이 지나도 부상 또는 질병이 완치되지 아니한 경우에는 사용자는 그 근로자에게 평균임금의 1,340일분의 일시보상을 하여 그 후의 이 법에 따른 모든 보상책임을 면할 수 있으나(동법 제84조). 일시보상이 행하여진 경우라도 민사상의 손해배상책임이나 위자료지급 책임은 당연히 면제되지 않는다.

요양보상 채무는 부상 등이 있었던 월의 말일에 이행지체가 된다.

④ 제3자로부터 요양보상에 해당하는 급부를 받은 경우의 요양보상 의무와의 관계

근기법 제78조제1항은 근로자가 업무상 부상 또는 질병에 걸리면 사용자는 그 비용으로 필요한 요양을 행하거나 또는 필요한 요양비를 부담하여야 한다고 규정하고 있는 바, 업무상 재해를 입은 근로자가 사용자가 아닌 제3자로부터 근기법 제78조제1항에 규정된 요양보상에 해당하는 급부를 받았다면 근로자로서는 사용자에게 더 이상 업무상 재해로 인한 요양보상청구권을 행사할 수는 없다 할 것이므로 사용자로서는 근로자에게 요양보상에 해당하는 급부를 한 제3자에게 근로자에 대한 요양보상 의무를 면하게 됨으로써 얻은 이득을 반환할 의무가 있다(대법 2005.4.28, 2004다12660).

⑤ 요양보상과 근로자의 과실비율에 따른 금액의 공제 여부

근기법상의 요양보상에 대하여는 사용자는 특단의 사정이 없는 한 그 전액을 지급할 의무가 있고 근로자에게 과실이 있다고 하더라도 그 비율에 상당한 금액의 지급을 면할 수 없는 것이어서 이를 배상액에서 공제할 수 없는 것이므로, 재해근로자가 수령한 요양보상 중 근로자의 과실비율에 따른 금원을 부당이득이라 하여 사용자의 손해배상액으로부터 공제할 수 없다(대법 2008.11.27, 2008다40847).

2) 산재법상 요양급여

① 요양급여 방법

근로자가 업무상의 사유로 부상을 당하거나 질병에 걸린 근로자에게 지급한다(산재법 제40조제1항). 요양급여는 산재보험 의료기관에서 요양을 하게 하여야 하나, 부득이한 경우에는 요양을 갈음하여 요양비를 지급할 수 있다(산재법 제40조제2항). 법률에 특별한 규정이 없는 한 산재법에 의한 보험급여지급책임에는 과실책임의 원칙이나 과실상계의 이론이 적용되지 않는다(대법 2010.8.19, 2010두5141). 업무상의 부상 또는 질병이 3일 이내의 요양으로 치유될 수 있으면 요양급여를 지급하지 아니한다(산재법 제40조제3항). 이 경우에도 근기법상의 요양보상은 당연히 행해진다.

② 요양급여의 범위

요양급여의 범위는 (가) 진찰 및 검사, (나) 약제 또는 진료재료와 의지(義肢)나 그 밖의 보조기의 지급, (다) 처치, 수술, 그 밖의 치료, (라) 재활치료, (마) 입원, (바) 간호 및 간병, (사) 이송, (아) 그 밖에 고용노동부령으로 정하는 사항으로 한다(산재법 제40조제4항). 요양급여의 범위나 비용 등 요양급여의 산정 기준은 고용노동부령으로 한다(산재법 제40조제5항).

③ 재요양과 추가상병의 신청 여부

요양급여(산재법 제40조)를 받은 자가 치유 후 요양의 대상이 되었던 업무상의 부상 또는 질병이 재발하거나 치유 당시보다 상태가 악화되어 이를 치유하기 위한 적극적인 치료가 필요하다는 의학적 소견이 있으면 다시 산재법 제40조에 따른 재요양을 받을 수 있다(산재법 제51조). 업무상의 재해로 요양 중 그 업무상의 재해로 이미 발생한 부상이나 질병이 추가로 발견된 경우 또는 그 부상이나 질병이 원인이 되어 새로운 질병이 발생하여 요양이 필요한 경우에는 그 '추가상병'에 대하여 요양급여를 신청할 수도 있다(산재법 제49조).

④ 요양할 산재보험의료기관

업무상의 재해를 입은 근로자가 요양할 산재보험 의료기관이 「산재법 제43조제1항제2호」에 따른 상급종합병원인 경우에는 「응급의료에 관한 법률(제2조제1호)」에 따른 응급환자이거나 그 밖에 부득이한 사유가 있는 경우를 제외하고는 그 근로자가 상급종합병원에서 요양할 필요가 있다는 의학적 소견이 필요하다(산재법 제40조제6항).

(2) 휴업보상

1) 근기법상 휴업보상

① 휴업보상의 의의

근로자가 업무상의 부상 또는 질병으로 인하여 취업하지 못한 경우에, 요양 중에 있는 근로자에게 그 근로자의 요양 중 평균임금의 100분의 60의 휴업보상을 하여야 한다(근기법 제79조, 산재법시행령 제48조). 휴업보상지급채무도 요양보상지급의 경우와 같은 기한의 도래에 의하여 이행지체가 된다(근기법시행령 제46조).

② 휴업보상과 지급제한

근로자가 중대한 과실로 업무상 부상 또는 질병에 걸리고 또한 사용자가 그 과실에 대하여 노동위원회의 인정을 받으면 휴업보상을 지급하지 않을 수 있다(근기법 제81조). 휴업기간은 요양기관에서의 요양기간뿐만 아니라 자택에서의 요양기간도 포함된다(대법 1989.6.27, 88누2205).

③ 임금의 일부를 보상받은 경우의 휴업보상

휴업보상을 받을 기간에 그 보상을 받을 자가 임금의 일부를 지급받은 경우에 사용자는 평균임금에서 그 지급받은 금액을 뺀 금액의 100분의 60의 휴업보상을 하여야 한다(동법 제79조제2항). 법률의 위임 근거 없이 대통령령(근기법시행령 제45조)에 규정되어 있는 임금의 일부를 지급받은 경우의 휴업보상 내용을 법률에 직접 규정할 필요가 있으므로 근기법 제79조제2항을 신설한 것이다.

④ 휴업보상 시기

휴업보상은 매월 1회 이상 하여야 한다(동법시행령 제46조).

2) 산재법상 휴업급여

① 휴업급여의 의의

업무상 사유로 부상을 당하거나 질병에 걸린 근로자에게 요양으로 취업하지 못한 기간 중 1일에 대하여 평균임금의 100분의 70에 상당하는 금액을 휴업급여로서 지급한다. 그러나 취업하지 못한 기간이 3일 이내인 때에는 휴업급여를 지급하지 아니한다(산재법 52조). 휴업급여는 취업하지 못하는 기간에 임금을 받지 못하는 수급권자의 생계유지를 위한 것이다.

여기서 요양으로 취업하지 못한 기간이란 근로자가 업무상의 재해로 요양을 하느라 근로를 제공할 수 없어 임금을 받지 못한 기간을 의미하는 것으로 해석하므로, 근로자가 업무상 부상을 치료받은 기간 뿐만 아니라 자택에서 요양한 기간도 포함된다(대법 1989.6.27, 88누2205).

② 평균임금 산정시의 특례

평균임금(근기법 제2조제1항제6호)의 산정과 관련하여 산재법은 특별규정을 두고 있다. 즉, 평균임금 산정사유가 발생한 날부터 1년이 지난 경우의 평균임금 증감(산재법 제36조제3항, 제4항), 근로자의 근로형태가 특이한 경우(동조제5항), 진폐 등 대통령령으로 정하는 직업병으로 보험금을 받게 되는 경우(동조제6항), 평균임금이 전체 근로자의 임금평균액의 1.8배를 초과하거나, 2분의 1보다 적은 경우(동조제7항, 제8항)에 대해서 특별히 규정하고 있다. 또한 저소득 근로자의 휴업급여(산재법 제54조), 고령자의 휴업급여(산재법 제55조), 재요양기간 중의 휴업급여(산재법 제56조)에 관해서도 특별규정을 두고 있다.

③ 요양기간 중 취업한 경우

요양 또는 재요양을 받는 근로자가 휴업급여를 받으면서 취업을 하고 임금을 받는 때에는 휴업급여를 받을 수 없는 것이 원칙이라고 할 수 있다. 그러나 요양 또는 재요양을 받고 있는 근로자가 그 요양기간 중 일정기간 또는 단시간 취업을 하는 경우에는 그 취업한 날 또는 취업한 시간에 해당하는 그 근로자의 평균임금에서 그 취업한 날 또는 취업한 시간에 대한 임금을 뺀 금액의 100분의 90에 상당하는 금액을 지급할 수 있다(산재법 제53조제1항). 근로자가 받은 임금이 평균임금에 미달하는 때에는 그 미달되는 부분의 100분의 90에 상당하는 금액을 보전해

줌으로써 기본적 생계유지에 지장이 없도록 하기 위한 것으로 해석된다. 이를 부분휴업급여라고 한다.

(3) 장해보상

1) 근기법상 장해보상

① 장해보상의 의의

근로자가 업무상 부상 또는 질병에 걸리고 완치된 후 신체에 장해가 있으면 사용자는 그 장해 정도에 따라 평균임금에 별표에서 정한 일수를 곱한 금액의 장해보상을 하여야 한다(근기법 제80조제1항). 근기법 제80조제1항에서 정한 「업무상 부상 또는 질병의 완치」란 장해보상의 전제가 되는 점에 비추어, 부상 또는 질병 이전의 상태로 완전히 회복된 경우뿐만 아니라 치료의 효과를 더 이상 기대할 수 없고 그 증상이 고정된 상태에 이르게 된 경우도 포함한다(대법 2013.12.12, 2013다210299). 이미 신체에 장해가 있는 자가 부상 또는 질병으로 인하여 같은 부위에 장해가 더 심해진 경우에 그 장해에 대한 장해보상 금액은 장해 정도가 더 심해진 장해등급에 해당하는 장해보상의 일수에서 기존의 장해등급에 해당하는 장해보상의 일수를 뺀 일수에 보상청구사유 발생 당시의 평균임금을 곱하여 산정한 금액으로 한다. 장해보상을 하여야 하는 신체장해 등급의 결정 기준과 장해보상의 시기는 대통령령으로 정한다(근기법 제80조, 동법시행령 제47조).

② 장해보상의 지급제한

장해보상은 분할보상(동법 제85조)이 가능하고, 위의 휴업보상과 같이 근로자의 중대한 과실이 있는 때에는 사용자는 노동위원회의 인정을 받으면 장해보상을 하지 아니하여도 된다(동법 제81조). 사용자는 근기법 제81조에 따라 근로자에게 중대한 과실이 있음을 인정받고자 하는 경우에는 「업무상부상등에관한중대과실인정신청서」(별지 제13호 서식)에 근로자의 중대한 과실을 입증하는 자료를 첨부하여 관할 지방노동위원회에 제출하여야 한다(동법시행규칙 제13조).

③ 장해보상 시기

장해보상은 근로자의 부상 또는 질병이 완치된 후 지체없이 하여야 한다(동법시행령 제51조제1항).

2) 산재법상 장해급여

① 장해급여의 의의

장해급여란 근로자가 업무상의 사유로 부상을 당하거나 질병에 걸려 치유된 후 신체 등에 장해가 있는 경우에 그 근로자에게 장해급여를 지급하는 보험급여이다(산재법 제57조제1항). 장해로 인한 노동능력의 감소 및 상실에 따른 수입의 감소·상실을 보전하기 위한 것이다.

산재법상 장해급여는 근로자가 업무상의 사유로 부상을 당하거나 질병에 걸려 치유된 후 신체 등에 장해가 있는 경우 그 근로자에게 지급한다(동법 제57조제1항). 치유란, 부상 또는 질병이 완치되거나 치료의 효과를 더 이상 기대할 수 없고 그 증상이 고정된 상태에 이르게 된 것을 말한다(동법 제5조제4호). 장해급여는 부상 또는 질병이 완치되거나 부상 또는 질병에 대한 치료의 효과를 더 이상 기대할 수 없게 되고 그 증상이 고정된 상태에 이르게 된 때에 지급할 수 있는 것으로 해석된다(대법 2005.4.29, 2004두14977). 장해급여는 그 지급 사유가 발생하고 그때 근로자는 장해급여 지급청구권을 취득하므로 장해급여 지급을 위한 장해등급 결정 역시 장해급여 지급청구권을 취득할 당시, 즉, 그 지급 사유 발생 당시의 법령에 따르는 것이 원칙이다(대법 2007.2.22, 2004두12957).

② 장해급여의 종류

장해급여는 장해등급(1급~14급)에 따라 산재법 별표 2에 따른 장해보상연금 또는 장해보상일시금으로 하되 그 장해등급의 기준은 대통령령으로 정하며(산재법 제57조제2항), 장해보상연금 또는 장해보상일시금은 수급권자의 선택에 따라 지급한다. 다만, 대통령령으로 정하는 노동력을 완전히 상실한 장해등급의 근로자에게는 장해보상연금을 지급하고, 장해급여 청구사유 발생 당시 대한민국 국민이 아닌 자로서 외국에서 거주하고 있는 근로자에게는 장해보상일시금을 지급한다(산재법 제57조제3항).

③ 장해보상연금의 지급방법

장해보상연금은 수급권자가 신청하면 그 연금의 최초 1년분 또는 2년분(산재법 제57조제3항 단서에 따른 근로자에게는 그 연금의 최초 1년분부터 4년분까지)의 2분의1에 상당하는 금액을 미리 지급할 수 있다. 이 경우 미리 지급하는 금액에 대하여는

100분의 5의 비율 범위에서 대통령령으로 정하는 바에 따라 이자를 공제할 수 있다(산재법 제57조제4항). 장해보상연금의 수급권자가 재요양을 받는 경우에도 그 연금의 지급을 정지하지 아니한다(산재법 제60조제1항). 재요양을 받고 치유된 후 장해상태가 종전에 비하여 호전되거나 악화된 경우에는 그 호전 또는 악화된 장해상태에 해당하는 장해등급에 따라 장해급여를 지급한다(동조제2항).

④ 장해보상연금 수급권의 소멸과 일시금 지급 방법

장해보상연금 수급권자의 수급권이 사망 등 그 밖의 사유로 산재법 제58조에 따라 소멸한 경우에 이미 지급한 연금액을 지급 당시의 각각의 평균임금으로 나눈 일수의 합계가 별표2에 따른 장해보상일시금의 일수에 못 미치면 그 못 미치는 일수에 수급권 소멸 당시의 평균임금을 곱하여 산정한 금액을 유족 또는 그 근로자에게 일시금으로 지급한다(산재법 제57조제5항).

(4) 유족보상

1) 근기법상 유족보상

① 유족보상의 의의

근로자가 업무상 사망한 경우에는 사용자는 근로자가 사망한 후 지체 없이 그 유족에게 평균임금의 1,000일분의 유족보상을 하여야 한다. 선원에 대하여는 승선평균임금의 1,300일분에 상당하는 유족보상을 지급해야 한다(선원법 제99조). 유족의 범위, 유족보상의 순위 및 보상을 받기로 확정된 자가 사망한 경우의 유족보상의 순위는 대통령령으로 정한다(근기법 제82조, 동법시행령 제48조·제49조). 근로자가 사망할 때 그가 부양하고 있던 배우자(사실혼 관계에 있던 자를 포함한다)가 최우선 순위이다. 사실혼 관계에 있던 자를 배우자에 포함하고 있는 취지는 법률혼주의 및 중혼금지 원칙을 대전제로 하고 있는 우리 가족법 체계를 고려하여 보면 사실상 혼인생활을 하여 혼인의 실제는 갖추고 있으면서도 단지 혼인신고가 없기 때문에 법률상 혼인으로 인정되지 아니하는 경우에 사실상 배우자를 보호하려는 것이지 법률혼 관계와 경합하고 있는 사실상의 동거관계를 보호하려는 것은 아니다. 만약 사실상 배우자 외에 법률상 배우자가 따로 있는 경우라면 이혼의사의 합치가 있었는데도 형식상의 절차미비 등으로 법률혼이 남아 있는 등의 예외적인 경우를 제외하고는 그 사실상 배우자와의 관계는 '사실혼'에 해당한다고 볼 수 없다(대법 2007.2.22, 2006두18584).

② 유족의 범위와 순위

유족의 범위와 순위는 근기법시행령 제48조에서 제50조에 규정되어 있다. 유족보상을 받기로 확정된 유족이 사망한 때에는 같은 순위자가 있는 경우에는 같은 순위자에게, 같은 순위자가 없는 경우에는 그 다음 순위자에게 유족보상을 한다(동법 시행령 제50조). 유족보상은 민법상의 유산상속의 경우와는 그 취지를 달리한다.

③ 보상시기

유족보상의 지급은 근로자가 사망한 후 지체없이 하여야 한다(동법 제51조제2항). 유족보상은 근기법 제85조의 규정에 따라 분할보상이 가능하다.

2) 산재법상 유족급여

① 유족급여의 의의

유족급여란 근로자가 업무상의 사유로 사망한 경우에 유족에게 지급하는 보험급여이다(산재법 제62조제1항). 유족이란 사망한 자의 배우자(사실상의 혼인관계에 있는 자 포함)·자녀·부모·손자녀·조부모 또는 형제자매를 말한다(산재법 제5조제3항).

② 유족급여의 종류

유족급여는 유족보상연금이나 유족보상일시금으로 하되, 유족보상연금은 기본금액과 가산금액을 합한 금액으로 하며 유족보상일시금은 평균임금의 1,300일분이다. 유족보상일시금은 근로자가 사망할 당시에 산재법 제63조제1항에 따른 유족보상연금을 받을 수 있는 자격이 있는 자가 없는 경우에 지급한다(제62조제2항).

③ 유족급여의 지급방법

유족보상연금을 받을 수 있는 자격이 있는 자가 원하면 유족보상일시금의 100분의 50에 상당하는 금액을 일시금으로 지급하고 유족보상연금은 100분의 50을 감액하여 지급한다(제62조제3항). 유족보상일시금의 반환을 조건으로 수급방법을 연금방식으로 변경할 수 없다(대법 2005.7.8, 2003두13700).

④ 유족보상연금 수급자격자의 자격상실과 일시금지급

유족보상연금을 받던 자가 그 수급자격을 잃은 경우, 다른 수급자격자가 없고 이미 지급한 연금액을 지급 당시의 각각의 평균임금으로 나누어 산정한 일수의 합계가 1,300일에 못 미치면, 그 못 미치는 일수에 수급자격 상실 당시의 평균임금을 곱하여 산정한 금액을 수급자격 상실 당시의 유족에게 일시금으로 지급한다(제62조제4항). 유족보상연금의 지급 기준 및 방법, 그 밖에 필요한 사항은 대통령령으로 정한다(제62조제5항). 유족보상연금 수급자격자의 범위 및 순위 그리고 그 수급자격자의 자격상실과 지급정지 등에 관해서는 산재법 제63조와 제64조에서 각각 정하고 있다. 그리고 유족보상일시금과 유족보상연금이 일시금으로 지급되는 특별한 경우(산재법 제57조제5항, 제62조제2항·제4항)에 수급권자인 유족의 순위에 관해서는 산재법 제65조가 규정하고 있다.

(5) 장의비

1) 근기법상 장의비

근로자가 업무상 사망한 경우에는 사용자는 근로자가 사망한 수 지체 없이 평균임금의 90일분의 장의비를 지급하여야 한다(근기법 제83조). 장의비를 지급받는 자는 실제로 장제를 실행하는 자로 해석하여야 한다. 장의비는 근로자가 사망한 후 지체없이 지급하여야 한다(근기법시행령 제51조제2항).

2) 산재법상 장의비

장의비는 근로자가 업무상 사망 또는 사망의 추정(산재법 제39조)을 받은 경우에 장례에 소요되는 비용을 보상하는 것을 말하며, 근로자가 업무상의 사유로 사망한 경우에 지급하되, 평균임금의 120일분에 상당하는 금액을 그 장제(葬祭)를 지낸 유족에게 지급한다.

다만, 장제를 지낼 유족이 없거나 그 밖에 부득이한 사유로 유족이 아닌 자가 장제를 지낸 경우에는 평균임금의 120일분에 상당하는 금액의 범위에서 실제 드는 비용을 그 장제를 지낸 자에게 지급한다(산재법 제71조제1항).

장의비가 대통령령으로 정하는 바에 따라 고용노동부장관이 고시하는 최고 금액을 초과하거나 최저 금액에 미달하면 그 최고 금액 또는 최저 금액을 각각 장의비로 한다.

(6) 산재법상 그 밖의 보험급여

산재법 제36조는 동법에서 지급하는 보험급여를 8가지로 정하고 있다. 이 중에서 근기법에 없는 보상급여가 간병급여, 상병보상연금, 직업재활급여이다.

1) 간병급여

간병급여는 요양급여를 받은 자 중 치유 후 의학적으로 상시 또는 수시로 간병이 필요하여 실제로 간병을 받는 자에게 지급한다(산재법 제61조제1항). 간병급여의 지급 기준과 지급 방법 등에 관하여 필요한 사항은 대통령령으로 정한다(동조제2항 시행령 제59조). 요양급여 중에도 간병은 요양급여에 포함되어있으므로(산재법 제40조제4항제6호), 치유 후의 간병은 하나의 독립된 보험급여의 종류에 속한다.

2) 상병보상급여

요양급여를 받는 근로자가 요양을 시작한지 2년이 지난 이후에 ① 그 부상이나 질병이 치유되지 아니한 상태이고, 또한 ② 그 부상이나 질병에 따른 폐질의 정도가 대통령령(시행령 제64조부터 제65조)으로 정하는 폐질등급기준(시행령 별표 8)에 모두 해당하면 휴업급여 대신 상병보상연금을 그 근로자에게 지급한다(산재법 제66조제1항). 상병보상연금은 폐질등급(제1급은 평균임금의 329일분, 제2급은 평균임금의 291일분, 제3급은 평균임금의 257일분)(별표 4)에 따라 지급한다(제66조제2항). 근기법이 이러한 경우에 일시보상(근기법 제84조)을 지급하는 것과 대비된다. 그 이외에 산재법은 저소득 근로자의 상병보상연금 및 고령자(61세가 된 사람)의 상병보상연금에 대해서 산재법 제67조 및 제68조의 특별(보호)규정을 두고 있다. 또한 재요양기간 중의 상병보상연금에 대해서는 산재법 제69조가 규정하고 있다. 산재법 제66조부터 제69조까지의 규정에 따른 상병보상연금을 받으려는 사람은 폐질상태를 증명할 수 있는 의사의 진단서를 첨부하여 근로복지공단에 청구하여야 한다(산재법 시행령 제64조제1항).

3) 직업재활급여

직업재활급여에는 2종류가 있다. 첫째는 장해급여 또는 진폐보상연금을 받은 자나 장해급여를 받을 것이 명백한 자로서 대통령령으로 정하는 자(장해급여자) 중 취업을 위하여 직업훈련이 필요한 자(훈련대상자)에 대하여 지급하는 직업훈련비용과 직업훈련수당이다. 둘째는 업무상 재해가 발생한 원래의 사업장에 복귀하는 장해급여자에 대하여 고용을 유지하거나 직장적응훈련 또는 재활운동을 실시하는 경우에 사용자에게 지급하는 직장복귀지원금, 직장적응훈련비 및 재활운동비이다(산재법 제72조제1항).

4) 장해특별급여

보험가입자의 고의 또는 과실로 업무상 재해가 발생한 경우 수급권자가 민법에 의한 손해배상청구에 갈음하여 장해특별급여를 청구한 때에는 장해급여 외에 장해특별급여를 지급할 수 있다(산재법 제78조제1항).

5) 유족특별급여

보험가입자의 고의 또는 과실로 업무상 재해가 발생하여 근로자가 사망한 경우에는 수급권자가 민법에 의한 손해배상청구에 갈음하여 유족특별급여를 청구한 때에는 유족급여 외에 유족특별급여를 지급할 수 있으며(산재법 제79조제1항), 이 경우 고용노동부장관은 그 급여액의 전액을 보험가입자로부터 징수한다. 유족특별급여에 관하여는 장해특별급여에 관한 규정이 준용된다(산재법 제79조제2항).

5. 재해보상청구권·보험급여수급권의 보호

(1) 양도·압류 등의 금지

근기법상 보상을 받을 권리 또는 산재법상 보험급여를 받을 권리는 퇴직으로 인하여 변경 또는 소멸되지 않으며 양도 또는 압류의 대상이 되지 않고 담보로 제공할 수 없다(근기법 제85조, 산재법 제88조). 이는 보상청구권 또는 보험급여수급권을 퇴직 후에도 보호하며, 양도·압류 또는 담보제공을 금지하여 피재근로자 또는 그 가족의 생계를 보호하기 위한 것이다. 산재법 제52조에 의한 휴업급여를 받을 권리는 동법 제88조제2항에 의해 압류가 금지되는 채권으로서 강제집행면탈죄의 객체에 해당하지 않으므로, 해당 근로자가 장차 지급될 휴업급여 수령계좌를 기존의 압류된 예금계좌에서 압류가 되지 않은 다른 예금계좌로 변경해 휴업급여를 수령한 행위는 죄가 되지 않는다고 판시(대법 2017.8.18, 2017도6229)했다.

(2) 소멸시효

근기법상 재해보상청구권은 5년간 행사하지 아니하는 경우에는 시효로 인하여 소멸하며(근기법 제92조), 산재법에서도 보험료 그 밖에 징수금을 징수하거나 그 반환을 받을 권리 및 보험급여를 받을 권리는 5년간 행사하지 않으면 소멸하고 동법에 규정이 없는 사항은 소멸시효에 관해 민법의 규정에 따른다(산재법 제112조제1항). 소멸시효의 기산일은 요양급여청구권의 경우 요양에 필요한 비용이 구체적으로 확정된 날의 다음날, 장해급여청구권의 경우 상병이 치유된 날의 다음날, 유족급여청구권의 경우 사망한 날의 다음날이다. 산재보험법 제36조제1항의 보험급여는 각 해당 조항에 따른 보험급여를 받을 수 있는 자(수급권자)의 청구로 중단된다(산재법 제113조전단, 제36조제2항). 시효중단의 경우 효력은 개개 보험급여별로 판단된다. 청구가 업무상 재해(산재법 제5조제1항) 여부의 판단은 필요로 하는 최초의 청구인 때에는 그 청구로 인한 시효중단의 효력은 산재법 제36조제1항에서 정한 다른 보험급여에도 미친다(산재법 제113조 후단). 시효의 진행이 중단되면 이미 경과한 시효기간의 효력이 상실되고 시효가 새로 기산된다.

6. 도급사업과 특수형태근로 종사자에 대한 예외

(1) 도급사업에 대한 예외

① **근기법상의 예외**: 사업이 여러 차례의 도급에 따라 행하여지는 경우에는 재해보상에 대하여는 원수급인을 사용자로 보며(근기법 제90조제1항), 원수급인이 서면상 계약으로 하수급인에게 보상을 담당하게 하는 경우에는 그 수급인도 사용자로 본다. 다만, 2명 이상의 하수급인에게 똑같은 사업에 대하여 중복하여 보상을 담당하게 하지 못한다. 이 경우 원수급인이 보상청구를 받으면 보상을 담당한 하수급인에게 우선 최고할 것을 청구할 수 있다. 다만, 그 하수급인이 파산의 선고를 받거나 행방이 알려지지 아니하는 경우에는 그러하지 아니하다(동조제2항 및 제3항).

② **산재법상의 예외**: 건설업 등 대통령령으로 정하는 사업이 여러 차례의 도급에 의하여 시행되는 경우에는 그 원수급인을 산재징수법을 적용받은 사업주로 본다. 다만, 대통령령으로 정하는 바에 따라 공단의 승인을 받은 경우에는 하수급인을 동법을 적용받는 사업주로 본다(동법 제9조제1항). 즉, 원수급인이 하수급인의 근

로자를 위하여 보험료를 납부하게 되므로 하수급인의 보험가입 여부에 관계없이 재해가 발생하면 근로자는 보험급여를 받을 수 있게 된다. 이러한 규정은 근기법 제90조에 비해서 근로자가 보험급여를 받을 수 있는 권리를 보다 강화한 것이다.

(2) 특수형태근로 종사자에 대한 예외

① 정의: 특수형태근로자란 계약의 형식에 관계없이 근로자와 유사하게 노무를 제공함에도 근기법 등이 적용되지 아니하여 업무상의 재해로부터 보호할 필요가 있는 자로서 첫째, 주로 하나의 사업에 그 운영에 필요한 노무를 상시적으로 제공하고 보수를 받아 생활할 것, 둘째 노무를 제공함에 있어서 타인을 사용하지 아니할 것을 갖춘 자를 말한다(산재법 제125조제1항). 산재법 개정에 따라, 그동안 논란이 되어왔던 특수형태근로 종사자에게도 산재보험의 적용을 받을 수 있게 되었다(동법 제125조). 이는 계약의 형식에 관계없이 근로자와 유사하게 노무를 제공함에도 근기법 등이 적용되지 아니하여 업무상의 재해로부터 보호할 필요가 있는 자를 보호하기 위하여 신설된 규정이다.

② 보호내용: 특수형태근로 종사자는 산재법 제5조제2호에도 불구하고 동법을 적용할 때에는 그 사업 또는 사업장의 근로자로 본다. 다만, 특수형태근로 종사자가 산재법 제125조제4항에 따라 동법의 적용제외를 신청한 경우에는 근로자로 보지 아니한다. 보험료는 사업주와 특수형태근로 종사자가 절반씩 부담하도록 되어 있다(다만, 사용종속관계의 정도 등을 고려하여, 대통령령으로 정하는 특수형태근로 종사자는 사업주가 전액 부담하도록 하고 있다).

③ 특수형태근로 종사자의 범위(법 제125조제1항·령 제125조)

(가) 보험을 모집하는 사람으로서 다음 어느 하나에 해당하는 자

- 보험업법 제83조제1항제1호에 따른 보험설계사
- 우체국예금·보험에관한법률에 따른 우체국보험의 모집을 전업으로 하는 사람

(나) 건설기계관리법 제3조제1항에 따라 등록된 건설기계를 직접 운전하는 사람

(다) 학습지 교사

(라) 체육시설의설치·이용에관한법률 제7조에 따라 직장체육시설로 설치된 골프장 또는 같은 법 제19조에 따라 체육시설업의 등록을 한 골프장에서 골

프경기를 보조하는 골프장 캐디

(마) 한국표준직업분류표의 세분류에 따른 택배원인 사람으로서 택배사업(소화물을 집화·수송 과정을 거쳐 배송하는 사업을 말한다)에서 집화 또는 배송 업무를 하는 사람

(바) 한국표준직업분류표의 세분류에 따른 택배원인 사람으로서 고용노동부장관이 정하는 기준에 따라 주로 하나의 퀵서비스업자로부터 업무를 의뢰받아 배송 업무를 하는 사람

(사) 대출모집인

(아) 신용카드회원 모집인

(자) 전속 대리운전기사

7. 재해보상에 대한 이의 신청

(1) 근기법상의 심사와 중재

1) 고용노동부장관의 심사와 중재

① **청구에 의한 심사와 중재**: 업무상의 부상·질병 또는 사망의 인정, 요양의 방법, 보상금액의 결정 그 밖에 보상의 실시에 관하여 이의가 있는 자는 고용노동부장관에게 심사나 중재를 청구할 수 있다(근기법 제88조제1항). 이러한 청구가 있으면 고용노동부장관은 1개월 이내에 심사 또는 중재를 하여야 한다(근기법 제88조제2항).

② **직권에 의한 심사와 중재**: 고용노동부장관은 필요에 따라 직권으로 심사나 사건의 중재를 할 수 있고, 필요하다고 인정하면 의사에게 진단이나 검안을 시킬 수 있다(근기법 제88조제3항·제4항).

③ **고용노동부장관의 심사·중재의 법적 성격**: 고용노동부장관의 심사·중재는 관계자의 권리·의무에 영향을 주는 행정처분이 아니라 단순히 권고적 성격을 갖는 행위에 불과하므로, 심사·중재의 결과에 불복이 있는 경우 사용자를 상대로 민사소송을 제기할 수 있어도(대법 1977.9.13, 77다807) 행정소송은 제기할 수 없다고 본다(대법 1995.3.28, 94누10443).

2) 노동위원회의 심사와 중재

고용노동부장관이 근기법 제88조제2항에 의하여 1개월 내에 심사나 중재를 하지 아니하거나, 고용노동부장관의 심사나 중재의 결과에 불복하는 자는 노동위원회에 심사나 중재를 청구할 수 있으며(근기법 제89조제1항), 노동위원회는 1개월 이내에 심사나 중재를 하여야 한다(근기법 제89조제2항).

「근기법 소정의 재해보상에 관한 노동위원회의 심사나 중재에 관한 결정은 관계자의 권리의무에 법적 효과를 미치는 행정처분이 아니고 단순히 권고적 성질을 갖는 행위에 불과하므로 이 결정은 행정소송의 대상이 되지 않는다」(대법 1995.3.28, 94누10443).

(2) 산재법상의 심사와 재심사

1) 산업재해보상보험심사위원회의 심사

보험급여 결정 등에 불복하는 자는 보험급여 결정 등이 있음을 안 날로부터 90일 이내에 보험급여 결정 등을 한 근로복지공단의 소속 기관을 거쳐 근로복지공단에 제기하여야 한다(산재법 제103조제2항 및 제3항). 근로복지공단 산하 산업재해보상보험심사위원회는 심사청구서를 받은 날로부터 60일 이내에 심사청구에 대한 결정을 하고 부득이한 사유가 있으면 1차에 한하여 20일을 넘지 아니하는 범위에서 연장할 수 있다(산재법 제105조제1항).

심사의 청구는 재판상의 청구로 보아 시효가 중단되며(산재법 제111조제1항), 심사결정의 법적 성격은 재심사에 대한 재결은 「행정소송법」제18조를 적용할 때 행정심판에 대한 재결로 보고 있음(산재법 제111조제2항)을 고려하여 볼 때 이를 행정처분으로 보아야 할 것이다. 심사청구 및 재심사청구에 관하여 산재법에서 정하고 있지 아니한 사항에 대하여는 「행정심판법」에 따른다(산재법 제111조제3항). 보험급여 결정 등에 대하여는 「행정심판법」에 따른 행정심판을 제기할 수 없다(동법 제103조제5항).

(3) 산업재해보상보험재심사위원회의 재심사

근로복지공단의 심사청구에 대한 결정에 불복하는 자는 근로복지공단의 결정이 있음을 안 날로부터 90일 이내 그 보험급여에 관한 결정을 한 공단의 소속 기관을 거쳐 산업재해보상보험재심사위원회에 제기한다(동법 제106조제1항·제3항).

8. 재해보상과 다른 권리와의 관계

(1) 문제의 소재

근기법과 산재법은 재해보상과 산재보험급여청구와 병행하여 「민법」이나 그 밖의 법령에 의한 손해배상청구를 인정하고 있으며, 배타적 보상우선주의를 택하고 있지 않다. 다만, 사용자의 이중부담과 근로자의 중복전보를 방지하기 위하여 보상책임과 손해배상책임을 조정하고 있다(이른바 경합조정주의). 민법상의 손해배상은 그것이 불법행위에 의한 것이건 채무불이행에 의한 것이건 귀책사유(가해자 또는 채무불이행자의 고의·과실)를 요건으로 한다. 고의·과실이 없는 때에는 그 손해의 발생이 사용자(사업주) 또는 제3자에 의한 민법상의 손해배상책임으로서 문제되지 않는다(김형배, 「노동법」, 제25판, p.544).

(2) 사용자(사업주)의 귀책사유에 의한 재해

① 사용자의 귀책사유로 근로자에게 재해가 발생하여 근로자가 사용자(사업주)에 대해서 손해배상청구를 할 수 있기 위해서는 사용자 측에 (가) 일반불법행위 책임(민법 제750조), (나) 경우에 따라서는 사용자책임(제756조)(다음의 (3) 참고), (다) 공작물의 설치 또는 보존의 하자로 인한 소유자 또는 점유자의 책임(민법 제758조), (라) 근로계약관계의 채무불이행책임(민법 제655조, 제756조, 제758조)이 성립하여야 한다.

② 우리나라에서는 종래 근로자에 대한 사용자의 민사책임을 묻는 경우에 불법행위책임(민법 제750조, 제756조, 제758조)을 근거로 하는 것이 일반적이었다고 볼 수 있다. 그러나 근래에 와서 채무불이행책임을 기초로 손해배상청구를 하는 것이 적절하다는 견해가 유력시되고 있다(김형배, 「노동법」, 제26판, p.567).

③ 피재근로자는 재해가 사용자의 귀책사유, 즉, 사용자의 고의 또는 과실로 발생한 경우에는 근기법상의 재해보상 이외에 사용자에게 민법상의 채무불이행책임을 물을 수 있다(민법 제390조). 일반적으로 사용자는 주된 임금 지급 의무 외에 근로자의 생명·신체·건강 등을 보호하여야 할 신의칙상의 부수적 의무, 즉, 안전보

호의무를 부담한다(대법 2006.9.28, 2004다44506). 다만, 보호의무 위반을 이유로 사용자에게 손해배상책임을 인정하기 위해서는 특별한 사정이 없는 한 그 사고가 피용자의 업무와 관련성을 가지고 있어야 하고 예측가능한 것이어야 한다.

④ 피재근로자는 손해(재해)가 사용자의 안전보호의무 위반으로 발생하였다는 사실을 입증하면 된다. 이에 대하여 사용자가 그 책임을 면하기 위해서는 안전·배려의무가 존재하지 않는다는 사실 즉, 사용자는 그에게 귀책사유가 없음을 입증해야 한다. 구체적으로 안전보호의무가 존재하지 않는다는 사실, 안전보호의무에 따른 제반조치를 모두 이행하였다는 사실 또는 발생된 재해가 업무상의 재해가 아니며 예측가능성이 없다는 사실, 근로자 자신의 귀책사유 또는 불가항력과 같은 사유에 의하여 발생하였다는 사실 등 입증하여야 한다(김형배, 「노동법」, 제26판, p.568).

(3) 조 정

1) 근기법상의 조정

① **책임면제**: 근기법상(또는 산재법상)의 보상이 행하여진 경우에는 사용자는 민법상 근로자에 대하여 부담하는 손해배상책임(민법 제390조, 제393조 이하 참조)에 대하여도 동일한 성질의 손해에 관한 한 그 금액의 한도 안에서 책임을 면한다(근기법 제87조 및 산재법 제80조제2항, 대법 1986.1.21, 85두101).

② **위자료**: 그러나 위자료는 재해보상의 범위에 속하는 것이 아니므로 재해보상을 가지고 위자료 지급책임을 면할 수도 없다(대법 1985.5.14, 85두12). 채무불이행으로 인한 손해배상과 근기법 소정의 재해보상은 그 책임의 성질 및 요건을 달리하는 것이므로, 근기법상의 재해보상을 받을 수 있다하여 언제나 민법상의 손해배상청구를 할 수 있는 것은 아니다.

③ **근로자의 중대한 과실과 근기법의 적용**: 근기법 제81조는 「근로자가 중대한 과실로 업무상 부상 또는 질병에 걸리고 또한 사용자가 그 과실에 대하여 노동위원회의 인정을 받으면 휴업보상이나 장해보상을 하지 아니하여도 된다」고 규정하고 있다. 근기법 제81조의 규정은 휴업보상과 장해보상에 한하여 사용자의 보상책임을 면제시키는 것이므로 근로자에게 중대한 과실이 있다 하더라도 요양보상이나 유족보상 및 장례비에 대한 사용자의 보상책임은 면제되지 않는다(대법 1981.10.13, 81다카351).

2) 산재법상의 조정

산재법은 근기법상의 보상이나 민법상의 손해배상과의 관계에 대하여 3가지의 조정을 규정하고 있다.

① 수급권자(근로자)가 산재법에 따른 보험급여를 받을 수 있으면 보험가입자는 「동일한 사유」에 대하여 근기법에 따른 재해보상책임이 면제된다(산재법 제80조제1항).

② 수급권자(피해자, 근로자)가 「동일한 사유」에 대하여 산재법상의 보험급여를 받으면 보험가입자(가해자, 사업주, 사용자)는 그 금액의 한도 안에서 「민법」이나 그 밖의 법령에 따른 손해배상책임이 면제된다. 이 경우에 장해보상연금 또는 유족보상연금을 받고 있는 자는 재해보상일시금 또는 유족보상일시금을 받은 것으로 본다(산재법 제80조제2항).

③ 수급권자(피해자, 근로자)가 동일한 사유로 「민법」이나 그 밖의 법령에 따라 산재법상의 보험급여에 상당한 금품을 받으면 근로복지공단은 그 받은 금품을 대통령령으로 정하는 방법에 따라 환산한 금액의 한도 안에서 산재보험급여(동조제2항 후단에 따라 수급권자가 지급받은 것으로 보게 되는 재해보상일시금 또는 유족보상일시금에 해당하는 연금액은 제외됨)를 지급하지 않는다(산재법 제80조제3항). 산재법 제80조제3항 본문에서 "대통령령으로 정하는 방법에 따라 환산한 금액"이란 수급권자가 지급받은 금품의 가액(이 법에 따라 보험급여를 산정할 당시의 가액을 말한다)을 말하되, 요양서비스를 제공받은 경우에는 그 요양에 드는 비용으로 환산한 금액을 말한다(산재법 시행령 제76조).

(2) 재해가 제3자의 귀책사유에 의하여 발생한 경우

1) 재해가 사업장 내의 다른 근로자에 의하여 발생된 경우

① 산재법 제87조제1항에서 규정한 구상권 행사의 상대방이 되는 '제3자'란 재해 근로자와 산업재해보상보험관계가 없는 자로서 재해 근로자에 대하여 불법행위 등으로 인한 손해배상책임을 지는 자를 말한다(대법 2004.12.24, 2003다33691). 근로자가 동일한 사업주에 의하여 고용된 동료 근로자의 행위로 인하여 업무상 재해를 입은 경우 그 동료 근로자는 산재법 제87조제1항 본문에서의 제3자 또는 제54조제1항에 정하여진 구상권 행사의 상대방이 되는 제3자에 해당하지 아니한다(대법

2007.1.25, 2006다60793; 대법 2004.12.24, 2003다33691). 재해가 제3자, 즉, 사업장 내의 다른 근로자에 의하여 발생한 경우에 피재근로자는 사용자에 대하여 근기법상의 재해보상을 요구하거나 민법상의 손해배상책임을 물을 수 있다. 왜냐하면 근로계약상 사용자의 안전배려의무가 인정되고 이 의무를 이행함에 있어서 다른 근로자는 이행보조자의 지위에 있게 되므로 근로자의 행위에 의하여 재해가 발생한 때에는 사용자의 채무불이행이 될 수 있기 때문이다(민법 제391조, 제390조). 이 때 사용자는 적극적 채권침해에 따른 손해배상의무를 부담한다.

② 재해로 인하여 피해를 입은 근로자는 가해 근로자에게 고의·과실이 있는 경우에는 가해 근로자에 대해서도 불법행위책임을 물을 수 있으며(민법 제750조), 동시에 사용자에 대하서는 이른바 사용자책임(민법 제756조)을 물을 수 있다. 이 경우에 가해 근로자와 사용자의 손해배상의무는 부진정 연대채무관계에 있다.

2) 재해가 그 사업장의 근로자가 아닌 제3자에 의하여 발생된 경우

동료 근로자에 의한 가해행위로 인하여 다른 근로자가 재해를 입어 그 재해가 업무상 재해로 인정되는 경우에 있어서는 그러한 가해행위는 마치 사업장 내 기계기구 등의 위험과 같이 사업장이 갖는 하나의 위험이라고 볼 수 있으므로, 그 위험이 현실화하여 발생한 업무상 재해에 대하여는 근로복지공단이 궁극적인 보상책임을 져야한다고 보는 것이 산재법의 사회보험적 내지 책임보험적 성격에 부합하고, 여기에다가 사업주를 달리한다고 하더라도 하나의 사업장에서 어떤 사업주의 근로자가 다른 사업주의 근로자에게 재해를 가하여 근로복지공단이 재해 근로자에게 보험급여를 한 경우, 근로복지공단은 산재법 제87조제1항 단서에 의하여 가해 근로자 또는 그 사용자인 사업주에게 구상할 수 없다는 점까지 감안하면, 근로자가 동일한 사업주에 의하여 고용된 동료 근로자의 행위로 인하여 업무상의 재해를 입은 경우에 그 동료 근로자는 보험가입자인 사업주와 함께 직·간접적으로 재해 근로자와 산재보험관계를 가지는 자로서 같은 법 제87조제1항에 정한 '제3자' 에서 제외된다고 봄이 상당하다(대법 2004.12.24, 2003다33691).

① 재해가 그 사업장의 근로자가 아닌 제3자에 의하여 발생한 경우, 예컨대 숙직근무 중의 근로자가 강도에 의하여 사상하였거나 사업장에서 시설공사를 하던 제3자의 과실로 근무 중의 근로자가 피해를 입은 경우 등이 문제된다.

② 근로자는 첫째, 사용자에게 재해보상을 청구할 수 있고 둘째, 제3자에 대하

여 불법행위로 인한 손해배상을 청구할 수 있을 것이다. 근로자의 사용자에 대한 재해보상청구권과 제3자에 대한 손해배상청구권은 서로 경합한다.

3) 사용자가 산업재해보상보험에 가입되어 있는 경우

① 사용자가 산재보험에 가입되어 있을 경우 보험자(보험관리자)인 근로복지공단이 제3자의 행위에 의한 재해에 대하여 보험급여를 한 때에는 그 급여액의 한도 내에서 근로복지공단은 급여를 받은 자가 제3자에 대하여 가지는 손해배상청구권을 대위한다(산재법 제87조제1항).

② 근기법에는 이와 같은 규정이 없으나 같은 취지에서 사용자에게도 대위권이 인정되어야 할 것이다. 재해보상제도는 근로자가 받은 손해 내지 손실을 보상하는 것인 이상, 그러한 손해 내지 손실이 보상되면 그것으로 족한 것이므로 피해자에게 이중보상을 인정해야 할 필요가 없기 때문이다. 피해자가 제3자에 대하여 가지는 손해배상청구권의 대위는 보험관계에서 일반적으로 인정되고 있으며(상법 제682조 참조), 민법의 손해배상관계에 있어서도 마찬가지이다(민법 제480조 이하).

4) 근로자가 제3자에 대한 권리를 타인에게 양도 또는 포기하는 경우

① **근로자가 제3자에 대한 권리를 타인에게 양도 또는 포기한 경우**: 이 경우에는 보험자인 근로복지공단이나 사용자는 보험금 또는 재해보상금의 급여 전에 그에 해당하는 금액을 공제하여 지급하면 되므로, 그러한 한도 내에서 보험급여 내지 재해보상금급여의무를 면한다(대법[전원합의체] 1978.2.14, 76다2119). 수급권자인 근로자가 그러한 한도 내에서 그의 권리를 유효하게 행사했기 때문이다(산재법 제87조제2항 참조).

② **제3자의 불법행위에 의한 재해로 인하여 산재법상의 보험급여 지급의무가 발생한 경우**: 보험급여의 수급권자가 보험급여와 제3자에 의한 손해배상에 의하여 중복전보를 받는 것과 유책의 제3자가 그 책임을 면탈하는 것을 방지하고 보험재정의 확보를 꾀하려는 데 목적이 있는 산재법 제87조제2항의 입법 취지와 그 규정 내용에 비추어 볼 때, 보험급여의 수급권자가 제3자로부터 자신의 재산상 손해배상과 관련된 일정한 금원을 지급받고 나머지 청구를 포기 또는 면제하기로 하였거나 혹은 이를 전혀 지급받지 않은 채 제3자의 재산상 손해배상의무 전부를 면제하여 주었다면 수급권자가 그 재해로 인하여 제3자로부터 배상받을 수 있는 진정한

재산상 손해액(보험급여 항목과 관련된 범위에 국한된다)의 한도 내에서 근로복지공단은 보험급여의 지급의무를 면하게 되고, 산재법상 장해급여인 장해보상일시금과 장해보상연금은 지급방법에 차이가 있을 뿐 그 전체로서의 가치는 동일하므로 장해급여 지급의무 소멸 범위를 판단함에 있어 양자는 동일하게 취급되어야 한다.

제3자의 불법행위로 재해를 입은 근로자가 제3자로부터 장해급여일시금을 초과하는 액수의 일실수입 상당 손해배상금을 수령할 수 있었음에도 그 중 일부만을 수령하고 나머지 청구는 포기하기로 합의한 사안에서, 근로자가 장해보상일시금과 장해보상연금 중 어느 것을 선택하였는지와 무관하게 근로복지공단의 장해급여 지급의무가 전부 소멸한다(대법 2007.6.15, 2005두7501).

③ **보험가입자와 제3자의 공동불법행위로 산업재해가 일어난 경우, 제3자의 구상청구에 응하여 이를 지급한 보험가입자가 근로복지공단에 대하여 대위행사할 수 있는 보험급여청구권의 범위**: 보험가입자와 제3자의 공동불법행위로 산업재해가 발생한 경우 그 제3자가 손해배상금을 먼저 지급하고 보험가입자에게 구상권을 행사하여 보험가입자가 이를 지급하였다면 보험급여 지급 전에 보험가입자의 돈으로 수급권자에게 손해배상을 한 경우와 마찬가지로 볼 수 있으므로 위 보험가입자는 근로복지공단에 대하여 제3자에게 지급한 금원과 동일성이 인정되는 산업재해보상보험급여의 범위 내에서 당해 수급권자의 보험급여를 받을 권리를 대위할 수 있다(대법 2007.2.8, 2006두15622).

④ **보험가입자와 제3자의 공동불법행위로 인하여 발생한 경우 근로복지공단이 제3자에 대하여 구상권을 행사할 수 있는 범위**: 근로복지공단은 제3자에 대하여 보험가입자의 과실 비율 상당액은 구상할 수 없다고 해석하여야 할 것이고 구체적으로는 피해자가 배상받을 손해액 중 보험가입자의 과실 비율 상당액을 보험급여액에서 공제하고 차액이 있는 경우에 한하여 그 차액에 대하여만 근로복지공단이 제3자로부터 구상할 수 있다고 할 것이다(대법[전원합의체] 2002.3.21, 2000다62322).

제13장

비전형 근로관계

우리나라에서는 장기 고용 시스템을 기반으로 하는 정규직근로자의 근로관계를 전형적인 근로관계의 기본으로 하여 그 주변에 여러 가지 종류의 비전형의 근로관계가 존재하고 있다. 여기에는 그 대표적인 것으로 기간제근로자, 단시간근로자 및 사외근로자의 근로관계가 있고 여러 가지 특유한 법률문제가 있다.

제1절 기간제근로자

1 기간제근로자의 의의

기간제법상의 기간제근로자는 "기간의 정함이 있는 근로계약을 체결한 근로자"를 말한다(동법 제2조제1호). 기간의 정함이 있는 근로계약이란 계약기간을 특정한 근로계약을 말한다.

기업의 노무관리상 기간제근로계약 형태의 근로자는 장기고용시스템 하의 근로자와는 명확히 구별되어 특별취급을 받는 근로자이다. 기업에 있어서의 정규근로자의 전형고용과 구별되는 비전형의 고용형태와는 위와 같이 여러 가지 형태가 있지만 근로계약기간의 정함은 실제상 이러한 비전형고용을 관철하는 주요한 지표로서도 기능이 있다.

2 근로계약기간

1. 근로계약기간의 법적 규제

근로계약기간이란 근로계약의 존속기간을 말한다. 근로계약기간을 설정할지의 여부는 계약당사자의 의사에 맡겨져 있다. 기간의 정함이 없으면 근로자는 언제든지 사직의 의사표시를 할 수 있지만, 사용자는 근기법 제23조에 의하여 정당한 이유가 있을 때에만 해고를 할 수 있다. 기간제법에 따르면 근로계약기간을 정할 경우 원칙적으로 2년을 초과하지 못한다(동법 제4조).

우리나라의 고용형태를 계약기간을 기준으로 분류하면 정년고용제와 기간고용제로 나눌 수 있다. 정년고용제에 입각한 고용은 정규직근로자에 있는 모집, 채용, 선발에서 정년(정년 후의 재고용 등도 포함한다)까지 일괄하여 커리어 형성을 위한 고용구조로 되어 있어 우리나라 기업사회의 기본을 이루는 고용형태로서 기간의 정함이 없는 근로계약 형태라 할 수 있다.

정년고용제 시스템은 신규졸업생의 정기채용을 노동력 보충의 원칙적인 방법으로 하여 이러한 청년근로자를 채용하여 정년까지의 장기적 고용을 제공하고 체계적으로 교육훈련과 인사이동을 실시하여 그 커리어를 발전시키는 구조로 되어 있다. 종래의 이러한 정년고용에 있어서도 자유경제사회는 호·불황이 반복되고 자본주의사회는 자유경쟁을 위한 원가인하, 기술개발, 영업노력이 요청되고 있으며 고용량은 일정하지 아니하고 합리화의 노력을 게을리하면 도산의 위기에 빠질 수도 있는 등 불안정하다. 여기에 정년고용제에 입각한 이른바 정규직근로자에 있어서「고용기간을 정하지 아니한」장기고용시스템을 보완하여 고용량의 탄력조정을 도모하기 위한 고용제도로서「고용기간을 정한」이른바 비정규직근로자의 고용제도가 확산되고 있다. 비정규근로자란 기간제근로자, 단시간근로자, 파견근로자를 말한다. 그런데 단시간근로자 대부분은 기간제로 고용되어 있고, 파견근로자는 법적으로 최장 2년 이상 특정 사용사업주에게 파견될 수 없도록 규정함으로써 비정규근로자 모두의 공통적인 특징은 기간의 정함이 있는 계약관계를 체결하고 있다는 점이다.

일반적으로 비정년고용의 근로자는 기간의 정함이 있는 근로계약에 의하여 사용되고 있는 근로자(기간제근로자)로서 이러한 유형에는 일용근로자, 임시근로자, 계절근로자, 계약직근로자, 아르바이트, 촉탁직근로자, 단시간근로자 등 여러 가지 근로계약 형태로 나타난다.

2. 근로계약기간의 법적 의의

근로계약에는 기간을 정하여 체결하는 유기(기간제)근로계약과 기간의 정함이 없는 무기근로계약이 있다. 근로계약기간에는 ① 정당한 이유없이 근로자를 해고할 수 없으므로 그 기간 중 고용이 보장되는 기능(고용보장기능)과 ② 근로계약기간 중 부득이한 사유가 없는 한 근로자도 자유로 해약할 수 없는 기능(인신구속기능)이 있고, ③ 기간만료는 해고규제의 대상이 아니므로 근로계약이 종료된다는 기능(자동종료기능)이 있다. 근로계약기간을 둘러싸고 이 3가지 기능이 적절히 발휘될 수 있는 법규제가 요구된다.

3 2년을 초과하는 계약기간의 금지

1. 기간제법 제4조의 의의 및 입법취지

기간제법 제4조【기간제근로자의 사용】 ① 사용자는 2년을 초과하지 아니하는 범위 안에서(기간제근로계약의 반복 갱신 등의 경우에는 그 계속근로한 총기간이 2년을 초과하지 아니하는 범위 안에서) 기간제근로자를 사용할 수 있다. 다만, 다음 각 호의 어느 하나에 해당하는 경우에는 2년을 초과하여 기간제근로자로 사용할 수 있다.

1. 사업의 완료 또는 특정한 업무의 완성에 필요한 기간을 정한 경우
2. 휴직·파견 등으로 결원이 발생하여 당해 근로자가 복귀할 때까지 그 업무를 대신할 필요가 있는 경우
3. 근로자가 학업, 직업훈련 등을 이수함에 따라 그 이수에 필요한 기간을 정한 경우
4. 고령자고용촉진법 제2조제1호의 고령자와 근로계약을 체결하는 경우
5. 전문적 지식·기술의 활용이 필요한 경우와 정부의 복지정책·실업대책 등에 따라 일자리를 제공하는 경우로서 대통령령으로 정하는 경우
6. 그 밖에 제1호 내지 제5호에 준하는 합리적인 사유가 있는 경우로서 대통령령으로 정하는 경우

② 사용자가 제1항 단서의 사유가 없거나 소멸되었음에도 불구하고 2년을 초과하여 기간제근로자로 사용하는 경우에는 그 기간제근로자는 기간의 정함이 없는 근로계약을 체결한 근로자로 본다.

(1) 기간제법 제4조의 의의

근로계약기간에 관한 기간제법 제4조는 강행규정으로서 기간 만료시까지는 근로자와 함께 사용자도 구속된다. 계약기간을 2년으로 규정하면 그 도중에 근로자의 채무불이행이 없는데도 불구하고 사용자가 계약을 해지하면 나머지 부분의 임금을 지급하거나 잔여의 근무를 하지 아니함으로써 발생하는 손해를 배상하여야 한다.

기간제근로자의 사용기간을 2년으로 제한하면서 기간제법의 시행일(2007.7.1)과 동시에 근기법 제23조의 근로계약기간 규정을 폐지(기간제법 부칙 제3항)하였으며, 이에 따라 당사자는 기간제근로자의 사용기간의 범위 내에서 계약기간을 자유롭게 설정할 수 있다.

(2) 기간제법 제4조의 입법취지

① 견해의 대립: 기간제법 제4조의 기간 설정은 「합리적 사유」라는 개념 하에서 객관적 사유와 사용자의 고용유연성의 필요성을 포괄적으로 구성하자는 견해(대법 2011.11.24, 2011두23061)와, 객관적 사유와 고용유연화가 같은 평면에서 이해될 수 없다는 견해가 있다(김형배, 「노동법」, 제26판, p.819). 그 이유는 이 두 가지의 기간설정사유는 그 본질이 다를 뿐만 아니라 같은 범주에서 규율할 경우에 기간상한의 규제에 대하여 일관성을 가질 수 없다는데 있다.

② 평가: 따라서 업무의 속성이나 근로관계의 성격에 기초한 객관적 사유와 고용유연성 확보의 필요는 구별되어 규율되는 것이 바람직하다는 견해는 입법론으로는 타당하나 해석론으로는 판례의 견해가 타당하다. 판례와 학설의 차이는 고용유연성 인정 여부에 있다.

기간제법이 기간제 근로형태의 남용을 방지하기 위하여 도입한 기본원칙은 기간제근로계약의 반복적 체결을 허용하는 총기간을 2년으로 제한하는 것이다. 그리고 그와 같은 총기간규제의 예외로서 객관적 사유와 고용유연성을 규정하고 있으므로 판례의 태도가 타당하다고 본다.

2. 기간제근로자에 대한 갱신계약 거절의 효력

(1) 근로계약기간의 정함이 형식에 불과한 경우

근로계약기간을 정한 근로계약서를 작성한 경우에도 예컨대 단기의 근로계약이 장기간에 걸쳐서 반복하여 갱신됨으로써 그 정한 기간이 단지 형식에 불과하게 된 경우 등 계약서의 내용과 근로계약이 이루어지게 된 동기 및 경위, 기간을 정한 목적과 채용 당시 계속근로의사 등 당사자의 진정한 의사, 근무기간의 장단 및 갱신 횟수, 동종의 근로계약체결방식에 관한 관행 그리고 근로자보호법규 등을 종합적으로 고려하여 그 기간의 정함이 단지 형식에 불과하다는 사정이 인정되는 경우에는 계약서의 문언에도 불구하고 사실상 기간의 정함이 없는 근로계약을 맺었다고 볼 것이며, 이 경우 사용자가 정당한 사유 없이 갱신계약 체결을 거절하는 것은 해고와 마찬가지로 무효이다(대법 2010.6.24, 2007다31471).

(2) 근로자의 갱신기대권이 인정되는 경우

1) 갱신기대권 인정의 의의

① 갱신기대권의 개념

갱신기대권이란 근로자에게 근로계약이 갱신 내지 재계약에 대한 기대권을 보호하는 것을 말한다. 즉, 갱신된 근로계약은 종전 계약과 같은 기간과 조건을 정한 근로계약이 된다. 2년을 초과하는 시점에서 갱신기대권이 인정되는 경우 기간제법 제4조제2항이 적용되어 결과적으로 무기계약(기간의 정함이 없는 근로계약)을 요구할 수 있는 권리이다(대법 2014.2.13, 2011두12528; 대법 2014.2.13, 2013다51674; 대법 2014.3.13, 2012다94179). 기간을 정하여 근로계약을 체결한 근로자의 경우 기간이 만료되면 근로자로서 신분관계는 당연히 종료되고 근로계약을 갱신하지 못하면 갱신 거절의 의사표시가 없어도 당연 퇴직되는 것이 원칙이다.

기간의 정함이 있는 근로계약이라 하더라도 근로자에게 계약갱신을 기대할 수 있는 객관적 사정이 있는 경우에는 당연히 기간 만료와 함께 근로관계가 종료한다고 해석해서는 안 될 것이다. 기간이 만료하면 어떠한 경우에도 근로관계가 종료한다고 기계적으로 해석한다면, 해고를 간편하게 하기 위한 사용자의 탈법적 의도를 그대로 허용하는 결과가 되기 때문이다. 다시 말하여 근기법이 해고 제한 규정을 두고 있는 취지가 몰각될 것이다.

② 판례에 따른 갱신기대권의 성립 요건

판례도 다음과 같은 기준에 의하여 근로자의 갱신기대권을 인정하고 있다. 판례(대법 2013.1.24, 2012두21710; 대법 2011.7.28, 2009두2665; 대법 2011.11.10, 2010두24128)는 '근로관계를 둘러싼 여러 사정을 종합하여 볼 때 근로계약 당사자 사이에 일정한 요건이 충족되면 근로계약이 갱신된다는 신뢰관계가 형성되어 근로자에게 근로계약이 갱신될 수 있으리라는 정당한 기대권이 발생한 경우' 이를 갱신기대권이라 보고 있다.

기간제 근로계약을 체결한 근로자에게 이와 같이 근로계약 갱신에 대한 정당한 기대권을 인정하는 취지는 기간제 근로계약의 남용을 방지함으로써 기간제근로자에 대한 불합리한 차별을 시정하고 기간제근로자의 근로조건 보호를 강화하려는 데에 있다. 갱신기대권의 개념은 그 권리내용을 포함하여 표현한다면 '기간제근로자가 근로관계에서 사용자에게 근로계약의 갱신이나 무기근로계약으로의 전환시 공정한 절차와 심사 및 그 심사에 따른 결과를 요구할 수 있는 권리'로 이해하는 것이 타당하다.

③ 갱신기대권을 가지는 기간제근로자에 대한 갱신 거부시의 합리적 판단기준

근로자에게 이미 형성된 갱신에 대한 정당한 기대권이 있음에도 불구하고 사용자가 이를 배제하고 사용자의 사업 목적과 성격, 사업장 여건, 근로자의 지위 및 담당 직무의 내용, 근로계약 체결 경위, 근로계약의 갱신에 관한 요건이나 절차의 설정 여부와 그 운용 실태, 근로자에게 책임 있는 사유가 있는지 여부 등 당해 근로관계를 둘러싼 여러 사정을 종합하여 갱신 거부의 사유와 그 절차가 사회통념에 비추어 볼 때 객관적이고 합리적이며 공정한지를 기준으로 판단하여야 하고, 그러한 사정에 대한 증명책임은 사용자가 부담한다.

2) 판례법리에 의한 갱신기대권 인정요건

① 근로계약 갱신규정이 있는 경우

문제는 갱신기대권이 생기는 때는 언제인가에 있다. 판례(대법 2014.2.13, 2011두12528; 대법 2013.1.24, 2012두21710; 대법 2011.7.28, 2009두2665)는 "근로계약, 취

업규칙, 단체협약 등에서 기간이 만료되더라도 일정한 요건이 충족되면 근로계약이 갱신된다는 취지의 규정을 두고 있거나, 그러한 규정이 없더라도 근로계약 내용과 근로계약이 이루어지게 된 동기 및 경위, 계약 갱신 기준 등 갱신에 관한 요건이나 절차의 설정 여부 및 그 실태, 근로자가 수행하는 업무 내용 등 근로관계를 둘러싼 여러 사정을 종합하여 볼 때 근로계약 당사자 사이에 일정한 요건이 충족되면 근로계약이 갱신된다는 신뢰관계가 형성"되었을 것을 그 요건으로 보고 있다. 갱신기대권의 발생은 근로관계를 규율하는 세 가지 형식인 당사자의 의사(근로계약), 집단적 규율(취업규칙 또는 단체협약), 사실적 행태(인사행태 등 노동관행)로부터 도출되며 그 내용은 사용자가 근로자 또는 근로자집단에게 근로계약 갱신이나 무기계약직으로의 전환에 대한 신뢰를 부여하였을 경우에 발생한다.

② 근로계약 갱신규정이 없는 경우

근로계약 갱신규정이 없더라도 당해 근로관계를 둘러싼 여러 사정을 종합하여 볼 때 근로계약 당사자 사이에 일정한 요건이 충족되면 근로계약이 갱신된다는 신뢰관계가 형성되어 있다면 근로자의 갱신기대권이 인정된다. 이 때 당해 근로관계를 둘러싼 사정은 ① 근로계약의 내용, ② 근로계약이 이루어지게 된 동기 및 경위, ③ 계약 갱신의 기준 등 갱신에 관한 요건이나 절차의 설정 여부 및 그 실태, ④ 근로자가 수행하는 업무의 내용 등에 따라 판단한다.

근로계약 당사자 사이에 일정한 요건이 충족되면 근로계약이 갱신된다는 신뢰관계가 형성되어 있어서 근로자에게 근로계약이 갱신될 수 있으리라는 정당한 기대권이 인정되는 경우에는, 사용자가 이를 위반하여 부당하게 근로계약 갱신을 거절하는 것은 부당해고와 마찬가지로 아무런 효력이 없고, 이 경우 기간만료 후 근로관계는 종전 근로계약이 갱신된 것과 동일하다(대법 2012.6.14, 2010두8225; 대법 2011.7.28, 2011두2665; 대법 2011.4.14, 2007두1729).

3) 기간제법의 시행만으로 시행 전에 형성된 기간제근로자의 갱신에 대한 정당한 기대권이 배제 또는 제한되는지 여부

기간제법 제4조제1항, 제2항의 입법취지가 기본적으로 기간제근로계약의 남용을 방지함으로써 근로자의 지위를 보장하려는 데에 있는 점을 고려하면, 기간제법의 시행만으로 시행 전에 이미 형성된 기간제근로자의 갱신에 대한 정당한 기대권이 배제 또는 제한된다고 볼 수는 없다(대법 2014.2.13, 2011두12528).

4) 갱신기대권의 효과

갱신기대권은 계약 갱신이나 무기계약직으로의 전환 심사시에 공정성과 합리성을 가진 절차와 심사기준을 가지고 사용자가 평가할 것을 요구하는 것이며 이에 따른 사용자의 갱신 거부는 정당한 것이다. 그러나 공정성과 합리성을 가지지 못한 심사절차와 기준으로 사용자가 기간제근로자를 부당하게 평가하고서 갱신 거절이나 무기근로계약으로의 전환 거절을 하였다면 근로자는 사용자를 상대로 갱신기대권의 침해를 근거로 사법심사를 받을 수 있고, 그 부당성이 인정된다면 법원이 공정성과 합리성을 가진 기준으로 평가하여 그 근로자의 원래 있어야 할 지위를 인정해 주어야 한다.

(3) 근로계약이 당연 종료된 것으로 볼 수 있는 경우

① 근로계약기간의 정함이 단지 형식에 불과하다고 볼 만한 특별한 사정이 없다면 근로계약 당사자 사이의 근로관계는 그 기간이 만료함에 따라 사용자의 해고 등 별도의 조처를 기다릴 것 없이 당연히 종료된다(대법 2012.2.9, 2010두22290; 대법 2006.2.24, 2005두5673). 이 판례는 근로계약이 그 기간의 정함이 형식에 불과하여 사실상 기간의 정함이 없는 근로계약에 해당한다고 볼 수 없고, 근로계약, 계약인력관리지침 등이 재계약할 의무를 지운다거나 재임용 절차 및 요건 등에 관한 근거가 된다고 볼 수 없고, 근무성적평가 결과에 따라 이 사건 근로계약에 대한 재계약을 체결할 수 있을 것이라는 점에 대한 정당한 기대권이 형성되었다고 볼 수 없어, 근로계약이 그 기간이 만료됨으로써 당연히 종료된 이상 갱신거절이 해고에 해당한다고 할 수는 없다는 것이다.

② 甲 아파트 입주자대표회의가 乙 근로자와 계약기간을 1년으로 정하여 관리사무소장으로 근무하도록 하는 내용의 근로계약을 체결하고 한차례 재계약을 체결하였는데, 이후 재계약기간 만료일 무렵 입주자대표회의 결의에 따라 계약갱신을 거절한 사안에서, 근로계약에서 정한 계약기간이 단지 형식에 불과하다거나 근로계약서에 명시된 계약기간이 지나더라도 당연히 근로계약이 갱신될 수 있으리라는 정당한 기대권이 근로자에게 있다고 볼 수 없다. 甲 아파트입주자대표회의와 근로자 乙 사이의 근로계약관계는 특별한 사정이 없는 한 그 계약기간이 만료됨으로써 당연히 종료되었다고 봄이 상당하다. 甲 입주자대표회의의 갱

신 거절이 부당해고에 해당한다고 본 원심판결에 법리오해의 위법이 있다(대법 2011.10.27, 2010두17205).

3. 기간제근로자의 사용기간 위반의 법적 효력

1) 기간제법 제4조제2항의 내용

기간제법은 동일한 근로자와 기간제근로계약을 체결할 수 있는 총 기간을 2년으로 제한하면서 다만, 법 소정의 객관적 사유가 있는 경우에만 해당 사유가 소멸할 때까지 2년을 초과하여 기간제근로계약을 체결할 수 있다고 규정하고 있다. 기간제법 제4조제2항에 의하면 「사용자는 제1항 단서의 사유가 없거나 소멸되었음에도 불구하고 2년을 초과하여 기간제근로자로 사용하는 경우에는 그 기간제근로자는 기간의 정함이 없는 근로계약을 체결한 근로자로 본다」고 규정하고 있다. 기간제근로자를 2년을 초과하여 사용하는 경우에는 기간의 정함이 없는 근로계약을 체결한 근로자로 본다는 것은 무기계약으로 간주한다는 것으로 이는 동법의 핵심내용이다. 무기계약으로 간주한다는 의미는 사용자와 기간제근로자 사이에 계약관계가 존속하는 만큼 사용자가 기간제근로자 계약을 위반한 경우 곧바로 사용자와 기간제근로자 사이에 직접근로관계 성립이 간주된다는 의미이다. 그러나 이에 관해서는 두 가지 논점이 있다.

2) 2년 초과의 의미

① 행정해석의 태도

행정해석(2007.6.26, 비정규직대책팀-2422)은 기간제법 제4조제2항의 규정에 따라 동조제1항 단서의 사유가 없거나 소멸되었음에도 불구하고 2년을 초과하여 기간제근로자로 사용하는 경우에는 그 기간제근로자는 기간의 정함이 없는 근로계약을 체결한 근로자로 본다는 규정에 따라 객관적 사유의 소멸 이후 2년이 초과된 근로자에게 기간의 정함이 없는 근로계약을 체결한 것으로 간주된다고 한다.

② 학설의 태도

객관적 사유에 의하여 2년을 초과하는 기간제 근로계약을 체결한 근로자의 경우 그 사유(휴직근로자의 복직)가 소멸했음에도 불구하고 사용자가 기간제근로계약의 만료를 통고하지 아니하고 계속 해당 근로자를 고용할 때에는 기간의 정함이 없는 근로계약이 체결된 것으로 간주될 수 있음을 규정한 것으로 해석되어야 한다는 견해(김형배, 「노동법」, 제26판, p.828)이다. 그 이유는 객관적 사유없이 기간제 근로계약을 체결한 근로자와 형평을 기할 수 있으므로 따라서 객관적 사유가 소멸한 날을 기준으로 기간의 정함이 없는 근로계약 체결의 의제시점이 결정되어야 한다는 것이다.

③ **평 가**

행정해석이 기간제법 제4조의 규정내용에 맞는 것으로 이 견해가 타당하다.

3) 근로계약 체결이 의제된 경우의 법률효과

기간제법 제4조제2항에 따라 기간의 정함이 없는 근로계약의 체결이 의제된 경우 그 법률효과에 대하여도 두 가지 견해가 있다.

① **제한적 효력설**

제한적 효력설에 의하면 2년이 초과되었음에도 불구하고 근로계약기간의 만료를 이유로 고용을 종료하면 이는 사실상 해고와 다를 바 없으므로 근기법 제23조에 의하여 정당한 이유가 있어야 해고할 수 있다는 의미로만 이해하고 그 밖의 근로조건은 종전의 기간제근로계약의 내용이 그대로 적용된다는 견해이다.

② **일반적 효력설**

기간의 정함이 없는 근로계약 체결이 의제되면 이는 정규직 근로자로 전환된 것이므로 해고규정뿐만 아니라 근로조건 전체에 대하여 정규직 근로자와 동등한 근로조건이 보장되어야 한다는 견해이다.

③ **평 가**

생각건대 법문의 규정에 의하면 계약기간이 초과된 기간제근로자의 경우에는 그 시점부터 기간의 정함이 없는 근로계약이 체결된 것으로 간주되는 것이므로 종전 근로계약과는 별개의 새로운 근로계약이 체결된 것으로 볼 수 있다. 따라서 이때부터는 근로계약의 내용은 계약의 해석에 따라 결정될 수 있을 것이다. 그런데 당사자 사이에 달리 정함이 없다면 회사의 취업규칙이 적용될 것이므로 사실상 정규직 근로자와 동일한 법적 지위를 갖는다고 보는 것이 합당하다고 생각된다(김형배, 「노동법」, 제26판, p.829).

4. 2년을 초과하여 기간제근로자를 사용할 수 있는 경우

사용자는 근로자를 사용함에 있어서 2년을 초과하지 아니하는 범위 안에서(기간제근로계약의 반복갱신 등의 경우에는 그 계속근로한 총기간이 2년을 초과하지 아니하는 범위 안에서) 기간제근로자로 사용할 수 있다. 다만, 다음 각 호의 어느 하나에 해당하는 경우에는 2년을 초과하여 기간제근로자로 사용할 수 있다(기간제법 제4조제1항).

1. 사업의 완료 또는 특정한 업무의 완성에 필요한 기간을 정한 경우
2. 휴직·파견 등으로 결원이 발생하여 당해 근로자가 복귀할 때까지 그 업무를 대신할 필요가 있는 경우
3. 근로자가 학업, 직업훈련 등을 이수함에 따라 그 이수에 필요한 기간을 정한 경우
4. 「고령자고용촉진법」 제2조제1호의 고령자와 근로계약을 체결하는 경우
5. 전문적 지식·기술의 활용이 필요한 경우와 정부의 복지정책·실업 대책 등에 의하여 일자리를 제공하는 경우로서 대통령령으로 정하는 경우
6. 그 밖에 제1호 내지 제5호에 준하는 합리적 이유가 있는 경우로서 대통령령으로 정하는 경우

5. 기간제근로자 해고시의 법적 효력 및 동일인에 대한 「2년 미만의 계약」을 반복시 법적 효력

(1) 2년 내에는 정당한 사유가 없어도 해고할 수 있는지 여부

사용자는 기간제근로자의 2년간의 근로계약기간 중에는 근기법 제23조의 규정에 따라 정당한 사유가 없으면 근로자를 해고할 수 없으며 만약 정당한 이유없이 해고할 경우 사용자는 노동위원회의 부당해고 구제명령을 이행해야 하고 확정된 구제명령을 이행하지 아니하면 처벌받게 된다. 따라서 기간제근로자의 사용기간 상한이 2년 이내이더라도 사용자는 근로자와 맺은 근로계약에 따라 근로계약기간 중에는 정당한 이유없이 기간제근로자를 해고할 수 없다.

(2) 2년 이상 근로한 기간제근로자 해고시의 법적 효력

사용자가 기간제근로자를 2년을 초과하여 사용한 경우 「기간의 정함이 없는 계

약」을 체결한 근로자로 간주하게 되므로 근기법 제23조의 규정에 따른 정당한 이유가 없을 경우 사용자는 기간제근로자를 해고할 수 없다. 2년 초과 사용시 사용자가 종전에 체결한 근로계약기간의 만료를 이유로 고용을 종료하면 '해고'에 해당되므로 근기법 제23조의 정당한 이유가 있어야 한다. 기간제법에서는 사용기간 2년 초과 자체에 대한 벌칙 등 제재는 없으나, 2년 초과 사용시 정당한 이유가 없는 고용종료는 부당해고에 해당된다. 만약 사용자가 정당한 사유가 없는데도 해고할 경우 근로자는 노동위원회에 부당해고 구제신청을 하거나 지방고용노동관서에 민원을 제기하여 권리를 구제받을 수 있다. 부당해고 구제신청은 부당해고등이 있었던 날부터 3개월 이내에 하여야 한다(근기법 제28조제2항).

(3) 동일인에 대한 기간제근로계약과 사용기간 제한 예외의 근로계약이 반복된 경우

사용자가 기간제법 제4조제2항의 적용을 회피하기 위하여 형식적으로 '사업의 완료 또는 특정한 업무의 완성에 필요한 기간을 정한 근로계약'을 반복갱신하여 체결하였으나 각 근로관계의 계속성을 인정할 수 있는 경우에는 기간제법 제4조제1항 단서 제1호에 따라 사용자가 2년을 초과하여 기간제근로자를 사용할 수 있는 '사업의 완료 또는 특정한 업무의 완성에 필요한 기간을 정한 경우'에 해당한다고 할 수 없다.

이때 사용자가 기간제법 제4조제2항의 적용을 회피하기 위하여 형식적으로 사업의 완료 또는 특정한 업무의 완성에 필요한 기간을 정한 근로계약을 반복갱신하여 체결하였으나 각 근로관계의 계속성을 인정할 수 있는지는 각 근로계약이 반복갱신하여 체결된 동기와 경위, 각 근로계약의 내용, 담당 업무의 유사성, 공백기간의 길이와 발생이유, 공백기간 동안 근로자의 업무를 대체한 방식 등 관련 사정을 종합적으로 고려하여 판단하여야 한다(대법 2017.2.3, 2016다255910).

6. 근로조건의 서면명시

기간제법은 기간제근로자의 특수성을 감안해 기간제 근로형태의 남용을 막되 노동시장의 유연성 요청과의 조화를 꾀하고 그의 권리보호를 강화하기 위하여 근로계약기간, 근로시간과 휴게시간, 임금의 구성항목과 계산방법 및 지급방법에 관한 사항, 휴일·휴가에 관한 사항 그리고 취업의 장소와 종사하여야 할 업무에 관한 사항에 대하여는 서면으로 명시하도록 규정하였다(동법 제17조). 기간제법 제17조는 기간제근로자를 적용대상으로 하므로 근기법 제17조의 특칙이라고 할 수 있다. 근로조건의 서면명시의 방법은 근로계약서에 명시하거나 주요 근로조건이 취업규칙에 이미 명시되어 있을 경우 근로계약서는 개별 근로자에 해당하는 것만 기재하고 그 외의 사항은 취업규칙의 내용을 주지 또는 교부하는 방법 등이 고려될 수 있을 것이다.

4 차별금지제도

1. 차별금지제도의 내용

기간제법은 사용자가 기간제 또는 단시간 근로자임을 이유로 당해 사업 또는 사업장에서 동종 또는 유사한 업무에 종사하는 무기근로계약 근로자 혹은 통상근로자에 비하여 차별적 처우를 하여서는 아니된다고 규정하고 있다(제8조).

"차별적 처우"에 관한 정의를 "다음 각 목의 사항에 있어서 합리적인 이유없이 불리하게 처우하는 것"을 말한다. "가. 근기법 제2조제1항제5조에 따른 임금, 나. 정기상여금, 명절상여금 등 정기적으로 지급되는 상여금, 다. 경영성과에 따른 경영성과금, 라. 그 밖의 근로조건 및 복리후생 등에 관한 사항"이라고 규정하고 있다(기간제법 제2조제3호).

2. 차별판단의 구조

(1) 차별시정의 신청주체

금지되는 차별의 요소가 고용형태, 즉, 기간제근로, 단시간근로 및 파견근로라는 것이며 사용자의 차별적 처우로부터 보호받는 근로자도 이러한 고용형태에 있는 근로자라는 것이다. 따라서 비정규근로자가 아닌 자, 예컨대 정규직 근로자 혹은 근로자성 여부가 문제되고 있는 특수형태근로 종사자는 비정규직법에 의한 차별시정 신청주체가 될 수 없다.

업무도급계약에 따른 근로자들의 근로제공 내용이 실질적 도급근로인지 아니면 위장도급(따라서 실질적 파견근로)인지를 판단하면서 업무도급계약이 실질적으로 근로자파견계약인 경우에는 도급근로자의 차별시정 신청의 당사자 적격성이 인정될 수 있다(중노위 2009.4.27, 2009차별2).

(2) 차별적 처우가 금지되는 대상영역

비정규관련법은 비정규근로자에 대한 차별을 제거하기 위하여 일반적인 범주를 설정하는 것을 목적으로 하고 있으므로 그 대상영역을 '가. 근기법 제2조제1항제5호에 따른 임금 나. 정기상여금, 명절상여금 등 정기적으로 지급되는 상여금, 다. 경영성과에 따른 성과금, 라. 그 밖에 근로조건 및 복리후생 등에 관한 사항'(기간제법 제2조제3호)으로 명시하고 있으므로 근로관계에서 발생하는 근로조건 및 복리후생사항을 모두 포함하는 넓은 개념으로 파악해야 한다. 근로관계에서 발생하는 근로조건이란 체결된 근로계약상의 조건 및 취업관계에서 사용자가 적용하는 조건을 말한다고 볼 수 있다. 구 기간제법 제2조제3호는 차별적 처우금지 대상을 '임금 그 밖의 근로조건 등'이라고 하였으나 2013년 3월 31일 개정 기간제법 제2조제3호를 이와 같은 내용으로 개정하였다. 기간제근로자 등에게 지급되어야 하는 '임금 등'의 내용을 법률에서 명확히 하여 상여금과 경영성과금 및 복리후생에 대한 기간제근로자 차별을 개선하고자 이를 구체화·세분화하여 법률에 명시한 것이다. 특히 현실적으로 가장 차별이 많이 발생하는 대상이 정기상여금과 성과금이라는 점을 고려하여 이를 차별 금지 및 시정대상으로 명시한 것이 큰 특징이라고 할 수 있다. 그 밖에 복리후생적 급여도 현물이나 현금을 묻지 않고 차별 금지대상으로 규정하였다(김형배, 「노동법」, 제26판, p.836).

(3) 비교대상자의 확정

기간제법 제8조제1항은 「기간제근로자임을 이유로 당해 사업 또는 사업장에서 동종 또는 유사한 업무에 종사하는 기간의 정함이 없는 근로계약을 체결한 근로자에 비하여 차별적 처우를 하여서는 아니 된다」고 하여, 비교대상자의 확정을 위한 요건을 두고 있다.

1) 동일 사업 또는 사업장 근로자

장소적으로 비교대상 근로자는 기간제근로자와 동일한 사업 또는 사업장에서 근무하고 있어야 한다. 이 때 동일한 사용자가 복수의 사업 또는 사업장을 두고 있는 경우에 장소적 범위의 확정이 문제될 수 있다. 우선 비교대상 근로자가 동일한 사업장에 존재한다면 그를 비교대상 근로자로 확정할 수 있을 것이다. 다만, 기간제근로자와 동일한 사업장에 비교대상 근로자가 없는 경우에는 같은 사용자가 운영하는 동일 사업의 다른 사업장 소속의 근로자를 비교대상 근로자로 삼을 수 있을 것이다(김형배, 「노동법」, 제26판, p.836). 이러한 근로자가 실제로 근무하고 있을 필요는 없으나 직제에 존재하지 않는 근로자를 비교대상 근로자로 삼을 수는 없다(대법 2019.9.26, 2016두47857).

2) 무기계약근로자 · 통상근로자 · 직접사용근로자

차별은 둘 이상의 객체들 사이에서 비교의 관점 내지 관계의 관점에서 파악되어지므로 보호대상인 비정규근로자와 비교할 대상자(비교대상자)가 사업(장)에서 동종 또는 유사한 업무에 종사하는 무기계약근로자, 통상근로자 및 직접고용근로자가 된다는 것이다. 비교대상자의 선정 요건으로 '동종 또는 유사한 업무'에 있어 동종, 유사 혹은 업무가 무엇인지에 대해 차별금지라는 입법목적을 고려한 목적론적인 해석이 필요하며, 한편으로는 고용관계에서 여타 차별금지법체계의 통일성 원리 하에서 체계적 해석이 요구된다.

3) 동종 또는 유사 업무의 판단기준

동종 또는 유사한 업무의 판단은 ① 해당 업무수행에 있어서의 각 근로자집단의 상호대체 가능성의 유무, ② 각 근로자집단이 수행하는 해당 업무의 성격적 유사성, ③ 해당 업무가치의 유사성 등이 제시될 수 있다(김형배,「노동법」, 제26판, p.836). 비교 대상 근로자 판단의 핵심 지표는 기간제법 제8조에서 규정하고 있는 바와 같이 동종 또는 유사한 업무에 종사하는지 여부이다. 비교 대상 근로자로 선정된 근로자의 업무가 기간제근로자의 업무와 동종 또는 유사한 업무에 해당하는지 여부는 취업규칙이나 근로계약 등에 명시된 업무 내용이 아니라 근로자가 실제 수행하여 온 업무를 기준으로 판단하되, 이들이 수행하는 업무가 서로 완전히 일치하지 아니하고 업무의 범위 또는 책임과 권한 등에서 다소 차이가 있다고 하더라도 주된 업무의 내용에 본질적인 차이가 없다면 달리 특별한 사정이 없는 한 이들은 동종 또는 유사한 업무에 종사한다고 보아야 할 것이다(대법 2016.12.1, 2014두43288; 대법 2012.11.15, 2011두11792; 대법 2012.3.29, 2011두2132).

(4) 불리한 처우

1) 차별적 처우

금지되는 차별적 처우라 하기 위해서는 비정규근로자에게 비교대상자에 비하여 불리한 처우가 있어야 한다. 사용자가 임금, 상여금, 경영성과금, 그 밖의 근로조건 및 복리후생사항 등에서 기간제근로자와 비교대상근로자를 다르게 처우함으로써 기간제근로자에게 발생하는 불이익 전반을 의미한다(대법 2016.12.1, 2014두43288; 대법 2012.11.15, 2011두11792). 즉, 불리한 처우란 비정규근로자가 비교대상자에 비하여 낮은 조건으로 취급받는 것을 의미하는 것이며, 임금 그 밖의 근로조건 및 복리후생사항에 있어서 비교대상자에 비하여 구별(distinction), 배제(exclusion)를 통하여 불리한 결과를 야기케 한 것을 의미한다. 이는 합리성 심사 이전의 단계에서 비교대상자와의 비교를 통하여 불리한 처우 여부를 확정하는 것으로 차별적 처우와는 구별된다.

2) 불리한 처우 판단기준

이때 불리한 처우의 여부는 불리한 처우를 받았음을 주장하는 비정규근로자를 기준으로 비정규근로자가 처한 근로조건에서 비롯되는 특성을 객관적으로 판단함을 의미한다. 나아가 불리한 처우 여부를 판단함에 있어서 급부별로 지급하는 세부항목이 존재한다면 이에 상응하는 비교대상에는 비교 가능한 임금 및 근로조건을 하나의 범주로 보아 비교판단하거나 그 전체로서 비교판단하는 방법 등을 활용하여야 한다.

(5) 합리적 이유

불리한 처우에 합리적인 이유가 없어야 한다. '합리적인 이유가 없는 경우'란 기간제근로자를 달리 처우할 필요성이 인정되지 않거나, 달리 처우할 필요성이 인정되는 경우에도 그 방법·정도 등이 적정하지 않은 경우를 의미한다. 그리고 합리적인 이유가 있는지는 개별 사안에서 문제가 된 불리한 처우의 내용 및 사용자가 불리한 처우의 사유로 삼은 사정을 기준으로 기간제근로자의 고용형태, 업무 내용과 범위·권한·책임, 임금 그 밖의 근로조건 등의 결정요소 등을 종합적으로 고려하여 판단해야 한다(대법 2012.10.25, 2011두7045). 사용자가 비정규근로자에게 불리한 처우를 함에 합리적인 이유가 있다면 이는 차별이 아니다. 다시 말하면 비정규근로자에 대한 불리한 처우를 하는 것에 비정규근로자라는 이유를 제외한 또 다른 합리적 이유가 존재하여야만 정당화될 수 있다. 이런 측면에서 합리적 이유는 차별판단 과정에서 최종 단계에 해당한다. 예컨대 변동상여금을 실시하면서 근로자들의 전년도 실질성과를 다음 연도에 반영하여 성과주의 인사문화를 정착시킴으로서 근로자들로 하여금 장기간에 걸쳐 지속적으로 업무수행능력을 향상시키도록 유도하기 위하여 도입한 것으로 보이는 점 등을 종합하면 비교대상근로자에게 지급하면서 비정규직근로자에게 지급하지 아니한 것은 합리적 이유가 있다고 본다(대법 2012.11.15, 2011두11792).

(6) 인과관계의 의의와 지위

비정규관련법 모두 비정규근로자임을 이유로 차별적 처우를 하지 못하도록 규정함으로서 사실상 인과관계를 요건으로 규정하고 있다.

이때의 인과관계의 의미는 두 가지로 해석할 수 있다.

1) 차별의 개념

차별이라는 개념 그 자체는 관계개념이며, 비교의 관점이 필요하다는 측면에서 차별적 처우의 근거요소를 비정규근로라는 고용형태에 있는 근로자로 삼는다는 의미이다. 즉, 성차별에서 남성과 여성, 국적을 이유로 한 차별에 있어서는 내국인과 다른 국적을 가진 자 등과 같이 차별적 처우의 준거의 틀 혹은 차별적 처우의 요소를 의미하는 것이다.

2) 인과관계

여기서의 인과관계는 객관적 인과관계를 의미한다. 즉, 사용자의 주관적인 차별의사 내지 의도가 존재했는지의 여부와 관계없이 객관적으로 보아 차별이 있고 그러한 차별이 비정규직이라는 점에서 기인한 것이라면 충분한 것으로 볼 수 있다.

따라서 현행법은 사용자의 주관적 차별의사를 문제삼지 않으며 나타난 불리한 처우라는 결과에서 합리적인 이유의 인정 여부로만 차별을 판단하려는 것으로 볼 수 있다.

3. 차별금지제도의 특징

이상과 같은 기간제법은 다음과 같은 특징이 있다.

(1) 독립적인 특별법

비정규근로형태에 따른 차별 금지를 독립한 특별법에 규정하였다는 점이다. 「근기법」상 균등처우 규정에 고용형태에 따른 차별 금지를 첨가하는 입법논의도 있었지만, 별도의 구제절차 설정을 감안하여 특별법에 독립적인 규정을 두었다.

(2) 차별 금지 영역의 확대

차별 금지 영역을 임금뿐만 아니라 '그 밖의 근로조건 및 복리후생 등에 관한 사항' 으로 규정함으로써 복리후생에 대한 차별도 금지대상에 포함할 수 있는 가능성을 열었다. 우리나라의 경우 근로자에게 지급되는 임금 이외에도 기업 차원에서 제공하는 복리후생사항(이는 임금적 성격을 갖지 않는 것으로 파악한다)이 차지하는 비중이 다른 나라에 비해 상대적으로 높다. 그렇기 때문에 시행과정에서는 복리후생이 차별 금지 영역에 해당하는가의 여부를 둘러싸고 논란이 있었으므로 이를 차별적 금지 영역에 포함한 것이다. 그러나 모집과 채용 분야는 차별 금지 대상이 아니다.

(3) 인과관계

기간제법은 비정규직 근로자임을 '이유로' 차별적 처우를 하지 못하도록 규정함으로써 인과관계를 요건으로 설정하고 있다. 그러나 이때의 인과관계는 차별에 관한 입증책임을 함께 고려할 경우 사용자가 불리한 처우에 대한 합리적인 이유를 증명하여야 하므로 결과적으로는 사용자의 주관적인 의도가 아닌 나타난 객관적인 결과에 따라 판단하는 객관적 인과관계에 기초하고 있음을 알 수 있다.

(4) 구제신청권자

구제신청권자는 기간제 및 단시간근로자에게만 한정되며, 신청대상이 되는 차별도 기간제·단시간근로자라는 이유로 하는 불이익한 처우에 국한된다. 그러므로 비정규직 근로자가 아닌 정규직 근로자는 기간제법을 원용하여 차별구제신청을 할 수 없다. 마찬가지로 비정규직 근로자는 불리한 처우가 아닌 경우에는 동 법의 규율대상이 되지 않는다.

(5) 독자적인 차별판단기관과 절차의 마련

고용형태에 따른 차별에 대해서는 다른 실정 법률에서 정하고 있는 구제기관 및 구제절차와 구분하여 별도의 독자적인 차별판단기관과 절차를 마련하고 있다는 점이다. 차별 금지규정이 강행규정으로 설정되어 있기 때문에 차별받은 비정규직 근로자가 법원에 민사소송을 제기하는 것과 별도로 노동위원회를 통한 구제절차를 예정하고 있다. 그 이유는 신속·간편하게 근로자의 권리를 구제해 주려는 목적에서이다.

(6) 고용노동부장관의 차별시정요구 및 시정명령의 효력 확대

1) 차별시정지도 및 시정통보제도: 고용노동부장관은 사용자가 기간제근로자에 대하여 기간제법 제8조를 위반하여 차별적 처우를 행한 경우에는 그 시정을 요구할 수 있다(동법 제15조의2제1항). 2012년 2월 1일 기간제법 개정시 차별시정을 촉진하고 차별적 처우에 대한 예방적 기능을 강화하기 위하여 노동위원회에 의한 차별시정 절차 외에 근로감독관에 의한 차별시정지도 및 고용노동부장관의 노동위원회에 대한 시정통보제도가 도입되었다.

2) 고용노동부장관의 차별시정절차: 고용노동부장관은 사용자가 그 시정요구에 응하지 않을 경우 차별적 처우 내용을 구체적으로 명시하여 노동위원회에 통보하고 이 사실을 해당 사용자 및 근로자에게 통지하여야 한다(동법 제15조의2제2항). 노동위원회는 고용노동부장관의 통보를 받은 경우에는 지체 없이 차별적 처우가 있는지 여부를 심리하여야 하며, 이 경우 해당 사용자 및 근로자에게 의견을 진술할 수 있는 기회를 부여하여야 한다(동조제3항). 그 구체적 심리 및 그 밖의 시정절차 등에 관해서는 위의 시정절차에 관한 규정을 준용하며(동조제4항), 해당 노동위

원회의 심리 등에 관한 사항은 중앙노동위원회가 별도로 정하도록 위임하고 있다(동조제5항).

3) **근로자신청에 의한 차별시정구제절차와의 구별**: 고용노동부장관의 시정통보절차가 근로자신청에 의한 차별시정구제절차와 구별되는 것은, 후자가 개별 근로자의 신청에 의하여 그 근로자에게 현실적으로 발생한 차별적 처우를 구제하는 데 그 취지가 있다면, 고용노동부장관의 시정통보절차는 개별 근로자가 신청인으로 등장하지 아니한 상태에서 단지 해당 사용자의 처우가 차별이라고 볼 수 있는 경우에 고용노동부장관의 통보에 의하여 차별시정절차가 개시된다는 특징이 있다(김형배, 「노동법」, 제26판, p.844).

4) **확정된 시정명령의 효력 확대**: 고용노동부장관은 기간제법 제14조에 따라 확정된 시정명령을 이행할 의무가 있는 사용자의 사업 또는 사업장에서 해당 시정명령의 효력이 미치는 근로자 이외의 기간제근로자 또는 단시간근로자에 대하여 차별적 처우가 있는지를 조사하여 차별적 처우가 있는 경우에는 그 시정을 요구할 수 있다(기간제법 제15조의3제1항). 동일한 사용자의 사업 또는 사업장에서 한 명의 기간제 또는 단시간근로자가 차별 인정을 받았을 때 동일 조건에 있는 근로자 모두의 차별적 처우가 개선될 수 있도록 확정된 시정명령의 효력을 확대한 것이다.

(7) 차별심판 절차에 있어 직권 조정회부

비정규직 근로자에 대한 차별심판 절차는 다른 심판의 경우와 동일한 절차로 운영된다. 그리고 기간제법은 관계 당사자의 신청뿐만 아니라 차별시정위원회의 직권에 의한 조정회부도 가능하도록 규정하고 있다. 비정규직 근로자에 대한 차별금지는 현실적으로 상당한 파급효과를 미칠 것으로 예상되며 이에 관한 경험과 선례들이 없기 때문에 가급적이면 심판을 통한 해결보다는 조정을 통한 해결에 노력을 경주할 것으로 본다.

(8) 노동위원회의 시정명령 및 징벌적 손해배상 명령

① **노동위원회의 시정명령**: 노동위원회의 시정명령으로는 차별행위의 중지, 임금 등 근로조건의 개선(취업규칙, 단체협약 등의 제도개선 명령을 포함한다) 또는 적절한 배상액(배상액은 차별적 처우로 인하여 기간제근로자 또는 단시간근로자에게 발생한 손해

액을 기준으로 한다) 등과 같은 다양한 구제형태를 규정하고 있다. 문제가 된 사안에 어떤 구제명령을 내릴 것인지에 대해서는 그 사안의 특성과 차별행위의 성질을 감안하여 노동위원회가 재량으로 택할 수 있을 것이다.

② **징벌적 손해배상 명령**: 다만 노동위원회는 사용자의 차별적 처우에 명백한 고의가 인정되거나 차별적 처우가 반복되는 경우에는 손해액을 기준으로 3배를 넘지 아니하는 범위에서 징벌적 손해배상을 명령할 수 있다. 종전에는 근로조건을 원상회복해주는 수준에 그쳤으나 개정법에서는 발생한 손해액의 3배 내에서 배상명령을 하게 하여 차별을 근본적으로 차단할 수 있게 된 것이다. 징벌적 손해배상 명령의 요건은 사용자의 명백한 고의성과 차별적 처우의 반복성에 있다(서울고법 2017.5.17, 2016누79078).

4. 차별신청 구제절차

(1) 차별시정의 신청

1) 신청기간

차별적 처우를 받은 기간제·단시간근로자는 노동위원회에 시정을 신청할 수 있다. 다만, 차별적 처우가 있은 날(계속되는 차별적 처우는 그 종료일)부터 6월이 경과한 때에는 그러하지 아니하다(제9조제1항). 이와 같은 차별적 처우의 시정신청기간은 제척기간이므로 그 기간이 경과하면 그로써 기간제법에 따른 시정을 신청할 권리가 소멸하나, 계속되는 차별적 처우의 경우 그 종료일부터 6월 이내에 시정을 신청하였다면 그 계속되는 차별적 처우 전체에 대하여 제척기간을 준수한 것이 된다(대법 2012.11.15, 2011두11792).

2) 임금차별과 계속되는 차별적 처우

이때 '계속되는 차별적 처우'와 관련하여 임금차별을 계속되는 차별로 볼 것인지 여부를 둘러싸고 논란이 있다. 임금은 사용자가 근로의 대가로 근로자에게 지급하는 일체의 금품으로서 근로관계가 유지되는 이상 매일 계속적으로 발생하는 것이고, 임금지급일에 비로소 발생하는 것이 아니다. 임금지급일은 사용자와 근로자가 위와 같이 계속적으로 발생하는 임금을 정기적으로 정산하는 날에 불과하다. 따라서 임금차별의 시정을 목적으로 하는 시정절차의 신청기간은 근로관계가 종료된 시점부터 기산된다. 대법원 판례도 같은 취지로 판시하였다(대법 2011.12.22, 2010두3237).

(2) 조사 · 심문절차와 사용자의 증명책임

1) 조사·심문절차

신청받은 노동위원회는 지체없이 필요한 조사와 관계 당사자의 심문을 하고(제10조) 차별시정위원회는 심문절차에서 관계 당사자의 신청에 의하거나 직권으로 증인을 출석하도록 하여 필요한 사항을 질문할 수 있으며(동법 제10조제2항), 이 경우 차별시정위원회는 관계 당사자에게 증거의 제출과 증인에 대한 반대심문을 할 수 있는 충분한 기회를 주어야 한다(제10조제3항). 그 밖의 조사·심문의 방법 및 절차에 관하여 필요한 사항은 중앙노동위원회가 따로 정한다(제10조제4항).

2) 사용자의 증명책임

기간제법은 차별금지와 관련된 분쟁에서 입증책임을 사용자가 부담하도록 규정하였다(제9조제4항). 그 이유는 사용자가 근로자보다 차별적 처우의 판단에 관련된 정보와 자료를 많이 보유하고 있어 근로사가 입증하는 것이 어려울 것이라는 현실을 고려한 것이고 차별시정절차의 실효성을 높일 수 있을 것이다. 즉, 기간제근로자는 차별적 처우의 내용을 구체적으로 명시하여 차별시정신청을 행하면 사용자는 차별적 처우의 부존재 또는 그러한 처우가 합리적 이유에 근거한 것임을 입증하여야 한다(김형배,「노동법」, 제26판, p.841).

(3) 조정 · 중재

노동위원회는 심문과정에서 당사자 쌍방 또는 일방의 신청 또는 직권에 의하여 조정절차를 개시할 수 있으며, 관계당사자가 미리 노동위원회의 중재결정에 따르기로 합의하여 중재를 신청한 경우에 중재할 수 있도록 규정하였다(기간제법 제11조제1항).

제도의 취지는 차별시정의 실효성을 높이기 위해서는 차별 여부의 법적 판단에만 의존할 것이 아니라 조사 및 심문과정에서 조정(調停)과 중재절차를 활용하도록 함으로써 당사자간의 자율적 해결을 촉진할 필요성에 있다. 조정 또는 중재신청은 차별시정을 신청한 날로부터 14일 이내에 하는 것이 원칙이지만, 노동위원회의 승낙이 있는 경우에는 14일 이후에도 신청할 수 있도록 하였다(제11조제2항). 노동위원회는 특별한 사정이 없는 한 조정절차를 개시하거나 중재신청을 받은 때로부터 60일 이내에 조정안을 제시하거나 중재결정을 하여야 한다(제11조제4항).

노동위원회는 관계당사자 쌍방이 조정안을 수락한 경우에는 조정조서를 작성하고 관계당사자와 조정에 관여한 위원 전원이 서명·날인하여야 하고, 중재결정을 내린 경우에는 중재결정서를 작성하고 관계당사자를 제외한 관여위원 전원이 서명·날인하여야 한다(제11조제4항·제5항). 이와 같은 절차를 거친 조정조서와 중재결정서는 그 이행의 실효성을 담보하기 위하여 재판상 화해와 동일한 효력을 갖는다(제11조제7항). 재판상 화해는 확정판결과 동일한 효력을 가지므로(민사소송법 제220조) 향후 소송에서 이에 저촉되는 내용으로 다툴 수 없고(기판력), 관할법원에서 집행문을 부여받아 압류 등 강제집행이 가능하게 된다(집행력).

(4) 시정명령과 확정

1) 시정명령의 내용

차별시정위원회는 심판절차를 종료한 후 근로자의 신청내용이 차별적 처우에 해당된다고 판단한 경우에는 사용자에게 시정명령을 발하고, 차별적 처우에 해당하지 아니한다고 판정한 때에는 그 시정신청을 기각하는 결정을 하여야 한다(기간제법 제12조제1항). 시정명령이나 기각결정은 서면으로 하되 그 이유를 구체적으로 명시하여야 하며, 시정명령의 내용과 이행기한 등이 구체적으로 기재되어야 하며(동법 제12조제2항) 시정명령의 내용에는 차별적 행위의 중지, 임금 등 근로조건의 개선(취업규칙, 단체협약 등의 제도개선명령을 포함한다) 및 적절한 배상 등이 포함될 수 있다(동법 제13조제1항).

배상액은 차별적 처우로 인하여 기간제근로자 또는 단시간근로자에게 발생한 손해액을 기준으로 정한다. 다만, 노동위원회는 사용자의 차별적 처우에 명백한 고의가 인정되거나 차별적 처우가 반복되는 경우에는 손해액을 기준으로 3배를 넘지 아니하는 범위에서 배상을 명령할 수 있다고 규정하여 징벌적 손해배상제도를 도입하였다(동법 제13조제2항).

2) 시정명령의 확정

지방노동위원회의 시정명령 또는 기각결정에 대하여 불복하는 관계당사자는 시정명령서 또는 기각결정서를 송달받은 날부터 10일 이내에 중앙노동위원회에 재심을 신청할 수 있으며(기간제법 제14조제1항), 중앙노동위원회의 재심신청에 대하여 불복하는 관계당사자는 재심결정서의 송달을 받은 날부터 15일 이내에 행정소송을 제기할 수 있다(동법 제14조제2항). 이 기간 내에 재심을 신청하지 않거나 행정소송을 제기하지 아니한 때에는 시정명령 등은 확정된다(동법 제14조제3항). 이와 같은 불복절차 내지 확정절차는 현행 부당해고 및 부당노동행위구제신청의 불복절차에 준하여 규정된 것이다.

3) 고용노동부장관의 시정명령 이행상황 제출 요구와 과태료 부과

노동위원회의 시정명령이 확정되면 그 실효성을 확보하기 위하여 기간제법은 확정된 시정명령에 대하여 고용노동부장관이 사용자에게 이행상황을 제출할 것을 요구할 수 있으며, 시정을 신청한 근로자는 사용자가 확정된 시정명령을 이행하지 아니한 경우에 이를 고용노동부장관에게 신고할 수 있도록 규정하였다(동법 제15조). 또한 사용자가 정당한 시정명령을 정당한 이유 없이 이행하지 아니한 경우에는 1억원 이하의 과태료에 처할 수 있다(동법 제24조제1항).

4) 파견법에의 준용

파견법 제21조제1항도 "파견사업주와 사용사업주는 파견근로자임을 이유로 사용사업주의 사업 내의 동종 또는 유사한 업무를 수행하는 근로자에 비하여 파견근로자에게 차별적 처우를 하여서는 아니된다"고 규정하고, 이어서 제2항에서는 노동위원회에 차별시정의 신청을 제3항에서는 파견근로자에 대한 차별시정절차를 기간제의 경우에 준용하도록 하였다. 그리고 기간제법에서와 같이 확정된 시정명령이나 판결을 이행하지 않을 경우 과태료를 부과하도록 하고 있다(파견법 제46조제1항).

5. 불리한 처우의 금지

사용자는 기간제근로자 또는 단시간근로자가 다음 어느 하나에 해당하는 행위를 한 것을 이유로 해고 그 밖의 불리한 처우를 하지 못한다(기간제법 제16조). 기간제법 제16조를 위반하여 근로자에게 불리한 처우를 한 자는 2년 이하의 징역 또는 1천만원 이하의 벌금에 처한다(동법 제21조).

① 기간제법 제6조제2항의 규정에 따른 사용자의 부당한 초과근로요구를 거부한 경우

② 동법 제9조에 따라 차별적 처우의 시정신청을 한 경우

③ 동법 제10조의 규정에 따라 노동위원회에 참석하거나 진술한 경우

④ 동법 제14조의 규정에 따라 재심신청을 하거나 행정소송을 제기한 경우

⑤ 동법 제15조제2항의 규정에 따른 시정명령의 불이행을 신고한 경우

⑥ 동법 제18조의 규정에 의하여 고용노동부장관 또는 근로감독관에 대하여 동법의 위반사항을 통고한 경우

제2절 단시간근로자

법 제18조【단시간근로자의 근로조건】 ① 단시간근로자의 근로조건은 그 사업장의 같은 종류의 업무에 종사하는 통상근로자의 근로시간을 기준으로 산정한 비율에 따라 결정되어야 한다.
② 제1항에 따라 근로조건을 결정할 때에 기준이 되는 사항이나 그 밖에 필요한 사항은 대통령령으로 정한다.
③ 4주 동안(4주 미만으로 근무하는 경우에는 그 기간)을 평균하여 1주 동안의 소정근로시간이 15시간 미만인 근로자에 대하여는 제55조와 제60조를 적용하지 아니한다.
영 제9조【단시간근로자의 근로조건 기준 등】 ① 법 제18조제2항에 따른 단시간 근로자의 근로조건을 결정할 때에 기준이 되는 사항이나 그 밖에 필요한 사항은 별표 2와 같다.

1 단시간근로자의 의의

단시간근로자란 1주 동안의 소정근로시간이 그 사업장에서 같은 종류의 업무에 종사하는 통상근로자의 1주 동안의 소정근로시간에 비하여 짧은 근로자를 말한다(근기법 제2조제1항제8호; 기간제법 제2조제2호). 단시간근로자의 정의를 함으로써 그 보호의 범위를 명확히 하기 위한 것이다.

통상근로자의 근로시간이 1주 40시간 기준이라면 40시간 미만인 근로자를 의미한다. 통상근로자의 소정근로시간보다 1시간 짧다고 하여 반드시 동법 동조의 단시간근로자인 것은 아니며, 그 사업장의 '같은 종류 업무'에 종사하는 '통상근로자'에 비하여 1주 동안의 소정근로시간이 짧은 자라야 할 것이다(2004.7.23, 근로기준과-3789). 이때 '통상근로자'란 「소정근로시간뿐만 아니라 당해 사업장의 고용형태(계약기간), 임금체계 등을 종합적으로 고려해 볼 때 통상적으로 근로할 것이 예정되어 있는 근로자를 말하는바, 취업규칙 등에 의해 채용 및 계약기간(정년 등)·임금·호봉·승진 등 중요한 근로조건 대부분이 직접 규율되고 있는 근로자」로 볼 수 있다(2013.7.18, 근로개선정책과-4150).

2 단시간근로자에 대한 근로조건 결정의 원칙

1. 비례적 보호원칙

단시간근로자의 근로조건은 그 사업장에서 같은 종류의 업무에 종사하는 통상근로자의 근로시간을 기준으로 산정하는 비율에 따라 결정되어야 한다(근기법 제18조제1항). 단시간근로자의 보호원칙은 근기법상의 개별보호조항의 특례적용없이 통상근로자와 구별하지 않고 소정근로시간에 따라 비례적으로 보호한다. 예컨대 복지제도의 경우 분할 가능한 근로조건을 시간비례에 따라 적용하는 것은 합리적 이유를 인정할 수 있다(2007.7.23, 비정규직대책팀-2966).

근로시간에 비례하여 단시간근로자를 보호할 경우(비례적 보호원칙) 정규근로자와 단시간근로자의 차별은 근로시간의 장·단에 따른 합리적 차별이므로 헌법상 평등의 원칙에도 부합된다. ILO를 비롯하여 대부분의 국가의 입법례가 단시간근로자에 대하여 비례적 보호를(제175호 조약인 파트타임 근로협약) 하고 있다.

2. 단시간근로자의 근로조건 결정기준

그러나 이와 같은 추상적인 원칙만으로는 단시간근로자에 대하여 적정한 근로조건을 확보하기가 어렵기 때문에 비례적 보호원칙에 따라 근로조건을 결정함에 있어서 기준이 되는 사항 그 밖에 필요한 사항은 대통령령으로 정한다(근기법 제18조제2항). 근기법 제18조제2항의 규정에 따라 단시간근로자의 근로조건을 결정함에 있어 기준이 되는 사항 그 밖에 필요한 사항은 〈별표 2〉와 같다(동법시행령 제9조제1항). 단시간근로자가 근로조건에 대하여 부당하게 차별을 받지 않도록 강구하고 있다. 다른 한편 4주간을 평균하여(4주간 미만으로 근로하는 경우에는 실제 근무한 기간) 1주간의 소정근로시간이 15시간 미만인 근로자에 대해서는 근기법 중 제55조의 주휴일과 제60조의 연차유급휴가는 적용되지 아니한다(제18조제3항).

3. 일부규정 적용배제

단시간근로자도 근로자이기 때문에 근기법, 최저임금법, 산업안전보건법, 근퇴법, 노조법 등은 이들에게 적용된다. 다만, 근기법, 근퇴법의 적용에 있어서 일부 규정의 적용은 배제된다. 4주 동안(4주 미만으로 근로하는 경우에는 그 기간)을 평균하여 1주 동안의 소정근로시간이 15시간 미만인 근로자에 대하여는 퇴직급여제도, 주휴일(근기법 제55조), 연차유급휴가(근기법 제60조)를 적용하지 아니한다(근퇴법 제4조제1항 단서. 근기법 제18조제3항). 종전에는 소정근로시간이 뚜렷하게 짧은 단시간근로자 판단기준 및 적용제외 기준을 대통령령으로 위임하였으나 현행 근기법은 이를 법률로 규정하고 위임근거를 명시했다. 이 경우에도 이들 규정을 제외한 다른 근기법상의 보호규정은 다른 단시간근로자와 마찬가지로 비율적 원칙에 따라 결정된 기준이 적용되어야 한다. 이와 같이 현행 근기법은 단시간근로자의 근로조건에 대해서는 비율적 결정원칙에 의하여 근기법이 적용되어야 함을 명백히 하면서도 다른 한편으로는 근기법의 일부 규정의 적용이 배제되는 단시간근로자의 범위를 정함으로써 사용자측의 과도한 부담을 경감하고 있다(김형배, 「노동법」, 제26판, p.847).

3 단시간근로자에 대한 근로조건의 보호

1. 근로조건의 서면명시와 근로계약서의 교부

(1) 근로조건의 서면명시

기간제법 제17조의 규정에 의하면 근로시간과 휴게에 관한 사항, 임금의 구성항목·계산방법·지급방법에 관한 사항, 휴일·휴가에 관한 사항, 취업의 장소와 종사해야 할 업무에 관한 사항 그리고 근로일 및 근로일별 근로시간에 대하여는 서면으로 명시하여야 하며, 단시간근로자이면서 기간제근로자인 경우에는 근로계약기간에 관한 사항도 명시하여야 한다(근기법시행령 별표 2). 그런데 「단시간근로자의 근로조건 결정기준 등에 관한 사항」에 의하면 근로계약 체결과 관련하여 「사용자가 단시간근로자를 고용할 때에는 임금, 근로시간 그 밖의 근로조건을 명확히 적은 근로계약서를 작성하여 근로자에게 내주어야 한다」고 하고, 「단시간근로자의 계약서에는 계약기간, 근로일, 근로시간의 시작과 종료시각, 시간급임금 그 밖에 고용노동부장관이 정하는 사항이 명시되어야 한다」(제1호)고 규정함으로써 명시되어야 할 근로조건과 명시방법을 구체적으로 적시하여 단시간근로자의 권리가 보장되도록 대비하고 있다. 이 규정이 갖는 의미는 기간제법 제17조와 근기법 제17조가 서면명시 의무만을 원칙으로 규정하고 있으며(근기법 제17조는 근로자의 요구가 있으면 교부하도록 하고 있다) 근기법시행령 〈별표 2〉 규정은 그와 같은 근로조건을 포함한 근로계약서의 작성과 교부의무를 적극적으로 규정하고 있다는 점이다.

(2) 근로계약서 작성·교부의 법적 성격

근로계약의 체결은 원칙적으로 서면과 같은 특별한 방식을 요건으로 하지 않는다. 그런데 「단시간근로자의 근로조건 결정기준(근기법시행령 별표 제1호가목)」에서 단시간근로계약의 체결시에 사용자에게 구체적인 근로조건이 명시된 근로계약서의 작성·교부의무를 부과한 것의 법적 성격이 문제된다.

① **효력규정설**: 효력규정설에 의하면 단시간근로계약의 체결에 대하여 서면방식주의를 규정한 것으로 본다면 근로계약의 유효요건이 되므로 이를 준수하지 않는다면 해당 근로계약은 무효가 될 것이다.

② **단속규정설**: 단속규정설에 의하면 근로계약서 작성 및 교부의무는 효력규정을 의미하는 서면방식주의를 규정한 것으로 보기는 어렵다. 오히려 근로조건의 명확화와 근로관계의 내용에 관한 입증가능성을 확대하고 이를 통해서 법적 안정성을 제고하기 위하여 근로자에게 중요한 근로조건이 명시된 근로계약서의 작성 및 교부 청구권을 부여한 것으로 보는 입장이다(김형배, 「노동법」, 제26판, p.850).

③ **평가**: 동조항의 법적 성격은 효력규정이 아닌 단속규정으로 보는 것이 타당하다고 판단된다.

(3) 단시간근로자의 취업규칙

단시간근로자에게도 통상근로자의 취업규칙이 적용되는 것이 바람직하지만 일부 기술적인 사항에 대해서는 특별규정을 둘 수도 있고 별도의 취업규칙을 제정할 수도 있다(근기법시행령 「별표 2」 제5호가목 및 다목). 단시간근로자에게 적용되는 취업규칙을 작성하거나 변경하고자 할 때에는 적용대상이 되는 단시간근로자 과반수의 의견을 들어야 하며, 불리하게 변경하는 경우에는 그 동의를 받아야 한다(「별표 2」 제5호나목). 단시간근로자를 대상으로 하는 별도의 취업규칙이 없을 경우에는 그 성질이 허용하는 한 통상근로자에게 적용되는 취업규칙이 적용되는 것으로 본다. 다만, 취업규칙에서 명시적으로 단시간근로자에 대하여 적용이 배제된다는 규정을 두거나 달리 적용한다는 규정을 둔 경우에는 이에 따른다([별표 2] 제5호다목). 단시간근로자에게 적용되는 취업규칙을 작성 또는 변경하는 경우에는 비례적 보호원칙(근기법 제18조제1항)의 취지에 어긋나는 내용이 포함되어서는 아니 된다(「별표 2」 제5호라목).

2. 단시간근로자에 대한 초과근로 규제

(1) 기간제법 제6조의 규정내용

기간제법 제6조에 의하면 「① 사용자는 단시간근로자에 대하여 「근기법」 제2조의 소정근로시간을 초과하여 근로하게 하는 경우에는 당해 근로자의 동의를 얻어야 한다. 이 경우 1주간에 12시간을 초과하여 근로시킬 수 없다.

② 단시간근로자는 사용자가 제1항의 규정에 따른 동의를 얻지 아니하고 초과근로를 하게하는 경우에는 이를 거부할 수 있다.

③ 사용자는 제1항에 따른 초과근로에 대하여 통상임금의 100분의 50이상을 가산하여 지급하여야 한다」고 규정하고 있다.

(2) 초과근로시 1주 12시간 이내의 제한

기간제법 제6조는 상시적으로 소정근로시간을 초과하여 근로함으로써 당해 사업장의 통상근로자의 소정근로시간 이상을 근로하는 경우도 있으며 이와 같은 과도한 초과근로시간의 남용을 막고 단시간근로를 선택한 근로자의 근로조건 보호를 위하여 단시간근로자의 경우 법정근로시간 이내라도 초과근로를 1주에 12시간으로 제한하였다. 이는 절대적 기준으로 당사자의 합의로도 초과근로를 1주에 12시간이상 할 수 없도록 제한하였다.

(3) 부당한 초과 근로요구 거부

사용자의 부당한 초과근로 지시에 대한 거부권을 명시하였다. 이 때 부당한 초과 근로요구의 거부를 이유로 해고 그 밖의 불리한 처우를 하는 경우 벌칙이 부과(2년 이하 징역, 1천만원 이하 벌금)되고 있다(기간제법 제21조). 또한 당해 근로자의 동의를 얻지 아니하고 단시간근로자에게 초과근로를 시킨 자는 1천만원 이하의 벌금에 처한다(기간제법 제22조). 또한 명목상 단시간근로자(초과근로를 통해 통상근로자와 같이 근로시키는 경우)에 대해서는 통상근로자와 동일하게 근기법을 적용하도록 하였다.

(4) 초과근로시의 가산임금 지급

단시간근로자가 법정근로시간 내라도 소정근로시간 외에 초과근로를 상시적으로 강요받는 경우가 많아 이를 시정하고자 단시간근로자의 초과근로에 대하여 통상임금의 100분의 50의 가산임금을 의무적으로 지급하도록 했다(기간제법 제6조제3항).

3. 휴일·휴게 및 휴가의 적용

(가) 휴일은 근로자가 사용자의 지시권으로부터 완전히 벗어난 근로의무가 없는 날로서, 1주일에 평균 1회 이상의 유급휴일을 주휴일로서 주어야 하며(근기법 제55조), 유급휴일은 1주 동안의 소정근로일을 개근한 자에 주어야 한다(동법시행령 제30조). 따라서 단시간근로자에게도 최소한 매주 1회 이상의 휴일을 주어야 한다(동법시행령 「별표」 제4호가목).

(나) 단시간근로자의 근로시간이 4시간 이상인 경우에는 30분 이상, 8시간 이상인 경우에는 1시간 이상의 휴게시간을 근로시간의 도중에 통상근로자와 같이 주어야 한다(근기법 제54조).

(다) 단시간근로자도 근기법 제60조의 요건을 충족하는 경우에는 당연히 연차유급휴가권이 성립한다. 통상근로자와 달리 유급휴가는 시간 단위로 하며 1시간 미만은 1시간으로 본다(「별표 2」 제4호나목).

4. 생리휴가 및 출산전후휴가의 적용

여성인 단시간근로자에 대하여는 근기법 제73조의 규정에 의한 생리휴가 및 제74조의 규정에 의한 출산전후휴가를 주어야 한다(동법시행령 「별표 2」제4호다목).

5. 임금의 보호

(가) 단시간근로자의 임금산정 단위는 시간급을 원칙으로 한다. 시간급임금의 산정을 위하여 먼저 단시간근로자의 1일 소정근로시간 수는 4주 동안의 소정근로시간을 그 기간의 통상근로자의 총 소정근로일 수로 나눈 시간 수로 하며, 시간급임금을 일급통상임금으로 산정할 경우에는 위의 1일 소정근로시간 수에 시간급임금을 곱하여 산정한다(근기법시행령 「별표 2」 제2호나목).

(나) 이렇게 산정된 시간급은 유급휴가 시에 지급하여야 하는 임금의 기준이 되고(「별표 2」 제4호마목), 일급통상임금은 주휴일과 여성근로자에 대한 출산전후휴가에 대하여 그 지급기준이 된다(「별표 2」 제4호라목). 그 밖에 단시간근로자에 대한 각종의 수당들은 원칙적으로 근로계약·취업규칙 또는 단체협약에 의하여 정해진다. 취업규칙 등에 아무 규정이 없는 경우에도 통상근로자에 비하여 불이익이 없도록 해야 하므로 통상근로자의 소정근로시간을 산정기준으로 하여 근로시간 수에 대응하는 비율로 계산하는 것이 합리적일 것이다.

(다) 취업규칙 등에 다른 규정이 없는 한 통근수당·가족수당 등 각종 수당도 통상근로자의 소정근로시간을 기준으로 하여 기본적으로 근로시간 수에 대응하는 비율로 계산해야 할 것이다.

6. 해고 등

단시간근로자를 해고하고자 하는 경우에도 정당한 사유가 있어야 한다(근기법 제23조제1항). 또한, 정당한 이유가 있는 경우에도 해고일 30일 전에 그 예고를 하여야 하며, 30일 전에 예고하지 않은 때에는 30일분 이상의 통상임금을 지급하여야 한다(근기법 제26조).

7. 재해보상

① 단시간근로자에 대해서도 원칙적으로 산업재해보상보험법이 적용된다. 산업재해보상보험법이 적용되지 않는 범위 내에서 근기법상의 재해보상 규정이 적용된다. 업무상 부상 또는 질병으로 인해 요양하고 있는 기간 중에 근로계약이 해지되어도 당해 부상, 질병이 완쾌되거나 일시보상을 행할 때까지는 요양보상, 휴업보상 등을 행하여야 한다.

② 기존에는 단시간근로자가 복수 사업장에서 일하다가 업무상 재해를 당하면, 재해를 입은 사업장에서 받던 평균임금을 기준으로 산재보험급여를 지급했으나 개정 산재법시행령(2016.3.22 개정 2016.3.28 시행) 제24조제1항제2호에 따라 둘 이상의 사업에서 근로하는 단시간근로자에게 평균임금을 적용하는 경우에는 「평균임금 산정기간 동안 해당 단시간근로자가 재해가 발생한 사업에서 지급받은 임금과 같은 기간 동안 해당 사업 외의 사업에서 지급받은 임금을 모두 합산한 금액을 해당 기간의 총일수로 나눈 금액」을 기준으로 산재보험급여를 받게 된다.

8. 퇴직급여보호

퇴직급여제도는 1주간 소정근로시간이 15시간 미만인 근로자를 제외한 모든 단시간근로자에게 적용된다(근퇴법 제4조제1항단서). 퇴직금계산을 위한 평균임금을 산정함에 있어서 근기법 제2조제2항의 규정에 의하여 당해 근로자의 통상임금보다 저액인지 여부를 판단할 경우에는 1일의 평균임금과 1일 소정근로시간 수에 시간급임금을 곱하여 산정한 일급통상임금을 비교한다.

9. 통상근로자로의 전환노력의무

(1) 제도의 취지

단시간근로는 기간제근로와는 달리 기간의 정함이 없는 통상근로자 중에도 가사나 학업 등의 이유로 일시적으로 단시간근로로 전환하고 그와 같은 사유가 소멸하면 다시 통상근로자로 복귀하여 노무를 제공하고자 하는 경우에 활용될 수 있는 고용형태이다. 따라서 가정과 직장의 병존 및 조화를 위하여 앞으로 그 활용 가능성이 점점 더 확대되어 간다고 할 수 있다. 이러한 전환에 따라 단시간근로자의 능력발휘와 경력형성을 지원하고 인재의 활용을 꾀할 수 있을 것이다. 이를 위하여 단시간근로자와 통상근로자 상호간의 전환 가능성을 촉진하는 제도의 마련이 요청된다고 하겠다(김형배, 「노동법」, 제26판, p.854).

(2) 제도내용

기간제법 제7조에서는 사용자는 통상근로자를 채용하고자 하는 경우에는 그 사업 또는 사업장의 동종 또는 유사한 업무에 종사하는 단시간근로자를 우선적으로 고용하도록 노력하여야 하며(제1항), 사용자는 가사나 학업 그 밖의 이유로 통상근로자가 단시간근로자로의 전환을 신청하는 때에는 그 근로자를 단시간근로자로 전환하도록 노력하여야 한다(제2항)고 규정함으로써 그와 같은 방향으로 규율하고 있다. 다만, 근로자에게 적극적인 사법상의 청구권을 인정하지 아니하고 사용자에게 단지 노력의무만을 규정하고 있다.

10. 차별적 처우의 금지와 시정절차

사용자는 단시간근로자임을 이유로 당해 사업 또는 사업장의 동종 또는 유사한 업무에 종사하는 통상근로자에 비하여 차별적 처우를 하지 못한다(기간제법 제8조 제2항). 단시간근로자에 대한 차별적 처우의 금지와 그 시정절차 그리고 그에 따른 불리한 처우의 금지는 기간제근로자에 대한 것과 동일하다.

제3절 타기업 근로자의 이용

1 타기업 근로자 이용의 유형

기업은 타기업으로부터 그 고용근로자의 제공을 받아 자기 기업의 업무수행에 이용하기도 한다. 이러한 타기업 근로자의 노동력 이용 중 근로자공급업자로부터 근로자의 공급을 받는 것은 강제근로, 중간착취의 온상일 뿐만 아니라 고용책임·사용자책임이 불명확·불충분하므로 직업안정법에 의하여 포괄적으로 금지되고 있다(직업안정법 제33조). 그리고 민법의 업무처리도급계약에 따른 타기업 근로자의 이용은 근로자공급과 다르므로 허용되고 있다.

그러나 사회경제의 진전·변화에 따라 기업사회의 고용관행 및 노동시장의 상황에 맞추어 근로자의 취업조건의 정비와 고용안정을 꾀할 필요가 발생하였으며, 이에 노동력의 수급시스템으로서 금지되었던 근로자 공급형태를 새로운 관점에서 적정하게 행할 수 있도록 인정하는 내용의 입법화가 이루어졌다. 즉, 파견법(1998.2.20, 법률 제3512호)이 제정되어 1998년 7월 1일부터 시행되었으며 개정 파견법(2006.12.21, 법률 제8076호)이 2007년 7월 1일부터 시행됨에 따라 동법시행령에서 금지업무를 제외하고 파견대상업무를 종전보다 확대 조정하였다.

현행법상 타기업 근로자의 노동력 이용의 주요형태는 근로자를 제공하는 기업과 수용하는 기업 간의 ① 업무도급계약, ② 근로자파견, ③ 전출의 3개 유형의 계약이 가능하다. 이중, ③ 전출은 배치전환이나 전적과 더불어 기업의 인사이동으로서의 성격이 있으므로「인사」부분에서 배치전환, 전적과 관련하여 설명하고 여기에서는 ① 업무처리도급계약에 의한 도급과, ② 근로자파견계약에 의한 파견근로자에 대해 설명하기로 한다.

2 업무처리도급

1. 업무처리도급의 의의

업무처리도급이란 어떤 기업(도급기업)이 타기업(발주기업)에 대해 그 일정업무의 처리를 도급하여, 그 도급업무를 수행하기 위해 자기가 고용하는 근로자를 발주기업의 사업장에서 자기의 지휘·명령하에 근로시키는 것을 말한다. 업무처리도급은 도급기업이 발주기업에게 근로자를 제공 내지는 파견하는 측면을 가지나, 어디까지나 도급업무의 처리를 위해 공급(파견)하므로 근로자에 대한 지휘·명령은 도급기업이 하며 발주기업은 하지 않는다. 업무처리도급은 스스로에 의한 지휘·명령 등을 하며, 이러한 요건을 충족시키면 직업안정법이 금지하는 근로자 공급뿐만 아니라 파견법의 규제를 받는 근로자파견과도 구별된다.

2. 업무처리도급에 의한 근로관계

업무처리도급에서는 발주기업과 도급기업 간에 업무처리도급계약이 체결되고 이 계약에 근거하여 도급기업이 고용하는 근로자가 발주기업의 사업장에서 도급기업의 지휘·명령을 받아 도급업무를 수행한다. 즉, 도급근로자는 어디까지나 도급기업이 고용하는 근로자이며, 또한 그 도급기업에서의 취업도 도급기업의 지휘·명령을 받아 수행하는 것에 지나지 않는다. 따라서 업무처리도급이 원칙대로 실시되는 한, 근로계약이나 근기법 그 밖의 노동보호법상에서 사용자로서의 책임을 지는 것은 도급기업뿐이며, 발주기업에게는 책임이 생기지 않는다. 다만, 발주기업은 도급근로자에 대해 근로장소를 제공하고 있는 점에서 그 한도 내에서 안전배려의무를 질 수는 있다.

3. 근로자파견과 도급·업무위탁의 구분 - 위장도급 문제

(1) 위장도급의 의의

위장도급이란 실태상으로는 근로자파견(또는 근로자공급)이지만 계약명의상으로는 도급계약 또는 업무위탁계약으로 위장하여 행하는 것을 말한다. 보다 정확하게는 업무처리도급 내지 업무위탁의 계약형식으로 행하는 근로자파견(또는 직업안정법이 금지하는 근로자공급)을 말한다. 고용주가 고용주의 책임을 지는 것이 아니라 발주처 회사가 지휘·명령을 하여 취업시키거나 도급업자측은 근로자를 파견시키는 실태에 있는 경우에는 실질상 「근로자파견」에 해당된다. 이러한 경우에는 위장도급 문제가 발생하거나 또는 무허가 파견사업으로서 처벌 대상이 되기도 한다. 직접고용 의무는 불법 파견의 경우에는 법률의 규정에 따라 발생하지만, 사내도급(업무도급)이 적법하다면 이와 같은 문제는 발생하지 않는다. 물론 사내도급의 경우에는 대상 업무의 제한, 사용기간의 제한, 허가제, 차별 시정 등의 규제도 받지 않는다. 그러나 당사자가 노동법상 사용자의 책임 또는 파견법의 규제를 회피할 목적으로 실체는 근로자파견이면서 사내도급의 형식을 취하는 경우도 생기고 이 경우에는 사용자 개념의 확장 내지 불법 파견이 문제될 수 있다.

(2) 고용노동부·법무부 공동지침

고용노동부와 법무부는 2007년 7월 1일부터 비정규직법이 시행됨에 따라 법 적용을 위한 통일되고 공개된 사건처리 기준이 필요하다는 점에서 공동지침(2007.4.19, 비정규직대책팀-1303)을 마련하여 2007년 4월 19일부터 시행하고 있다.

고용노동부·법무부 공동지침('근로자파견'의 판단기준에 관한 지침)에 따르면, 파견법상의 '근로자파견'에 해당하는지 여부 판단에 앞서 파견사업주, 수급인, 수임인 등(파견사업주등)이 사업주로서의 실체를 갖추고 있는지를 먼저 판단한다. 이때, '유령회사'와 같이 사업주 실체가 없는 경우에는 근로자를 사용하는 사업주, 도급인, 위임인 등(사용사업주등)과 해당 근로자간 고용관계가 있는 것으로 추정, 노동관계법을 직접 적용하게 된다.

1) 사업주로서 실체가 인정되는지 여부

파견사업주 등이 사업주로서의 실체가 인정되지 않는 경우에는 당해 근로자를 고용하지 않고 사용하는 사용사업주 등이 그 근로자를 직접 고용한 것으로 추정하여 노동관계법 위반 여부를 판단한다. 근로자와 근로계약을 체결한 파견사업주·수급인·수임인 등(이하 '제공사업주라' 한다)과 그 근로자를 실제로 사용하는 사용사업주·도급인·위임인 등(이하 '사용사업주'라 한다)사이에 체결한 계약의 명칭이나 형식에 관계없이 제공사업주가 ① 채용·해고 등의 결정권, ② 소요자금 조달 및 지급에 대한 책임, ③ 법령상 사회보험이나 조세 등에 관한 사업주로서의 책임, ④ 기계, 설비, 기자재의 자기 책임과 부담, ⑤ 전문적 기술·경험과 관련된 기획 책임과 권한(다만, ④⑤는 단순히 육체적인 노동력을 제공하는 경우에는 제외)을 가지는지 여부를 종합하여 판단한 결과 사업주로서의 실체를 가지는지 여부를 판단하여 사업주로서의 실체가 인정되지 않으면 근로자파견이 아닌 것으로 본다.

2) 사업주로서 지휘·명령을 하는지 여부

제공사업주가 사업주로서의 실체를 가진다고 판단되는 경우에는 제공사업주와 사용사업주 사이의 계약의 명칭이나 형식에 관계없이 사용사업주 등의 지휘명령을 받는지 여부를 조사하여 '근로자파견'에 해당하는지를 판단한다. ① 작업 배치·변경 결정, ② 업무 지시·감독, ③ 휴가·병가 등의 근태 관리 및 징계, ④ 업무수행에 대한 평가, ⑤ 연장·휴일·야간근로 등의 근로시간 결정(다만, 작업의 특성상 일치시켜야 하는 경우에는 제외)의 권한을 가지는지 여부를 종합하여(①②③을 주요 기준으로 본다) 판단한 결과 그 근로자가 사용사업주의 지휘·명령을 받는다고 인정되면 파견에 해당하고, 그렇지 않으면 파견에 해당하지 않는 것으로 인정한다.

(3) 도급과 근로자파견 구분에 관한 최근 판례의 태도

도급과 근로자파견의 구분에 관하여 대법원 판결(대법 2015.2.26, 2010다106436; 대법 2012.2.23, 2011두7076)은 세 가지 판단기준을 제시하고 있다.

① **실질 판단의 원칙**: 근로자파견에 해당하는지를 판단함에 있어서 「실질 판단」의 원칙을 제시하고 있다. 원고용주가 어느 근로자로 하여금 제3자를 위한 업무를 수행하도록 하는 경우 그 법률관계가 위와 같이 파견법의 적용을 받는 근로자파견에 해당하는지는 당사자가 붙인 계약의 명칭이나 형식에 구애될 것이 아니라, 그 근로관계의 실질에 따라 판단하여야 한다는 것이다.

② **유형적 방법의 원칙**: 근로자파견과 도급계약이 상호 대비되는 특징적인 여러 가지 판단기준을 나열하는 「유형적 방법」을 제시한다. 대법원은 근로자파견의 판단기준을 다음과 같이 제시한다. (가) 제3자가 당해 근로자에 대하여 직·간접적으로 그 업무수행 자체에 관한 구속력 있는 지시를 하는 등 상당한 지휘·명령을 하는지, (나) 당해 근로자가 제3자 소속 근로자와 하나의 작업집단으로 구성되어 직

접 공동 작업을 하는 등 제3자의 사업에 실질적으로 편입되었다고 볼 수 있는지, (다) 원고용주가 작업에 투입될 근로자의 선발이나 근로자의 수, 교육 및 훈련, 작업·휴게시간, 휴가, 근무태도 점검 등에 관한 결정 권한을 독자적으로 행사하는지, (라) 계약의 목적이 구체적으로 범위가 한정된 업무의 이행으로 확정되고 당해 근로자가 맡은 업무가 제3자 소속 근로자의 업무와 구별되며 그러한 업무에 전문성·기술성이 있는지, (마) 원고용주가 계약의 목적을 달성하기 위하여 필요한 독립적 기업조직이나 설비를 갖추고 있는지 등의 요소를 바탕으로 그 근로관계의 실질에 따라 판단하여야 한다(대법 2015.2.26, 2010다106436; 대법 2015.2.26, 2010다93707; 대법 2015.2.26, 2012다96922). 이들 판단기준 중 (가)와 (나)의 요소는 근로자파견임을 보여주는 징표인 반면 (다)(라)(마)는 해당 계약이 도급계약임을 보여주는 징표에 해당된다.

③ **종합적 판단의 원칙**: 대법원은 근로자파견임을 확인함에 있어 「종합적 판단」을 할 것을 요구한다. 대법원 판례의 판단기준을 분류하면 (가) 도급사업자의 근로자들에 대한 노무지휘성, (나) 근로자들의 도급사업자에 대한 실질적 편입 여부, (다) 파견·용역업체의 근로자들에 대한 독자적인 인사관리, (라) 파견·용역업체의 전문성·기술성, (마) 파견·용역업체의 인적·물적 독립성이라 할 수 있다.

3 파견근로자

1. 파견법의 의의

최근 산업구조 및 노동시장의 여건변화에 따라 자기가 고용한 근로자를 타인에게 파견하여 근로하게 하는 파견근로가 빠르게 확산되고 있으나 관련법규의 미비로 파견근로자의 권익보호가 제대로 이루어지지 아니하고 기업의 탄력적인 인력관리에 제약요인이 되고 있으므로 파견법을 법제화함으로써 파견근로자의 근로조건을 개선하고 기업의 인력관리에 신축성을 제고하려는 것이다. 근로자는 자신에게 편리한 시간과 장소에서 비정규적인 고용형태로 근무하고자 하는 경우가 늘어나는 등 파견근로자에 대한 보호 필요성이 증대되고 있는 추세이다.

2. 파견근로자 및 근로자파견의 의의

(1) 파견근로자

파견근로자란 파견사업주가 고용한 근로자로서 근로자파견의 대상이 되는 자를 말한다(파견법 제2조제5호).

(2) 근로자파견

1) 근로자파견의 의의

파견법에 의하면, 근로자파견이란 파견사업주가 근로자를 고용한 후 그 고용관계를 유지하면서 근로자파견계약의 내용에 따라 사용사업주의 지휘·명령을 받아 사용사업주를 위한 근로에 종사하게 하는 것을 말한다(동법 제2조제1호). 파견사업주가 고용한 근로자로서 근로자파견의 대상이 되는 근로자가 「파견근로자」이다(동법 제2조제2호). 외국 국적의 근로자라고 하여 파견법이 적용되는 파견근로자의 범위에서 제외된다고 할 수 없다(대법 2000.9.29, 2000도3051). 파견법이 적용되는 근로자파견에 해당하는지 여부는 당사자들이 붙인 계약의 명칭이나 형식에 구애받을 것이 아니라 계약의 목적 또는 대상에 특정성, 전문성, 기술성이 있는지 여부, 계약당사자가 기업으로서 실체가 있는지와 사업경영상 독립성을 가지고 있는지 여부, 계약 이행에서 사용사업주가 지휘·명령권을 보유하고 있는지 여부 등 그 근로관계의 실질에 따라 판단하여야 한다(대법 2013.11.28, 2011다60247).

근로자파견관계란 파견사업주가 파견근로자를 사용사업주에게 파견하여 노무를 제공하는 특수한 노무공급관계이다. 파견사업주와 파견근로자 사이의 근로관계는 처음부터 제3자인 사용사업주에게 노무를 제공하는 것을 목적으로 하는 근로계약관계이다. 근로자는 파견사업주와의 고용계약에 의해 근로제공의무를 부담하고 이러한 근로자파견계약에 기하여 사용사업주는 파견사업주에게 약정된 보수를 지급하고, 파견근로자의 노무급부를 수령할 권한을 갖는다. 따라서 근로자파견관계는 파견사업주와 근로자 사이의 근로계약관계와는 구별된다.

2) 근로자파견과 근로자공급 · 도급계약·전출과의 차이점

(가) 근로자공급사업과의 차이: 근로자파견은 근로자를 타인에게 공급하는 측면

을 지나지만, 직업안정법이 금지하는 「근로자공급」 사업에서 정의상 명문으로 제외된다(직업안정법 제4조제7호). 근로자공급사업은 공급계약에 의하여 근로자를 타인에게 사용시키는 사업이다.

근로자파견은 근로자공급과는 다르다. 예를 들어 국내에서 항운노조가 그 조합원인 하역근로자를 하역회사에 공급하는 형태이며, 이 경우 조합은 당해 근로자를 고용하는 것이 아니고 자기 조합원을 공급한다는 점에서 근로자파견과 구별된다. 다만, 근로자파견은 고용주인 파견사업주가 하고, 근로자공급은 사용주가 아닌 노동조합이 한다는 점에서 구별된다.

(나) 도급과의 차이: 근로자파견은 자기가 고용하는 근로자를 타인을 위해서 노동시킨다는 점에서는 업무처리 위탁이나 도급과 유사하지만, 당해 근로자를 타인의 지휘·명령에 복종시키는 점에서 이들과 구별된다.

(다) 전출과의 차이: 자기가 고용한 근로자를 일정기간 타기업에서 타기업의 지휘·명령하에서 사용하게 하는 근로자파견은 전출과 유사하지만, 전출의 경우에는 근로자는 당초 전출회사(전출시킨 기업)기업과의 근로계약관계를 유지하면서 전출처 기업과의 전면적 또는 부분적 근로계약관계에 들어가는(전출근로자는 전출처 기업의 종업원으로도 된다) 점에서 근로자파견과는 다르다.

3. 근로자파견사업의 규제

(1) 근로자파견사업의 의의

파견법은 근로자파견을 업으로 행하는 것(「근로자파견사업」(제2조제2호))을 인정하면서, 여러 종류의 규제를 행한다. 「업으로」란 일정한 목적을 위해서 동종의 행위를 반복 계속하는 것이고, 영리목적인가 아닌가를 불문한다. 다른 한편, 기업의 고용조정이나 인사관리를 위한 반복 계속은 「업으로」는 될 수 없다.

(2) 근로자파견대상업무

근로자파견사업은 제조업의 직접생산공정업무를 제외하고 전문지식·기술·경험 또는 업무의 성질 등을 고려하여 적합하다고 판단되는 업무로서 대통령령으로 정하는 업무를 대상으로 한다(동법 제5조제1항).

현행 파견대상업무는 1992년의 한국표준직업분류(통계청 고시 제1992-1호)에 따르고 있어 산업사회의 현실을 반영할 수 없으므로 개정파견법은 2000년에 개정된 한국표준직업분류(통계청 고시 제2000-2호)에 맞춰 파견대상업무를 조정하고 파견대상업무를 종전 26개(세세분류 138개) 업무에서 32개(세세분류 197개) 업무로 확대하였다(동법시행령 제2조제1항 및 〈별표 1〉).

구 파견법 제2조제2호의 규정에 의한 근로자파견사업은 직업안정법의 적용을 받는 근로자공급사업에서 제외되어 있고, 같은 법 제5조제1항 구 파견법 시행령 제2조제1항 〈별표 1〉에 의하면 '한국표준직업분류(통계청고시 제1992-1호) 33409 달리 분류되지 않은 기타 교육 준전문가'의 업무는 위 근로자파견사업의 대상이 되는 업무에 해당하므로 위 업무를 대상으로 한 근로자파견사업에 직업안정법을 적용하여 처벌할 수 없다(대법 2007.9.7, 1006도6292).

(3) 근로자파견 금지업무

1) 근로자파견 금지업무

근로자파견금지 업무에 대하여 근로자파견사업을 행하여서는 아니된다(파견법 제5조제3항).

(가) 건설공사현장에서 이루어지는 업무

(나) 「항만운송사업법」 제3조제1호, 「한국철도공사법」 제9조제1항제1호, 「농수산물유통및가격안정에관한법률」 제40조, 「물류정책기본법」 제2조제1항·제1호의 하역업무로서 「직업안정법」 제33조의 규정에 따라 근로자공급사업 허가를 받은 지역의 업무

(다) 「선원법」 제2조제1호에 따른 선원의 업무

(라) 「산안법」 제58조에 따른 유해하거나 위험한 업무

(마) 그 밖에 근로자보호 등의 이유로 근로자파견사업의 대상으로는 적절하지 못하다고 인정하여 대통령령으로 정하는 업무

동법 제5조제3항제5호에서 "대통령령으로 정하는 업무"란 다음 어느 하나에 해당하는 업무를 말한다(파견법시행령 제2조제2항).

㉠ 「진폐의예방과진폐근로자의보호등에관한법률」 제2조제3호에 따른 분진작업을 하는 업무

㉡ 「산안법」 제137조에 따른 건강관리카드의 교부대상 업무
㉢ 「의료법」 제2조에 따른 의료인의 업무 및 같은 법 제80조에 따른 간호조무사의 업무
㉣ 「의료기사등에관한법률」 제3조에 따른 의료기사의 업무
㉤ 「여객자동차운수사업법」 제2조제3호에 따른 여객자동차운송사업의 운전업무
㉥ 「화물자동차운수사업법」 제2조제3호에 따른 화물자동차운송사업의 운전업무

2) 제조업의 직접생산공정업무

제조업의 직접생산공정업무에 대하여는 출산·질병·부상 등으로 결원이 생긴 경우 또는 일시적·간헐적으로 인력을 확보하여야 할 필요가 있는 경우에 한하여 근로자파견사업을 행할 수 있다(동법 제5조제2항).

파견법 제5조제2항의 규정에 의하여 파견근로자를 사용하고자 할 경우 사용사업주는 당해 사업 또는 사업장에 근로자의 과반수로 조직된 노동조합이 있는 경우에는 그 노동조합, 근로자의 과반수로 조직된 노동조합이 없는 경우에는 근로자의 과반수를 대표하는 자와 사전에 성실하게 협의하여야 한다(제5조제4항).

3) 근로자파견역무의 금지

누구든지 파견법 제5조제1항 내지 제4항의 규정을 위반하여 근로자파견사업을 행하거나 그 근로자파견사업을 행하는 자로부터 근로자파견의 역무를 제공받아서는 아니된다(동조제5항). 구법에서는 무허가파견사업주만 처벌하고 사용사업주에 대해서는 아무런 규제를 하지 않는 것은 불합리할 뿐만 아니라 허가제도의 취지에도 부합되지 아니한다는 문제가 제기되었다. 개정법에서는 사용사업주가 무허가 파견사업주로부터 역무를 제공받는 것을 명시적으로 금지하고, 이를 위반한 경우에는 벌칙이 적용되도록 개정하였다(동법 제7조제3항, 제43조제1항의2).

(4) 근로자파견기간

1) 일반원칙

근로자파견기간은 제5조제2항의 규정에 해당하는 경우를 제외하고는 1년을 초과하지 못한다(동법 제6조제1항).

파견법 제6조제1항의 규정에 불구하고 파견사업주·사용사업주·파견근로자간의 합의가 있는 경우에는 파견기간을 연장할 수 있다. 이 경우 1회를 연장할 때에는 그 연장기간은 1년을 초과하지 못하며, 연장된 기간을 포함한 총 파견기간은 2년을 초과하지 못한다(동법 제6조제2항).

2) 고령자인 파견근로자의 파견기간

「고령자고용촉진법」 제2조제1호의 규정에 따른 고령자인 파견근로자에 대하여는 제2항 후단의 규정에 불구하고 2년을 초과하여 근로자파견기간을 연장할 수 있다(동법 제6조제3항).

3) 출산·질병·부상, 일시적·간헐적인 경우의 파견기간

파견법 제5조제2항의 규정에 의한 근로자파견기간은 다음과 같다(동법 제6조제4항).

(가) 출산·질병·부상 등 그 사유가 객관적으로 명백한 경우에는 그 사유의 해소에 필요한 기간(동조제1호)

(나) 일시적·간헐적으로 인력을 확보할 필요가 있는 경우에는 3개월 이내의 기간. 다만, 그 사유가 해소되지 아니하고 파견사업주·사용사업주·파견근로자간의 합의가 있는 경우에는 1회에 한하여 3개월의 범위 안에서 그 기간을 연장할 수 있다(동조제2호).

(5) 불법파견의 요건과 벌칙의 적용

파견법은 불법파견의 확산을 방지하고 파견근로의 건전성을 확보하기 위하여 파견근로의 요건과 그 위반에 대한 법률효과를 명확히 규정하고 있다. 파견법은 불법파견의 요건을 다음과 같이 명시하고 있다.

① 파견대상업무를 위반한 경우(동법 제5조제5항), ② 파견기간을 도과한 경우(동법 제6조제1항·제2항), ③ 파견사업허가를 위반한 경우(동법 제7조제1항).

불법파견으로 인정되면 파견사업주와 사용사업주에 대해서 우선 벌칙이 적용된다(동법 제43조). 구법에서는 사용사업주가 파견사업주보다 벌칙이 약하게 규정되어 있었으나 개정법에서는 사용사업주와 파견사업주의 벌칙 수준을 동일하게 하여 벌칙 적용의 형평성과 법규정의 실효성을 유지하도록 했다.

(6) 사용사업주의 직접고용의무

1) 직접고용의무 적용

종전 고용의제 규정을 고용의무 방식으로 전환하였다. 구 파견법 제6조제3항은 사용사업주가 2년을 초과하여 계속적으로 파견근로자를 사용하는 경우에 해당 근로자의 명시적인 반대의사가 없는 한 2년의 기간이 만료된 다음 날부터 파견근로자를 고용한 것으로 의제하는 규정을 두고 있었다. 그러나 동조의 고용의제의 요건이 적법파견에 대한 파견기간 위반에 대해서만 적용되는지 아니면 불법파견을 포함한 모든 파견유형에 대한 기간 위반에 대해서도 적용되는지 논란이 적지 않았다. 이에 따라 사용사업주와 파견근로자 사이에 직접적인 고용관계가 발생하는 요건을 명확히 할 필요가 발생하였고 개정 파견법(2012.2.1, 법률 제11279호, 2012.8.2 시행)은 제6조의2를 신설하여 그 요건과 효과를 규정하여 사용사업주는 법정사항 중 어느 하나에 해당하는 경우에는 해당 파견근로자를 직접 고용해야 할 의무를 부담한다.

2) 파견법 제6조의2 제1항 및 제2항의 규정내용

파견법 제6조의2제1항 및 제2항은 다음과 같이 규정하고 있다.「① 사용사업주는 다음의 어느 하나에 해당하는 경우 해당 파견근로자를 직접 고용하여야 한다.

1. 제5조제1항의 근로자파견대상업무에 해당하지 아니하는 업무에서 파견근로자를 사용하는 경우(제5조제2항에 따라 근로자파견사업을 행한 경우는 제외한다)
2. 제5조제3항의 규정을 위반하여 파견근로자를 사용하는 경우
3. 제6조제2항의 규정을 위반하여 2년을 초과하여 계속적으로 파견근로자를 사용하는 경우
4. 제6조제4항을 위반하여 파견근로자를 사용하는 경우
5. 제7조제3항의 규정을 위반하여 근로자파견의 역무를 제공받은 경우

② 제1항의 규정은 해당 파견근로자가 명시적인 반대의사를 표시하거나 대통령령이 정하는 정당한 이유가 있는 경우에는 적용하지 아니한다.」

위와 같은 경우에 파견근로자를 사용하면 사용사업주에 대해 당해 파견근로자를 직접 고용해야 할 의무를 부과하였다(동법 제6조의2). 2012년 2월 개정법 이전에는 제6조의2제1항제2호를 제외하고는 모두 파견근로자가 2년을 초과하여 근로할 경우

에만 사용사업주에게 직접고용의무가 발생한다고 규정하였으나, 사용사업주로 하여금 불법파견의 여지를 제공한다는 문제가 있어 2012년 2월 개정법에서는 파견법 위반사유가 발생한 즉시 직접고용의무의 효과가 발생하도록 하였다. 예컨대 파견사업 금지업무에 근로자(예컨대 간호조무사)를 파견할 경우에는 파견 즉시 직접고용의무를 부과한다. 사용사업주가 실제로 고용계약을 체결하지 않으면 사용사업주에 대하여 과태료의 제재를 가할 수 있을 뿐 근로자들이 곧바로 사용사업주의 근로자로 간주되는 것은 아니다(서울중앙지법 2009.5.6, 2008카합3466). 당사자 의사에 반하는 근로관계 강제, 법 소급 적용 등 법리적 문제를 해소하고 위반시 직접 제재(3천만원 이하 과태료)를 통하여 법의 실효성을 제고하였다(동법 제46조제2항).

3) 직접고용의무의 법적 성격

① **사법상의 의무인지 또는 공법상의 의무인지 여부**: 먼저, 직접고용의무가 사법상 의무인지 아니면 위반하였을 때 과태료만의 책임을 지는 행정상 의무에 불과한지 견해가 갈리고 있으나 사법상 의무라고 봄이 타당하다(김형배, 「노동법」, 25판, p.853). 판례도 같은 입장이다. 즉, 「파견근로자는 사업주가 직접고용의무를 이행하지 아니하는 경우 사용사업주를 상대로 고용의사표시에 갈음하는 판결을 구할 사법상의 권리가 있고, 그 판결이 확정되면 사용사업주와 파견근로자 사이에 직접고용관계가 성립한다. 또한 파견근로자는 이와 아울러 사용사업주의 직접고용의무 불이행에 대하여 직접고용관계가 성립할 때까지의 임금 상당 손해배상금을 청구할 수 있다」고 한다(대법 2015.11.26, 2013다14965).

② **직접고용청구권이 청구권인지 또는 형성권인지 여부**: 다음으로 직접고용의무에 대응되는 근로자의 직접고용청구권이 청구권인지 형성권인지가 문제된다. 형성권설은 파견근로자의 일방적인 의사표시에 의하여 사용사업주와의 근로계약관계가 성립된다고 하고, 청구권설은 파견근로자가 사용자에게 그 의무의 내용인 고용의 의사표시를 할 수 있는 청구권에 불과하여 사용사업주가 그 의무에 따른 이행, 즉, 당해 근로자를 고용하는 조치를 이행하여야 비로소 근로관계가 맺어진다고 한다(대법 2015.11.26, 2013다14965). 생각건대 입법경위 등에 비추어 청구권설이 타당하다.

4) 직접고용의무에 따른 파견근로자의 근로조건

직접고용의무에 따라 직접고용을 하여야 한다고 할 때 그 고용기간은 어떻게 정해야 하고, 근로조건은 어떻게 정해야 고용의무를 제대로 이행한 것으로 볼 것인가의 문제이다. 고용의무가 발생한 사용사업주가 부당하게 낮은 근로조건으로 직접고용하는 것을 방지하고 당사자 간의 법적 관계를 명확히 하기 위하여 해당 파견근로자의 근로조건의 기준을 파견법 제6조의2 제3항에 따라 정하면 될 것이다.

사용사업주가 파견근로자를 직접 고용하는 경우에 있어서 파견근로자의 근로조건은 다음과 같다.

① 사용사업주의 근로자 중 당해 파견근로자와 동종 또는 유사업무를 수행하는 근로자가 있는 경우에는 그 근로자에게 적용되는 취업규칙 등에서 정하는 근로조건에 의할 것. 판례(대법 2016.1.14, 2013다74592)는 구 파견법 제6조제3항 본문에 따라 직접고용간주되는 파견근로자의 근로조건에 관하여 개정법 제6조의2 제3항과 동일한 내용이 적용된다는 판결을 한 것이다.

② 사용사업주의 근로자 중 당해 파견근로자와 동종 또는 유사업무를 수행하는 근로자가 없는 경우에는 당해 파견근로자의 기존의 근로조건의 수준보다 저하되어서는 아니될 것

(7) 사용사업주의 우선적 직접고용노력의무

사용사업주는 파견근로자를 사용하고 있는 경우에 근로자를 직접고용하고자 하는 경우에는 당해 파견근로자를 우선적으로 고려하도록 노력하여야 한다(파견법 제6조의2제4항). 기간제근로자나 단시간근로자에 대한 통상근로자로의 전환노력의무(기간제법 제5조, 제7조)에 준하여 파견근로자에 대한 단시간근로자에 대한 사용사업주의 직접고용노력의무를 규정한 것이다.

(8) 근로자파견사업의 허가

1) 근로자파견사업의 허가

근로자파견사업을 하고자 하는 자는 고용노동부장관의 허가를 받도록 하되, 허가 받은 사항 중 고용노동부령으로 정하는 중요 사항을 변경하는 경우에도 마찬가지이다(파견법 제7조제1항). 그리고 위의 중요사항 이외의 사항을 변경하고자 하는 경우에는 고용노동부령으로 정하는 바에 의하여 고용노동부장관에게 신고하여야 한다(파견법 제7조제2항).

2) 근로자파견사업의 허가기준

고용노동부장관은 근로자파견사업의 허가신청이 있는 경우에는 소정의 요건에 적합한 경우에 한하여 이를 허가할 수 있다(파견법 제9조제1항). 파견법 제9조제1항에 의한 허가기준은 다음과 같다. 첫째, 신청인이 당해 근로자파견사업을 적정하게 수행할 수 있는 자산 및 시설 등을 갖추고 있어야 한다. 둘째, 당해 사업이 특정한 소수의 사용사업주를 대상으로 하여 근로자파견을 행하는 것이 아니어야 한다. 사용사업주가 의도적으로 해고보호규정의 적용을 회피하기 위한 수단으로 파견근로를 이용할 가능성이 있기 때문에 이를 방지하기 위한 것이다.

3) 사용사업주의 불법파견의 역무 제공

사용사업주는 파견법 제7조제1항의 규정을 위반하여 근로자파견사업을 행하는 자로부터 근로자파견의 역무를 제공받아서는 아니된다(동법 제7조제3항). 구법에서는 무허가 파견사업주만 처벌하고 그로부터 역무를 제공받는 사용사업주에 대해서는 아무런 규제를 하지 않는 것은 불합리할 뿐만 아니라 허가제도의 취지에도 부합되지 아니하므로 개정파견법에서는 사용사업주가 무허가 파견사업주로부터 역무를 제공받는 것을 명시적으로 금지하고 이를 위반할 경우에는 벌칙이 적용되도록 하였다(파견법 제7조제3항, 제43조제1항제2호).

4) 근로자파견사업 허가의 결격사유

소정의 결격사유가 있는 자는 근로자파견사업의 허가를 받을 수 없다(파견법 제8조).

5) 근로자파견사업의 유효기간

근로자파견사업의 유효기간은 3년으로 하며, 유효기간 이후에도 계속하여 근로자파견사업을 하고자 하는 경우에는 갱신허가를 받도록 한다(동법 제10조제1항 및 제2항). 근로자파견사업에 대하여 고용노동부장관의 허가를 받도록 하고 있는 입법취지는 무분별한 근로자파견으로 인해서 근로자가 입게 될 피해 등을 막기 위하여 정부가 파견사업주를 감독하고자 하는 것으로서 그 주된 목적이 근로자를 보호하기 위한 것이다(대법 2000.9.29, 2000도3051). 갱신허가의 유효기간은 당해 갱신 전의 허가의 유효기간이 만료되는 날의 다음날부터 기산하여 3년으로 한다(동법 제10조제3항).

6) 근로자파견사업 허가의 취소

고용노동부장관은 파견사업주가 거짓이나 그 밖의 부정한 방법으로 허가를 받은 때 등 23개의 사유에 해당하는 때에는 근로자파견사업의 허가를 취소하거나 6개월 이내의 기간을 정하여 영업중지를 명할 수 있다(파견법 제12조제1항).

허가의 취소 또는 영업의 정지처분을 받은 파견사업주는 그 처분 전에 파견한 파견근로자와 그 사용사업주에 대하여는 그 파견기간이 종료될 때까지 파견사업주로서의 의무와 권리를 가진다(파견법 제13조제1항). 파견사업주는 그 처분의 내용을 지체없이 사용사업주에게 통지하여야 한다.

7) 사업보고

파견사업주는 고용노동부령으로 정하는 바에 따라 사업보고서를 작성하여 매반기 다음달 10일까지 고용노동부장관에게 제출하여야 한다(파견법 제18조 및 시행규칙 제9조).

8) 폐쇄조치 등

고용노동부장관은 허가를 받지 아니하고 근로자파견사업을 하거나 허가의 취소 또는 영업의 정지처분을 받은 후 계속하여 사업을 하는 자에 대하여는 관계공무원으로 하여금 당해 사업을 폐쇄하기 위하여 다음의 조치를 하게 할 수 있다(파견법 제19조제1항).

(가) 당해 사무소 또는 사무실의 간판 기타 영업표지물의 제거·삭제

(나) 당해 사업이 위법한 것임을 알리는 게시물의 부착

(다) 당해 사업의 운영을 위하여 필수불가결한 기구 또는 시설물을 사용할 수 없게 하는 봉인

이러한 폐쇄 조치를 하고자 하는 경우에는 미리 이를 당해 파견사업주 또는 그 대리인에게 서면으로 알려주어야 한다. 다만, 급박한 사유가 있는 경우에는 그러하지 아니하다(파견법 제19조제2항).

4. 근로자파견계약

(1) 근로자파견계약의 의의와 내용

근로자파견계약이란 파견사업주와 사용사업주간에 근로자파견을 약정하는 계약을 말한다(동법 제2조제6호). 근로자파견에 관해서는 이것이 업으로써 행해지는

경우인가 아닌가를 묻지 않고, 근로자파견을 하는 파견사업주는 파견근로자의 노동의 제공을 받는 사용사업주와의 사이에서 근로자파견계약을 체결하여야 한다. 근로자파견계약에 의하여 파견사업주는 근로자를 파견할 채무를 부담하고 사용사업주는 약정된 파견보수를 지급할 채무를 부담하는 쌍무계약이다.

근로자파견계약의 당사자는 고용노동부령으로 정하는 바에 따라 소정 사항이 포함되는 근로자파견계약을 서면으로 체결하여야 한다(파견법 제20조제1항).

파견법 제20조제12호의 "고용노동부령이 정하는 사항"이란 파견사업관리책임자 및 사용사업관리책임자의 성명·소속 및 직위를 말한다(동법시행규칙 제11조제2항).

(2) 정보제공의 범위

사용사업주는 근로자파견계약을 체결하는 때에는 파견사업주에게 파견법 제21조제1항의 규정을 준수하도록 하기 위하여 필요한 정보를 제공하여야 한다. 이 경우 제공하여야 하는 정보의 범위 및 제공방법 등에 관한 사항은 대통령령으로 정한다(동법 제20조제2항).

파견법 제21조제1항에는 '파견사업주와 사용사업주는 파견근로자임을 이유로 사용사업주의 사업 내의 동종 또는 유사한 업무를 수행하는 근로자에 비하여 차별적 처우를 하여서는 아니된다' 고 규정하고 있고, 동법 제2조제7호에는 '차별적 처우' 를 '임금, 정기상여금, 경영성과금 그 밖의 근로조건 및 복리후생사항 등에 있어서 합리적 이유없이 불리하게 처우하는 것' 으로 정의하고 있다.

따라서 사용사업주는 파견사업주가 차별적 처우 금지 규정을 준수토록 하기 위하여 파견사업주에게 제공하여야 하는 정보는 사용사업주의 사업 내의 같은 종류 또는 유사한 업무를 수행하는 근로자의 임금 그 밖의 근로조건 및 복리후생사항 등에 관한 정보를 제공해야 할 필요가 있으므로 정보제공의무를 규정하였다. 정보의 범위는 다음과 같다(동법시행령 제4조의2).

① 근로자 유무 및 근로자의 수

② 임금 및 임금의 구성항목

③ 업무 시작 및 종료의 시각과 휴게시간에 관한 사항

④ 휴일·휴가에 관한 사항

⑤ 연장·야간·휴일근로에 관한 사항

⑥ 안전 및 보건에 관한 사항

⑦ 복리후생시설의 이용에 관한 사항

⑧ 그 밖에 법 제2조제7호에 따른 차별적 처우의 대상이 되는 근로조건 중 ②부터 ⑦까지의 규정에 포함되지 아니한 사항

다만, 이와 같은 사용자의 정보제공의무의 위반에 대하여는 벌칙이 없다.

(3) 정보제공의 방법

정보제공 방법은 향후의 법률관계를 명확히 하기 위해 서면으로 하도록 규정하고 있다(동법시행령 제4조의2제2항).

(4) 근로자파견기간

1) 근로자파견계약기간

근로자파견계약은 파견법 제5조제2항(파견대상업무가 아니지만 일시적 사용을 위하여 파견이 허용되는 업무)의 규정에 해당하는 경우를 제외하고는 1년을 초과할 수 없다(동법 제6조제1항). 다만, 파견사업주·사용사업주·파견근로자 간의 합의가 있는 경우에는 파견기간을 연장할 수 있으나 이 경우 1회를 연장할 때에는 그 연장기간은 1년을 초과하지 못하며 연장된 기간을 포함한 총 파견기간은 2년을 초과하지 못한다(동법 제6조제2항).

2) 연장횟수의 제한 여부

구법에서는 1년의 범위 내에서 1회에 한하여 파견기간을 연장할 수 있도록 하였으나 파견법의 개정으로 연장횟수에 대한 제한을 삭제하였다. 따라서 1회의 파견기간이 1년을 초과하지 아니하고, 연장된 총 파견기간이 2년을 초과하지 아니하는 범위 내에서 파견기간의 연장횟수의 제한이 없게 되었다. 예컨대 6개월로 근로자파견계약을 체결한 후 총 파견기간 2년 이내에서 파견기간을 3회 연장한 경우 구법에서는 연장횟수의 위반에 해당되지만 현행법에서는 위반이 아니다.

3) 고령자에 대한 예외

고령자고용촉진법 제2조제1호의 규정에 따른 고령자(만 55세 이상)인 파견근로자

에 대하여는 파견기간에 대한 예외가 인정되어 2년을 초과하여 근로자파견기간을 연장할 수 있다(동법 제6조제3항). 이는 재취업이 어려운 고령자의 취업 활성화를 위한 정책적 규정으로서 고령자인 파견근로자의 경우에는 파견사업주와 사용사업주 그리고 파견근로자 간의 합의가 있는 경우에는 연장횟수 및 총파견기간에 대한 제한 없이 파견기간을 연장할 수 있다. 다만, 파견법 제6조제1항에 의한 각 파견근로계약의 단위기간은 고령자의 경우에도 1년을 초과하지 못한다.

4) 출산·질병·부상 등과 일시적·간헐적으로 인력확보가 필요한 경우

출산·질병·부상 등 그 사유가 객관적으로 명백한 경우에는 「그 사유의 해소에 필요한 기간」을 초과하여 근로자파견기간을 정할 수 없고, 일시적·간헐적으로 인력을 확보할 필요가 있는 경우에는 3월을 초과할 수 없으나 그 사유가 해소되지 아니하고 파견사업주·사용사업주·파견근로자 간의 합의가 있는 경우에는 1회에 한하여 3월의 범위 내에서 그 기간을 연장할 수 있다(동법 제6조제4항). 산전후 및 육아휴직 중 대체요원으로 사용하는 파견근로자의 파견기간은 그 사유 해소에 필요한 기간이라 할 수 있으며, 일반적인 파견의 경우 적용되는 2년의 파견기간 제한 규정은 해당되지 않는다(2007.7.16, 비정규직대책팀-2849).

5) 근로자파견계약의 해지

근로자파견계약의 사용사업주는 파견근로자의 성별·종교·사회적 신분이나 파견근로자의 정당한 노동조합의 활동 등을 이유로 근로자파견계약을 해지하여서는 아니된다(동법 제22조제1항). 또한 파견사업주는 사용사업주가 파견근로에 관하여 파견법에 의한 명령, 근기법 또는 동법에 의한 명령, 산안법 또는 동법에 의한 명령에 위반하는 경우에는 근로자파견을 정지하거나 근로자파견계약을 해지할 수 있다(동법 제22조제2항).

5. 차별적 처우의 금지 및 시정

(1) 파견법 제21조의 규정내용

파견법 제21조(차별적 처우의 금지 및 시정 등)는 「① 파견사업주와 사용사업주는 파견근로자임을 이유로 사용사업주의 사업 내의 동종 또는 유사한 업무를 수행하는 근로자에 비하여 파견근로자에게 차별적 처우를 하여서는 아니된다.

② 파견근로자는 차별적 처우를 받은 경우 노동위원회에 그 시정을 신청할 수 있다.

③ 제2항의 규정에 따른 시정신청 그 밖의 시정절차 등에 관하여는 「기간제법」 제9조 내지 제15조 및 제16조(동조제1호 및 제4호를 제외한다)의 규정을 준용한다. 이 경우 "기간제근로자 또는 단시간근로자"는 "파견근로자"로, "사용자"는 "파견사업주 또는 사용사업주"로 본다.

④ 제1항 내지 제3항의 규정은 사용사업주가 상시 4명 이하의 근로자를 사용하는 경우에는 이를 적용하지 아니한다」고 규정하고 있다.

(2) 확정된 시정명령의 효력 확대

종전 차별시정 제도는 차별시정 신청을 한 근로자에 대해서만 시정명령을 하도록 되어 있어, 차별시정명령을 받은 사업주의 사업장에서 동일 또는 유사한 차별행위가 존재해도 차별시정신청을 하지 않으면 차별시정명령의 대상이 될 수 없었다. 이에 동일한 사용자의 사업 또는 사업장에서 한명의 파견근로자가 차별 인정을 받았을 때 동일 요건에 있는 근로자 모두의 차별적 처우가 개선될 수 있도록 확정된 시정명령의 효력을 확대하도록 한 것이다. 파견법 제21조의3(확정된 시정명령의 효력 확대)은 「① 고용노동부장관은 제21조제3항 또는 제21조의2제4항에 따라 준용되는 「기간제법」 제14조에 따라 확정된 시정명령을 이행할 의무가 있는 파견사업주 또는 사용사업주의 사업 또는 사업장에서 해당 시정명령의 효력이 미치는 근로자 이외의 파견근로자에 대하여 차별적 처우가 있는지를 조사하여 차별적 처우가 있는 경우에는 그 시정을 요구할 수 있다.

② 파견사업주 또는 사용사업주가 제1항에 따른 시정요구에 응하지 아니할 경우에는 제21조의2제2항부터 제4항까지의 규정을 준용한다」고 규정하고 있다.

(3) 파견근로자에 대한 차별적 판단

파견근로자에 대한 차별시정신청과 관련하여 파견근로자의 차별적 처우를 판단하기 위한 판단구조는 다음과 같다.

① 신청인이 파견법상 파견근로자인지 여부를 판단한다.

② 신청인이 신청한 비교대상 근로자가 적정한지 여부를 판단한다.

③ 파견법 제2조제7호에서 규정하고 있는 차별적 처우가 존재하는지 여부를 판단한다.

④ 신청인이 차별적 처우에 해당한다고 주장하는 항목이 '임금, 상여금, 성과금 그 밖의 근로조건 및 복리후생 등'에 해당하는지 여부를 판단한다.

⑤ 불리한 처우에 대한 합리적인 이유가 존재하는지 여부를 판단한다.

⑥ 차별시정 대상 사업주 여부 및 당사자 적격이 있는지 여부를 판단한다.

6. 파견근로자의 파견업무에 관련한 법률행위의 사용자책임

(1) 사용사업주의 파견근로자에 대한 지휘·감독

파견법에 의한 근로자파견은 파견사업주가 근로자를 고용한 후 그 고용관계를 유지하면서 사용사업주와 사이에 체결한 근로자파견계약에 따라 사용사업주에게 근로자를 파견하여 근로를 제공하게 하는 것이다. 파견근로자는 사용사업주의 사업장에서 그의 지시·감독을 받아 근로를 제공하기는 하지만 사용사업주와의 사이에는 고용관계가 존재하지 아니하는 반면, 파견사업주는 파견근로자의 근로계약상의 사용자로서 파견근로자에게 임금 지급의무를 부담할 뿐만 아니라, 파견근로자가 사용사업자에게 근로를 제공함에 있어서 사용사업자가 행사하는 구체적인 업무상의 지휘·명령권을 제외한 파견근로자에 대한 파견명령권과 징계권 등 근로계약에 기한 모든 권한을 행사할 수 있으므로 파견근로자를 일반적으로 지휘·감독해야 할 지위에 있게 된다.

(2) 사용사업주의 파견근로자에 대한 책임

따라서 파견사업주와 파견근로자 사이에는 민법 756조의 사용관계가 인정되어 파견사업주는 파견근로자의 파견업무에 관련한 법률행위에 대하여 파견근로자의 사용자로서의 책임을 져야 하는 것이다. 다만, 파견근로자가 사용사업주의 구체적인 지시·감독을 받아 사용사업주의 업무를 행하던 중에 불법행위를 한 경우에 파견사업주가 파견근로자의 선발 및 일반적 지휘·감독권의 행사에 있어서 주의를 다하였다고 인정되는 때에는 면책된다고 할 것이다(대법 2003.10.9, 2001다24655).

7. 파견사업주가 강구하여야 할 조치

파견사업주란 근로자파견사업을 행하는 자를 말한다(동법 제2조제3호). 파견사업주는 기본적 책무로서, 파견근로자(또는 파견근로자로서 고용하려고 하는 자)의 희망과 능력에 적합한 취업 및 교육훈련 기회의 확보, 근로조건의 향상 기타 고용안정을 기하기 위하여 필요한 조치를 강구함으로써 파견근로자의 복지증진에 노력하여야 한다(동법 제23조).

파견사업주의 구체적인 의무는 다음과 같다.

(1) 파견근로자 고용에 대한 서면고지의무

파견사업주는 근로자를 파견근로자로서 고용하고자 할 때에는 미리 당해 근로자에게 그 취지를 서면으로 알려주어야 한다(동법 제24조제1항).

파견사업주는 그가 고용한 근로자 중 파견근로자로 고용하지 아니한 자를 근로자파견의 대상으로 하고자 할 경우에는 미리 그 취지를 서면으로 알려주고 당해 근로자의 동의를 얻어야 한다(동법 제24조제2항).

(2) 파견근로자에 대한 고용제한의 금지

파견사업주는 정당한 이유없이 파견근로자 또는 파견근로자로서 고용되고자 하는 자와 그 고용관계의 종료 후 사용사업주에게 고용되는 것을 금지하는 내용의 근로계약을 체결하여서는 아니된다(동법 제25조제1항).

파견사업주는 정당한 이유없이 파견근로자의 고용관계의 종료 후 사용사업주가 당해 파견근로자를 고용하는 것을 금지하는 내용의 근로자파견계약을 체결하여서는 아니된다(동법 제25조제2항).

(3) 취업조건의 서면고지

(가) 파견사업주는 근로자파견을 하고자 할 때에는 미리 해당 파견근로자에게 파견법 제20조제1항의 사항 그 밖에 고용노동부령으로 정하는 사항을 서면으로 알려주어야 한다(동법 제26조제1항).

(나) 파견근로자는 파견사업주에게 동법 제20조제1항제11호의 규정에 따른 당

해 근로자파견의 대가에 관하여 그 내역의 제시를 요구할 수 있다(동법 제26조제2항). 파견사업주는 제2항의 규정에 따라 그 내역의 제시를 요구받은 때에는 지체없이 그 내역을 서면으로 제시하여야 한다(동법 제26조제3항).

(다) 파견근로제도는 근로자를 파견하는 사업주에 의한 과도한 중간공제의 가능성이 있어 이를 제도적으로 보완하려는 것이다. 파견근로자의 요구가 있는 경우에 근로자를 파견하는 사업주가 파견의 대가 및 그 내역 등을 서면으로 고지하도록 하였다.

(라) 파견사업주가 근로자파견을 하려는 때에 해당 파견근로자에게 종사할 업무내용 등을 미리 서면으로 알려주어야 하는 의무를 위반한 경우 종전에는 1년 이하의 징역이나 1천만원 이하의 벌금에 처하던 것을 개정하여 1천만원 이하의 과태료를 부과하도록 하고, 파견사업주가 고지사항을 전부 또는 일부 알리지 아니한 경우 각각 500만원 또는 300만원 이하의 과태료를 부과하도록 기준을 정하였다(파견법 제20조제1항, 제46조, 영 제7조).

(4) 사용사업주에 대한 통지

파견사업주는 근로자파견을 할 경우에는 파견근로자의 성명 기타 고용노동부령으로 정하는 사항을 사용사업주에게 통지하여야 한다(동법 제27조).

(5) 파견사업관리책임자의 선임

파견사업주는 파견근로자의 적절한 고용관리를 위하여 파견법 제8조제1호 내지 제5호의 규정에 의한 결격사유에 해당하지 아니하는 자 중에서 파견사업관리책임자를 선임하여야 한다(동법 제28조제1항).

파견사업관리책임자의 임무 등에 관하여 필요한 사항은 고용노동부령으로 정한다(동법 제28조제2항).

(6) 파견사업관리대장의 작성

파견사업주는 파견사업관리대장을 작성·보존하여야 하며 파견사업관리대장의 기재사항 및 그 보존기간은 고용노동부령으로 정한다(동법 제29조).

8. 사용사업주가 강구하여야 할 조치

사용사업주란 근로자파견계약에 의하여 파견근로자를 사용하는 자를 말한다(동법 제2조제4호). 사용사업주는 그 기본적 책무로서, 근로자파견계약에 위반되지 아니하도록 필요한 조치를 강구하여야 한다(동법 제30조).

(1) 적정한 파견근로의 확보

사용사업주는 파견근로자로부터 파견근로에 관한 고충의 제시가 있는 경우에는 그 고충의 내용을 파견사업주에게 통지하고 신속·적절하게 고충을 처리하도록 하여야 하며 사용사업주는 파견근로가 적정하게 행하여지도록 필요한 조치를 강구하여야 한다(동법 제31조).

(2) 사용사업관리책임자의 선임

사용사업주는 파견근로자의 적절한 파견근로를 위하여 사용사업관리책임자를 선임하여야 하며, 사용사업관리책임자의 임무 등에 관하여 필요한 사항은 고용노동부령으로 정한다(동법 제32조).

(3) 사용사업관리대장의 작성

사용사업주는 사용사업관리대장을 작성·보존하여야 하며 사용사업관리대장의 기재사항 및 그 보존기간은 고용노동부령으로 정한다(동법 제33조).

9. 노동보호법규의 적용

(1) 근기법 등의 적용에 관한 특례

파견근로자의 취업에 관한 노동보호법규의 적용은 다음과 같다.

① 파견사업주 및 사용사업주의 근기법상의 사용자책임

파견 중인 근로자의 파견근로에 관하여는 파견사업주 및 사용사업주를 근기법 제2조의 규정에 의한 사용자로 보아 동법을 적용한다. 다만, 근기법 제15조부터

제 36조까지, 제39조·제41조에서 제48조까지, 제56조, 제60조, 제64조, 제66조에서 제68조까지 및 제78조에서 제92조까지 규정에 적용에 있어서는 파견사업주를, 근기법 제50조부터 제55조까지 제58조, 제59조, 제62조 및 제63조부터 제75조까지의 규정의 적용에 있어서는 사용사업주를 사용자로 본다(파견법 제34조제1항).

파견사업의 성격상 파견사업주가 파견근로자의 작업현장에서 직접적으로 근로자를 관리, 감독할 지위에 있다고 볼 수는 없다. 그러나 파견법 제34조, 제35조제2항에 의하면, 재해보상에 관한 근기법, 산업재해예방에 관한 산안법 제5조를 적용함에 있어 파견사업주를 사용자 내지 사업주로 보도록 되어 있는 점, 사용자책임에 관한 민법 제756조의 취지 등을 종합해보면, 산재사고에 관하여 파견사업주 자신에게 직접적인 과실이 있는 경우는 물론 파견사업주 자신에게 직접적인 과실이 없는 경우에도 근로자파견계약에 의하여 파견근로자를 사용하는 사용사업주 등에게 과실이 있는 경우에는 파견사업주도 산재사고로 인한 손해배상책임을 져야 한다고 봄이 상당하다(수원지법 2008.7.11, 2008나6950).

② 사용사업주 귀책사유로 인한 임금체불시의 연대책임

파견사업주가 대통령령이 정하는 사용사업주의 귀책사유로 인하여 근로자의 임금을 지급하지 못한 때에는 사용사업주는 당해 파견사업주와 연대하여 책임을 진다. 이 경우 근기법 제43조 및 제68조의 규정을 적용함에 있어서는 파견사업주 및 사용사업주를 동법 제2조의 규정에 의한 사용자로 보아 동법을 적용한다(파견법 제34조제2항).

③ 파견사업주의 유급휴일 또는 유급휴가시의 임금지급책임

근기법 제55조, 제73조 및 제74조제1항의 규정에 의하여 사용사업주가 유급휴일 또는 유급휴가를 주는 경우 그 휴일 또는 휴가에 대하여 유급으로 지급되는 임금은 파견사업주가 지급하여야 한다(파견법 제34조제3항).

④ 근기법 위반 내용의 근로자파견계약 체결시의 공동 벌칙 적용

파견사업주와 사용사업주가 근기법을 위반하는 내용을 포함한 근로자파견계약을 체결하고 그 계약에 따라 파견근로자를 근로하게 함으로써 근기법을 위반한 경우에는 그 계약 당사자 모두를 근기법 제2조의 규정에 의한 사용자로 보아 해당 벌칙규정을 적용한다(파견법 제34조제4항).

(2) 산안법의 적용에 관한 특례

① 사용사업주의 산안법상 적용

파견 중인 근로자의 파견근로에 관하여는 사용사업주를 산안법 제2조제4호에 의한 사업주로 보아 동법을 적용한다. 이 경우 산안법 제29조제2항을 적용함에 있어서는 동항 중 "근로자를 채용할 때"를 "근로자파견의 역무를 제공받은 때"로 본다(파견법 제35조제1항).

② 파견사업주 및 사용사업주의 산안법상 사업주책임

파견법 제35조제1항의 규정에 불구하고 산안법 제5조, 제132조제2항 단서, 같은 조 제4항(작업장소의 변경, 작업의 전환 및 근로시간 단축의 경우로 정한다), 파견법 제157조제3항의 적용에 있어서는 파견사업주 및 사용사업주를 산안법 제2조제4호에 따른 사업주로 본다(파견법 제35조제2항).

③ 사용사업주의 건강진단 결과 설명·송부책임 및 정기건강진단 중 일부 사항에 대한 파견사업주의 책임

(가) 사용사업주는 파견 중인 근로자에 대하여 산안법 제129조부터 제131조까지의 규정에 따른 건강진단을 실시한 때에는 동법 제132조제2항에 따라 해당 건강진단 결과를 설명하여야 하며, 해당 건강진단 결과를 지체없이 파견사업주에게 송부하여야 한다(파견법 제35조제3항).

(나) 파견법 제35조제1항 및 제2항의 규정에 불구하고 산안법 제129 및 제130조에 따라 사업주가 정기적으로 실시하여야 하는 건강진단 중 고용노동부령으로 정하는 건강진단에 대하여는 파견사업주를 산안법 제2조제4호에 따른 사업주로 본다(파견법 제35조제4항).

(다) 파견사업주는 건강진단을 실시한 때에는 산안법 제132조제2항에 따라 해당 건강진단결과를 설명하여야 하며, 해당 건강진단결과를 지체없이 사용사업주에게 송부하여야 한다(파견법 제35조제5항).

④ 산안법을 위반하는 내용을 포함한 근로자파견계약 체결시 벌칙 적용

파견사업주와 사용사업주가 산안법을 위반하는 내용을 포함한 근로자파견계약을 체결하고 그 계약에 따라 파견근로자를 근로하게 함으로써 산안법을 위반한 경우에는 그 계약당사자 모두를 산안법 제2조제4호에 따른 사업주로 보아 해당 벌칙규정을 적용한다(파견법 제35조제6항).

파견근로가 사용사업주의 사업장에서 사용사업주의 지휘·명령하에 있게 되기 때문에 사용사업주에 대해서도 직장에 있는 근로자의 안전보건을 확보하는 사업주의 일반적 책무가 부과된다. 그리고 사용사업주는 보건관리에 관해서는 파견중의 근로자를 사용하는 직장에 있는 보건관리의 책임을 부담한다. 또한 산업안전보건관리체제(안전관리자·보건관리자·산업안전보건위원회 등)나 근로자의 위험·건강장해를 방지하기 위해서 사업주가 강구해야 할 조치 등에 관해서는 오로지 사용사업주가 책임 주체로 된다.

10. 근로계약관계

파견근로자는 사용사업주의 사업장에서 그 지휘·명령을 받아서 사용사업주의 업무에 종사하지만, 근로자파견이 파견법이 정하는 구조에 따라서 행해지는 한, 양자간에 근로계약관계는 생기지 않는다. 근로의무의 내용은 근기법 그밖의 법령에 따라 규제되는 것 외에 파견근로자와 파견사업주 간의 근로자파견계약에 따라 규제를 받는다. 파견근로자는 이러한 법령이나 합의 범위내에서 근로의무를 지며 그 범위를 초과하는 사용사업주의 지휘명령에 따를 의무는 없다. 사용사업주는 파견법이 정한 내용에 따라서 적정한 파견취업을 위해 일정한 조치를 강구하고, 또한 노동보호법규상의 일정의 책임(벌칙적용에 따른 행사책임)을 부담하는데 그친다. 단, 사용사업주는 산안법상 파견근로자의 안전보건을 확보해야 하는 일반적 책임과 여러 가지 구체적인 임무를 부담하기 때문에, 안전배려의무에 관해서는 이들 안전보건상의 책무를 기초로 한 의무를 부담한다고 해석된다(대법 2013.11.28, 2011다60247). 위 판례는 파견근로와 관련하여 사용사업주가 파견근로자에 대한 보호의무 또는 안전보호의무를 부담한다는 점에 관한 묵시적인 의사의 합치가 있다고 볼 것이고 따라서 사용사업주의 보호의무 또는 안전배려의무 위반으로 손해를 입은 파견근로자는 사용사업주에 대하여 보호의무 또는 안전배려의무의 위반을 원인으로 하는 손해배상을 청구할 수 있다고 한다.

찾아보기

ㄴ

ㄷ

ㅁ

ㅂ

ㅅ

ㅇ

ㅈ

김 수 복

金 洙 福 (☎ 02-556-9912)

저자 약력	저서 및 논문
· 고려대학교 경제학과 졸업	· 고용조정과 정리해고(중앙경제)
· 동국대학교 대학원 졸업(경제학박사)	· 근기법 – 인사·노무실무사례(중앙경제)
· 행정고등고시합격(제3회)	· 근로시간·휴일·휴가의 법률실무(중앙경제)
· 고용노동부 총무과장·재해보상과장·법무담당관	· 근로자참여및협력증진에관한법률(중앙경제)
· 중앙노동위원회 사무국장	· 노동법(중앙경제)
· ILO(국제노동기구) 노동정책과정 이수	· 노동조합및노동관계조정법(중앙경제)
· 중앙노동위원회 알선위원	· 단체협약의 체결과 운영(중앙경제)
· 동국대 법과대학 강사	· 비정규직근로자의고용및노무관리(중앙경제)
· 서경대학교 대우교수	· 산업재해보상보험법(중앙경제)
· 광주여자대학교 겸임교수	· 산재보험법개론(매일경제신문사)
· 공인노무사시험위원	· 업무상 재해의 이론과 실제(중앙경제)
· 노사관계개혁위원회 자문위원	· 인사이동의 법률문제(중앙경제)
· 사단법인 한국노동연구소장 겸 이사장(현)	· 임금·퇴직금을 둘러싼 법률문제(중앙경제)
· 국제인사노무법인대표 공인노무사(현)	· 취업규칙·근로계약의 작성과 운영(중앙경제)
· 숭실대노사관계대학원겸임교수	· 비정규직노동법(중앙경제)
· 서울지방노동위원원회 공익위원	· 근로자파견·도급·업무위탁·전출실무(중앙경제)
· 고용노동부규제심사위원회공동위원장	· 징계·해고·퇴직의 법률실무(중앙경제)
· 서울중앙지방법원 조정위원	· 노사협의회의운용과 법률실무(중앙경제)
· 한국사회법학회 회장	· 채용에서 퇴직까지 법률문제(중앙경제)
· 단국대학교법무행정대학원강사	· 근로시간 관리실무(중앙경제)